復旦百年經典文庫

周予同 著
鄧秉元 編

中國經學史論著選編

復旦大學出版社

周予同先生(1898—1981)

凡 例

一、"復旦百年經典文庫"旨在收錄復旦大學建校以來長期任教於此、在其各自專業領域有精深學問並蜚聲學界的學人所撰著的經典學術著作,以彰顯作爲百年名校的復旦精神,以及復旦人在一個多世紀歲月長河中的學術追求。入選的著作以具有代表性的專著爲主,並酌情選錄論文名篇。

二、所收著作和論文,均約請相關領域的專家整理編訂並撰寫導讀,另附著者小傳及學術年表等,系統介紹著者的學術成就及該著作的成書背景、主要内容和學術價值。

三、所收著作,均選取版本優良的足本、精本爲底本,並盡可能參考著者手稿及校訂本,正其訛誤。

四、所收著作,一般採取簡體横排;凡較多牽涉古典文獻徵引及考證者,則採用繁體横排。

五、考慮到文庫收錄著述的時間跨度較大,對於著者在一定時代背景下的用語風格、文字習慣、注釋體例及寫作時的通用説法,一般予以保留,不强求統一。對於確係作者筆誤及原書排印訛誤之處,則予以徑改。對於異體字、古體字等,一般改爲通行的正體字。原作中缺少標點或僅有舊式標點者,統一補改新式標點,專名號從略。

六、各書卷首,酌選著者照片、手跡,以更好展現前輩學人的風采。

目　錄

一、前　期　著　述

經今古文學 ……………………………………………………………… 3
　一　經今古文的詮釋 ………………………………………………… 3
　二　經今古文異同示例 ……………………………………………… 5
　三　經今古文的爭論 ………………………………………………… 8
　四　經今古文的混淆 ………………………………………………… 12
　五　經今文學的復興 ………………………………………………… 13
　六　經今古文學與其他學術的關係 ………………………………… 17
　七　經今文學在學術思想上的價值 ………………………………… 23
　八　經今文學的重要書籍 …………………………………………… 25
緯書與經今古文學 ……………………………………………………… 28
　一　緯書的界說 ……………………………………………………… 29
　二　緯書的起源 ……………………………………………………… 31
　三　緯書的變遷 ……………………………………………………… 32
　四　緯書產生的原因 ………………………………………………… 34
　五　漢代今古文學家對於緯讖的關係 ……………………………… 37
　六　近代今古文學家對於緯書的見解 ……………………………… 39
　七　緯書的書目 ……………………………………………………… 41
《經學歷史》註釋本序言 ……………………………………………… 45
　一、經學之三大派 …………………………………………………… 45
　二、經學史之重要與其分類 ………………………………………… 47
　三、皮錫瑞傳略 ……………………………………………………… 50
　四、皮著《經學歷史》批判 ………………………………………… 52

　　　　補遺 ………………………………………………………………… 55
朱熹 ……………………………………………………………………………… 57
　　第一章　引言 ………………………………………………………………… 57
　　第二章　朱熹傳略 …………………………………………………………… 61
　　第三章　朱熹之哲學 ………………………………………………………… 65
　　　　一　本體論 ……………………………………………………………… 65
　　　　二　價值論 ……………………………………………………………… 67
　　　　三　認識論 ……………………………………………………………… 77
　　第四章　朱熹之經學 ………………………………………………………… 80
　　　　一　《易經》學 ………………………………………………………… 81
　　　　二　《書經》學 ………………………………………………………… 83
　　　　三　《詩經》學 ………………………………………………………… 85
　　　　四　《禮經》學 ………………………………………………………… 88
　　　　五　《春秋》學 ………………………………………………………… 90
　　　　六　《孝經》學 ………………………………………………………… 91
　　　　七　《四書》學 ………………………………………………………… 92
　　第五章　朱熹之史學與文學 ………………………………………………… 93
　　第六章　朱熹與當代學派 …………………………………………………… 96
　　第七章　朱熹之著作 ………………………………………………………… 100
　　　　一　經部 ………………………………………………………………… 100
　　　　二　史部 ………………………………………………………………… 104
　　　　三　子部 ………………………………………………………………… 105
　　　　四　集部 ………………………………………………………………… 108
　　第八章　朱學之傳授 ………………………………………………………… 110
　　附錄　朱熹簡明年譜 ………………………………………………………… 111
中國學校制度 …………………………………………………………………… 117
　　緒言 …………………………………………………………………………… 117
　　上古編 ………………………………………………………………………… 121
　　　　一　傳說中的西周以前的學制 ………………………………………… 121
　　　　二　《禮記》、《周禮》所傳的西周的學制 ………………………… 122
　　　　三　春秋、戰國時代的私學 …………………………………………… 126

- 中古編 128
  - 一 秦代的"吏師"制度與博士 128
  - 二 兩漢的經典教育與學校 130
  - 三 魏晉時代學校制度的衰敗 136
  - 四 南北朝的學校制度 139
- 近代編 141
  - 一 科舉制度下的隋唐學制 141
  - 二 兩宋的學校與書院 149
  - 三 異族統治下的遼、金、元學校 156
  - 四 明代的學校制度 161
  - 五 清代初、中葉的學制 166
- 現代編 169
  - 一 新式學校的萌芽 169
  - 二 新式學制的産生 173
  - 三 民國新學制的頒布與修正 180
  - 四 國民黨黨治下的學校制度 187

群經概論 190
- 導論 190
- 本論 200
  - 一 《易經》 200
  - 二 《尚書》 204
  - 三 《詩經》 207
  - 四 《三禮》——《周禮》、《儀禮》與《禮記》 211
  - 五 《春秋》——《春秋經》與《左傳》、《公羊傳》、《穀梁傳》 219
  - 六 《論語》 231
  - 七 《孝經》 234
  - 八 《爾雅》 238
  - 九 《孟子》 242

緯讖中的孔聖與他的門徒 245
- 一 孔聖的誕生 245
- 二 孔聖的異表 246

三　孔聖的使命 …………………………………………… 247
　　四　上天的啓示之一——獲麟 …………………………… 248
　　五　上天的啓示之二——血書 …………………………… 250
　　六　孔聖的憲法草案之一——《春秋》 ………………… 251
　　七　孔聖的憲法草案之二——《孝經》 ………………… 253
　　八　孔聖的告天 …………………………………………… 254
　　九　孔聖的其他法典 ……………………………………… 255
　　十　孔聖的史觀 …………………………………………… 257
　　十一　孔聖言行散記 ……………………………………… 258
　　十二　孔聖的門徒 ………………………………………… 261

孔子 …………………………………………………………… 264
　一　引語 …………………………………………………… 264
　二　傳略 …………………………………………………… 265
　　一　孔子的家世 ………………………………………… 265
　　二　孔子的生平 ………………………………………… 266
　　三　孔子的日常生活 …………………………………… 273
　　四　孔門的述贊 ………………………………………… 275
　　五　孔子的著作 ………………………………………… 277
　三　學說 …………………………………………………… 282
　　一　孔子的本體論 ……………………………………… 282
　　二　孔子的道德哲學 …………………………………… 284
　　三　孔子的教育哲學 …………………………………… 290
　　四　孔子的政治哲學 …………………………………… 296
　　五　孔子的宗教哲學 …………………………………… 301
　四　尾語 …………………………………………………… 303

緯讖中的"皇"與"帝" ……………………………………… 306
　引言 ………………………………………………………… 306
　一　"皇"與"帝" ………………………………………… 306
　二　"三皇"與"五帝" …………………………………… 308
　三　"五天帝"與"五人帝" ……………………………… 310
　四　三皇說之一——天、地、人三皇 …………………… 311

五　"三皇"與"十紀"	312
六　三皇説之二——伏犧、神農、女媧	313
七　三皇説之三——伏犧、神農與燧人	317
八　黄帝——五人帝之一	318
九　少昊——五人帝之二	325
十　顓頊——五人帝之三	325
十一　帝嚳——五人帝之四	326
十二　唐堯——五人帝之五	327
十三　虞舜——五人帝之六	333
十四　蒼頡——五帝以外的一帝	337
十五　三皇五帝之際的諸皇	338

五十年來中國之新史學 … 341

二、學術經世

儒家之精神的社會政策 … 383
　一　贅言 … 383
　二　釋題 … 384
　三　例證 … 386
　四　批判 … 391
殭屍的出祟
　　——異哉所謂學校讀經問題 … 394
"漢學"與"宋學" … 403
《孝經》新論 … 413
治經與治史 … 423
道儒的黨派性 … 427

三、晚期論文

"經"、"經學"、經學史
　　——中國經學史論之一 … 433
　什麼是"經"？ … 433
　什麼是"經學"？ … 437

中國經學史研究的特點 ……………………………………… 438
　　中國經學史的研究任務 ……………………………………… 440
王莽改制與經學中的今古文學問題 ……………………………… 442
有關討論孔子的幾點意見 ………………………………………… 451
章學誠"六經皆史說"初探 ………………………………………… 455
博士制度和秦漢政治 ……………………………………………… 467
從顧炎武到章炳麟 ………………………………………………… 484
"六經"與孔子的關係問題 ………………………………………… 495
　　一　"五經"皆孔子所作說 …………………………………… 496
　　二　"六經"與孔子無關說 …………………………………… 497
從孔子到孟、荀
　　——戰國時的儒家派別和儒經傳授 ………………………… 503
　　孔子以後的儒家派別 ………………………………………… 503
　　孔子以後的儒經傳授 ………………………………………… 507
　　儒家內部孟荀兩派的對立 …………………………………… 512

附錄

　　新文化運動百年祭
　　　　——兼論周予同與二十世紀的經學史研究 ……… 鄧秉元 518
　　周予同自述 …………………………………………………… 569
　　周予同學術及生平簡表 ………………………………… 鄧秉元 575

一、前期著述

經今古文學[*]

一 經今古文的詮釋

經今古文名稱的對峙,自西漢末年時候纔發生的。據經古文學家的話:自從秦始皇聽李斯之言,實行焚書坑儒的政策之後,孔子所編纂的六經頗多殘缺散佚;而當時的民間卻頗有將書籍偷埋在牆壁間的。(這些話,經今文學家是不相信的,詳下)漢興,設立五經博士官;博士們所用的經書的本子,是用漢時當時的隸書寫的;隸書在漢時,好像我們現在用的楷書;所以所謂今文,就是用現代的文字書寫的意思。到了後來,那散在民間、藏在牆壁間的古書漸漸發現。這些書是用漢以前的文字寫的,所謂古籀文字,所以叫做古文;古文就是用古代的文字書寫的意思。照這樣説,經今古文不過是書籍的版本的不同——一種是用今文寫的,一種是用古文寫的——本是很普通而簡單的事。其實不然;他們的不同,不僅在於所書寫的字,而且字句有不同,篇章有不同,書籍有不同,書籍中的意義有大不同;因之,學統不同,宗派不同,對於古代的制度以及人物的批評各各不同;而且對於經書的中心人物——孔子,各具完全不同的觀念。你想,在中國數千年來封建社會的學術思想上握絕大威權的經典與孔子,而他們的見解完全異樣;在經學家、史學家以及對於國故有興趣的人們看起來,這的確不是一個小問題呢!現在先將西漢今文十四博士和西漢末所發現的古文經傳表列於下,以清眉目。

---

* 五十年代作者曾將本書重新修訂,1955年由中華書局出版,一是從俗改易文言及成語,如"實少其匹"改爲"很少可比"之類;一是觀點向馬克思主義改變,如加"封建社會"等字樣及強調經濟社會原因的根本性;一是刪除了與胡適、顧頡剛一派的關聯。重要改動詳見以下各條"編者註"。——編者註

經	今 文		古 文	
	家	備 記	家	備 記①
詩	魯(申公)(1) 齊(轅固)(2) 韓(韓嬰)(3)	魯《詩》、韓《詩》，文帝時立博士；齊《詩》，景帝時立。	《毛詩》(毛公)	《漢書·儒林傳》："毛公，趙人也，治《詩》，爲河間獻王博士。"又《藝文志》："自謂子夏所傳，而河間獻王好之。"
書	歐陽(生)(4) 大夏侯(勝)(5) 小夏侯(建)(6)	三家同出於伏勝。武帝立《書》歐陽氏博士，宣帝時添立大、小夏侯。	《古文尚書》(孔安國)	《漢書·藝文志》："古文《尚書》者，出孔子壁中。武帝末，魯恭王壞孔子宅，欲以廣其宮，而得古文《尚書》……經凡數十篇，皆古字也。……孔安國者，孔子後也，悉得其書，以考二十九篇，多得十六篇。"
禮	大戴(德)(7) 小戴(聖)(8) 慶(普)②	三家同出於高堂生。武帝時立《禮經》博士，宣帝時分立爲二家。	《逸禮》	劉歆《讓太常博士書》："魯恭王得古文於壞壁，《逸禮》有三十九篇。"又《漢書·藝文志》："禮古經者，出於魯淹中。"
			《周官》	賈公彥序《周禮》廢興引《馬融傳》云："至孝成皇帝，達才通人劉向子歆，校理秘書，始得序著於錄略。"
易	施(讎)(9) 孟(喜)(10) 梁丘(賀)(11) 京(房)(12)	四家同出於田何。武帝時立《易經》博士，宣帝時分立爲施、孟、梁丘三家，元帝時又立京氏。	費氏(費直)	《漢書·儒林傳》："費直字長翁，東萊人……亡章句，徒以《彖》、《象》、《繫辭》十篇《文言》解說上、下經。"
			高氏(高相)(附)	《漢書·儒林傳》："高相，沛人……亡章句，專說陰陽災異。"

---

① 古文經、傳的備記，都採自劉歆、班固、許慎諸人的話；這些話，在經今文學家是不相信的；詳可參考康有爲《新學僞經考》中《漢書藝文志辨僞》、《漢書儒林傳辨僞》諸篇。

② 慶氏《禮》本今文學，據《後漢書·儒林傳》，未立於學官，所以不在十四博士之內；但亦有人據《漢書·藝文志》去《易》的京氏而代以慶氏的。

續　表

經	今　文		古　文	
	家	備　記	家	備　記
春秋	公羊	嚴(彭祖)(13) 顏(安樂)(14)	二家同出於胡母生、董仲舒。武帝時立《春秋公羊》博士。宣帝時分立爲嚴、顏二家。	左氏(左丘明)	《漢書·儒林傳》:"漢興,北平侯張蒼及梁太傅賈誼、京兆尹張敞、大中大夫劉公子皆修《春秋左氏傳》。" 《説文序》:"北平侯張蒼獻《春秋左氏傳》。"
	穀梁①		《漢書·儒林傳》:"瑕丘江公受《穀梁春秋》……於魯勝公。"按《穀梁》,宣帝時始立博士。	鄒氏(附)	《漢書·藝文志》:"無師。"
				夾氏(附)	《漢書·藝文志》:"未有書。"

二　經今古文異同示例

　　叙述到經今古文的異同,假使稍微詳密點,可以成爲數百萬言的專著,決不是這篇短文所能容納;所以現在只好去掉煩瑣的,而將較爲重要而稍有興趣的略舉一兩以示例。現在我們就以六經的次第示例罷。

　　六經的次第,在對於經學没有興趣的人,總以爲是無大關係的;其實這在經今古文學家卻是一個大問題。今文家的次第是:(1)《詩》,(2)《書》,(3)《禮》,(4)《樂》,(5)《易》,(6)《春秋》。古文家是:(1)《易》,(2)《書》,(3)《詩》,(4)《禮》,(5)《樂》,(6)《春秋》。他們除在爲行文便利而偶爾顛倒外,決不是隨便亂寫的。現在將今古文的證據列下:

一、今　文

　　(1) 董仲舒《春秋繁露·玉杯》篇"《詩》、《書》序其志,《禮》、《樂》純其養,《易》、《春秋》明其知。"

　　(2)《莊子·天下》篇"《詩》以道志,《書》以道事,《禮》以道行,《樂》以道和,

---

① 《春秋穀梁傳》,宣帝甘露間始立爲博士,不在十四博士之内。《穀梁》之爲今文,古無異辭,但近人有斥爲古文者,詳可參考崔適《春秋復始》卷一。

《易》以道陰陽,《春秋》以道名分。"

（3）《莊子·天運》篇"丘治《詩》、《書》、《禮》、《樂》、《易》、《春秋》。"

（4）《史記·儒林傳》序漢初傳經諸儒,"自是之後,言《詩》於魯則申培公,於齊則轅固生,於燕則韓太傅。言《尚書》自濟南伏生。言《禮》自魯高堂生。言《易》自淄川田生。言《春秋》,於齊魯自胡母生,於趙自董仲舒。"(案《樂》本無經,故從缺)

（5）《荀子·儒效篇》"《詩》言是其志也,《書》言是其事也,《禮》言是其行也,《樂》言是其和也,《春秋》言是其微也。"(案缺《易》)

（6）《商君書·農戰》篇"《詩》、《書》、《禮》、《樂》、《春秋》。"(案缺《易》)

（7）《禮記·經解》"其爲人也,溫柔敦厚,《詩》教也；疏通知遠,《書》教也；廣博易良,《樂》教也；絜静精微,《易》教也；恭儉莊敬,《禮》教也；屬辭比事,《春秋》教也。"(案《樂》《易》次序偶亂)

（8）《禮記·王制》"順先王《詩》、《書》、《禮》、《樂》以造士。"

（9）《莊子·徐無鬼》篇"横説之則有《詩》、《書》、《禮》、《樂》。"

（10）《荀子·儒效篇》"故《詩》、《書》、《禮》、《樂》之歸是矣。"

（11）《論語》"興於《詩》,立於禮,成於樂。"

（12）《論語》"《詩》、《書》、執禮,皆雅言也。"

二、古　文

（1）《漢書·藝文志》"六藝略"序六經次第,首《易》,次《書》,次《詩》,次《禮》,次《樂》,次《春秋》。且《書》先《尚書古文經》,次今文之《歐陽章句》,大、小《夏侯章句》；《禮》先《禮古經》,次今文之后氏、戴氏《經》十七篇；《春秋》先《春秋古經》十二篇,次今文《經》十一卷；又先《左氏傳》,次今文之《公羊傳》、《穀梁傳》。

（2）《漢書·儒林傳》"漢興,言《易》自淄川田生。言《書》自濟南伏生。言《詩》,於魯則申培公,於齊則轅固生,燕則韓太傅。言《禮》則魯高堂生。言《春秋》,於齊則胡母生,於趙則董仲舒。"又下文序漢儒傳經的次第,亦是先《易》,次《書》,次《詩》,次《禮》,次《春秋》,與《史記·儒林傳》全異。(按樂本無經,故從缺)

今古文家對於六經次第的排列,是有意義的；引申些説,説這是表示他們對於孔子觀念的不同,也可以的。所謂意義是什麽呢？就是：古文家的排列次序是按六經產生時代的早晚,今文家卻是按六經内容程度的淺深。古文家以《易經》的八卦是伏犧畫的,所以《易》列在第一；《書經》中最早的篇章是《堯典》,較伏犧爲晚,所以列在第二；《詩經》中最早的是《商頌》,較堯、舜又晚,所以列在第三；

《禮》、《樂》，他們以爲是周公作的，在商之後，所以列在第四、第五；《春秋》是魯史，經過孔子的刪改，所以列在末了。但是我們進一層研究，古文家爲什麼以時代的早晚排列呢？這就不能不說到他們對於孔子的觀念了。他們以爲六經都是前代的史料——所謂六經皆史說——孔子是"述而不作，信而好古"的聖人，他不過將前代的史料加以整理，以傳授給後人而已。簡言之，就是他們視孔子爲一史學家。將孔子視爲古代文化的保存者，不是將他抑與司馬遷輩同流嗎？不是太蔑視他老夫子嗎？不然，他們有他們的理由。他們以爲民族的存亡與歷史有密切的關係，中國民族所以能歷數千年而不致滅亡，實在因爲她有詳密而不絕的史乘的緣故；而古代史乘的"繼往開來"者當首推孔子。章炳麟《國故論衡·原經篇》"國之有史久遠，則亡滅之難。自秦氏以訖今兹，四夷交侵，王道中絶者數矣；然撟者不敢毀棄舊章，反正又易。藉不獲濟，而憤心時時見於行事，足以待後。故令國性不墮，民自知貴於戎狄，非《春秋》，孰綱維是！……孔子不布《春秋》，前人往不能語後人，後人亦無以識前，乍被侵略，則相安於輿臺之分。……此可爲流涕長潛者也。然則……《春秋》之况烝民，比之天地亡不幬持，豈虛譽哉！"①這段話確能將這理由發揮得很明晰。

至於今文家呢？他們是反對這種說法的。他們以爲孔子決不僅僅是一個古代文化保存者！如果孔子是這樣地規模狹小的史學家，則決不成其爲"素王"的孔子了。六經大部分是孔子作的；這裏面固然有前代的史料，但這是孔子"託古改制"的手段。六經的文字是糟粕、是軀殼；他的微言大義，是別有所在的。孟子稱《春秋》"其事則齊桓、晉文，其文則史，其義則丘竊取之矣。"我們對於六經，應該注重在義，不能過於重視事與文。如果孔子僅僅是個史學家，他應該作了一部詳密巨帙的《春秋》，爲什麼這樣地簡略，如後人所斥的"斷爛朝報"呢？而孟子又爲什麼將這樣"斷爛朝報"的東西，比功於禹抑洪水、周公兼夷狄呢？總結一句話：今文家是視孔子爲政治家、哲學家、教育家，所以他們對於六經的排列，是含有教育家排列課程的意味。他們以《詩》、《書》、《禮》、《樂》是普通教育或初級教育的課程；《易》、《春秋》是孔子的哲學、孔子的社會學及政治學的思想所在，非高材不能領悟，所以列在最後，可以說是孔子的專門教育或高級教育的課程。又《詩》、《書》是符號（文字）的教育，《禮》、《樂》是實踐（道德）的陶冶；所以《詩》、《書》列在先，《禮》、《樂》又列在其次。總之，(1)《詩》、《書》，(2)《禮》、《樂》，

---

① 《太炎別錄印度中興之望》及《答鐵錚》二文中也有此意。

(3)《易》、《春秋》,他們的排列,是完全依照程度的深淺而定。(禮是意志的訓練,樂是情感的陶冶;禮是由外而內的教育,樂是由內而外的教育;禮、樂在儒家的教育思想與社會思想上很有重大的意味,須另文討論)《史記‧孔子世家》"孔子以《詩》、《書》、《禮》、《樂》教弟子,蓋三千焉;身通六藝(六經)者,七十有二人。"這就是說:孔子的生徒肄業於普通科的有三千人,而卒業於專門科的僅只七十二人而已。

僅論及區區的六經的次第一事,而今古文的含義的不同已是這樣地巨大,則其餘可想而知了。現將今古文學的同異擇最要的表列於下:

今　文　學	古　文　學
(1) 崇奉孔子。	(1) 崇奉周公。
(2) 尊孔子為受命之素王。	(2) 尊孔子為先師。
(3) 視孔子為哲學家、政治家、教育家。	(3) 視孔子為史學家。
(4) 以孔子為託古改制。	(4) 以孔子為信而好古、述而不作。
(5) 以六經為孔子作。	(5) 以六經為古代史料。
(6) 以《春秋公羊傳》為主。	(6) 以《周禮》為主。
(7) 為經學派。	(7) 為史學派。
(8) 經的傳授多可考。	(8) 經的傳授不大可考。
(9) 西漢皆立於學官。	(9) 西漢多行於民間。
(10) 盛行於西漢。	(10) 盛行於東漢。
(11) 斥古文經傳為劉歆偽造之作。	(11) 斥今文經傳為秦火殘缺之餘。
(12) 今存《儀禮》、《公羊》、《穀梁》(?)及《小戴禮記》(?)《大戴禮記》(?)《韓詩外傳》。	(12) 今存《毛詩》、《周禮》、《左傳》。
(13) 信緯書以為孔子微言大義間有存者。	(13) 斥緯書為誣妄。

三　經今古文的爭論

在西漢哀、平以前(紀元前六年至紀元後五年),立於學官的五經,全是今文;當時古文經傳未出,今古文的名稱也未成立,自無所謂爭論;雖然據現存的古代史籍上的記載——如班固《漢書》——說當時古文經傳已經在民間傳授。那大膽的、系統的提出各種的古文經傳,如《古文尚書》、《逸禮》、《左氏春秋》等,要求建立於學官,以與今文十四博士相爭衡的,實始於劉歆。自從劉歆這樣地提出抗議之後,——指劉歆《讓太常博士書》——今古文的壁壘然後森嚴,今古文的旗幟然後鮮明,而今古文的爭論也就從西漢末年一直延到東漢末年,竟達二百餘年之久(東漢亡於紀元二一九年)。直到鄭玄徧注羣經,混糅今古文的家法,這種熱烈的爭辯總暫行休止；而這件經學上的大公案，也終於各操一辭，不得最後的判決與結果而罷。現在據史籍上顯明的記載，終漢之世，這種爭論，撮其最重要的，大約有四次：第一次是劉歆（古）與太常博士們（今）之爭立《毛詩》、《古文尚書》、《逸禮》、《左氏春秋》，第二次是韓歆、陳元（古）與范升（今）之爭立《費氏易》及《左氏春秋》，第三次是賈逵（古）與李育（今），第四次是鄭玄（古）與何休（今）之爭論《公羊》及《左氏》的優劣。現在依次叙述於下。但於此須附帶地聲明的有兩點：一、現有史籍上關於爭論的材料，每詳於古文而略於今文；這或者因爲古文學大盛以後，今文學攻難的論迹多被删減的緣故。二、他們的爭論，就史籍的文字上觀察，很少說到古文學中心的、重要的一部書——《周官》（即《周禮》）。據賈公彦序《周禮》興廢，說這部書自劉歆校理秘書，纔行叙録，而當時衆儒斥以爲非，後漢今文學大家何休也斥爲六國陰謀之書，則當時必定有一番關於這部書的爭辯，不過現在爭辯的痕迹與證據多不大可考了。這或者因爲這部書的内容、文字及出處不大足取信於人，所以古文學家不敢求立於學官以自弱其論證，也未可知。

第一次的爭論 劉歆要求建立古文經傳於學官，究竟是什麽居心，是什麽動機，現代今古文學家的推論，絶對的不同。據古文學家的話，劉歆憫古籍的殘缺，所以羅網散佚，使儒家的經傳漸臻完備，實在是孔學的功臣；章炳麟《檢論·訂孔上》說：「孔子没，名實足以抗者，漢之鎦歆」（鎦即劉字），則竟將孔劉並稱了。但據今文學家的話，則劉歆僞造羣經，思篡孔統，預爲新莽攘竊漢室的工具，實在是孔學的罪魁；康有爲稱古文經爲僞經，稱古文學爲新學（新莽之學），則今文學派的態度又顯然若揭。我們現在姑且不要作動機論者的信徒，而僅就事實上加以叙述。「劉歆，成帝河平中，受詔與父向校領秘書」①，據說看見許多的古文經傳；到哀帝建平時，「歆親近，欲建立《左氏春秋》及《毛詩》、《逸禮》、《古文尚書》，皆立於學官。」他在消極方面，竭力攻擊今文經傳是殘缺的東西，而殘缺的原因由於秦始皇焚書及禁挾書的緣故。在積極方面，他又竭力宣傳古文經傳的可靠：他或者可以添補現有經傳的殘缺，如《古文尚書》較伏生所傳的《今文尚書》二十九篇多得十六篇，《逸禮》較高堂生所傳的《禮經》（即《儀禮》）十七篇多得三十九篇；或者可以校補現有經傳的脱簡，如以古文《易》校施、孟、梁丘的今文《易》，知脱去無咎悔亡；以《古文尚書》校歐陽、大、小夏侯的《今文尚書》，知《酒誥》脱簡一、《召誥》脱簡二；或者較現有經傳爲信確，如左丘明的《左氏春秋》，是恐怕孔子的口授

---

① 本段文中凡用引用符號""的，多是依録或删録《前後漢書》原文。

的褒貶因弟子異言而作,較《公羊》、《穀梁》經孔子弟子再三傳授而後筆於書的實爲信而有徵。當時"哀帝令歆與五經博士講論其義,諸博士或不肯置對。""歆於是數見丞相孔光,爲言《左氏》以求助,光卒不肯。""歆因移書太常博士,責讓之。"博士們的意見,在史籍上不能詳細考見;但據歆書,說博士們"以《尚書》、《禮》① 爲備,謂左氏爲不傳《春秋》";又反覆説明古文經傳的出處及其可靠,説"此數家之事,皆先帝所親論,今上所考視,其古文舊書皆有徵驗,外内相應,豈苟而已哉!"可想見博士們當時一定一方面竭力自衛的説今文經傳是完備的,一方面竭力攻擊古文經傳是僞託的。劉歆這封信措辭很激烈,(書長不録,詳請參考《漢書》劉歆本傳)"諸儒皆怨恨。名儒光禄大夫龔勝以歆移書,上疏深自罪責,乞骸骨罷。及儒者師丹爲大司空,亦大怒,奏歆改亂舊章,非毁先帝所立。歆懼誅,求出補吏。"於是這次爭論終於這樣地無結果而罷。但直到劉歆佐王莽篡漢、封爵嘉信公的時候,故左將軍公孫禄還説:"國師嘉信公顛倒五經,毁師法,令學士疑惑……宜誅此數子,以慰天下。"可見當時古文派對於劉歆的惡感仍然不淺呢!

第二次的爭論 東漢光武帝建武時,"尚書令韓歆上疏,欲爲《費氏易》、《左氏春秋》立博士,詔下其議。四年正月,朝公卿大夫博士見於雲臺,帝曰:范博士(升)可前平説。升起對曰:《左氏》不祖於孔子而出於丘明,師徒相傳又無其人,且非先帝所存,無因得立。遂與韓歆及太中大夫許淑等互相辨難,日中乃罷。升退而奏曰……近有司請置京氏《易》博士,羣下執事莫能據正。京氏既立,費氏怨望,《左氏春秋》復以比類亦希置立。京、費已行,次復高氏。《春秋》之家,又有騶、夾。如令左氏、費氏得置博士,高氏、騶、夾五經奇異,並復求立,各有所執,乖戾分爭。從之則失道,不從則失人。……今費、左二學無有本師而多反異……謹奏《左氏》之失凡十四事。時難者以《太史公》(即《史記》)多引《左氏》,升又上《太史公》違戾五經、謬孔子言及《左氏春秋》不可録三十一事。詔以天下博士。""陳元聞之,乃詣闕上疏。(疏文空疏,從略。)書奏,下其議。范升復與元相辨難。帝卒立《左氏》學。太常選博士四人,元爲第一。帝以元新忿爭,乃用其次司隸從事李封。於是諸儒以《左氏》之立,論議讙譁,自公卿以下數廷爭之。會封病卒,《左氏》復廢。"於是第二次的爭論也終於似有結果而無結果而罷。但這一次的爭論,依皈古文學的人漸漸增多,操有權威的帝王也漸漸傾向古文,而爭論的對象,又漸漸由《古文尚書》、《逸禮》、《左氏春秋》而轉移至《左氏》,這很可見東西漢學術

---

① 禮字依康有爲説增。

風氣的漸變,與古文學漸興的現象。

二次以後的爭論 二次以後的爭論是零碎的,而且不十分熱烈的,現在併在一氣敘述。章帝"建初元年,詔賈逵入講。帝善逵說,使出《左氏傳》大義長於二傳(指《公羊》、《穀梁》)者,逵於是具條奏之,(奏文以圖讖附會《左氏》,以媚時主,頗淺鄙,故從略)逵又數爲帝言《古文尚書》同異,集爲三卷,帝善之,復令撰齊、魯、韓《詩》與毛氏異同,并作《周官解故》。"同時今文家"李育習《公羊春秋》,頗涉獵古學,嘗讀《左氏傳》,雖樂文采,然謂不得聖人深意,而多引圖讖,不據理體,於是作《難左氏》四十一事。建初四年,詔與諸儒論五經於白虎觀。育以《公羊》義難賈逵,往返皆有理。"到東漢桓、靈間,今文學家"何休作《春秋公羊解詁》,與其師博士羊弼追述李育意,以難二傳,作《公羊墨守》、《左氏膏肓》、《穀梁廢疾》。"當時"鄭玄乃作《發墨守》、《鍼膏肓》、《起廢疾》。休見而歎曰:康成入吾室,操吾矛,以伐我乎!"我們於《後漢書》上尋覓今文學家,著名的寥寥可數;而古文學家則鄭衆、杜林、桓譚、賈逵、馬融輩,盡皆聲名籍籍;今古文學盛替之迹,幾乎成爲東西漢一切政治學術異同特點之一了。現將上文所述表列於下,以清眉目。

次 第	時 期	人 物		對 象	結 果
		今	古		
第一次	前漢哀帝建平、元壽間(紀元前六—一)	太常博士 孔光 龔勝 師丹 公孫禄(附)	劉歆	《古文尚書》(古) 《逸禮》(古) 《左氏春秋》(古) 《毛詩》(古)	古文經傳不得立
第二次	後漢光武帝建武間(紀元二五—五五)	范升	韓歆 許淑 陳元 李封	《費氏易》(古) 《左氏春秋》(古)	《左氏春秋》立於學官旋廢
第三次	後漢章帝建初元年至四年(紀元七六—七九)	李育	賈逵	《左氏春秋》(古) 《春秋公羊傳》(今)	
第四次	後漢桓帝至靈帝光和五年(紀元一四七—一八二)①	何休 羊弼	鄭玄	《左傳春秋》(古) 《春秋公羊傳》(今)	

---

① 何休卒於靈帝光和五年,當紀元一八二年。

四　經今古文的混淆

　　經今古文的熱烈的爭論幾達二百年，爲什麼到後來漸漸地熄滅，連所謂今古文經傳的區別也全不明瞭呢？這不能不歸罪（或歸功）於鄭玄（康成）與王肅。東、西漢的儒者，他們對於經今古文的信仰雖各持一端；但是他們都非常注重"家法"。所以今文學家守今文學的門戶，古文學家守古文學的門戶；今文學家斥古文學家爲"顛倒五經、變亂師法"，古文學家斥今文學家爲"專己守殘、黨同妒眞"。（雖然今文學家也自分門戶，如《詩》分爲齊、魯、韓三家，《尚書》分歐陽、大、小夏侯等，然對於古文學，則合取攻勢）我們只要看杜林、鄭衆、賈逵、馬融注《左傳》、《周禮》不用今文說，何休注《公羊》不用《周禮》說，許慎作《五經異義》，分今文說、古文說，便可了然了。但到了鄭玄，他混亂一切古今文的家法，而自創一家之言。據本傳"玄師事京兆第五元先，始通京氏《易》（今）、《公羊春秋》（今）、《三統曆》、《九章算術》，又從東郡張恭祖受《周官》（古）、《禮記》（今）、《左氏春秋》（古）、《韓詩》（今）、《古文尚書》（古）。"則鄭氏擇師，已含"博學飫聞"之意，不拘拘於家法了。又據本傳，"玄所注《周易》、《尚書》、《毛詩》、《儀禮》、《禮記》、《論語》、《孝經》、《尚書大傳》、《中候乾象曆》，又著《政論》、《魯禮禘祫義》、《六藝論》、《毛詩譜》、《駁許慎五經異義》、《答臨孝存周禮難》，凡百餘萬言。"可見他學成之後，徧注羣經。其著作種類之多，在兩漢幾首屈一指；而其内容，則都兼採今古文。如箋《詩》，以毛本爲主，而又時違毛義，兼採三家；於是鄭《詩箋》行而今文齊、魯、韓三家《詩》廢。注《尚書》用古文，而又和馬融不同，或馬從古而鄭從今，或馬從今而鄭從古；於是鄭《書注》行而今文歐陽、大、小夏侯《尚書》廢。注《儀禮》，也兼用今古文，從今文則注內疊出古文，從古文則注內疊出今文；於是鄭《禮注》行而今文大、小戴《禮》廢。在鄭氏的本意，或以爲今古文相攻擊如仇讎，是經學的不幸現象；爲息事寧人計，於是恃其博學，參互各說，以成其一家之言；所以雖以古文學爲宗，也兼採今文學。而當時學者，一則苦於今古文家法的繁瑣，一則震於鄭氏經術的洽博，所以翕然宗從。但這樣一來，鄭學盛行，而古今文的家法淆然混亂了。

　　在鄭學盛行之後數十年內，曾發生有反鄭學運動；這種運動的開始者是王肅。如果當時他們反對鄭學，以他的混淆今古文家法爲焦點；不但可以得到勝利，而且還能使今古文的家法復活。不料王肅計不出此，乃與鄭學蹈於同一的弊病，於是今古文家法不僅絕無復活的希望，而且汨亂愈甚。按王肅父朗師楊賜，楊氏世傳今文歐陽《尚書》，洪亮吉《傳經表》以肅爲今文伏生十七傳弟子。肅又好賈逵、馬融的古文學，所以他的經術和鄭玄一樣，也是博學今古文者。他的反對鄭學，完全出於個人的好惡，所以或以今文說駁鄭的古文說，或以古文說駁鄭的今文說。而且僞造《孔子家語》、《孔叢子》二書，以爲反鄭專著之《聖證論》的根據。其後肅學雖能藉外孫據爲帝王的權威（肅女適司馬昭，晉武帝炎是他的外孫），將他的《尚書》、《詩》、《論語》、《三禮》、《左氏解》和他的父朗的《易傳》立於學官，使鄭學受一打擊，然而今古文的家法從此更無人過問，而所謂當時儒者也只曉得齗齗於鄭王之爭了。

今文學的衰替，固然由於今古文家法的混淆；但實在還有一種外加的有力的原因①，即當時社會秩序太不安寧，致使專門學術的傳授漸漸斷絕的緣故。漢末黃巾、董卓之亂，三國鼎立紛爭之局，和西晉外族蹂躪之苦，綿延幾達百五十年（黃巾起於靈帝中平元年，當紀元一八四年；西晉亡於愍帝建興四年，當紀元三一六年）；當時學者流離失所，經籍滅裂焚毁，人民救死惟恐不暇，那能説得到古籍的保存與發揚呢！據史籍記載，《齊詩》魏時已亡；永嘉（三一一）之亂，《易》亡施氏、梁邱，《書》亡歐陽、大、小夏侯，《詩》亡《魯詩》、《韓詩》，孟氏《易》、京氏《易》無傳人；《春秋公羊傳》、《榖梁傳》寖衰，雖存若亡。到東晉元帝設立博士，《易》王氏（弼），《尚書》鄭氏，《古文尚書》孔氏（僞孔安國），《毛詩》鄭氏，《周官》、《禮記》鄭氏，《春秋左傳》杜氏（預）、服氏（虔），《論語》、《孝經》鄭氏。所謂西漢今文十四博士，已無一存，而今文學也澌滅殆盡了。

五　經今文學的復興

今文學的衰替，初由於鄭玄、王肅的混淆"家法"，次由於漢末西晉社會的擾亂②。延至隋、唐，僅有所謂"注疏之学"；再延至宋、明，僅有所謂"理學"；雖也有所謂"道問學""尊德性"之爭，但經傳終成了哲學家立論的工具；所謂今文經，所謂"家法"，久已成爲學術史上的陳舊名詞了。不料延至晚清，因社會的趨勢與學者的努力，久成化石的今文學竟居然復活，而且佔據學術界的重要地位，幾有當

---

① "還有一種外加的有力的原因"被改爲"還有一個基本的原因"。——編者註
② "初由於"被改爲"一由於"，"次由於"被改爲"更由於"。——編者註

者披靡之勢,這不能不令吾人驚異了。

　　有清一代學術的變遷,梁啓超謂一言以蔽之,"以復古爲解放"。這話實在很確當①;不過我以爲清儒復古,其解放是消極的自然結果,其積極的目的在"求真"。清初學術界承晚明王學(王守仁)極盛之後,學者束書不觀,游談無根,於是顧炎武等起而矯之,大唱"舍經學無理學"之說。那時漢學初萌芽,大抵以宋學爲根柢,而不分門戶,各取所長,可以說是漢、宋兼采之學,也可以說自明復於宋而漸及於漢唐。這是第一期。乾隆以後,惠棟、戴震等輩出,爲"經學而治經學"之風大昌。說經主實證,不空談義理,於是家誦許(慎)、鄭(玄),而羣薄程、朱。這可以說是專門漢學,也可以說是自宋復於東漢。這是第二期。嘉慶、道光以後,由許、鄭之學導源而上,《詩》宗三家而斥毛氏,《書》宗伏生、歐陽、夏侯而去古文,《禮》宗《儀禮》而毀《周官》,《易》宗虞氏以求孟義,《春秋》宗《公羊》而排《左氏》,西漢十四博士之説至是復明。這可以說是西漢今文學的復興,也可以說是自東漢復於西漢。這是第三期。光緒末年,康有爲作《孔子改制考》,説先秦諸子都是"託古改制",經皆孔子所作,堯、舜皆孔子依託,於是諸子學大興,其影響直及於現代之古史研究者——如友人顧頡剛君②。這可以說自西漢復於周秦,也可以說是超經傳之諸子的研究。這是第四期。

　　依上文所述,可見清代今文學的復興,是當時學術界之自然的趨勢,其發生是溯時代以復古之必然的結果。然此外還有一外加的有力的原因,足以促今文學的復興——一如今文學衰替之含有外因——即道咸以來的政治社會狀態和漢學全盛時期(即第二期)絕對不同的緣故③。乾、嘉之間,一方面社會的秩序比較安寧,使學者可以專心研究;一方面朝廷因異族之故④,時時橫施權威,使學者不敢作"經世"之想;所以當時學者羣趨於"與世無競"之漢學研究。章炳麟《檢論·清儒篇》所謂"多忌,故歌詩文史楛;愚民,故經世先王之志衰。家有智慧,大湊於説經;亦以紓死,而其術近工眇踔善"。這幾句話,很能説明清代第二時期漢學興盛的原因。但一到了道光、咸豐以後,情勢完全不同了。内則有太平天國之亂,使滿廷的權威漸漸衰替;外則自"鴉片戰爭"以後,外族的壓迫與日俱增。當時智識階級的秀出者,懼陸沉之有日,覺斯民之待拯;所以一方面對於當時學者齗齗

---

① "實在很確當"被改爲"有相當理由"。——編者註
② "如友人顧頡剛君"被删掉。——編者註
③ "一外加而有力的原因"被改爲"一個基本原因"。"外因"也改成"基因"。——編者註
④ 後一個"一方面"被改爲"更重要的"。——編者註

於訓詁名物之末而致其不滿,一方面震於《公羊》中"張三世""通三統""絀周王魯""受命改制"等"非常異義可怪之論",而假借經學以爲昌言救世的護身符。這固然不能武斷的說晚清今文學家都是如此,但我們只要看龔自珍、康有爲假借經義譏切時政的態度,便瞭若觀火了!

清代今文學復興的出發點是《春秋公羊傳》;這是不足怪的,因爲當時所謂十三經中,惟有何休的《公羊解詁》是今文家言。至於復興今文學的首倡者,當推莊存與。他和戴震同時,但治學的塗徑完全和震不同。他著《春秋正辭》一書,不講漢學家所窮究的訓詁、名物,而專講所謂"微言大義",可以說是清代今文學的第一部著作。但他個人並不是絕對的今文學者,他於這部書之外,還著有《周官記》《周官說》《毛詩說》等關於古文經傳的書(均見《味經齋遺書》)。到了他的弟子宋翔鳳、劉逢祿,今文學才漸漸的成立。宋喜附會,雜採讖緯,實不足稱。至於劉,則專主董仲舒、李育之說,作《春秋公羊經傳何氏釋例》(簡稱《公羊釋例》)、《公羊何氏解詁箋》、《左氏春秋考證》等書。《公羊釋例》一書,應用漢學家治學的方法——即近人所謂近於科學的方法①——有例證,有系統,有斷案,在清代一切著作中也可算是出色者。所以以章炳麟之信從古文,亦推許他,說是"屬辭比事,類列彰較,亦不欲苟爲恢詭;其辭義溫厚,能使覽者說繹"。這可想見他的價值了。莊、宋、劉都是常州人,當時稱爲常州學派,以別所謂吳派(惠棟)、皖派(戴震)。但後來這派學說漸漸得人信從,所以不一定限於常州人,如仁和的龔自珍、邵懿辰,德清的戴望(均浙籍),邵陽的魏源(湘籍),都是這派中的著名者。龔是漢學家段玉裁的外孫,富有天才。他雖沒有關於今文學之專門的著作,但喜引用《公羊》義例,以批評朝政,詆排專制。不過他終是才勝於學,喜博嗜奇,所以一方治《公羊》,一方又襲章學誠"六經皆史"之說,以自陷於古文家言。魏源與龔很相得,喜言經世,後不遇,乃轉而治經。他曾著《詩古微》,攻擊《毛傳》及大、小《序》,而專主齊、魯、韓三家;又著《書古微》,說不僅閻若璩所攻擊的古文《尚書》孔傳是偽造,就是東漢馬融、鄭玄的古文《尚書》也不是孔安國的真說。同時邵懿辰著《禮經通論》,說《儀禮》十七篇並非殘缺,所謂古文《逸禮》三十九篇,全是劉歆偽造。戴望又引《公羊》義例以注《論語》,於是今文學的範圍更逐漸推廣。總之,自魏書出而《詩》、《書》始復於西漢,自邵書出而《禮》始復於西漢,於今文學的復興

---

① "即近人所謂近於科學的方法"一句被刪掉。——編者註

不能謂無功績;章炳麟斥魏爲"不知師法略例,又不識字",斥邵爲"倒植"①,實在不免有阿其所好之嫌。但當時對於今文學的復興,還有一有力的援軍:即當時輯佚之風很盛,關於西漢今文博士的遺説,考輯頗備;如馮登府的《三家詩異文疏證》、迮鶴壽的《齊詩翼氏學》、陳壽祺的《三家詩遺説考》及其子喬樅的《今文尚書經説考》、《尚書歐陽夏侯遺説考》、《詩經四家異文考》、《齊詩翼氏學疏證》等書,都可以與今文學者以有力的援助。不過這些學者僅僅考證今古文學的不同,並非有力主今文而排古文,所以我們不稱爲今文學者。延至光緒間,善化皮錫瑞著《五經通論》及《經學歷史》等書,以授初學者,也偏主今文。又湘潭王闓運以今文義徧注羣經;但王以文學著,經學造就實不足稱。他的弟子廖平(廖前數年尚任成都高師教授)承其學,著《四益館經學叢書》十數種,其中以《今古學考》一書爲最有系統。廖爲人蓋敏於學而怯於膽,初持古文爲周公、今文爲孔子之説,繼進而主張今文爲孔子的真學、古文爲劉歆的僞品,都不失爲今文學家之言;但後來受張之洞的賄逼,竟言今文是小説,古文是大統,以自相矛盾。近著《孔經哲學發微》(中華書局出版),極附會荒唐之能事,真不知是在説什麽話了。那時襲廖的舊説而成爲集清代今文學的大成者,是南海康有爲。康初從同縣朱次琦學。朱治經,雜糅漢宋、古今,不講家法;所以康早歲好《周禮》,嘗著《政學通議》一書。其後見廖書,因盡棄舊説,專致力於今文學,先著《新學僞經考》一書,——説古文經傳是劉歆僞造,所以稱爲僞經;古文學是新莽時之學,不是漢學,所以稱爲新學。在這部書出世以前的今文學著作,大抵是部分的、片段的;到這部書,然後綱羅一切,對於古文學下根本的攻擊;大意是説:一、西漢經學無所謂古文,一切古文都是劉歆僞造。二、秦始皇焚書,六經並未受災,西漢今文十四博士的傳本並無殘缺。三、篆隸之説不足信,孔子時所用字體就是秦漢時通行篆書,就是字體説,也無所謂古今文。四、劉歆想遮掩作僞的痕迹,所以校中秘書時,對於一切古書多加淆亂。五、劉歆作僞的動機,是想佐莽篡漢,所以崇奉周公而毁滅孔子的微言大義。六、古文學所以流傳,是因爲東漢的"通學"者及鄭玄的混淆家法。繼著《孔子改制考》一書,説先秦諸子都是託古改制,所以六經是孔子所作以宣傳的書册,堯舜是孔子所託的理想社會。這部書是康著《大同書》之歷史的初步著作,其性質實是超今文學的,不過内容仍然是由《公羊》中"通三統""張三世""受命改制"等義演繹而來。依康著《大同書》中所描寫的理想社會,簡直是無治主義

---

① 均見《檢論·清儒》。

者的理想；但康迷失於三世(據亂世、小康世、大同世)之說，以現世爲據亂世，所以力主君主立憲，以實現其小康世的理想；又感於舊君的私恩，復一變而爲復辟論者。以極左的急進的思想家，經過兩次的"右轉走"，遂一變而爲極右的復辟論者；我們於此，不能不感到應用學術思想之應該萬分愼重了。康現在爲國人所不齒，但在學術史方面，除他的武斷外，實在自有他的立足點。康弟子梁啓超近著《清代學術概論》，自稱爲今文學派之猛烈的宣傳運動者，其實梁對於今文學沒有專門的著作，其對於國內思想界的貢獻另有所在，實在不能稱爲今文學者。至於近時純粹的今文學者，除廖、康外，不能不推北大教授吳興崔適。崔繼康《僞經考》的研究，著《春秋復始》，說《穀梁》也是古文；又著《史記探原》，說《史記》是今文學，其所以雜有古文說，全是劉歆的羼亂，以爲他自己主張古文經傳的根據。此外近人如顧頡剛、胡適，其學術思想，實也受有今文學的影響；但他們受他方面學術的影響較多，也不能稱爲今文學者①。於此須附帶聲明的，就是：清代的今文學者，他們在大體上對於排斥古文而信從今文一點是相同的；至於細節上，他們排斥古文至若何程度，信從今文至若何程度，那就各不相同；但我們爲篇幅所限，只得從略了。又次，清代的復興的今文學已不是西漢的原始的今文學，我們只要以齊《詩》誣妄的五際說與康有爲的孔子託古改制說一比較，便可知學術思想相去的遼遠了。

六　經今古文學與其他學術的關係

　　如果經今古文的異同，只是經學上無聊的爭辯，好像他們之爭辯聖人是否"無父感天而生"一樣，那末，我們實在不合算枉費精力與時間這樣絮絮地去叙述；無奈這種異同的爭辯，不僅僅是經學上自身的問題或文化史上已死的陳迹，而竟與中國其他學術有重要而密切的關係。——假使我們還承認中國其他學術尚有研究的價值，而不想把他丟在毛厠裏②。依我的私見，他與其他學術的關係，較爲顯著的，大約有四：一、古代學術思想的研究，二、古代史的研究，三、史學的研究，四、文字學的研究。

　　一、今古文學與古代學術思想的研究　　我們研究先秦的學術思想，無論你

---

　　① "此外近人"一句被刪除。——編者註
　　② "丟在茅廁裏"被改爲"全盤西化的怪論"。——編者註

是宗信儒家或排毁儒家，都不能不承認孔子在當時或後世是具有相當的權威，而當加以精密的研究；但經今古文兩派對於孔子的觀念就是絕對的不同，我們究竟何所適從呢？無論你在情感方面，對於孔子尊爲素王，宗爲先師，抑或斥爲頭腦不清之古代思想家；但孔子的真面目究竟是什麼呢？最近有些學者主張研究孔子，用一種超經傳的方法，即捨棄一切今古文的爭論，而由《論語》等稍爲可靠的書籍入手；但我以爲今古文學家或者可作爲我們研究的初步的助手；我們的目的，固然是超經傳的，但爲方法上的便利計，對於今古文說，絕對不能取"得魚忘筌"的手段嗎？這些都是在研究古代學術思想的方法上成問題的。我個人是比較傾向今文的，我覺得近代今文學家固然有許多地方不免過於武斷、誇大、誣妄，如有些學者們所譏刺；但他們給孔子以歷史上的一個哲學家的地位，比較古文學家僅視孔子爲一個古代文化保存者的史學家，的確高明得多。并且他們説孔子託古改制，表面上是尊崇儒術，而實際夷與先秦諸子同列，比之古文學家尊崇古代實際政治家的周公而以孔子爲他的承繼者，實較有貢獻，而能爲我們研究先秦學術思想史上去一障蔽。現代有些學者們，大談其古代思想，而先不明瞭今古文的派别；或於古文學本無深切的研究與信仰，而故意立異，欲與治今文者相抗爭，如南京某大學國學系的幾位教授們；在淺鄙的私意，都覺得不大妥當；但這也不過就我個人治學的嗜好而略抒所見而已。

二、今古文學與古代史的研究　今文學與一切學術關係最大而最密切的，當首推古代史的研究。本來治中國歷史的人有兩種相反的觀念：一種以爲中國古代的文化在堯、舜或堯、舜以前已經十分燦爛，以後不僅無進步，而且自春秋、戰國以來每況愈下。這派姑名爲舊派，他們以"黄金時代"，在古代已經實現過，所以略帶有悲觀的、復古的色彩。一種以爲中國古代文化的燦爛期，不在孔子所叙述的堯、舜，而在諸子爭鳴的春秋、戰國時候，以後雖受專制政體的影響而没有長足的進步，但今後努力奮振，不見得没有相當的希望。這派姑名爲新派，他們相信人類一切社會都是漸漸進化，中國自然也不能例外，所以比較的帶有樂觀的、革新的色彩。我敢武斷地説一句，這兩派觀念的不同，實在受經學上今古文的影響。前一派——舊派——一如古文學家，相信孔子所描寫的堯舜時期的文明是真實的，相信《周禮》是周公治平天下之已實行或預計的制度。而後一派——新派——則採取今文學家的態度，以爲古籍上堯、舜時期文化的描寫完全是孔子"託古改制"的宣傳手段，和老、莊之託於太古，許行之託於神農，墨翟之託於夏禹，是一樣的把戲；至於《周禮》，至早也是戰國時候的理想的作品，決不是什麼周公的東西。他們更由此進一步而推翻古代一切相傳的史實。顧頡剛說："古代的史實完全無異於現代的傳說：天下的暴虐歸於紂與天下的尖刻歸於徐文長是一樣的。紂和桀的相像與徐文長和楊狀元的相像是一樣的。"①胡適說："包公身上推着許多有主名或無主名的奇案,正如黃帝周公身上推着許多大發明大制作一樣。李宸妃故事的變遷沿革也就同堯舜、桀紂等等古史傳說的變遷沿革一樣,也就同井田、禪讓等等古史傳說的變遷沿革一樣。"②這可見他們態度的急進了。但是,我們要知道,新史學家的顧、胡的學說,實在是今文學家而爲現社會所不齒的康有爲的諸子託古改制說之進一步的討論；所以無論贊成或反對他們,都須於今古文學有相當的明晰的解悟③。以上所述,還是說今古文學與治古代史的根本觀念的關係；至於論及古代的史實,如制度等等,那今古文學的關係與異同更其複雜而繁瑣了。——雖然有些學者對於這些異同以"三代制度不同"一句浮滑的話了之。現在僅就制度中之較重要者,表列於下,以明古代史實傳說的不同,並以明治古代史者之不能捨棄經今古文學的研究。

制　度	今　文　說	古　文　說
封　建	(1) 分五服,各五百里,合方五千里。 (2) 分三等：公侯方百里,伯方七十里,子男方五十里。 (3) 王畿內封國。 (4) 天子五年一巡狩。	(1) 地分九服,亦各五百里,並王畿千里,合方萬里。 (2) 分五等：公方五百里,侯方四百里,伯方三百里,子方二百里,男方一百里。 (3) 王畿內不封國。 (4) 天子十二年一巡狩。
官　制	(1) 天子立三公、司徒、司馬、司空、九卿、二十七大夫、八十一元士,凡百二十。 (2) 無世卿,有選舉。	(1) 天子立三公,曰：太師、太傅、太保,無官屬。又立三少以爲之副,曰：少師、少傅、少保,謂之三孤。又立六卿,曰：冢宰、司徒、宗伯、司馬、司寇、司空。六卿之屬大夫士庶人在官者,凡萬二千。 (2) 有世卿,無選舉。

---

① 見《語絲》第二期《古史雜論》一。顧又有論夏禹非實有其人,而含有神話性質,見《努力》附刊之《讀書雜誌》。
② 見《現代評論》第一卷第十四十五期《貍猫換太子故事的演變》。
③ "顧頡剛"以下至此皆被刪除。——編者註

續　表

制　度	今　文　説	古　文　説
祭　記	(1) 社稷所奉享皆天神。 (2) 天子有太廟,無明堂。 (3) 七廟皆時祭。 (4) 禘爲時祭,有祫祭。	(1) 社稷所奉享皆人鬼。 (2) 天子無太廟,有明堂。 (3) 七廟祭有日、月、時之分。 (4) 禘大於郊,無祫祭。
賦　稅	(1) 遠近皆取什一。 (2) 山澤無禁。 (3) 十井出一車。	(1) 以遠近分等差。 (2) 山澤皆入官。 (3) 一甸出一車。
其　他	(1) 天子不下聘,有親迎。 (2) 刑餘不爲閽人。 (3) 主薄葬。	(1) 天子下聘,不親迎。 (2) 刑餘爲閽人。 (3) 主厚葬。

三、今古文學與史學的研究　中國史籍不能不算豐富,但討論或研究史籍的史學則異常不發達。就我們所知,較有系統而有價值的,當首推唐劉知幾的《史通》和清章學誠的《文史通義》、《校讎通義》。劉氏作《六家》、《申左》諸篇,於《左氏春秋》、《漢書》,則加以褒許;於司馬遷《史記》,則時施譏評。章氏則大唱其"六經皆史"説,而竭力崇奉劉歆、班固。這二人,如果用今古文學的觀點去觀察,可以説都帶有極重的古文學的氣息;因爲我們假使採取今文學的主張,則結論恰恰和他們相反。今文學以爲《左氏春秋》不僅不是傳孔子的《春秋》,如《公羊傳》、《穀梁傳》等之得稱爲《春秋左氏傳》;而且是劉歆屢撮僞託之作,其價值還遠在《國語》之下。那末,劉氏稱《左氏春秋》謂"其言簡而要,其事詳而博,信聖人之羽翮,而述者之冠冕"的話,完全不能同意了。至於班固,他本生在古文學盛行的東漢,而又是一個康有爲所稱爲"通學"者,他的《漢書》大部分仍襲古文學創始者劉歆的舊文或主張。如《漢書》中的《藝文志》,幾乎完全抄襲劉氏的《七略》,在章氏的《校讎通義·宗劉》諸篇崇奉甚力,但康有爲《僞經考》則特作《藝文志辨僞》上下二篇,謂《藝文志》六藝略之罪凡五:顛倒六經的次序,其罪一;以僞古經列於孔子今文經之上,其罪二;盛稱僞作的經傳,而詆斥當時博士之學,其罪三;提倡訓詁形聲之學,以滅没孔子的微言大義,其罪四;奪孔子之學與教以上託於文王、周公,其罪五。自然,經學與史學的觀點不盡相同,但史以信實爲第一義,現在《漢書》既時有掩護作僞的嫌疑,則劉氏所稱"言皆精練,事甚該密"的話又不可信了。《史記》一書,學者毀譽不同。劉氏斥謂"所載多聚舊記,時採雜言,故使覽之

者事罕異聞而語饒重出。"但今文學家則以爲司馬遷生在僞經未出之前,又習聞今文學大家楊何、董仲舒之説①。所以其説多與今文學符合,其中如五帝、夏、殷、周《本紀》,周公、孔子《世家》,孔子弟子、儒林《列傳》,《太史公自序》諸篇,於經學及史學上都是具有威權的著作。至書中雜亂的語句,如《自序》中"年十歲則誦古文,"《儒林傳》中"孔氏有古文《尚書》,安國以今文讀之,逸《書》得十餘篇"等,則係劉歆故意竄亂,以爲顛倒五經的佐證。總之,就今文學家的觀點,則《史記》是信史,《左傳》是僞品,《漢書》是掩僞之書。中國的史學研究本不發達,而以今文學的眼光去研究史學的,除崔適的《史記探原》外,還没有其他有系統的著作。我們信從今文學或允許用今文學的觀念去治史學,固然還是一個有待討論的問題;但今文學和史學之不能絶無關係,那我們就無法否認了。

四、今古文學與文字學的研究 清代學術的正統派是"漢學",而"漢學"的中心學科是文字學,我們如果説中國二千年來的文字學以清代爲最發達,決不是一句武斷的話。但是一到晚清今文學復興之後,文字學卻受一種消極的影響。清代今文學的復興,是所謂"復東漢於西漢",或"革鄭、許而崇博士"的運動,所以他們對於當時正統派的中心學科——文字學,施以猛烈的攻擊。他們以爲:第一,文字學不過是治經的一種工具,如終身窮究訓詁形聲,那就決不能得到孔子寄託於六經中的微言大義,這無異於成語所謂"買櫝還珠"。第二,漢代倡道文字學之最力者是劉歆,而劉歆所以倡道訓詁、形聲之學,實有掩護僞造的"古文"的嫌疑。第三,文字學者所認爲最有權威的書籍,在訓詁方面是《爾雅》,在形義方面是《説文》;但《爾雅》多與《毛詩》、《周禮》合,《説文》也多襲古文學言,都不足憑信。第四,文字學者所視爲金科玉律的"六書説"和"古文篆隸之分",都是僞造或信奉古文學者的搗鬼,實在毫無根據。現在依次略述大意如下:廖平《知聖篇》説:"惠、戴挺出,獨標漢幟,收殘拾墜,零璧斷圭,頗近骨董家;名衍漢學,實則宗法莽歆,與西漢天涯地角,不可同日語。江、段、王、朱諸家,以聲音、訓詁、校勘提倡天下,經傳遂遭蹂躪。不讀本經,專據《書鈔》、《藝文》隱僻諸書,刊寫誤文,據爲古本,改易經字。白首盤旋,不出尋丈。諸家勘校,可稱古書忠臣;但畢生勤勞,實未一飽藜藿。"這種攻擊文字學的話,不免近於武斷,且易發生極大的流弊,如戴震所譏的"宋以來儒者,以己之見硬坐爲古聖賢立言之意,而語言文字實未

---

① 《史記·太史公自序》言遷父談"習《易》於楊何",又有"余嘗聞董生曰"的話。

之知";①但是對於沉溺於聲音、訓詁的研究而拋棄其他一切學術思想的學者,實在是一個當頭棒喝。康有爲《僞經考》說:"小學者,文史之餘業,訓詁之末技,豈與六經大道並哉!六藝之末而附以小學……此劉歆提倡訓詁,抑亂聖道,僞作古文之深意也。"又說:"歆既徧僞羣經,又欲以訓詁證之……自此經學遂變爲訓詁一派,破碎支離,則歆作俑也。"②他并且列舉若干證據,以證實劉歆的罪狀。這些罪狀,固然還待考核;而劉歆之能否這樣地不憚煩與能否有這樣的精力,也都有待於討究;但治文字學者決不能就憒憒地斥爲讕言。《爾雅》一書,相傳為周公作,其誣妄不言可知。孫星衍在《爾雅釋地四篇後叙》說"《爾雅》所紀則皆《周官》之事",陳啓源《毛詩稽古編》考《爾雅》與《毛傳》多同,所以康有爲說:"《爾雅》訓詁以釋《毛詩》、《周官》爲主。釋山則有五嶽,與《周官》合,與《堯典》、《王制》異。釋地九州與《禹貢》異,與《周官》略同。釋樂與《周官》大司樂同。釋天與《王制》異。祭名與《王制》異,與《毛詩》、《周官》合。若其訓詁,全爲《毛詩》;……時訓三家,以弄狡獪。"至許慎《說文》,自段玉裁《注》行世後,如日中天,幾爲初學必讀之書;但許氏實東漢古文學大家,《說文序》說:"其稱《易》費氏、③《書》孔氏、《詩》毛氏、《禮》、《周官》、《春秋左氏》、《論語》、《孝經》,皆古文也。"則《說文》爲古文學的附庸,實很顯著。所以康有爲於《僞經考》中特附《說文序糾繆》一文,斥許慎爲劉歆的功臣,說"歆僞經之光,大則賴鄭玄之功;僞字之光大,則賴許慎之力。……篡孔子之聖統,慎之罪亦何可末減哉!"且《說文》中所謂六書,所謂古文,所謂篆、隸之分,在康氏都以爲不可考信。六書說僅見於《周官》保氏,而不見於他書;《左傳》有"止戈爲武、反正爲乏"的話,適足證古文經傳的相同;其後漢儒言六書,惟有許慎《說文》及鄭玄《周官注》,而博士們則絕無談及;凡此,都不能不啓今文學者的懷疑。康氏對於六書說的本身,許爲條理甚備;但因爲劉歆"僞託於經,則不得不惡而辯之。"至於古文的不足信,第一不合於文字由繁而簡的原理;桂馥謂"小篆於籀文則多減,於古文則多增";則小篆於籀,其理順而可信;籀於古文,其理逆而可疑。第二,古文出於孔子壁中,而壁中得書的事,今文學者就根本不信,而斥爲劉歆僞託的初步。第三,新莽居攝時,重定六書,一曰古文,二曰古文奇字,則劉歆更有借莽勢以行僞古學的嫌疑。至區分篆、隸之不足信,第一,篆、隸不過用筆圓長方折的不

---

① 見《東原集》與某書。
② 均見《僞經考·漢書藝文志辯僞》下。
③ 費氏原書作孟氏,依章炳麟及康有爲說改。見《檢論·清儒》及《僞經考》卷九《說文序糾繆》。

同,一如真書、行書的微異,並不是字體的殊異。第一,文字的變遷,是風氣的漸移,不關人事的改作;如真書興於魏晉,但無人能指爲誰作,所以杜邈造隸書的話決不可信。第三,《漢書·藝文志》謂"隸書施之於徒隸",陳千秋説"劉歆僞撰古文,欲黜今學,故以徒隸之書比之,以重辱之",也的確有相當的理由。總之,今文學者並不反對文字學的研究,但現今的文字學都局促於古文學説之中,實有改造的必要。這或者可以與治文字學者以一種解放的勇氣,似乎決不能憤慨地就斥今文家言爲鹵莽滅裂吧!

七　經今文學在學術思想上的價值

國内學者對於經今古文的態度,大抵不出四派:一派不明瞭經學有所謂今古文的異同,一派堅守今文,一派專治古文,最近一派又有超今古文而研究孔子或古代史的趨勢。第一派不明學術塗徑,可以置而不論。第三第四兩派所以不滿意於今文學,大抵以爲西漢今文學,如齊《詩》五際六情之説,聖人感天無父之争,以及董仲舒取蛙祈雨之術,直同原人思想,或類方士術數,的確不配稱爲學術思想;至於清代的今文學者,則斥古經不免武斷,信緯書實近誣妄,而各人對於今文學的見解,亦復各執一辭。這種批評的話,都是頗中肯綮;并且我也不是專治今文學者,實無用其辯論或掩護。不過我們平心而論,清代今文學在中國學術思想上,也自有其相當的價值與功績,未可一概抹殺。就普通的影響説,在消極方面,能發揚懷疑的精神;在積極方面,能鼓勵創造的勇氣。就實際的結果説,在消極方面,使孔子與先秦諸子平列;在積極方面,使中國學術,於考證學理學之外,另闢一新境地。

學術發達之有待於懷疑精神,自不待言;清代學術界自胡渭的《易圖明辨》,對於宋儒假託於羲、文、周、孔的《易》學,詆爲誣妄,閻若璩的《尚書古文疏證》,對於晉人僞託於孔安國的孔壁古經,證爲贋品,已啓懷疑經典的緒端。到今文學者,於《詩》則斥《毛傳》,於《書》則斥古文《尚書》,於《禮》則斥《周官》,於《易》則斥費氏,於《春秋》則斥《左傳》,舉千餘年來學士大夫所奉爲聖經賢傳而不敢稍加誹議的東西,而大聲狂呼,斥爲劉歆僞造,以爲佐莽篡漢的工具;則其懷疑的精神,在中國歷來的學術界,實少其匹。在我們現在,即如某君之呼孔子爲孔二,也不足詡爲勇者;但在數十年前,孔子經傳還握有絶大權威而含有宗教性的時候,居然有人斥其中一部分是僞造,其膽識不能不令我們有相當的欽佩。這比如在共和政體之下指斥君主專制①,毫不爲奇;而在獨夫恣睢時代,鮑敬言倡無君,唐甄言抑尊,則不能不稱爲急進的思想家了。我們只要看廖平受威逼而變說,康有爲著《僞經考》而被焚禁,則大可看見當時今文學者爲提倡懷疑精神而被壓迫了。至於所謂鼓勵創造的勇氣,是指今文學者能揭出孔子的創造精神以相號召而言。本來孔子學術思想的真面目,我們到現在還沒有完全的真切的了解,雖然我們崇奉孔子爲先聖或先師已經有二千餘年之久。梁啓超說:"寖假而孔子變爲董江都、何邵公矣,寖假而孔子變爲馬季長、鄭康成矣,寖假而孔子變爲韓退之、歐陽永叔矣,寖假而孔子變爲程伊川、朱晦庵矣,寖假而孔子變爲陸象山、王陽明矣,寖假而孔子變爲顧亭林、戴東原矣。"②這話頗能痛快地指斥中國數千年來學術冒牌失真的弊病。所以清代今文學者所描寫的孔子,是否能得到孔子的真象,還是疑問;不過他們特別提出孔子的創造的改革的而帶有熱情的精神,比較董、何的專己守殘之學,馬、鄭的經傳注疏之學,韓、歐的文章格調之學,程、朱、陸、王的個己修養之學,顧、戴的名物考證之學,的確不能說不稍高一籌。他們說孔子決不是一個老學究式的古代文化保存者;他熱情的主張救世,堅決的主張改革;他想依其力之所及以創造新社會,他想藉其學之所就以建設新學派;他栖栖遑遑席不暇煖,無非是救當時陷於水深火熱的人類;他孜孜矻矻著述六經,也無非是救當時或後世的陷於水深火熱的人類。我們讀《論語》"鳥獸不可與同羣,吾非斯人之徒與而誰與"的話,的確使我們不能不從内心敬仰這個熱情的救世者。總之,經學上自有清代的今文學,然後孔子纔脫離迂緩的、頑固的、瑣屑的氣味,而與我們以偉大的熱情的印象。使孔子思想從瀰漫的死氣裏,一變而含有新鮮的生命,這不能不感謝今文學者的功績。

　　至於今文學發生後的結果,在消極方面,使孔子與先秦諸子平列,在積極方面,於考證學、理學之外另闢一新境地,這都不是今文學者所預計或及料的。本來今文學者研究經傳,研究孔子學術,還是仍襲漢武罷斥百家、尊崇儒教的傳統的荒謬的思想,還是視孔子與先秦諸子絕對不同;但自康有爲作《孔子改制考》,說孔子著經是託古改制、諸子著書也是託古改制,孔子之贊許堯、舜、文王,無異於老、莊之稱譽太古,許行之稱譽神農,墨翟之稱譽夏禹,都是一種宣傳的手段。在康的本意,是說明孔子創教,以尊崇孔子;但結果,孔子的六經與莊生的寓言相

---

① "共和政體"被改爲"民主政體"。——編者註
② 見《清代學術概論》頁一四四引壬寅年《新民叢報》。

等，孔子的手段並不比諸子高明，於是孔子的地位與經典的尊嚴發生搖動；而儒家不過周秦諸子中的一派的思想，自然會順勢而起。加之當時考證學發達，經史之外，旁及諸子，於是諸子學漸漸興盛，不似往昔的被抑。我們現在對於古代學術，所以能從孔學中解放出來而自由研究，固然是時勢的變異，但今文學者不無促成的微功。至對於中國學術界另闢一新境地，則殊明顯。因爲中國學術大體不出兩派：一派是東西漢及清中葉的考證學，專門在名物、訓詁上用功夫；一派是宋明及清初的理學，專門在心性、理氣上去鑽研。到了清末的今文學者，他們不在文字上着力，也不在修養上的着力，而專門着眼於社會制度的改革。這派的研究，在漢學家或斥爲"無稽不信"，在宋學家或詆爲"本末倒置"；但是無論如何，我們不能不承認今文學者是於漢宋學之外另樹一新學派，另闢一新境地呢！

八　經今文學的重要書籍

一　《僞經考》① 　康有爲　萬木草堂刊本、鉛印本

二　《孔子改制考》　康有爲　萬木草堂刊本、鉛印本

三　《今古學考》　廖平　《四益館經學叢書》本、《適園叢書》本

四　《知聖篇》　廖平　《四益館經學叢書》本

五　《經話》　廖平　《四益館經學叢書》本

六　《五經通論》　皮錫瑞　原刻本、商務印書館影印本

七　《經學歷史》　皮錫瑞　原刻本、羣益書局鉛印本、商務印書館影印本

八　《史記探原》　崔適　木刻本、北平大學鉛印本

以上通論

一　《魯詩故》《古經解彙函》本

二　《齊詩傳》《古經解彙函》本、《玉函山房輯佚書》本

三　《齊詩翼氏學》　迮鶴壽　《續清經解》本

四　《齊詩翼氏學疏證》　陳喬樅　《續清經解》本

五　《韓詩故》《古經解彙函》本

六　《韓詩説》《玉函山房輯佚書》本

七　《韓詩內傳》《玉函山房輯佚書》本

---

① 《僞經考》後改爲《新學僞經考》。——編者註

八　《韓詩外傳》　版本甚多，《古經解彙函》本可閱
九　《薛君韓詩章句》　《古經解彙函》本、《玉函山房輯佚書》本
十　《詩考》　王應麟　《玉海》本
十一　《重訂三家詩拾遺》　范家相著、葉鈞重訂《嶺南遺書》本
十二　《三家詩補遺》　阮元　《觀古堂彙刻書》本
十三　《三家詩補注》　丁晏　《清經解》本
十四　《三家詩異文疏證》　馮登府　《清經解》本
十五　《三家詩遺說考》　陳壽祺、陳喬樅　《續清經解》本
十六　《詩四家異文考》　陳喬樅　《續清經解》本
十七　《詩四家異文考補》　江瀚　《晨風閣叢書》本
十八　《三家詩義疏》　王先謙　原刻本
十九　《詩古微》　魏源　原刻本、《續清經解》本
以上《詩》
一　《尚書大傳》　《古經解彙函》本
二　《尚書歐陽章句》　《玉函山房輯佚書》本
三　《尚書大夏侯章句》　《玉函山房輯佚書》本
四　《尚書小夏侯章句》　《玉函山房輯佚書》本
五　《今文尚書經說考》　陳喬樅　《續清經解》本
六　《尚書歐陽夏侯遺說考》　陳喬樅　《續清經解》本
七　《書古微》　魏源　原刻本、《續清經解》本
以上《書》
一　《禮經通論》　邵懿辰　《續清經解》本、國學扶輪社鉛印單行本
以上《禮》
一　《周易施氏章句》　《玉函山房輯佚書》本
二　《周易孟氏章句》　《玉函山房輯佚書》本
三　《周易梁丘氏章句》　《玉函山房輯佚書》本
四　《周易京氏章句》　《玉函山房輯佚書》本①
以上《易》
一　《公羊嚴氏春秋》　《玉函山房輯佚書》本

---

① 後增"五、《京氏易傳》，学津討源本、津逮秘书本"。——編者註

二　《春秋公羊嚴氏記》《玉函山房輯佚書》本

三　《春秋繁露》　董仲舒　版本頗多,《古經解彙函》本可閱

四　《春秋董氏學》　康有爲　萬木草堂刊本

五　《公羊何氏釋例》　劉逢禄　《清經解》本

六　《公羊何氏解詁箋》　劉逢禄　《清經解》本

七　《左氏春秋考證》　劉逢禄　《清經解》本

八　《春秋復始》　崔適　北平大學鉛印本

以上《春秋》

一　《齊論語》《玉函山房輯佚書》本

二　《論語述何》　劉逢禄　《清經解》本

三　《論語注》　戴望　《南菁學院叢書》本

以上《論語》

以上所舉的,都是研究經今文學的重要書籍;因爲手頭書籍的缺乏和時間的過於匆逼,所以決不敢自謂完備。開列大批的書目,在最近的刊物,似乎成了最可厭的時髦的事,不學如余,實不敢而且不願自附後塵;不過在本文中指示初學者,這實在是一條捷徑,所以終於不自主地著筆了①。我並不以爲青年可寶貴的時間太多,可作爲的事太少,一定要他們在這故紙堆中鑽研;我不過指示在近代視爲最無聊的這樣一件經學上的公案②,已經費了古今無數學者的精神與光陰而已。如果少數的學子們,以好玩的態度,願意在這裏面嘗點異味,那也不用使若何的大勁③,能够披閱康有爲的《僞經考》、廖平的《今古學考》、王先謙的《三家詩義疏》、劉逢禄的《公羊何氏釋例》諸書,也就可以了。此外章炳麟《檢論·清儒篇》和梁啓超《清代學術概論》中,都有談到清代今文學興盛的史迹④,也可以參看。

---

①　"開列大批的書目"至此皆被刪除。——編者註
②　"指示在近代"被改爲"提出在現代"。——編者註
③　"以好玩的態度"到"那也不用如何的大勁"改爲"願意在這裏面得點史料"。——編者註
④　"興盛"被改爲"盛衰"。——編者註

緯書與經今古文學[*]

在現在國內思想界紛歧而黯淡的時候,來發表這樣陳腐的題目與文章,或者會容易引起無謂的誤會吧。爲免除誤會起見,似不能不先寫幾句聰明的讀者以爲是"添足"的話。我是一個無神論者,我到現在還不知道"上帝"是什麽東西。因爲這自以爲是的主張或嗜好,所以始終十分的同情於近來青年們的反基督教運動。但我總覺得"舶來品"的"鬼話"固然應該絕對的排斥;而"國貨"的鬼神術數的思想似乎決不能因爲是"吾家的",就寬容的饒恕吧。我更覺得掃清國貨的"鬼話",在"反教"的原則上與策略上,都是根本的;不然,青年們的喊吶恐怕究竟只是喊吶了! 即不然,第一個"幽靈"被嚇退,而無數的"幽靈"繼續的聚嘯,思想界將更不可救藥了。但是我們要掃除國貨的"同善社""悟善社""紅槍會"以及一般民衆們的妖妄思想,決不是一時的喊吶所能奏旋的,第一須明瞭他們的來源,而後加以致命的攻擊。他不是現代偶然發生的;他已有二千多年的歷史,與我們民族的發展同一的綿長。他是由古代陰陽家的思想衍遞而來的。他一變而入孔、墨,再變而爲方士、經生、黃老,三變而成道教;再由是屢變而爲清代的"白蓮教""義和團"以及現代的"同善社"等等。這篇文章不過是説明緯書在經學上的權威,説明"孔經的方士化",説明鬼神術數的妖妄的思想的來龍去脈。這或者可以作爲"反教運動"的一部分的簡略的"軍用地圖"吧!

欲澈底明瞭經今古文學家的學統與態度,非對於"烏煙瘴氣"的緯書加以一番的説明不可;而欲説明緯書,若不就他的界説、起源、變遷循序地解説,又更易弄得"黑漆一團"。現在將本章分爲:

一　緯書的界説
二　緯書的起源

---

[*] 《經今古文學大綱》,著者爲《經今古文學》一書所擬的原題。但在該書合編出版時,本篇没有收入。

三　緯書的變遷

四　緯書產生的原因

五　漢代今古文學家對於緯讖的關係

六　近代今古文學家對於緯書的見解

七　緯書的書目

一　緯書的界說

緯

兩漢的時候,六經之外,又有所謂"緯"。緯含廣、狹二義。緯書之廣義的解釋,是泛指當時所產生的一切講術數占驗的書而言,所以每每將"讖""圖""候"等字與"緯"字配合而成爲"讖緯""圖緯""緯候"等名詞。緯書之狹義的解釋,則專指"七緯"而言。所謂七緯,就是《易》、《書》、《詩》、《禮》、《樂》、《春秋》、《孝經》的緯。他的名稱,據《後漢書·方術傳·樊英傳》注及王應麟《困學紀聞》,是:

一、《易》緯六:(1)《稽覽圖》,(2)《乾鑿度》,(3)《坤靈圖》,(4)《通卦驗》,(5)《是類謀》,(6)《辨終備》。

二、《書》緯五:(1)《璇璣鈐》,(2)《考靈曜》,(3)《刑德放》,(4)《帝命驗》,(5)《運期授》。

三、《詩》緯三:(1)《推度災》,(2)《氾曆樞》,(3)《含神霧》。

四、《禮》緯三:(1)《含文嘉》,(2)《稽命徵》,(3)《斗威儀》。

五、《樂》緯三:(1)《動聲儀》,(2)《稽耀嘉》,(3)《叶圖徵》。

六、《春秋》緯十三:(1)《演孔圖》,(2)《元命苞》,(3)《文耀鉤》,(4)《運斗樞》,(5)《感精符》,(6)《合誠圖》,(7)《考異郵》,(8)《保乾圖》,(9)《漢含孳》,(10)《佐助期》,(11)《握誠圖》,(12)《潛潭巴》,(13)《説題辭》。

七、《孝經》緯二:(1)《援神契》,(2)《鉤命決》。

按上説,《易》緯六,《書》緯五,《詩》、《禮》、《樂》緯各三,《春秋》緯十三,《孝經》緯二,共三十五種。本章所説的緯,除第五節外,大抵指狹義的緯而言。

讖

緯之外,又有所謂"讖";而讖與緯微有不同。《四庫全書總目提要》"易"類附錄《易》緯下説:"案儒者多稱讖緯;其實讖自讖,緯自緯,非一類也。讖者,詭爲隱語,預決吉凶;《史記·秦本紀》稱盧生奏録圖書之語,是其始也。緯者,經之支流,衍及旁義;《史記·自序》引《易》'失之毫釐,差以千里',《漢書·蓋寬饒傳》引《易》'五帝官天下,三王家天下',注者均以爲《易》緯之文是也。蓋秦漢以來,去聖日遠,儒者推闡論説,各自成書,與經原不相比附。如伏生《尚書大傳》,董仲舒《春秋陰陽》,核其文體,即是緯書;特以顯有主名,故不能託諸孔子。其他私相撰述,漸雜以術數之言,既不知作者爲誰,因附會以神其説。追彌傳彌失,又益以妖妄之詞,遂與讖合而爲一。然班固稱:'聖人作經,賢者緯之。'楊侃稱:'緯書之類,謂之祕經;圖讖之類,謂之内學;河洛之書,謂之靈篇。'胡應麟亦謂讖緯書雖相表裏,而實不同。則緯與讖别,前人固已分析之;後人連類而譏,非其實也。"阮元爲趙在翰《七緯》作叙,根據《隋書·經籍志》,亦説:"緯自爲緯,讖自爲讖,不得以讖病緯也。自賈公彦《周官疏》造爲漢時禁緯之説,後儒不答,并爲一譚,以爲古文緯、讖同譁,此繆論也。"又皮錫瑞作《經學歷史》,亦説:"緯與讖有别……圖讖本方士之書,與經義不相涉。漢儒增益祕緯,乃以讖文牽合經義。其合於經義者近純,其涉於讖文者多駁。故緯純駁互見,未可一概詆之。"按讖、緯雖有不同,但同是古代陰陽家的苗裔,同是儒家與方士混合的產品,實萬口也不能辯護的。

"讖"也有廣、狹二義。廣義的"讖"是和廣義的"緯"一樣地泛指當時一切講術數占驗的文字。但非文字的口説,如《史記·秦本紀》所載的"亡秦者胡也"、"明年祖龍死",也可以稱爲讖。《後漢書·光武本紀》注:"讖,符命之書。讖,驗也;言爲王者受命之徵驗也。"《釋名·釋典藝》:"讖,纖也;其義纖微而有效驗也。"這都是廣義的解釋。至於狹義的解釋,則專指當時所謂"河圖""洛書"而言(或簡稱爲"圖""書")。《文選·思玄賦》注引《蒼頡》:"讖書,河洛書也。"《一切經音義》九引《三蒼》:"讖,祕密書也,出河洛。"《文選·魏都賦》注:"河洛所出書曰讖。"這些都是確證。所以古書往往將"圖讖"連文,如《後漢書·光武本紀》"李通以'圖讖'説帝"句,即其一例。

中候、符命、圖録

緯與讖之外,當時還有所謂(1)"中候",(2)"符命",(3)"圖籙"。如我們採用緯讖之廣義的解釋,那末,這三者的性質也大抵相類。(1)中候是指《尚書中候》。他的命名不甚可解。《史記索隱》引《書》緯説:"孔子求得黄帝玄孫帝魁之書,至秦穆公,凡三千三百三十篇。乃删以百篇爲《尚書》,十八篇爲《中候》。"馬國翰《玉函山房輯佚書·尚書中候》序説:"書中多言河洛符應,亦緯讖之類也。"所以中候也可歸入廣義的緯讖的範圍以内。(2)符命是説天降瑞祥以爲受命的徵驗,所以不限於文字。如上文所引《後漢書·光武本紀》注:"讖,符命之書。"又《桓譚傳》注:"圖書,即緯讖符命之類也。"這是緯讖與符命含義相同的證據。但符命不限於文字,其他實物的瑞徵也可以稱爲符命。《漢書·揚雄傳》注:"符,瑞也。"又《外戚傳》注:"符,猶瑞應。"《禮記·仲尼燕居》釋文:"符謂甘露醴泉之屬。"則符命的含義實較僅限於文字的緯讖爲廣。(3)圖籙,與緯讖含義略同,係泛指一切術數占驗的文字或口說。如《後漢書·方術傳》"王梁孫咸,名應'圖籙',越登槐鼎之任"一語,即其一例。

總之,"緯""讖""圖""書""中候""符命""籙",他們的含義各有異同,不能一切混淆。他們雖同是陰陽家的支裔,同是儒家與方士混合的產品,同含有宗教的迷信的氣息;但比較的,七緯與"六經"的關係稍爲密切,所以本章專言緯書而將其他暫置不論。

二 緯書的起源

緯書不見於《漢書·藝文志》,到《隋書·經籍志》,才始著録。他的起源,凡有三說:一、作於孔子說。這當然是僞託的話。二、起於西漢哀平說。漢荀悅《申鑒》、梁劉勰《文心雕龍》、唐孔穎達《尚書正義》主之。三、起於嬴秦說。清《四庫全書總目提要》主之。二、三兩說,以第三說爲較妥。現將三說臚舉於下:

作於孔子說

《隋書·經籍志》:"說者又云:孔子既叙六經,以明天人之道,知後世不能稽同其意,故別立緯及讖以遺來世。其書出於前漢。有《河圖》九篇,《洛書》六篇,云自黃帝至周文王所受本文。又別有三十篇,云自初起至於孔子九聖之所增演,以廣其意。又有七經緯三十六篇,並云孔子所作。並合前爲八十一篇。而又有《尚書》《中候》、《洛罪級》、《五行傳》、《詩》《推度災》、《汜曆樞》、《含神霧》、《孝經》《鉤命決》、《援神契》,雜讖等書。……然其文辭淺俗顛倒舛謬,不類聖人之旨,相傳疑世人造爲之。後或者又加點竄,非其實錄。"則《隋書》已疑孔子作緯是僞託之言。《文心雕龍·正緯》篇更說緯讖之僞凡四。他說:"緯之成經,其猶織綜;絲麻不雜,布帛乃成。今經正緯奇,掊摘千里,其僞一矣。經顯,聖訓也;緯隱,神教也。聖訓宜廣,神教宜約;而今緯多於經,神理更繁,其僞二矣。有命自天,迺稱符讖;而八十一篇,皆託於孔子,則是堯造綠圖,昌制丹書,其僞三矣。商、周以前,圖籙頻見;春秋之末,羣經方備。先緯後經,體乖織綜,其僞四矣。"這話很能

起於哀平説

荀悦《申鑒·俗嫌》篇説："世稱緯書仲尼所作,臣叔父爽辨之,蓋發其僞也。其起於中興之前,終、張之徒之作乎!"劉勰《文心雕龍·正緯》篇:"於是伎數之士,附以詭術,或説陰陽,或序災異。……篇條滋蔓,必假孔氏。通儒討覈,謂起哀、平。"孔穎達《尚書·洪範》《正義》:"緯候之書,不知誰作;通人討覈,謂起哀、平。"按荀悦生於東漢末年(公元一四八——二〇九年)已不能確定緯書的起源;其所謂"起於中興之前",也不過是推測之辭。

起於嬴秦説

《四庫全書總目提要》五經總義類附録《古微書》下説:"考劉向《七略》,不著緯書;然民間私相傳習,則自秦以來有之。非惟盧生所上,見《史記·秦本紀》;即吕不韋《十二月紀》稱某令失則某災至,伏生《洪範五行傳》稱某事失則某徵見,皆讖緯之説也。《漢書·儒林傳》稱孟喜得易家候陰陽災變書,尤其明證。荀爽謂起自哀、平,據其盛行之日言之耳。"又本書《易》類附録《易》緯下説:"此伏生《尚書大傳》,董仲舒《春秋陰陽》,核其文體,即是緯書;特以顯有主名,故不能託諸孔子。"按本説略名取實,以爲緯書起於秦、漢之際,見解固高一層;但我們澈底的追溯起來,緯書實和春秋、戰國以前的陰陽家有"一脈相承"的關係。所以我們可以説:緯書發源於古代的陰陽家,起於嬴秦,出於西漢哀平,而大興於東漢。

三　緯書的變遷

我們談及緯書的變遷,有時不能不涉及讖。因爲古代讖、緯混淆,純粹關於緯的史料很不容易找到。大蓋緯書盛於兩漢,衰於隋唐;到了前清,因輯佚學興,而緯書又大略可考。

漢至隋唐

記載緯書變遷之最詳的最早的史料,當推《隋書·經籍志》。他説:"有七經緯三十六篇,……又有《尚書》《中候》、《洛罪級》、《五行傳》、《詩》《推度災》、《汜曆樞》、《含神霧》、《孝經》《鉤命決》、《援神契》,雜讖等書。漢代有郗氏、袁氏説。漢末,郎中郗萌集圖、緯、讖、雜占爲五十篇,謂之《春秋災異》。宋均、鄭玄並爲讖律之注。……王莽好符命,光武以圖讖興,遂盛行於世。……至宋大明中,始禁圖讖。梁天監已後,又重其制。及高祖(隋)受禪,禁之踰切。煬帝即位,乃發使四出,搜天下書籍與讖緯相涉者,皆焚之,爲吏所糾者至死。自是無復其學。祕府之内,亦多散亡。"按《隋志》所説,尚有可疑及可修正處。一、據《後漢書》注及王應麟説(見本章第一節),七經緯爲《易》六,《書》五,《詩》、《禮》、《樂》各三,《春秋》十三,《孝經》二,共三十五,與三十六篇篇數不合,可疑一。二、《隋志》將《詩緯》《推度災》、《氾曆樞》、《含神霧》三篇及《孝經緯》《鉤命決》、《援神契》二篇別出於七經緯三十六之外,與《後漢書》注及王説不合,可疑二。三、《隋志》以緯讖的殘佚始於隋煬,但按《魏書》,孝文帝太和元年:"春正月戊寅,詔圖讖祕緯及名爲《孔子閉房記》者,一皆焚之。留者以大辟論。"又孝文以前,秦苻堅也曾焚燬緯讖。則緯書的殘缺實不始於隋;這是可修正者一。

《隋志》緯讖類,著録十三部,合九十二卷;其中純粹緯書,計:《易》緯八卷,《尚書》緯三卷,《詩》緯十八卷,《禮》緯三卷,《樂》緯三卷,《春秋災異》十五卷,《孝經鉤命決》六卷,《孝經援神契》七卷;共八部,六十三卷。到《舊唐書·藝文志》,計宋均注《易》緯九卷、《詩》緯十卷、《禮》緯三卷、《樂》緯三卷、《春秋》緯三十八卷、《論語》緯十卷、《孝經》緯五卷,鄭玄注《書》緯三卷、《詩》緯三卷;共二家、九部、八十四卷。按隋、唐《志》,除《禮》、《樂》緯外,其餘和前引《後漢書》注及王説互有異同。這或者由於卷數分合及書籍散佚的關係,現在因爲"書缺有間",也不能詳細考核了。

宋

到了趙宋,緯書散亡殆盡,而僅存《易》緯。王應麟《困學紀聞》説:"隋焚其書,今唯《易》緯存焉。《正義》多引讖緯,歐陽公(修)欲取九經之疏,删去讖緯之文,使學者不爲怪異之言惑亂,然後經義純一。其言不果行。"《四庫全書總目提要·古微書》下亦云:"宋歐陽修乞校正五經劄子,欲於注疏中全削其文,而説不果用。魏了翁作《九經正義》,始盡削除。"可見緯書的殘缺,宋儒的排斥也不無關係。又當時所存《易》緯,於六種外(六種《易》緯名見第一節),又有《乾坤鑿度》(或稱《坤鑿度》)及《乾元序制記》二種。晁公武《郡齋讀書志》以爲《坤鑿度》不見於隋、唐《志》及《崇文總目》,始載於元祐田氏書目,當是宋人依託。《乾元序制記》不見於《後漢書》注七緯,蓋出於李俶。陳振孫《直齋書録解題》也以《乾元序制記》爲後世術士所附益。清張惠言《易緯略義》也以爲"《乾坤鑿度》,僞書也,不足論。《乾元序制記》,宋人鈔撮者爲之"。大蓋二書後出,實在可疑之列。

明

明孫瑴雜採舊文,成《古微書》三十六卷,這是輯緯之始。按《古微書》本分四部：一曰《焚微》，輯秦以前逸書；二曰《線微》，輯漢晉間箋疏；三曰《闕微》，徵皇古七十二代之文；四曰《删微》，輯兩漢緯讖。前三書不傳，僅傳《删微》，所以獨被《古微書》之名，其實不過其中的一種。所採凡《尚書》十一種、《春秋》十六種、《易》八種、《禮》三種、《樂》三種、《詩》三種、《論語》四種、《孝經》九種、《河圖》十種、《洛書》五種，大部分是緯書。但這書不過得其大概，不免有遺漏或杜撰的弊病。《四庫全書總目提要》批評他説："以今所得完本校之，毅不過粗存梗概。又唐瞿曇悉達《開元占經》，去隋未遠，所引諸緯，如《河圖聖洽符》、《孝經雌雄圖》之類，多者百餘條，少者數十條。毅亦未覩其書，故多所遺漏。又摘伏勝《尚書大傳》中《洪範五行傳》一篇，指爲神禹所作，尤屬杜撰。"

清

清初，除《古微書》所輯外，緯書傳世的，僅有《乾鑿度》、《乾坤鑿度》二種。顧炎武《日知錄》説曾見《孝經援神契》；但《援神契》自宋以來，即不見著錄，這或者是炎武一時筆誤。朱彝尊《經義考》逸緯類又説《禮含文嘉》猶存；但這是宋張師禹所僞託，不是原書。到乾隆時，才於《永樂大典》中輯得《易緯》《稽覽圖》、《通卦驗》、《坤靈圖》、《是類謀》、《辨終備》、《乾元序制記》六書。後來輯佚之風大盛，甘泉黃奭於《漢學堂叢書》中輯緯讖十一類、五十五種，其中關於純粹緯書，凡七類，計《易》類六、《書》類四、《詩》類三、《禮》類三、《樂》類二、《春秋》類十三、《孝經》類三，共三十四種。歷城馬國翰於《玉函山房輯佚書》中輯緯書類四十種，其中關於純粹緯書，凡《尚書》緯五、《詩》緯三、《禮》緯三、《樂》緯三、《春秋》緯十三、《孝經》緯二，共二十九種。侯官趙在翰輯《七緯》，於《易》緯八種外，輯《書》緯五、《詩》緯三、《禮》緯三、《樂》緯三、《春秋》緯十三、《孝經》緯二，共二十九卷，加《易》緯、叙錄、叙目，爲三十八卷，較他書更爲詳盡。同時齊《詩》學專家陳喬樅以爲趙書於"《詩》緯佚文仍多遺漏；且以孔氏《詩正義》語羼入《氾曆樞》中，亦失之疏"，於是另輯《詩》緯四種，加以考訂，成《詩緯集證》四卷。於是殘缺的緯書大略可考。

四　緯書產生的原因

緯書的産生，有遠、近二因。近因由於漢初經生與方士的糅合；我們可以武斷的説，假使沒有漢初方士化的經生，決不會有所謂緯書的。而方士與經生之所以必出於糅合一途，則（一）由於春秋、戰國以前陰陽家的遺毒未盡，（二）由於孔子創設儒教之去鬼神而取術數,(三)由於秦皇漢武之好方士。而這三者也就是我所謂產生緯書的遠因。現在先談遠因。

遠因

先秦學術思想,司馬談分爲陰陽、儒、墨、名、法、道德六家;劉歆、班固又於六家外,添分農、雜、縱橫、小説四者,而稱爲"九流十家"。其實雜、縱橫、小説不成其爲"家",農家是道家的別派,名家是道墨的合流,法家是道、儒的產品;其真能獨立成一學統的,只有陰陽、道、儒、墨四家(擬另作《漢書藝文志諸子略糾繆》一文詳論之)。陰陽家專言術數鬼神,集原人思想的大成,在春秋以前,實握有支配全社會民衆的權威。——其實現社會還是受陰陽家的思想的支配。老子出,就哲學的見地,一掃陰陽家迷信的學説,而主張其形而上學的所謂"無"所謂"道"。所以老子在思想界實在是第一個豎革命之旗幟者。但可惜老子在思想上雖是"革命的",而記載思想的文字仍不免有所因循;如所謂"真"、所謂"玄牝"等等名詞,仍和陰陽家的話頭有混淆的毛病,而與方士以"乘虛鼠入"的機會。況且因爲他人生哲學上的見解太主張"苟免""曲全",更不免與陰陽家所希望的"長生久視之道"息息相通。我們只要看後來陰陽家的苗裔,道教,冒掛道家的招牌,而捧老子當祖師,就可以曉得其中的因緣了(須另文討論,現恕不贅)。孔子出,修正老子的學説,調和陰陽道德之間,以自成其中庸的折衷的灰色態度。陰陽家兼談術數鬼神,道家反對術數鬼神,而孔老夫子則取術數而捨鬼神。《論語》上所説的:"未知生,焉知死。""未能事人,焉能事鬼。""敬鬼神而遠之。""非其鬼而祭之,諂也。""祭如在,祭神如神在。"這些都是消極的否認鬼神的話。又如:"不知命,無以爲君子也。""君子有三畏:畏天命……""道之將行也與?命也;道之將廢也與?命也""命矣夫!斯人也而有斯疾也。""鳳鳥不至,河不出圖,吾已矣夫!"及讀《易》而繫《彖》、《象》、《文言》,這都有些積極的承認或利用術數的嫌疑。我們曉得,有孔子而後有六經,有六經而後有七緯;假使孔子絕對的分毫不妥協的排斥術數,則方士化的緯書,或決不致假借儒家的招牌,而自附於六經之後。墨子出,雖大張"非儒"的旗幟,但其調和陰陽道德之間,採取灰色的態度,則和儒家陷於同一的誤謬。不過儒家捨鬼神而取術數,而墨家則捨術數而取鬼神,所以宗教的氣息反較儒家爲重。我們只要讀《墨子》的《明鬼》、《非命》諸篇,就可以曉得他的取捨正和儒家相反。總之:道家反對陰陽家而未竟全功;如儒家,如墨家,則僅爲陰陽家的修正者或妥協者。所以秦漢之間,除墨家流爲游俠一派外,如五經家,如黃老之學,都是冒孔老的招牌,宣傳陰陽家的思想,而與所謂"方士"者一鼻孔出氣。但假使當時帝王,如秦皇、漢武,不貪長生,不好方士,則五經家或不敢明目張膽與方士混合以取容朝廷,而"鬼話連篇"的緯書或無產生的可能,或即產生而不敢自謂輔翼經傳。所以我斷言緯書產生的遠因:一由於陰陽家的遺毒未盡,二由於孔子的去鬼神而取術數,三由於秦皇漢武的好方士。

近因

五經家與方士爲什麼會混合呢?關於這一點,近人夏曾佑在《中國歷史》中說:"儒者尊君;君者,王者之所喜也。方士長生;生者,亦王者之所喜也。二者既同爲王者之所喜,則其勢必相妬;於是各盜敵之長技,以謀獨擅,而二家之糅合成焉。"這很能指出他們卑劣的心理。現依夏說,將秦漢二代儒家與方士混合的證據略舉如下:

《秦始皇本紀》:三十二年,始皇使燕人盧生,求羨門、高誓。三十五年,"盧生說始皇曰:臣等求芝奇藥、仙者常勿遇,類物有害之者。方中,人主時爲微行,以辟惡鬼。惡鬼辟,真人至。……上所居宫毋令人知,然後不死之藥殆可得也"。……盧生亡去。"始皇聞亡,乃大怒曰:……盧生等,吾尊賜之甚厚,今乃誹謗我,以重吾不德也。諸生在咸陽者,吾使人廉問,或爲訛言以亂黔首。於是使御史悉案問諸生,諸生傳相告引乃自除,犯禁者四百六十餘人,皆阬之咸陽,使天下知之以懲後,益發謫徙邊。始皇長子扶蘇諫曰:天下初定,遠方黔首未集,諸生皆誦法孔子,今上皆重法繩之,臣恐天下不安。"這是誦法孔子的諸生與方士混合的證據一。又:三十六年,"使博士爲仙真人詩;及行所游天下,傳令樂人謌弦之。"這是博士與方士混合的證據二。又:三十七年,博士曰:"水神不可見,以大魚蛟龍爲候。"這是博士與方士混合的證據三。

再以西漢五經家證之。一、《文選·江賦》注引《韓詩内傳》"鄭交甫漢皋臺下遇二女,請其珮。二女與珮,交甫懷之。循探之,則亡矣"。《南都賦》注引《韓詩外傳》"鄭交甫遇二女,佩兩珠,大如荆雞之卵"。《七啓》注:"《韓詩序》曰:《漢廣》,悦人也。'漢有游女,不可求思。'薛君曰:謂漢神也。"《韓詩外傳》又載子夏之言:"黄帝學乎大墳,顓頊學乎綠圖,帝嚳學乎赤松子,堯學乎務成子附,舜學乎尹壽,禹學乎西王國,湯學乎貸子相,文王學乎錫疇子斯。"這是治《詩》者混合於方士。二、《漢書·李尋傳》:治《尚書》,獨好《洪範》災異。"齊人甘忠叵詐造《天官曆》、《包元太平經》十二卷,以言漢家逢天地之大終,當更受命于天。天帝使真人赤精子下教我此道。以教重平夏賀良、容丘丁廣世……而李尋亦好之……陳説漢歷中衰,當更受命。……"哀帝爲改建平二年爲太初元年,號曰陳聖劉太平皇帝。這是治《書》者混合於方士。三、《劉向傳》："淮南有《枕中鴻寶苑祕書》，書言神僊使鬼物爲金之術及鄒衍重道延命方，世人莫見。而更生父德，武帝時治淮南獄，得其書。更生幼而讀誦，以爲奇，獻之，言黃金可成。"這是治《穀梁春秋》者混合於方士。四、《抱朴子·論仙》篇引董仲舒所撰《李少君家錄》云："少君有不死之方，而家貧無以市其藥物，故出於漢，以假塗求其財，道成而去。"這話雖然不可靠，但證以《春秋繁露》所列求雨止雨的魔術——暴巫，聚蛇，埋蝦蟇，燒雄雞老豬，燒死人骨——則仲舒實合巫蠱、厭勝、神仙、方士而爲一。這是治《公羊春秋》者混合於方士。至於《易》則有象數占驗，《禮》則有明堂陰陽，更和方士法術相近。言《易》的京房，言封禪的公玉帶等人，幾不能辨其是經生抑或是方士。西漢經學中所謂"齊學"，所謂"天人相與之學"，乾脆說一句，就是"方士學"。

以上所舉諸例，雖不能很顯明的指出現存緯書就出於這班方士化的經生；但緯書的思想與文字已萌芽於這些冒牌的儒生，實毫無疑義的。

五　漢代今古文學家對於緯讖的關係

兩漢之際，儒生與方士混合，成爲一代風氣；觀阮元《七緯叙》據漢人碑碣謂："姚浚尤明圖緯祕奧，姜肱兼明星緯，郭泰探綜圖緯，李休又精羣緯，袁良親執經緯，楊震明河洛緯度，祝睦該洞七典，唐扶綜緯河洛，劉熊敦五經之緯圖，楊著窮七衞之奧，曹全甄極愍緯，蔡湛少耽七典，武梁兼通河洛，張表該覽羣緯，丁魴兼究祕緯，李翊通經綜緯"，大有不治緯即不能通經之概。所以漢代五經家，不僅今文學家與緯讖有密切的關係；就是古文學家及混淆今古文學者，其對於緯讖，也每有相當的信仰。至於反對緯讖的，如《文心雕龍·正緯》篇中所舉的"桓譚疾其虛偽，尹敏戯其深瑕，張衡發其僻謬，荀悅明其詭誕"，都是完全出於個人見解的超脫，和經學學統上沒有多大的關係。現將漢代今文學派、古文學派及混淆今古文學者與緯讖關係的證據列下：

今文學派

一、《四庫總目提要》說伏生《尚書大傳》、董仲舒《春秋陰陽》是具有主名的緯書；又說孟喜所得的《易》家候陰陽災變書，也是緯書之類。那末，孟氏《易》、今文《尚書》、《公羊春秋》都和緯讖有關係了。二、陳喬樅《詩緯集證》叙說："齊《詩》之學，宗旨有三：一曰四始，明五行之運也；二曰五際，稽三期之變也；三曰六情，著十二律之本也。夫順陰陽以承天道，原性情以正人倫；經明其義，緯陳其數；經窮其理，緯究其象；緯之於經，相得益彰。"又説："齊學湮而《詩》緯存，則齊《詩》雖亡而猶未盡泯也；《詩》緯亡，而齊《詩》遂爲絶學矣。"則幾乎有《詩》緯而後有齊《詩》學。三、《後漢書·儒林傳》"景鸞……能理齊《詩》、施氏《易》，兼受河、洛圖緯。作《易説》及《詩解》，文句兼取河、洛，以類相從，名曰《交集》。"又："薛漢……世習《韓詩》，……尤善説災異讖緯。"則治施氏《易》與《韓詩》者也每每兼治緯。四、皮錫瑞《經學歷史》説："漢有一種天人之學，而齊學尤盛。……《易》有象數占驗，《禮》有明堂陰陽，不盡齊學，而其旨略同。"則今文《易》、今文《禮》間與齊學相同，也就是間與緯學相通。總之，西漢今文學所謂天人相與之學，所謂陰陽災異之談，實都是緯讖的"前身"或"變相"。

古文學派

古文學家以六經爲史料，專究聲音、訓詁之學，本可自脱於誣妄的讖緯。按《隋書·經籍志》説："言五經者，皆憑讖爲説；惟孔安國、毛公、王璜、賈逵之徒非之，相承以爲袄妄、亂中庸之典。故因漢魯恭王、河間獻王所得古文，參而考之，以成其義，謂之古學。當世之儒又非毁之。"則古文學在學統上本與緯讖立於相反的地位。但漢代古文學者，因爲或阿俗學，或投主好，或别具深心，所以也多與緯讖有關。如一、《漢書·劉歆傳》："初歆以建平元年改名秀，字穎叔云。"應劭注曰："《河圖赤伏符》云：劉秀發兵捕不道，四夷雲集龍鬭野，四七之際火爲主。故改名幾以趣也。"《王莽傳》："衛將軍王涉素養道士西門君惠。君惠好天文讖記，爲涉言星孛掃宮室，劉氏當復興，國師公（指劉歆）姓名是也。涉信其言……歆因爲言天文人事，東方必成。"二、《後漢書·賈逵傳》："臣以永平中，上言《左氏》與圖讖合者。"又云："五經家皆無以證圖讖明劉氏爲堯後者，而《左氏》獨有明文。五經家皆言顓頊代黄帝而堯不得爲火德。《左氏》以爲少昊代黄帝，即圖讖所謂帝宣也。如令堯不得爲火，則漢不得爲赤。其所發明，補益實多。"按劉歆是古文學的開創者，賈逵是古文學大師，尚信賴讖緯，則當時所謂古文學者的態度，可推想而知了。

混淆今古文學者

混淆今古文學家法的，首推鄭玄；而鄭對於緯讖，不僅不排擯，而且爲之注釋。《後漢書·鄭玄傳》："會融（即馬融）集諸生考論圖緯，聞玄善算，乃召見於樓上。玄因從質諸疑義。"是玄曾從馬融受圖緯之學。本傳又云："凡玄所注《周易》、《尚書》、《毛詩》、《儀禮》、《禮記》、《論語》、《孝經》、《尚書大傳》、《中候》、《乾象歷》。"按《中候》即讖緯之書。又《隋書·經籍志》論緯，説："宋均、鄭玄並爲之注。"新舊《唐書·藝文志》，尚存鄭玄《書》緯三卷、《詩》緯三卷。即現存《易》緯八種，除《乾坤鑿度》外，其餘七種，也以爲是鄭玄注的。

六　近代今古文學家對於緯書的見解

到了清代經今文學復興之後，今古文學家對於緯書的信否，才有明顯的態度。古文學家主六經皆史之說，六經中的神話傳說，還不敢信，何況六經之外鬼話連篇的緯書！今文學家因爲返於西漢經生之說，對於西漢經生所喜談的陰陽災異，自不能不曲爲掩護。況且緯書中多孔子改制的話，大足助他們張目。所以就是今文學家的穩健派，也每以爲緯讖不同，不能一概抹殺。現將今古文學家的言論舉例於下：

古文學家

現代古文學大師，當推章太炎先生。章氏《檢論·清儒》篇："大氏清世經儒，自今文而外，大體與漢儒絶異。不以經術明治亂，故短於諷議；不以陰陽斷人事，故長於求是。短長雖異，要之皆徵其通雅。何者？傳記通論，闊遠難用，固不周於治亂。建議而不讎，夸誣何益？魑鬼、象緯、五行、占卦之術，以神教蔽六藝，怪妄。孰與斷之人道，夷六藝於古史。徒料簡事類，不曰吐言爲律，則上世人事汙隆之跡猶大略可知。以此綜貫，則可以明流變；以此裂分，則可以審因革。故惟惠棟、張惠言諸家，其治《周易》，不能無捃摭陰陽；其他幾於屛閣，雖或瑣碎識小，庶將遠於巫祝者矣。"這段雖言清儒，但指斥今文學以神怪蔽六藝，近於巫祝之所爲，意甚明顯。又《國故論衡·原經》篇云："何取神怪之說、不徵之詞，云爲百官制法乎！"又云："其始由聞見僻陋；其終染於陰陽家言而不能騁。"又云："令人拘牽數術，不盡物宜，營於機祥，恐將泥夫大道。"直接的固譏斥漢儒之信讖緯，間接的即所以詆諆清代今文學者。又章氏對於漢代古文學家談陰陽災異的，也大施其排詆。《原經》篇自注云："漢世古文家，惟《周禮》杜、鄭，《詩》毛公契合法制，又無神怪之說。鄭君箋注，則已凌雜緯候。《春秋》左氏、《易》費氏本無奇衺。而北平侯已讖五德，賈侍中亦傅會《公羊》，並宜去短取長者也。荀、鄭之《易》，則與引十翼以解經者大異，猶賴王弼匡正其違。《書》孔氏說已不傳，太史公、班孟堅書時見大略，說皆平易。《五行志》中不見古文《尚書》家災異之說，然其他無以明焉。《洪範》、左氏時兼天道，然就之疏通，以見當時巫史之說可也，不得以爲全經大義所在。鎦子駿推左氏日食變怪之事，傅之五行，則後生所不當道也。大氏古文家借今文以成説者，並宜簡汰去之，以復其真。"

今文學家

近代今文學家，生當社會較爲開明之際，對於緯書，非不知其爲誣妄而不足信；但所以曲爲掩護的，大概除學統的關係外，還有三種原因。即：一、合於孔子素王説，二、合於孔子改制説，三、足以助六經的箋注。

一、合於孔子素王説　今文學家稱孔子爲素王；以爲孔子有帝王之德，無帝王之位；但雖無帝王之位，固備有帝王之瑞。緯書中叙述孔子瑞徵，非常完備，很足爲孔子素王説張目。大抵古代帝王必備的瑞徵凡三：(一)"感生"，(二)"受命"，(三)"封禪"。所謂"感生"，就是説天子是天帝所生；如堯母慶都與赤龍合而生堯，禹母脩紀夢與命星接而生禹等是。所謂"受命"，就是説天立天子爲百神之主，使他改制以應天；如文王即位四十二年，赤雀銜丹書止於户；武王東征，白魚躍入王舟等是。所謂"封禪"，就是説天子受天明命之後，致太平，以告成於天；如《尚書·堯典》"東巡守，至於岱宗柴，望秩於山川，徧於羣神"；《禮記·禮器》因名山"升中於天，而鳳鳥降，龜龍假"等是。而孔子對於這三種祥瑞，都很完備。如(一)《春秋緯演孔圖》説："孔子母顏氏徵在游於大冢之陂，睡，夢黑帝使請己。已往，夢交。語曰：汝乳必於空桑之中。覺則若感。生丘於空桑之中。"又："孔子母徵在夢感黑帝而生，故曰玄聖。"這就是所謂感生。(二)《春秋緯演孔圖》説："得麟之后，天下血書魯端門，曰：趨作法，孔聖没，周姬亡，彗東出，秦政起，胡破術，書紀散，孔不絶。子夏明日往視之，血書飛爲赤鳥，化爲白書，署曰《演孔圖》，中有作圖制法之狀。"這就是所謂受命。(三)《孝經緯援神契》説："孔子制作《孝經》，使七十二弟子向北辰星而磬折，使曾子抱河洛事北向。孔子簪縹筆，絳單衣，向北辰而拜。告備於天曰：《孝經》四卷，《春秋》、《河》、《洛》凡八十一卷，謹已備。天乃洪鬱起，白霧摩地。赤虹自上下，化爲黄玉，長三尺，上有刻文。孔子跪受而讀之，曰：寳文出，劉季握，卯金刀，在軫北，字禾子，天下服。"這就是所謂封禪。孔子既然備具古代帝王所必備的三種瑞徵，所以當然可以稱爲"王"；但孔子究竟没有實際踐天子位，所以稱爲"素王"。夏曾佑《中國歷史》云："凡解經者必兼緯，非緯則無以明經。"又云："其事之信否，不煩言而喻；然古義實如此，改之則六經之説不可通矣。"這可見今文學家治經必兼治緯之故。

二、合於孔子改制説　今文學家既以孔子爲有帝王之德，有帝王之瑞，所以必定一如古代帝王而立法改制。緯書所載，多孔子改制語；所以今文學者每因信改制而信緯書。如《春秋緯演孔圖》："聖人不空生，必有所制，以顯天心。丘爲木鐸,制天下法。"又:"孔胸文曰制作定世符運。"又:"孔子論經,有鳥化爲書。孔子奉以告天,赤雀集書上,化爲黃玉。刻曰:孔提命,作應法,爲赤制。"《春秋緯握誠圖》:"孔子作《春秋》,陳天人之制,記異考符。"《春秋緯元命苞》:"麟出周亡,故立《春秋》,制素王,授當與也。"《尚書緯考靈曜》:"丘生蒼際,觸期稽度,爲赤制,故作《春秋》,以明文命,綴紀讖書,定禮義。"《孝經緯援神契》:"丘爲制法主,黑綠不代蒼黃。"這些都是詳明改制的意思。康有爲著《孔子改制考》,其中如"儒教爲孔子所創考"、"孔子爲制法之王考"、"孔子創儒教改制考"、"六經皆孔子改制所作考"諸篇,援引緯書很多,大可見今文學者態度的一斑。

三、可以助六經的箋助　今文學家中的穩健者,以爲就如古文家說,緯書都是妖妄不足信;但其中多漢儒說經之文,純駁互見,也未可概加誹詆。本來爲緯書辯護,不始於近代今文學家;如作《四庫全書總目提要》的漢學家,已這樣地主張。他們在《古微書》的提要中說:"如鄭玄注《禮》,五天帝具有姓名。此與道家符籙何異?宋儒闢之,是也。至於蔡沈《書集傳》所稱周天三百六十五度四分度之一,實《洛書甄耀度》、《尚書考靈曜》之文。……朱子注《楚詞》……三足烏,陽精也,實《春秋元命苞》之文。以至七日來復,自王弼以來承用;六日七分之說,朱子作《易本義》,亦弗能易,實《易稽覽圖》之文。洛書四十五點,邵子以來傳爲祕鑰,其法出於太乙九宮,實《易乾鑿度》之文。"又在《易緯乾鑿度》的提要中說:"說者稱其書出於先秦。自《後漢書》、南北朝諸史及唐人撰《五經正義》、李鼎祚作《周易集解》,徵引最多,皆於《易》旨有所發明,較他緯爲較正。至於太乙、九宮、四正、四維皆於十五之說,乃宋儒戴九履一之圖所由出,朱子取之,列於《本義》圖說。故程大昌謂漢、魏以降,言《易》學者皆宗而用之,非後世所託爲,誠稽古者所不可廢矣。"都是這個見解。不過到了近代今文學者,持之更力。如皮錫瑞在《經學歷史》中說:"六日七分出《易》緯,周天三百六十五度四分度之一出《書》緯,夏以十三月爲正云云出《樂》緯,後世解經,不能不引。三綱大義,名教所尊,而經無明文,出《禮緯含文嘉》。馬融注《論語》引之,朱子注亦引之。豈得謂緯書皆邪說乎!"按皮氏在近代今文學家中,比較的算是穩健者,所以他的話很可以作爲代表。

七　緯書的書目

緯書比較奧晦,不甚爲治國學者所注意;并且專治經學的也每每加以忽略。

現在就個人所知的條舉於下，以供專門研究經學派別及中國思想史者的參考。

一　《易》緯

（一）《乾鑿度》

（二）《坤靈圖》

（三）《是類謀》

（四）《乾坤鑿度》

（五）《乾元序制記》

見(1) 孫瑴《古微書》輯本，(2)《玲瓏山館叢書》重刊《古微書》本，(3)《墨海金壺叢書》重刊《古微書》本，(4)《守山閣叢書》重刊《古微書》本，(5)《四庫全書》輯本，武英殿刊本，(6)《古經解彙函》重刊《四庫全書》本，(7) 趙在翰《七緯》重刊《四庫全書》本，(8) 黃奭《漢學堂叢書》輯本。

（六）《稽覽圖》

（七）《通卦驗》

（八）《辨終備》

見同上(1) (2) (3) (4) (5) (6) (7) 七種本。

（附一）《易》雜緯

見同上(1) (2) (3) (4) 四種本。

（附二）《易緯》

見(1)《漢學堂叢書》輯本。

（附三）《易緯略義》，張惠言撰，廣雅書局刊本。

二　《書》緯

（一）《璇璣鈐》

（二）《刑德放》

（三）《帝命驗》

（四）《運期授》

見(1)《古微書》輯本，(2)《玲瓏山館叢書》重刊《古微書》本，(3)《墨海金壺叢書》重刊《古微書》本，(4)《守山閣叢書》重刊《古微書》本，(5) 趙在翰《七緯》輯本，(6) 馬國翰《玉函山房輯佚書》輯本，(7) 黃奭《漢學堂叢書》輯本。

（五）《考靈曜》

見同上(1) (2) (3) (4) (5) (6) 六種本。

三　《詩》緯

（一）《推度災》

（二）《含神霧》

見(1)《古微書》輯本，(2)《玲瓏山館叢書》重刊《古微書》本，(3)《墨海金壺叢書》重刊《古微書》本，(4)《守山閣叢書》重刊《古微書》本，(5)趙在翰《七緯》輯本，(6)馬國翰《玉函山房輯佚書》輯本，(7)陳喬樅《詩緯集證》輯本，(8)黃奭《漢學堂叢書》輯本。

（三）《汜曆樞》

見同上(1)(2)(3)(4)(5)(6)(7)七種本。

（附一）《詩緯》

見(1)《詩緯集證》輯本，(2)《漢學堂叢書》輯本。

四　《禮》緯

（一）《含文嘉》

（二）《稽命徵》

見(1)《古微書》輯本，(2)《玲瓏山館叢書》重刊《古微書》本，(3)《墨海金壺叢書》重刊《古微書》本，(4)《守山閣叢書》重刊《古微書》本，(5)趙在翰《七緯》輯本，(6)馬國翰《玉函山房輯佚書》輯本，(7)黃奭《漢學堂叢書》輯本。

（三）《斗威儀》

見同上(1)(2)(3)(4)(5)(6)六種本。

（附一）《禮緯》

見(1)《漢學堂叢書》輯本。

五　《樂》緯

（一）《協圖徵》

(1)《古微書》輯本，(2)《玲瓏山館叢書》重刊《古微書》本，(3)《墨海金壺叢書》重刊《古微書》本，(4)《守山閣叢書》重刊《古微書》本，(5)趙在翰《七緯》輯本，(6)馬國翰《玉函山房輯佚書》輯本，(7)黃奭《漢學堂叢書》輯本。

（二）《動聲儀》

（三）《稽耀嘉》

見同上(1)(2)(3)(4)(5)(6)六種本。

（附一）《樂緯》

見(1)《漢學堂叢書》輯本。

六 《春秋》緯

(一)《演孔圖》

(二)《元命苞》

(三)《文耀鉤》

(四)《運斗樞》

(五)《感精符》

(六)《合誠圖》

(七)《考異郵》

(八)《保乾圖》

(九)《佐助期》

(十)《握誠圖》

(十一)《潛潭巴》

(十二)《說題辭》

見(1)《古微書》輯本,(2)《玲瓏山館叢書》重刊《古微書》本,(3)《墨海金壺叢書》重刊《古微書》本,(4)《守山閣叢書》重刊《古微書》本,(5)趙在翰《七緯》輯本,(6)馬國翰《玉函山房輯佚書》輯本,(7)黃奭《漢學堂叢書》輯本。

(十三)《含漢孳》

見同上(1)(2)(3)(4)(5)(6)六種本。

七 《孝經》緯

(一)《援神契》

(二)《鉤命決》

見(1)《古微書》輯本,(2)《玲瓏山館叢書》重刊《古微書》本,(3)《墨海金壺叢書》重刊《古微書》本,(4)《守山閣叢書》重刊《古微書》本,(5)趙在翰《七緯》輯本,(6)馬國翰《玉函山房輯佚書》輯本,(7)黃奭《漢學堂叢書》輯本。

(附一)《孝經緯》

見(1)《漢學堂叢書》輯本。

原載《民鐸》雜誌第七卷第二號(一九二六年二月)

《經學歷史》註釋本序言

一、經學之三大派

皮錫瑞《經學歷史》是經學入門書籍，可以說是"經學之導言"；本篇之責，在介紹《經學歷史》於讀者諸君之前，則不過"經學導言之導言"而已。然而因爲是經學導言之導言，所以不能不對於經學先作鳥瞰的說明，以冀顯出經學史的重要與本書的價值。

中國經學，假使我們慎重點說，追溯到西漢初年爲止，也已經有二千一百餘年的歷史。這二千多年中，經部書籍，因爲傳統的因襲的思想關係，只就量說，也可以配得稱"汗牛充棟"。不說別的，我們只要一看納蘭性德彙刊的《通志堂經解》，阮元、王先謙彙刊的正、續《清經解》，也幾乎使你目爲之眩；至若列舉朱彝尊《經義考》的書目，那真所謂"更僕難數"了。但是，假使我們能應用大刀闊斧的史學家處置史料的手段，則這許多繁重的著作，也不過可以歸納爲三大派，所謂"經學之三大派"。這三大派都顯然地自有其立足點與特色；就我的私意，可稱爲（一）"西漢今文學"，（二）"東漢古文學"，（三）"宋學"。

西漢今文學發生於西漢，就是所謂"今文十四博士"之學。在西漢時候，因帝王之利用的提倡①，在學術界幾有獨尊之勢。後來因古文學的暴興，與鄭玄、王肅的混亂家法，遂漸漸的衰落。延至曹魏、西晉，因政亂及胡禍的過烈，連僅存的章句傳說也多隨兵燹而俱減。一直到了清代的中、末葉，因社會政治學術各方面趨勢的匯合，於是這骸骨似的今文學忽而復活，居然在學術界有當者披靡之象。當時所稱爲"常州學派"、"公羊學派"，就是這西漢博士的裔孫。現在清朝覆亡已十六載，而這今文派的餘波迴響仍然在學術界裏存在着，并且似乎向新的途徑發

---

① 本書1959年曾經再版，作者對序言做過少量更動。"帝王"被改爲"統治階級"。——編者註

展去。

　　東漢古文學,稍爲慎密地說,可以說是發生於西漢末年。到了東漢,因爲今文派自身的腐化及古文學大師的努力,大有取今文學而代之之勢。鄭玄、王肅雖說混淆家法,但究竟左祖古文學,所以魏晉時代,今文學亡滅,而古文學反日趨於發揚開展。後來六朝的南北學,隋唐的義疏派,雖虛實繁簡,不必盡同,而其立場於古文學則無殊異。一直到了北宋慶曆以後,經學上的懷疑學派——宋學——崛興,於是這正統派的古文學暫時衰歇。但元明之末,因爲姚江學派之流於虛妄,及清朝思想壓迫政策之實現,於是顧炎武扛了"舍經學無理學"的大旗來復興古文學。清代三百年學術界的權威,遂爲這一派所獨佔;所謂以惠棟爲領袖之"吳派"與以戴震爲領袖之"皖派",都和東漢古文學有血統的關係。

　　宋學之懷疑的精神,唐時經師如啖助、趙匡、陸淳輩已開其端;但這種風氣的盛行,則不能不說在北宋慶曆之後。到了南宋,因研究方法的不同,雖可分爲以程頤、朱熹爲領袖之"歸納派",以陸九淵、楊簡爲領袖之"演繹派"及以葉適、陳傅良爲領袖之"批評派"三派;但前兩派立足於哲學的見解,以理欲心性爲論究的對象,而借助於經學的解釋,則初無二致。元明以來,歸納派的朱學,因朝廷的提倡,僥倖地取得正統的地位;而演繹派得王守仁(陽明)生力軍似的加入,也頗能得具有天才的學者的信仰。但這兩派都是假借經學以言理學,結果所謂"尊德性"者固然是流於禪釋,即所謂"道問學"者亦空疏無一物。於是元明二代成爲經學史上之衰落時期,而東漢古文學遂得乘之而復興。

　　上文"經學之三大派"說,自然是極其粗枝大葉的叙述;假使詳密的觀察,不僅清代復興的古文學與東漢原始的古文學不同,清代復興的今文學與西漢原始的今文學不同,元明的宋學與北宋的宋學不同;即各派自身的流別,以及學者自身思想的變遷,都須加以煩瑣的說明;但這決不是這簡短的篇章所可容納,所以不能不從刪略了。這三派的不同,簡勁些說,就是今文學以孔子爲致治家,以六經爲孔子政治之說,所以偏重於微言大義,其特色爲功利的,而其流弊爲狂妄。古文學以孔子爲史學家,以六經爲孔子整理古代史料之書,所以偏重於名物訓詁,其特色爲考證的,而其流弊爲煩瑣。宋學以孔子爲哲學家,以六經爲孔子載道之具,所以偏重於心性理氣,其特色爲玄想的,而其流弊爲空疎。總之,三派固各有其劣點,亦各有其優點;我們如果說:因經今文學之產生而後中國之社會哲學、政治哲學以明,因經古文學之產生而後中國之考古學、文字學以立,因宋學之產生而後中國之形而上學、倫理學以成,決不是武斷或附會的話。

最後尚須附帶說明的,就是:關於經學的分派,前人有採二派說的,有採四派說的,我個人覺得都不盡妥善。二派說可以《四庫全書總目提要》爲代表;他以爲:"自漢京以後,垂二千年……要其歸宿,則不過漢學宋學兩家互爲勝負。"①其後江藩《漢學師承記》、《宋學淵源記》②,阮元《國史儒林傳序》③,都取此說。其實他們所謂"漢學",是專指東漢古文學,並不包括西漢今文學而言。這樣,不正是截去經學史的首尾嗎?康有爲《新學僞經考前序》說:"凡後世所指目爲漢學者,皆賈、馬、許、鄭之學,乃新學,非漢學也。"這種譏評的話也確有一部分理由。採取四派說的,推近人劉師培。劉在《經學教科書·序例》中說④:"大抵兩漢爲一派,三國至隋、唐爲一派,宋、元、明爲一派,近儒別爲一派。"這話也很有商榷的餘地。宋、元、明固自爲一派,兩漢及近儒不都是含有互相水火的古今文學兩派嗎?三國、隋、唐不就是古文學的支流嗎?劉氏所以有這樣疏略的話,或者是強以時代分派之故。

二、經學史之重要與其分類

上文敘述經學之三大派,其目的不過在與讀者以經學上之簡明的概念,以爲進論經學史之預備而已。

中國經學研究的時期,綿延二千多年;經部的書籍,據《四庫全書總目》所著録,已經達到一千七百七十三部,二萬零四百二十七卷;⑤但是很可駭怪的,以中

---

① 見《四庫全書總目提要》卷一"經部總敘。"
② 江藩於《漢學師承記》之外,復撰有《宋學淵源記》,分當時學術界爲"漢學""宋學"兩派。
③ 阮元《揅經室文集·國史儒林傳序》云:"兩漢名教,得儒經之功;宋明講學,得師道之益;皆於周、孔之道得其分合,未可偏譏而互訟也。"蓋亦分經學爲兩漢與宋明兩派。
④ 劉師培撰《經學教科書》二册,第一册敘述經學歷史,第二册叙述《易》經學,其餘《詩》、《書》等經均未成。光緒三十一年,由上海國粹學報館印行;今已絕版。
⑤ 《四庫全書總目提要》云:"《易》類一百五十八部,一千七百五十七卷;附録八部,十二卷。《易》類存目三百十七部,二千三百七十一卷(内四十六部無卷數);附録一部,一卷。《書》類五十六部,六百五十一卷;附録二部,十一卷。《書》類存目七十八部,四百三十卷(内十部無卷數);附録一部,四卷。《詩》類六十二部,九百四十一卷;附録一部,十卷。《詩》類存目八十四部,九百一十三卷(内八部無卷數)。《禮》類《周禮》之屬二十二部,四百五十三卷;《儀禮》之屬二十二部,三百四十四卷;附録二部,一百二十七卷;《禮記》之屬二十部,五百九十四卷;附録二部,十七卷;三禮總義之屬六部,三十五卷;通禮之屬四部,五百六十三卷;雜禮書之屬五部,三十三卷。《禮》類存目《周禮》之屬三十七部,二百七十七卷(内三部無卷數);附録二部,二十四卷;《儀禮》之屬九部,一百五卷;附録四部,二十二卷;《禮記》之屬四十一部,五百五十四卷(内一部無卷數);附録四部,七卷;三禮總義之屬二十部,三百一十卷(内一部無卷數);通禮之屬六部,二百四十七卷;雜禮書之屬十七部,八十七卷(内三部無卷數)。《春秋》類一百十四部,(转下页)

國這樣重視史籍的民族,竟没有一部嚴整的系統的經學通史。自然,經學的史料是異常豐富的,廣義的經學史或部分的經學史亦不是絶無僅有;但是,如果説到經學通史或經學歷史,而且是嚴整點的、系統點的,那我們真不知如何答辭了。皮錫瑞的《經學歷史》、劉師培的《經學教科書》第一册,固然不能説不是通史;但是以兩位近代著名的經今古文學大師,而他們的作品竟這樣地簡略,如一篇論文或一部小史似的,這不能不使我們失望了。最近日人本田成之撰《支那經學史論》,已由東京弘文堂出版。以具有二千餘年之經學研究的國度,而整理經學史料的責任竟讓諸異域的學者,這在我們研究學術史的人,不能不刺骨地感到愧慚與恥辱了。

况且,就是撇開這種感情的話,而只就中國其他學術的研究而言,經學通史的撰述也是決不可少的。我們研究古史學,我們能不取材於《尚書》、《左傳》、《周禮》等書嗎？但一談到這三部書,則《尚書》的今、古文成問題,《左傳》的真僞成問題,《周禮》是否爲實際的政績的記載成問題。我們研究哲學史或思想史,我們不能不論及《易》與《春秋》,而《易》的産生的時期與思想的來源成問題,《春秋》的筆削的命意與《公》《穀》《左氏》的異同成問題。我們研究古代民衆文學,當然首及《詩經》,而《關雎》等篇之爲美刺成問題,《静女》等篇之爲淫否成問題①。最後我們説到古文字學的研究,則六書的起源,壁中古文的真偽,籀、篆、隸的變遷,無一不成問題,也無一不與經學發生密切的關係。至於將來比較宗教學、文化人類學、民俗學等的研究,則不僅當探究《易》、《禮》之原始的意義或背景,即舉世斥爲妖妄怪誕而與經學有關的緯讖,也是絶好的資料。但是説,要研究哲學、文學、史學、文字學等等的學者都先要向經學下一番苦功,不是太不經濟嗎？不是太不了解學術分工的功用嗎？所以我説,在現在,經學之繼承的研究大可不必,而經學史的研究當立即開始因爲他是一方面使二千年的經學得以結束整理,他方面爲中國其他學術闢一條便利的途徑。

(接上頁)一千八百三十八卷;附録一部,十七卷。《春秋》類存目一百十八部,一千五百七十六卷(内十部無卷數)。《孝經》類十一部,十七卷。《孝經》類存目十八部,五十三卷。五經總義類三十一部,六百七十五卷;附録一部,三十六卷。五經總義類存目四十二部,三百四十九卷(内七部無卷數)。《四書》類六十二部,七百二十九卷。《四書》類存目一百一部,一千三百四十一卷(内十四部無卷數)。《樂》類二十二部,四百八十三卷。《樂》類存目四十二部,二百九十一卷(内四部無卷數)。小學類訓詁之屬十二部,一百二十二卷;字書之屬三十六部,四百八十卷;韻書之屬三十三部,三百十三卷。小學類存目訓詁之屬八部,六十四卷;字書之屬六十八部,六百六卷(内二部無卷數);韻書之屬六十一部,五百三十七卷(内七部無卷數)。"按總計一千七百七十三部,二萬〇四百二十七卷。

① "之爲淫否"被改爲"是否戀歌"。——編者註

我這樣地熱望着經學史的產生，或者會引起一般隨俗者的誤會。自然，我是十分清楚的，現在時髦的口號是"打倒孔子""廢棄經學"；但是我所不解的，是他們之無理由的打倒與廢棄，不足以服頑舊者之心。我自是贊成"打倒"與"廢棄"的，但我自以爲是站在歷史的研究上的。我覺得歷史派的研究方法，是比較的客觀、比較的公平；從歷史入手，則孔子一部分的思想與經學一部分的材料①之不適於現代，不適於現代的中國，自然而然的呈獻於我們的目前。我們不必高呼口號，而打倒與廢棄的理由已了然於胸中。所以我們就是反對經學之學術史的研究，而只是立足於致用的功利的觀點，那經學史的完成也似乎是現代的工作之一。

　　經學史之需要，既如上述，而在中國舊有的著述中，經學通史又這樣異常的缺乏；所以我們現在只得將他的範圍放寬些，以尋求性質相近而較有價值的著作。這種著作，大概可分爲三類：（一）以經師爲中心的，例如胡秉虔的《西京博士考》、②張金吾的《兩漢五經博士考》、③王國維的《漢魏博士考》、④江藩的《漢學師承記》，而洪亮吉的《傳經表》、《通經表》，以及各史中的《儒林傳》或《儒學傳》等屬之。這類著作的缺點：第一，每每是斷代的記載，不能看見經學之整個的趨勢；第二，每每偏重個人的成就，而抹煞某一時代之全體的表現；第三，甚至於僅有姓名而無事實，或附以極簡短的小傳，大有"點鬼簿"之誚。（二）以書籍爲中心的，例如朱彝尊的《經義考》、翁方綱的《經義考補正》，而鄭樵《通志》的《藝文略》、馬端臨《通考》的《經籍考》、《四庫全書總目提要》的經部，以及各史中的《藝文志》或《經籍志》的經部屬之。這類著作的缺點，大致與前者相同；雖然大多數不是斷代，但其不能表示經學之整個的趨勢則一。（三）以制度典章爲中心的，例如顧炎武的《石經考》、萬斯同的《石經考》、杭世駿的《石經考異》、王國維的《五代兩宋監本考》⑤都是；而在古代，選舉、學校與經學也頗有密切的關係，所以《通典》的"選舉門"、《通志》的《選舉略》、《通考》的《選舉考》、《學校考》也可以屬於這一類。這類著作的缺點，即每每僅爲羅致若干的史料，加以

---

① "孔子一部分的思想與經學一部分的材料"被改爲"孔子的思想和經學一些材料"。——編者註
② 見《藝海珠塵續編》。
③ 見《花雨樓續鈔》。
④ 見《廣倉學窘叢刻》。
⑤ 未寫定。目見趙萬里《王靜庵先生著作目錄》，見《文學週報》第二百六七期"王國維先生追悼號"。

排比,而不能顯出這種制度典章在經學上之前因後果與其相互間的關係。總之,想真切的了解經學的變遷,以上三類書籍只能作爲輔助的或分門的參考資料,而仍有待於經學通史。因爲這種原因,所以這樣簡略的皮著《經學歷史》竟成爲適應需要而另有價値的著作了。

我年來時常作如此的計劃,假使我的環境與學力允許我的話,我將獻身於經學史的撰著。我將愼重地著撰一部比較詳密而扼要的《經學通史》,使二千年來經學的變遷,明晰地系統地呈獻於讀者。其次,分經撰述,成《易學史》、《尚書學史》、《詩經學史》等書;其次,分派撰述,成《經今文學史》、《經古文學史》、《經宋學史》及《經古今文學異同考》、《經漢宋學異同考》等書;再其次,以書籍或經師爲經,以時代爲緯,成《歷代經部著述考》與《歷代經學家傳略》;再其次,探究孔子與經學的關係,成《孔學變遷史》與《孔子傳記》;最後,我將以我個人的餘力編輯一部比較可以徵信的《經學年表》與《經學辭典》。自然,這在具有天才的學者們,或以爲這是胥鈔的事,而加以輕蔑的冷笑;但我總覺得學術要專攻,這初步的整理的工作,也應該有人忠實地埋頭做去。我希望着,不,我熱望着,我熱望着我的環境與學力能夠允許我,而同時熱望着能引起讀者的共鳴,而得到幾位學術上的伴侶。①

三、皮錫瑞傳略

在經學史這樣需要而缺乏的時候,則皮錫瑞《經學歷史》之有一讀的價值,瞭然可知了。現在在未談及《經學歷史》之前,請先紹介皮氏的生平與他的學術的大概。

皮先生名錫瑞,字鹿門,湖南善化人。早歲頗有經世之志,留心於郡國利病。光緒戊戌政變時,因提倡學校制度,大受其故鄉頑舊者的疾視,甚至於斥爲亂黨,不得已避居他邑。皮氏治經,宗今文;但持論平允,沒有康有爲那樣的武斷,也沒有廖平那樣的怪誕。他所著的書,除《經學歷史》外,還有《易經通論》一卷,《書經通論》一卷,《詩經通論》一卷,《三禮通論》一卷,《春秋通論》一卷,總稱《五經通論》;《今文尚書考證》三十卷,《古文尚書疏證辨正》一卷,《古文尚書冤詞平議》

---

① 本段後來被刪除。——編者註

二卷,《尚書大傳疏證》一卷,《尚書中候疏證》一卷,《史記引尚書考》一卷,《禮記淺説》二卷,《王制箋》一卷,《春秋講義》二卷,《左傳淺説》二卷,《孝經鄭注疏》二卷,《六藝論疏證》一卷,《鄭志疏證》八卷,附《鄭記考證》及《答臨孝存周禮難疏證》,《魯禮禘祫義疏證》一卷,《三疾疏證》一卷,《聖證論補評》二卷,《師伏堂筆記》一卷,《經訓書院自課文》三卷,《師伏堂駢文》四卷,《師伏堂詩草》六卷,《師伏堂詠史》一卷,《宙合堂談占》□卷①。他的著作的内容,雖没有很偉大的創見,如同時幾位著名的經今文學大師;但學術門徑很清楚,善於整理舊説;所以如《經學歷史》、《五經通論》等書,對於初學者,真可稱爲"循循善誘"。他的著作,大抵於光緒間由湖南思賢書局刊行,流傳不廣。惟《經學歷史》曾有上海羣益書局鉛印本及商務印書館影印本,《今文尚書考證》曾有師伏堂自刊本。

因爲皮氏是經今文學者,所以同時經古文學者頗非難他。章炳麟在《文録》卷一《駁皮錫瑞三書》中譏斥得很烈害,陳漢章在《經學通論》②附録中亦表示着不滿意。陳氏所批評的話多屬於小疵或補正,現在撮録章氏的話於下,以見清末今古文學派的争辯。章氏説:

> 善化皮錫瑞嘗就《孝經》鄭注爲之義疏,雖多持緯候,扶微繼絶,余甚多之。其後爲《王制箋》、《經學歷史》、《春秋講義》三書,乃大誣謬。《王制箋》者,以爲素王改制之書,説已荒忽;然《王制》法品,盡古今夷夏不可行,咎在博士,非專在錫瑞也。《經學歷史》,鈔疏原委;顧妄以己意裁斷,疑《易》、《禮》皆孔子所爲,愚誣滋甚。及爲《春秋講義》,又不能守今文師説,糅雜《三傳》;施之評論,上非講疏,下殊語録,蓋牧豎所不道。又其持論,多以《四庫提要》爲衡。《提要》者,蓋於近世書目略爲完具,非復《别録》、《七略》之儔也;其序多兩可,不足以明古今文是非;錫瑞爲之恇惑,兹亦異矣。……

章氏爲現代經古文學惟一大師,平素説經,反對劉逢禄、宋翔鳳、魏源、龔自珍,又反對康有爲、廖平,凡近代經今文學者,没有不受他的譏斥;則他的呵詆皮

---

① "《宙合堂談占》某卷"後删除,補"《師伏唐詞》一卷"。——編者註
② 陳漢章《經學通論》有北京大學鉛印本。

氏爲"牧豎所不道",毫不足怪。不過以我們第三者的眼光觀察,除《春秋講義》糅雜《三傳》,失了今文學者立足點之外,其餘主《王制》,以《易》、《禮》爲孔子作,正是今文學所謂"微言大義"之所在。至於引用《四庫提要》,這也是不得已的辦法,我們似應加以原諒。

我很慚愧,我所得於皮氏的生平,僅僅簡略如是。他的生卒,他的師友,他的學術的傳授,我竟無法查考。我曾輾轉地詢問幾位湖南的學者,但不是沒有回音,就是以"不知"答。當這樣離亂的時候,大家救死惟恐不暇,誰能留意他們以爲微末的事呢?據楊樹達先生說,皮氏的弟子某君擬爲他撰一年譜,我誠懇地希望着,希望他的年譜早日呈獻於讀者之前,而將我這簡短疏略的小傳像芻狗似地舍棄掉。

四、皮著《經學歷史》批判

我現在紹介皮著《經學歷史》於讀者,並不以爲這本書是萬分完善,毫無可議;在現在經學史這樣缺乏的時候,無論如何,這本書是有一讀的價值的。我們讀這本書時,第一,不要忘記皮錫瑞是經今文學者。因爲他立場於今文學,所以他對於宋學是不滿意的,更其是宋人的改經刪經的方法;我們只要看他全書對於王柏的譏斥,便可了然了。又因爲他立場於今文學,所以他對於經古文學也不表示絕對的崇信;他對於清代考證學的發展是相當地加以贊許,但他絕不以爲是經學研究的止境。我們明瞭了這一點,則他所主張的六經斷始於孔子,《易》、《禮》爲孔子所作,以及其他排抑《左氏》、譏貶鄭玄等等的話,都可以有一貫的解釋了。第二,不要忘記皮錫瑞究竟只是一個經學家而不是史學家。因爲他不是史學家,所以史料的搜集不完備,史料的排比不妥善,而且每每不能客觀地記述事實,而好加以主觀的論議。他這部書,假使粗忽的披覽,似乎不能將經古今文學、宋學的發生、變遷、異同、利弊一一明晰的顯示給我們。他不能超出一切經學的派別來記述經學,而只是立在今文派的旗幟之下來批評反對派。誠然,就經學說,他是沒有失掉立足點;但是,就史學說,他這書就不免有點宣傳的嫌疑了。我覺得這部書的優點和劣點都不少,但是我不願意在這簡短的"導言之導言"中絮絮地談論,更不願因此給讀者以批評的暗示。現在將這本書其他一切的優劣讓讀者諸君自身去體味去，而只將我現在認爲是荒謬的思想揭示出來。

皮氏作這本書的時候，正是今文學發展的時候，因時代遷異的關係，頗有我們現在以爲不對的地方。這在皮氏，自然深可原諒；但我們決不可因爲重印這部書，而使這些荒謬的思想仍然流行着。

第一，我以爲是荒謬的，即所謂"孔教救國"之說。孔子學說的真相究竟怎樣；後世儒家所描寫的孔子，後世君主所提倡的孔學，後世學者所解釋的儒教，究竟是否是真的孔子，都是絶大疑問。在這步工作還没有完成之前，而冒昧地將傳統的因襲的孔教來治國，這簡直是鬼話。皮氏在第一章中説："後之爲人君者，必遵孔子之教，乃足以治一國；……後之爲士大夫者，亦必遵孔子之教，乃足以治一身；……此萬世之公言，非一人之私論。"今文學者尊崇孔子，以爲他懷抱着偉大的政治思想，這在我是可以相當的承認的；但不論時代，不論地域，以他主觀所得的孔教印象冒失地應用着來拯救現世，這不是很危險的嗎？現在近似這種荒謬的思想仍然流行着，不是將失真的孔子來代表東方文化，就是深一度的荒謬使孫中山孔子化，這似乎不能不加以糾正①。

第二，即所謂"六經致用"之說。經今文派以孔子爲政治家，以六經爲孔子政治思想之所託這話固然有一部分理由，然已經有商榷的餘地。但是今文學者每喜更進一步，探求六經致用之例，於是對於西漢君主利用迂儒的策略，愚而且諛地在贊歎着、傚倣着。皮氏也不免陷於同一的錯誤。他在本書第三章中説："前漢今文學能兼義理訓詁之長……其學極精而有用；以《禹貢》治河，以《洪範》察變，以《春秋》決獄，以三百五篇當諫書，治一經得一經之益。……漢學所以有用者，在精而不在博；將欲通經致用，先求微言大義。"這些論調，就我們現在觀察起來，真有點非愚即妄。試問假使現在黄河決口了，你就是將《禹貢》由首一字背誦到末一字，再由末一字背誦到首一字，你能像靈咒樣的使水患平息嗎？孔子與六經的相關度，及六經與致用的相關度，不僅相去十萬八千里，而且根本上還是大疑問。所以現在就是研究經學，也只能採取歷史的眼光，應用科學的方法，而決不能含有些微的功利觀念。

第三，即所謂"緯候足徵"之説。今文學家尊崇孔子爲素王，所謂"無冕的

---

① "現在近似"至此整句後來予以删除。——編者註

帝王"；而且相信歷代帝王欺罔民衆的技術，以爲帝王必有瑞徵，於是孔子也有所謂"感生"，所謂"受命"，所謂"告成"，①於是孔子不僅是政治家，而且是教主，而且是道士了。這些感生、受命等等的鬼話，多出於緯候，今文學家因爲急急的爲素王找尋證據，於是遂冒失地相信緯候了，這是第一個原因。其次，今文學者以爲天人合一之說出於西漢，如《易》的占驗，《書》的五行，《詩》的五際六情，《禮》的明堂陰陽，《春秋》的災異都是；今文學源於西漢經師，則爲擁護其學統起見，自不能加以攻擊，於是又只得容忍這妖妄的緯候了。這是第二個原因。皮氏在第四章中說："漢儒言災異，實有徵驗。……天人本不相遠，至誠可以前知；解此，則不必非光武，亦不必非董、劉、何、鄭矣。"又說："當時儒者以爲人主至尊，無所畏憚，借天象以示儆；……此《春秋》以元統天、以天統君之義，亦神道設教之旨。……後世不明此義，謂漢儒不應言災異，引讖緯，於是天變不足畏之說出矣。"這類話簡直是算命賣卜者流的話，我們不能不大聲的斥爲荒謬。自然，我們不必像歐陽修似的，欲將緯候之說一切加以毁滅。他裏面包含着原始民族的信仰與儀式，夾雜着古代的學術與經說，我們將他作爲客觀研究的材料，是非常可貴的；但居然奉爲聖書，那真是大笑話了。

皮氏這本書自有其許多的優點，值得我們一讀；更其是爲經學史闢一新途徑，是值得我們後學者的尊敬的；但是上所條舉的錯誤，在新舊思想交替的時候，大有糾正的必要，所以我就如此率直地着筆了。

---

① 《春秋緯演孔圖》云："孔子母徵在，游於大澤之陂，夢黑帝使請己。己往，夢交。語曰：'汝乳必於空桑之中'。覺則若感，生丘於空桑之中，故曰玄聖。"又云："得麟之後，天降血書魯端門內，曰：'趨作法，孔聖沒，周姬亡，彗東出，秦政起，胡破術，書記散，孔不絶。'子夏明日往視之，血書飛爲赤鳥，化爲白書，署曰：'演孔圖'，中有作法制圖之狀。"《孝經右契》云："孔子作《春秋》，制《孝經》，既成，使七十二弟子向北辰磬折而立，使曾子抱《河洛》事北向。孔子齋戒，簪縹筆，衣絳單衣，向北辰而拜，告備於天曰：'《孝經》四卷，《春秋》《河洛》凡八十一卷，謹已備'。天乃洪鬱起白霧摩地，赤虹自上下，化爲黃玉，長三尺，上有刻文。孔子跪受而讀之，曰：'寶文出，劉季握，卯金刀，任軫北，字禾子，天下服。'"夏曾佑《中國歷史教科書》第一篇第二章第九節云："上古天子之事有三：一曰感生，二曰受命，三曰封禪。……感生者，明天子實天之所生。受天命者，天立之爲百神之主，使改制以應天。封禪者，天子受天明命，致太平，以告成於天。……孔子布衣非王者；然自漢儒言之，則恆以天子待之。徵在游於大澤，夢感黑龍，感生也。天下血書於魯端門，化爲赤鳥（即文王赤鳥銜書之例），受命也。絳衣縹筆，告備於天，天降赤虹白霧，封禪也。三者皆天子之事……此所以既比之以文王，又號之以素王歟"？

補　遺

　　關於皮錫瑞傳略,近得武進李繹(法言)所撰《皮錫瑞傳》,附錄於下,以供參考。"皮錫瑞,字鹿門,湖南善化人也。選同治癸酉拔貢,中光緒壬午舉人。馳騁文場,聲名藉甚。初考郡國利病,有經世之志。三十以後,研求樸學,篤志窮經。初治《尚書》,主今文師說。晚貫羣經,創通大義。新會梁啓超稱其《孝經鄭注疏》取精用宏,曠古傑作。章炳麟亦稱其學鈎深致遠,上規西莊。主講南昌經訓書院,前後八年。門下生徒,如楊增犖、夏敬觀、歐陽溥存,皆以文行顯于時。江右學風之盛,淵源所自,多出錫瑞之功。錫瑞純篤精勤,門弟子進見,坐定,即問近日讀何書。以書名答,即敍論是書本末得失,及其所應參考之籍,滔滔不自休。終歲幾不與外客通,江右大吏歲時來去,循例一謁謝而已。攜一老僕,無眷屬相隨,居院中,寂然若安禪也。丁、戊之交,膠案甫結,國勢益危。陳寶箴撫湘,江標、徐仁鑄相繼督學,置時務學堂,俾學者究心當世之務。錫瑞憫亂憂時,與譚嗣同、熊希齡、梁啓超等主持湖南南學會講席。所爲講義,貫穿漢、宋,融合新、舊。尤助康、梁《公羊》改制之說,卒以是罹黨禁。政變以還,爲御史某所彈,交地方官管束。每朔望,必至善化縣署投到。久之,始免。家居授徒,益研精經史。閉門著作,非學者不見。先是,錫瑞在湘贊新學甚力,而葉德輝等流蜚語詆錫瑞附異端、悖正學,乃爲文千言自明所學,中言友道尤沉痛,類《絕交論》也。嗣俞廉三、趙爾巽爲湖南巡撫,先後聘充各學堂監督教習。凡湘中高等學堂、優級師範、中路師範、省立中學,均其軔,成就尤衆。錫瑞平生略無嗜好,不御菸酒,僅每朝置百錢購糕片爲小食。在院課士擬作,文不加點,而博奧堅蒼,突過石笥。晚年學益邃,名益高,學者輒與俞樾、黃以周、孫詒讓並論。日本帝國大學教授文學博士狩野直喜尤重其書,盛稱晚清經師以錫瑞爲最偉也。光緒三十四年二月四日卒,年五十九。所著有《今文尚書考證》、《尚書大傳疏證》、《古文尚書冤詞平議》、《古文尚書考實》、《尚書中候論辨證》若干卷。中治鄭學,著有《鄭志疏證》、《箴膏肓、起廢疾、發墨守疏證》、《聖證論補評》、《魯禮禘祫義疏證》、《六藝論疏證》、《孝經鄭注疏》各若干卷。羣經則有《五經通論》、《經學歷史》、《九經淺說》、《五經異義疏證》、《王制箋》、《漢碑引經攷》、《引緯攷》、《春秋講義》若干卷。別有《師伏堂筆記》三卷,駢文、詩集,《經訓書院自課文》、《蒙學歌訣》各若干卷。都三百餘卷,百餘萬言,皆刊行世。贊曰:制舉廢而科學興,墨守舊章與高談新學者遂如枘鑿不相容，而新舊之鬨爭以起，此無經之病也。古者通經致用，無間新舊。錫瑞以博通羣經，實施教育，開闢新化，而湘學以名，是經師亦人師矣。"

本書出版以後，頗發見錯誤，因請友人王伯祥先生詳加閱訂。旋又蒙周雲青先生指正數處，并抄賜李繹所撰《皮錫瑞傳》。今乘本書收入《萬有文庫》之便，擇其要者，先成"訂正及補遺"，附於卷末；至標點或文字之小誤者，則以過於煩瑣，不復條舉，待再版時當詳加修正焉。

予同附識　十八，六，三十。

朱　熹[*]

第一章　引　言

中國歷來之學術思想，約略言之，分爲八期：

第一，自上古至春秋老、孔以前，曰思想胚胎時期；

第二，自春秋老、孔以後至秦，曰諸子爭鳴時期；

第三，兩漢自爲一期，曰儒學獨尊時期；

第四，魏晉自爲一期，曰道家復興時期；

第五，自南北朝至隋唐，曰佛教輸入時期；

第六，自宋迄明，曰儒佛混合時期；

第七，有清一代，曰古學復興時期；

第八，自清末迄今，曰西學東漸時期。

其間時期之遞嬗，固不能有明確之分劃；蓋每一時期，常含有過去時期之餘波與未來時期之萌蘖；然就學術思想之遷異及其要點而言，則析爲上述之八時期，亦未始非研究之一助也。

第六時期，儒佛混合時期，顯然又可劃分爲前後兩期；前期之唯一代表人物爲朱熹，而後期之唯一代表人物爲王守仁（陽明）。倘吾人爲便於記憶計，稱前期爲朱學時期，後期爲王學時期，亦決非絕對的誤謬。至普通名第六時期之學術爲宋學者，則以其與清代攷證學之漢學對待而言；名爲理學者，則以其所討究之對象爲理氣等玄學問題而言；蓋皆僅爲稱謂之便，非確切之名詞也。

朱熹在中國哲學史與中國經學史上，固自有其特殊之貢獻；然朱熹之學術思想，不產生於其他時期，而必產生於第六時期之前期，則不無時代的背景在；換言

---

[*] 這部專著撰於一九二八、一九二九年間。其中第三章，曾以《朱熹哲學述評》爲題，發表於一九二九年二月出版的《民鐸》雜誌第十卷第二號。——朱維錚註

之，即完全受時代思潮之影響。故吾人如欲論述朱熹，須先論述其時代思潮發生之因素。

吾人稱第六時期爲儒佛混合時期，實亦不過就此時期之顯著特點而言，絕未能將其時代思潮發生之因素盡行包舉也。蓋此時期雖以春秋以來之儒學與印度輸入之佛學二者爲其骨幹，爲其中心；然非除儒佛二種思想外，絕無其他思想之參雜；不過以此二種思想爲其最重要之因素而已。故詳確論之，第六時期學術思想產生之原因，可分爲消極的與積極的。消極方面又可析爲二：一爲訓詁學之反動，二爲純文學之反動。積極方面又可析爲三：一爲佛教思想之影響，二爲道家思想之影響，三爲方士思想之影響。茲分述之。

儒家之開山祖爲孔丘，其繼承之大師爲孟軻與荀況；其學之真象，雖因後代群言淆亂之故，迄今未得其究竟；但吾人一讀《論語》、《孟子》、《荀子》諸書，則儒家之非拘於訓詁文字之末，而欲以其道拯救當時及後世之人群，則顯然可知。不料漢代尊孔之後，所謂孔教，所謂儒學之研究者，僅僅留意於殘缺雜湊之《五經》。自司馬遷《史記》列經生爲儒林，於是章句迂儒與援經希寵之徒，嫚然以承孟、荀之道統自詡。古所謂微言絕，大義乖，實自漢初經生始也。自儒學移爲經學，於是訓詁之學興，思辨之途塞。漢武以降，如今文、古文之爭論，如鄭玄、王肅之排詆，如南學、北學之分歧，如孔穎達、賈公彥之義疏，雖繁簡華實，迥然各異；然其埋頭於文字、典章之解釋與爭辨，則絕無二致。當時竟有"寧道孔孟誤，諱言鄭服非"之謠，則訓詁學末流之弊昭然若揭。至宋代，承隋唐義疏派之後，學者研究之封域愈隘；欲自逞才識，於勢不能不別求途徑。故宋代學者，傑傲者有"六經皆我註腳"之語，而中庸者亦不憚以臆見解經而出於刪改。宋代經學之衰落在此，宋代哲學之勃興亦在此。總之，訓詁學之反動，實宋學產生之消極的有力的因素也。

吾人以純文學之反動爲宋學產生之消極的因素之一，或啓人以疑問；以爲宋詞與宋詩在中國文學史上佔有優越地位，而散文如歐、曾、蘇、王輩，世亦每與唐之韓、柳並論；純文學之在趙宋，似不能斥爲衰歇。按此所謂知二五而不知一十之論也。蓋宋承唐代文學極盛之後，學人士子歧爲文、哲二途。耽文學者，雖思紹盛唐之餘音，而其技巧已別出於高抗瘦爽一途；觀宋詩之命意鍊句，每多山林隱逸之氣，與唐詩之專事繁縟者迥殊，可爲一證。至治玄學者，則固執文以載道之見，卑視唐儒思想之浮薄，而直以文學爲玩物喪志。宋學之產生，此種文藝排斥論實含有一部分之力量。蓋唐之學者每欲萃文學哲學於一身，韓愈《原道》一文,即係顯據;宋代則文、哲分途,觀當時語録體之發生與盛行,則哲人之蔑視文藝可知。周敦頤曰:"文辭,藝也;道德,實也。不知務道德而第以文辭爲能者,藝焉而已。"程顥曰:"學本是修德,有德然後有言,退之卻倒學了。"程頤曰:"凡爲文,不專意則不工;若專意則志局於此,又安能與天地同其大?書曰:'玩物喪志',爲文亦玩物也。"又曰:"今爲文者,專務章句,悦人耳目;既務悦人,非俳優而何?"觀諸儒之論,則宋學之產生,原於純文學之反動,非妄言矣。

佛學之影響於宋學,其時最久,而其力亦最偉。吾人如謂無佛學即無宋學,決非虛誕之論。宋學之所號召者曰儒學,而其所以號召者實爲佛學;要言之,宋學者,儒表佛裏之學而已。蓋原始之儒家,留意於修齊治平之道,疲精於禮樂、刑政之術;雖間有仁義、中和之談,要不越日常道德之際。及至宋代之理學,始進而討究原理,求垂教之本原於心性,求心性之本原於宇宙。故儒家之特色爲實踐的、情意的、社會的、倫理的;而理學之特色則爲玄想的、理智的、個人的、哲學的;二者殊不相同。至理學之所以異於儒家者,則完全受佛學之刺激與影響。蓋佛學玄妙之説,本非儒家所企及;後儒欲以儒抗佛,不能不於本體論或形而上學有所説明;而欲有所説明,則又不能不借助於佛學。故宋明理學之徒,或僅因佛而釋儒,或直援佛以入儒;其對於佛學之取舍與多寡雖不甚同,而其受佛學之激刺與影響則初無二致。攷儒佛混合之迹,實非始於宋代。自晉世羅什廣譯經典,慧遠創始蓮社,儒釋已有混合之機。當時如范甯深於《春秋》,從受《法華》;雷次宗通《毛詩》、《三禮》,自名居士。其餘《南北史·儒林傳》中如何胤、張瓛之徒,亦多通内典。唐世佛學益盛,名僧輩出。韓愈昌言排佛,而善大顛;其友柳宗元爲慧能作碑誌,其徒李翱亦與惟儼、大義交好;即當時所作之《原道》,亦不過虛張聲勢而已。其時圭峰禪師宗密,著《原人論》及《圓覺經略疏》;《原人論》以儒老歸攝佛教,《圓覺疏》以《易》乾卦説佛心;蓋治佛學者亦頗援引儒書矣。及至宋代,禪宗獨盛:臨濟、溈仰、雲門、法眼、曹洞、楊岐、黃龍,五家七宗,枝分派別。當時如周敦頤之學,據《居士分燈録》,謂啓迪於慧南,發明於佛印,廓達於常總。其餘如程頤之於靈源,游酢之於道寧,楊時之於常總,陳瓘之於明智,胡安國之於祖秀,朱熹之於道謙,皆有相當之關係。雖禪家記載,不無附益過甚之辭;然理學之徒與高僧往還議論,則宜可信焉(日本忽滑谷快天曾著《禪學思想史》,述宋代儒禪之關係頗詳,可參攷)。明乎此,明宋學之產生,實以佛學爲其重要之因素也。

儒家思想之特色爲實踐,而其態度爲妥協;故僅足以範篤實忠信之士,而不足以饜聰慧超越之徒。況經兩漢經學鼎盛之餘,儒者以抱殘守闕爲能事,益無思想可言。魏晉之際，天才輩出，勢之所趨，不得不援道以入儒。王弼注《周易》，盡掃象數占驗；何晏解《論語》，而以清談馳譽；皆其顯證。其後雖因佛教東來，而起三教調和之論；然孫綽、張融、周顒、顧歡之徒，究其有得於釋氏者淺，而浸潤於儒道者深。及至宋代，理學之徒，日思建設儒家之本體論或宇宙觀，以與佛抗，於是着意於《易》象；而《易》與道通，由來已久，於是有意無意之間，潛受老莊學說之影響。最著者，如程顥之論定性，謂：「天地之常心，普萬物而無心；聖人之常情，順萬事而無情。」又謂：「君子之學，莫若廓然而大公，物來而順應。」又謂：「與其非外而是內，不若內外之兩忘。」其發揮自然哲學之極致，幾與道家有玉楮亂真之概。（章炳麟《檢論》卷四《通程》篇，亦言大程遠於釋氏，而偏邇老聃）他如濂溪之言無極，伊川之撰《易傳》，均不能謂其毫無老莊思想之因素在。故宋初之道學，與周末之道家，究其微言，固非若秦越之相距也。

　　方士之術，肇於古之陰陽家言。炎漢之際，經生迂儒，希祿取寵，援引以飾經術。大儒如董仲舒、劉向輩，亦不惜言黃金可成、不死之藥可致。其後雖屢經變遷，然仍潛伏於民間。迨張角之徒興，而道教之名以起。魏晉之間，道教妖妄之談雖不見信於哲人，而方士服食求仙之術尚盛行於當時。（魯迅曾著有《魏晉風度及文章與藥及酒之關係》一文，見《北新》雜誌第二卷第二號，頗饒趣味，可參看）《抱朴子》一書，以儒論為外篇，以道術為內篇，實可代表當時一部分之思想。降及趙宋，陳摶以一道士，承魏伯陽《參同契》之妄說，居然作宋代哲學及《易經》學之開軔者。即北宋五子中之周敦頤與邵雍，其思想與風度，亦在儒家與方士之間。朱熹以正統儼然自居者，然撰著《陰符經攷異》及《周易參同契攷異》二書，並自署為空同道士鄒訢（鄒本邾國，其後去邑而為朱，故以寓姓。《禮記》鄭氏註，訢當作熹；又《集韻》，熹訢均虛其切，故以寓名）。或者謂朱子遭逢世難，不得已而託諸神仙，殆與韓愈謫潮州邀大顛同遊之意相類，以為朱子出脫；然無論如何，當時學者之受方士思想之影響，實由此而益可明證也。

　　宋代學術思想之產生，既自有其消極的與積極的因素；則朱熹學術思想之所以為「朱熹的」，亦自可瞭然。但一切學術思想之產生與完成，自有其相當之步驟；朱熹之學術思想既可稱為第六時期前期之集大成者，則必有其前驅者在。朱熹學術思想之前驅者，簡言之，可分為二期：第一期可以胡瑗、孫復為代表，第二期可以周敦頤、邵雍、張載、程顥、程頤五子為代表。蓋宋代哲學之產生，實始於疑經；疑經之極，於是自抒其心得而形成一種哲學。王應麟《困學紀聞》云：「自漢儒至於慶曆間，談經者守故訓而不鑿；《七經小傳》（劉敞）出，而稍尚新奇矣；至

《三經義》(王安石)行,視漢儒之學若土梗。"司馬光《論風俗劄子》亦云:"新進後生,口傳耳剽;讀《易》未識卦爻,已謂十翼非孔子之言;讀《禮》未知篇數,已謂《周官》爲戰國之書;讀《詩》未盡《周南》、《召南》,已謂毛、鄭爲章句之學;讀《春秋》未知十二公,已謂《三傳》可束之高閣。"則當時懷疑經傳之風之盛,概可想見。而胡瑗、孫復,於疑經之外,且復兼及玄學(復撰《春秋尊王發微》,瑗撰《洪範口義》,皆自抒心得)。更因聚徒講授之故,學風之傳播益速。全祖望謂:"宋世學術之盛,安定(瑗)、泰山(復)爲之先河。安定沈潛,泰山高明;安定篤實,泰山剛健;各得其性稟之所近,要其力肩斯道之傳則一。"(見《宋元學案序錄》)可謂知言。總之,胡瑗、孫復實形成宋學之雛型,而爲朱學第一期之前驅者。及周、邵、張、程相繼崛起,深涉哲學之淵,而宋學益燦爛可觀。然五子天稟有慧鈍,涵養有深淺,故其所蓄之思想與所發之言論亦各不同。在北宋時,哲學界僅有近似之風氣,而無統一之局勢;以二程手足之親,而見解亦復各異,可窺一斑。及朱熹出,始憑藉五子之所得,而自以其學爲去取。雖鵝湖之會,不見信於象山(陸九淵);心性之談,復被詆於浙東(如陳亮、陳傅良、葉適);然在當時,實自有其權威。故北宋五子又可謂朱學第二期之前驅者。

吾人既了解宋學產生之因素,復曉悟朱學前驅者之情況,始可進述朱熹之生平及其學術思想之崖略。

第二章　朱熹傳略

朱熹字元晦,一字仲晦,先世徽州婺源人。父松,字喬年,號韋齋,嘗爲閩南劍州尤溪縣尉。宋高宗建炎四年(公元一一三〇年),熹生於尤溪寓舍。

熹自幼穎悟。甫能言,父指天示之,曰:"天也。"問曰:"天之上何物?"父異之。八歲,讀《孝經》,題曰:"不若是,非人也。"嘗從群兒戲沙上,獨端坐以指畫沙,視之,八卦也。年十四,父卒;父病亟時,嘗屬之曰:"籍溪胡原仲(憲),白水劉致中(勉之),屏山劉彥冲(子翬)三人,學有淵源,吾所敬畏;吾即死,汝往事之,而惟其言之聽。"

紹興十八年(公元一一四八年),熹年十九,登進士第。尋授泉州同安主簿。選邑秀民充弟子員,日與講說聖賢修己治人之道;建經史閣,定釋奠禮;禁婦女之爲僧道者。秩滿,請祠,監潭州南嶽廟。時延平李侗年已老,嘗學於羅從彥,爲程頤之再傳弟子;熹歸自同安,不遠數百里,徒步往見,遂師事之。

孝宗即位，詔求直言。熹上封事，言："帝王之學必先格物致知，以極夫事物之變，使義理所存，纖悉畢照，則自然意誠心正，而可以應天下之務。至記誦詞藻，非所以探淵源而出治道；虛無寂滅非所以貫本末而立大中。"蓋以理學推論政治，而排斥文學及釋老之説。隆興元年（公元一一六三年），復召對，仍以《大學》之格物致知爲言。時相湯思退方倡和議，而熹主戰以復讎，不合，因除武學博士待次。其後雖屢蒙薦召，終辭謝；孝宗稱其安貧守道，廉退可嘉，特改令入官；因先後主管台州崇道觀及武夷山沖祐觀。

熹自師事李侗後，雖習聞北宋周敦頤、張載、二程、邵雍之説；然其自身之哲學系統仍未確立。四十歲時，讀程頤"涵養須用敬，進學在致知"二語，始豁然有省，自謂積年所疑，涣解冰釋。是後成《論孟精義》、《論孟集注》、《伊洛淵源録》、《太極圖説解》、《西銘解義》、《通書解》、《程氏外書》等，蓋儼然以繼承北宋之哲學自任矣。四十六歲時（淳熙二年，公元一一七五年），與陸九淵會於信州鵝湖寺，亦終以哲學上立論之殊異不歡而罷。

淳熙五年（公元一一七八年），除知南康軍。至郡，興利除害，講求荒政，全活甚多。訪白鹿洞書院遺址，復其舊，爲學規，俾守之。立周敦頤祠，配以二程。七年（公元一一八〇年），大旱，應詔上封事，言："天下之務莫大於恤民，而恤民之本在人君正心術以立紀綱。"疏甚切直，孝宗怒；時相趙雄爲言曰："士之好名，陛下疾之愈甚，則人之譽之愈衆，無乃適所以高之，不若因其長而用之。彼漸當事任，能否自見矣。"孝宗然其説，除提舉江西常平茶鹽公事，旋改浙東常平茶鹽公事。入奏延和殿，言帝未能循天理，公聖心，以正朝廷之大體。孝宗爲動容。

熹既受浙東命，即日單車就道。所至，鉤訪民隱，群縣官吏憚其風采，至自引去。凡榷酤諸政，有不便於民者，悉釐革之。於救荒之餘，隨事處畫，以爲經久之計。有短熹者，謂其疏於爲政；孝宗謂相王淮曰："朱熹政事卻有可觀。"知台州唐仲友，與王淮同里，爲姻家；其學主經濟，與永嘉學派同調，而與熹學不甚契合。時吏部尚書鄭丙、侍御史張大經交薦仲友，遷江西提刑，未行。熹行部至台，有訟仲友者，按得其實，章前後六上。淮不得已，奪仲友江西新命，以授熹。辭不拜，且乞奉祠。時鄭丙疏詆程學以沮熹；監察御史陳賈面對，亦首論："近日搢紳有所謂道學者，大率假名以濟僞，願攷察其人，擯棄勿用。"蓋指熹也。十年（公元一一八三年），詔監台州崇道觀；尋改監華州雲臺觀及南京鴻慶宮。

淳熙十五年（公元一一八八年），王淮罷，周必大相，除熹提點江西刑獄，遂入奏，言："陛下即位二十七年，因循荏苒，無尺寸之效，無乃燕閒蠖濩之中，虛明應物之地,天理有所未純,人欲有所未盡;是以爲善不能充其量,除惡不能去其根。願陛下自今以往,一念之頃,必謹而察之,此爲天理耶,人欲耶;果天理也,則敬以克之,而不使其少有壅閼;果人欲也,則敬以克之,而不使其少有凝滯。則聖心洞然,中外融澈,無一毫之私欲得以介乎其間,而天下之事將惟陛下所欲爲。"是行也,有要之於路,以爲正心誠意之論,上所厭聞,戒勿以爲言。熹曰:"吾平生所學,惟此四字,豈可隱默以欺吾君!"翌日,除兵部郎官,以足疾乞祠。兵部侍郎林栗嘗與熹論《易》、《西銘》不合,劾熹本無學術,徒竊張載、程頤緒餘,謂之道學。所至,輒攜門生數十人,妄希孔、孟歷聘之風,邀索高價,不肯供職,其僞不可掩。孝宗以栗言似過;而相周必大、左補闕薛叔似、太常博士葉適、侍御史胡晉臣皆援熹,因黜栗知泉州,而除熹直寶文閣,主管嵩山崇福宮。熹以爲口陳之説有所未盡,因乞具封事以聞,言:"天下之大本爲陛下之心,而今日之急務爲輔翼太子、選任大臣、振舉綱紀、變化風俗、愛惜民力、修明軍政六者;陛下之一心正,則六事無有不正。"又言:"紀綱不正於上,風俗頹弊於下;一有剛毅正直守道循理之士出乎其間,則群議衆排,指爲道學,而加以矯激之罪。十數年來,以此二字禁錮天下之賢人君子,復如昔時所謂元祐學術者,排擯詆辱,必使無所容其身而後已。"疏入,夜漏下七刻,孝宗已就寢,亟起秉燭讀之。旋除祕閣修撰,奉外祠。

淳熙十六年(公元一一八九年)二月,光宗即位,降詔獎諭,尋改知漳州。抵郡,奏除無名之賦七百萬,減經總制錢四百萬。以習俗未知禮,采古喪葬嫁娶之儀揭以示之。又刊四經四子書。尋以經界事,與相留正不合,請祠;因改除祕閣修撰,主管南京鴻慶宮。時嘉王府翊善黃裳、直講彭龜年爲熹言於朝,留正曰:"正非不知熹,但其性剛,恐到此不合,反爲累耳。"旋改知潭州,方再辭,有旨"長沙巨屏,得賢爲重",始拜命。會洞獠擾屬,熹遣人諭降之。所至,舉善政,興學校,明教化,四方學者畢至。

紹熙五年(公元一一九四年)七月,光宗內禪,寧宗即位。時相趙汝愚首薦熹及陳傅良,除煥章閣侍講,於朝廷禮儀,多所疏奏;且每以所講編次成帙以進。寧宗之立,韓侂胄自謂有定策功,居中用事。熹憂其害政,上疏斥言左右竊柄之失,在講筵復申言之。寧宗因批云:"憫卿耆艾,恐難立講,已除卿宮觀。"趙汝愚、樓鑰、陳傅良、劉光祖、鄧馹等均爭留熹,不可。方行,被命除寶文閣待制、州郡差遣及知江陵府,均辭;因詔依舊煥章閣待制,提舉南京鴻慶宮。

初,趙汝愚既相,收召四方知名之士,中外引領望治,熹獨惕然以侂胄用事爲慮。既屢爲寧宗言,又數以手書啓汝愚,當用厚賞酬其勞,勿使得預朝政。汝愚謂其易制，不以爲意。慶元元年（公元一一九五年），汝愚以誣被逐，而朝廷大權悉歸侂胄。熹自以蒙累朝知遇之恩，且帶從臣職名，義不容默，乃草封事數萬言，極陳姦邪蔽主之禍。子弟諸生更進迭諫，以爲必且賈禍；不聽。蔡元定請以蓍決之，遇遯之家人，因默然，退取奏稾焚之，更號遯翁，以疾乞休致。詔依舊祕閣修撰。二年（公元一一九六年），監察御史沈繼祖誣熹十罪，詔落職罷祠；門人蔡元定亦送道州編管。自熹去國，侂胄勢益張，中司何澹、諫官劉德秀、太常少卿胡紘等攻熹愈力，稱爲僞學。熹落職後，前御史劉三傑、諫議大夫姚愈等又言，道學權臣結爲死黨，窺伺神器；乃命直學士院高文虎草詔諭天下。於是攻僞學日急，選人余嘉至上書乞斬熹。是時，從遊之士，依阿異儒者，更名他師，過門不入；甚至變易衣冠，狎游市肆，以自別其非黨；而熹日與諸生講學不休。或勸其謝遣生徒，笑而不答。四年（公元一一九八年），熹以年近七十，乞致仕。六年（公元一二〇〇年）卒，年七十一。疾且革，手書屬其子在及門人黃榦等，拳拳以勉學及修正遺言爲言。翌日，端坐整衣冠就枕而逝。

熹既没，將葬，言者謂：四方僞徒期會送僞師之葬，會聚之間，非妄談時人短長，則繆議時政得失，望令守臣約束；朝廷從之。嘉泰初（公元一二〇一年），學禁稍弛。二年（公元一二〇二年），詔熹以致仕，除華文閣待制，與致仕恩澤。後侂胄死，詔賜熹遺表，謚曰文。尋贈中大夫，特贈寶謨閣直學士。理宗寶慶三年（公元一二二七年），贈太師，追封信國公，改徽國。淳祐元年（公元一二四一年），詔從祀孔廟。明洪武初，詔以熹書立於學宮。嘉靖中，祀稱先儒朱子。

熹原籍婺源；婺源，於梁陳時，稱新安郡，故署款多稱新安。又嘗牓廳事曰紫陽書屋，故稱紫陽。又創草堂於建陽之雲谷，牓曰晦庵，自號雲谷老人，亦曰晦翁。晚卜築於建陽之考亭，作滄洲精舍，自號滄洲病叟；旋又號遯翁。考亭爲講學之所，故後世稱其學派爲考亭學派。

熹學出於李侗、羅從彥，得小程之傳。大抵窮理以致其知，反躬以踐其實，而以居敬爲主。嘗謂：聖賢道統之傳散在方册；聖經之旨不明，而道統之傳始晦；於是竭其精力，以研窮聖賢之經訓。其於百家釋老，嘗不憚深辯而力闢之。

所著書有《易本義》、《啓蒙》、《詩集傳》、《大學中庸章句》、《或問》、《論語孟子集注》、《太極圖說解》、《通書解義》、《西銘解》、《楚辭集注辨證》、《晦庵集》；所編次有《論孟精義》、《中庸輯略》、《孝經刊誤》、《通鑑綱目》、《宋名臣言行錄》、《近思錄》、《河南程氏遺書》、《伊雒淵源錄》等，皆其著者。又撰《儀禮經傳通解》，未成，由門人黃榦續爲之。（詳見《朱熹之著作》一章。）

第三章　朱熹之哲學

　　哲學內容之區分，學者說各不同；就其簡明而有系統者言，自以區爲（一）本體論、（二）價值論、（三）認識論之三分法爲優。朱熹學術思想之自身，固決無若是顯著之劃分；其採用之術語與表示之觀念，亦每多含糊難明之弊；然吾人爲爬梳整理而欲獲得其簡單之印象計，固不妨襲用此三分法也。

一　本　體　論

1. 理氣二元論

　　朱熹之本體論，簡言之，實理氣二元論之繼承者。欲明理氣二元論，須先明理與氣及理氣二元論思想之來源。儒家哲學，對於本體，每存而不論，或語焉不詳；及至宋代，受佛家思想之激刺，於是窮究宇宙、論列本體之風始盛。周敦頤出，著《太極圖說》，以太極爲宇宙之根原，由太極而發生陰陽，而化分五行，而衍變萬物，始立本體論之初基。程頤推廣其意，以爲陰陽是氣，原出於道，而道即理；於是理氣二元論之說出。程頤謂：“離了陰陽更無道。所以陰陽者，道也；陰陽，氣也。氣是形而下者；道是形而上者，形而上者，則是理也。”又謂：“有理則有氣，有氣則有理。”皆顯然以理氣二元說明宇宙。朱熹之本體論，繼承程頤之說，而復以理當周敦頤之太極。如云：“天地之間，有理有氣。理也者，形而上之道也，生物之本也；氣也者，形而下之器也，生物之具也。是以人物之生，必禀此理，然後有性；必禀此氣，然後有形。”又云：“理者，形而上之道，所以生萬物之原理也；氣者，形而下之器，率理而鑄型之質料也。”又云：“氣則能凝結造作；理卻無情意，無計度，無造作。”皆發揮程頤之說，而給與理氣以性質上及作用上之正確的分析。又云：“所謂理與氣，決是二物。但在物上看，則二物渾淪，不可分開各在一處；然不害二物之各爲一物也。若在理上看，則雖未有物，而已有物之理；然亦但有理而已，未嘗實有是物也。”又云：“理氣本無先後之可言；然必欲推其所從來，則須說先有是理。然理又非別爲一物，即存乎是氣之中；無是氣則是理亦無掛搭處。”又云：“只此氣凝聚處，理便在其中。”則不僅闡明理氣之異，而且論述其關係，以免學者誤執理氣以爲互相抵拒之二物。顧朱熹之理氣二元論，絕非完全沿襲程頤，而實雜糅周敦頤之太極說。但朱雖以太極當理，而對於周之太極一元論復屏而不用。故朱熹之本體論，實混合周程之說，而又與周程各異。朱熹之所以集宋學大成者在此，而朱熹之所以無創見者亦在此。朱熹之理即太極說，如云："蓋由其橫於萬物之深底而見時，曰太極；由其與氣相對而見時，曰理。故曰太極只是一箇理字。"又云："太極只是天地萬物之理；在天地言，則天地中有太極；在萬物言，則萬物中各有太極。"又云："太極非是別有一物，即陰陽而在陰陽，即五行而在五行，即萬物而在萬物，只是一箇理而已。"又云："太極，理也；動靜，氣也。氣行則理亦行，二者常相依而未嘗相離也。"皆顯然的採用太極一術語以當理，而與所謂氣相對，以自成其二元論也。或者以爲朱熹當攷究宇宙之本體時，主於太極一元論，即理一元論；而說明現象界之體用時，則又主於理氣二元論。故其理字的含義實歧爲二：一爲當於太極之理，一爲與氣對待之理。簡言之，即朱熹實爲一元的二元論者（日本渡邊秀方之《中國哲學史概論》，即主此說）。按是說固亦言之成理，持之有故，但吾人似覺其不盡明顯，不若直以爲理氣二元論之繼承者之爲妥切也。

2．理一氣殊說

朱熹既以理氣爲宇宙一切之根原，故萬物個體皆含有理氣二者；即理爲物之性、物之心、物之精神；氣爲物之體、物之象、物之造作。如云："物物雖各有理，而總只是一理。"又云："萬物統於一太極，而物各具一太極"，蓋以萬物皆太極（理）之發現，而太極（理）在於萬物。一切物體既各含一小太極，故就其具太極之點而言，萬物之本質悉爲同一，即所謂萬物畢同。然萬物既畢同，而萬物形成之種類何以畢異？於此，朱熹則又採用張載之理一分殊說，而主張其理一氣殊之說；以爲萬物之理雖同，而萬物之氣各殊。理無差別，氣則各殊；因氣之不同，是以理不能完全平等實現於萬物。如云："理雖無差別，而氣有種種之別，有清爽者，有昏濁者，難以一一枚舉。"又云："此即萬物之所以差別；然一一無不有太極，其狀卻如寶珠之在水中。在聖賢之中，如在清水中，其精光自然發現。其在至愚不肖之中，如在濁水中，非澄去泥沙，其光不可見也。"又云："如一海水，或取得一杓，或取得一擔，或取得一椀，都是海水。"則萬物之所以各異，完全由於其所稟受之氣有清濁多少不同之故。甚且因氣之多寡，而使理有偏全。故云："論萬物之一原，則理同而氣異；觀萬物之異體，則氣猶相近，而理絕不同也。氣之異者，純駁之不齊；理之異者，偏全之或異。"又云："若論本原，即有理然後有氣，故理不可以偏全論；若論稟賦，則有是氣然後理隨以具。故有是氣則有是理，無是氣則無是理。是氣多則是理多，是氣少則是理少，又豈可不以偏全論耶？"然吾人於此，尚有一疑問：即萬物既稟同一之理以生，何以不稟同一之氣以出？朱熹於此問題，則委之於陰陽五行化生萬物時之自然的或物理的現象。彼曾窮其玄想，描寫萬物生成之狀況與其殊異之原因，而取譬於麪磨。其說曰："造化之運，如磨上面，常轉而不止。萬物之生，似磨中撒出，有粗有細，自是不齊。""晝夜運而無息，便是陰陽之兩端；其兩邊散出紛擾者，便是游氣，以生人物之萬殊；如麪磨相似，其四邊只管層層散出。天地之氣運轉無已，只管層層生出人物，其中有粗有細，如人物有偏有正。"按此種論調，正所以表現其爲玄學的哲學，而非科學的哲學。設吾人今日施以反詰，謂造化之運何以必如出麪不勻之手工業時代之石磨，而非如粗細相似之機械時代之切麪機，則朱子將難於措答矣。至於萬物生成的次序，則其說大抵襲用周敦頤之《太極圖說》，以爲由太極動靜而生陰陽；由陰陽變合而生五行；由五行交化而生萬物；蓋糅合《周易》與《洪範》之論，而隱附佛家地火水風四大之見，以建其萬物生成說而已。

按宋儒之談本體，其辭苦於繳繞，其義時若曖昧；且語録之作，集自門徒，亦每不盡詳實；朱學雖善於辨析，然究未能自外。故今日之討究朱學，尚未能歸於一是。總之，吾人謂朱熹之本體論主於理氣二元，其萬物生成說主於理一氣殊，蓋庶幾無大過矣。

二 價 值 論

朱熹之價值哲學，爲明瞭計，析爲四方面，即：1. 倫理哲學，2. 教育哲學，3. 政治哲學，4. 宗教哲學。茲依次論述之。

1. 倫理哲學

朱熹之倫理哲學，由其本體論演繹而來；如吾人對於其本體論有相當之了解，則其倫理哲學固不必煩言而知也。茲就其所言内容之重要者，再析爲（甲）性論，（乙）心論，（丙）修養論三者述之。

（甲）性論　朱熹之本體論主於理氣二元，故其性論採用張載之說，亦主於本然性、氣質性之二元的解釋。彼以本然之性生自理，氣質之性生自氣。理爲絕對的善，故本然之性至善純一；氣有清濁偏全，故氣質之性不能無差別。故云："有天地之性，有氣質之性。天地之性，則太極本然之妙，萬殊之一本也；氣質之性，則二氣交運而生，一本而萬殊者也。"又云："論天地之性，則指專理而言；論氣質之性，則以理與氣雜而言之。"又云："以理言之，則無不全；以氣言之，則不能無偏。"蓋朱熹之意，以爲本然之性無有不善，其所以有惡者，則由於氣質之性。然無氣質之性，則本然之性又無所附麗。是以欲趨善而避惡，惟有變化氣質之性，而發揮其本然之性。故云："性者（指本然之性），人所稟於天以生之理也，渾然至善，未嘗有惡。"又云："氣質之性雖是形體；然無形質，則本然之性無所以安置自己之地位。如一勺之水，非有物盛之，則水無所歸著。"又云："性譬之水，本皆清也。以淨器盛之則清，以污器盛之則濁。本然之清未嘗不在，但既污濁，猝難得便清。故雖愚必明，雖柔必強，也煞用氣力。"若吾人進一步而研究氣質之性何以因稟氣而有差別，則朱熹復採摭漢儒五行五德相配之說，而發揮其玄想。其言曰："得木氣重者，惻隱之心常多，而羞惡、辭讓、是非之心為之塞而不得發。得金氣重者，羞惡之心常多，而惻隱、辭讓、是非之心為之塞而不得發。火水亦然。故氣質之性完全者，與陰陽合德。五性全備而中正，聖人是也。"然吾人倘再進一步而追詢何謂木氣，木氣與惻隱之心何以有關係，則此玄之又玄之問題，朱熹或以為古說有之，不煩置答矣。總之，朱熹之性論雖不能滿足吾人今日探究之欲，然在中國之性論史上，則固可謂集大成者矣。

（乙）心論　儒家之倫理說，近於西洋學者之動機論；凡一切行為之善惡，一以存心之良否以為判；故身心之關係，為儒家根本問題。但心之討究，中國學者每語焉不詳；至朱熹，剖釋區分，而始詳密。朱熹對於心之定義，一方採取程頤"在人為性，主於身為心"之說，一方又採取張載"心統性情"之說，以性情為心之體用。故云："心為一身之主宰，具眾理，應萬事。心之體名性，心之用名情。"又云："性以理言；情即發用之處；心即管攝性情者也。"又云："仁即性；惻隱即情；須由心上發生而來。心即統御性情者也。"又云："心統性情者也。由性之方面見之，心者寂然不動；由情之方面見之，感而遂通。"又云："心之未動時，性也；心之已動時，情也。欲是由情發來者，而欲有善惡。"又云："心如水；性猶水之靜，情則水之流，欲則水之波瀾；但波瀾有好底，有不好底。"依朱熹之說，心雖區為性情，然情實性之附屬物，而欲又為情之附屬物，其性論與心論實二而一也。故朱熹於性論既受理氣二元論之影響而分為本然性與氣質性，則心論自亦不能不採用二元的解釋。彼以為心之有理氣兩方，正與性同；因以發於理（本然之性）者為道心，發於氣（氣質之性）者為人心。無論聖凡，均有人心，亦均有道心。道心絕對至善，然易為情欲所蔽，故曰："道心惟微。"人心即情欲；得情欲之中為善，不得其中為惡；但情欲常生過與不及而陷於惡，故曰："人心惟危。"如云："道心是義理上發出來底，人心是人身上發出來的。雖聖人不能無人心，如飢食渴飲之類；雖小人不能無道心，如惻隱之心是。"又謂："聖人之教，在以道心為一身之主宰，使人心屈從其命令。如人心者,決不得滅卻,亦不可滅卻。"故朱熹主導人心以歸道心,與其性論中主變化氣質之性以歸本然之性,實有連帶的關係也。

（丙）修養論　吾人如已瞭解朱熹之性論與心論,則其修養論之要義已思過其半。關於修養論,朱熹所言雖繁;但可約爲兩方面言之:一、修養之目標;二、修養之方法。

朱熹以仁爲倫理上之最高標準,故吾人修養之目標即在乎求仁。此種思想之形成,其遠因固在孔子之仁說,其近因實受程顥《識仁篇》之影響。攷朱熹之意,以爲本體之化生萬物,爲仁德之表顯;而吾人得本體之一部分以生,則內心亦自當有仁德之存在。故其言曰:"天地以生物爲心者也;而人物之生,又各得夫天地之心以爲心者也。故語心之德,雖其總攝貫通,無所不備,然一言以蔽之,則曰仁而已矣。"又云:"仁之爲道,乃天地生物之心,即物而在。情之未發,而此體已具;情之既發,而其用不窮。誠能體而存之,則衆善之源,百行之本,莫不在是。"朱熹不僅以仁爲諸德之首,而且以仁包舉諸德;彼以爲仁之包舉義禮智,猶四時之春之於夏秋冬,乾德之元之於亨利貞,五行之木之於火金水;蓋仁爲仁之本體,義爲仁之斷制,禮爲仁之節文,知爲仁之分別,皆由廣義之仁推演而出也。

修養之目標爲仁,而其方法又可析爲內外二面。內的方法爲居敬,外的方法爲窮理。前者屬於內心方面,爲情意之涵養;後者屬於外物方面,爲智識之陶冶。前者由內而外,後者由外而內。內外合一,渾融同體,於是達於修養之極致。按此種理論,實完全直接繼承程頤"涵養須用敬,進德則在致知"之思想;所謂致知,即是窮理。關於窮理之意見,本書移至下文認識論中詳言之;茲先述其居敬之方法。所謂居敬,謂專一其精神而不被誘於物欲,即程頤所云主一無適。其工夫又可析爲內外二面:體察爲敬之內省的工夫,靜坐爲外修的工夫。如云:"持敬當以靜爲主,須於不做工夫時頻頻體察,久則自熟。若覺言語多,便順簡默;意志疏闊,則加細密;輕浮淺易,便須深沉重厚。"即發揮體察之義。其他引述孟子之"存夜氣"、"求放心"等等,皆所以補充體察之方。靜坐之說,蓋本於其師李侗。朱熹以儒者之靜坐與禪釋不同,故其言曰:"靜坐非如坐禪入定,斷絕思慮;只是收斂此心,使毋走於煩思慮而已。此心湛然無事,自然專心;及其有事,隨事應事;事已,時復湛然。"按靜坐以居敬求仁,爲原始儒家之所無;雖精神不同於禪定,而其形式實襲自佛氏,無可諱言也。

倫理哲學爲朱熹之中堅思想;語類文集,涉乎此者,十之七八。其言雖繁,然約而述之,不過如上所詮釋而已。

2. 教育哲學

如吾人已了解朱熹之倫理思想,則其教育思想可推論而得;且上文所言之修養論,實已涉及教育學之範圍;茲所陳述者,不過再就普通教育學所區分之目的論與方法論,以詮釋朱熹之思想而已。

在教育目的論方面,朱熹以窮理盡性爲極致,故具有教育萬能論之傾向。蓋朱熹以爲無論聖賢下愚,其所具氣質之性雖各有不同,而其本然之性則稟自本體之理,實初無二致。故無論如何下愚,變化其氣質之性,發揮其本然之性,積以歲月,持以意志,自與生知之聖賢同。聖賢而能力擴其本然之性,則自與至高之本體融合,而達所謂參天地贊化育之境。惟其氣質之性可以變化,本然之性可以發揮,故教育之重要與功能不言而自見。蓋朱熹雖爲純粹性善論之修正者,然究主性善,其窮理盡性之說自有教育萬能論之傾向也。故朱熹就學者方面言,每責以聖賢,而以教育爲可能。如云:"凡人須以聖賢爲己任。世人多以聖賢爲高,而自視爲卑,故不肯進。抑不知使聖賢本自高,而己別是一樣人,則早夜孜孜,別是分外事,不爲亦可,爲之亦可。然聖賢稟性,與常人一同;既與常人一同,又安得不以聖賢爲己任。自開闢以來,生多少人,求其盡己者,千萬人中無一二,只是滾同枉過一世。"又云:"人性本善,只爲嗜慾所迷,利害所逐,一齊昏了。聖賢能盡其性,故耳極天下之聰,目極天下之明,爲子極孝,爲臣極其忠。"又云:"大抵爲己之學,於他人無一毫干預;聖賢千言萬語,只是使人反其固有而復其性耳。"就聖賢方面言,朱熹則以爲當輔助天地之化育,而引教育爲己責。如云:"佛經云佛爲一大事因緣出現於世,聖人亦是爲這一大事出來。這個道理,雖人所固有;若非聖人,如何得如此光明盛大。你不曉得底,我說在這裏,教你曉得;你不曾做底,我做下樣子在此,與你做。只是要扶持這個道理,教它常立在世間,上拄天,下拄地,常如此端正。纔一日無人維持,便傾倒了,少間腳拄天,頭拄地,顛倒錯亂,便都壞了。所以說天佑下民,作之君,作之師,惟其克相上帝,寵綏四方。天只生得你,付得這道理,你做與不做都在你,做得好也由你,做得不好也由你。所以又爲之立君師以作成之,既撫養你,又教導你,使無一夫不遂其性。如堯舜之時,真個是寵綏四方;只是世間不好底人,不定疊底事,纔遇堯舜,都安帖平定了。所以謂之克相上帝,蓋助上帝之不及。"總之,朱熹之教育目的論,窮理盡性一語可以了之也。

在教育方法論方面,朱熹似頗有主意論之傾向。蓋彼以爲人人當以聖賢爲己任;而其所以能以聖賢爲己任者,第一須立志,其次須精進。關於立志說,如云:"爲學須先立志。志既立則學問可次第著力。立志不定,終不濟事。"如云:"立志要如飢渴之於飲食。纔有悠悠,便是志不立。"如云:"世俗之學所以與聖賢不同者,亦不難見。聖賢直是眞個去做。說正心直要心正,說誠意直要意誠,修身齊家皆非空言。今之學者說正心,但將正心吟詠一餉;說誠意,又將誠意吟詠一餉;說修身,又將聖賢許多說修身處諷誦而已;或掇拾言語,綴緝時文。如此爲學,却於自家身上有何交涉?這裏須用著意理會。今之朋友固有樂聞聖賢之學而終不能去世俗之陋者,無他,只是心不立爾。學者大要立志,纔學便要做聖人也。"又云:"學者須是立志。今人所以悠悠者,只是把學問不曾做一件事看,遇事則且胡亂恁地打過了。此只是志不立。"但立志爲學而無毅力以爲之繼,則時有功虧一簣之虞,故其次須有精進之精神。關於精進說,如云:"爲學極要求把篤處著力。到工夫要斷絕處又更增工夫,着力不放令倒,方是向進處。爲學正如撐上水船,方平穩處,儘行不妨;及到灘脊急流之中,舟人來這上一篙,不可放緩,直須着力撐上,不得一步不緊。放退一步,則此船不得上矣。"又云:"若不見得入頭處,緊也不可,慢也不得。若識得些路頭,須是臭斷了。若斷了,使不成,待得冉新整頓起來,費多少力。如雞抱卵,看來抱得有甚煖氣,只被他常常恁地抱得成;若把湯去燙,便死了;若抱才住,便冷了。"又云:"聖賢千言萬語,無非只說此事。須是策勵此心,勇猛奮發,拔去心肝,與他去做。如兩邊擂起戰鼓,莫問前頭如何,只認捲將去,如此方做得工夫。若半上落下,半沈半浮,濟得甚事。"又云:"學者識得箇脈路正,便須剛決向前;若半青半黃,非惟無益。"其巧譬妙喻,殊能發揮精進之要義。

關於教育方法論,朱熹又曾勸勉學者須實用切己,須先求綱領,須分別義利,要皆普通教學之談,非朱氏精義之所在,故皆略而不述,而附論其對於教育制度之意見。

朱熹依據其教育哲學之見地,對於當時之學校制度及科舉制度,詆斥頗力。其論學校也,則曰:"至於後世,學校之設,雖或不異於乎先王之時;然其師之所以教,弟子之所以學,則皆忘本逐末,懷利去義,而無復先王之意。以故學校之名雖在,而其實不舉。……然猶莫有察其所以然者,顧遂以學校爲虛文,而無所與於道德政理之實。於是爲士者求道於老子釋氏之門,爲吏者責治乎簿書期會之最。蓋學校之僅存而不至於遂廢者,亦無幾耳。"(《靜江府學記》)又曰:"國家建立學校之官,遍於郡國……然學不素明,法不素備;選用乎上者,以科目詞藝爲足以得人；受任乎下者，以規繩課試爲足以盡職。蓋在上者不知所以爲人師之德，而在下者不知所以爲人師之道。是以學校之官雖遍天下，而遊其間者不過以追時好、取世資爲事；至於所謂脩身、齊家、治國、平天下之道，則寂乎其未有聞也。"(《送李伯諫序》)其論科舉也，則曰："科舉是法弊。大抵立法只是立箇得人之法；若有奉行非其人，都不干法事，若只得人便可。今却是法弊，雖有良有司，亦無如之何。"又曰："今科舉之弊極矣。"蓋朱熹教育理想之標的爲聖賢，而學校科舉所得之人物僅屬課藝之徒，宜其加以消極的排詆也。

然朱熹之於教育制度，固非以消極的排詆爲止境，而實抱有積極的理想。其理想的教育制度，簡明言之，分爲二級制，曰小學，曰大學，依學者年齡之高低，而授以程度不同之事與理。其言曰："古者初年入小學，只是教之以事，如禮樂射御書數及孝弟忠信之事。自十六七入大學，然後教之以理，如致知格物及所以爲忠信孝弟者。"又曰："小學者，學其事；大學者，學其小學所學之事之所以。"又曰："小學是事，如事君、事父、事兄、處友等事，只是教他依此規矩做去；大學是發如此事之理。"又曰："小學是直理會那事，大學是窮究那理因甚恁地。"又曰："古者小學已自養得小兒子這裏定，已是聖賢坯璞了，但未有聖賢許多知見；及其長也，令入大學，使之格物致知，長許多知見。"又曰："古人小學養得小兒子誠敬善端發見了，然而大學等事，小兒子不會推將去，所以又入大學教之。"據朱熹之見，小學大學雖區爲二，然小學所授爲含理之事，而大學所究爲據事之理，理事一貫，而均以倫理爲依歸。故朱熹遵程子之遺說，既取《小戴禮記》中之《大學》、《中庸》二篇，以爲大學窮理之術；復蒐集禮書傳記，別輯《小學》一書，以爲童蒙講習之方。其《小學·序》云："古者小學教人以灑掃、應對、進退之節，愛親、敬長、隆師、親友之道，皆所以爲修身、齊家、治國、平天下之本，而必使其講而習之於幼稚之時，欲其習與知長，化與心成，而無扞格不勝之患。"其重視小學教育，深得教育之精義，固非同時僅知高談遠議之哲人所可比倫也。

朱熹之理想的教育制度，不僅爲紙上之空談，嘗曾施之於實際，而與後代學校制度及民族文化發生重大之關係。其所修建之白鹿洞書院，實其理想的大學制之試驗。白鹿洞書院學規一文，簡明切實，顯示朱熹對於教育之全部思想。其言曰："父子有親，君臣有義，夫婦有別，長幼有序，朋友有信。——上五教之目。堯舜使契爲司徒，敬敷五教，即此是也。學者學此而已；而其所以學之之序，亦有五焉。其別如左：博學之，審問之，慎思之，明辨之，篤行之。——上爲學之序。學問思辨四者，所以窮理也。若夫篤行之事，則自修身以至於處事接物，亦各有要。其別如下：言忠信，行篤敬，懲忿窒慾，遷善改過。——上修身之要。正其誼不謀其利，明其道不計其功。——右處事之要。己所不欲，勿施於人；行有不得，反求諸己。——右接物之要。"總之，書院制度之興盛，與人格教育思想之發達，朱熹之白鹿洞書院實與有大功焉。（《民鐸》雜誌第七卷第十二號陳東原《廬山白鹿洞書院沿革攷》可參攷）

3. 政治哲學

朱熹之政治哲學，一言以蔽之，曰：唯心論而已。唯其偏於唯心，故重人治而輕物治，主德治而薄法治；蓋繼承孟子"生於其心，害於其政；發於其政，害於其事"之政論，而加以發揮也。然朱熹之政治哲學何以必主於唯心？是則當求其源於其本體哲學及倫理哲學。蓋朱熹以爲本體中有所謂理者存，而人心則稟本體之理以爲性；理無不善，是以性無不善。人君之治天下，如窮理盡性，以自正其心，則百官萬民自受其感化，而達於至治之境。故朱熹之奏議封事以及論治之文，每以正君心爲第一義。如云："天下萬事，有大根本；而每事之中，又各有要切處。所謂大根本者，固無出於人主之心術；而所謂要切處者，則必大本既立，然後可推而見也。"（《答張敬夫》）如云："古先聖王，兢兢業業，持守此心。雖在紛華波動之中，幽獨得肆之地，而所以精之一之，克之復之，如對神明，如臨淵谷，未嘗敢有須臾之怠。"（《戊申封事》）如云："蓋天下萬事，本於一心。而仁者，此心之存之謂也。此心既存，乃克有制；而義者，此心之制之謂也。誠使是說著明於天下，則自天子以至於庶人，人人得其本心以制萬事，無一不合宜者，夫何難而不濟？"（《送張仲隆序》）如云："致精之本，則在於心。心之爲物，至虛至靈，常爲一身之主，以提萬事之綱。一不自覺，而馳騖飛揚，以徇物欲於軀殼之外，則一身無主，萬事無綱。雖其俯仰顧盼之間，蓋已不自覺其身之所在，而況能反覆聖言，參攷事物，以求義理至當之歸乎？"（《甲寅行宮便殿奏劄二》）又唯其傾向唯心，故一承從來儒家之見解，以爲道德係政治之目的，教育係政治之手段。如云："昔者聖王作民君師，設官分職，以長以治；而其教之目則曰：父子有親，君臣有義，夫婦有別，長幼有序，朋友有信，五者而已。"如云："三綱五常，天理民彝之大節，而治道之本也。故聖人之治，爲之教以明之，爲之刑以弼之。雖其所施或先或後，或緩或急，而其丁寧深切之意未嘗不在乎此也。"如云："民雖衆，畢竟只是一箇心，甚易感也。"則政治與教育，實同其標的，即皆以倫理的爲歸宿也。又唯其傾向唯心，故蔑視法治；如云："今日之法，君子欲爲其事，以拘於法而不得騁；小人却徇其私，敢越於法而不之顧。"如云："古人立法，只是大綱，下之人得自爲。後世法皆詳密,下之人只是守法;法之所在,上之人亦進退下之人不得。"如云:"今世有二弊:法弊,時弊。法弊,但一切更改之,却甚易。時弊,則皆在人;人皆以私心爲之,如何變得?"皆以人心超於法紀,而大發揮其人治主義也。總之,朱熹之政論雖旁及兵刑稅賦,然其出發點根於本體論與性論,與古代儒家之見解實一脈相承也。至於此種思想之優劣,與其是否有救於南宋偏安之局,則言之綦繁,非本書之責,故存而不論。

4. 宗教哲學

古代儒家,鮮及鬼神。《論語》謂:"未知生,焉知死。""未能事人,焉能事鬼。""子不語:怪、力、亂、神。"蓋孔子以實踐道德爲依歸,故不尚幽冥玄虛之談。雖儒家注重喪葬祭祀,近似宗教;然實則假借儀式,以爲修養内心、維繫社會之工具;故與其斥爲宗教的,不若指爲倫理的之爲當。下迄宋儒,於本體論多所發揮,自不能不涉及"鬼神"一觀念;然其所謂鬼神,已脱離原始宗教的解釋,而進於哲學的思辨,故每藉《易·繫辭》"精氣爲物,遊魂爲變,是故知鬼神之情狀",及《中庸》"鬼神之爲德,其盛矣乎!視之而不見,聽之而不聞,體物而不可遺"等語,以爲發端。張載謂鬼神爲二氣之良能,程頤謂鬼神爲天地之妙用,其哲學的意味已極顯著。及至朱熹復本其本體上理氣二元論之見解,而演化爲陰陽二元論,更演化爲鬼神二元論。雖其指導門徒,不願多及鬼神;如云:"鬼神事自是第二着,那箇無形影,是難理會底,未消去理會,且就日用緊切處做工夫。""此(鬼神有無)豈卒乍可説?便説,公亦豈能信得及?須於衆理看得漸明,則此惑自解。""待日用常行處理會得透,則鬼神之理將自見得"等等;然一涉哲學的論辨,則其廣譬妙喻,殊見其趣味之濃厚;故就其所遺之《語類》而言,其論及鬼神,亦頗足供吾人論述之資也。

朱熹以爲本體可析爲理氣,氣又可析爲陰陽,而鬼神則不過爲陰陽之靈之別名。陰陽二氣,在宇宙間,無所不在,故鬼神亦無所不在。西洋哲學有所謂泛神論,附會言之,朱熹之宗教哲學亦殊有此種思想之傾向,不過其所謂神再析爲鬼神二元而已。其言曰:"以二氣言,則鬼者,陰之靈也;神者,陽之靈也。以一氣言,則至而伸者爲神,反而歸者爲鬼。一氣即陰陽運行之氣,至則皆至、去則皆去之謂也。二氣謂陰陽對峙,各有所屬。"又云:"鬼,陰之靈;神,陽之靈;此以二氣言也。然二氣之分,實一氣之運;故凡氣之來而方伸者爲神,氣之往而既屈者爲鬼。陽主伸,陰主屈,此以一氣言也。故以二氣言,則陰爲鬼,陽爲神。以一氣言,則方伸之氣亦有伸有屈;其方伸者神之神,其既屈者神之鬼。既屈之氣亦有伸有屈;其既屈者鬼之鬼,其來格者鬼之神。天地人物皆然,不離此氣之往來屈伸合散而已。"朱熹既以鬼神爲陰陽二氣之往來屈伸合散之名,故其鬼神之含義殊廣。其言曰:"日自午以前是神,午以後是鬼。月自初三以後是神,十六以後是鬼。""草木方發生來是神,彫殘衰落是鬼。人自少至壯是神,衰老是鬼。鼻息呼是神,吸是鬼。""魄屬鬼,氣屬神。如析木烟出是神,滋潤底性是魄。人之語言動作是氣,屬神;精血是魄,屬鬼。""神,伸也;鬼,屈也;如風雨雷電初發時,神也;及至風止雨過,雷住電息,則鬼也。""問日是神,月是鬼否? 曰:亦是。""指甘蔗曰:甘香氣便喚做神,其漿汁便喚做鬼。"上所引述,吾人驟聆之,直可斥爲鬼話;顧細按之,亦自有其玄學上之系統。總之,鬼神一觀念,由原始的宗教的意味而進於修正的玄學的思辨,則朱熹或不無功績焉。

　　朱熹於鬼神一觀念,雖哲學的視爲陰陽之靈之別稱;然對於世俗之所謂鬼神,以及人鬼物魅等,絕不加以否認,而且客觀的承認其存在。就此點而言,朱熹之鬼神論,實未完全脱離原始宗教之意味,而不無大純小疵之譏。彼以爲玄學上之鬼神係正直之氣所表現,世俗之所謂鬼神係邪暗之氣所凝聚,又落於二元論之論調。其言曰:"雨風露雷,日月晝夜,此鬼神之迹也。此是白日公平正直之鬼神。若所謂有嘯於梁,觸於胸,此則所謂不正邪暗,或有或無,或去或來,或聚或散者。又有所謂禱之而應,祈之而獲,此亦所謂鬼神,同一理也。世間萬事皆此理,但精粗小大之不同爾。"至於人類死後之生命(即所謂人鬼),朱熹雖排斥佛家輪迴之説,斥人死爲鬼、鬼復爲人之言爲誤謬;但死後之靈魂,在特殊情境之下,得以暫時存在,並非絕不可能。簡言之,朱熹之人鬼論不過世俗見解之修正者而已。其言曰:"天道流行,發育萬物,有理而後有氣,雖是一時都有,畢竟以理爲主,人得之以有生。氣之清者爲氣,濁者爲質。知覺運動,陽爲之也;形體,幽爲之也。氣曰魂,體曰魄。高誘《淮南子注》曰:'魂者,陽之神;魄者,陰之神。'所謂神者,以其主乎形氣也。人所以生,精氣聚也。人只有許多氣,須有箇盡時;盡則魂氣歸於天,形魄歸於地而死矣。人將死時,熱氣上出,所謂魂升也;下體漸冷,所謂魄降也。此所以有生必有死,有始必有終也。夫聚散者,氣也;若理,則只泊在氣上,初不是凝結自爲一物。但人分上所合當然者,便是理,不可以聚散言也。然人死雖終歸於散,然亦未便散盡,故祭祀有感格之理。……然已散者不復聚,釋氏却謂人死爲鬼,鬼復爲人;如此,則天地間常只是許多人來來去去,更不由造化生生,必無是理。"又云:"神祇之氣常屈伸而不已,人鬼之氣則消散而無餘矣。其消散亦有久速之異。人有不伏其死者,所以既死而此氣不散,爲妖爲怪。如人之凶死,及僧道既死,多不散(僧道務養精神,所以凝聚不散)。若聖賢則安於死,豈有不散而爲神怪者乎?"又云:"游字(游魂爲變)是漸漸散。若是爲妖孽者,多是不得其死,其氣未散,故鬱結而成妖孽。若是尫羸病死底人,這氣消盡了方死,豈復更鬱結成妖孽? 然不得其死者,久之亦散;如今打麵做糊,中間自有成小塊核不散底,久之漸漸也自會散。"總之,朱熹以爲在普通情境中,人死則氣散,如聖賢與凡人,故無鬼之可言;若在特殊情境之下,如不伏其死及僧道之凝聚精神,則其鬼得暫時的存在;蓋與通俗之見解殊無大差異也。

朱熹不僅以爲人鬼有暫時不散之可能,而且進一步承認物魅之客觀的存在。其言曰:"《家語》云:'山之怪曰夔魍魎,水之怪曰龍罔象,土之怪曰羵羊。'皆是氣之雜糅乖戾所生,亦非理之所無也。專以爲無,則不可。如冬寒夏熱,此理之正也;有時忽然夏寒冬熱,豈可謂無此理;但既非理之常,便謂之怪。"又如"問今人家多有怪者。曰:此乃魑魅魍魎之爲。達州有一士人,行遇一人,只有一腳,問某人家安在。與之同行,見一腳者入某人家,數日,其家果死一子。"觀此,則朱熹之物魅論,直類村嫗女巫之談,其哲學的氣息已澌滅無餘矣。

朱熹既承認鬼神之客觀的存在,則其祭祀觀亦殊有論述之必要。祭祀之起原,本爲野蠻時代避禍祈福之原始宗教的行爲;及至儒家,託古改制,雖客觀的否認鬼神之存在,而主觀的利用祭祀以爲報本返始之內心的表示,蓋已由宗教的儀式而演化爲倫理的手段。朱熹之祭祀論,不能於倫理方面多無發揮,而復返於宗教的解釋,實爲宋儒哲學思想退化之一證。朱熹以爲人類與鬼神之相關在於氣,而一切祭祀之所以有效亦在乎氣之感應。故其言曰:"鬼神是本有底物事。祖宗亦只是同此一氣,但有箇總腦處。子孫這身在此,祖宗之氣便在此;他是有箇血脈貫通。所以神不歆非類,民不祀非族,只爲這氣不相關。如天子祭天地,諸侯祭山川,大夫祭五祀,雖不是我祖宗,然天子者天下之主,諸侯者山川之主,大夫者五祀之主,我主得他,便是他氣又總統在我身上;如此,便有箇相關處。"又如:"問子孫祭祀,却有感格者,如何? 曰:畢竟子孫是祖先之氣;他氣雖散,他根却在這裏;盡其誠敬,則亦能呼召得他氣聚在此。如水波樣,後水非前水,後波非前波,然却通只是一水波,子孫之氣與祖考之氣亦是如此。他那箇常下自散了,然他根却在這裏;根既在此,又却能引聚得他那氣在此。此事難説,只要人自看得。"吾人如以朱熹之祭祀觀與《禮記》中《祭義》、《禮器》、《郊特牲》之祭祀觀相較,則一般以宋儒爲能於古代儒家思想加以哲學的解釋,而視爲中國學術思想之進步者,不足憑信矣。

三　認識論

嚴格言之，中國自來之哲學思想，純正之認識論實不多覯；即朱熹之窮理説，格物致知説，實亦不過哲學的方法論；蓋對於知識之本身，未曾加以分析與窮究也。兹爲全部哲學體系之明瞭計，將朱熹討論窮理之一部分引述於此，而析爲（一）知與行，（二）致知與格物，（三）窮理與讀書三者。

1. 知與行

知與行之關係，又可析爲（甲）知與行之先後的關係及（乙）知與行之輕重的關係。關於後者，朱熹與一般哲人之意見無甚殊異，仍以力行爲重。至知與行之先後的關係，則主先知後行説。蓋知行之關係，爲中國近代哲學之一重要問題，細析之，約可分爲三派，即：一、先知後行説，朱熹主之；二、知行並進説，陳淳（北溪）主之；三、知行合一説，王守仁（陽明）主之。朱熹非不知知與行有密切而不可偏廢之關係，然其所以主先知後行者，亦自有故。其言曰："知行常相須，如目無足不行，足無目不見。論先後，知爲先；論輕重，行爲重。"又曰："致知力行，論其先後，固當以致知爲先；然論其輕重，則當以力行爲重。"又曰："知與行工夫須著並到；知之愈明，則行之愈篤；行之愈篤，則知之益明；二者皆不可偏廢。……然又須先知得，方行得。所以《大學》先説致知，《中庸》説知先於仁勇，而孔子先説知及之。然學問、愼思、明辨、力行，皆不可闕一。"又曰："夫泛論知行之理，而就一事之中以觀之，則知之爲先，行之爲後，無可疑者（如孟子所謂知皆擴而充之，程子所謂譬如行路須得光照，及《易·文言》所謂"知至至之、知終終之"之類，是也）。然合夫知之淺深、行之大小而言，則非有以先成乎其小，亦將何以馴致乎其大者哉？……今就其一事之中而論之，則先知後行，固各有其序矣；誠欲因夫小學之成，以進乎大學之始，則非涵養踐履之有素，亦豈能居然以其雜亂紛糾之心，而格物以致其知哉？……故《大學》之書，雖以格物致知爲用力之始；然非謂初不涵養履踐而直從事於此也。又非謂物未格，知未至，則意可以不誠，心可以不正，身可以不修，家可以不齊也；但以爲必知之至，然後所以治己治人者始有以盡其道耳。"又如："王子充問：'某在湖南見一先生，只教人踐履。'曰：'義理不明，如何踐履？'曰：'他説行得便見得。'曰：'如人行路，不見便如何行。'"朱子之言，於言行之相須，返復詳密，蓋深恐學者誤會；然其於順序上主張先知後行之意，仍顯然可見；目足之喩，見行之説，實其常識的而又哲學之論據也。

2. 致知與格物

朱熹之哲學的方法既含有主知論之傾向,則其"何謂知"及"如何以完成其知"之二問題,自必隨之而產生。前一問題,爲西洋哲人所究心,但中國前哲每加以忽視。朱熹自不能外此,故其所言,僅訓知爲識(見《大學章句》),以爲包舉一身之理及天地萬物之理;蓋取知之廣義的解釋,與王陽明派之以知爲我心之良知,而取狹義的解釋者不同。至於後一問題,即"如何以完成其知"問題,實爲朱熹哲學全部精神之所在,亦爲程朱學派與陸王學派爭論之焦點。(前者,吾稱之爲宋學之歸納派;後者,吾稱之爲宋學之演繹派。)然吾人如欲了解二派之爭點,非先明致知格物一語之來源不可。蓋當佛學盛行之後、宋學初興之際,哲學界所表現者,惟有禪宗之直覺的頓悟説與周、邵之方士的宇宙觀,其於方法論,絶未加意。及至程氏,始自《小戴禮記》中特取《大學》一篇,以爲可見古人爲學次第,而推爲初學入德之門。《大學》之言曰:"古之欲明明德於天下者,先治其國;欲治其國者,先齊其家;欲齊其家者,先修其身;欲修其身者,先正其心;欲正其心者,先誠其意;欲誠其意者,先致其知;致知在格物。"此段文字,唯"致知在格物"一語,朱、陸之訓解完全異趣,亦即朱、陸二派哲學方法論不同點之所在。陸、王一派,大抵訓知爲良知,訓格爲正;以爲致知云者,非擴充知識之謂,乃致吾心固有之良知;格物云者,非窮究物理之謂,乃正意念所在之事物(參閱王守仁《大學問》)。總之,其論理的方法爲演繹,而含有極濃的唯心論之色彩。朱熹不然,訓知爲知識,訓格爲窮至;以爲致知在格物云者,謂欲推極吾人之智識,在即凡天下之事物,而窮究其理;總之,其論理的方法爲歸納,而含有近代科學之精神。其《大學章句》云:"所謂'致知在格物'者,言欲致吾之知,在即物而窮其理也。蓋人心之靈,莫不有知;而天下之物,莫不有理;惟於理有未窮,故其知有不盡也。是以《大學》始教,必使學者即凡天下之物,莫不因其已知之理而益窮之,以求至乎其極。至其用力之久,而一旦豁然貫通焉,則衆物之表裏精粗無不到,而吾心之全體大用無不明矣。此謂物格,此謂知之至也。"故朱熹之意,以爲窮究物理爲解決如何以完成其知之唯一法門。其所謂物,範圍至廣,而一仍程頤之説。程頤釋格物之物爲"語其大至天地之高厚,語其小至一物之所以然。"朱熹繼之,故云:"凡是眼前底都是事物。"又云:"上而無極太極,下而至於一草一木一昆蟲之微,各亦有理。一書不讀,則闕了一書道理;一事不窮,則闕了一事道理;一物不格,則闕了一物道理;須著逐一件與他理會過。"又云:"物理無窮,故他説得來亦自多端。如讀書以講明道義,則是理存於書;如論古今人物以別其是非邪正,則是理存於古今人物；如應事接物而審處其當否，則是理存於應接事物。所存既非一物能專，則所格亦非一端而盡。"依據其言，則上自哲學，下迄動植，莫不包舉。然物類無窮，人知有涯；故其所謂格物，非盡窮天下之事物，而實有賴於類推。如云："所謂不必盡窮天下之物者，如十事已窮得八九，則其一二雖未窮得，將來湊會，自能見得。又如四方已窮得，中央雖未窮得，畢竟是在中間了，將來貫通，自能見得。程子謂'但積累多後，自當脫然有悟處'，此語最好。若以為一草一木亦皆有理，今日又一一窮這草木是如何，明日又一一窮這草木是如何，則不勝其繁。"又"問程子言：'今日格一件，明日格一件，積習既久，自當脫然有貫通處'；又言'格物非謂盡窮天下之理，但於一事上窮盡，其他可以類推。'二説如何？曰：'既是教類推，不是窮盡一事便了。且如孝盡得箇孝底道理，故志可移於君，又須去盡得忠，以至於兄弟、夫婦、朋友，從此推之，無不盡極，始得。'"故程、朱之格物論，非絕對的，而為相對的；非逐物的實驗，而為依類的推論；其所以略有科學的精神者在此，而其所以終無科學的成績者亦在此。格物之訓釋既明，則致知之理論自顯；蓋依朱熹之見，格物與致知，實一事之異面，而非不同之二事；換言之，為説明立場之便利計，而有格物與致知之二詞而已。故云："致知，格物，只是一事。格物以理言，致知以心言。"又云："格物是物物上窮至其理，致知是吾心無所不知。格物是零細説，致知是全體説。"又云："格物所以致知於這物上；窮得一分之理，則我之知亦知得一分；於物之理窮得愈多，則我之知愈廣；其實只是一理，纔明此，即曉彼。所以《大學》説致知在格物，又不説欲致其知在格其物。蓋致知便在格物中，非格之外別有致處也。"又云："格物致知只是窮理。"總之，物就外言，就客觀言；知就內言，就主觀言；格與致就內外或主客觀發生關係之功夫言；致知與格物，係一種修養功夫之兩方面的説明，而非截然異趣之兩種功夫也。

朱熹之格物説，窮理説，其含有科學之精神，原不可誣；然其結果無絲毫科學成績可言，而僅留玄虛空疏之理學，以供後代學人攻擊之資者，其故可深思也。此其原因，緣於本身方法之缺陷者二，緣於當時科學環境之貧乏者二，而前者之原因更重。所謂緣於科學環境之貧乏者，第一，因當時社會尚留滯於小農及手工業時代，缺乏科學應用之需要；科學雖非專為實用，然實用亦科學發展之一原因。第二，因當時科學之工具器械太貧乏，即欲"即物而窮其理"，亦苦無下手之方。所謂緣於本身方法之缺陷者，第一，因程朱之所謂格物，其目的不在於此物或彼物之理，而在於最後之絕對真理或絕對智慧。程頤云："自一身之中，至萬物之理；但理會得多，自然豁然有覺悟處。"朱熹云："至用力之久，而一旦豁然貫通焉，則衆物之表裏精粗無不到,而吾心之全體大用無不明矣。"故程、朱與陸、王,其入手之方法雖異,而其歸結之目的則一,即皆着眼於"一旦豁然貫通"之頓悟的禪學之最後境界。此爲科學方法之致命傷;因科學在求物疑,而玄學在求自信也。第二,科學方法之重要部分,一爲實驗,一爲假設;但程朱之所謂格物,僅有觀察而無假設。程頤云:"致知在格物,物來則知起。物各付物,不役其知,則意誠不動。""不役其知"之格物,不過被動的觀察而已,何有科學成績之可言?朱熹云:"今登高山而望,群山皆爲波浪之狀,便是水泛如此,只不知因甚麼事凝了。"又云:"嘗見高山有螺蚌殼,或生石中。此石即舊日之土,螺蚌即水中之物。下者却變而爲高,柔者却變而爲剛。此事思之至深,有可驗者。"此不能謂非實地的觀察,然因無假設之故,僅成爲對於自然界之零碎見解,而不能發展爲獨成一科之地質學。王陽明以格竹致疾,譏斥程朱學說之非,實則其學說本身確亦有弱點存也。

3. 窮理與讀書

朱熹之所謂格物致知,若以其自創之學術名詞名之,即曰窮理。其言曰:"格物致知只是窮理。聖賢欲爲學者說盡曲折,故又立此名字。"又曰:"窮理二字不若格物之爲切。"朱熹之所謂窮理,謂即凡天下之物而窮其理,其範圍本異常廣大;然以爲理之精蘊已具於聖賢之書,故以讀書爲窮理之首。其言曰:"窮理之要必在於讀書。"又曰:"天下之物,莫不有理,而其精蘊則已具於聖賢之書,故必由是以求之。"又曰:"夫道之體用盈於天地之間,古先聖人既深得之,而慮後世之不能以達此,於是立言垂教,自本至末,所以提撕誨飭於後人者無所不備。學者正當熟讀其書,精求其義;玫之吾心,以求其實;參之事物,以驗其歸。"又曰:"讀書已是第二義。蓋人生道理合下完具,所以要讀書者,蓋是未曾經歷見許多。聖人是經歷見得許多,所以寫在册上與人看;而今讀書,只是要見得許多道理。及理會得了,又皆自家合下原有底,不是外面旋添得來。"依其所言,絕非對讀書爲因襲的盲目的崇信,實以讀書爲窮理之捷徑,故雖明知其爲第二義,而不能不推以爲入手之方。然此種讀書窮理說最易發生流弊;程、朱之末流,每每無大創見,僅將四書五經咿哦一番,即自以爲達格物致知之妙境,皆坐此故。陸九淵斥朱熹之傳注功夫爲支離事業,亦未始毫無相當之理由。

第四章 朱熹之經學

欲明朱熹在經學史上之地位,須先對於經學史作鳥瞰的叙述。中國經學,依

學派之盛衰分合,約可析爲十期,即:

一、經學開創時期,自古代至孔子之没;

二、經學流傳時期,自孔子之没至秦;

三、經今文學昌明時期,約當西漢一代;

四、經古文學興盛時期,約當東漢一代;

五、經今古文學混淆時期,約當東漢末年以至西晉;

六、經今文學衰滅時期,約當東晉一代;

七、經學義疏派興盛時期,約自南北朝以迄隋唐;

八、經學懷疑派崛起時期,約當宋、元、明三代;

九、經古文學重興時期,約自清初以迄乾嘉;

十、經今文學繼起時期,約自清嘉道以迄今日。

此十時期,如再歸納言之,其重要之學派,仍不外今文學、古文學及宋學三派;至所謂宋學,即上述經學懷疑派之通名。朱熹之在經學史,爲第八時期之中心人物,亦即所謂經學的宋學中之重鎮也。

經學與哲學,就性質言,實各自異趣。哲學着重於個人之理智的探索,故懷疑爲創立新解之利器;經學則不免趨重於宗教性之因襲的訓釋,故懷疑之結論每易起無謂之紛擾。朱熹既爲經學懷疑派中之重要人物,則經學上之成績自必瑕瑜互見。總之,宋儒皆以經學爲其哲學之工具,故哲學雖若可觀,而經學每多疵纇。當經學權威鼎盛之際,以哲學託庇於經學,固自其不得已之苦衷;然其結果,哲學上之立論不免於附會,經學上之訓釋不免於紛擾,則學術之貴乎獨立,於斯亦可視矣。

兹依經古文學所主張之六經次第,略述朱熹之經學如次。

一 《易 經》學

就哲學言,朱熹爲程頤之繼承者,故治思想史者每以程、朱並稱;顧就經學之《易》學言,則程、朱不無敵派之嫌:此學者所當注意也。欲明其故,請先述《易》學之變遷。

《易》之爲書,推天道以論人事;因學者着眼輕重之不同,而有象數、義理二派之分。大概夸誕者喜言天道,而言天道者偏於象數;實踐者好述人事,而述人事者趨於義理:此勢之必然也。程、朱之《易》學,雖均屬與漢《易》對峙之宋《易》;然程爲宋《易》中之義理派,而朱則爲宋《易》中之象數派,二人之立場固自不同。

《四庫總目提要》經部《易》類小序云:"《易》之爲書,推天道以明人事者也。《左傳》所記諸占,蓋猶太卜之遺法。漢儒言象數,去古未遠也;一變而爲京(房)、焦(贛),入於禨祥;再變而爲陳(摶)、邵(雍),務窮造化,《易》遂不切於民用。王弼盡黜象數,説以《老》、《莊》;一變而胡瑗、程子(頤)闡明儒理;再變而李光、楊萬里,又參證史事,《易》遂日啓其論端。此兩派六宗,已互相攻駁。"所謂漢儒,所謂京、焦,所謂陳、邵,雖漢宋之不同,然均屬於象數一派;所謂王弼,所謂胡、程,所謂李、楊,雖虛實之各異,然均屬於義理一派。朱熹之《易》,喜言太極無極,先天後天,其繼承陳摶、邵雍象數之學,無可諱言。在熹之本意,或以爲程頤《易傳》偏於義理,故濟以象數,以維持其哲學上之調和統一的態度;殊不知學術上有絕不能調和統一者,於是程、朱之《易》學陷於敵派之嫌,此實非朱熹初意所及料也。

上所陳述,或尚嫌簡略,茲再申言之。按《易》學,就内容言,固可分爲象數、義理二派;但就學統言,又可分爲漢《易》、宋《易》二派。漢《易》盛於兩漢,復分爲今文《易》與古文《易》二派。今文《易》偏重象數,在西漢時,有施氏、孟氏、梁丘氏、京氏立於學官。其學後均亡佚,惟三國時之虞翻傳孟氏之《易》,尚略可考見。古文《易》始於費氏。數傳而得鄭玄,時言爻辰,蓋亦不廢象數。及晉王弼,復雜以《老》、《莊》之言,始專言義理。宋《易》起於兩宋,復分爲圖書與義理二派。圖書之學,亦言象數,其初出於方士陳摶。摶得道家修煉之圖,因靭爲太極無極、河圖洛書、先天後天等説;周敦頤用其説而稍變易之,著《太極圖説》。邵雍精於數,又稍變易之,著《皇極經世書》。當時言《易》學者多宗之。義理一派,以程頤《易傳》爲著。程子與邵雍同時,又屬懿戚,然不肯從受數學;其著《易傳》,專言義理,不及象數。其《序》云:"吉凶消長之理,進退存亡之道,備於辭。推辭考卦,可以知變,象占在其中矣。"其《答張閎中書》云:"有理而後有象,有象而後有數。《易》因象以知數;得其義,則象數在其中矣。必欲窮象之隱微,盡數之毫忽,乃尋流逐末,術家所尚,非儒者之務也。"則其反對象數圖書之學,昭然若揭矣。

就經學言,漢代之今文《易》爲《易》之正傳;就哲理言,漢、宋之義理派爲《易》之大道;至宋代圖書之學,無論就何方面言,皆絶無穩定之立場。乃朱熹作《周易本義》以補程《傳》,謂程言理而未言數,遂於篇首冠以九圖;又作《易學啓蒙》,發明圖書之義。其初意蓋欲調和程、邵之間,以實現宋《易》之大一統;然不知已陷於進退無據矣。後儒每爲朱子辯護:如王懋竑《白田雜著》,以《文集》、《語類》鈎稽參考,謂《本義》卷首九圖爲門人所依附,非朱子所自列。或又據《答劉君房書》及《宋史·儒林傳》,謂《啓蒙》乃蔡元定創稿,非朱子所自撰。然無論如何,朱熹贊同圖書之説,實無可諱,其《答袁機仲書》一文,即其明證。所謂:"自伏羲以上,皆無文字,只有圖書,最宜深玩,可見作《易》本原精微。文王以下,方有文字,即今之《周易》。然讀者亦宜各就本文消息,不可便以孔子之《易》爲文王之説。"其所云云,皆推尊圖書之言。不知其所謂伏羲者,非傳説之伏羲,而爲陳、邵之書;其所謂圖書者,非經學家言,而爲方士之説也。按朱熹圖書之學,當時袁樞、薛季宣已有異論;其後元陳應潤、吳澄,明歸有光,皆不置信。至清漢學浸盛,攻斥者益衆;毛奇齡作《圖書原舛篇》,黃宗羲作《易學象數論》,黃宗炎作《圖書辨惑》,胡渭作《易圖明辨》,張惠言作《易圖條辨》,皆足鉗贊同圖書者之口。至圖書之説,學者可參閱《本義》、《啓蒙》諸書,以其繁而無當,故略而不述,以節篇幅,而僅論朱熹《易》學之立場如右。

二 《書經》學

朱熹於《書經》學,無專著之書;其門人黃子毅所輯之《書傳緝説》,亦亡佚無可考;然朱熹於《書經》學史上具有一大功績,即對於東晉晚出之僞《古文尚書》及僞孔安國《尚書傳》加以懷疑是也。

《書》在漢時,有今文、古文之分。《今文尚書》出於漢初之伏生,其後分歐陽氏、大夏侯氏、小夏侯氏三家,皆立於學官。其書共二十九篇,爲:一、《堯典》(連"慎徽"以下),二、《皋陶謨》(連"帝曰來禹"以下),三、《禹貢》,四、《甘誓》,五、《湯誓》,六、《盤庚》,七、《高宗肜日》,八、《西伯戡黎》,九、《微子》,十、《泰誓》,十一、《牧誓》,十二、《洪範》,十三、《金縢》,十四、《大誥》,十五、《康誥》,十六、《酒誥》,十七、《梓材》,十八、《召誥》,十九、《洛誥》,二十、《多士》,二十一、《無逸》,二十二、《君奭》,二十三、《多方》,二十四、《立政》,二十五、《顧命》(連"王出"以下),二十六、《費誓》,二十七、《呂刑》,二十八、《文侯之命》,二十九、《秦誓》。《古文尚書》相傳出於孔子宅壁中,孔安國得之,於今文二十九篇外,多出十六篇,其目爲:一、《舜典》(別有《舜典》,非僞孔所分),二、《汨作》,三、《九共》,四、《大禹謨》,五、《棄稷》(別有《棄稷》),六、《五子之歌》,七、《胤征》,八、《湯誥》,九、《咸有一德》,十、《典寶》,十一、《伊訓》,十二、《肆命》,十三、《原命》,十四、《武成》,十五、《旅獒》,十六、《冏命》。然此《古文尚書》十六篇,僅有目而無書,當時稱爲《逸書》。西晉永嘉之亂,經籍亡佚;東晉初,豫章內史梅賾忽獻所謂《古文尚書》二十五篇及孔安國所作《書傳》。此東晉晚出之二十五篇,與漢時之《古文尚書》不同,其目爲:一、《大禹謨》,二、《五子之歌》，三、《胤征》，四、《仲虺之誥》，五、《湯誥》，六、《伊訓》，七、《太甲上》，八、《太甲中》，九、《太甲下》，十、《咸有一德》，十一、《說命上》，十二、《說命中》，十三、《說命下》，十四、《泰誓上》，十五、《泰誓中》，十六、《泰誓下》，十七、《武成》，十八、《旅獒》，十九、《微子之命》，二十、《蔡仲之命》，二十一、《周官》，二十二、《君陳》，二十三、《畢命》，二十四、《君牙》，二十五、《冏命》。又割《堯典》"慎徽"以下爲《舜典》，割《皋陶謨》"帝曰來禹"以下爲《益稷》；合舊有之《今文尚書》，共爲五十八篇。及唐孔穎達撰定《五經正義》，書取僞孔，於是歷五代迄宋，明經取士，皆遵此本，而無敢議其非者。

　　至宋，吳棫作《書稗傳》，始稍發其覆。朱熹繼之，於孔安國《書傳》，則直斥其僞；於後出之《古文尚書》，則以爲可疑；實開明清學者辨僞之端。其斥僞孔《書傳》也，曰："《尚書》孔安國《傳》，此恐是魏晉間人所作，托安國爲名，與毛公《詩傳》大段不同。今觀序文，亦不類漢文章(漢時文字粗，魏晉間文字細)。如《孔叢子》亦然，皆是那一時人所爲。"又曰："某嘗疑孔安國《書》是假書。如毛公《詩》，如此高簡，大段爭事。漢儒訓釋文字，多是如此，有疑有闕。今此卻盡釋之；豈有千百年前人說底話，收拾於灰燼屋壁中，與口傳之餘，更無一字訛舛，理會不得？兼小序亦可疑。……況先漢文字重厚有力量，今大序格致極輕，疑是晉宋間文章。況孔《書》至東晉方出，前此諸儒皆不曾見，可疑之甚。"其疑僞《古文尚書》也，曰："漢儒以伏生之《書》爲今文，而謂安國之《書》爲古文。以今考之，則今文多艱澀，而古文反平易。或者以爲今文自伏生女子口授晁錯時失之，則先秦古書所引之文皆已如此。或者以爲記錄之實語難工，而潤色之雅詞易好；則暗誦者不應偏得所難，而考文者反專得其所易，是皆有不可知者"(《書臨漳所刊四經後》)。又曰："只疑伏生偏記得難底，卻不記得易底。"顧朱熹之於古文經，雖以文體難易之不同而加以懷疑，然仍未敢明斥其僞，而猶爲調停之說。如云："《書》有兩體，有極分曉者，有極難曉者。《尚書》諸命皆分曉，蓋如今制詔，是朝廷做底文字。諸誥皆難曉，蓋是時與民下說話，後來追録而成之。"考朱熹之所以爲此調停之詞，或以僞《大禹謨》中"人心惟危，道心惟微，惟精惟一，允執厥中"十六字，爲其哲學上二元論之所本，而不敢抉摘其僞歟？然猶賴有朱熹之疑，故蔡沈作《書傳》，能分別今古文之有無。其後元吳澄作《書纂言》，明梅鷟作《尚書考異》，清閻若璩作《古文尚書疏證》，惠棟作《古文尚書考》，丁晏《尚書餘論》，愈推愈密，而僞孔之僞遂不可強飾。追本溯原，《尚書》學之能自拔於僞托，朱熹蓋不無蓽路藍縷之功焉。

三　《詩經》學

朱熹之於經學，其用力最勤者，首推《四書》，其次即爲《詩經》。治《四書》，所以爲其哲學上之論據；治《詩》，或本其平素愛好文學之習性歟？朱熹治《詩》，最初亦襲毛公、鄭玄之舊説；吕祖謙《吕氏家塾讀詩記》一書中所引之朱氏，即其早歲之詩説。其後受鄭樵《詩傳辨妄》之影響，於是將《詩》《大序》、《小序》別爲一編而辨之，名曰《詩序辨説》；其所作《集傳》，亦不主毛、鄭，而以《國風》中之《鄭》、《衛》爲淫詩，且以爲淫人自言。其懷疑之精神，在經學史上實罕儔匹；然微可惋惜者，即朱熹不能使《詩經》脱經學之軛而躋於文學之域，故其説每不甚澈底，致見譏於後代之經生碩儒。兹先述《詩經》學之變遷，繼及朱熹《詩經》學之概略，而以後儒之批評殿之。

《詩》在漢時，亦有今文、古文之分。今文詩凡三家：一、《魯詩》，源於申公；二、《齊詩》，源於轅固生；三、《韓詩》，源於燕韓嬰。三家，漢武帝前皆已立於學官。古文《詩》僅毛氏一家，源於毛公，相傳爲河間獻王所獻。齊《詩》，魏時已亡；魯《詩》，亡於晉永嘉之亂；韓《詩》，今惟傳《外傳》，其《内傳》亦早散佚。《毛詩》，於《毛傳》之外，又有《詩》《大序》、《小序》。漢末鄭玄，混合今古文家法，本《毛傳》，雜採三家，撰《詩箋》一書，學者宗之。故自漢以後，今文《詩》亡佚無餘，其佔有經學上之權威者，惟有古文派之毛《傳》及混合今古文派之鄭《箋》而已。

至宋代，懷疑派興，而《詩經》學隨以大變。歐陽修作《毛詩本義》，始辨毛、鄭之失，而斷以己意。蘇轍作《詩集傳》，始以毛《序》爲不可盡信，因僅存其首句而删去其餘。鄭樵作《詩傳辨妄》，始專攻毛、鄭而極詆《小序》。蓋歐、蘇、鄭三氏爲宋代《詩經》學懷疑派之先河，而朱熹之《詩序辨説》及《詩集傳》集其大成。朱熹《詩經》學之大要，約可析爲三方面，即：一、反對《詩序》，以爲不足憑信；二、不專主毛、鄭，而間採今文《詩》説；三、提出新解，以《詩經》中二十四篇爲男女淫佚之作。

《詩序》之作，究爲何人，學者説頗紛紜。鄭玄《詩譜》以爲《大序》，子夏作；《小序》，子夏、毛公合作。范蔚宗以爲衛宏受學謝曼卿，作《詩序》。魏徵等以爲子夏所創，毛公、衛宏加以潤益。成伯璵以爲子夏惟裁首句，其下皆大毛公以詩中之意而繫其辭。王安石以爲序乃詩人所自製。程頤以爲《小序》，國史之舊文；《大序》，孔子所作。蘇轍以爲衛宏所作，非孔氏之舊，因删存首句。王得臣以爲首句孔子所題。曹粹中以爲《毛傳》初行，尚未有序，門人互相傳受，因各記師説。

學者說雖各異，然未有施以攻擊者。及鄭樵、王質出，始以《序》爲村野妄人作。朱熹繼之，其言曰："《詩序》實不足信。向見鄭漁仲（樵）有《詩辨妄》，力詆《詩序》。其間言語太甚，以爲皆是村野妄人所作。始亦疑之；後來仔細看一兩篇，因質之《史記》、《國語》，然後知《詩序》之果不足信。因是看《行葦》、《賓之初筵》、《抑》數篇，《序》與詩全不相似。以此看其他《詩序》，其不足信者煞多。"又曰："《小序》大無義理，皆是後人杜撰先後增益湊合而成。多就《詩》中採摭言語，更不能發明《詩》之大旨。纔見有'漢之廣矣'之句，便以爲德廣所及；纔見有'命彼後車'之言，便以爲不能飲食數載。"又曰："《詩》之文意事類，可以思而得，其時世名氏則不可強而推。……若爲《小序》者，姑以其意推尋探索，依約而言；則雖有所不知，亦不害其爲不自欺；雖有未當，人亦當恕其所不及。今乃不然，不知其時者，必強以爲某王某公之時；不知其人者，必強以爲某甲某乙之事。於是傅會書史，依託名諡，鑿空妄語，以誑後人。其所以然者，特以恥其所不知而惟恐人之不見信而已。"按朱熹之駁毛《序》，實自有其特見；如以《詩》論《詩》，而不局促於經學學派之下，則其懷疑之精神，吾人固不勝其服膺也。

　　朱熹既斥毛《序》，則其不從毛《傳》鄭《箋》，實勢所必至。故其《詩集傳》一書，於自創新解之外，每間采毛、鄭以前之說。王應麟《詩考序》云："朱文公（熹）閟意眇指，卓然千載之上。言《關雎》則取康衡（即匡衡）；《柏舟》婦人之詩，則取劉向；笙詩有聲無辭，則取《儀禮》；上天甚神，則取《戰國策》；何以恤我，則取《左氏傳》；抑，戒自儆，昊天有成命，道成王之德，則取《國語》；陟降庭止，則取《漢書注》；賓之初筵，飲酒悔過，則取《韓詩》序；不可休思、是用不就、彼岨者岐，皆從《韓詩》；禹敷下土方，又證諸《楚辭》；一洗末師專己守殘之陋。"按《詩經》之研究，如其立場於純粹文學，則其不論家法，不言學統，而惟訓釋之安之求，實無可誹議。若仍立場於宗教性之經學，則專己守殘，爲治經者之正軌；而閟意眇指，反成其混淆家法之罪狀。宋學之所以在哲學上上躋於孟、荀，而不能在經學上與漢學派抗爭者，即此故也。

　　朱熹之於《詩經》，不僅消極的攻斥毛《序》，襲用舊說已也；其所以能在《詩經》學史上放一異彩者，在於大膽的提出新解，即所謂淫詩問題。《詩》三百五篇，相傳爲孔子所刪訂；而此三百五篇之中心思想，又相傳爲《論語》"思無邪"一語。自《詩經》具此二障（孔子與"思無邪"），後之言《詩》者，遂不敢就《詩》論《詩》，而僅拘執於道德諷勸之意；於是原始之戀歌，失其熱情，而曲解迂釋，等於咒偈。朱熹雖歸宗於道學，而文學乃其素習；故能自拔於陳說，不以戀歌爲諱。然爲其僅屬於道學的文學家,故仍不能躋《詩經》於純粹文學,而指斥戀歌,以爲淫佚之作。其言《衛風》也,曰:"衛國地濱大河,其地土薄,故其人氣輕浮;其地平下,故其人質柔弱;其地肥饒,不費耕耨,故其人心怠惰。其人情性如此,則其聲音亦淫靡,故聞其樂,使人懈慢而有邪僻之心也。"其言《鄭風》也,曰:"鄭衛之樂,皆爲淫聲;然以《詩》考之,……衛猶爲男悅女之辭,而鄭皆爲女惑男之語;衛人猶多刺譏懲創之意,而鄭人幾於蕩然無復羞愧悔悟之萌。是則鄭聲之淫有甚於衛矣。"其所作《詩集傳》,以爲男女淫佚之詩,計二十四:一、《邶風》,《靜女》;二、《鄘風》,《桑中》;三、《衛風》,《木瓜》;四、《王風》,《采葛》;五、《丘中有麻》;六、《鄭風》,《將仲子》;七、《遵大路》;八、《有女同車》;九、《山有扶蘇》;十、《蘀兮》;十一、《狡童》;十二、《褰裳》;十三、《東門之墠》;十四、《丰》;十五、《風雨》;十六、《子衿》;十七、《揚之水》;十八、《出其東門》;十九、《野有蔓草》;二十、《溱洧》;二十一、《陳風》,《東方之日》;二十二、《東方之池》;二十三、《東門之楊》;二十四、《月出》。朱熹在經學上最能表現其懷疑之精神者在此,而其最受後世經學家之攻擊者亦在此。

據葉紹翁《四朝聞見錄》,言陳傅良謂《詩集傳》以彤管爲淫奔之具,城闕爲偷期之所,竊有所未安,則當時已有非之者。其後馬端臨《文獻通考》辨之尤詳,謂:"夫子嘗刪《詩》矣,其所取於《關雎》者,謂其樂而不淫耳;則夫《詩》之可刪,孰有大於淫者。今以文公《詩傳》考之,其指以爲男女淫佚奔誘,而自作詩以敘其事者,凡二十四。……夫以淫昏不檢之人,發而爲放蕩無恥之辭,而其詩篇之繁多如此,夫子猶存之,則不知所刪何等一篇也。"及至清代,漢學重興,毛鄭之勢張,而朱學益受排詆;如陳啓源《毛詩稽古編》、朱鶴齡《詩經通義》、毛奇齡《白鷺洲主客說詩》等書,皆對於廢《序》、淫詩二者有所駁詰。總之,朱熹論《詩》,如更進一步,超脫宗教性之經學,而立場於純文學之觀點,則一切新說適足以顯其偉大的創見;奈其說仍局促於經學桎梏之下,仍以倫理的觀念爲中心,則何怪乎責難者之紛來。而吾人於此,亦可見經學與文學自有其不可混淆之封域矣。

叙述朱熹之《詩經》學,尚有一問題須附帶及之者,即叶韻說之誤謬是也。蓋時有古今,地有南北,則字有更革,音有轉移,乃勢所必至。故以今之音,讀古之作,自不免乖刺而不入。《詩經》用韻,其間有乖刺不入者,在於今古音變;因不明音變之理,於是有叶韻之說。所謂叶韻者,謂甲字本讀甲音,其所以在某詩讀乙音者,乃作詩者變音以叶韻之故。此其說,始於吳棫《詩補音》;朱熹《集傳》因之;

熹孫鑑又意爲增損,更多舛迕。宋、明之際,文字音韻之學積衰已極,故當時學人襲用其說而不知其非。迄明季陳第撰《毛詩古音考》、《屈宋古音考》,始知古今音異,《詩》篇自有本音。顧炎武繼之,作《音論》、《詩本音》,條理益密,而叶韻之謬益著。其後文字學者輩出,三百篇之用韻昭然若揭,而朱熹叶韻說遂無復一顧之價值矣。茲錄孔廣森《詩聲類》之序言,以見一斑。孔氏之言曰,"叶音之說……其謬有三:一者,若慶之讀羌,皮之讀婆,此今音訛,古音正,而不得謂之叶。二者,古人未有平聲仄聲之名,一東三鍾之目,苟聲相近,皆可同用,而不必謂之叶。三者,凡字必有一字之部類,豈容望文改讀,漫無紀理?以至《行露》家字,二章音谷,三章音公;'吁嗟乎騶虞',首章五加反,次章五紅反,抑重可嗤已。"要之,漢學、宋學在經學上優劣之相較,叶韻說實其一端;故朱熹雖以留意文字訓詁之學名於當世,而終不能得清代樸學者之尊仰也。

四 《禮經》學

朱熹之於《禮經》學,今僅存《儀禮經傳集解》一書,可供吾人之觀覽;然此書係未完之作,且係通禮性質,實不足以窺見朱子對於禮經之見解。按經部禮類,計凡四書:一、《周禮》,二、《儀禮》,三、《小戴禮記》,四、《大戴禮記》。《大戴記》,後世不稱爲經;故所謂三禮,即指《周禮》、《儀禮》、《禮記》(《小戴記》)三書而言。此三書雖同稱禮經,然其來源與內容則殊各異。《周禮》爲經古文學之要籍,本名《周官》,相傳爲漢河間獻王所獻。漢初不立於學官;王莽時,劉歆奏請,始以爲禮經,置博士,改稱《周禮》。然兩漢經今文學者每不置信,指爲劉歆所僞託,故何休斥爲六國陰謀之書,臨孝存詆爲末世瀆亂不驗之作。自是以後,學者間各執一是,以相辨難。宋世,王安石深信《周禮》,既撰《周官新義》一書,以爲文字上之訓釋,復援引其說,以行新政。但同時,如歐陽修,如蘇軾,如蘇轍,皆毀詆以爲不足憑信。《儀禮》爲經今文學之要籍,本稱《禮經》,漢初即立於學官,其傳授亦有明文可據。但《儀禮》雖無真僞之問題,顧有完缺之爭辨。因相傳漢武帝時,孔子宅壁中忽發現古文《逸禮》三十九篇。此三十九篇,今雖亡佚,但古文學者每據以爲《儀禮》殘缺之證;而今文學者則又以爲《儀禮》十七篇本爲完經,而斥逸禮爲贋作。按此種爭辨,在宋世不甚成爲問題;蓋宋世《逸禮》早亡,而鄭玄《儀禮注》詳於名物數度,亦無可非難故也。《禮記》輯自漢儒,其間雜糅古今,不易繩以家法;然其篇第增減,具有主名,故亦無庸聚訟;在宋世學者間所討論者,不過《禮記》一書之評價而已。

《禮經》三書之歷史既明，然後可進述朱熹之《禮經》學。朱熹於《詩》不信毛、鄭，於書置疑《古文尚書》，如按以兩漢家法，則當排斥《周官》，尊信《儀禮》；然經學上之宋學，自有其主觀上之立場，而非家法之所能限。故朱熹之於三禮，以《周禮》爲周制，《儀禮》爲未備，而於《禮記》加以貶抑。其尊信《周禮》之言曰："《周禮》，胡氏父子以爲是王莽令劉歆撰，此恐不然，《周禮》是周公遺典也。"又曰："《周禮》一書好看，廣大精密，周家法度在裏。"又曰："今人不信《周官》；若據某言，卻不恁地。蓋古人立法，無所不有；天下有是事，他便立此一官，但只是要不失正耳。"其他對於《周禮》中之官職封爵，亦多所辯護。總之，《周禮》之廣大精詳，確曾與朱子以有力的印象；故朱子之於《周禮》，每僅論述其內容，而不置疑其歷史也。其論《儀禮》之言曰："今《儀禮》多是士禮，天子諸侯喪祭之禮皆不存，其中不過有些小朝聘、燕饗之禮。自漢以來，凡天子之禮，皆是將士禮來增加爲之。河間獻王所得禮五十六篇却有天子諸侯之禮，故班固謂愈於推士禮以爲天子諸侯之禮者。班固作《漢書》時，此禮猶在，不知何代何年失了，可惜。"又曰："魯共王壞孔子宅，得古文《儀禮》五十六篇，其中十七篇與高堂生所傳十七篇同。鄭康成注此十七篇，多舉古文作某，則是他當時亦見此壁中之書。不知如何只解此十七篇，而三十九篇不解，竟無傳焉。"此種以《儀禮》爲未備而惋惜《逸禮》亡佚之論調，實儼然古文家言也。又其論《儀禮》與《禮記》之關係曰："《儀禮》是經，《禮記》是解《儀禮》。如：《儀禮》有《冠禮》，《禮記》便有《冠義》；《儀禮》有《昏禮》，《禮記》便有《昏義》；以至燕、射之類，莫不皆然。"又曰："《禮記》要兼《儀禮》讀；如冠禮、喪禮、鄉飲酒禮之類，《儀禮》皆載其事，《禮記》只發明其理。讀《禮記》而不讀《儀禮》，許多理皆無安著處。"而朱子撰《儀禮經傳集解》一書之動機亦即源於此，其言曰："《儀禮》，禮之根本；而《禮記》，乃其枝葉。《禮記》乃秦漢上下諸儒解釋《儀禮》之書，又有他說附益於其間。今欲定作一書，先以《儀禮》篇目置於前，而附《禮記》於後；如《射禮》則附以《射義》；似此類，已得二十餘篇。若其餘《曲禮》、《少儀》又自作一項，而以類相從。若疏中有說制度處，亦當采取以益之。"其《乞脩三禮劄子》一文言之更詳，曰："《周官》一書，固爲禮之綱領。至其儀法度數，則《儀禮》乃其本經，而《禮記·郊特牲》、《冠義》等篇乃其義說耳。……臣頃在山林，嘗與一二學者考訂其說，欲以《儀禮》爲經，而取《禮記》及諸經史雜書所載有及於禮者，皆以附於本經之下，具列注疏諸儒之說。"要之，朱子之治禮，蓋不拘拘於禮經，而欲依據古禮，酌斟人情，以自創一當時可行之禮儀而已。故以經學言，朱熹多因襲之論；而以禮制言，則朱熹亦自有其創見也。

五 《春秋》學

朱熹之於五經,《易》、《詩》、《禮》,均有專著;《書》雖無專著,然蔡沈《集傳》多係師説,其門人黄子毅且曾輯《書傳緝説》一書,則於《書》固亦嘗加以鑽研也;獨於《春秋》,則曰:"《春秋》義例,時亦窺其一二大者,而終不能有以自信於其心,以故未嘗敢輒措一詞於其間。"(《書臨漳所刊四經後》)又曰:"《春秋》之説,向日亦嘗有意,而病於經文之太略,諸説之太煩,且其前後牴牾非一,是以不敢妄爲必通之計而姑少緩之;然今老矣,竟亦未敢再讀也。"(《答龔惟微》)則朱熹之於《春秋》,固嘗有志而未逮焉。故以經學論,朱熹之在《春秋》學史上,實無地位之可言。然朱熹懷疑之見,爲治《春秋》者去一障蔽,亦自有其相當之價值,兹略述之。

按《春秋》學亦分今古文二派。《公羊傳》爲今文;《左傳》爲古文;《穀梁傳》,向與《公羊傳》並稱,近人崔適始指斥以爲古文。今文派大抵以孔子之撰《春秋》,爲表示其自身之政治思想;故雖因魯史舊文,實自創褒貶新例。古文派則以爲魯史承周公之舊法,故《春秋》之發凡起例,大抵本自周公,而非孔子所新創。約言之,即今文派尊崇孔子,而古文派尊崇周公,而以孔子爲其繼承者而已。此二派者,互相辨詰,其説之瑣碎無謂,令人目眩。及至宋代,懷疑派興,於是不守家法,不顧學統,而爲超今古文學、超三傳之《春秋》研究。其風蓋始於唐之啖助、趙匡、陸淳,而大盛於宋。朱熹受其影響,故其反對一字褒貶之説曰:"《春秋》只是直載當時之事,要見當時治亂興衰,非是於一字上定褒貶。"又曰:"若欲推求一字之間,以爲聖人褒善貶惡專在於是,竊恐不是聖人之意。"又曰:"若謂添一個字,減一個字,便是褒貶,某不敢信。"其反對凡例變例之説:"或論及《春秋》之凡例,先生曰:《春秋》之有例固矣,奈何非夫子之爲也。昔嘗有人言及命格。予曰:命格誰之所爲乎?曰:善談五行者爲之也。予曰:然則何貴?設若自天而降,具言其爲美爲惡,則誠可信矣;今特出於人爲,烏可信也。知此,則知《春秋》之例矣。"又"或人論《春秋》,以爲多有變例,所以前後所書之法多有不同。曰:此烏可信?聖人作《春秋》,正欲褒善貶惡,示萬世不易之法;今乃忽用此説以誅人,未幾又用此説以賞人,使天下後世皆求之而莫識其意,是乃後世弄法舞文之吏之所爲也,曾謂大中至正之道而如此乎?"按一字褒貶,今文家主之甚力;凡例變例,古文家杜預亦曾言之;今朱熹並譏而兩斥之,以其於今古文學皆無所偏好也。故其批評三《傳》之言曰:"左氏曾見國史,考事頗精,只是不知大義,專去小處理會,往往不曾講學。《公》、《穀》考事甚疎,然義理卻精;二人乃是經生,傳得許多説話,往往都不曾見國史。"又曰:"孔子作《春秋》,當時亦須與門人講説;所以《公》、《穀》、《左氏》得一個源流,只是漸漸訛解;當初若是全無傳授,如何鑿空撰得?"總之,朱熹之於《春秋》學僅有其消極的意見而已。

六 《孝經》學

朱熹之《孝經》學,今可考見者,除語録若干則外,尚有《孝經刊誤》一書。按《孝經》雖寥寥不及二千言,然其在經學上論難之繁,亦不亞於他經;至朱子,始大加删改,分爲經傳。就其懷疑一端言,固自足表見其宋學之精神;然删改本經爲治經之大忌,而朱子蹈之,故不免後儒之譏。兹先述《孝經》學之變遷,次述朱熹之《孝經》學,而殿以後儒之論難。

《孝經》之授受,雖無明文可考見;然蔡邕《明堂論》引魏文侯《孝經傳》,《吕覽·審微篇》引《孝經》諸侯章,則其由來已古。漢時,分今古文。今文即當時流行之隸書本,爲長孫氏、江翁、翼奉、后蒼等所授受者,《漢志》所謂"《孝經》一篇"是也。古文相傳得自孔子宅壁,與《古文尚書》、《逸禮》同出,爲孔安國所傳,《漢志》所謂"《孝經》古孔氏一篇"是也。據《漢志》,孔安國僅得古文本《孝經》,並未爲《孝經》作傳;至王肅僞造《家語》,始於其序中言孔安國撰《孝經傳》二篇;故清儒丁晏《孝經徵文》指孔《傳》爲王肅僞託,與《古文尚書》孔《傳》同一贗作。南北朝時,《孝經》有今文之鄭玄註及古文之孔安國《傳》,並立於國學。梁末之亂,安國之《傳》亡。至隋,河間劉炫忽謂復得孔《傳》,因序其得喪,述其義疏。當時儒者喧喧,以爲炫所自作;則隋時重出之孔《傳》更屬僞中之僞矣。唐開元間,詔令羣儒質定今古文優劣;劉知幾主古文,立十二驗以駁鄭注;而司馬貞主今文,摘閨門、庶人等章以難孔《傳》;其文具載《唐會要》中。厥後,玄宗自注《孝經》,頒之天下,而孔鄭之註並廢(清時又從日本得《古文孝經孔傳》一卷,見《四庫提要》,恐益不可信)。實則《孝經》今古文之不同,不過字句章節之微異,非如他經之有關於微言大義,宋黄震《黄氏日抄》之言實持平之論也。

自唐玄宗注《孝經》後,可謂《孝經》之小統一時代。及朱熹出,大施其懷疑之精神,依據古文,撰爲《孝經刊誤》一書,於是《孝經》學又爲之一變。是書內容之特點,約略言之,凡有三端,即:一、反對《孝經》爲孔子所自著;二、分《孝經》爲經一章傳十四章;三、删改經文二百三十三字。《孝經》一書,漢代經生備極尊崇,以爲孔子所自著;其所依據,蓋以《孝經》緯《鈎命决》有"志在《春秋》,行在《孝經》"二語及《援神契》有"孔子制作《孝經》"之説而已。朱熹反對其説,以《孝經》

之首節爲經，指爲孔子、曾子問答之言，而曾氏門人之所記。其言曰："竊嘗考之，傳文固多傅會，而經文亦不免有離析增加之失。顧自漢以來，諸儒傳誦，莫覺其非。至或以爲孔子之所自著，則又可笑之尤者。"其分析經傳，刪改經文，深恐啓學者之責難，於是又援引胡寅、汪應辰之説以自重。《刊誤》後跋云："熹舊見衡山胡侍郎《論語説》，疑《孝經》引《詩》非經本文。初甚駭焉；徐而察之，始悟胡公之言爲信，而《孝經》之可疑者不但此也。因以書質之沙隨程可久丈。程答書曰：'頃見玉山汪端明，亦以爲此書多出後人傅會。'於是乃知前輩讀書精審，其論固已及此；又竊自幸，有所因述，而得免於鑿空妄言之罪也。"

按懷疑《孝經》，不始於朱子；而朱子懷疑之言，亦頗持之有故；但後儒之所以不滿於《刊誤》者，以其刪改本經，而不存其説於注耳。考宋學在經學上所以不及漢學者，尚不在於不信注疏，懷疑經傳；而在於刪改本經，以就己説。蓋校改舊籍，尚須憑證；況經傳含有宗教性，豈可繩以主見，強爲移易。世譏鄭玄好改字，然鄭《箋》改易毛《詩》，多本魯、韓之説，尋其依據，猶可考驗。其他如《儀禮》之《喪服傳》，《禮記》之《玉藻》、《樂記》，雖明知爲錯簡，亦但存其説於注，而不移易正文。唐魏徵作《類禮》，改易《禮記》次序，張説駁之，終以不行。蓋先儒説經，願慎重以守拙，不欲率情以亂經。至宋，風氣始變。然朱熹注《論語》，不刪重出之章；注《詩》"上帝甚蹈"，據《國語》云蹈當作神，而不改字，蓋尚守舊法也。惟注《孝經》，既分經傳，又加刪改；注《大學》，既移本經，又補傳文；始開刪改之端，實不足爲訓。其後王柏、吳澄輩動以一己主見，恣意塗改，於是經説益亂而不可治，其弊未始非朱子啓之也。清毛奇齡《孝經問》斥難《刊誤》，固不無門户意見之爭。然其反對經傳之分，刪改之舉，則雖起朱子於九泉，恐亦無辭以答駁也。

七　《四書》學

朱熹之於經學，以《四書》爲最詳慎；而合《論語》、《孟子》、《大學》、《中庸》稱爲四書，亦始於朱熹。按《論語》，漢文帝時曾立博士，《漢書·藝文志》附於六經之末。《孟子》本戰國儒家之一支派；趙岐《孟子題詞》雖謂文帝時亦嘗立博士，然其説不可甚信；《漢志》以來，向列於子部儒家，與《荀子》並稱《孟》、《荀》。至《大學》與《中庸》，本《小戴禮記》中之二篇；《漢志》有《中庸説》二篇，《隋志》有戴顒《中庸傳》二卷、梁武帝《中庸講疏》一卷，《中庸》別行，古已有之；惟《大學》一篇，向附《戴記》，李唐以前，未有別行之本。自宋儒性理之學興，於是升《孟子》以配《論語》，出《學》、《庸》以別《戴記》。據陳振孫《直齋書録解題》，司馬光有《大學廣義》一卷、《中庸廣義》一卷，則表章《學》、《庸》亦不始於二程，不過至二程而詳加論說耳。朱熹承小程之學，以《四書》爲其哲學上之論據，於是殫精悉力，從事訓釋。既成《四書章句集注》十九卷，復撰《四書或問》三十九卷；而其他《論孟精義》、《論孟要義》、《學庸詳說》等之初稿複稿尚不計焉。（關於朱熹之《四書》著述，詳見第七章。）《四書》之次序，本首《大學》，次《論語》，次《孟子》，次《中庸》。蓋以《大學》爲初學入德之門，《中庸》爲孔門傳心之法；其功力有深淺，故次第有先後。後世或因刊本篇幅之便利，移《中庸》以先《論語》；或因作者時代之早晚，移《中庸》以先《孟子》；皆失朱熹之本意。

朱熹之於《四書》，爲其一生精力之所萃；其剖析疑似，辨別毫釐，遠在《易本義》、《詩集傳》等書之上。名物度數之間，雖時有疏忽之處，不免後人之譏議；然當微言大義之際，託經學以言哲學，實自有其宋學之主觀的立場。惟繩以治經之術，其絕不可爲訓者，在於改竄《大學》本經。朱熹之於《論語》，不去重出之章；如"博學於文"三語，見於《雍也》篇，又見於《顏淵》篇；"不在其位"二語，見於《泰伯》篇，又見於《憲問》篇。即偶有錯簡闕文，亦不加移易補綴；如《述而》篇"互鄉難與言"一章，亦僅云"疑有錯簡"，"疑有闕文"。獨於《大學》，既強分爲經傳，以經一章爲曾子述孔子之言，傳十章爲門人記曾子之意；復顛倒其舊次，補綴其缺文。其說雖始於程子，而施行實由於朱熹。吾人今日固非以經傳爲神聖尊嚴不可刪易；蓋經傳含有宗教性，如後學均以其主觀強爲改竄，則將混亂不可理治；即繩以校勘古籍之術，亦不應如是率情恣意也。

第五章　朱熹之史學與文學

朱熹之學術，以哲學爲其中心；其治經學，不過假借道統之旗幟，以爲哲學之論據；至其史學，則僅其個人學術之餘業而已。

於史部之著作，今可考見者，以《資治通鑑綱目》、《名臣言行錄》及《伊維淵源錄》三書爲較著。《伊維淵源錄》記周敦頤以下及二程交遊門弟子之言行，《宋史·道學傳》及《儒林傳》多依據之，實一學術思想史之專著。後人以談道學宗派始於此書，遂謂宋儒門戶之見、水火之爭兆端於朱子。其實就學術言，不在於學派之紛歧，而在於各學派之無明確的立場；《伊維淵源錄》闡明其自身學派之來源與內含，爲治學術思想史之要籍，實不足以咎朱子。吾人之所以不滿於朱熹之史學者，在於《名臣言行錄》，而尤在於《資治通鑑綱目》。《名臣言行錄》一書，與其稱爲歷史,不如稱爲倫理,蓋道德教訓之意味過重也。據其自序,謂"讀近代文集及紀傳之書,多有裨於世教,於是掇取其要,聚爲此書",則其撰述之初意,固以世教爲中心。然考其內容,如趙普之陰險,呂惠卿之姦詐,與於名臣之列,而劉安世之言行,反未見錄,是皆不免自亂其例。呂祖謙《東萊集》有《與汪尚書書》云:"近建寧刻一書名《五朝名臣言行錄》,云是朱元晦所編,其間當考訂處頗多。"而朱熹《晦庵集》亦有《與呂祖謙書》云:"《名臣言行錄》一書,亦當時草草爲之,其間自知尚多謬誤,編次亦無法,初不成文字。"則此書之瑕疵,朱熹固未嘗自諱也。《資治通鑑綱目》一書,腐儒尊奉爲續麟之作;其實此書因司馬光之《資治通鑑》,而強施以所謂《春秋》之書法;惟凡例一卷出於朱熹手定,其綱皆門人依凡例而修,其目則全由趙師淵任之。況師淵非身侍講堂,隨事討論,每每纂成若干卷寄呈,而朱子復書且往往云未暇觀;考師淵《訥齋集》及朱子《晦庵集》中往復函牘,固可詳見。據此,則此書可信賴之程度已極薄弱。但後儒以爲朱子之作,尊崇過甚;於是疏通其義旨者,有尹起莘之《發明》,劉友益之《書法》;箋釋其名物者,有王幼學之《集覽》,徐昭文之《考證》,陳濟之之《集覽正誤》,馮智舒之《質實》;辨正其傳寫差互者,有汪克寬之《考異》,華湛恩之《志疑》;皆大抵隨文敷衍,莫敢評議。明末張自勳作《綱目續麟》,始糾義例之譌;清初芮長恤作《綱目分注補遺》,繼辨刪節之失;陳景雲作《綱目訂誤》,益正史實之訛;然猶時爲朱子出脫,不能抉發其根本觀念之誤謬。按吾人今日所以贊譽司馬光之《資治通鑑》者,以其網羅宏富,取材詳慎,爲編年史空前之宏著;而所以不滿於朱熹之《資治通鑑綱目》者,則以其強法《春秋》之筆法,以經而亂史。考《春秋》一經,爲經爲史,迄未定讞;然與其稱爲編年史之創體,不如謂爲孔子寄託政治思想之怪書。一字褒貶之說,《公》、《穀》持之甚力;顧所謂凡例變例,已使治經者爲之目眩。朱熹於《春秋》,以爲經文太略,諸說太煩,自謂不能自信於心;又反對褒貶之說,謂《春秋》只是直截記載時事,以見治亂興衰,非推求褒貶於一字之間。其篤實之態度與明達之見解,皆足欽仰;獨於創著之《綱目》,強自附於《春秋》,此實不可解者;豈因道統一念之祟,遂奮筆以續麟乎!總之,《綱目》一書,繩以舊觀念,則擬經爲不恭;論以新史學,則書法爲無聊!斯誠所謂進退無據也。

　　朱熹之於文學,蓋其素嗜,後以專究心性,因而菲薄辭章;然於窮理治經之餘,仍撰著《楚辭集注》、《韓文考異》、《歐曾文粹》諸書,則其愛好文藝之情固終未能自掩也。朱熹對於文學之根本觀念,亦不外於由因襲的"文以載道"之說進而持較深澈的"文自道出"之論;如皮傅以今日流行之文學術語,則朱熹或可稱爲人生的藝術派,即以文學出發於哲學倫理,而主張美善一致論也。其論文與道之關係曰:"文皆是從道中流出。豈有文反能貫道之理。文是文,道是道,文只如喫飯時下飯耳。若以文貫道,却是把本爲末,以末爲本,可乎!"又曰:"道者,文之根本;文者,道之枝葉。惟其根本乎道,所以發之於文皆道也。三代聖賢文章,皆從此心寫出,文便是道。今東坡之言曰:吾所謂文,必與道俱。則是文自文,而道自道,待作文時,旋去討箇道來入放裏面。此是他大病處。"因其主張道本文末説,故以爲欲文采之可傳,須先致力於義理,其言曰:"貫穿百氏及經史,乃所以辨驗是非,明此義理,豈特欲使文詞不陋而已。義理既明,又能力行不倦,則其存諸中者,必也光明四達,何施不可。發而爲言,以宣其心志,當自發越不凡,可愛可傳矣。今執筆以習研鑽華采之文,務悦人者,外而已,可恥也矣。"又曰:"不必著意學如此文章,但須明理;理明後,文字自典實。"又曰:"學之道,非汲汲乎辭也,必其心有以自得之,則其見乎辭者非得已也。"又因其主張道本文末説,故以不究義理,專治文詞,爲枉費工夫;其言曰:"諸詩亦佳;但此等亦是枉費工夫,不切自己底事。若論爲學,治己治人,有多少事。至如天文地理,禮樂制度,軍旅刑法,皆是著實有用之事業,無非自己本分内事。古人六藝之教,所以遊其心者,正在於此。其與玩意於空言,以較工拙於篇牘之間者,其損益相萬萬矣。"此種人生的藝術派,立場於淺薄的功利之見,其窒扼藝術之靈魂,固易流於藝術排斥論。然文學究竟能否完全超越而獨立,仍爲今日治文學者爭論未決之談。倘吾人擴充道之範圍,而不僅僅局促於宋儒空虛誕妄之所謂心理,則朱子之文學説固未見其完全不可通也。

朱熹之文學見解,固不免於因襲的、傳統的;然其修辭方面之意見,則頗自有其廓清之功。朱熹對於文章之故爲簡省生澀者,深致不滿,以爲失爲文之原則。其言曰:"今人作文,皆不足爲文;大抵專務節字,更易新好生面辭語;至説義理處,又不肯分曉。……聖人之言,坦易明白,因言以明道,正欲使天下後世由此求之。使聖人之言要教人難曉,聖人之經定不作矣。"又曰:"前輩文字有氣骨,故其文壯浪。……今人只是於枝葉上粉澤爾,如舞訝鼓然,其間男子、婦人、僧道、雜色無所不有,但都是假底。舊見徐端立言石林嘗云:今世安得文章,只有箇減字換字法爾。如言湖州,必須去州字,只稱湖,此減字法也;不然,則稱雪上,此換字法也。"其指斥當時古文派之矯揉造作,殊可發噱也。

朱熹之文學作品,詩賦散文,各體均有。然韻文喜插入説理之語,每使人深感酸腐之氣。如《白鹿洞賦》云:"矧道體之無窮,又豈一言而可緝。……曰明誠其兩進,抑敬義其偕立。"又如《仁術》一詩:"在昔賢君子,存心每欲仁。求端從有術,及物豈無因。惻隱來何自,虛明覺處真。擴充從此念,福澤遍斯民。入井倉皇際,牽牛觳觫辰。向來看楚越,今日備吾身。"直是道德的歌訣矣。朱熹在文學史上之所以尚能取得一地位者,在其說理之文與解經之文。吾人試一讀《大學序》、《中庸序》及與陸九淵辯論太極、無極等書,縝密而詳晰,不能不尊為名筆。其《四書章句集注》,名物訓詁雖不無小疵,而文體簡潔明確,一洗唐人義疏因襲雜碎之弊。清代解經之文,超越前昔,雖其學之篤實使然,而其文字順雅之風,未始非受朱子之影響也。黃東發謂朱子"天才卓絕,學力宏肆,落筆成章,殆於天造。其剖析性理之精微,則日精月明;其窮詰邪說之隱遁,則神搜霆擊。其感慨忠義,發明離騷,則苦雨淒風之變態;其泛應人事,遊戲翰墨,則行雲流水之自然。究而言之,皆是道之流行,猶化工之妙造也。"(見《黃氏日抄》卷三十六)其言雖不無過譽,然亦非無根之談也。

第六章　朱熹與當代學派

朱熹之學術,在南宋時,固自有其權威;然當時學者與朱熹取敵派之情勢者,亦不乏其人;此亦研究朱熹學術者所當知也。

朱熹與當時學者最友好者為張栻。熹之與栻,其學術思想,大致相同。栻死,熹祭文中有云:"嗟惟我之與兄,朒志同而心契。或面講而未窮,又書傳而不置。蓋有我之所是,而兄以為非;亦有兄之所然,而我之所議。又有始所共鄉,而終悟其偏;亦有早所同嚌,而晚得其味。蓋繳紛往反者幾十餘年,末乃同歸而一致。由是上而天道之微,遠而聖賢之秘,近則進修之方,大則行藏之義;以兄之明,固已洞照而無遺;若我之愚,亦幸竊窺其一二。"其描寫平素切磋研求之情,殊為真摯。

友好較次者為呂祖謙。祖謙對於學術之興趣,與朱熹微異;蓋一偏於史學,一偏於玄學。惟祖謙性格和易,故能周旋於朱熹與其敵派陸九淵、陳亮之間。祖謙之死,熹雖有"伯恭(祖謙字)逝去,令人悲痛;吾道之衰,一至於此"之語(見《與劉子澄書》);然《語錄》中評議其短處頗不鮮。如云:"伯恭於史,分外仔細,於經卻不甚理會。""伯恭說義理太多傷巧,未免杜撰。""伯恭失之多,子靜(陸九淵字)失之寡。"其批評祖謙之《大事記》一書則云:"恐其所謂經世之意者,未離乎功利、術數之間,則非筆削之本意。"其為祖謙《呂氏家塾讀詩記》序則云:"少時淺陋之説，伯恭父誤有取焉。既久，自知其説有所未安，或不免有所更定，伯恭父反不能不置疑於其間。"蓋學術意見上之齟齬，固處處可見也。

當時學者與朱熹取敵對之情勢者，約可析爲二派：一爲象山學派，一爲浙東學派。象山爲陸九淵之別號，其哲學上之本體論、性論以及方法論，均與朱熹異趣。就本體論言：朱爲理氣二元論之主張者；以近代哲學術語言之，可稱爲一實在論者；即以爲一切現象界之背後有所謂理氣二元之實在者在。陸爲心即理説之主張者；以近代哲學術語言之，可稱爲一唯心論者；即以爲一切現象皆自心生，離心則一切現象無存在之可能。就性論言：朱爲二元論者，即分性爲本然之性及氣質之性；陸爲一元論者，即以性、情、才爲不過一物之異名。玄學上之二大基石（本體論與性論），朱陸見解既絶不一致，則其修養上之方法論自必異途。故朱之方法論主歸納，主潛修，主自外而内，主自物而心，主自誠而明；而陸之方法論主演繹，主頓悟，主自内而外，主自心而物，主自明而誠。普通以朱爲道問學，而陸爲尊德性，即指此也。朱熹譏評陸氏之語殊夥，如云："陸子静之學，看他千病萬病，只在不知有氣稟之雜。他只説儒者絶斷了許多私欲，便是千了萬當，任意做出都不妨；不知氣稟有不好底夾雜在裏，一齊滚將去。""近聞陸子静言論風旨之一二，全是禪學，但變其名號耳。""子壽（陸九齡字、九淵之兄）兄弟氣象甚好，其病却是盡廢講學而專務踐履；却於踐履之中要人提撕省察悟得本心，此爲病之大者。"其他不指名陸氏而譏評更力者亦不鮮，如云："近世以來，乃有假佛釋之似以亂孔孟之實者。其法首以讀書窮理爲大禁；常欲學者注其心於茫昧不可知之地，以僥倖一旦恍然獨見，然後爲得。蓋亦有自謂得之者矣，而察其容貌詞氣之間，修己治人之際，乃與聖賢之學有大不相似者。""心固不可不識，然静而有以存之，動而有以察之，則其體用亦昭然矣。近世之言識心者，則異於是。蓋其静也，初無持養之功；其動也，又無體驗之實。但於流行發見之處，認得頃刻間正當底意思，便以爲本心之妙不過如是。擎拿作弄，做天來大事看。不知此只是心之用耳；此事一過，此用便息；豈有只據此頃刻間意思，便能使天下事事物物無不各得其當之理耶！"總之，朱熹之譏評陸氏，固自有相當之理由；但朱熹以讀書爲格物，而其所謂書又僅限於幾部雜亂不足憑信之經傳，則陸氏兄弟譏其"留情傳注翻榛塞"，"支離事業竟浮沈"，亦非無的放矢之談矣。

朱、陸之争論，今可考者，凡二次：一爲鵝湖之會，一爲無極之辨；而其他言語文字間之明斥暗刺尚不計焉。淳熙二年（公元一一七五年），吕祖謙以朱陸猶有異同，欲令歸於一而定其所適，因約朱熹、陸九齡、九淵昆弟及劉清之會於信州之鵝湖寺。九齡出示所作詩云："孩提知愛長知欽,古聖相傳只此心。大抵有基方築室,未聞無址忽成岑。留情傳注翻榛塞,著意精微轉陸沈。珍重友朋勤琢切,須知至樂在於今。"九淵和之,云："墟墓興哀宗廟欽,斯人千古不磨心。涓流積至滄溟水,卷石崇成泰華岑。易簡工夫終久大,支離事業竟浮沈。欲知自下升高處,真偽先須辨自今。"熹見詩爲之不懌。翌日,又相致辨,終以意見相左而散。據《象山年譜》,謂當時論及教人,朱意欲令人泛觀博覽而後歸之約,二陸之意欲先發明人之本心而後使之博覽。朱以陸之教人爲太簡,陸以朱之教人爲支離。九淵更欲與熹辨,以爲堯舜之前何書可讀,九齡止之而罷。故鵝湖之會可稱爲朱陸方法論之爭辨。

至淳熙十五年(公元一一八八年),九齡已死,九淵及其四兄九韶又爲太極無極問題與朱熹爭論。初九韶懷疑周敦頤之《太極圖說》,以爲與《通書》不類,疑非其手筆;不然,或其學未成時所作;不然,或傳他人之文。蓋《通書·理性命章》言中言一,意指太極,而未嘗於其上加無極二字;《動靜章》言五行太極陰陽,亦無無極之文。假令《太極圖說》是其所傳,或少時所作,但作《通書》時不言無極,蓋已知其說之非云云。九韶此種懷疑,表面上雖爲攻擊《太極圖說》一書,實際上無異根本破壞朱熹哲學之本體論;蓋朱熹理氣二元論中之所謂理,實與太極同實而異名也。當時九韶曾致書朱熹,先後凡二通;其書今已不傳。朱熹覆書辨詰,其中要語有云："不言無極,則太極同於一物,而不足爲萬物根本;不言太極,則無極淪於空寂,而不能爲萬物根本。"九韶以朱熹求勝不求益,遂不復致辨;而九淵以爲道一而已,不可不明於天下後世,遂繼與朱熹辨。先後書牘往復,陸凡三書,朱凡二書,其辨析詰難,爲自來討究學術者所罕見。九淵於申明其兄之說之外,又於《太極圖》傳受系統上加以攻擊。大意以爲周敦頤得《太極圖》於穆修;穆修得之於陳摶;而摶之學源於《老子》。無極二字見於《老子》"知其雄"章;無極而太極,亦與《老子》首章"無名,天地之始;有名,萬物之母"之旨相同。而朱熹則以爲"伏羲作《易》,文王演《易》,不言太極,而孔子言之;孔子贊《易》,不言無極,而周子言之;先聖後聖,同條共貫,不能於傳受上有所膠執。"總之,陸氏着意於《太極圖說》之傳受及用辭,而朱氏則着重於其思想內容,故論辨愈益相左。朱熹最後竟云："我日斯邁而月斯征,各尊所聞,各行所知,亦可矣,無復望於必同也。"其悻悻之色顯於言表。故無極之辨可稱爲朱、陸本體論之爭辨。(陸、朱往復之書可參閱《宋元學案》卷五十七《梭山復齋學案》及卷五十八《象山學案》)。

浙東學派,如詳析之,又可分爲二:一爲永康學派,陳亮爲之首;一爲永嘉學派,陳傅良、葉適爲之首。普通言學術思想史者,每以陳亮隸於永嘉學派;其實不僅陳亮之生地不在永嘉,即其學術色彩亦與陳、葉諸人微異也。全祖望《宋元學案序錄》云:"永嘉以經制言事功,皆推原以爲得統於程氏;永康則專言事功而無所承,其學更粗莽掄魁。"其言最爲中肯。

按朱學與浙學之根本不同點,即一以哲學爲中心,一以政治經濟爲中心。以哲學爲中心,故假借《周易》、《中庸》,而專究太極無極理氣心性等本體論上問題;以政治經濟爲中心,故憑藉《尚書》、《周禮》,藐視此種玄虛問題,而歸宿於事功。專究本體,自以人性與本體合一爲極致,故帶有倫理學上動機論之傾向;歸宿事功,自以人羣獲得幸福爲標的,故帶有倫理學上樂利主義之色彩。以朱學批評浙學,則浙學爲舍本逐末;以浙學批評朱學,則朱學爲避實趨虛。要之,二家皆自有其相當的立場也。朱熹批評浙學,如云:"永嘉之學無頭無尾。"如云:"永嘉諸公,多喜《文中子》,只是小也。他知了自學得孔子,纔見個小家活子,便悦赴之;譬如泰山高,他不敢登,見個小土堆子,便上去,只是小也。"(按此譏陳亮)其指名評詆者,如云:"同父(陳亮字)才高氣粗,故文字不明瑩,要之心地不清和也。"如云:"君舉(陳傅良字)書殊不可曉,似都不曾見得實理,只是要得雜博;又不肯分明如此説破,都欲包羅和會衆説,不令相傷;其實都不曉得衆説之是非得失,自有合不得處也。葉正則(葉適字)亦是如此。可歎可歎!"

按初期浙學,如陳亮之粗疎,陳傅良之醇恪,其功力與辨難,自非朱熹之敵;但自葉適之《習學記言》出,不僅與朱陸二派鼎足而三,而且將有破壞朱氏全部哲學之勢。蓋朱氏哲學,近託於程氏,遠託於《中庸》、《周易》、《孟子》,以上溯於孔子,自爲得道統之真傳。葉氏則以爲《周易》中之《文言》、《繫辭》、《説卦》等非孔子之作,而孟子、子思唱言心理,乃聖學之旁門。依其所言,則朱學本體論所根據之典籍不足憑信,而永嘉功利主義反有入承道統之勢。其言曰:"《周易》者,知道者所爲而有司所用也。孔子爲之著《彖》、《象》,蓋惜其爲他異説所亂,故約之中正,以明卦爻之指;黜異説之妄,以示道德之歸。其餘《文言》、上下《繫》、《説卦》諸篇,所著之人,或在孔子前,或在孔子後,或與孔子同時。習《易》者彙爲一書,後世不深考,以爲孔子作。故《彖》、《象》擯鬱未振,而'十翼'講誦獨多。魏晉而後,遂與老莊並行,號爲孔老。佛學後出,其變爲禪。喜其説者,以爲與孔子不異,亦援'十翼'以自况,故又號儒釋。本朝承平時,禪説尤熾。豪傑之士有欲修明吾説以勝之者,而周、張、二程出焉。自謂出入於老佛甚久;已而曰:吾道固有之矣。故無極太極,動靜男女,太和參兩,形氣聚散,絪縕感通,有直內無方外,不足以入堯舜之道,皆本於'十翼';以爲此吾所有之道,非彼之道也。及其啓教後學,於子思、孟子之新説奇論,皆特發明之。大抵欲抑浮屠之鋒鋭,而示吾所有之道若此。不悟'十翼'非孔子作,則道之本統尚晦。不知夷狄之學本與中國異,而徒以新説奇論闢之,則子思、孟子之失遂彰。"觀於葉氏之論,則永嘉學派不僅有所守,而且披堅執鋭以陷朱學之陣矣。

第七章　朱熹之著作

朱熹之學術思想,以哲學爲其中心;換言之,即以儒家思想爲其中心。朱熹之著作,雖四部具備;然仍以子部儒家爲重鎮。即如經部《四書集注章句》,按其性質,實亦可隸於儒家類也。

中國舊籍之分類法,急待改訂;今爲閱者便利計,暫仍舊貫,一以《四庫全書總目提要》爲準。

一　經　部

一　《易》類

一、《周易本義》十二卷　存　是書以上下經爲二卷,十翼自爲十卷,共十二卷。明永樂中,修《五經大全》,割裂朱書卷次,附於程頤《易傳》;其後士子厭程《傳》繁多,專用《本義》,於是遂以程之卷第爲朱之卷第,合爲四卷。刊本甚多,有清內府校刊宋本、曹寅刊本、劉端臨翻刻宋本。

二、《易學啓蒙》四卷　存　是書卷爲一篇,共四篇,以本圖書、原卦畫、明蓍策、考變占爲次。《宋史·藝文志》作三卷,馬端臨《文獻通考》作一卷。《朱子遺書》本。

三、《蓍卦考誤》一卷　存　揲蓍之法,見於《大傳》;郭雍爲《蓍卦辨誤》三卷;熹謂:疏家小失其指,而辨之者又大失焉,説愈多而法愈亂,因爲《考誤》。是書,《宋志》未著録,見朱彝尊《經義考》卷三十一。

四、《易傳》十二卷　佚　是書目見朱熹《答孫敬甫書》及《與葉彥忠書》。又陸游《渭南集》卷二十八有《跋朱氏易傳》一文。《宋志》作十二卷,陳振孫《直齋書録解題》及《通考》作十一卷,則當時實有傳本。《四庫全書總目提要》中《朱文公易説》下云:"朱子《易傳》今已散佚。殆以未定之説,自削其稿,故不復流布歟?"

按此説恐不足信。

五、《古易音訓》二卷　佚　是書目見《宋志》。《經義考》云未見。謝啓昆《小學考》云已佚。

六、《損益象説》一卷　佚　是書有黄榦跋,謂朱熹以授江孚先,孚先以示榦,因刻於臨川縣學。《經義考》卷六十一云存,則清初尚未佚。今未見,恐已散失。

七、《易答問》二卷　佚　是書目見焦竑《國史經籍志》。疑爲後人輯朱熹《語類》及《文集》中之與門人論《易》者而成。

(附一)《朱文公易説》二十三卷　存　是書係朱熹之適孫鑑(子明)集《語録》中之論《易》者而成。《通志堂經解》本。

二　《書》類

八、《書古經》四卷《序》一卷　佚　是書目見《直齋書録解題》及《通考》,謂:晦庵所録,分經與序仍爲五十九篇以存古。

按朱熹於《書》,獨無訓傳;是書或即其在臨漳時之考正刊本,即《文集》中《書臨漳所刊四經後》之刊本。

(附二)《書傳緝説》七卷　佚　是書係朱熹門人黄子毅集其師之遺説而成,或簡稱《書説》。目見《宋志》、《直齋書録解題》及《通考》。《經義考》卷八十二云存,則清初尚未亡佚也。

(附三)《書説》三十卷　佚　是書係朱熹門人李相祖奉其師命而編。目見朱衡《道南原委》及黄宗羲《宋元學案》。

(附四)《文公書説》　佚　是書,董鼎《書傳輯録纂注》以爲湯巾所輯,《經義考》以爲湯中所輯。(見卷八十二黄士毅《書説》下)

(附五)《書經問答》一卷　佚　是書係蔡沈集,目見蔡抗(沈子)《進書傳表》。

三　《詩》類

九、《詩集傳》八卷　存　是書,《宋志》作二十卷,今本併爲八卷。有通行本。

一〇、《詩序辨説》一卷　存　是書採鄭樵之説,攻擊《小序》。《宋志》稱爲《詩序辨》。或附於《詩集傳》之後。《朱子遺書》本。

一一、《毛詩集解》　佚　是書爲朱熹少年説《詩》宗《序》之書。後自知其説有所未安,因加更定,爲《詩集傳》。目見《答吕伯恭書》。

一二、《詩風雅頌》四卷《序》一卷　佚　是書目見《直齋書錄解題》,云:"朱熹所錄,以爲《序》出後世,不當引冠篇首,故別錄爲一卷。"按是書不過釐正經傳,未加注釋,或即在臨漳所刊四經之一。

（附六）《文公詩傳遺説》六卷　存　是書係朱熹適孫鑑輯集《語録》文集中之論《詩》者而成。《通志堂經解》本。

四　《禮》類

一三、《儀禮經傳通解》三十七卷　存　是書初名《儀禮集傳集注》;晚年修葺,乃更定今名;然終未成。自卷一至卷二十三爲家禮五卷,鄉禮三卷,學禮十一卷,邦國禮四卷,中闕書數一篇。目見《宋志》,《直齋書錄解題》稱爲《古禮經傳通解》。自卷二十四至卷三十七,共十四卷,仍爲草創之本,故仍用《集傳集注》之舊名。有通行本。

一四、《儀禮經傳圖解》　佚　是書目見張爾岐《蒿庵閒話》卷二。

一五、《朱子井田譜》　佚　是書目見程端禮《讀書分年日程》。

一六、《禮記辯》　佚　是書目見朱熹《答李守約書》。

（附七）《儀禮經傳通解續》二十九卷　存　是書係朱熹之門人黄榦及楊復續成。通行本。

（附八）《朱子禮纂》五卷　存　是書係清李光地輯集語録文集中説《禮》之言而成。《榕村全書》本。

五　《孝經》類

一七、《孝經刊誤》一卷　存　是書取《古文孝經》分爲經一章,傳十四章,删舊文二百二十三字。《朱子遺書》本,《經苑》本,明朱鴻編《孝經十書》本。

一八、《孝經存異》　佚　是書目見朱熹《孝經刊誤》自注。

六　《四書》類

一九、《四書章句集注》十九卷　存　是書計《大學章句》一卷,《論語集注》十卷,《孟子集注》七卷,《中庸章句》一卷,爲朱熹平生精力所萃之書。版本頗多。

二〇、《四書或問》三十九卷　存　朱熹既作《四書章句集注》,復以諸家之説紛錯不一,因設爲問答,明去取之意,以成此書。凡《大學》二卷,《中庸》三卷,《論語》二十卷,《孟子》十四卷。《論孟或問》有《朱子遺書》本。

二一、《論孟精義》三十四卷　存　是書係朱熹輯録諸家解釋《論》、《孟》之語而成,蓋爲成《集注》及《或問》之用。凡《論語》二十卷,《孟子》十四卷。初名

《精義》,後改名《要義》,又改名《集義》。《朱子遺書》本。

二二、《中庸輯略》二卷　存　是書因石㒸《中庸集解》而刪其繁蕪。初附《章句》之末,後別行。《朱子遺書》本,明嘉靖呂信卿刊本。

二三、《大學集傳》,或名《大學集解》　佚　是書目見朱熹《答林師魯書》及《答林井伯書》。

二四、《大學詳說》　佚　是書目見朱熹《答呂伯恭書》。王懋竑以爲即《或問》,待考。

二五、《大學啟蒙》　佚　是書目見《語類》卷十四。

二六、《論語要義》　佚　是書係朱熹三十四歲撰成,在《精義》成書之前,與改名《集義》之《要義》爲別一書。詳見王懋竑《朱子年譜》及《朱子年譜考異》。朱熹有《論語要義序》,可考。

二七、《論語要義》　佚　是書即改名《集義》之《要義》,爲《精義》之修訂本。詳見《朱子年譜考異》。朱熹有《書語孟要義序後》,可考。

二八、《論語訓蒙口義》　佚　是書係朱熹三十四歲撰成,詳見《朱子年譜》。朱熹有《訓蒙口義序》,可考。

二九、《論語詳說》　佚　是書目見真德秀《西山集・論語詳說序》。王應麟《玉海・藝文志》及《經義考》以是書爲《訓蒙口義》,《朱子年譜考異》以爲即《或問》,待考。

三〇、《孟子集解》　佚　是書目見朱熹《答蔡季通書》及《答何叔京書》,成書當在《孟子精義》之前。

三一、《孟子問辨》十一卷　佚　是書目僅見於《經義考》卷二百三十四,並云"存","見本集"。然朱熹文集無《孟子問辨》,疑《經義考》偶誤,待考。

三二、《中庸詳說》　佚　是書目見朱熹《答呂伯恭書》。或以爲即《或問》,待考。

三三、《四書音訓》　佚　是書目見《書臨漳所刊四經後》。

(附九)《朱子四書語類》五十二卷　存　是書係清周在延編,就朱子《語類》中專取四書諸卷刊行,別無增損考訂。

(附一〇)《論語語類》二十七卷　佚　是書係宋潘墀編,目見《直齋書錄解題》、《通考》及《經義考》。

七　五經總義類

(附一一)《朱子五經語類》八十卷　存　是書係清程川編,取朱子《語錄》之説五經者,分類編次,以便參考;凡《易》四十卷,《書》九卷,《詩》七卷,《春秋》三卷,《禮》二十一卷。雍正乙巳刊本。

（附一二）《朱子經説》十四卷　未見　是書係明陳龍正集,目見《經義考》卷二百五十一,云"存";但《四庫全書》未著録,今未知存否。

（附一三）《晦庵經説》三十卷　佚　是書係宋黄大昌集,目見《經義考》卷二百四十四,云"未見"。

（附一四）《武夷經説》　佚　是書係宋王迂、黄大昌合集,目見董鼎《書傳輯録纂注》,與前《晦庵經説》是否一書,待考。

八　小學類

三四、《校定急就篇》一卷　佚　是書目見元戴表元《剡源集·急就篇注釋補遺自序》一文。

二　史　部

一　編年類

三五、《資治通鑑綱目》五十九卷　存　是書係朱熹因司馬光《資治通鑑》而作。惟凡例一卷,出於手定;其綱皆門人依凡例而修,其目由趙師淵任之。有通行本。

三六、《資治通鑑綱目提要》五十九卷　佚　是書目見《宋志》。

二　傳記類

三七、《伊雒淵源録》十四卷　存　是書係記周敦頤以下及二程交遊門弟子言行。蓋宋人談道學宗派自此書始;而宋人分道學門户亦自此書始。《朱子遺書》本。

三八、《名臣言行録》前集十卷後集十四卷　存　版本頗多,有道光洪氏仿宋本尚佳。

三九、《曾子固年譜》一卷　佚　是書目見《直齋書録解題》卷十七《元豐類稿》條,及劉壎《隱居通議》卷十四。

四○、《婺源茶院朱氏世譜》　佚　是書目見《程朱闕里祠志》引朱熹《婺源茶院朱氏世譜後序》。

三　政書類

四一、《紹熙州縣釋奠儀圖》一卷　存　是書朱熹凡三屬稿;此爲紹熙五年最後定本;但其中亦多後人附益之語。《指海》本。

四二、《四家禮範》五卷　佚　是書目見《宋志》、《直齋書錄解題》及《通考》。

四三、《二十家古今家祭禮》二十卷　佚　是書目見《宋志》、《直齋書錄解題》及《通考》。又《宋志》誤奪"十"字,作二卷。

四四、《祭禮》(或名《祭儀》)　佚　是書目見《答汪尚書書》,《答呂伯恭書》,《答張欽夫書》,《與蔡季通書》,《答林擇之書》及《語類》卷九十。

四五、《三先生論事錄》　佚　是書係輯錄二程、張載講明法度治道之語而成。朱熹《三先生論事錄序》一文可考。

四　地志類

四六、《台寓錄》三卷　佚　是書目見《絳雲樓書目》卷一地志類及《述古堂書目》卷三人物志類。

三　子　部

一　儒家類

四七、《二程遺書》二十五卷附錄一卷　存　是書係程子門人所記,而朱熹編次之;其附錄係行狀之類。《二程全書》本。

四八、《二程外書》十二卷　存　是書亦係程子門人所記,朱熹又取他書所載程子語百五十二條益之,以補《遺書》所未備。《二程全書》本。

四九、《上蔡語錄》三卷　存　是書係宋曾恬、胡安國所錄謝良佐語,而朱熹加以刪定。《朱子遺書》本。

五〇、《延平答問》一卷附錄一卷　存　是書係朱熹輯錄與其師李侗往來問答之書札,又附載其與劉平甫二條而成。其附錄則朱熹門人取朱熹論侗之語及祭文行狀等。《朱子遺書》本。

五一、《近思錄》十四卷　存　是書係朱熹與呂祖謙同撰。淳熙二年,取周敦頤、二程、張載之言,擇其切要者,得六百二十二條,分十四門。《朱子遺書》本。

五二、《雜學辨》一卷附《記疑》一卷　存　是書係朱熹撰,以斥當代諸儒之雜於佛老者,凡蘇軾《易傳》十九條,蘇轍《老子解》十四條,張九成《中庸解》五十二條,呂希哲《大學解》四條。《記疑》一卷則辨程氏門人所記語錄之流入佛老者。《朱子遺書》本。

五三、《小學》六卷　存　是書凡內篇四:曰立教,曰明倫,曰敬身,曰稽古;

外篇二：曰嘉言，曰善行。《直齋書錄解題》、《宋志》均列之經部小學類，非是；今改歸子部儒家。清雍正內府刊本，道光間王刊本，呂氏寶誥堂刊本，祁刻本，尹刻巾箱本。

五四、《困學恐聞編》 佚 是書，《朱子年譜》以爲成於朱熹三十五歲時，當隆興二年。朱熹《困學恐聞編序》一文可考。

五五、《中和舊說》或名《論性答稿》 佚 是書係編輯當日與張栻等往還論性之書稿而成。朱熹《中和舊說序》及《記論性答稿後》二文可考。

五六、《程子微言》(即《程氏遺書》節本) 佚 是書係刪定二程門人所記錄者，目見《答呂伯恭書》。

五七、《翁季錄》 佚 是書係朱熹輯錄與門人蔡元定問答之辭。目見蔡抗《朱子語錄序》、真德秀《西山集·九峰先生墓表》、陸隴其《問學錄》及全祖望《宋元學案·西山學案小序》。

五八、《朱子別錄》十卷 佚 是書目見《宋史》本傳。李性傳《朱子語錄序》謂：所譚皆炎、興以來大事，爲其多省中語，未敢傳而亡於火；今所存者，不過一二云。

（附一五）《朱子語類》百四十卷 存 是書係宋黎靖德編。初朱熹與門人問答之語，門人各錄爲編，刊本頗多；至靖德，乃裒而編之，刪除重複，分爲二十六門。明成化陳煒刊本，石門呂氏刊本，日本刊本。

（附一六）《朱子語略》二十卷 存 是書係宋楊與立編。《四庫全書》未收入。姚鼐《惜抱文後集》有是書跋語。道光間金陵甘福刊本。

（附一七）《朱子語錄類書》十八卷 存 是書係宋葉士龍編。《四庫全書》未收入。初爲十九卷，名曰《格言》；後去兵事，更定爲十八卷，分四十八類。元刊本，孫詒讓曾見及。

（附一八）《紫陽宗旨》二十四卷 存 是書舊題宋王必撰。採輯朱熹文集語類，分誨人、析理、明經、論事四門，每門又分子目。焦竑《國史經籍志》作三十八卷。見《四庫全書》存目。

（附一九）《朱子成書》 存 是書係元黃端節輯。不分卷。計輯朱熹《太極圖》、《通書》、《正蒙》、《西銘》諸解及《易啓蒙》、《家禮》、《律呂新書》、《皇極經世》、《陰符經》、《參同契》注，凡十種；又附以己見爲附錄。《四庫全書》未收入。元刊本不全，昭文張氏藏，又舊刻巾箱本，孫詒讓曾見及。

（附二○）《朱子鈔釋》二卷 存 是書係明呂柟撰。朱熹語錄，明人遞相選録,以爲區分門户勝負相爭之工具;栯是編惟摘切要之詞,而不以攻擊爲事,於學問大旨,轉爲簡明。《惜陰軒叢書》本。

(附二一)《朱子全書》六十六卷　存　是書係清康熙五十二年李光地等奉敕撰,分十九門。原名《朱子類書》,今改名《全書》。清内府刊本、古香齋袖珍本、各省翻刻本。

(附二二)《朱子語類纂》十三卷　存　是書係清王鉞撰。取黎靖德所編《語類》,摘取理氣、鬼神、性理、論學四門,間附以己說,多穿鑿附會,不足觀。見《四庫全書》存目。

(附二三)《朱子學歸》二十三卷　存　是書係清鄭端編。採摭朱熹緒論,分類編輯,爲二十三門,門爲一卷。見《四庫全書》存目。

(附二四)《朱子文語纂編》十四卷　存　是書不著編輯名氏。取朱熹文集語類,以類相從,不分門目,蓋草創未完之本。見《四庫全書》存目。

(附二五)《朱子書要》　存　是書不著編輯名氏,亦無卷數。取朱熹語類文集鈔撮成帙,前無序目,蓋分類編排手録未竟之本。見《四庫全書》存目。

(附二六) 劉剛中記《語錄》　佚　《宋元學案》曾採有二十三條。

(附二七) 梁琢記《語錄》　佚

(附二八) 周佃記《語錄》　佚　《書傳輯録纂注》曾引之。

(附二九) 吕德明記《語錄》　佚　《詩傳遺説》曾引之。

(附三○) 黄有開記《語錄》　佚　《朱文公易説》及《詩傳遺説》曾引之。

(附三一) 蔡念成記《語錄》　佚　《朱文公易説》及《詩傳遺説》曾引之。

(附三二) 王遇記《語錄》　佚　《朱文公易説》曾引之。

(附三三) 周標記《語錄》　佚　《朱文公易説》曾引之。

(附三四) 范元裕記《語錄》　佚　《朱文公易説》曾引之。

(附三五) 吕輝記《語錄》　佚　《朱文公易説》曾引之。

(附三六) 蔡聚記《語錄》　佚　《朱文公易説》曾引之。

(附三七)《精舍記聞》　佚　《朱文公易説》曾引之。《詩傳遺説》曾引有《精舍朋友雜記》,當即此書。

(附三八)《過庭所聞》　佚　是書係朱熹季子在所記。目見《文獻通考》卷百八十四。

(附三九) 李閎祖記《問答》十卷　佚　是書目見《宋元學案》,今本《語類》僅存一卷。

（附四〇）鄭可學記《師説》十卷　佚　是書目見《宋元學案》及《道南源委》，今本《語類》僅存一卷。

（附四一）嚴世文記《疑義問答》　佚　是書目見《宋元學案》。

（附四二）《建安朱子別録》二十卷　佚　是書係宋吳堅集。堅有《朱子別録後序》一文可考。

（附四三）蜀本《朱子語類》百四十卷　佚　是書係宋黄士毅編。

（附四四）徽本《朱子續語類》四十卷　佚　是書係宋王佖編。

二　道家類

五九、《陰符經考異》一卷　存　《陰符經》本唐李筌僞造；朱熹以其時有精語，故爲考定其文；並自署鄒訢。《朱子遺書》本、《指海》本、《紛欣閣叢書》本、明邵以臣刊本。

六〇、《周易參同契考異》一卷　存　《參同契》本方士爐火之書；朱熹以其詞韻古奥，因加讐正；並自署空同道士鄒訢。《朱子遺書》本、《守山閣叢書》本、《紛欣閣叢書》本。

三　雜家類

六一、《校正禆正書》三卷　佚　《禆正書》係唐陳昌晦撰。陳氏履歷無可考，朱熹稱謂"潔身江海之上，不污世俗之垢紛"。書凡四十九篇，文多譌謬，朱熹因爲校正。見所撰《禆正書序》。

四　集　部

一　楚辭類

六二、《楚辭集注》八卷《辯證》二卷《後語》六卷　存　是書係朱熹撰。版本頗多。

六三、《楚辭音考》一卷　佚　是書目見《答鞏仲至書》。

二　別集類

六四、《晦庵集》一百卷《續集》五卷《別集》七卷　存　是書正續集不知誰所編輯，別集蓋出余師魯手。康熙蔡方炳刊本、明嘉靖刊本、明刊大字本。

六五、《朱子文集大全類編》百一十卷　存　是書係朱熹十六代孫清朱玉編。合朱熹正、續、別三集爲一，俾諸體各以類從；每體中又以編年爲先後，分爲八册。目見《四庫全書》存目。

六六、《晦庵文鈔》七卷《詩鈔》一卷　存　是書係明吳訥編。《四庫全書》未收入。邵懿辰《四庫簡明目録標注》,云有刊本。

六七、《晦庵文鈔續集》四卷　存　是書係明崔銑編,以補吴訥《文鈔》之所未備。目見《四庫全書》存目。

六八、《朱子詩集》十二卷　存　是書係明程璜編。目見邵懿辰《四庫簡明目録標注》,云有明正德刊本。

六九、《朱子大同集》十三卷　存　是書係朱熹門人陳利用輯熹在同安時所作之詩文而成。明林希元又加增輯。大同本同安唐時之舊名,故云。目見《四庫全書》存目。有元至正刊本。

七〇、《朱子前集》四十卷　佚　是書目見《宋志》。

七一、《朱子後集》九十一卷　佚　是書目見《宋志》。

七二、《朱子續集》十卷　佚　是書目見《宋志》。

七三、《朱子别集》二十四卷　佚　是書目見《宋志》。

七四、《朱子文集》百五十卷　佚　是書係朱熹門人黄士毅編。目見《道南源委》及《宋元學案》。

七五、《朱子南康集》　佚　是書不知何人所編,推以《大同集》之例,或朱熹門弟子輯其在南康及與南康有關之文字而成。書目見余師魯《晦庵别集》。

七六、《韓文考異》十卷　存　是書係朱熹撰。韓集諸本,互有異同;方崧卿《舉正》,亦多依違牽就;故熹覆加考訂,勒爲十卷。其體例,但摘正文大書,而以所考夾注於下,如陸德明《經典釋文》之例,於全集之外別行。清李光地重刊本。

七七、《昌黎文粹》　佚　是書係朱熹選録韓愈文三十四篇。王柏《王文憲文集》有《跋昌黎文粹》一文可考。

三　總集類

七八、《南嶽唱酬集》一卷附録一卷　存　是書係朱熹與張栻、林用中南嶽紀遊之詩。《四庫全書》本。

七九、《歐曾文粹》六卷　佚　是書係朱熹選録歐陽修、曾鞏之文四十二篇,合爲上下二集。《王文憲文集》有《跋歐曾文粹》一文可考。

四　詩文評類

八〇、《晦庵詩話》一卷　佚　是書目見《述古堂書目》卷二詩話類。

八一、《遊藝至論》　佚　是書内容不可考,目見《絳雲樓書目》文説類。

(附四五)《文説》一卷　佚　是書係朱熹門人包揚録朱熹論文之語。名見《直齋書録解題》及《通考》。

第八章　朱學之傳授

朱熹幼年雖稟受其父遺命,師事胡憲、劉子翬、劉勉之;但學術淵源上之關係,殊非深切。自二十四歲至三十四歲,十年之間,屢見李侗,始傳二程之學。三十八歲時,訪張栻於潭州,相與講論,似頗受其影響。其後專發揮小程(頤)"涵養須用敬,進學在致知"二語,直有舍大程(顥)而追小程(頤)之概。故普通謂朱子集宋學之大成,實一極浮泛之語;嚴格言之,朱子學術實由李侗以上溯程頤,其餘周敦頤、邵雍、張載、程顥等等,不過其學術淵源上之旁流而已。

朱子門人頗多,但真能傳朱子之學而發揮光大之者卻鮮。蔡元定、蔡沈、黃榦、陳淳四人,比較可稱為造詣精深者,但其氣象均不甚偉大。如楊簡之於陸九淵,在朱子及門中,竟不可得,此或係盛極難繼之故歟?下表爲醒目計,不過將重要者列入,其餘概從刪略;讀者如欲求詳,可參考萬斯同之《儒林學派》及黃宗羲、全祖望之《宋元學案》二書。

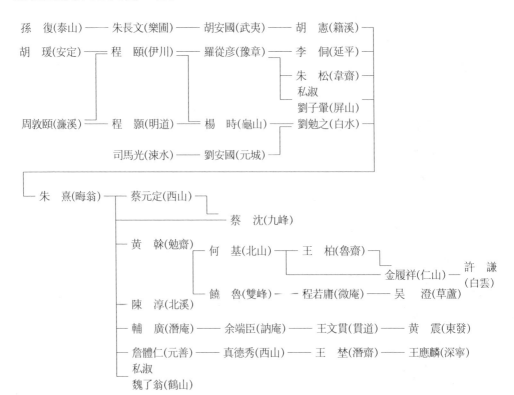

附錄　朱熹簡明年譜

紀　元	干支	公　元	行　　實	備　　記
宋高宗建炎四年	庚戌	一一三〇	九月十五日甲寅,生於南劍州尤溪縣之寓舍	
紹興元年	辛亥	一一三一	二歲	
紹興二年	壬子	一一三二	三歲	
紹興三年	癸丑	一一三三	四歲	張栻生
紹興四年	甲寅	一一三四	五歲。入小學	陸九齡生
紹興五年	乙卯	一一三五	六歲	蔡元定生
紹興六年	丙辰	一一三六	七歲	陳公輔乞禁程學,詔從之
紹興七年	丁巳	一一三七	八歲	呂祖謙生
紹興八年	戊午	一一三八	九歲	
紹興九年	己未	一一三九	十歲	陸九淵生
紹興十年	庚申	一一四〇	十一歲。受學于家	楊簡生
紹興十一年	辛酉	一一四一	十二歲	陳傅良生
紹興十二年	壬戌	一一四二	十三歲	
紹興十三年	癸亥	一一四三	十四歲。三月二十四日辛亥,父崧卒。受學于胡憲,劉勉之,劉子翬	
紹興十四年	甲子	一一四四	十五歲	何若請黜程頤之學
紹興十五年	乙丑	一一四五	十六歲	
紹興十六年	丙寅	一一四六	十七歲	
紹興十七年	丁卯	一一四七	十八歲。舉鄉貢	劉子翬卒
紹興十八年	戊辰	一一四八	十九歲。登進士	
紹興十九年	己巳	一一四九	二十歲	劉勉之卒
紹興二十年	庚午	一一五〇	二十一歲	葉適生
紹興二十一年	辛未	一一五一	二十二歲。授官泉州同安縣主簿	

續表

紀　元	干支	公　元	行　　實	備　記
紹興二十二年	壬申	一一五二	二十三歲	
紹興二十三年	癸酉	一一五三	二十四歲。夏,始見李侗於延平。七月,至同安。同月丁酉,子塾生	
紹興二十四年	甲戌	一一五四	二十五歲。七月,子埜生	
紹興二十五年	乙亥	一一五五	二十六歲。於同安建經史閣。定釋奠禮	
紹興二十六年	丙子	一一五六	二十七歲	
紹興二十七年	丁丑	一一五七	二十八歲。春,因秩滿自同安罷歸	
紹興二十八年	戊寅	一一五八	二十九歲。正月,再見李侗於延平。十二月,差監潭州南嶽廟	
紹興二十九年	己卯	一一五九	三十歲。三月,校定《謝上蔡語錄》	
紹興三十年	庚辰	一一六〇	三十一歲。冬,三見李侗於延平,始師事之	
紹興三十一年	辛巳	一一六一	三十二歲	
紹興三十二年	壬午	一一六二	三十三歲。春。謁李侗於建安,與俱歸延平。六月,秩滿繼任。八月,應詔上封事	六月,高宗內禪,孝宗即位。是歲,胡憲卒
宋孝宗隆興元年	癸未	一一六三	三十四歲。十一月,奏事垂拱殿,除武學博士待次。是歲,《論語要義》、《論語訓蒙口義》成	十月十五日,李侗卒
隆興二年	甲申	一一六四	三十五歲。正月,赴延平哭李侗。是歲《困學恐聞》編成	
乾道元年	乙酉	一一六五	三十六歲。五月,因與時相不合,復請監南嶽廟而歸	
乾道二年	丙戌	一一六六	三十七歲	蔡沈生

續　表

紀　元	干支	公　元	行　實	備　記
乾道三年	丁亥	一一六七	三十八歲。八月,訪張栻於潭州。十二月,以薦,除樞密院編修官待次	
乾道四年	戊子	一一六八	三十九歲。《程氏遺書》成	
乾道五年	己丑	一一六九	四十歲。正月,子在生。九月,母祝孺人卒	
乾道六年	庚寅	一一七〇	四十一歲	
乾道七年	辛卯	一一七一	四十二歲。五月,創立社倉於五夫里	
乾道八年	壬辰	一一七二	四十三歲。正月,《論孟精義》成。四月,《資治通鑑綱目》成。《八朝名臣言行錄》成。十月,《西銘解義》成	
乾道九年	癸巳	一一七三	四十四歲。四月,《太極圖說解》、《通書解》成。五月,授左宣教郎,主管台州崇道觀,再辭。六月,《程氏外書》成,《伊雒淵源錄》成	
淳熙元年	甲午	一一七四	四十五歲。六月,就官職。是歲,編次《古今家祭禮》	
淳熙二年	乙未	一一七五	四十六歲。四月,《近思錄》成。呂祖謙來訪,送至信州,於鵝湖寺,會陸九齡、九淵及劉清之,與九淵講論不合。七月,雲谷晦庵成	
淳熙三年	丙申	一一七六	四十七歲。八月,差監武夷山沖祐觀。十一月,妻劉氏卒	
淳熙四年	丁酉	一一七七	四十八歲。六月,《論孟集注》及《或問》成。《詩集傳》成。《周易本義》成	
淳熙五年	戊戌	一一七八	四十九歲。八月,差知南康軍,辭	魏了翁生。真德秀生。謝廓然請禁有司,毋以程頤王安石之學取士

續表

紀元	干支	公元	行實	備記
淳熙六年	己亥	一一七九	五十歲。二月,陸九齡來訪。三月,赴南康軍任,立周敦頤祠,配以二程。十月,建白鹿洞書院	
淳熙七年	庚子	一一八〇	五十一歲。二月,張栻訃至,罷宴哭之。四月,應詔上封事。七月,再奏南康軍旱災,大修荒政	張栻卒
淳熙八年	辛丑	一一八一	五十二歲。二月,陸九淵來訪,請講於白鹿洞書院。三月,除提舉江南西路常平茶鹽公事待次。閏三月,去郡未歸。四月,過江州,拜周敦頤書堂遺像,劉清之請爲諸生説《太極圖義》。八月,吕祖謙訃至,設位哭之。是月,改除提舉兩浙東路常平茶鹽公事。十一月,奏事延和殿。十二月,赴任,詔行社倉法於諸郡	吕祖謙卒
淳熙九年	壬寅	一一八二	五十三歲。正月,哭吕祖謙墓。陳亮來訪。六月,上修德政狀。七月,奏劾前知台州唐仲友不法,八月,自請罷黜。毀永嘉秦檜祠。九月,去任歸	陸九齡卒
淳熙十年	癸卯	一一八三	五十四歲。正月,帝以其屢辭諸職,差監台州崇道觀。四月,武夷精舍成	
淳熙十一年	甲辰	一一八四	五十五歲。非難浙東學派	
淳熙十二年	乙巳	一一八五	五十六歲。四月,以秩滿,改監華州雲臺觀。是歲非難陸(九淵)學,又非難陳(亮)學	
淳熙十三年	丙午	一一八六	五十七歲。三月,《易學啓蒙》成,八月,《孝經刊誤》成	
淳熙十四年	丁未	一一八七	五十八歲。三月,《小學》書成。改監南京鴻慶宮	

朱熹 115

續 表

紀 元	干支	公 元	行 實	備 記
淳熙十五年	戊申	一一八八	五十九歲。六月,奏事延和殿。除兵部郎官,江西提刑,力辭。尋除直寶文閣,主管西京嵩山崇福宮,始拜命。十一月,上封事。是歲二月,始出《太極圖說》、《西銘義解》以授學者	
淳熙十六年	己酉	一一八九	六十歲。正月,除祕閣修撰,依舊主管崇福宮,二月,序《大學章句》。三月,序《中庸章句》。十一月,改知漳州	二月,孝宗内禪,光宗即位
宋光宗紹熙元年	庚戌	一一九〇	六十一歲。四月,抵漳州,舉諸善政,并刊四經四子書	
紹熙二年	辛亥	一一九一	六十二歲。正月,子塾死。三月,除祕閣修撰,主管南京鴻慶宮。四月末,去漳州,歸建陽。是歲,與陳傅良論學	
紹熙三年	壬子	一一九二	六十三歲。始築室於建陽之考亭。《孟子要略》成	陸九淵卒
紹熙四年	癸丑	一一九三	六十四歲。十二月,除知潭州,荊湖南路安撫使,辭	
紹熙五年	甲寅	一一九四	六十五歲。五月,赴潭州任,諭降洞獠。祭張栻祠及墓。修復嶽麓書院。六月請歸田。七月,詔赴行在。十月,奏事行宮便殿,除煥章閣待制兼侍講,進講《大學》。差兼實錄院同修撰。奏乞討論嫡孫承重之服。封婺源縣開國男,食邑三百戶。旋以上疏忤韓侂胄,罷歸。十一月,還考亭。十二月,築滄洲精舍	六月,孝宗崩。七月,光宗内禪,寧宗即位,以趙汝愚為右丞相,韓侂胄兼樞密都承旨
宋寧宗慶元元年	乙卯	一一九五	六十六歲。韓侂胄專政,擬上封事,尋罷,焚奏槀,更號遯翁。五月,乞致仕。十二月,詔依舊祕閣修撰,提舉南京鴻慶宮	二月,罷趙汝愚相。十一月,竄於永州,至衡州,暴卒

續表

紀 元	干支	公 元	行 實	備 記
慶元二年	丙辰	一一九六	六十七歲。胡紘、沈繼祖劾以偽學,十二月,落職罷祠。是歲,始修《禮書》	八月,詔禁偽學之黨
慶元三年	丁巳	一一九七	六十八歲。蔡元定謫道州,餞別於凈安寺。《韓文考異》成	十二月,籍偽學逆黨凡五十九人
慶元四年	戊午	一一九八	六十九歲。集《書傳》。十二月,引年乞休	蔡元定卒。詔嚴偽學之禁
慶元五年	己未	一一九九	七十歲。三月,《楚辭集注》、《後語》、《辯證》成。四月,以朝奉大夫致仕,始以野服見客	
慶元六年	庚申	一二〇〇	七十一歲。三月初九日甲子卒。十一月,葬於建陽縣唐石里大林谷。會葬者幾千人	

據商務印書館"萬有文庫"本(一九二九年初版)

中國學校制度

緒　言

本書的領域　這本小册子，雖依照已定的書名，標題爲"中國學校制度"，但卻不是專門敘述中國現行的學制，因爲這部分的史料在本叢書別本小册子中或有較詳盡的記載。換言之，本書是記述中國歷代學校制度的變遷。所以明確點説，應該稱爲"中國學校制度沿革史。"

教育的範圍非常遼廣，學校制度不過佔人類社會教育行動之一部分。普通教育史的編撰者每每有以偏蓋全之弊，過於重視學校制度，而認它爲人類社會之唯一的教育組織。——自然，我們也並不否認學校制度之重要性。所以在未入本書正文之前，認清學校制度在教育領域上的地位，也是必要的事。

人類在原始社會時代，即所謂氏族社會時代，雖没有成立所謂"學校"，但爲適應"種族保存"之生物的目的，已有由前代向次代傳授社會的遺產之教育的實質的行動。學校制度是無疑的發生於人類社會比較開化之後，即普通所謂文明時代。但人類一入文明時代，已不能保有原始社會之平等的意味，而陷於階級分化的形態。學校制度既是人類社會分化階級以後的產物，自必掌握於支配階級，而成爲統治組織的一種部門。所以，學校制度不過是人類社會之組織的或形式的教育，而絕對不能包括人類社會之教育的全領域。這是世界各國之所同，中國自然也無法例外。

明瞭了這一點，則我們可以了然於本書的領域。詳言之，就是本書在縱貫的一方面，是截去悠久的原始社會時代的教育行動，而專述中國學校制度產生後的演變；在橫鋪的一方面，是撇開實質的或非正式的教育行動，而專述中國形式的或正式的教育組織中之學校制度。所以本書不過是就豐饒而雜亂的中國教育史料中，擷取其一部分，而加以簡明的敘述而已。

本書的分期　敘述中國數千年來學校制度的演變，欲其比較地明晰而詳密，勢不能不採取分期的辦法。但一切歷史著作之時期的劃分,都不過是爲研究或說明的便利而設;因爲社會的演變自有其綿延性,歷史著作中之每一時期,都含有前一時期的餘波與後一時期的萌蘖,勢不易爲截然的分割。所以本書的分期,亦不過是編者就個人的見地,爲說明的便利而劃分而已。

觀察中國學校制度的演變,而探究這制度所依託之社會的背景,大致可分爲四大時期。從有史時代下至戰國(公元前二二二年),爲第一時期;從秦滅六國至南北朝之末(公元五八九年),爲第二時期;從隋統一中國至清同治元年(公元一八六二年),爲第三時期;從清同治初年一直到現在(公元一九三〇年),爲第四時期。爲簡明起見,我們可稱第一時期爲上古期,第二時期爲中古期,第三時期爲近代期,第四時期爲現代期。上古期爲貴族的封建政治,其學制以貴族庶民分途的雙軌制爲特點;中古期爲官僚的君主政治,其學制以學校與選舉並行以選拔統治階級的助手(官僚)爲特點;近代期雖仍爲官僚的君主政治,雖仍以選拔統治階級的助手爲學校的目的,但以學校制度降爲科舉制度的附庸爲特點;現代期暫可視民主政治的抬頭,其學制以輪流抄襲歐、美資本主義國家的班級制度爲特點。

如果我們更詳密點說,則上古期更可分爲三期,即:西周以前爲一期,西周爲一期,春秋、戰國爲一期。西周以前(公元前一一三四年以前),雖不能說絕無記載的史料,但這些記載的史料的可靠性很可懷疑,就現在看,實仍可說是神話傳說時期。西周一代(公元前一一三四年——公元前七二一年),就現有的記載的史料說,不能不稱爲豐饒而有系統;但這些史料多出於漢代儒生的渲染,其真實性亦殊薄弱;不過這時期貴族階級與庶民階級對峙,學校制度成爲不平等的雙軌制,乃是毋庸懷疑的史實。春秋、戰國(公元前七二二年——公元前二二二年),是上古與中古的過渡期;這時期因爲封建制度逐漸崩壞,貴族階級逐漸沒落,於是官學日衰,私學日盛;這是中國士大夫階級形成的初期,同時也是中國學校制度大演變的時期。

中古期更可分爲四期,即:秦爲一期,兩漢爲一期,魏、晉爲一期,南北朝爲一期。嬴秦一代(公元前二二一年——公元前二〇二年),朝祚雖非常短促,但在中國史上佔有非常重要的地位;即就學校制度說,它的吏師制是變雙軌制爲單軌制的創始者,而同時確定後世教育之中央集權的傾向。兩漢一代(公元前二〇二年——公元二一九年),是中國學校制度沿革史上的最重要的時期;因爲從它以後,中國學校制度的形式與內容就沒有什麼大的變革,一直到了清同治初年(公元一八六二年);并且從它以後,學校制度成爲選拔官僚的工具,而爲統治組織的一個重要部門,也因以確定。魏、晉二代(公元二二〇年——公元四一九年),因爲政治現象的紛擾、選舉制度的改革及學術趨勢的變動,以經典爲中心的學校制度忽呈衰落的現象。南北朝時代(公元四二〇年——公元五八九年),雖同是學校制度衰落的時期,但學校內容不僅以經典爲滿足,而兼習當時流行的"玄學"與"文學",這在中國學校制度史上是值得注意的。

近代期更可分爲五期,即:隋、唐、五代爲一期,兩宋爲一期,元爲一期,明爲一期,清初到同治初年爲一期。隋、唐兩代(公元五九〇年——九五九年),在中國學校制度沿革史上是秦漢以後最重要的時期;因爲從它以後,學校制度之政治的功能漸以低落,而僅成爲科舉制度的助手。其次,從它以後儒教經典不能獨占所有的學校,書、算、律、醫等科也居然侵入學校之門,這在觀察儒教演變史方面,也是異常重要的。兩宋一代(公元九六〇年——一二七六年),書院制度的突興,是這一時期學制史中值得留意的事;這不僅證明官立普通學校之流爲形式,漸成爲國家的裝飾品,而且證明印度佛教文化之波及學校,因爲書院制不能不視與禪林制有相當的關係。元代(公元一二七七年——一三六七年)承遼、金之後,以外族入主中國,所以學制的特點,在以普通的儒學牢籠漢族,而以蒙古學、回回學自保其固有的風習。學校與政治的連鎖,由此更可得一明確的證據。明代(公元一三六八年——一六四三年)學制,雖大部沿襲唐、宋之舊,但其學規的嚴密,在中國學校制度史上幾無出其右。明初太祖的殺教官,殺監生,都可以確切的證明學校成爲統治者的武器之一。清代從開國到同治初年(公元一六四四年——一八六二年),學校完全有名無實,而更與科舉混同;其以利祿羈縻漢族,使滿族不忘武備與元代學制同含有異族統治的色彩。

現代期更可分爲四期,即:同治初年到光緒二十七年(公元一八六二年——一九〇一年),爲第一期,光緒二十七年到宣統三年清朝覆亡(公元一九〇一年——一九一一年)爲第二期,民國元年到國民政府定都南京(公元一九一二年——一九二七年)爲第三期,由南京國民政府成立到現在(公元一九二七年——一九三〇年)爲第四期。第一期,可稱新式學校萌芽時期;這一期僅有各種以實用主義爲中心的學校,還沒有正式的學制;而這些學校的創立,是受列強礮艦政策的威逼。第二期可稱新式學制產生時期;大抵以日本爲抄襲的藍本,由欽定學校章程,而奏定學校章程,而改訂學校章程。士大夫階級"中學爲體西學爲用"的折衷主張日趨失敗,學校成爲促進革命高潮的重要武器,一反統治階級設立的原意。第三期可稱爲民國學制頒布及修正時期;由日本的仿製品轉而爲美國的仿製品;學校集中於都市,十足的表現其商業氣味,社會主體的農民與大部分的貧困者被拋棄於田野與街頭,形成異常嚴重的問題。第四期可稱爲國民黨黨治下的學制時期,因爲時間尚短,對於舊有的流弊還沒有確切的改正,現在在學制上所表現的爲學校添設黨義、黨童子軍、施行軍事訓練等等。

本書的旨趣 在上下四千餘年的悠久的歷史中,欲將其學校制度的演變於五六萬字間詳盡的表現,確爲一件比較麻煩的事。所以本書的唯一目的,就在於給讀者以一種清晰而有系統的概念,在目前能以簡單的方式統御這繁複而雜亂的史料,在將來能根據這已知的迹象以求比較深邃的了解。老實說,對於教育倘沒有歷史的縱貫的觀察與社會的橫鋪的檢討,是不配來主持實際教育事業的;因爲他不流於玄想的創見,即趨於盲目的模仿。敘述中國學校制度,至少在歷史的縱貫的方面,當與讀者以相當的助力;所以編者以爲這雖是麻煩的事,卻不是無聊之舉。在讀了本書之後,顯然的有幾點可以呈現於讀者之前,而足以校正近年來流行的謬論。第一,教育獨立論之不可通。觀察中國學校制度的演變,可知數千年來學校一向只是在政治的掌握。教育是社會的上層機構,學校組織只有跟着社會而變遷,而不能領導社會去變遷。教育獨立只是士大夫的山林清夢,不僅沒有社會的根據,而且沒有歷史的立場。第二,教育復古論之不可通。近人有鑒於學校商店化、智識貨品化的慘劇,而提倡書院制或個人講學制以爲救濟的;又有鑒於青年學生思想的紛擾與歪洩,而欲提倡中國固有道德以爲救濟的;這其實只是表示其對於中國學校制度演變史的無知。宋代士大夫階級所得意的書院制,到了清雍正間,成爲官立的變相學校,仍舊逃不了作科舉的助手。統治者對於不利於他的一切組織,不是用硬的焚毀政策,就是用軟的偷梁換棟的手腕。書院制在現在,不僅沒有社會經濟的背景,而且沒有政治的基礎。至於中國固有道德,它究竟是什麽,固屬一大疑問;而清末"中學爲體西學爲用"的主張的失敗,就是一個"殷鑒不遠"的覆轍。第三,三代爲中國黃金時代論之誤謬。中國受數千年儒教歷史觀的宣傳,總以爲夏、商、周爲中國的理想社會;更其是談到西周學制,直以爲超越古今中外。其實就我們的研究,夏、商、周在政治上是貴族的封建制度,在教育上是階級的雙軌制度,決不是如何的理想。而且這期的史料,經今古文說不同,後儒的詮解更其不同,到現在還是古史學上的一個大可研究的問題。這不僅是歷史上的小問題,而是關係於民族進取精神的大問題。因爲打破這個觀念,我們纔能努力的求黃金時代於將來,而不致於北窗高臥夢想黃金時代於上古。

上 古 編

一 傳説中的西周以前的學制

學校制度的萌芽 中國學校制度見於記載的,當推《尚書·堯典》篇中所説的爲最古。據《堯典》,虞舜曾設置九官,其中三官都與教育有關。——命契爲"司徒",敷五教;命伯夷爲"秩宗",典三禮;命夔典樂,教胄子。司徒、秩宗所掌司的"教"與"禮",是否有特設的制度,固不可考;但所謂"胄子",就是貴族子弟;典樂之夔兼司貴族子弟的教育,蓋不能不視爲學校制度的起源。(經今文學者,及近人古史懷疑論者,每疑《堯典》一篇爲後世儒家所追記,或直是儒家理想的描寫;倘這説成立,則《堯典》之史料的價值將因以減低。至於漢董仲舒説五帝的大學名曰成均——見《禮記·文王世子》注引,——那不過是漢代今文學家的讕言,因爲"五帝"就是中國上古史中之謎)

傳説中的虞、夏、商三朝的學校制度 據《禮記·王制》篇、《明堂位》篇及《孟子·滕文公》篇等的記載,則虞、夏、商三朝的學校制度爲貴族、平民兩階級分化的雙軌制已十分明顯。貴族子弟所入的學校,後人名爲"國學";平民所入的學校後人名爲"鄉學"。這兩種學校,不僅就學者的身份不同,而且學校的設置、教科的內容也都不同。

國學相傳分爲兩級制:一曰太學,二曰小學。其名稱,虞曰"上庠"、"下庠"。夏曰"東序"、"西序"。商曰"右學"、"左學"。據後儒的考釋,説虞、商兩朝的太學(上庠、右學)設置在西郊,小學(下庠、左學)在國中王宮之東;夏朝反是,太學(東序)在王宮之東,小學(西序)在西郊。這種地點設置的不同,無甚關係,不過表示各朝對於方位遠近的尊尚的習慣的差異而已。——或者用這習慣的差異可以推斷各朝自有其不同的民族。

至於鄉學,它是否爲單級制,抑或真的如後儒所解釋,得選擇其俊秀者升於國學的大學,都沒有明文可證。我們依據《孟子》,只知道在夏曰"校"、在殷曰"序"而已。

雙軌制下的學校內容 學校制度是社會的反映;當時社會既分化爲貴族與平民兩大階級,則國學與鄉學所教學的內容不能一致,自是意料中事。據現有的不充分的史料加以考察,則當時國學中的教科以"樂"爲最重要,而以"明倫"爲國、鄉學共同的訓練目標。

樂在古代貴族學校中佔有重要的地位,其原因不外於下舉三者。一、古代音樂與宗教有關,而古代政治又多寄迹於宗教,貴族子弟預備在政治、宗教中討生活,自不能不先曉知音樂。《堯典》篇於"夔典樂,教胄子"之下,有"八音克諧,毋相奪倫,神人以和"的話,《禮記·樂記》篇也有"聲音之道與政通矣"的話,很可窺見樂、政、教三者的關聯。二、樂爲美感教育的主要工具;貴族子弟需要音樂的涵養,正所以表示其統治階級之休閒的高雅的身份。三、樂可以陶冶性情,又爲道德教育的主要工具。《堯典》篇於"夔典樂,教胄子"之下,有"直而溫,寬而栗,剛而無虐,簡而無傲"的教條,正可見音樂與道德相關之點。

孟子以爲古代國學、鄉學的目的"皆所以明人倫";而人倫爲"父子有親,君臣有義,夫婦有別,長幼有序,朋友有信"五者。這話很能道破當時學校之社會的功能。因爲當時社會既爲階級的,學校爲統治組織之一部門,自當以維持這不平等的社會秩序爲極則;而維持這社會秩序的教訓就是道德,也就是所謂"人倫"。國、鄉學的就學者的身份雖然貴賤各別,但使統治者自知在統治,被統治者自安於被統治,則承認當時社會的秩序爲天經地義,實爲共同的必要之舉。明瞭了這一點,則古代的鄉學,與其稱爲教育,實不如指爲政治的麻醉爲恰當。

二 《禮記》、《周禮》所傳的西周的學制

本期史料考訂的難點 關於西周學校制度的史料,僅就《禮記》、《周禮》等書,似殊覺豐富而有條理,遠非虞、夏、商諸朝之屬於傳說時代者可比;其實這時代的史料,真偽雜糅,是非淆亂,欲加以考訂,求其信而有徵,在現在的古史學界,還是非常困難的事。這原因,一由於古代儒家之喜於託古改制;一由於漢代經今古文學家的爭難與混淆。先秦諸子,爲宣傳思想便利計,每喜以自身的理想變易古代的史實。即如《周禮》一書,尊信者以爲周公之作,而詆毀者以爲瀆亂陰謀之書。其實用現代史學眼光去觀察,說它全是周制,固不足信;說它全無周制以爲素地,亦不足信;總之,是一部根據當時社會形態而加以理想化的書籍。然而唯其如此,我們殊不易分別發見其孰爲周制,孰爲理想。這是困難點之一。其次,漢代經生的今古文學的爭辯,尤其使我們對於信史無從抉擇。今文學家以《禮記·王制》諸篇爲基點,而古文學家則以《周禮》爲營壘;今文學家斥《周禮》爲六

國末世之書,而古文學家則斥《王制》爲漢初博士之作。就經學的觀點説,經今文學自身的歷史或較可徵信;但就史學的觀念説,經今文學所載的史料,每爲儒家的理想,其可信賴的程度恐更遜於古文。我們敘述古史,雜糅今古文固不可,但專信今文或古文又不可,這是困難點之二。又其次,經今古文學如果條理明晰,若涇、渭之分,則我們治史者還容易着手;而實際又不然。譬如《禮記》一書,依據學派,當歸今文;但其中所載的篇章,又每雜古文。近人廖平就《禮記》各篇性質,分別今古;但亦不免爲一己之見,未易爲學者所公認。這是困難點之三。綜上三難,所以敘述本期學制,殊不容易。本書既非專著,暫時也無暇毫分縷析,只得爲大體的敘述,但學者當知現在所説還未能據爲信史而已。

國學與鄉學 西周一代爲封建社會完成時期,所以它的學校制度也顯然的爲雙軌制;即貴族所入的爲國學,而平民所入的爲鄉學。

據周《禮》説,國學僅有"成均"的名稱。據《禮記·王制》篇及《文王世子》篇説,則國學依程度的深淺分爲小學、大學兩級。小學設在王宮南之左,大學設在南郊。大學分五院:中曰"辟雍",亦曰"太學",周環以水;水南爲"成均",亦曰"南學";北爲"上庠",亦曰"北學";東爲"東序",又稱"東膠",亦曰"東學";西爲"瞽宗",又稱"西雍",亦曰"西學"。(依黃以周《禮書通故》及孫詒讓《周禮正義》説)諸侯亦得設學,但僅爲一院,名曰"泮宮";水形如半璧,所以別於天子辟雍的建築。(或根據甲骨文"王赴于雝",以爲殷朝已有辟雝的建築。其實,雝(𦒰)字从乙以象水,從 冬(隹)以象鳥,從口以象圖土,蓋有鳥有水而可以漁獵的地方,不見得就是學校性質的辟雍)

至於鄉學,蓋根據於當時的行政區域,依《周禮》説,周制,五家爲比,五比爲閭,四閭爲族,五族爲黨,五黨爲州,五州爲鄉。鄉學在州的曰序,在黨的曰庠,在閭的曰塾,都是小學程度。鄉學沒有大學,據《禮記·王制》説,謂鄉學的俊秀的可升於國學。

教官與教科 關於擔任國、鄉學的教職人員與國、鄉學的教科內容,經今古文學也詳略名實、互有同異。國學方面,據《禮記·王制》篇,教官有大樂正、小樂正、大胥、小胥,教科爲《詩》、《書》、《禮》、《樂》。據《禮記·文王世子》篇,教官於大樂正、小樂正、大胥、胥之外,尚有大司成、籥師、籥師丞、大師、執禮者、典書者;教科於《詩》、《書》、《禮》、《樂》之外,尚有干戈、羽籥。(其實這二者也可以包在《禮》、《樂》之内,因爲這是兩種舞)據《周禮》古文説,其教官及教科表示如次:

國學教官表

官　名	屬　官	職　掌
大司樂	中大夫二人。	掌成均之法,以治建國之學政,而合國之子弟。以樂德、樂語、樂舞教國子。
大胥	中士四人。	掌學士之版,以待致諸子。
小胥	下士八人,府二人,史二人,徒四十人。	掌學士之徵令。
樂師	下大夫四人,上士八人,下士十六人,府四人,史八人,胥八人,徒八十人。	掌國學之政,以教國子小舞。
籥師	中士四人,府二人,史二人,胥二人,徒二十人。	掌教國子舞羽龡籥。
師氏	中大夫一人,上士二人,府二人,史二人,胥十二人,徒百二十人。	以三德、三行教國子。
保氏	下大夫一人,中士二人,府二人,胥六人,徒六十人。	養國子以道,教六藝、六儀。

按以上所列教官,以現在的制度來比附,大概大司樂等於教育部長兼校長,師氏、保氏等於教師,樂師、籥師等於音樂教師,大胥等於註冊主任,小胥等於訓育主任。

國學教科表

教　科	内　　容	教　官
六　藝	一、五禮:吉,凶,軍,賓,嘉。 二、六樂:《雲門》,《大咸》,《大韶》,《大夏》,《大濩》,《大武》。 三、五射:白矢,參連,剡注,襄尺,井儀。 四、五御:鳴和鸞,逐水曲,過君表,舞交衢,逐禽左。 五、六書:象形,指事,會意,形聲,轉注,假借。 六、九數:方田,粟米,衰分,少廣,商功,均輸,盈不足,方程,勾股。	保　氏
六　儀	祭祀之容,賓客之容,朝廷之容,喪紀之容,軍旅之容,車馬之容。	師　氏
三　德	至德,以爲道本;敏德,以爲行本;孝德,以知逆惡。	
三　行	孝行,以事父母;友行,以養賢良;順行,以事師長。	
小　舞	帗舞,羽舞,皇舞,旄舞,干舞,人舞。	樂　師
樂　德	中和,祗庸,孝友。	大司樂
樂　語	興道諷誦,言語。	
樂　舞	雲門,大卷,大咸,大磬,大夏,大濩,大武。	

按以上所列教科内容，多採鄭玄《周禮》注説，蓋仍以音樂及道德訓練爲主。

鄉學的教官與教科，都没有國學所記的詳密。依《王制》今文説，"司徒修六禮以節民性，明七教以興民德，齊八政以防淫，一道德以同俗"；所謂六禮，謂冠、婚、喪、祭、饗、相見；七教謂父子、兄弟、夫婦、君臣、長幼、朋友、賓客；八政謂飲食、衣服、事爲、異別、度、量、數、制。依《周禮》古文説，則大司徒之下，有鄉師、鄉大夫、州長、黨正、族師、閭胥，以次傳達邦國的教令。大司徒以鄉三物教萬民：一曰六德，謂知、仁、聖、義、忠、和；二曰六行，謂孝、友、睦、婣、任、恤；三曰六藝，謂禮、樂、射、御、書、數。經古今文説雖詳略各異，但教官總於司徒，教科偏於道德，政治與教育相混，則大致相同。

學齡與學則　國學入學年齡的規定，約有三説。一説，主八歲入小學，十五歲入大學。《大戴禮·保傅篇》説：八歲而就外舍，學小藝，履小節；束髮而就大學，學大藝，履大節。《白虎通義·辟雍》篇、《漢書·食貨志》及《春秋·公羊傳》宣十五年何休注等從之。二説，十三歲入小學，二十歲入大學。《尚書大傳》説：公卿之太子、大夫元士之適子，十有三歲始入小學，見小節，踐小義；二十入大學，見大節，踐大義。這兩説的不同，馬端臨《文獻通考》以爲因爲天子的世子與公卿、大夫、元士的適子身份不同的緣故。他以爲公卿以下的子弟未便即入天子之學，所以先學於家塾，直到十三歲，纔入師氏所掌教的小學；若天子，則別無科學，所以世子八歲便入小學（見卷四十《學校考》一。）這或者也是理由。三説，主十歲入小學。《禮記·內則》篇説：十年出就外傅，學書計，朝夕學幼儀。十有三年，學樂，誦《詩》，舞《勺》。成童（十五以上），舞《象》，學射御。二十而冠，始學禮，舞《大夏》。至於大學年限，或根據《禮記·學記》篇"七年小成，九年大成"的話，説是九年，但這也不過是推測之辭而已。

國學與鄉學爲貴賤異統的雙軌制，是毋容懷疑的；但經古文學主張"有世卿，無選舉"，平民只可上升爲士而不能爲世族的大夫（説詳俞正燮《癸巳存稿》卷三《鄉興賢能論》），則其雙軌制爲嚴格的；經今文學主張"有選舉，無世卿"，平民亦得上升爲大夫，則其雙軌制爲彈性的；二説不同。《禮記·王制》篇爲今文説，其論述國學鄉學升降賞罰的規定頗詳。它以爲鄉學中的不率教者屏於遠方，優秀者升於國學，而且任以官爵。司徒命鄉簡不率教者，以告耆老，會於鄉庠。元日習射禮，上功；習鄉飲酒禮，上齒。大司徒率國之俊士與執事。不變，命國之右鄉簡不率教者移之左，命國之左鄉簡不率教者移之右，如初禮。不變，移之郊，如初禮。不變，移之遂，如初禮。不變，屏之遠方，終身不齒。又命鄉論秀士，升之司徒,曰選士;司徒論選士之秀者而升之學,曰俊士。升於司徒者,不征於鄉;升於學者,不征於司徒,曰造士。大樂正論造士之秀者,以告於王,而升諸司馬,曰進士。司馬辯論官材,論進士之賢者,以告於王,而定其論。論定然後官之;任官然後爵之;位定然後祿之。至於國學方面的罰則,它以爲小胥、大胥、小樂正簡不率教者以告大樂正;大樂正以告於王;王命三公、九卿、大夫、元士皆入學。不變,王親視學。不變,王三日不舉食樂,屏之遠方,終身不齒。據《王制》,則國學與鄉學可以互通,但這是否爲西周的信史,而非儒家的理想學制,實係一大疑問。

三 春秋、戰國時代的私學

史料的缺乏 《禮記》及《周禮》所傳的西周學校制度,是否爲真實的史料,固屬疑問;但西周時代,學校形成雙軌,學術握於王官,實爲不容懷疑的史實。降及春秋,天子失官(語見《左傳》昭十七年),學校不修(語見《毛詩·子衿》序),官師合一的制度一變而爲私學蠭起的趨勢。所以春秋、戰國時代,是教育學說發達的時期,同時也是教育制度衰敗的時期。當春秋初期,學校教育之見於記載的,如衛文公(公元前六五九──六三五)敬教勸學(語見《左傳》閔二年),魯僖公(公元前六五九──六二七)修建泮宮(語見《毛詩·魯頌·泮水》序),鄭子產不毀鄉校(語見《左傳》襄三十一年),還可略見西周學制的餘風。而同時貴族階級爲維持其政治的生命,王侯太子都有師傅,公卿子弟也每有公族大夫;其見於《左傳》的,如蔿國爲周王子頹師(莊十四年傳),杜原款爲晉太子申生師(僖四年傳),潘崇爲楚太子商臣師(文九年傳),荀家、荀會、欒黶、韓無忌爲晉公族大夫(成十八年傳)等。到了春秋後期(約當魯昭公後),天子諸侯立學施教的史迹不見於史册,於是私家之學遂以大盛。但私學是否有完備的制度,一如後世的書院制度,實絕無明文可考。現姑就儒家一派,鈎輯其私學傳授的概況以示一例,而以道、墨二家附殿於後。

私學的繁興 春秋、戰國,諸子百家,蠭起並作,儒家不過其中的一派。儒家由孔子開創;戰國時,孟軻、荀況實爲大師。孔子的教授事業,始於魯昭公二十四年(公元前五一八年);這時孔子年三十三,孟懿子及南宮敬叔奉父孟僖子命,師事孔子學禮。這種私家一二人的請益,當無何種形式的制度可言(見《左傳》昭七年及《史記·孔子世家》)。據《史記·孔子世家》,孔子自周返魯,弟子始增(時孔子年三十七);其後隱居不仕,退修《詩》、《書》、《禮》、《樂》,弟子愈多,甚有自遠方來受業的(時孔子年六十八)。普通的弟子,數達三千;通六藝的,凡七十二人。

所謂三千，當是先後來魯請益，一如漢代經生的私人傳授。所以《論語》一書，僅有師弟問答之言語的記載，而沒有杏壇設教之形式的敘述。據《荀子·大略篇》"子贛、季路，故鄙人也。被文學，服禮義，爲天子列士。"又《呂氏春秋·尊師》篇"子張，魯之鄙家也；顏涿聚，梁父之大盜也；學於孔子。"子貢、子路、子張、顏涿聚都是孔子的著名弟子，可見孔子對於生徒並沒有身份的限制。《論語·述而》篇"子曰：自行束脩以上，吾未嘗無誨焉。"可見孔子對於生徒也收納一部分的費用；而且同時可推知私學發達之一部分的原因，或者是因爲沒落的貴族藉教授以維持生活的緣故。——孔子本身就是一位沒落的貴族。孔子教授的內容，除《詩》、《書》、《禮》、《樂》外（見《孔子世家》），更注重道德的訓練（《論語·述而》，子以四教：文、行、忠、信。）或據《論語·先進》"德行：顏淵、閔子騫、冉伯牛、仲弓；言語：宰我、子貢；政事：冉有、季路；文學：子游、子夏。"以爲孔門分爲四科；其實這不過依弟子的才德加以分類，並不是真的分科制度。孔子既歿，弟子心喪三年，相訣而去，哭復盡哀；子貢更廬於冢上，凡六年然後去；弟子及魯人從冢而家的百有餘室（見《史記·孔子世家》）。更可見孔子教育感化力的偉大與深入。總之，私學以孔子爲最盛，而孔子設教情況之有明文可見的，也不過如上所述，蓋仍未能形成一種制度。

《史記·儒林傳》說："自孔子沒，七十子之徒，散游諸侯，大者爲卿相師傅，小者及教士夫，或隱而不見。故子路居衛，子張居陳，澹臺子羽居楚，子夏居西河，子貢終于齊。如田子方、段干木、吳起、禽滑釐之屬，皆受業於子夏之倫，爲王者師。"可見孔子死後，孔子的弟子門人也繼孔子之後，從事於私學的傳授。到了戰國，孟軻、荀況爲儒家大師，於游說諸侯以求行道之外，亦從事授徒。孟子弟子有萬章、公孫丑、樂正克等十七人（詳朱彝尊《曝書亭集·孟子弟子考》），荀子弟子有李斯與韓非（見《史記·韓非列傳》），都著名於當時。據《孟子·滕文公》篇則孟子"後車數十乘，從者數百人，以傳食於諸侯"，更可見當時儒家大師游學的勝況。

儒家以外，其私學比較的形成制度，且近於宗教的，當推墨家。《呂氏春秋·尊師篇》說："孔、墨徒屬彌衆，弟子彌豐，充滿天下。"又說："孔、墨之後，顯榮於天下者衆矣，不可勝數。"可見墨學在當時的流行。《墨子·公輸篇》，墨子自謂弟子禽滑釐等三百人持守圉之器以待楚寇；《淮南子》亦謂墨子服役者百八十人，皆可使赴火蹈刃，死不旋踵；更可見其私學的精神。墨家另有所謂"巨子"制；《莊子·天下》篇說：墨家"以巨子爲聖人，皆願爲之尸，冀得爲其後世。"向秀注"墨家號其道理成者爲鉅子,若儒家之碩儒。"(鉅、巨字通)據《呂氏春秋・上德篇》,楚吳越之亂,墨者鉅子孟勝以死爲陽城君守城,弟子殉難的凡八十三人;當孟勝將死時,先使二人傳鉅子於田襄子。則墨家的鉅子制實近於佛家傳授衣鉢的儀式,較之儒家的師承宗派爲更進一步了。(關於墨學傳授,見孫詒讓《墨子閒詁・墨子傳授考》及梁啓超《墨子學案・墨者及墨學別派》)

儒、墨以外,握當時思想界的權威的,爲道家。但道家主不言之教(《老子》,聖人處無爲之事,行不言之教;不言之教,無爲之益,天下希及之;知者不言,言者不知;皆其明證),所以師弟傳授不及二家。但戰國時,許行主張並耕主義,實爲道家之一支派。《孟子・滕文公篇》謂"其徒數十人,皆衣褐,捆屨織席以爲食",則率弟子以就食於諸侯,固亦與孔、墨二家相似。

總之,春秋、戰國時代的私學,各隨各家的獨有的教育主張以訓練弟子,固未形成固定的制度,如宋、元以來的書院制。

中　古　編

一　秦代的"吏師"制度與博士

吏師制度的創立　嬴秦一代,因爲實行法家政策,爲兩漢儒者所仇恨,所以史料很不完備。就教育制度而論,秦朝是否有正式的學校,其學校內容究竟怎樣,我們現在都無法考證。遠在秦代以前的夏、商、周,其學校制度詳盡而誇張;與漢代史家司馬遷、班固輩近邇的秦代,其教育制度反默爾不傳;這或是因爲秦朝的愚民政策使然,但我們不能不懷疑兩漢儒者的有意搗亂。據現在僅有的史料,秦代教育制度爲我們所熟知的,只有所謂"吏師"制度,及由吏師制產生後而愈益重要的"博士"一職。

"吏師"制度的確立,始於秦王政(秦始皇)三十四年。當時始皇置酒咸陽宮,博士七十人前爲壽。僕射周青臣面諛始皇威德;博士淳于越反對他,說:"事不師古,而能長久者非所聞也。"於是始皇下其議。丞相李斯主張焚燬民間書籍,實行"吏師"制度。他說:"臣請:史官非秦紀皆燒之;非博士官所職,天下敢有藏《詩》、《書》、百家語者,悉詣守尉雜燒之;有敢偶語《詩》、《書》者,棄市;以古非今者,族;吏見知不舉者,與同罪;令下三十日不燒,黥爲城旦。所不去者,醫藥、卜筮、種樹之書。若有欲學法令,以吏爲師。"(詳見《史記・秦始皇本紀》)始皇依從他的話,下制施行。

吏師所傳授的,是否以"法令"爲限,學者間意見尚不一致。章學誠《文史通義·史釋篇》,依今本《史記》,以爲秦代吏師的傳授限於"法令";他説:"以吏爲師,三代之舊法也。秦人之悖於古者,禁《詩》、《書》而僅以法律爲師耳。"但康有爲《新學僞經考》卷一,則依《史記集解》所引徐廣的話,及《史記·李斯傳》的原文,以爲本無"法令"二字,所以《詩》、《書》等亦當在傳授之列。他説:"秦焚《詩》、《書》,博士之職不焚;是《詩》、《書》,博士之專職。秦博士如叔孫通有儒生弟子百餘人,諸生不習《詩》、《書》,何爲復作博士弟子?既從博士受業,如秦無以吏爲師之令,則何等腐生敢公犯詔書而以私學相號聚乎?"依我個人的推斷,秦代所反對的是私學,而不專在《詩》、《書》;觀漢初經學大師每是秦朝遺留的博士,《詩》、《書》或亦當是當時的學科。

吏師制度創立的因素 "吏師"制度的創立,自有其歷史的必然性;探究它的原因,約可分爲一、思想的;二、政治的;三、社會的三方面。

一、所謂思想的,是指當時法家思想的宣傳。法家思想以人民一統於社會爲中心,所以"吏師"制度的主張,爲一般法家所倡導,而決非李斯個人所獨創。《商君書》一書是否爲商鞅所撰著,固屬一大疑問;但至少可視爲當時法家思想的記録。《商君書·定分》篇説:"聖人必爲法令置官也,置吏也,爲天下師,所以定名分也。"已有法令、官吏、師授三位一體的意見。《韓非子·五蠹》篇説:"明主之國,無書簡之文,以法爲教;無先王之語,以吏爲師。"則更明顯的提倡"吏師"制度。李斯與韓非,同師而相忌,故雖殺其人而仍採用其議論。

二、所謂政治的,是指當時秦代的政治策略。秦始皇翦滅六國,一統中原以後,易封建爲郡縣,改諸侯爲守令,全國政令統於一尊;但爲政治權的統一鞏固起見,勢不能不進謀教育權的統一。《史記·秦始皇本紀》説:"一法度衡石丈尺,車同軌,書同文字。"則在風俗、語文統一之後,自必求思想學術的統一。這是"吏師"制度創立之最重要的原因。

三、所謂社會的,是指當時私學風習的反動。春秋、戰國以來,王官失守,學術下移;其末流,專事游談,徒務奔競。秦統天下以後,無所用其權謀,於是發爲橫議,以阻政令。李斯所謂:"人善其所私學,以非上之所建立。""聞令下,則各以其學議之。入則心非,出則巷議。夸主以爲名,異取以爲高,率羣下以造謗。"或是當時私學風習的確情。觀始皇二十八年封禪頌功,尚召集齊、魯儒生博士七十人議禮,可見當時對於私學尚相當的加以優容。其後因爲淳于越的復古論與侯生、盧生的逃亡（都詳見《史記・秦始皇本紀》），於是促緊其焚書坑儒政策的實施。所以吏師制度的創立，其原因之一，實係當時私學風習的反動。

吏師與博士 秦代既以吏爲師，則當時應有擔任師授的官吏，受業於吏師的生徒及吏師與生徒習業的場所；不幸，這些史料非常殘缺，而僅知有充任吏師的"博士"。

"博士"，普通以爲秦代所設置的官職。《漢書・百官表》説："博士，秦官，掌通古今，秩比六百石，員多至數十人。"但據《史記・循吏列傳》，公儀休爲魯博士；《龜策列傳》，衛平爲宋博士；《漢書・賈山傳》，賈袪爲魏王時博士弟子；《宋書・百官志》説"六國時往往有博士"，則博士或不始於秦。秦時博士的員數據《史記・秦始皇本紀》及《漢書・郊祀志》，有七十人的話。其人名見於古代載籍的，有叔孫通、伏生、周青臣、淳于越、鮑白令、羊子、黃公、秦庪、正先諸人。博士的職掌，考《史記・秦始皇本紀》，或掌書籍，或議政事，或備詢問；從吏師制度實行以後，則或兼掌教授。

博士一官，在中國學校制度史上，佔有重要的地位與悠長的歷史。秦亡以後，陳涉以平民起兵，而孔鮒爲博士（見《史記・孔子世家》及《儒林列傳》。）及至漢興，博士與五經發生密切的關係，所謂"五經博士"，經今文"十四博士"，都是我們所耳熟的。其後，從魏、晉、隋、唐以迄明、清，二千餘年，雖博士的名號間或不同，——如太學博士、太常博士、國子博士等——員數多寡不一；然博士執教的制度，則初無二致。"吏師"制度在中國學校制度史上所以有敍述的價值，這實是最重要的一點。

二　兩漢的經典教育與學校

經典教育的突興 劉邦以無賴起爲天子，開唐、虞、夏、商、周、秦以來未有之局。文、景二帝以後，異姓功臣與同姓諸侯誅滅殆盡，政治統於一尊，於是武帝繼之，進一步的謀學術思想的統一，而努力於儒教經典的提倡與官私學校的創設（詳見《漢書・武帝本紀》、《儒林列傳》、《董仲舒傳》等）。嬴秦與劉漢，其對付教育的手段雖截然不同，而其出發於愚民政策之政治的目的則初無二致。後世腐儒見秦用李斯之言實行焚書坑儒，漢用公孫弘、董仲舒之言以興學校，於是詆秦而譽漢；其實專制君主不顧庶民的福利，而自謀萬世帝王之業，固同一心理。春秋、戰國以前是貴族政治時代，貴族以從政爲終身事業，故幼年教育偏於政治知識的預備與實踐道德的訓練，初無專事經典的研究，虞、夏學校偏重禮樂，西周學校兼及六藝,即其明證。其後私學繁興,孔子以"破落户"的貴族設教杏壇,亦以道德與從政爲歸宿,僅有四科、四教之分,而從無"皓首窮經"的主張。(四科謂德行、言語、政事、文學,見《論語·先進》篇。四教謂文、行、忠、信,見《論語·述而》篇)以經典爲學校惟一的教科,以研究經典爲士大夫惟一的進身之路,實始於漢;而漢之所以採用這政策,實完全出於麻醉人心的毒計;因爲這既可以養成輔助統治的馴奴而又可以居德治之名。仰觀往古,曠覽今世,一切宗教與經典都變成統治階級的工具,則孔子與《六經》之被漢代的黠君腐儒所利用,也自是歷史的公例。

兩漢學校的系統與種類 西周以前的學校制度爲雙軌制,即貴族與平民各異其所入的學校;漢代的學校制度爲單軌制,雖間有專爲特殊階級設立的學校,如"四姓小侯學"(詳下),但究係單軌制的旁支,而不能視爲雙軌。

漢代的學校,可分爲"官學"與"私學"二大部分。官學又因由中央政府辦理與地方政府辦理而異其名稱;前者稱爲"太學",後者稱爲"郡國學";這都是屬於大學性質的。中央政府是否辦有小學性質的學校,史無明文可考;若地方政府,縣道邑設"校",置經師一人,鄉設庠,聚設序,置《孝經》師一人,則當然屬於小學性質的學校(見《漢書·平帝紀》)。所以漢代的官學,武斷些説,也可以稱爲二級制。私學亦近似二級制,"書館"*爲私塾性質,近於小學;著名經師設帳傳授,生徒著録有近萬人以上者,實不愧於大學。漢代學校,影響及於當時的國政與後世的學制的,首推"太學";其關係於漢族文化的傳布的,爲"郡國學"。現將漢代學校表示之如次:

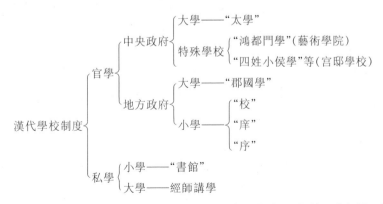

*王充《論衡·自紀篇》"充八歲出於書館。書館小僮百人以上,皆以過失袒謫,或以書醜得鞭。"可見漢時稱私塾曰"書館"。又《漢書·藝文志》有"閭里書師"一語。近人王國維《漢魏博士考》説:"漢時教初學之所名曰'書館',其師名曰'書師',其書用《倉頡》、《凡將》、《急就》、《元尚》諸篇,其旨在使學童識字習字"

太學的創立與演變　漢代創立太學的倡議者是董仲舒(見《漢書·董仲舒傳》對策)。其創立的時期,當在漢武帝建元以後(公元前一四〇年)。據《漢書·武帝紀》建元五年(公元前一三六年),始置五經博士;元朔五年(公元前一二四年),又置博士弟子員;則太學規模的初具當在這時。其地址,據《三輔黃圖》,説在都城"長安西北七里";《關中記》説在長安"安門之東,杜門之西。"至校舍如何,雖無明文可考;但《三輔黃圖》説"有市有獄";市蓋如現在的學校販賣部;獄蓋如現在的學校裁判所,則規模當亦相當的宏大。

西漢諸帝都重視太學,博士弟子名額代有增益(詳下)。到了新莽秉政,一切規撫古制,更爲太學築舍萬區(見《漢書·王莽傳》及《儒林傳》)。東漢定都洛陽,建武五年(公元二九年),重建太學。據《洛陽記》,説在"洛陽故城開陽門外,去宮八里";《水經注》説在"國子堂東"。設有内外講堂,長十丈,寬三丈;堂前置石經四部;又附建有博士舍(見《洛陽記》及《漢書·翟酺傳》)。明帝初成辟雍,欲毀太學,因太尉趙憙的話而中止。安帝時(公元一〇七年——一一五年),太學日久毀壞,黌舍變爲園蔬。順帝陽嘉元年(公元一三二年),因翟酺、左雄的話,重行修繕,計共建築二百四十房,千八百五十室(詳見《漢書·儒林傳》、《翟酺傳》、《左雄傳》及《水經注》)。其後雖因"黨錮"事起,國政漸亂;然獻帝初平四年(公元一九三年)尚親臨太學觀禮,蓋形式的禮儀還仍舊存在的。

太學與博士　兩漢太學的教授,稱爲"博士"。博士本秦官,漢依仿其制。高祖即位,曾拜叔孫通爲博士。文帝時(公元前一七九年——一五七年),始置一經博士與傳記博士。據《史記·五宗世家》及《漢書·河間獻王傳》,則諸侯王亦得自置博士。武帝建元五年(公元前一三六年),初置五經博士,而總轄於"太常"。(太常本秦官奉常的改名,新莽時又改名爲秩宗,其職位一如現代的教育部長,詳《漢書·百官表》)。平帝時(公元一年——五年),王莽依經古文説,增五經爲六經,每經博士五人,故《三輔黃圖》説六經三十博士。東漢光武時(公元二五年——五七年),置經今文學十四博士,由太常選一人爲祭酒(見《後漢書·徐防傳》引《漢官儀》)。

博士的職掌,依《通典·職官典》及《續漢書·百官志》,掌以五經教授弟子;又國有疑事,掌承問對;蓋兼現代大學教授與政府顧問二職。考《漢書》諸紀、傳,則博士亦每派使郡國,其任務或視察民間疾苦,或宣傳政府德意,或選舉賢才,或平決冤獄。蓋西漢博士主張通經致用,不專任經典之文字的研究,故教授之外,兼及政治,這頗有點現在中國教授們所羨慕的"專家"或"特聘委員"的樣子。博士的徵用，西漢以名流擢任，由公卿保舉設有選試的規定。東漢以來，始由太常選試（見《文獻通考·學校考》）。據《後漢書·楊仁傳》注，博士限年五十以上，則考試之外，還有年齡的限制了。博士的教授方法，大概專用講說及論難。據汪中《經義知新記》的考證，張禹始用講義，曾選《論語章句》；然這是僅供皇帝的覽閱，恐不是太學裏所通行。東漢末年，士風競尚游談，博士多倚席不講（見《後漢書·樊準傳》），和現在大學遲到早退的教授們也有點差不多了。

太學與太學生 太學的教授稱爲博士，它的學生稱爲"博士弟子"；在東漢時候，簡稱爲"太學生"，或稱"諸生"。博士弟子員的設置，始於武帝元朔五年（公元前一二四年），其名額爲五十人。昭帝時（公元前八六年——七四年），增爲百人。宣帝（公元前七三年——四九年）末，增爲二百人。元帝（公元前四八年——三三年）好儒，增爲千人。成帝（公元前三二年——七年）末，增至三千人。平帝時（公元一年——五年），元士之子得受業如弟子，學額益廣。東漢初年，太學生人數，史無明文；但以光武、明、章諸帝的好學，當較西漢爲發達。順帝（公元一二六年——一四四年）以後，太學諸生達三萬餘人，其盛況爲古今大學所僅見。當時匈奴也遣子入學，在中國學校制度史上實有相當的榮譽（都詳見《漢書》、《後漢書·儒林傳》）。

太學生選補的方法其一，由太常直接挑選，凡年十八歲以上，儀狀端正的，都有補博士弟子的資格。其二，由郡國選送，如蜀郡守文翁選郡縣聰慧的小吏詣京師受業，兒寬以郡國選詣博士，都是明證。當時選補很嚴，有不實的，長官每被譴責。據《漢書·功臣表》，山陽侯張當居就坐爲太常選補博士弟子不實定爲城旦。但據史籍，其例外也不少。就年齡說，凡天才生可不受拘限；如杜根、任延、賈逵、戴封、宋均、臧洪、謝廉、趙建等，其入學年齡都未達十八歲；所以東漢時另有"童子郎"的名稱。就資格說，有以貴胄子弟入學的，如平帝時元士之子得受業如弟子，質帝本初元年（公元一四六年），詔自大將軍至六百石都遣子入學受業等都是。

太學置五經博士，太學生分經受業，其情形一如現在大學的分科分系。當時受課的狀況不甚可考。考試的時限，武帝時定一歲輒課；東漢桓帝永壽二年以後（公元一五六年），定滿二歲一試。考試的方法，有口試、策試及對策。口試，《漢書·儒林傳》所載之唐生、褚生以試誦說有法見稱。策試，據《徐防傳》，特重章句師法。射策，據顏師古《漢書·蕭望之傳》注，謂"爲難問疑義，書之於策，量其大小，署爲甲乙之科，列而置之，不使彰顯，有欲射者，隨其所取而釋之，以知優劣。"

其修業期限，殊無一定，以考試能否通過爲限。因爲考試嚴格，年限不定，所以太學生的年齡很是參差。《後漢書·靈帝紀》熹平五年(公元一七六年)，試太學生年六十以上者；《獻帝紀》，初平四年(公元一九三年)詔書中有"結童入學，白首空歸"的話。三萬人的太學中，有十八歲以下的"童子郎"，有六十以上的老頭子，這確乎有點奇觀。考試通過的，得補官職，如"文學掌故"等；其不及格的，仍舊留校；如下材或不能通一藝的，罷斥。

太學生是否須繳納學費，史無明文；據武帝置博士弟子復其身的話，當是免費。其他費用，或係自給；據《兒寬傳》，兒寬以貧無資用，嘗爲諸生烹炊，大有現代美國學生以工作自給的情形。其由郡國派送的，或由郡資送。至於服制，據《後漢書·輿服志》、《儒林傳》及《范式傳》，蓋冠"進賢冠"服方領長裾，而有一定的制服。

郡國學校的起源與發展　漢代的地方行政制度，其初爲"郡國制"，封建與流官並存，在封建曰國，在流官曰郡。國的長官稱王或侯，郡的長官稱守。郡國所轄的縣邑，其長官稱爲令或長。其後諸侯王多以過失去國，封建制逐漸消滅，於是於郡之上置州，其長官曰刺史，由"郡國制"一變而爲"州郡制"。

漢代郡國學校的設立，始於武帝時蜀郡守文翁。蜀當今四川境，在當初還是草昧的區域。自文翁爲郡守，一方派送郡縣小吏開敏有材的十餘人到京師留學，一方修起學官於成都市中，招選各縣子弟以爲學宮弟子，於是教化大盛。武帝嘉獎他的成績，下詔令郡國模倣，都設置學校官(見《漢書·文翁傳》)。平帝時，王莽秉政，郡國、縣邑、鄉、聚都設立學、校、庠、序，添置經師(已詳前)。當時地方政府所創辦的大學與小學頗爲完備，所以東漢班固《東都賦》有"學校如林、庠序盈門"的話。

郡國學的內容，史無明文可考；但專事儒教經典的研究，則與太學初無二致。當西漢時，文翁以外，如何武之於揚州韓延壽、黃霸之於潁州，都以興學知名。東漢一代，州郡長官提倡教育的，更不勝枚舉。其區域，北方，如寇恂之於汝南，秦彭之於山陽，伏恭之於常山，趙岐之於皮氏，孔融之於北海；南方，如李忠之於丹陽，衛颯之於桂陽，應奉之於武陵，鮑德之於南陽；甚至邊徼異域，如陳禪之於遼東，任延之於武威，士追之於益州，錫光之於交趾，任延之於九真，或修治學宮，或親自教授，對於漢族文化的擴充與儒教思想的宣傳，其影響之大且久較中央政府的太學尤爲重要。

兩漢的特殊學校　漢代在太學與郡國學校以外，中央政府又每隨時創辦特殊學校。其見於史籍的,一爲"四姓小侯學",一爲"鴻都門學"。

一、"四姓小侯學"始於東漢明帝永平九年(公元六六年),實爲一種宮邸學校。明帝崇尚儒學,爲外戚樊氏、郭氏、陰氏、馬氏諸子弟設立學校,置五經師。因爲外戚四姓不是列侯,所以稱爲"小侯"。據《後漢書‧儒林傳》,明帝"復爲功臣子孫,四姓末屬,別立學舍;搜集高能,以授其業。自期門羽林之士,悉通令《孝經》章句。匈奴亦遣子入學。"可見當時這種宮邸學校的發達甚至引起外族的羡慕。其後安帝元初六年(公元一一九年),鄧太后爲和帝弟濟北河間王的子女五歲以上四十餘人及鄧氏近親子孫三十餘人開設邸第,教授經書,並親自監試(詳《後漢書‧鄧后紀》)。質帝本初元年(公元一四六年),又詔四姓小侯學能通經得高第的,得上名牒賞進。都可視爲宮邸學校的發展。

二、"鴻都門學"始於東漢靈帝光和元年(公元一七八年),其性質近似藝術學院。靈帝愛書畫辭賦,招致善尺牘及工書鳥篆的數十人,待制鴻都門下;蔡邕曾上封事譏諫,不聽。光和初,設置"鴻都門學",詔州郡三公選派學生。當時朝臣很不以爲然,陽球上奏請停辦,又不聽。靈帝爲貫徹他的主張,特別優待這些諸生,或出爲刺史、太守,或入爲尚書侍中,甚有封侯賜爵的,頗引起當時士大夫的反感(詳《後漢書‧靈帝紀》及蔡邕、陽球等傳)。

〔附〕在漢代尚有一類似學校而實非學校的建築物,那就是"辟雍"。本來在漢以前,太學與辟雍,同實而異名;漢代析而爲二,太學爲博士弟子授業之所,辟雍爲天子養老大射行禮之所。所以嚴格言之,辟雍之在漢代,實不能屬於學校,而只可視爲中央政府的儒教的"教堂"或"禮堂"。後人以辟雍爲古代教學之所,因以漢代的辟雍史料隸於學校,如宋王應麟《玉海》卷百十一"學校"及元馬端臨《文獻通考》卷四十"學校考一"等是。近人撰述中國教育史的,也每誤以辟雍爲學校。本書因專述學校制度,故略而不論。

學校與選舉 上古期的學校制度與兩漢的學校制度,其範圍,其功用,都絕不相同。三代學校爲雙軌制,貴族學校爲養成統治人材之所,庶民學校爲選拔民間人材以爲統治者助手之所,故學校的範圍與功用都較大於選舉。兩漢學校爲單軌制,學校與選舉並行;嚴格點説,學校不過爲選舉的輔助方法;故學校的範圍與功用都較小於選舉。這是上古期與中古期學校制度劃分之一重要點。漢代學校,在中央政府,有太學,有特別學校;在地方政府,有學、校、庠、序;考試學生的程度,而給與相當官職似無選舉的必要;但是事實上有兩種絕大困難,非行選舉,無法解決。第一,漢代私學甚盛,經師大儒收錄生徒每達萬人以上,大有凌駕官學之勢。這些不由官學出身的人材,如果政府沒有相當的錄用方法,勢必橫決而成爲國家統治上的隱患。選舉法行,則不僅隱患可以消除,而且廉價的獲得統治的助手。第二,中央官立學校的生徒,其數量遠不及地方學校;出身中央學校的固可直接給與官職,但出身地方學校的,因各種關係,得官的機會較少,故不能不有一種選舉法以爲救濟。兩漢以來,中國是無疑的爲地主階級所支持之官僚政治,而學校與選舉實爲官僚政治的兩大礎石。漢代的選舉制度關係於學校頗切,其影響於後代也頗不淺;但本書爲體裁及篇幅所限,只得略而不談,而僅發二者的聯鎖關係,以促讀者的注意。

三　魏晉時代學校制度的衰敗

學校制度衰敗的因素　從曹魏奪漢,到東晉滅亡,計共二百年(魏黄初元年到東晉元熙二年,當公元二二〇年到四二〇年)。在這時期内,學校教育大有衰落停歇的現象。其所以如此的原因,約可析爲三種:其一爲政治的影響,其二爲學術的反動,其三爲選舉制的變異。

一、這二百年内,政局未得比較長期的安定,地方也時在變亂的狀態中,所以學校教育興廢無常,名實不符。當時政府雖有時設立學校,但不過視爲表章文治的裝飾品;人民雖有時受業太學,亦不過視爲免役避亂的收容所。《魏略·儒宗傳》序所説"諸博士率皆麤疎,無以教弟子;弟子本亦避役,竟無能習學。冬來春去,歲歲如是。"(見《魏志·王肅傳》引)實不僅是太和中(公元二二七年——二三二年)的寫照,而可視爲這時期内的一般形態。

二、學校教育,因兩漢崇尚儒教的舊習,所誦讀研究的,限於《五經》、《論語》。但當時學術界,外受佛教思想的濡染,内起老、莊玄談的風尚,天才超越的智識分子,羣趨於思辨的哲學,而鄙棄煩瑣的經典。《南史·儒林傳》謂"魏正始以後,更尚玄虛,公卿士庶罕通經業",當是確實的按語。又經典究討,不外名物訓詁,不足以舒情感,於是玄談之外,文學蔚起。《文獻通考》引李諤書奏,謂:"自魏之三祖,更尚文詞;忽君人之大道,好雕蟲之小技。下之從上,有同影響,遂成風俗。……於是閭里童昏,貴遊總丱,未窺六甲,先製五言。捐本逐末,流遍華壤。"(卷二十八《選舉考》一引)又可窺見文學盛行經學衰歇之影響於學校。

三、漢代雖行選舉,但以太學出身爲正途;自魏陳羣定"九品中正法",門第世族之風成,而學校更等於贅瘤。所謂九品中正法,於郡邑設"小中正",州設"大中正";由小中正品第人才,以上大中正;大中正核實,以上司徒;司徒再核,然後付尚書選用。但中正所取,多係世家;所謂"上品無寒門,下品無大族"。官僚的進身,由於門閥,不由於太學,於是單軌制的漢代學校成爲士庶階級社會的裝飾品,而必然的陷於衰敗的運命。

三國時代的官學與私學 三國時候的學校,曹魏承襲兩漢的舊業,較有明文可稽。魏文帝黃初五年(公元二二四年),創立太學,制課試法,置一《春秋穀梁》博士;太和青龍中(公元二二七年——二三六年),太學生亦達千數。但考按它的成績,非常低劣;正劉靖所謂"博士輕選,諸生避役,高門子弟恥非其倫,學者有名而無實,設教而無功。"(見《魏志·劉馥傳》)。吳蜀兩國有否正式的太學,都是疑問。據《吳志》,孫休永安元年(公元二五八年),詔立五經博士;《蜀志》,昭烈帝定蜀,以許慈爲博士;《華陽國志》,蜀文立曾游太學;關於學校史料之可考的,寥寥數則而已。

州郡學校,北方尚有一二長官從事提倡,如楊俊之於南陽,杜畿之於河東(見《魏志》各本傳),令狐邵之於弘農(《魏志·倉慈傳》引《魏略》),賈洪之於諸縣(《魏志·王肅傳》注引《魏略》)。吳、蜀方面,非常衰落;見於史籍的,吳有孫瑜(《吳志》本傳),蜀有王商(《蜀志·許靖傳》注引《益州耆舊傳》)而已。

至於私人教授,尚沿兩漢的遺風;加以當時亂變紛起,比較淡泊的士大夫,都以避地講學自給。其見於史傳的,有田疇、邴原、虞翻(都見《三國志》本傳)、管寧、國淵(《魏志》本傳注引)、隗禧(《魏志·王肅傳》引)、李密(《華陽國志》)諸人。

兩晉時代的太學與國子學 晉代學校制度與前世不同的,爲"國子學"的設立。國子學爲一種貴冑學校,係根據"《周禮》國之貴游子弟國子受教於師"的話而定名。其設立的時期,當武帝咸寧二年(公元二七六年)。內置祭酒、博士各一人,助教十五人;後損減爲十人(見《晉書·禮志》)。惠帝元康元年(公元二九一年),第五品以上得入國學。漢代單軌制的太學,至是又變爲太學、國子學並行的雙軌制。

晉初太學,一仍魏制,設博士員十九人。武帝泰始中(公元二六五年——二七四年),太學生達七千餘人,總算比較地發達。但自八王相繼變亂,趙王倫僭即帝位,太學生年十六以上皆署吏,學業已漸衰替(見《晉書·趙王倫傳》)。到劉聰以胡騎陷京洛,太學、國子學都被焚燬,官立的高級學校成爲灰燼了。

東晉偏安江左,儒術不振,統治者求以學校爲國家的裝飾品,亦不可得。元帝時(公元三一七年——三二二年),賀循、荀崧相繼請增博士,都未果行。成帝時(咸康三年,公元三三七年),袁瓌、馮懷請興學校,亦終不振。雖《晉書》元、成《帝紀》有"立太學"的記載,或不過具文而已。史稱自穆帝到孝武帝,都權以"中堂"爲太學,則太學尚無獨立的校舍可知。(《元經》,中堂作東堂。)到殷浩秉政,因軍事繁興,罷遣太學生徒,學校遂廢(見袁樞《通鑑紀事本末》)。至於國子學,孝武太元十年(公元三八五年),曾依謝石之請,選公卿二千石弟子,增造房舍百五十五間,從事復興;但人物混雜,品課無章,也終不能引起當時世族的欣羨。

至於提倡州郡學校,西晉僅有王沈、虞溥(見《晉書》本傳),東晉僅有庾亮(見《文獻通考·學校考》)、范寧(見《晉書》本傳)諸人。私人講學,較諸兩漢,亦寥落可憐;西晉尚有杜夷、劉兆、束晳、唐彬、氾毓;到東晉則僅只范宣一人而已(都見《晉書》本傳)。

"五胡"十六國學制拾零 從劉、石稱兵,晉室東渡,大江以北被蹂躪於北方諸蠻族,先後計百三十餘年。(從晉永興元年,劉淵自稱大單于,到宋元嘉十六年,北涼見滅於魏,當公元三〇四年至四三九年)。這百餘年間,舊史稱爲"五胡十六國之亂。"當時這區域的學校教育自陷於若有若無的狀態,但亦不能就斥爲絕無興學的史料。現根據崔鴻《十六國春秋》、《晉書》"載記"、《南北史》、《唐書》等史籍,撮拾其可考的,條錄如次:

一、前趙(公元三〇四——三二九),劉曜立太學、小學,擇百姓年二十五以下十三以上千五百人,選朝賢宿儒教授他們。

二、後趙(公元三一九——三五一),石勒立太學,選將佐子弟三百人;繼又增設宣文、宣教、崇儒、崇訓等十餘小學,選將佐豪右子弟百餘人。稱趙王後,立經學、律學、史學等祭酒;又立兵勳,教國子擊刺戰射等法。晉成帝咸和六年(公元三三一年),石勒命郡國立學官,每郡置博士祭酒一人。後石虎又令諸郡國立五經博士,置國子博士助教。

三、前秦(公元三五一——三九四),苻堅得王猛輔助,廣修學官,召郡國學生通一經以上的充之,遣六卿以下子孫入學受業。又令禁衛將士修學;立內司於掖庭,選閹人及女隸聰慧的授以經典。

四、後秦(公元三八四——四一七),姚萇令諸鎮學官不得廢罷,考試優劣,隨才擢敘。

五、前燕(公元三三七——三七〇),慕容廆置東庠祭酒,命世子率國胄受業。慕容皝立東庠,每月臨觀考試,學徒達千餘人。慕容儁立小學以教胄子。

六、北燕(公元四〇九——四三六),馮跋建太學,置博士郎,選教一千石以下子弟年十三以上的。

七、前涼(公元三四七——三七六),張軌爲涼州刺史時,置崇文祭酒,徵九郡冑子五百人,立學校以教授他們。

八、南涼(公元三九七——四一四),禿髮烏孤置博士祭酒以教冑子。

九、西涼(公元四〇〇——四二三),李嵩立泮宫,增高門學士四百人。

十、蜀(公元三〇四——三四七),李雄也有興學校、置吏官的紀載。

按當時干戈紛擾,而學制終未完全破壞,其原因:一由於諸族酋豪,濡染華風,每多好學;二由於建國施政,興立學官,以爲號召;三由於北方經師,講學授徒,流風未滅。總此三因,所以就學校制度說,也未見得較江南文物之邦爲遜色。這些史料,關係於漢族文化的擴張,實不能僅視爲諸蠻族酋豪的點綴品。

四　南北朝的學校制度

南北朝之文化的差異　從東晉衰亡,北涼見滅,南北分裂的形態更其顯著。南朝從宋武帝永初元年(公元四二〇年),經齊、梁兩代,到陳後主禎明二年(公元五八八年),共一百六十八年。北朝從魏太武帝太平真君元年(宋元嘉十六年,公元四三九年),後分裂爲東、西魏,又分裂爲北齊、北周,到隋文帝開皇元年(公元五八一年),共一百四十二年。這一百五六十年間,因民族、地理、歷史背景的差異,形成文化形態的不同。最明顯的,就是南朝偏於文學、北朝偏於經學。南朝也有研究經學的,但多傾向於玄理;北朝也有愛好文學的,但多傾向於典實。《北史·儒林傳》說:"南北所爲章句(指經學),好尚互有不同:南人約簡,得其英華;北學深蕪,窮其枝棄。"又《北史·文苑傳》說:"洛陽(指北朝)江左(指南朝),文雅尤盛;彼此好尚,雅有異同。江左宮商發越,貴於清綺;河朔詞義貞剛,重乎氣質。"這都是陳說南北經學文學之學風的差異。南北文化既各自有其體系,所以當時學制,雖受政治的影響,缺乏實際,但也頗有分化的趨勢。

南朝的國學與州郡學　南朝的學校制度以宋、梁兩朝比較發達。其與兩漢、魏、晉不同而值得特書的,就是當時社會所流行的"玄學"與"文學",居然侵入向爲經典所獨佔的國學。宋文帝元嘉十五年(公元四三八年)立"儒學館"於北郊,命名儒雷次宗掌教;次年,又命丹陽尹何尚之立"玄學",著作令何承天立"史學",司徒參軍謝元立"文學",總稱"四學"(見《南史·宋文帝紀》)。後人囿於儒教思想,對於這四學的分立,每加以譏評(如《文獻通考·學校考》引司馬氏的話),其實這正是學制之社會化,而爲唐代設置律、書、算等學的先例。

至於普通國學廢置的略史,大概如次:宋文帝元嘉二十年(公元四四三年)立國子學;二十七年(公元四五〇年)又廢。明帝泰始六年(公元四七〇年),立聰明觀,又稱東觀(見《南史·王諶傳》),亦分玄、儒、文、史四科,科置學士十人。齊太祖建元四年(公元四八二年),立國學,未果;武帝永明三年(公元四八五年),詔立國學,罷聰明觀,選教中公卿以下子弟二百餘人。東昏侯永元初,欲以國諱廢學,有司奏請國學與太學兩存。梁武帝好學,天監四年(公元五〇五年),開設五館,置五經博士。繼置冑子律博士。次年,設"樂雅館",以招來遠學。當時五館生徒,不分貴賤,不限人數(《見隋書·文官志》)。每館生徒達數百人,給以廩餼;能射策通經的,即除爲史。(見《南史·儒林傳》。)在南朝爲學校最發達的時期。陳武帝永定三年(公元五五九年),詔置西省學士,兼收技術之士(見《南史·陳武帝紀》)。《南史·儒林傳》説:"天嘉(公元五六〇年——五六五年)以後,稍置學官;雖博延生徒,成業蓋寡;其所采掇,蓋亦梁之遺儒。"則當時學校以喪亂之故又漸成爲形式的了。

當時州郡學,在梁武帝時,也曾經有一度的發展。天監四年(公元五〇五年),分遣博士祭酒,到州郡立學。又選派學生到會稽雲門山,受業於廬江何胤。此外如宋杜慧度之於交州,齊豫章文獻王之於荊州、湘州,虞愿之於晉平,梁安成王、湘東王、元帝之於荊州,也都有興學的記載(都見《宋書》、《南齊書》、《梁書》各紀傳)。最特色而爲前世所未曾有的,爲梁邵陵王綸之於南徐州。他聘請馬樞爲學士,自講《文品經》,而令樞講《維摩經》、《老子》、《周易》,道俗聽衆達二千人。這樣合儒、道、釋於一堂,很可以窺見當時社會的風尚。

北朝的國學與州郡學 北朝的學校制度,以魏孝文、宣武二帝時爲較興盛。魏自道武帝(公元三八六年——四〇九年)初年,始立太學,置五經博士,生員千餘人。天興二年(公元三九九年),增國子太學生員三千人。次年,改國子學爲"中書學"。太武始光三年(公元四二六年),起太學於城東。太平真君五年(公元四四四年),詔王公卿士的子弟入太學,百工技巧騶卒的子弟當習父兄的舊業,不許私立學校。違禁的,師身死,主人門誅(見《魏書·太武帝紀》)。這樣極端地限制平民升學,嚴格地禁止私立學校,在君主獨裁的政治形態下,或者是必要的舉動,但也是我們治教育史者所當特別注意的史料。孝文帝太和十年(公元四八六年),改中書學爲國子學。十六年(公元四九二年),開"皇子學",亦稱"皇宗學"。十九年(公元四九五年),遷都洛邑,立國子、大學、四門小學。明年,立四門博士,置助教二十人。宣武即位,又先後下詔營繕諸學(正始元年,公元五〇四年;延昌元年,公元五一二年;都見《魏書·宣武帝紀》。)添四門小學博士員爲四十人。當時學校興盛,《魏書·儒林傳》稱爲"斯文鬱然,比隆周、漢"。到了分裂爲東、西二魏,互相征討;雖不無關於學制的史料,但已無足徵引的了。

北齊承東魏之後,學制衰敗。《北史·儒林傳》說當時"國學博士,徒有虛名"。"國子一學,生徒數十人"。僅孝昭帝皇建元年(公元五六〇年),曾有詔置"國子寺"的記載(見《北齊書·孝昭帝紀》)。北周承西魏之後,其學制較北齊爲略勝。太學之外,又有"露門學"、"虎門學"及"通道觀"等。"露門學"或稱"路門學",立於武帝天和二年(公元五六七年),與"虎門館"同爲教授貴冑的學校。"通道觀"立於建德三年(公元五七四年),與宋"四學"的"玄學館"相似,蓋欲匯通道佛思想,也是這時代與前代學制特異的史證(都見《北周書·武帝紀》)。

北朝的州郡學,亦以魏爲較發達。魏獻文帝天安元年(公元四六六年),從高允的奏請,初立鄉學,依郡的大小,定博士、助教與學生數的多寡。學生"先盡高門,次及中第",實含有階級的意味(見《魏書·獻文帝紀》及《高允傳》)。北齊文宣帝天保元年(公元五五〇年),亦詔修郡國學校;但《北史·儒林傳》說:"學生俱被差逼充員。士流及富豪之家皆不從調。"又說:"縱有游惰,亦不檢舉。"則當時的地方學制不過如"告朔餼羊",徒有其形式而已。至州郡長官興學的,在魏代,如薛謹之於秦州;裴延儁之於范陽,劉道斌之於恆農,崔游之於河東,蕭寶夤之於徐州,酈道元之於魯陽,都是著見於《魏書》的。到了北齊、北周,其見於《北齊書》與《周書》的,只有南清河太守蘇瓊與涼州刺史寇儁二人而已。

私學的重興 私人講學的風習,始於春秋、戰國,盛於東漢,到了魏晉而漸衰落。南北朝時,變亂相乘,官學因政局的影響,盛衰無常,於是私人講學又復興盛。當時著名的,南方有雷次宗、顧歡、臧榮緒、徐璠、沈驎士、劉瓛、庚承先、朱異、何胤、沈德戚、伏挺、賀瑒、孫揚等,北方有張偉、梁祚、常爽、劉獻之、張吾貴、劉蘭、徐遵明、董徵、李孝伯、劉昞、杜臺卿、刁冲、李鉉、張買奴、鮑季詳、鮑長暄、馬敬德、權會、張雕武、馮偉、馬充等(都見南北朝正史)。當時南北學風不同,南方多兼講佛老,而北方則專研經術。又史稱常爽"立訓甚有觀罰之科,弟子事之若嚴君",則私學制度當頗有可觀,可惜史家記載過略,現在已無從考證了。

近 代 編

一 科舉制度下的隋唐學制

唐代學制的先驅者 從後漢滅亡,中經三國、兩晉、南北朝,分崩離析,到隋而纔始統一。隋從開皇九年滅陳，到義寧元年滅亡爲止，不過二十八年（公元五八九年——六一七年）。隋的國祚雖短，但它是政局由分而合的一個過渡時代，所有典章制度的因革，不啻是唐代的先驅者。專就學制方面而論，其爲唐代所因襲的：第一，教育行政權總於國子監（原稱國子寺，開皇十三年改稱國子學，大業三年改稱國子監）。第二，於專究經典之國子、太學、四門以外，另設書、算兩學（爲置博士各二人，助教各二人，書學生四十人，算學生八十人）。（都見《隋書·百官志》）

　　至於隋代的學校興廢史，因享國時間過短，沒有什麽可敘錄。高祖仁壽元年（公元六○一年），以學校生徒多而不精，僅留國子學生七十人，其餘中央的太學、四門學及地方的州縣學都廢罷。前殿內將軍劉炫曾上表切諫，亦不聽。煬帝即位，諸學復開，較隋初爲盛。但其後盜賊羣起，學者轉死溝壑，書籍付於煨燼，而隋也隨而滅亡了。

　　唐代學校的體系與種類　　唐代的學校制度，較諸中古的任何一代，爲複雜而完備。但唐代歷世頗長，學校興廢增損也不一致，現在爲敘述明晰起見，可先分爲中央政府及地方政府兩大部分。中央政府直接設立的學校，又可分爲正系與旁系兩類。正系的學校，稱爲"七學"，或稱"七館"，一曰"國學"，二曰"太學"，三曰"四門學"，四曰"廣文館"，五曰"書學"，六曰"算學"，七曰"律學。"這七學統於"國子監"，而屬於"尚書省"之"禮部"。"國子監"的長官稱曰"國子祭酒"，其職權略等於現在的教育部長。七學之中，前四者爲大學性質，後三者爲專門性質。"廣文館"始立於玄宗天寶九年（公元七五○年），本爲鄭虔而添設，旋即廢撤，故"七學"、"七館"或去"廣文館"而稱爲"六學"、"六館"。旁系的學校，計共五種：一曰"崇文館"，由"東宮"直轄。二曰"弘文館"，由"門下省"直轄。這二館爲貴冑學校，近於大學性質。三曰"醫學"，由"太醫署"直轄，而屬於"中書省"。四曰"崇玄學"，亦曰"崇玄館"，亦曰"通道學"，始立於玄宗開元二十九年（公元七四一年），由"祠部"直轄，而屬於"尚書省"。這二館屬於專門性質，一如現在的醫科與哲學科，五曰"小學"，由"祕書外省"直轄；這也是貴冑學校，而屬小學性質。

　　地方政府直接辦理的學校，也可分爲正系與旁系。正系的學校，在府有府學，在州有州學；府州之下，在縣有縣學。旁系的學校凡二：一爲各府州設置的"醫學"，二爲各府州設置的"崇玄學"。凡地方政府的學校，其程度在中小學之間。它的畢業生不必上升於中央各大學，而可以直接應試"鄉貢"。

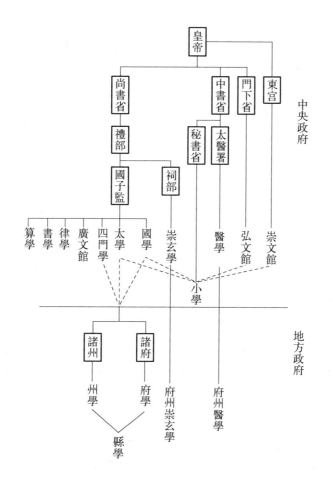

學校制度的階級性 漢代學校爲單軌制，當時雖有宮邸學校如四姓小侯學等，但不過是特殊學校之一種。到了唐代，中央與地方的正系旁系的學校，每依本人身份的高下而嚴定其子弟入學的資格，所以至多只能稱爲彈性的雙軌制，而具有非常明顯的階級性。當時最高貴的學校，首推"弘文館"與"崇文館"。"弘文館"與"崇文館"入學資格，限於皇帝緦麻以上親屬，皇太后、皇后大功以上親屬，及宰相、散官一品、京官從三品的兒子。其次爲"國子學"，入學資格，限於三品以上子孫，從二品以上曾孫，及勳官二品、公京官四品、常三品勳封的兒子。又其次爲"太學"，入學資格，限於五品官以上子孫，職事官五品期親屬，三品曾孫，及勳官三品以上有封的兒子。又其次爲"四門學"，其中五百人的入學資格，限於勳官三品無封，四品以上有封，及文武七品以上的兒子；又其餘八百人，可選庶民的俊異的充之。其餘"律學"、"書學"、"算學"，因爲是技術專科學校，非貴胄們所當留意,故入學資格的限制較寬,爲八品以下的子弟及庶民通該學者。中央醫學與中央崇玄學,史無明文,其入學資格大概與律、書、算相近似。又祕書省設立的小學,專教宗室子孫與功臣子弟,實爲弘文、崇文諸館的預備學校。至於地方各級學校,則不限資格,爲一般庶民肄業的場所。

學生入學年齡,中央各校,普通爲十四歲到十九歲。律學因爲專究法律,故年齡略略提高,限十八歲到二十五歲。地方各校入學年齡沒有明文規定;其天資聰明,想入京求學,而年齡在二十五以下的,可入"四門學"肄業。

學校科目的擴張　漢代學校,以儒教經典爲唯一的學科;當時靈帝設立"鴻都門學",專究書學,曾引起一般士大夫的不滿。但到了唐代,儒教經典之外,律、書、算都正式立學;醫學自中央以至地方,幾分布全國;而且旁及道家,老、莊學說亦定爲研究的專科。就學校學科的擴張說,不能不視爲進步。現分述如次:

(一)國子學、太學、四門學的入學資格雖不同,但其專教授儒教經典則一。當時分經典爲正經與旁經兩類。正經凡九,又分爲三類:《禮記》、《左氏傳》爲大經,《詩》、《周禮》、《儀禮》爲中經,《易》、《尚書》、《公羊傳》、《穀梁傳》爲小經。旁經凡二,爲《孝經》、《論語》;有時曾加《老子》一經。各經並非全通;通二經的,大小經各一,等於二中經;通三經的,大中小經各一;通五經的,大經全通,其餘再選一經。《孝經》、《論語》兼修,不在大中小經範圍之內。其學習時間,大經各限三年;中經各限二年;小經、《易》限二年,其餘限一年半。

(二)書學,於研究書法之外,兼及文字學。凡學《石經三體》,限三年;《說文》,二年;《字林》,一年。每日習書一幅;間習時務策;兼讀《國語》、《說文》、《字林》、《三蒼》、《爾雅》等書。

(三)算學,習《孫子》及《五曹》的,或習《周髀》及《五經算》的,各共限一年;習《九章》及《海島》的,共限三年;習《張丘建》或《夏侯陽》的,各限一年;習《綴術》的,限四年;習《緝古》的,限三年。又各兼習《記遺三算數》。

(四)律學,以律令爲專業,兼習格式法例。其詳細學程,無明文可考。

(五)宏文館、崇文館是貴胄學校,學科與國子學等相同;但這些學生居優養尊,故程度較低,故《唐六典》有"試取粗通文義"的話。

(六)醫學,分爲四門:一曰醫學,二曰鍼學,三曰按摩,四曰咒禁。醫學又分五科:一、體療科;二、瘡腫科;三、少小科;四、耳目口齒科;五、角法科。體療科學程限七年;瘡腫與少小兩科限五年;耳目口齒與角法限二年。都以《本草》及《甲乙脈經》爲必修科目。

（七）崇玄學，教授《老子》、《莊子》、《列子》、《文子》。

（八）地方各府州縣學，其課程限於五經，又兼習吉凶禮。當時勅選地方學生送四門學肄業，則其程度當較中央各校爲低。

學校規程的釐訂　當時學校的規程，較漢代爲詳密；其有明文可考的，爲一、休假；二、考試與升黜；三、"束脩"。

（一）休假。每十日給假一日，稱爲"旬假"，其性質等於現在學校的星期日。每年放假兩次；一在五月，稱爲"田假"；一在九月，稱爲"授衣假"。假期通常限一月；如學生離家在二百里以上的，得酌予延長，又家有大故，也得延長。如違法定或特許的期限而不報到的，即令退學。

（二）考試在中央六學普通分爲三種：一曰"旬試"，舉行於"旬假"之前日。計"讀者千言；試一帖，帖三言；講者二千言；問大義一條。通二爲第，不及第有罰。"二曰"歲終試"，一等於現在的"學年考試"。"通一年之業，口問大義十條。通八爲上，六爲中，五爲下。"三爲升級考試，等於現在的畢業考試。凡諸學生通二經與俊士通三經試驗及格而欲繼續求學的，四門學生補入太學，太學生補入國子學。這種升級法稱爲升補，表示提高他的身份，並非加深他的學業，因爲四門學、太學、國子學的程度是大致相同的。每年仲冬舉諸生成績及格的，送尚書省錄用。凡歲終試三次不及格，在學九年無成績，及不帥教的，加以罷黜，令其退學。又弘文館、崇文館考試學規爲：大經一，小經一，或中經二，或《史記》，前、後《漢書》，《三國志》各一，或時務策五通。經史皆試策十道，經通六，史及時務策通三，皆帖《孝經》、《論語》，共十條。通六爲及格。又醫學考試殊嚴格，每月由博士考試，每季由太醫令丞考試，每年終由太常丞總試。醫學畢業的，待遇與國子監所轄的學生相同。

（三）古代禮儀，學生對於業師，於初見面時，奉贈禮物，以表敬意，稱爲"束脩"。唐代"束脩"禮，由國家規定，隨學校性質而分等級。國子學、太學生每人爲絹三疋；四門學生，二疋；律、書、算學生，一疋；地方州縣學生，亦一疋。除絹外，可贈酒肉，其分量多少不加規定。學校教師有博士與助教，故學生束脩，博士得五分之三，助教得五分之二。這種束脩，所以增益師生間的情感，與政府所發給的薪俸無關。

學官與學額　唐代總管學校的機關，曰國子監。據《舊唐書》，其職官爲：祭酒一人，司業二人，丞一人，主簿一人，錄事一人。其沿革，據《新唐書》，高祖武德初（公元六一八年——六二六年），名國子學，隸太常寺。太宗貞觀二年（公元六二八年），復曰監。高宗龍翔二年（公元六六二年），改名司成館，祭酒曰大司成，司業曰少司成。高宗咸亨元年（公元六七〇年），又復曰監。高宗垂拱元年（公元六八五年），改名成均。監有府七人，史三人，亭長六人，掌固六人。

中央各學的學官與學額，表示如次：（表中在括弧號（　）中係根據《新唐書》所載新制）

校別	國子學	太學	四門學	律學	書學	算學
學官	（典學四人）（五經博士各二人）（直講四人）助教一人（五人）博士二人（五人）	（典學四人）（直講四人）助教三人（六人）博士三人（六人）	（典學四人）（直講四人）助教三人（六人）博士三人（六人）	（典學二人）助教一人博士一人（三人）	（典學二人）助教一人博士二人	（典學一人）助教一人博士二人
學額	三百人	五百人	千三百人	五十人	三十人	三十人

校別	廣文館	弘文館	崇文館	崇玄學	醫學			
學官	博士二人（二人）助教一人（四人）	有館主	司文學直學士學士直		醫學博士一人醫學助教一人	助教一人針博士一人	按摩博士一人	咒禁博士二人（此外尚有醫師二十人、醫工百人、典樂二人、針師十人、針工二十人、按摩師四人、按摩工十六人、咒禁師二人、咒禁工八人）
學額	三十人	二十人	未詳		醫生四十人	針生二十人	按摩生十五人	咒禁生十人

地方各學的學官與學額，亦表示如次（見下頁表）。

外國留學生的發達　唐代學校曾有一頁光榮的歷史，就是：當時外族爲向慕中國的文化，曾派遣學生留學中央各校。《新唐書·選舉志》曾有"四夷若高麗、百濟、新羅、高昌、吐蕃相繼遣子弟入學"的話；現在考證史籍，有明文可稽的，計有新羅、渤海、吐蕃諸國，而以日本爲尤著。新羅派遣留學生，見於太宗貞觀二十二年（公元六四八年）及玄宗開元十六年（公元七二八年）。文宗開成五年（公元八四〇年），放還質子及國學生等百〇五人，則唐末尚有留學者。渤海，見於文宗太和七年(公元八三三年)。吐蕃,見於太宗貞觀(公元六二七年——六四九年)中。(詳《新唐書》各傳。)日本留學中國,始於隋時,當公元六〇七年,派遣最多時期爲日本元正天皇時代(公元七一五年——七四八年)凡五百五十餘人。其留學無一定年限,有久至二三十年的,有仕唐而不歸的。其見於《舊唐書·日本傳》的,有玄宗開元初(公元七一三年——七四一年)及德宗貞元二十年(公元八〇四年)的派遣留學的記載。

校別	京都學				大中都督府學				下都督府學				上州府學			
學官	經學博士一人	經學助教二人	醫學博士一人	醫學助教二人	經學博士一人	經學助教二人	醫學博士一人	醫學助教一人	經學博士一人	經學助教一人	醫學博士一人	醫學助教一人	經學博士一人	經學助教二人	醫學博士一人	醫學助教一人
學額	六十人		二十人		六十人		十五人		五十人		十二人		六十人		十五人	

校別	中州府學				下州府學				京縣學		上縣學		中及中下縣學		下縣學	
學官	經學博士一人	經學助教一人	醫學博士一人	醫學助教一人	經學博士一人	經學助教一人	醫學博士一人	醫學助教一人	博士一人	助教一人	博士一人	助教一人	博士一人	助教一人	博士一人	助教一人
學額	五十人		十二人		四十人		十人		五十人		四十人		二十五人		二十人	

學校與科舉 本書近代編與中古編的劃分,即以選舉制與科舉制的不同爲劃分的標準。從兩漢以至南北朝,學校與選舉並行,學校尚自有其獨立的地位。從隋、唐經宋、元、明,以至前清末葉,以科舉代選舉,學校遂成爲科舉的附庸。所以科舉制的創立,是學校制度沿革史上一大轉變。

科舉制創始於隋煬帝(公元六〇五年——六一八年),初分"明經"、"進士"兩科(見劉肅《大唐新語》)。因爲設立科目以舉士,所以稱爲"科舉"。創立科舉的用意,蓋所以矯正魏、晉以來"九品中正法"的流弊。唐代承襲隋制,增加科目,據王應麟說,謂有八十六科(見《困學記聞》);據胡鳴玉說謂有五十餘科(見《訂譌雜錄》);但大體可分爲三類:(一)曰生徒,指由各"學""館"出身的畢業生。(二)曰"鄉貢",指由各州縣考送的士人。這兩類都有一定的法規,稱爲常科。

(三)曰"制舉",由天子直接招考;這要視政府臨時的需要或時君個人的好尚而定,所以不拘常格。(一)(二)兩類,常行的科目凡六:一、"秀才科";二、"明經科";三、"進士科";四、"明法科";五、"明書科";六、"明算科"。這六科以明經、進士二科爲最盛,秀才科因爲過於嚴格,貞觀以後,就已廢絕。由上所述,可觀學校在科舉制中僅佔有三項中之一項,即所謂"生徒";學校沒有獨立養成人材的地位,而僅成爲國家取士的預備場所了。

科舉的内容,非本書的範圍;而本書爲篇幅所限,也不能連類及之。現在只略論科舉的流弊,以明學校制度的社會的效能之減低。科舉制的創立,所以打擊魏、晉以來門閥制度的階級組織,而恢復戰國以來兩漢的"布衣卿相"的局面;在這一點上,或者不能説全無價值。但科舉制施行的結果,統治人材不盡出於學校,學校等於裝飾,而教學漸以頹廢。這種情形,玄宗開元十七年(公元七二九年)國子祭酒楊瑒已痛切陳説。他説:"每年應舉,常有千數;及第兩監,不過一二十人。臣恐三千舉徒,虛費官廩;兩監博士,濫糜天祿。竊見入仕諸色出身,每歲向二千餘人,方於明經進士,多十餘倍。今監司課試,十已退其八九;考功及第,十又不收一二。長以此爲限,恐儒風漸墜,小道將興。"(見《通志·選舉略》。)至於由科舉的施行,而引起士大夫的奔競干冒的風尚,那我們只要一讀所謂唐代大儒韓愈的《三上宰相書》及項安世《家説》中所謂"求知己""溫卷"等等把戲,就會立刻的感到全身肉麻了。

(附註:以上史料,除已註明者外,其餘都見《唐六典》、《舊唐書·職官志》、《新唐書·百官志》與《選舉志》、《文獻通考·學校考》等。)

五代時期學校的衰落 唐代自肅宗(公元七五六年——七六一年)代宗(公元七六二年——七七九年)以後,學校制度已漸有廢弛的現象。到了五代,羣雄割據,民生塗炭,學校求爲具文而亦不可得,實可稱爲中國學校制度極端衰敗的一個時期。計自梁初至於周末,共五十三年(公元九〇七——九五九),易姓五,易君十三。其關於興學的記載,僅有一、唐莊宗同光元年(公元九二三年)置祭酒、司業各一員,博士二員;二、明宗天成二年(公元九二七年),太常丞段顒請博士講經;及三、明宗長興元年(公元九三〇年)國子司業張溥請復八館而已。(見《舊五代史》、《唐書·莊宗紀》及《明宗紀》)當時甚至於國子監建廟與修葺的費用也無所出,而必出於扣減官僚俸給與移支學生束脩的可憐的舉動(詳見《舊五代史·梁太祖紀》開平三年及《唐明宗紀》長興元年),則一切可以推知了。那時在文化史上比較值得注意的,惟有雕板印刷術的發達與書院制度的創興(詳下)而已。

二　兩宋的學校與書院

宋代學制的改進　宋承五代之後,統一中夏,從太祖建隆元年(公元九六〇年)到恭帝德祐二年(公元一二七六年),共三百十六年。這三百餘年間,學制的興廢增損,殊不一致;但比較唐代改進的地方,也約有數點:

一、爲學校經費的確定。唐代學款,初無定額;到了末葉,支絀不堪。肅宗至德間(公元七五六年——七五八年),已有學生不能廩食、堂廡任其頹壞的記載(見《舊唐書·禮儀志》)。憲宗元和十四年(公元八一九年),懿宗咸通中(公元八六〇年——八七三年),及昭宗大順元年(公元八九〇年),甚至扣抽公卿俸給,或捐納"光學錢",以修葺學舍。(見《舊唐書·憲宗紀》、《昭宗紀》及《新唐書·劉允章傳》)但是到了宋代,國學於賜給緡錢以外,又頒置學田。這政策始於仁宗康定元年(公元一〇四〇年),其後仁宗慶曆三年(公元一〇四三年),神宗熙寧十年(公元一〇七七年),元豐二年(公元一〇七九年),高宗紹興二十一年(公元一一五一年),都續有增益。(見《宋史》諸帝紀及《續資治通鑑長編》)國學之外,州縣各校及私立的書院,亦得頒賜學田。(詳《文獻通考·學校考》及《白鹿洞志》)於是學校因經費的獨立,而愈益發達。

二、爲學校學科的擴充。唐代學校,於經典之外,旁及律、醫、書、算諸學,已較兩漢爲擴大。到了宋代,於唐人諸學以外,又添設"畫學"及"武學"。"畫學"創始於徽宗崇寧三年(公元一一〇四年),"武學"創始於仁宗慶曆三年(公元一〇四三年),都是前世所未曾正式設立的學校——雖然漢靈帝曾設有"鴻都門學",唐武則天女皇時曾試辦武舉。我們於此可以窺見學校制度是跟着社會而變遷,雖有因襲的傳統的力量——如兩漢以來儒教的權威,亦無法阻止。

三、爲書院制度的創興。書院的名稱,始於唐朝;其制度,始於五代;但其興盛,實始於宋(詳下)。這種制度,由佛教禪林制度遞變而來;其所以較兩漢以來私人講學制爲優良的緣故,因爲這在智識的傳授以外,還含有人格感化的作用。固然這是維護士大夫階級的絕好武器;但是在官學日趨形式化的時候,這種學院的創興,不能不視爲學校制度的演進。

四、爲地方教育行政官的專設。隋、唐以前,專注意中央教育行政;地方各學,每每委諸各地長官。宋神宗熙寧四年(公元一〇七一年),始置京東、陝西、河南、河北諸路學官,其職權略等於現在的教育廳長。六年(公元一〇七三年),更續置諸路學官。於是地方教育行政始有專員掌管。徽宗崇寧四年(公元一一〇五年),又置諸路提舉學官事,越十七年,至徽宗宣和三年(公元一一二一年)而廢。南渡以後,或另設專員,或於官守職權添加明文規定;如高宗紹興十三年(公元一一四三年)八月,命諸路有出身監司一員監舉學事;九月,詔諸州守貳提舉學事,縣令左主管學事;十六年(公元一一四六年)五月,命諸路漕臣兼提舉學事;都是明證。(詳《宋史》諸帝紀)

宋代的京都學 宋代京都諸學,創置並非同時,廢罷亦有先後,規程又有增損,現在依據《宋史》、《玉海》、《文獻通考》、《續資治通鑑長編》等書,擇其重要的彙述如次:

一、太學:(1)名稱:宋初稱爲國子監,或稱國子學。(2)校舍:初借用各公廨;高宗紹興十三年(公元一一四三年),始重建於臨安(即今杭州)。(3)學官:有太學博士十人,正錄、職事學錄各五人,學諭二十人,直學四人,齋長、齋諭各八十人。(4)入學資格:有國子生與太學生的分別。國子生限於京朝七品以上的子孫,或清要官的親戚,以二百人爲額。太學生,由八品以下的子弟及庶民中之俊異的充選。到神宗熙寧四年(公元一〇七一年),施行三舍法,太學學額纔大擴充。南渡以後,許諸路薦貢未盡的士子,每百取六入太學,稱爲待補生,一猶現在學校的特別生。(5)學額:仁宗慶曆四年(公元一〇四四年)以前爲二百人;神宗施行三舍法,增至九百;元豐二年(公元一〇七九年),增至二千四百;徽宗崇寧元年(公元一一〇二年),增至三千八百。高宗紹興十三年(公元一一四三年),重建太學,定額爲七百人;寧宗時(公元一一九五年——一二二四年),增內舍生爲百三十,外舍生千四百,合以上舍生舊額三十,約在千五百人以上。(6)課程:宋初分習五經,兼及詞章;熙寧以後,王安石的《三經新義》頗佔勢力;後來因黨派關係,習經義的與習詞賦的互相排詆。(7)考試:其初普通情形爲齋長、齋諭月書學生的行藝於籍,每季終考於學諭,十日考於學錄,二十日考於學正,三十日考於博士,四十日考於長貳,歲終校定注於籍,次年聞奏。神宗元豐二年(公元一〇七九年)重頒學令,月一私試,歲一公試,間歲一舍試。私試,孟月經義,仲月論,季月策。公試補內舍生,初場經義,次場論策;凡外舍生考試入一二等的,參考行藝,升入內舍。舍試又分內舍試與上舍試。內舍試補上舍生。內舍生如考試及格,入優、平二等的,再參考行藝,升入上舍。上舍試補官。上舍生如考試及格,上等命以官,例補承事郎及太學正錄,以二名爲限;中等覆禮部試,以五名爲限;下等覆解,以上十人爲限。

二、辟雍,創立於徽宗崇寧元年(公元一一〇二年),又名外學,所以處置外舍生，實爲太學之一別院，其性質等於現在大學的預科。南渡以後廢罷。

三、四門學，創立於仁宗慶曆三年（公元一〇四三年）。其入學資格，爲八品以下至庶人子弟。考試，歲一試補差，三試不中出學。其後廢罷。

四、廣文館，創立於哲宗元祐七年（公元一〇九二年），越二年，即廢罷。收容學生二千四百人。自太學以至廣文館，都屬於大學性質。

五、律學，創立於神宗熙寧六年（公元一〇七三年），專習律令斷案。教授四人，學生無定額。考試：私試每月三次，公試每月一次。

六、算學，創立於徽宗崇寧三年（公元一一〇四年）。廢置不常；最後併入"太史局"。學科：以《九章》、《周髀》及假設疑數爲算問，仍兼《海島》、《孫子》、《五曹》、《張丘建》、《夏侯陽算法》，並曆算三式天文書爲本科。此外人習一小經，願兼大經的聽便。教師與學生不詳。考試，用三舍試補法，與太學同。

七、書學，與算學同時創立；後併入"翰林書藝局"。學科：習篆、隸、草三體；讀《說文》、《爾雅》、《方言》、《博雅》及王安石《字說》；仍兼通《論語》、《孟子》義；願習大經的聽便。教師與學生不詳。考試法亦與算學同。

八、醫學，創立於神宗時（公元一〇六八年——一〇八五年），後併入太醫局。學科分爲方脈科、鍼科、瘍科三種。方脈以《素問》、《難經》、《脈經》爲大經，《病源千金翼方》爲小經。教授一人，學生三百人。考試，用三舍試補法，與太學同。

九、道學，性質與唐代的"崇玄學"相近；創立於徽宗政和六年（公元一一一六年），越三年，罷廢。學科、教師、學額及考試內容都不詳。自律學以至道學，沿唐代舊制，近於專科性質。

十、武學創立於仁宗慶曆三年（公元一〇四三年）旋罷廢，神宗熙寧五年（公元一〇七二年）復置，南宋高宗紹興十六年（公元一一四六年）又重建。學科內容爲諸家兵法曆代用兵成敗及前世忠義史實；并量給兵伍試陣隊。教師，神宗元豐間（公元一〇七八年——一〇八五年）爲博士二人、教諭二人。學生，最高額達百人。考試，用三舍補試法，與太學同。

十一、畫學，與算學、書學同時創立。學科，習繪佛道、人物、山水、鳥獸、花竹、屋木，教授《說文》、《爾雅》、《方言》、《釋名》。士流兼習大經小經各一；雜流誦小經或讀律。教師與學生不詳。考試，用三舍補試法，與太學同。其等第標準，以不依仿前人而形色自然、筆韻高簡等爲工。按武學與書學，爲宋代新創的學校，近於專科性質。畫學對於宋代及後世美術發展的關係頗大。

十二、小學，創立於神宗熙寧六年（公元一〇七三年），分爲兩齋；徽宗時（公元一一〇一年——一一二五年),廣爲十齋學科爲誦經及書字。教師有職事教諭二人,學長二人。學額近千人。学齡自八歲到十二歲。考試:能文的試本經義一道;稍通的補內舍,優的補上舍。

十三、內小學,理宗時(公元一二二五年——一二六四年)創立。選宗子自十歲以下資質優美的入之。教師有教授、直講、贊讀等。小學與內小學屬於小學性質,不過一爲普通學校,一爲貴冑學校。

十四、宗學,神宗時(公元一〇六八年——一〇八五年)創立;旋廢,徽宗時(公元一一〇一年——一一二五年)復置;南宋高宗紹興十四年(公元一一四四年)又重立。入學資格,凡宗室疏遠的也都得就學。教師有博士及學諭。學生爲五十人,小學生四十人。

十五、諸王宮學,北宋時已有;南宋初又創立;到寧宗時(公元一一九五年——一二二四年),併入宗學。教師,北宋時有宗子博士,南宋時有大小學教授。宗學與諸王宮學,都是貴冑學校,而且是大小學合校制的學校。

宋代的州縣學 一、州縣學發達的原因　宋代以前,地方學校興廢不常,故其史料亦較難稽考。唐代雖有課程生員等的規定,然中葉以後亦即頹弛。地方學校比較發達,其史料稍爲詳盡的,實從宋始。宋代地方學校之所以發達的原因:一由於士大夫的努力提倡,二由中央政府的物質供給。自從科舉制施行以後,士大夫爲謀自身階級的繁榮,京都少數學校實不足以應需要,故竭力慫恿政府從事州縣學的設置。觀宋代州縣學雖始於仁宗慶曆四年(公元一〇四四年),而慶曆以前既有鄉黨私學,慶曆以後更多創立書院,可見當時士大夫的努力。所以宋代州縣學的主持者比較前代爲認眞,對於規程與教學,都力求完善。其次,中央政府受士大夫的影響,對於州縣學給以學田,使得有固定的經費。仁宗即位之初(公元一〇二三年),詔賜兗州學田。其後諸郡欲立學的,亦都賜田。神宗熙寧四年(公元一〇七一年),詔諸州給田十頃以爲學糧。南渡以後,更增校產。高宗紹興二十一年(公元一一五一年),詔籍寺觀絶產以贍學(見《宋史·高宗紀》),大實行其"廟產興學"的政策。這對於地方學校的發達,實給與絶大的助力。

二、州縣學種類與制度　一、州學;二、軍學;三、監學;四、縣學;這四種都創立於仁宗慶曆四年(公元一〇四四年)。縣學限學生二百人以上始得設置。內容大概與太學相似,以經術及行義爲主(見《宋史·職官志》)。教師有教授。徽宗崇寧三年(公元一一〇四年),學生五百人以上,許置二員;不及八十人的,罷置。學生額未詳,大概沒有一定的限制。考試,哲宗元符二年(公元一〇九九年),詔依太學三舍法考選生徒升補太學;故其程度似在大學與中學之間。五、各州縣醫學,創立於徽宗政和五年。内容未詳。這是地方的專科學校。六、各州縣小學,創立於徽宗崇寧元年(公元一一○二年)。入學年齡爲十歲以上。考試用課試法。

三、州縣學學規示例　《金石萃編》載有《京兆府小學規》一文轉錄如次:

"府學榜准使帖指揮於宣聖廟内。置立小學,所有合行事件,須專指揮。一、應生徒入小學,並須先見教授,投家狀並本家尊屬保狀,申學官押署,然後上簿拘管。(按家狀猶如現在的履歷書,本家尊屬保狀猶如現在的保證書,所謂上簿猶如現在的註册。)一、於生徒内選差學長二人至四人,傳授諸生藝業,及檢點過犯。一、教授每日講說經書三兩紙,授諸生所誦經書文句、音義,題所學書字樣,出所課詩賦題目,撰所對屬詩句,擇所記故事。一、諸生學課分三等。第一等,再日抽籤問所聽經義三通,念書一二百字,學書十行,吟五七言古律詩一首;三日試賦一首(或四韻),看賦一道,看史傳三五紙(内記故事三條)。第二等,再日念書約一百字,學書十行,吟詩一絶,對屬一聯,念賦二韻,記故事二件。第三等,再日念書五七十字,學書十行,念詩一首。一、應生徒有過犯,並量事大小行罰。年十五以下,行扑撻之法;年十五以上,罰錢充學内公用。仍令學長上簿學官教授通押。——行止踰違,盗博鬭訟,不告出入,毁棄書籍畫書牕壁,損壞器物,互相往來,課試不了,戲玩諠譁。一、應生徒依府學規,歲時給假,各有日限。如妄求假告,及請假違限,並關報本家尊屬,仍依例行罰。右事須繪牓小學告示,各令知悉。以前件如前。至和元年四月日。"

我們看了上錄的學規,可以窺見當時地方學校内容詳密的一斑。

書院制度的起源與發展　書院制,蓋受佛教徒禪林制的影響而產生。(禪林制度詳下)它不僅在中國學校制度沿革史上放一異彩,而且對於中國的社會組織、學術思想及政治問題都發生密切的重要的關係。考"書院"的名稱,始於唐代,本是修書或藏書的場所,並非士人肄業的學校。南唐昇元中(公元九三七年——九四二年),因廬山白鹿洞建學館,置田畝,以集諸生,推李善道爲洞主,掌教授,於是含有學校性質的書院纔始出現。到了宋初,有四大書院,曰白鹿洞書院,曰嵩陽書院,曰嶽麓書院,曰應天府書院。四院以外,又有衡州石鼓書院,亦甚著名;所以所謂"宋初四大書院",或去嵩陽而取石鼓。書院的名稱,或稱精舍,如象山書院稱應天山精舍;或稱書堂,如白鹿書院稱白鹿書堂。其性質,初本爲私立;後來發達,於是有官立的,也有改私立爲官立的。其内容,除講學外,亦兼及儲藏圖書與祠享先哲。儲藏圖書所以供學者的閱覽，祠享先哲所以興學者的向往，都含有設置環境教育的意味。書院的主持者，有洞主、堂長、山主、山長等名稱，此外又有副山長、助教、講書等輔助他，名號制度殊不一致。學生的名額没有限制，每有遠道就學的，蓋含有自由擇師的精神。其講學，普通由堂長、山長擔任；但或請名儒臨時演講，如陸九淵在白鹿洞書院講"君子小人喻義利"章；或由高足弟子代講，如朱熹命黄榦代即講席（《宋史·黄榦傳》）；或由門人再爲敷繹，如陸持之之於陸九淵（《宋史·陸持之傳》）。講學時，時以所講著爲講義，或錄所問答成爲語錄，其嚴正認真的精神遠過於學校。兩宋書院的總數，約達八九十。其名稱，見於《續文獻通考》及《宋元學案》中，限於篇幅，不及詳載。

關於書院的學規，詳於各書院志，現錄朱熹在白鹿洞書院所訂的教條與學則以示例。

父子有親。　君臣有義。　夫婦有別。　長幼有序。　朋友有信。
上五教之目。堯、舜使契爲司徒，敬敷五教，即此是也。學者學此而已；而其所以學之序亦有五焉。其别如下：
博學之。　審問之。　慎思之。　明辨之。　篤行之。
上爲學之序。學、問、思、辨四者，所以窮理也。若夫篤行之事，則自修身以至於處事接物，亦各有要。其別如下：
言忠信；行篤敬。　懲忿窒慾，遷善改過。
上修身之要。
正其義，不謀其利；　明其道，不計其功。
上處事之要。
己所不欲，勿施於人。　行有不得，反求諸己。
上接物之要。

熹竊觀古昔聖賢所以教人爲學之意，莫非使之講明義理以修其身，然後推以及人，非徒欲其務記覽、爲詞章，以釣聲名、取利禄而已也。今人之爲學者，則既反是矣。然聖賢之所以教人之法具存於經，有志之士固當熟讀深思而問辨之。苟知其理之當然，而責其身以必然；則夫規矩禁防之具，豈待他人設立而後有所持循哉！近世於學有規，其待學者爲已淺矣；而其爲法，又未必古人之意也。故今不復以施於此堂；而持取凡聖賢所以教人爲學之大端條例如上，而揭之楣間。

諸君其於與講明遵守而責之於身焉,則於思慮云爲之際,其所以戒謹而恐懼者,必有嚴於彼者矣。其有不然,而或出於此言之所棄,則彼所謂規者必將取之,固不得而略也。諸君其亦念之哉。

程董學則　凡學於此者,必嚴朔望之義,謹晨昏之令。居處必恭,步立必正。視聽必端,言語必謹。容貌必莊,衣服必整。飮食必節,出入必省。讀書必專一,寫字必楷敬。几案必整齊,堂室必潔淨。相呼必以齒,接見必有定。修業有餘功,游藝以適性。使人莊以恕,而必專所聽。

道不遠人,理不外事。故古之教者,自其能食能言,而所以訓導整齊之者,莫不有法;而況家塾、黨庠、術序之間乎?彼學者所以入孝出弟,行謹言信,羣居終日,德進業修,而暴慢放肆之氣不設於身體者,由此故也。番陽程瑞蒙與其友生董銖,共爲此書,將以教其鄉人子弟而作新之,蓋有古人小學之遺意矣。余以爲凡爲庠序之師者,能以是而率其徒,則所謂成人有德,小子有造者,將復見於今日矣。於以助成后王降德之意,豈不美哉!淳熙十四年十一月朱熹。

禪林制度的追述　宋儒往往以上承道統排斥異端自命,其實他們思想的内容、著作的形式在在受佛教的影響;就是講學的書院制,也是由佛教徒的禪林制演變而來,無可諱言。禪林制度本始於南北朝,而盛於唐代;現在爲記述書院制之便,追述於此。

一、禪林制度的史料　魏、晉以後,佛教大盛,各地廟寺的僧侶日益衆多,自有產生一種組織或制度的必要。這種制度記載於書册而留傳到現在的,就是所謂"清規"。"清規"始於梁時光宅寺僧法雲,據說是奉詔所制(見儀潤和尚《百丈清規》序),不過當時影響並不大。到了唐代,江西百丈山懷海禪師(亦稱大智海禪師)撰《百丈清規》,纔將當時禪林通行的組織製爲成文的法規(見《釋氏稽古略》)。懷海禪師生於公元七二○,歸寂於公元八一四,這部《百丈清規》大概是八世紀時的產物。

二、禪林的組織　每一座叢林,設"住持"一人,主持全林。"住持"的產生,或由推選,或由官聘。他一定是德尊齒高,故又通稱"長老"。其性質近似學校的校長。"住持"以下,分爲東西兩序。"東序"管司總務,"西序"管司教務("教"含有宗教與教育兩種意義)。"西序"的首領稱爲"首座";他的職責爲"表率叢林,輔翊住持";二、"分座説法,開示後昆";三、"坐禪領衆,謹守條章";四、"齋粥精粗,勉諭執事";五、"僧行失儀,依規示罰";六、"老病亡殁,垂恤送終"。其性質近似學校的教務長,而責任較爲繁重。"首座"以下,有許多職員,其中有"知藏"

"藏主"兩種,大概是掌司圖書的。兩序以下,各有"列執",分司粗工雜務,其性質近於學校的校役。不過現在的校役專在伺候少爺小姐樣的學生,而禪林的列執同時又是學生,這是遠勝於現在的學校的一點。

三、禪林的講學制度　中國僧侶分一年爲四期:從正月十六到四月十五爲第一期,從四月十六到七月十五爲第二期,從七月十六到十月十五爲第三期,從十月十六到次年正月十五爲第四期。每期有一節日,第一期末日爲"結夏節",第二期末日爲"解夏節",第三期末日爲"結冬節",第四期末日爲"解冬節"。結夏以後,講經學律;結冬以後,專務坐禪。禪林的講學制度,凡分五種:一曰"講經",二曰"小參晚參",三曰"普說",四曰"朔望吃普茶",五曰"入室請益"。"講經"多在結夏後舉行;開講那一天,有一種極嚴肅的儀式。"小參"是指平時隨便開講,地點及聽衆都没有規定。"小參"在夜晚舉行的,别稱爲"晚參"。所謂"參",是說聚衆開示,有益於參禪,故名。"普說"與"小參"相似,不過"小參"專由住持開示,普說則不限於住持,而有討論研究的性質。"朔望吃普茶"一如現在的茶話會,或由住持宣布規約,或察問學者見解,或評論普通事務。因爲每月十四、三十是僧侶休沐的日子,晚課以後,舉行"吃普茶"的儀式,故稱"朔望吃普茶"。"入室請益"是學者個人向住持執經問道。時間定爲每月的初三、初八、十三、十八、念三、念八六日。入室請益也有很鄭重的儀節,蓋所以養成學者虔誠的心理。上述禪林講學制度,與現代學校中公開演講、教室授課及私人請教等情形無甚差異,其與書院制度相比較,亦多相似處。(本段史料根據《百丈清規》、《清規義證》等書。)

三　異族統治下的遼、金、元學校

遼的學校制度　遼自太祖耶律億元年(公元九〇七年),到西遼末主耶律直魯古天禧三十四年(公元一二一一年),歷世三百餘年,其間也頗有興學的記載,不過《遼史》簡略,學校狀況不得其詳而已。現在依據《遼史·百官志》及《續文獻通考·學校考》,略述它的學制如次:

遼國總轄教育行政的機關亦稱國子監。太祖時(公元九〇七年——九二六年)置上京國子監,設祭酒、司業、監丞、主簿等官。道宗清寧六年(公元一〇六〇年)又置中京國子監,官職與上京國子監同。

當時學校有五國子學,曰上京,曰中京,曰東京,曰西京,曰南京,(南京國子學設於太宗時,當公元九二七年——九四七年。)置有博士及助教等官。有二府學,曰黃龍府學,曰興中府學,學官與國子學同。此外,又有五京道觀察使州學,中、東、上三京道團練使州學,東京道防禦使州學,所置學官亦同。其他各州縣亦各設學,稱曰州學,曰縣學,亦有博士與助教等學官的設置。

金的學校制度與其特點 金自太祖完顏旻收國元年(公元一一一五年)到哀帝完顏守緒天興三年(公元一二三四年),凡百二十年,雖歷世較遼爲短,但興學記載反較詳密。現據《金史·百官志》、《選舉志》諸紀傳及《續文獻通考·學校考》,略述如次:

金國總轄國子學與太學的機關,亦稱國子監,創始於海陵王天德三年(公元一一五一年)。置祭酒及司業各一人;掌學校丞二人;章宗明昌二年(公元一一九一年)增一人,兼提控女直學。

金國學校可區爲:一、中央學校;二、地方學校;三、特殊學校三類。

(一) 中央學校有:一、國子學,爲貴胄學校。入學資格限宗室、外戚皇后大功以上的親屬及功臣三品以上官吏的兄弟或子孫。分小學、大學兩部分;小學生百人,歲十五以下;詞賦、經義生百人,歲十五以上。學官有博士、助教、教授、校勘、書寫官等。二、太學,創立於世宗大定六年(公元一一六六年)。學額初爲百六十人;其後增加額數,限定五品以上官的兄弟或子孫百五十人,曾得府薦及終場舉人二百五十人。學官有博士及助教。學科爲《九經》、《十七史》、《老子》、《荀子》、《楊子》等。考試制度:三日一會課,作策論一道;又三日,作詩賦各一篇;三月一私試,於季月初先試賦,間一日試策論,中選者以上五名申部補官。三、女直國子學,這是金特設的學校,創立於世宗大定十三年(公元一一七三年)。學額分策論生百人,小學生百人;以"猛安""謀克"內良家子弟的後秀者充選。學科,以女直大小字翻譯經書。考試與太學略同。

(二) 地方學校有:一、京府學,計十七處,創立於世宗大定十六年(公元一一七六年),學生共千人。二、府學,二十四處,學生共九百五人。三、節鎮學,三十九處,學生共六百十五人。四、防禦州學,二十一處,學生共二百三十五人。府學、節鎮學及防禦州學都創立於世宗大定二十九年(公元一一八九年);各設教授一人;如生徒數少,則以本府文資官提控。學科及考試,與太學相同。五、諸路女直府學,計二十二處,亦創立於世宗大定十三年(公元一一七三年)。學額三千人,以"猛安""謀克"內良家子弟充選。學官有教授,以新進士充任。學科及考試,與女直國子學同。

(三) 特殊學校有:一、京外醫學,分爲十科,計大興府學生三十人,餘京府二十人,散府節鎮十六人,防禦州十人。考試法,每月試以疑難,三年試於太醫;非本學學生亦得試補。二、宮庭學校。據《金史·元妃李氏傳》,宮庭中有教官,稱"宮教";教授時,以青紗障隔蔽内外,宮教居障外,諸宮女居障内,不得面見;如有不識字及問義,自障内映紗指字請問,宮教在障外口説。

金國以外族侵略華夏,故其興學頗有種族的及政治的意味。最明顯的,如:一、對於牢籠漢人的太學,不令本族人應試(詳《金史·徒單克寧傳》)。二、對於本族人所肄業的女直學,異常認真。(據《金史·紀事本末》,世宗大定二十八年,命女直大學諸教授須以宿德高才的充任。)但金國學制亦有為前代所不及處,如:一、學校生員,由國家給田支粟,以維持其生活。據《章宗紀》,謂泰和元年(公元一二○一年),定贍學養士法;生員給民佃官田每人六十畝,歲支粟三十石;國子生每人百八畝,歲給以所入。二、學校用書,經國家規定,由國子監印發,凡《九經》、《十七史》、《三子》,其用書與現在流傳的都大略相同。

元的中央學校與地方學校 元自世祖至元十四年(公元一二七七年)統一中國,到順帝至正二十八年(公元一三六八年)滅亡,歷世九十餘年,典章制度都較遼金為詳備,現依據《元史》、《新元史》的志紀傳及《續文獻通考·學校考》等略述如次:

元代興置學校,始於太宗六年(公元一二三四年)。其掌轄教育行政的機關,在中央有:一、國子監;二、蒙古國子監;三、回回國子監;在地方,有諸路儒學提舉司及醫學提舉司。一、國子監,創設於世祖至元二十四年(公元一二八七年),隸集賢院,置祭酒、司業、監丞、典簿、令史、譯史、知印、典吏等官。二、蒙古國子監,創設於至元十四年(公元一二七七年),置祭酒、司業、監丞,後又添置令史、必闍赤、知印等官。三、回回國子監,創設於仁宗延祐元年(公元一三一四年),官制不詳。四、諸路儒學提舉司,創始於世祖中統二年(公元一二六一年);醫學提舉司創始於至元九年(公元一二七二年)。

元代的學校亦可分為三類:一、中央學校;二、地方學校;三、特殊學校;而特殊學校亦可屬於地方。

(一)中央學校有:一、國子學;二、蒙古國子學;三、回回國子學。一、國子學創立於至元六年(公元一二六九年),隸於國子監。學額由八十人增至四百人,又另設陪堂生二十人;所謂陪堂生,猶如現在大學的旁聽生。入學資格限宿衛大臣子孫、衛士世家子弟、七品以上朝官子孫;不限種族,蒙古、色目及漢人都可入學。平民的俊秀者,由隨朝三品以上官保舉,始得充陪堂生。學官有博士、助教、正録、司樂、典籍、管勾、典給等,分掌教務及雜務。學科為《六經》、《四書》、

《孝經》、小學;分三級制,曰上齋、中齋、下齋,一如現在學校的大學、中學、小學。考試分私試及升齋二者。私試,生員坐齋二周歲未犯過的,漢人孟月試經疑一道,季月試策問表章詔科一道;蒙古、色目人孟仲月各試明經一道,季月試策問一道上等準一分,中等準半分,正歲積八分以上的,升補高等生員。坐齋三歲以上的,於歲終考試貢舉。升齋,中齋生每季考課優的升上齋,下齋生每季考課優與不遠規的升中齋。學規,私試積分生員有不事課業,違戾規矩的,初犯罰一分,再犯二分,三犯除名。高等生員,初犯停試一年,再犯除名。在學生員坐齋不滿半年的,除名。漢人生員三年,不通一經及不肯勤學的,勒令出學。二、蒙古國子學,創立於至元八年(公元一二七一年),隸蒙古國子監。學額,初沒有規定,後增至百五十人;亦另有伴讀制。入學資格限隨朝蒙古、漢人百官及"怯薛台"官員之俊秀的子弟。學官有博士、助教、教授、學正、學錄、典書、典給等。學科以蒙古文譯寫《通鑑節要》。考試,學成考試,精通的量授官職。三、回回國子學,創立於至元二十六年(公元一二八九年)。學額約五十餘人。入學資格限公卿大夫與富民的子弟。學科,教授"亦思替非"文字,以養成諸官衙譯史人材為目的。其餘學官及考試等未詳。

(二) 地方學校,有:一、路學;二、府學;三、上中州學;四、下州學;五、縣學;又有六、諸路學小學;七、諸路醫學;八、諸路蒙古字學;九、諸路陰陽學。一、路學,創立於至元九年(公元一二七二年),設有教授、學正、學錄、直學等學官。各肄業生徒由守令舉薦,台憲考核,或用為教官,或取為吏屬。二、府學及三、上中州學,都設教授與直學等學官。四、下州學,設學正。五、縣學,設教諭。六、諸路學小學,創立於至元二十八年(公元一二九一年),附於諸路學及各縣學內,選老成的士子任教授。自路學到小學,都屬於普通學校性質。七、諸路醫學,創立於中統二年(公元一二六一年)。京師無醫學,醫事直隸於太醫院。學額不詳。學官有提舉,掌行政;有教授,掌講授。學科專習醫經文字。考試,試以十三科疑難題目,呈報太醫院。這屬於地方專科學校性質而為唐代以來所已設置的。八、諸路蒙古字學,創立於至元六年(公元一二六九年)。學額:諸路府官的子弟,上下路各二人,府學州各一人;民間子弟,上路三十人,下路二十人;其後又定散府二十人,上中州十五人,下州十人。入學生徒得免雜役。學官有提舉,掌行政;有教授與學正,掌講授。學科與蒙古國子學相同。這亦屬於地方專科學校性質而與金的諸路女直府學相似。九、諸路陰陽學,創立於至元二十八年(公元一二九一年)。京師無陰陽學,諸陰陽事直隸於司天臺。學額不詳。學官有教授。學科有天文學與術數；習《占算》、《三命》、《五星》、《周易》、《六壬》、《數學》等書；又有《三元經書》，曰婚元，曰宅元，曰塋元。考試，藝術精通的，每省錄呈省府，到都試驗，如有異能，許入司天台錄用。這亦屬於地方專科學校性質，爲元代所特有，而源於金的司天台；其列術數於學校，與唐代列禁咒科於醫學相同。此外又有家學與義學，那是私立學校性質，政府亦不加干涉。

（三）特別學校有：一、孔、顏、孟三氏學；二、書院。一、孔、顏、孟三氏學創立於中統二年（公元一二六一年），專教孔子、孟子、顏子三氏的後裔子弟。設教授，專究經術。二、書院，在宋代多爲士大夫所創立；到了元至元二十八年（公元一二九一年），下詔凡"先儒過化之地，名賢經行之所，與好事之家出錢粟贍學者，並立爲書院"，設置山長，於是書院非常發達。考元代書院的創始者爲太極書院，立於太宗八年（公元一二三六年），其後陸續設置，著錄於《續文獻通考·學校考》的凡四十；而此外見於《宋元學案》，尚有疊山、和靖等二十餘所。

元代學校的發達及其原因 元代嚴種族之別，以國子學牢籠漢人，及自保其固有的風俗，竭力宣揚本國的語文，與遼、金的政治政策相同，而且加甚。但元代學校，無論如何，較遼、金爲發達；世祖至元間（公元十三世紀末），學校數達二萬四千四百餘所。其所以如此發達的原因，士大夫如許衡、吳澄等之努力倡導固有關係，而其受學制方面的影響亦很重要。所謂學制方面的影響，一爲學田的保護，二爲學校與農事的聯絡，三爲學校考成的嚴格。學校設置學田，始於宋代。到了元世祖至元二十三年（公元一二八六年），詔江南諸路學田，由官府改歸本學管理，以便給養。二十七年（公元一二九〇年）立興文署，掌理江南田錢穀及經籍。二十九年（公元一二九二年），又詔江南學田歲入聽各學自掌，春秋釋奠以外，供養師友及寒士。同時規定學官職吏對於學田如有以熟爲荒，減額征租；或接受賄賂，容縱豪右占領；及巧立名目，欺蒙冒支的，提調官須加查究（見《元史·刑法志》）。這樣保護學田，使教育經費得以獨立，這是學校發達原因之一。又元代地方學校的行政，除諸路儒學提舉司以外，大司農亦得參加掌管（見《元史·百官志》）。世祖至元二十三年（公元一二八六年），詔以大司農所定《農桑輯要》頒賜諸路。仁宗延祐二年（公元一三一五年），又詔江、浙行省印《農桑輯要》萬部頒給有司。都可以窺見對於農事的注重及其與學校的聯絡。這是學校發達的原因之二。又元代對於學校的視察與教師的監督，非常嚴密。據《刑法志》，"諸隨路學校，計其錢糧多寡，養育生徒，提調正官時一詣學督視；必使課講有程，訓迪有法，賞勤罰惰，作成人才；其學政不舉者究之。""諸教官在任侵盜錢糧，荒廢廟宇，教養無實,行止不臧,有忝師席,從廉訪司糾之。任滿,有司疑朦朧給田者,究之。"對於學校與教官,這樣嚴密地加以監督,這是學校發達的原因之三。這三種制度,都是現在從事教育者所日夜希望實現的;因爲現在的教育經費迄未獨立,農村學校在盲目的模倣都市,而學款與教師給學閥或學系所侵吞所獨占,更是顯然不容諱言的事。

四　明代的學校制度

明代從太祖洪武元年(公元一三六八年)到莊烈帝崇禎十六年(公元一六四三年),計二百七十餘年。這二百餘年間,學制的詳明,學科的擴充,學規的嚴密,都較唐、宋諸朝爲進步;學校成爲統治者的武器,更得到確切的證明;在學制沿革史上,它是一個重要的時代。現依據《明史·選舉志》、《職官志》諸紀傳及《續文獻通考》、《明會典》諸書,略述於下:

明代的中央學校　明代的學校也大概可分爲三類:一爲中央學校,二爲地方學校,三爲特殊學校。中央學校僅有國子監與宗學二者;國子監屬於大學性質,宗學屬於貴胄學校性質;其學校數較前代爲減少。

宗學的入學資格,限於世子、長子、衆子、年未及冠的將軍中尉及年十歲以上的宗室子弟。學科爲教授《四書》、《五經》、《史鑑》、《性理書》,並及皇明祖訓、孝順事實、爲善陰騭,蓋兼文字教育與道德訓練而有之。學官擇王府長史、紀善、伴讀教授中的學行優長者充任。學規,規定習學五年,驗有進益,准奏請出學,支領本等俸祿。如放縱不循禮法,少則訓責,大則參奏降革。初令每年就提舉官考試,其後令一律由科舉出身。蓋完全爲一種貴胄學校。

國子監的創立,始於太祖初定金陵,其時當元至正二十五年(公元一三六五年),稱爲國子學。洪武十五年(公元一三八二年),重建學舍,改學爲監。自成祖以燕王入承帝位,於永樂元年(公元一四〇三年)設北京國子監,於是國子監有南北二學。及永樂十八年(公元一四二〇年)遷都北京,遂以北京國子監爲京師國子監,而以舊國子監爲南京國子監。國子監的內容,以明初爲充實,其後隨朝祚的衰頹而漸漸廢弛。入學的學生,通稱監生;詳分爲六類:一、舉人曰"舉監";二、生員曰"貢監";三、品官子弟曰"蔭監";四、捐貨曰"例監";此外尚有五、外國人留學中國的"夷生";及六、庶民之俊秀通文義的"幼勳生"。"貢監"之中,又可分爲一、歲貢;二、選貢;三、恩貢;四、納貢。蔭監之中,又可分爲一、官生;二、恩生;三、功生。學額,永樂二十年(公元一四二一年)達九千九百餘人,爲明代國子監最盛時代(詳《南雍志・儲養考》)。學科,較前代爲擴充,《四書》、《五經》以外,兼及劉向《説苑》與律令、射、書、數、御、書、大誥等。學官有祭酒、司業、監丞、博士、助教、學正、學録、典簿、典籍、掌饌等職。學規有升堂、積分及撥歷諸法。升堂法與宋三舍法相似;諸生通《四書》未通經的,居正義、崇志、廣業諸堂;肄業一年半以上,文理條暢的,改升修道、誠心二堂;又肄業一年半,經史兼通,文理俱優的,乃升率性堂。入率性堂的諸生,始行積分法。法於孟月試本經義一道,仲月試論一道、詔誥表内科一道,季月試經史策一道、判語二道。文理俱優的,給與一分;理優文劣的給與半分;紕謬的,不給分。一年中積至八分,爲及格,給與出身;不及格的,仍留監肄業;才學超異的,奏請上裁。撥歷法,凡諸生在監的,撥至六部諸司練習吏事;三月後,諸司加以考核,上中等奏送吏部附選,下等的還監讀書。此外其他學規的嚴密,亦爲前代所不及。

明代的地方學校 明代的地方學校,創始於太祖初定金陵,其時當元至正十九年(公元一三五九年);至正式下詔郡縣立學,實始太祖洪武二年(公元一三六九年)。當時地方學校可分爲兩大類:一爲普通學校性質,一爲專科學校性質。關於普通學校,有一、府學;二、州學;三、縣學;四、都司儒學;五、行都司儒學;六、衛儒學;七、都轉運司儒學;八、宣慰司儒學;九、按撫司儒學;十、諸土司儒學;十一、社學。一、府學生分廩膳生、增廣生及附學生三類;廩膳生與增廣生,京府六十人,外府四十人;附學生無定額。學官有教授一人,訓導二人。二、州學,廩膳生與增廣生各三十人,附學生無定額。學官有學正一人,訓導三人。三、縣學,廩膳生與增廣生各二十人,附學生無定額。學官有教諭一人,訓導二人。四、都司儒學,創始於洪武十七年(公元一三八四年);五、行都司儒學,創始於洪武二十年(公元一三八七年);六、衛儒學,亦創始於洪武十七年(公元一三八四年)。這三者都是教授武臣子弟,學官各有教授一人,訓導二人。從七、都轉運司儒學到十、諸土司儒學,都創始於洪武二十八年(公元一三九五年)。這些府州縣學及各司衛儒學的學科內容,與國子監相似,而程度較低;經、史、律令、詔誥以外,兼習射,習名人法帖,習九章數學等。考試法分歲考與科考,於三年中舉行。第一次曰歲考,按優劣分爲六等:一等,補廩膳生;二等,補增廣生;三等,如常;四等,扑責;五等,廩增生遞降一等,附生降爲青衣;六等黜革。第二次曰科考;一二等爲科舉生員,使應鄉試;其餘與歲考同。十一、社學,設置於鄉社,實爲一種鄉村小學,創始於洪武八年(公元一三七五年)。專收民間子弟,兼讀《御製大誥》及本朝律令。二十年(公元一三八七年),詔社學子弟讀誥律的赴京禮部,比較所誦多少、次第給賞。英宗正統時(公元一四三六年——一四四九年),社學子弟俊秀向學的許補儒學生員。孝宗弘治十七年(公元一五〇四年),定民間幼童十五歲以下的,送入社學誦讀,兼習冠昏喪祭的禮儀。

地方學校屬於專科性質的,有一、京衛武學;二、衛武學;三、醫學;四、陰陽學。京衛武學及衛武學的入學資格,限京衛各衛幼官、應襲舍人及武生。學科有《小學》、《論語》、《孟子》、《大學》、《五經》、《七書》、《百將傳》。學官有教授一人,訓導一人或兩人。考試由兵部主持。醫學創始於洪武十七年(公元一三八四年),設有府正科、州典科、縣訓科等學官。陰陽學源於元朝,明亦於洪武十七年(公元一三八四年)創立,設有府正術、州典術、縣訓術等學官。其他學科及考試法等不詳。

明代的特殊學校 明代特殊學校之重要的爲書院,書院以宋元爲最發達;明初,雖欲網羅人才於國學,然對於書院,並未加禁。洪武元年(公元一三六八年),設立洙泗、尼山二書院,即其明證。其後憲宗成化十三年(公元一四七七年),重建象山書院;孝宗弘治元年(公元一四八八年),有司奏修學道書院;武宗正德元年(公元一五〇六年),有司奏修濂溪書院,可見朝廷對於書院制尚未根本反對。正統景泰(公元十五世紀中)以後,監生或由納粟,或由京官乞恩送其子弟,於是朝廷的國學漸廢,而民間的書院大興。當時提倡書院制最力的爲王守仁、湛若水。守仁建龍崗書院,主貴陽書院,修濂溪書院,闢稽山書院,興南寧學校,立敷文書院;而若水亦所至必建書院以祀陳獻章。及守仁死,其門弟子更大建書院,以爲紀念;如越南的陽明書院,安福的復古書院,青田的混元書院,辰州的虎溪精舍,萬安的雲興書院,韶州的明經書院,溧陽的嘉義書院,宣城的志學書院、水西書院、復初書院、崇正書院,及王真山、文湖、壽宕等處的書院(詳《王文成公年譜》)。世宗嘉靖十七年(公元一五三八年),以吏部尚書許瓚言,詔毀書院;然建者仍自進行,如上舉的混元、雲興等都建於十七年以後。及神宗萬曆初(公元一五七三年),張居正當權,痛恨講學,始稍加裁抑。(見《野獲編》)其後魏閹宗賢秉政,國事日益腐敗,於是士大夫書院講學之外,兼及朝政。顧憲成的無錫東林書院,鄒元標的北京首善書院,其最著的。熹宗天啓間(公元一六二一年——一六二七年),魏閹因遂矯旨盡毀國內書院,而明社也隨而漸以不保了。

明代學制的特點 明代學制自有其與前世不同之點,約略的說,一爲教育行政的獨立,二爲地方學校的普及,三爲武事及法律的注重,四爲監生歷事制的創設,五爲學規教條的嚴苛。

一、明代的教育行政,中央置祭酒及司業等以司國子監的教令,與前世無異。至地方教育行政，明初曾置"儒學提舉司"，但制度不詳。英宗正統元年（公元一四三六年），始設提督學校官；南北直隸各置御史一員，餘置按察使副使或僉事一員，專督學校行政；督撫、巡按及布按二司都不許侵犯學事；於是地方教育行政完全獨立。督學人選，其初非常慎重；後來漸漸腐化，而成爲形式的（詳見孫承澤《春明夢餘錄》）。

二、唐、宋兩代，學校集中於中央，地方學校不甚注重。到了明代，一反唐、宋制度，中央僅有貴冑學校的宗學與普通大學的國子監二校，地方則府、州、縣、社、衛、都司、行都司、都轉運司、宣慰司、安撫司、土司各設普通學校的儒學，又添設武學、醫學、陰陽學等專科學校。地方學校的普及，爲前代所没有。

三、明依宋制，於地方另設武學，專門學習外，凡普通學校，亦令學習射事。太祖洪武三年（公元一三七〇年），由禮部定頒射儀，命遇朔望於公廨或間地肄習。二十五年（公元一三九二年），又命國子監另闢射圃，賜諸生弓矢，蓋都欲以達到文武兼備的目的。武事以外，又特重法令。國學習律令及《御製大誥》，府州縣學亦習律，社學兼讀《御製大誥》與本朝律令。洪武三十年（公元一三九七年），《明律》告成，因頒學官用以課士，又詔里置塾師以教學童（詳《明史·刑法志》）。其用意蓋不僅養成官僚的技能，而且在防閑庶民的叛逆。這些特重武事與法律，亦爲前世所未曾有。

四、監生歷事制的創設，始於洪武五年（公元一三七二年）。據《明會典》，令國子監生分撥在京各衙門歷練事務三個月，考核引奏；勤謹的送吏部附選，仍令歷事，遇有缺官，挨次取用；平常的，再令歷練；才力不及的，送還國子監讀書；奸懶的，發充下吏。其分派名額與歷事日期，都有詳細的規定（詳《續文獻通考》）。此外，地方行政，亦時派遣國子監生處理；如洪武二十年（公元一三八七年），命國子監生，分行州縣，清理糧田（見《明史·食貨志》）；二十四年（公元一三九一年），選監生練達政體的六百餘人，命行御史事，稽覈有司案卷；又委派監生千餘人，清查户部黃册（見《南雍志》）；二十七年（公元一三九四年），又命監生分行國內，督修水利（見《明史·太祖紀》）。洪武二十六年（公元一三九三年），且盡擢監生劉政等六十四人爲行省布政按察兩使及參政、參議、副使、僉事等官，其重用國學生，及其以國學爲官僚養成所如此。

五、明代對於國學生，其待遇的優厚，固爲前世所不及；而其約束的嚴苛，亦爲前世所未曾有。國學生的衣、食、住以及醫藥、雜費等，都用國家供給（詳《明會典》及《南雍志》）；妻子家屬，亦由國家給賜糧食（詳《明會典》及《明史·高皇后傳》)。此外休假日期及省親婚喪期限,也都相當寬大。但學規的嚴苛,與給養的優厚,也恰成爲正比例。國子監生,自堂守宿舍,以至飲饌澡浴,都有禁例;且小有過失,動即體罰。洪武十五年(公元一三八二年),又頒禁例,詔國內學校鐫勒臥碑,更由中央國學而遍及於地方各校。現據《明會典》略錄數則以概其餘。

　　一、生員凡遇師長出入,必當端拱立,俟其過,有問即答,毋得倨然輕慢,有乖禮體,違者痛決。

　　二、會食務要禮儀整肅,敬恭飲食,不許諠譁起坐,仍不許私自逼令膳夫打飯出外,冒費廩膳,違者痛決。

　　一、生員撥住號房,俱已編定號數,不許私下挪借他人住坐,違者痛決。

　　一、凡生員於各衙門辦事完結,務要隨即回監肄業,不許在外因而出事,違者痛決。

　　以上錄洪武二十年監規。

　　一、府州縣生員,有大事干己者,許父兄弟陳訴;非大事勿輕至公門。

　　一、一切軍民利病,農工商賈皆可言之,惟生員不許建言。

　　以上錄洪武十五年禁例。

明代學校之政治的效能　　明太祖以匹夫起爲天子,其無賴與漢高祖同,而其陰狠且較過之。他對於學校在統治上的效能,很有相當的認識。他很知道,君主專制時代,學校的消極的功用,在於麻醉人心;而積極的功用,在於養成官僚,以爲統治的助手。我們只要看上節所述,如注重律令,創設歷事制,訂定嚴苛的學規等等,即可了然。他當時對於學校學生與學官的示威,與明末士大夫的橫議,恰成爲反比例。洪武十八年(公元一三八五年),助教金文徵以祭酒宋訥教範過嚴,監生甚至餓死,因與吏部尚書余熂相結,諷訥辭職,不料爲太祖所知,竟殺熂及文徵而留訥如故(見《南雍志》及《明史·宋訥傳》)。二十七年(公元一三九四年),監生趙麟因誹謗師長,竟致伏誅,并命在國子監前植立長竿梟首示衆(亦見《南雍志》)。三十年(公元一三九七年),立聖旨碑,其語氣更爲嚴厲。原碑說:

　　……敢有抗拒不服撒潑皮違犯學規的,著祭酒來奏着,怎呵都不饒,全家都發向煙瘴地面去,或充軍,或充吏,或做首領官。今後學規嚴整,若無籍之徒敢有似前貼沒頭帖子誹謗師長的，許諸人出頭，或綁縛將來，賞大銀兩個。若先前貼了帖子，有知道的，或出首，或綁縛將來呵，也一般賞他大銀兩個。將那犯人凌遲了梟首在監前，全家抄沒，人口發往煙瘴地面，欽此。

這樣的嚴酷，可使現在學校貼壁報鬧風潮的學生們看了咋舌；而其所以如此，實不過欲在學校中養成馴良的官僚而已。太祖的計劃，本想完全求人材於學校，以學校爲官吏養成所；但後來學制變遷，中葉以後，已不能達到這個目的。英宗正統三年（公元一四三八年），廢歷事制，命監生入監的都從原籍科舉出身，於是科舉益重，而學校成爲形式（見《名山藏》）。代宗景泰元年（公元一四五〇年），以國用不足，許天下生員納粟入監，稱爲例監（見《大政紀》），於是流品更雜，而學校益成爲贅疣。其後雖時或下詔整飭，但終未能根本的加以救治。《明史・選舉志》謂："迨開納粟之例，則流品漸淆。……於是同處太學，而貢舉得爲府佐貳及州縣正官，官恩生得選部院府衛司寺小京職，尚爲正途。而援例監生僅得選州縣佐貳及府首領首，其授京職者，乃光祿寺、上林苑之屬；其願就遠方者，則以雲、貴、廣西及各省軍衛有司首領及衛學五府教授之缺，而終身爲異途矣。"監生既成爲官吏的異途，則以官吏爲唯一出路的士人，自競趨於科舉，實勢所必至；學校既成爲朝廷的裝飾，則比較有學術思想的知識分子，自建立書院、文社，以爲講學研究之所，也勢所必至了！

五　清代初、中葉的學制

清代自世祖順治元年（公元一六四四年），到穆宗同治元年（公元一八六二年，京師同文館成立），凡二百十餘年。清在當時爲外族，故這二百餘年間的學校制度，雖與明代相似，而其以利祿羈縻漢人，使滿族不忘武事，更含有異族統治的色彩。茲據《皇朝文獻通考》、《皇朝續文獻通考》等書，略述如次：

清代的中央學校　清代的學校，一如元、明，也可分爲三類：一爲中央學校，二爲地方學校，三爲特殊學校。中央學校可分太學、旗學及宗學三類。國子監（太學）爲普通學校，旗學爲滿族學校，而宗學則屬於貴胄學校。

國子監的規制，始於順治元年（公元一六四四年）。教官設祭酒、司業、監丞、博士、助教、學正、學錄、典籍、典簿等，與前代相同。入監讀書的學生有恩、拔、歲、優、副、功六種貢生及優、蔭、例三種監生，亦與明代大致相類。學科於《五經》、《四書》以外，兼及《性理》、《通鑑》，并每日習楷書六百字以上。教授方法有講書、覆書、上書、覆背等，每月三回，週而復始。考試，每三月由祭酒季考一次，每月由司業月課一次，不許託故規避。各生肄業期限，各不相同；長期的爲二十四月，短期的爲六月。監生入監後，遇有省親完姻等，許給假期；但逾限不到的，即行文提取，計日倍罰。總之清代國子監不過是羈縻漢族的工具，爲科舉制度的輔助品，已毫無學校的實質與學術的意味了。

"八旗官學"亦始於順治元年。分八旗爲四處，各立官學一所，設伴讀十人，勤加教習。學生由各佐領下各取二名，以二十名習漢書，其餘都習滿書。每十日到國子監考課一次；春秋習射，每五日一次；其訓練法較國子監普通學生爲嚴格。康熙三十年（公元一六九一年），又設立盛京八旗官學左右兩翼各二所，選取各旗俊秀幼童，教讀滿、漢書，兼習騎射。雍正元年（公元一七二三年），設"八旗教場官學、""八旗蒙古官學"及"八旗學堂"。雍正七年（公元一七二九年），設"滿州蒙古淸文義學"，性質都大致相似。此外有"景山官學"，設立於康熙二十五年（公元一六八六年）。當時以內府無能書射的，因設學簡選。次年，詔八旗子弟與漢人一體考試，但滿州生員須兼試騎射。雍正七年（公元一七二九年），因"景山官學"生功課未專，又特設"咸安宮官學"。

宗學始於順治九年（公元一六五二年）每旗各設宗學。凡未封宗室的子弟年十歲以上的，都須入學。設滿洲官教習滿書；漢書習否聽便。十一年（公元一六五四年），下諭永停學習漢字諸書；其諭文中有"朕思習漢書，入漢俗，漸忘我滿洲舊制"的話，蓋含有種族的深意。雍正二年（公元一七二四年），重定宗學制度。左右兩翼官房，每翼各立一滿學一漢學，隨入學者志願，分別教授。選王、貝勒、貝子、公、將軍及閒散宗室子弟年十八以下者入學；其不願入學而在家教讀者，聽。又十九歲以上已曾讀書的，亦聽其入學，並兼習騎射。每學以王公一人總其事。十一年（公元一七三三年），又以翰林官二人，分教宗學，講解經義，指授文法，每月給以公費及米糧衣服。雍正七年（公元一七二九年），設立覺羅學。當時因宗學未能遍及覺羅氏，因詔每旗各立一衙門，於衙門旁設立十學，以期普及。乾隆二年（公元一七三七年），設"盛京宗室覺羅官學"，合宗室覺羅共爲一學。總之，清廷對於其本族及宗族教育異常注意；其目的一爲求教育的遍及，二爲求騎射的精進，三爲免漢族的同化，都含有濃厚的政治作用。

清代的地方學校 清代的地方學校不過爲科舉的副產物；學官不事教授，士子入學的也僅視爲利祿之階，故有學校之名而無學校之實。直省、府、州、縣、衛，各於所治立學，設有教授、學正、教諭、訓導等官。凡童生入學，滿、蒙、漢軍，由本旗佐領考録;順天及直省,由州縣考録;册送於府。府丞、知府再以録取的册送於學政。歲科考試,選擇優秀的入學,名曰附學生員。生員各治一經,本學教官月課季考,別其等差,册報於學政。歲科考試,選擇優秀的,給以廩餼,名曰廩膳生員;次優的,別於附學,名曰增廣生員。每次考取人員,都有定額,且各地多少不等。諸生入學的,免本身徭役。有貧不能自存的,發學田租穀周濟他。凡遊學遠方,隨祖父任所,及臨試而病的,都給假限期補考。凡父母喪及祖父母承重服,得三年免試。凡生員犯事,情輕改悔的,許革名開復;已經定罪的,許以原名再應童子試。如所坐罪細微,地方官詳文學官,會同教官戒飭,不得一如平民加以鞭撻。其勸懲方法,由學政行令各教官,命舉諸生優劣事蹟,咨送學部,再由部覆覈,凡優生行誼最著的升入大學,其次量予獎賞,最劣的除名。此外考試禁例,凡娼、優、隸卒及賤役子弟,都不准投考,違者治罪。乾隆三十六年(公元一七七一年),又議山、陝樂戶,江、浙丐戶,削籍四世,清白自守的,方准報捐應試;若僅止一二世,親伯叔姑姊尚習猥業的,一概不許僥倖出身。廣東蛋戶,浙江九姓漁戶,及各省相似的,都依此辦理。蓋完全嚴階級的區別,而維持士大夫特殊的身份。

此外,又有商學、衛學及土苗學等。商學始於順治十一年(公元一六五四年)。凡長蘆、兩淮、山東、陝西鹽運使所屬,就附近府學;而山西、河東,則於運城另設運司學。衛學始於順治十六年(公元一六五九年),准直隸、山海、宣府各衛學照舊辦理。土苗學始於順治十五年(公元一六五八年)。凡土司子弟,有向化願學的,令立學一所,由地方官選取一人爲教讀,訓督猺童。如猺童稍通文理的,聽土司具名本縣,轉申提學收試,以示獎勵。

清代地方學校比較具有學校的實質的,爲社學及義學。社學及義學近於私塾。館師由地方官擇延文行兼優的士人充任。諸生中有貧乏無力的,酌給薪水膏火。每年僅將師生姓名册報學政而已。

清代的特殊學校 清代的特殊學校爲書院;而書院實爲清代唯一的教育人材機關。書院的設置,其初蓋沿宋、明舊制,都爲私立;到雍正十一年(公元一七三三年),始詔諭督撫,各於省會設置。當時各省遵旨成立的,在直隸曰蓮池,山東曰濼源,山西曰晉陽,河南曰大梁,江蘇曰鍾山,江西曰豫章,浙江曰敷文,福建曰鰲峯,湖北曰江漢,湖南曰嶽麓、曰城南,陝西曰關中,甘肅曰蘭山,四川曰錦江,廣東曰端溪、曰粵秀,廣西曰秀峯、曰宣城,雲南曰五華,貴州曰貴山。師長由督撫學官以禮聘請。生員由駐省道員專司稽察,各州縣秉公選擇,布政使會同該道考驗,果材堪造就,始准留院肄業。師生膏伙,都以帑銀贍給。其餘各府州縣書院,或由士紳捐資倡立,或由地方官撥公經辦,都須申報查覈。同時并禁止聚徒講學。蓋清代帝王恐書院爲士大夫宣傳危害統治思想的處所,故加以積極的管理,其動機與開四庫全書館,借整理之名以行焚毀之策,同一作用。有清一代,唯蘇州的紫陽書院,杭州的詁經精舍,廣州的學海堂等,都以講求實業,著名當時。而其餘亦不過月課八股詩賦,以爲科場的預備而已。

現　代　編

一　新式學校的萌芽

現代學制產生的因素　所謂現代學校制度,是指近數十年來模仿西洋學校制度而言。這時期,若是就新式學校的創始而說,可以追溯到一八六二年(同治元年)的京師同文館的設立;若是就新式學校產生的動機而說,則更可以追溯到一八四二年(道光二十二年)的《南京條約》的成立。在這實施舊學制數千年的國度裏,忽然拋棄其固有的,而從事於外來制度的模仿,那自然有其重大的原因。這些原因,我們爲敍述明瞭起見,可析爲遠因與近因二者。

產生現代學制的遠因,實由於外來文化的接觸。中國文化與外來文化接觸的第一次,是兩漢以至隋、唐時代的印度佛教的輸入。佛教的輸入,不僅影響於中國的宗教,而且波及於建築、雕塑、繪畫、文學、音樂以及學術思想;就是學制,宋、元以來書院制的突興,也多少可視爲佛教禪林制度的餘波(詳前)。中國文化與外來文化接觸的第二次,是明末以來的西洋文化的輸入;而當時擔任這輸入工作的先鋒的,一爲宗教,二爲商業。

當十六世紀中葉以後(明萬曆間),歐洲天主教受馬丁・路德(Martin Luther)創設新教的打擊,於是也努力改進,傳道海外。當時教徒先後到中國的,爲數頗不少;最著名的,如意大利人利瑪竇(Matteo Ricci),日耳曼人湯若望(Joannes Adam Schall von Bell)及西班牙人龐迪我(Diego de Pantoa)等。他們於宗教以外,兼精曆數;中國學者每多得其傳授,如徐光啓、李之藻等,都其著者。那時傳教徒迎合中國人的心理,對於中國的敬天拜祖的舊習,並不反對;一七〇四年(清康熙四十三年),羅馬教皇不明中國情況,下令禁止教徒崇拜祖先,引起中國人士的憤激。於是傳教事業固因此停頓,而西洋文化的輸入也爲之中斷。直到一八四二年(道光二十二年),《南京條約》成立,於是新舊教徒來華傳教的日多；而且設立學校，吸引下流社會，以宣揚教義。中國現代班級制的學校的創立，始於外國來華傳教的教徒，乃是當時無疑的事實。所以耶教輸入實爲中國現代學制產生的直接的遠因。

近代歐人侵略中國的方式，一手爲《聖經》，一手爲商品，而以砲艦爲其後盾。自從一五五七年（明世宗嘉靖三十六年）葡萄牙占領澳門以後，歐洲商船來華貿易的日多。清康熙乾隆間（十八世紀），英國商業以廣州爲中心，北達廈門、福州、寧波等沿海城市。到了一八四二年《南京條約》成立，中國被逼的開放五口通商，於是外商更以香港、上海爲大本營，而逐漸略及內地。這種外國資本勢力的侵入，一面固爲西洋物質文明的附帶輸進，而一面又引起國內經濟、政治、社會的巨大的變化。教育制度爲社會制度的上層機構；社會既發生巨大的變化，則教育制度自難固守舊章。所以外國通商實可視爲中國現代學制產生的間接的遠因。

至於產生現代學制的近因，首由於對外戰爭的屢次失敗，次由於國內革新家的竭力鼓吹。清室自高宗末年（乾隆末），已現外強中乾之象；歷仁宗嘉慶，到宣宗道光二十年（公元一八四〇年）後，對外戰爭，屢次失敗。道光二十年（一八四〇年），英人爲強迫販賣鴉片，率軍艦攻陷定海；二十一年，又陷廈門、定海、鎮海、寧波；二十二年，又陷乍浦、吳淞、鎮江，進逼江寧；結果，成立《南京條約》，割讓香港，開五口通商，償還軍費及煙價。咸豐十年（公元一八六〇年），英、法藉口商船及教士事，聯軍破天津，陷北京；結果，割讓九龍，開天津通商。光緒二十年甲午（公元一八九四年），日本爲侵略朝鮮，連陷大連灣、旅順、威海衞、營口、澎湖等地，中國海軍覆沒；結果，成立《馬關條約》，割讓臺灣及澎湖，許朝鮮自立，開重慶、沙市、蘇州、杭州通商。光緒二十六年庚子（公元一九〇〇年）義和團起事，八國聯軍攻陷天津，旋入北京，慈禧太后攜德宗出奔，結果，結《辛丑條約》，償款四萬五千萬兩。以上所舉不過犖犖大者，而且就確有軍事行動的而言，已足使我們刻骨的感到深痛大辱；至其餘由外交手腕的顢頇，而至失地償款，貽國家民族以莫大的禍害的，更非專書不能盡述。因爲列強的軍事的經濟的進攻的猛烈，於是上自帝王，中至朝臣，下至在野士大夫，都感到危亡的日逼，而設法以圖富強。當時，朝臣奏議，社會輿論都以廢科舉、立學校爲言。於是漸由實用中心的各種學校的創立而產生現代式的學校制度。

實用中心之各種學校　中國新式學校的創始，其動機蓋緣於對外，故其目的都偏於實用，既沒有什麼教育的意味，也沒有什麼普遍的制度。因爲自從鴉片戰爭以後，政府所最感需要的，首爲外交上的翻譯人員，次爲軍事上的製造及指揮

人員;所以當時學校也大致可依上述的需要而分爲兩類:

屬於第一類的,有一、京師同文館;二、上海及廣東廣方言館;三、湖北自強學堂。

一、京師同文館,創始於同治元年(公元一八六二年),由專辦外交之"總理衙門"奏設,其目的爲培植翻譯人員,以總稅務司赫德(Sir Robert Hart)主其事。五年(公元一八六六年),改正課程,等於高等學校。當時曾訂有章程六條,大致如下:1. 專取正途人員,如舉人及恩、拔、副、歲、優貢生,並由此出身人員等。又擬推廣,凡翰林院庶吉士、編修、檢討與五品以下由進士出身之京外各官,其年在三十歲以內者,均可送考。如有平日講求天文算學,自願來館學習,亦不拘年歲。2. 各員無論京外,一概留館住宿。其有應送差使及考試等事,仍准照舊辦理。3. 按月出題考試一次,分別甲乙,優者記功,劣者記過。4. 每屆三年,舉行大考一次,分別等第。高等者酌量差遣使用;下等者照常學習,下屆再考。5. 每月加給薪水銀十兩。6. 三年試居高等者,除第四條外,照准各按升級,格外優保班次。觀上述章程,則當時該校實仍未脫舊式科舉制及書院制的形式,不過加授外國語文而已。

二、廣方言館創始於同治二年(公元一八六三年),由江蘇巡撫李鴻章奏請。當時以上海及廣東爲外人匯聚的地方,通商督撫衙門及海關監督署應添設翻譯官承辦洋務,所以依照同文館例,添設兩處,以事廣畜人材。其章程計分九條:一、條志;二、習經;三、習史;四、講習小學;五、課文;六、習算;七、考核日記;八、求實用;九、學生分上下兩班。因爲當時反西學的頑固運動頗有相當力量,所以於外國語文之外,兼及經史小學,以塞反對者之口。

三、湖北自強學堂,其創始年月不詳。初分方言、格致、算學、商務四門;其後算學改歸兩湖書院教授,格致與商務二門停辦,故僅留方言一門。方言分爲英、法、德、俄四國,實亦同文館同類的學校。

屬於第二類的,依創立時期先後言之,有一、福建船政學堂;二、上海機器學堂;三、天津電報學堂;四、天津北洋水師學堂;五、天津武備學堂;六、廣東水師學堂;七、湖北武備學堂;八、湖北鑛業學堂、工程學堂;九、天津軍醫學堂等。現擇其比較重要的分述如下:

一、船政學堂,創始於同治五年(公元一八六六年)。左宗堂督福建,奏立船廠,並附設學堂,稱曰船政學堂。堂分爲二,曰前堂,習法文,學造船術;曰後堂,習英文,練駕駛術。課程除造船及駕駛應習科目外,並讀《聖諭廣訓》、《孝經》,又課策論。

二、上海機器學堂創始於同治六年(公元一八六七年)。總督曾國藩從容閎建議,附設機器學堂於上海江南製造局內,課以機器製作的理論與實際的方法,蓋以造就國內工程師爲目的。

三、天津水師學堂創始於光緒六年(公元一八八〇年),由李鴻章奏設。內分駕駛及管輪二科,都用英文教授;此外,兼習操法,并課讀經及國文等。優等生得派遣出洋留學,以資深造。其後光緒十三年(公元一八八七年),添設廣東水師學堂,其辦法課程與天津水師學堂相似。

四、天津武備學堂創始於光緒十一年(公元一八八五年),亦由李鴻章奏設。其規制模仿歐美陸軍學校。教師初聘德人;學生則由各營挑選精健聰穎略通文義的弁目充任;如有文員願習武事的,一併錄取。課程,一方研究西洋行軍新法,一方赴營實習。該堂意在速成,一年後,即發回各營,量材授事,故與水師學堂程度不同。其後光緒二十一年(公元一八九五年),又成立湖北武備學堂,大致相同。

五、此外,天津電報學堂成立於光緒五年(公元一八七九年)。湖北鑛業學堂工程學堂,附設於湖北鑛務局,成立於光緒十八年(公元一八九二年)。天津軍醫學堂成立於光緒十九年(公元一八九三年)。這些學校的創立也可視爲軍事學校之附帶的發展。

這時期的教育,實以外國語及海陸軍教育爲中心,其由實用主義進而爲人文主義,而稍含有普通教育或預備教育之意味的,爲一、北洋大學,及二、南洋公學,而以後者爲更重要。

一、北洋大學,創始於光緒十三年(公元一八八七年),由李鴻章建議;但其內部組織完備,則在中、日戰爭以後(光緒二十年甲午,公元一八九四年)。

二、南洋公學,成立於光緒二十三年(公元一八九七年),由盛宣懷創辦。其經常費,由上海招商局及電報局捐助。公學分爲四院:一曰師範院,等於現在的師範學校;二曰外院,等於現在師範學校的附屬小學;三曰中院,等於現在的中學;四曰上院,等於現在的高等專門學校。這公學以師範院爲培植教學人材的處所,以外院爲師範生練習的處所,以中院爲上院預備升學的處所,在學校系統上比較地算是完備點。

留學制度的發軔 當新式學校萌芽時期,最初主張派遣學生留學的,是容閎。容爲美國耶魯大學(Yalo University)博士,任江蘇候補同知,於同治七年(公元一八六八年)建議選拔年齡十二歲至十四歲的聰穎子弟,派赴美國留學;修業期十五年;學生赴美後,由中文教員教以國文修身;政府簡二監督,照管一切,以海關若干成的盈餘爲常年經費。當時贊成這建議的,爲曾國藩、丁汝昌、李鴻章及其他大吏。同治九年(公元一八七〇年),派容閎及刑部主事陳蘭彬辦理留學事。次年,設留學預備學堂於上海。又次年,派遣第一次留學生三十人赴美。其後繼續派遣,直到光緒元年(公元一八七五年),成績頗佳。二年,政府以吳子登爲留美學生監督。吳性頑固,反對留學制度,痛斥留學生的學問道德。而當時某御史又利用美國禁止華工事件,呈請廢止留學制,撤回所派學生。光緒七年(公元一八八一年),政府從其請,留學生百人遂被撤返國,留學制爲受一大打擊。此外光緒二年(公元一八七六年),福建船政局亦曾資遣學生四十六人,分往外國,學習造船術及駕駛術,也頗給與留學制以相當的影響。

二　新式學制的產生

本時期之三期劃分　新式學校的創辦,雖始於同治初年;而新式學制的成立,則遠在光緒二十七年(公元一九〇一年)。這新式學制的產生,自有其促成的原因;若甲午(一八九四年)中、日戰爭敗衂後的刺激,戊戌(一八九八年)維新間志士的鼓吹,以及庚子(一九〇〇年)拳亂後朝野的補救,都是其有力的因素。這時期,我們爲簡明起見,上溯光緒二十七年,下迄宣統三年(公元一九一一年);其實如果較詳密地說,還可分爲三個時期:第一期,從光緒二十七年到光緒二十九年(公元一九〇三年),可稱爲欽定學堂章程時期;第二期,從光緒二十九年到光緒三十四年(公元一九〇八年),可稱爲奏定學校章程時期;第三期,從宣統元年(公元一九〇九年)到宣統三年(公元一九一一年),可稱爲改訂學堂章程時期。

戊戌維新之學制一瞥　當光緒二十七年以前,即戊戌維新(光緒二十四年)那年,新學制曾經有一度的擬議;不過從四月間下詔推行,八月間即發生政變,故這新學制遂如曇花之一現。光緒二十四年四月(公元一八九八年),德宗下詔籌設京師大學堂,諭軍機大臣總理衙門王公大臣妥議章程,當時所議章程凡五十二條,分爲八章:一、總綱;二、學堂功課;三、學生入學;四、學成出身;五、聘用教習;六、設官;七、經費;八、新章。其爲現行學制所不及之點,爲:一、在上海開一編譯局,各學科除外國文外,都教授這種本國編譯書籍,非如今日大學永以外國教科書爲教本。二、學生每月有膏火,分爲六級,至多的二十兩,少的四兩,也非如今日學校專供有產子弟的獨佔。其課程分爲兩類:一曰普通學,爲學生所通習;一曰專門學,由各生各占一門;其情形一如今日大學必修科與選科的區別。這五十二條章程入奏後,派大學士孫家鼐爲管學大臣,對於原擬章程略加變通。五月間,又下詔開辦中小學堂,將各省府廳州縣的大小書院一律改爲兼習中學西學的學校，以省會的大書院為高等學，郡城的書院為中等學，州縣的書院為小學，都頒給京師大學堂章程，令仿照辦理。即地方自行捐辦的義學及社學，也令中西兼習，以廣造就。所有中小學應讀書籍，由官設書局編譯頒行。從這年起，中國才有普通教育意義的新式學制，而不僅是從前專以造就外交及海陸軍人員為唯一目的的學校。然而八月政變突興，德宗幽囚，康、梁被逐，而這將要次第施行的新學制也遂劃然中斷。

欽定學堂章程下之學制 光緒二十七年（公元一九〇一年），拳亂已平，西太后攜德宗回鑾北京，知閉關排外的政策無法實行，於是戊戌所行新政又有復活趨勢。十二月，派張百熙為管學大臣，着妥議學堂章程。張奉命後，奏擬章程，規劃頗為詳盡。首分學堂為六級：曰蒙學堂，曰尋常小學堂，曰高等小學堂，曰中學堂，曰高等學堂，曰大學堂。

蒙學堂以改良私塾為宗旨。修業期限為四年。課程為修身、字課、習字、讀經、史學、輿地、算學、體操八科。得徵收學費，每人每月不得過三角。其教授及護養方法，頗能一反當時舊習；如戒施夏楚，戒偏責背講，注意教室衛生，注意兒童疾病等，都含有真正教育的意味。

小學堂以教授道德知識及一切有益身心之事為宗旨。分為高等、尋常二級。修業期限各為三年。兒童六歲入學，經蒙學堂及尋常小學堂，計七年，定為義務教育。高等小學堂以外，另設簡易農、工、商、實業學堂，以容納不入高等小學堂之卒業尋常小學堂者。課程，尋常小學堂為修身、讀經、作文、習字、史學、輿地、算術、體操；高等小學堂，於以上各科外，又有讀古文辭、理科、圖畫；或加一二農、工、商、實業科目而除去古文辭。學額，每校以五百人為限，每班不得過六十人。不收學費。

中學堂容納高小卒業生，為高等學堂的預備學堂。以府治設置為標準。修業期限為四年。中學堂以外，另設中等農、工、商、實業學堂，以容納不入普通中學堂之高小卒業生；又附設師範學堂，以造就小學教習。中學堂於第三年起，得設實業科，以便卒業後可入高等專門實業學堂，含有文實分科的形勢。課程為修身、讀經、算學、詞章、中外史學、中外輿地、外國文、圖畫、博物、物理、化學、體操。師範學堂，則每星期減去外國文三小時，加教育學及教授法三小時。學額，每校以八百人為限，每班不得過五十人。在五年內，官立中學堂暫不收費。

高等學堂容納中學卒業生，為分科大學的預備學堂，與京師大學預備科性質相同。以省會設置為標準。修業期限為三年。高等學堂以外，得附設農、工、商、醫、高等實業學堂，以容納卒業於實業科的中學生。這種學堂的設置，宜度量地方的需要。又得附設仕學館及師範學堂。課程分政、藝兩科:政科爲倫理、經學、諸子、詞章、算學、中外史學、中外輿地、外國文、物理、名學、法學、理財學、體操；藝科爲倫理、中外史學、外國文、算學、物理學、化學、動植物學、地質及礦產學、圖畫、體操。此外仕學館爲算學、博物、物理、外國文、輿地、史學、掌故、理財學、交涉學、法律學、政治學；師範館共四年，爲倫理、經學、教育學、習字、作文、算學、中外史學、中外輿地、博物、物理、化學、外國文、圖畫、體操。所用課本，除用京師編譯局外，如自編講義，須經京師大學堂審定。學額，每校定八百人以上，每班定四十人。初設立時，暫不收費。

　　京師大學堂，最高爲大學院，不定年限；其次爲大學專門分科，修業期限三年至四年；又其次爲大學預備科，得附設仕學館、師範館及醫學實業館，與高等學堂完全相同。大學專門分科分爲一、政治科；二、文學科；三、格致科；四、農業科；五、工藝科；六、商業科；七、醫術科。各科又復分目，計政治科分爲1. 政治學及2. 法律學；文學分爲1. 經學，2. 史學，3. 理學，4. 諸子學，5. 掌故學，6. 詞章學及7. 外國語言文字學；格致學分爲1. 天文學，2. 地質學，3. 高等算學，4. 化學，5. 物理學及6. 動植物學；農業科分爲1. 農藝學，2. 農業化學，3. 林學及4. 獸醫學；工藝科分爲1. 土木工學，2. 機器工學，3. 造船學，4. 造兵器學，5. 電器工業，6. 建築學，7. 應用化學及8. 採礦冶金學；商業科分爲1. 簿計學，2. 產業製造學，3. 商業語言學，4. 商法學，5. 商業史學及6. 商業地理學；醫術科分爲1. 醫學及2. 藥學。學額，專門分科不定額，預備科二百名，速成科三百名，共五百名。

　　按當時學制可表示如次：

　　當時對於學校建築，亦頗具規模，計一、禮堂；二、學生聚集所；三、藏書樓；四、博物院；五、講堂，分爲通常及特別二種；六、寄宿舍，分爲寢室及自修室；七、公畢休息室；八、食堂；九、盥所；十、養病所；十一、浴室；十二、厠所；十三、體操場，分爲屋外及屋內。此外尚有職員、教習及執事人居室等。

　　又當時科舉未廢，學校出身，亦給以科第。規定，高小卒業，覆考如格，給予附生；中學卒業，覆考如格，給予貢生；高等學堂卒業，覆考如格，賞給舉人；大學分科卒業，覆考如格，賞給進士。同時對於科舉出身人員，亦定有變通辦法；凡進士得歸仕學館，舉人得選入高等學堂，貢生得入中學堂，附生得入小學堂。

由張百熙建議的欽定學堂章程，頒行於光緒二十七年十二月，到二十九年（一九〇三年）十一月即行廢止。這學制雖因時間忽促，僅成紙上文章，未得切實施行，但總可視爲第一次新式學制的出現。這學制廢止之表面的原因，固爲未臻完備之故；但其內幕，實由於榮慶與張百熙的暗鬥。

奏定學堂章程下之學制　第二期訂定的學制，即所謂奏定學堂章程。光緒二十九年閏五月，派張之洞會同張百熙、榮慶釐定學堂章程。張等彙訂四編回奏，奉准，遂頒布全國。其學校系統如次：

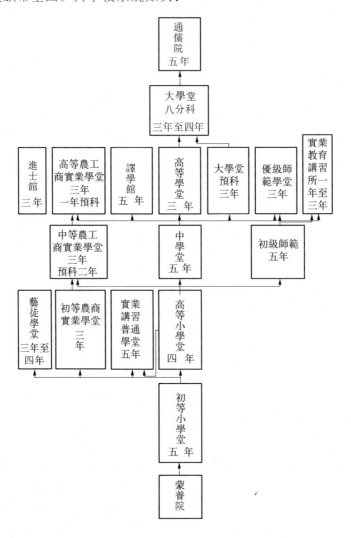

奏定學堂章程,較之欽定學堂章程,其重要的補充點凡三:一、刪去蒙養學堂,另定蒙養院章程;二、詳訂師範學堂章程;三、詳訂農、工、商、實業學堂章程。而各項學堂的分科與科目,亦多有更改。

一、蒙養院等於現在的幼稚院,爲保育三歲以上至七歲幼兒之所,附設於育嬰堂及敬節堂內。兒童留院,每日不得過四小時。不收學費。

二、師範學校分爲三種:一、優級師範學堂;二、初級師範學堂;三、實業教員講習所。1. 優級師範學堂以造就初級師範學堂及中學堂的教員、管理員爲宗旨。學科分爲三:一、公共科;二、分類科;三、加習科。公共科所以補充中學學程,爲本科的預備。加習科,於分類科外,擇習與教育有關的數科,以資深造。分類科分學科爲四類:第一類以中國文學、外國語爲主,第二類以地理、歷史爲主,第三類以算學、物理、化學爲主,第四類以植物、動物、礦物、生理學爲主,其性質等於現在學校的分院或分系。2. 初級師範學堂以造就初高等小學堂的教員爲宗旨。科目爲修身、讀經及講經、中國文學、教育學、歷史、地理、算學、博物、物理及化學、習字、圖畫、體操。於正科外,附設簡易科,定一年畢業。師範學堂,都於教育學科內,增入教授實事練習;規定優級師範附設附屬中學堂及小學堂,初級師範附設附屬小學堂,以爲練習的場所。3. 實業教員講習所以造就各實業學堂、實業補習普通學堂及藝徒學堂的教員爲宗旨。分爲農、工、商三類。農業及商業教員講習所二年卒業。工業教員講習所又分爲完全科與簡易科。完全科分爲六科:一、金工;二、木工;三、染織;四、窰業;五、應用化學;六、工業圖樣,都三年卒業。簡易科也分爲六科:一、金工;二、木工;三、染色;四、機織;五、陶器;六、漆工,都一年卒業。各種科目有必修科及隨意科,隨意科由學生任擇一二種學習。

三、實業學堂的種類分爲農業、工業、商業及商船。此外水產學堂屬於農業,藝徒學堂屬於工業。各種實業學堂分爲三級,曰高等實業學堂、中等實業學堂、初等實業學堂。此外實業補習普通學堂及藝徒學堂,都可附設於中小學堂內,不在各學堂程度以內。1. 高等農業學堂分本科及預科。本科分爲三科:一、農學;二、森林;三、獸醫學;如在墾荒地方,更可設土木工科。中等農業學堂亦分本預科。本科分爲五科:一、農業;二、蠶業;三、林業;四、獸醫業;五、水產。初等農業學堂的學科分普通科與實習科。實習科分爲四科一、農科;二、蠶業;三、林業;四、獸醫。2. 高等工業學堂的本科分爲十三科:一、應用化學;二、染色;三、機織;四、建築;五、窰業;六、機器;七、電器;八、電氣化學；九、土木；十、鑛業；十一、造船；十二、漆工；十三、圖稿繪畫。中等工業學堂本科分爲十科：一、土木工；二、金工；三、造船；四、電氣；五、木工；六、鑛業；七、染織；八、窰業；九、漆工；十、圖稿繪畫。工業沒有初等學堂，而只有藝徒學堂。藝徒學堂，除普通科目外，不限定何種工業科目，須斟酌地方的情形，選擇合宜的加以教授。3. 高等商業學堂的本科不分科；高等商船學堂分二科：一、航海；二、機輪。中初等商業與商船學堂的分科情形與高等同。

　　四、奏定章程中各項學堂的分科與科目，與欽定章程不同，而最足以引起吾人注意的，是對於經學的注重。如大學本科，舊章只有七科，新章則另添經學科爲首，而成八科。經學科分爲十一門，爲一、《周易》；二、《尚書》；三、《毛詩》；四、《春秋左傳》；五、《春秋三傳》；六、《周禮》；七、《儀禮》；八、《禮記》；九、《論語》；十、《孟子》；十一、理學。分經學習，一如西漢的博士制。中小學堂，則讀經一科改爲讀經講經；學務綱要中並另有中小學堂宜注重讀經以存聖教一節，原文謂："外國學堂有宗教一門；中國之經書，即中國之宗教。若學堂不讀經書，則是堯、舜、禹、湯、文、武、周公、孔子之道，所謂三綱五常，盡行廢絶，中國必不能立國矣。無論學生將來所執何業，在學堂時，經書必宜誦讀講解。誦經書之要言，聞聖教之要義，方足以定其心性，正其本源。"由這段說明，吾人可以了解當時的中學爲體、西學爲用的教育精神，而且可以曉然經學對於統治階級的作用。

　　這一時期的其他興革　這第二時期是中國新式學制成立的重要時期，除上述學制外，尚有其他重要的興革。第一，爲科舉制度的廢除；第二，爲教育官制的改革；第三，爲教育宗旨的宣布；第四，爲留學制度的整理；第五，爲女學章程的頒行。

　　一、科舉制度的廢除　光緒二十七年（公元一九〇一年），已改八股爲時務策論。二十九年（公元一九〇三年），張之洞、張百熙、榮慶奏請漸廢科舉，以收振興學堂之效。三十一年（公元一九〇五年），袁世凱、張之洞又奏請完全廢止；旋奉諭旨，自丙午科（三十二年）起，所有鄉會試、科歲考一律停止。於是自隋、唐以來的科舉制度遂宣告死刑。

　　二、教育官制的改革　當京師大學堂初成立時（光緒二十四年戊戌），曾設有管學大臣，管理大學堂事務，兼節制各省設立的學堂；其職權，爲以大學校長而兼教育總長，近似於前數年試行的大學院制。光緒二十九年（公元一九〇三年），改管學大臣爲學務大臣，統轄全國學務；而另設總監督以專管京師大學堂事務。

三十一年，科舉停止，設立學部，其長官稱學部尚書，並以舊國子監及禮部歸併於學部。次年，規定官制。三十三年(公元一九〇七年)，更先後頒布教育官制章程及法令，其中最重要的，為各省學務官制、教育會章程及勸學所章程等。蓋至此而後，新式教育制度纔深入於內地與民間。

　　三、教育宗旨的宣布　光緒三十二年(公元一九〇六年)，因學部尚書的奏請，頒布教育宗旨，以一人心而定趨向，一、忠君；二、尊孔；三、尚公；四、尚武；五、尚實。並申明忠君即所以愛國；尊孔以立道德之基礎；尚公以提倡公共合作之精神；人人有尚武之精神，則自強可以禦外侮；能尚實，必講求開發富源，期有益於國計民生。

　　四、留學制度的整理　當時政府因出洋留學學生日多，遂倡立監督制及考試制，以期收成效。光緒三十三年(公元一九〇七年)，始派遣歐洲留學生監督。次年，派遣日本留學生監督；又添加歐洲留學生監督員數，分駐法、德、俄、英諸國。留學生考試分為二種：未出洋以前，以考試考驗其合格與否；已出洋畢業回國，又有考試以為入仕途的預備。光緒三十三年(公元一九〇七年)，江蘇初舉行出洋留學生考試，並許女生應考。回國留學生考試，最初由禮部舉行，時為光緒三十一年(公元一九〇五年)；其後歸於學部，賜以進士、翰林、舉人等出身。

　　五、女學章程的頒行　初奏定學堂章程僅將女學歸入家庭教育法，沒有明文規定。學部設立，奏請開辦女學的頗多。光緒三十三年(公元一九〇七年)，頒行女子師範學堂章程三十八條、女子小學堂章程二十六條。這可算是中國女子學校有明文章程之始。女子師範學堂以養成女子學堂教習並講習幼兒保育方法、期於裨補家計、有益家庭教育為宗旨。學科為修身、教育、國文、歷史、地理、算學、格致、圖畫、家事、裁縫、手藝、音樂、體操。修業年限為四年。此外對於女生入學、女生請假及外客參觀等，都有嚴密的規定。女子小學堂以養成女子之德操與必需之知識技能並留意使身體發育為宗旨。分為初等及高等，修業年限都為四年。初高等並設的稱為女子兩等小學堂。女子初等小學堂的學科為修身、國文、算術、女紅、體操，外以音樂及圖畫為隨意科。女子高等小學堂的學科為修身、國文、算學、中國歷史、地理、格致、圖畫、女紅、體操，外以音樂為隨意科。

改訂學堂章程下之學制　從宣統元年至宣統三年(公元一九〇九年──一九一一年)，是清政府興辦新式教育的末期，其時間雖非常短促，但關於學堂章程的改訂處也頗不少。

　　一、關於普通學制的：1. 初等小學堂畢業期限由五年改為四年。讀經講經一科前二年廢止，後二年只讀《孝經》、《論語》(宣統元年)。2. 高等小學堂加授官話，以爲統一國音的預備；又通商口岸得於第三四學年加授英文(宣統二年)。3. 創辦簡易識字學塾，以爲年長失學及貧寒子弟無力就學者讀書之所。不收學費，並由學塾給發應用書籍物品。授課時間，每日自一小時至三小時。三年畢業，得插入初小四年(宣統元年)。4. 改良私塾，以採用教科書與改良教法爲主；且爲之定特殊課程，以便應用(宣統二年)。5. 中學堂課程分爲文實二科：文科重經學，實科重工藝(宣統元年)。其後因教師及設備上的困難，改訂兩科課程，較爲普通(宣統三年)。

二、關於學制研究的爲訂定中央教育會章程，並召集第一次會議。中央教育會爲學部的顧問機關，以便徵集全國教育意見。會員選自學部、民政部、海陸軍部、京師督學局、各省提學使署、各省學務局的官職員，以及學部直轄各學堂監督、各省師範中小學堂監督、教員、堂長等；任期三年。宣統三年(公元一九一一年)夏，舉行第一次會議，會員到會的計百三十八人。當時議決案件，有：一、提倡軍國民教育案；二、國庫補助推廣初小經費案；三、實施義務教育案；四、劃定地方教育經費案；五、振興實業教育案；六、停止實官獎勵案；七、變通考試章程案；八、初級完全師範改歸省轄案；九、統一國語辦法案；十、國庫補助養成小學教員案；十一、變更初等教育方法案等。十月，武昌革命軍興，全國響應，這次議決的議案遂成爲清政府提倡新教育的尾聲。

三　民國新學制的頒布與修正

民國學制的産生與頒布　中華民國元年四月，設置教育部，掌管全國教育事項。同年七月，召集臨時教育會議，徵求全國教育者的意見。首頒布教育宗旨爲"注重道德教育，以實利教育、軍國民教育輔之，更以美感教育完成其道德。"次改訂學校系統，圖示之如下。1. 初等小學校四年畢業，爲義務教育；畢業後得入高等小學校或乙種實業學校。2. 高等小學校三年畢業，畢業後得入中學校或師範學校或甲種實業學校。3. 初等小學校及高等小學校設補習科，爲畢業生欲升入他校的補修學科，兼爲職業上的預備，都二年畢業。4. 中學校四年畢業，畢業後得入大學或專門學校或高等師範學校。5. 大學本科三年或四年畢業，預科三年。6. 師範學校本科四年畢業，預科一年。高等師範學校本科三年畢業，預科一年。7. 實業學校分甲乙二種，各三年畢業。8. 專門學校本科三年或四年畢業，預科一年。這次學校系統比較前清所頒布的，其不同點，爲：1. 初等小學由五年減爲四年。2. 高等小學由四年減爲三年。3. 中學由五年減爲四年。4. 廢止高等學堂,增添大學預科。5. 大學畢業後的研究年限不加規定。總之,民國學制較前清學制減少三年;其所以能減少,由於刪去讀經講經的鐘點;而其所以減少,實含有促進普及教育的命意。

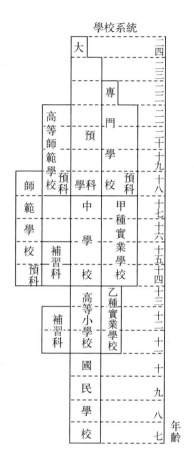

一、小學校以留意兒童身心之發育、培養國民道德之基礎及授以生活所必需之知識技能爲宗旨。初等小學的教科目爲修身、國文、算術、手工、圖畫、唱歌、體操。女子加課縫紉。與前清課程不同點,爲:刪去讀經、地理及理科,而特別注意手工一科。高等小學的教科目爲修身、國文、算術、本國歷史、地理、理科、手工、圖畫、唱歌、體操。男子加課農業,女子加課縫紉。並得視地方情形,改農業爲商業,加課英語或他種外國語。與前清課程不同點,亦爲讀經一科的廢除;其次,爲每星期授課時間的減少。

二、中學校以完足普通教育、造成健全國民為宗旨。不分文實二科,教科目為修身、國文、外國語、歷史、地理、數學、博物、物理、化學、法制經濟、圖畫、手工、樂歌、體操。與前清課程不同點,為加入手工,廢除讀經。其更可注意的,為女子中學校的設立。女子中學校的課程與男子同,而另加課家事、園藝及縫紉。

三、大學以教授高深學術、養成碩學閎材、應國家需要為宗旨。本科分為七科,為文、理、法、商、醫、農、工。預科分為三部:第一部為將來入文、法、商三科的學生而設,第二部為將來入理、工、農及醫科的藥物門的學生而設,第三部為將來入醫科的醫學門的學生而設。大學各科又再分為門,計:一、文科分為 1. 哲學, 2. 文學, 3. 歷史學及 4. 地理學四門。二、理科分為 1. 數學, 2. 星學, 3. 理論物理學, 4. 實驗物理學, 5. 化學, 6. 動物學, 7. 植物學, 8. 地質學, 9. 礦物學九門。三、法科分為 1. 法律學, 2. 政治及 3. 經濟學三門。四、商科分為 1. 銀行學, 2. 保險學, 3. 外國貿易學, 4. 領事學, 5. 稅關倉庫學及 6. 交通學六門。五、醫科分為 1. 醫學及 2. 藥學二門。六、農科分為 1. 農學, 2. 農藝化學, 3. 林學及 4. 獸醫學四門。七、工科分為 1. 土木工學, 2. 機械工學, 3. 船用機關學, 4. 造船學, 5. 造兵學, 6. 電氣工學, 7. 建築學, 8. 應用化學, 9. 火藥學, 10. 採鑛學及 11. 冶金學十一門。

四、專門學校以教授高等學術、養成專門人材為宗旨。專門學校的分類為 1. 法政, 2. 醫學, 3. 藥學, 4. 農業, 5. 商業, 6. 工業, 7. 美術, 8. 音樂, 9. 商船, 10. 外國語。

五、師範學校以造就小學校教員為目的,高等師範學校以造就中學校師範學校教員為目的。師範學校得附設小學校教員講習科,女子師範學校更得附設保姆講習所,高等師範學校、女子高等師範學校得設選科、專修科及研究科。男子師範學校的正科分為第一部、第二部。第一部三年,它的學科目為修身、教育、國文、習字、英語、歷史、地理、數學、博物、物理、化學、法制經濟、圖畫、手工、農業、樂歌、體操。第二部一年,它的學科目為修身、教育、國文、數學、博物、物理、化學、圖畫、手工、農業、樂歌、體操。與前清不同點,為:廢止經學而增加英語、法制經濟、手工、農業、樂歌等。女子師範學校與男子同,惟去農業而加課家事、園藝及縫紉。高等師範學校的預科科目為倫理學、國文、英語、數學、倫理學、圖畫、樂歌、體操。本科分國文、英語、歷史、數學物理、物理化學及博物六部。本科各部各有分習的科目,其通習的科目為倫理學、心理學、教育學、英語、體操。其與前清不同點,為廢止經學,減輕繁重的科目,而增添關於社會工業重要的新科目。師範學校由省費支給；高等師範學校由國庫支給。學生一例免納學費，並酌給必要費用。

六、實業學校以教授農、工、商業必需的智識技能為目的。實業學校的種類為農業學校、工業學校、商業學校及實業補習學校。又有女子職業學校，得就地方情形，參照各項實業學校規程辦理。

七、民國元、二年間，教育部所公布的規程頗多，其與清政府時代不同而比較重要的，為 1. 學校行政精神，2. 學校曆，3. 成績考查法。1. 清代的興學，一方固欲其能副富強的奢望，一方又懼其增長革命的趨勢，所以學校行政精神之表示於章程條規中的，每多強制的傾向。民國初興，震於自由平等的名辭，比較的信仰活動精神與放任政策。凡學校章程以及學生管理法，得由校長參酌本地情形而定；教育部所公布的規程，不過略舉綱要，為各學校作一標準而已。2. 民國成立，廢止陰曆，採用陽曆，於是學校曆也隨以改正。以每年八月一日至次年七月三十一日為一學年。一學年分三學期，八月一日至十二月三十一日為第一學期，一月一日至三月三十一日為第二學期，四月一日至七月三十一日為第三學期。暑假定三十日以上，五十日以下；但大學專門得視地方氣候自定起迄。年假定七日以上，十四日以下。春假定七日，自四月一日起。鄉村小學得放麥假、秋假，而縮短年假、暑假及春假的日期。3. 學校考查學生成績，分為操行成績考查及學業成績考查。學業成績又分為平時成績與試驗。試驗又分為學期試驗、學年試驗及畢業試驗；此外又有入學試驗及編級試驗，舉行於招考學生及收受轉學生。凡學生的升級及畢業，都應以操行成績與學業成績參酌而定。

民四以後的學制修正　自從民國初元頒布學校系統及教育規程，到民國三年（公元一九一四年），教育普及的聲浪漸高，於是學制又受其影響而略加修改。現為清晰計，條舉如次：一、初等小學的改革。民國四年七月（公元一九一五年），改初等小學為國民學校，公布國民學校與高等小學章程。國民學校的教科及編製，與初等小學沒有什麼十分出入；其比較不同的，為劃清地方權限及經費擔負而已。（詳見該章程的設置、經費、管理監督諸章。）二、義務教育的推行。民國四年一月，政府頒布辦理義務教育命令。四月，教育部又頒定義務教育施行程序。該程序分為二期：第一期擬辦事項為頒布各項規程及調查各地教育現狀。第二期擬辦事項分為地方及中央兩部：關於地方的，為培養師資、籌集經費及推廣學校等；關於中央的，為核定各地陳報辦法，並通籌全國進行程限。新式學制對於義務教育作系統的計劃實自此始。三、國語統一的進行。國語統一運動，始於清末。民國二年（公元一九一三年），教育部召集各省及蒙古、西藏、華僑各代表，並聘請音韻專家，合共七十九人，在北京開讀音統一會；定國音爲二十四個聲母、十五個韻母，凡三十九個音素，名爲注音字母。民國七年（公元一九一八年）十一月，教育部以正式公文公布注音字母。八年（公元一九一九年）四月，又據國語研究會的呈請，依照音類次序，重行公布，並頒布國音字典，使人民傳習得所依據。九年（公元一九二〇年），教育部採用全國教育會聯合會的建議，將國民學校一二年級的國文科改爲國語科。同年，又依據國語研究會的呈請，增加一字母，合前爲四十字母。

學校系統改革案的產生與頒布 中國新式學制爲不顧國情的抄襲，是不容諱言的事實。當興學初期時（約當清朝末葉），因地理及文字的接近關係，大抵模仿日本。其後（約當民國初年），游學歐洲的漸多，於是由日本進而模倣德國；當時公布的教育宗旨中所謂軍國民教育，所謂美感教育，都可視爲受德國教育思想的影響。又其後（約當民國七八年），游美返國的日多，在社會蔚成相當勢力，於是當時美國盛倡之中小學六三三制又移植於中國。這是民國十一年學校系統改革案頒布之內在的史因。

當時對於民國初元頒布的學制，其所認爲缺陷之表面的理由，大概爲：一、中學學科太籠統，使升學及就業都感受困難，不能適應青年的需要；二、中小學年限過長，不曾留意國民的經濟力；三、各級學校的科目過於硬性，缺乏選擇的自由；四、預科制的存在，阻礙學制全部的統一。民國五年（公元一九一六年），全國教育聯合會建議：中學校自第三年起，得就地方情形，酌設職業教科。六年（公元一九一七年），教育部採納建議，令各省區中學得酌設第二部。七年（公元一九一八年），教育部召集中等學校校長會議，討論中學課程訓練及其與小學大學銜接的問題。同年，以游美學生爲中堅的中華教育改進社開會建議改定教育宗旨爲"養成健全人格、發揮共和精神"。八年（公元一九一九年），教育部准許中等學校酌量地方情形增減科目與時間。以上種種，都可視爲改革學制的先聲。民國十年（公元一九二一年），第七屆全國教育聯合會在廣東開會，當時各省區教育會提出新學制草案的達十省之多，可見對於這問題的注重。旋經會員的討論與修正，於是新學制有系統的草案遂因以產生。十一年（公元一九二二年），教育部知學制改革之不可免，九月，遂召集學制會議，對於聯合會的草案加以修正。同年十二月第八屆全國教育聯合會在濟南開會，對於學制草案爲最後的修正。於是教育部參酌兩案，遂頒布學校系統改革案。

學校系統改革案,分標準、系統表、說明三項：

一、標準：一、適應社會進化之需要。二、發揮平民教育精神。三、謀個性之發展。四、注意國民經濟力。五、注意生活教育。六、使教育易於普及。七、多留各地方伸縮餘地。

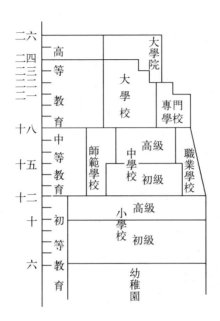

二、學校系統表：本圖左行之年齡,表示學生入學之標準；但實施時,仍以智力與成績或其他關係分別定之。

三、說明：一、初等教育：1. 小學校修業年限六年。(附注一,依地方情形,得暫展長一年。) 2. 小學校得分初高兩級。前四年為初級,得單設之。3. 義務教育年限暫以四年為準。各地方至適當時期,得延長之。義務教育入學年齡,各省區得依地方情形自定之。4. 小學課程,得於較高年級,斟酌地方情形,增置職業準備之教育。5. 初級小學修了後,得予以相當年期之補習教育。6. 幼稚園收受六歲以下之兒童。7. 對於年長失學者,宜設補習學校。

二、中等教育：8. 中學校修學年限六年,分為初高兩級,初級三年,高級三年。但依設科性質,得定為初級四年,高級二年；或初級二年,高級四年。9. 初級中學得單設之。10. 高級中學應與初級中學並設；但在特別情形時,得單設之。11. 初級中學施行普通教育；但得視地方需要,兼設各種職業科。12. 高級中學分為普通、農、工、商、師範、家事等科；但得酌量地方情形,單設一科,或兼設數科。(附注二,依舊制設立之甲種實業學校,酌改爲職業學校或高級中學農、工、商各科。) 13. 中等教育得用選科制。 14. 各地方得設中等程度之補習學校或補習科。其補習之種類及年限,視地方情形定之。 15. 職業學校之期限及程度,得酌量各地方實際需要情形定之。(附注三,依舊制設立之乙種實業學校,酌改爲職業學校,收受高級小學畢業生。但依地方情形,亦得收受相當年齡之修了初級小學學生。) 16. 爲推廣職業教育計,得於相當學校內,酌設職業教員養成所。 17. 師範學校修業年限六年。 18. 師範學校得單設後二年或後三年,收受初級中學畢業生。 19. 師範學校後三年得酌行分組選修制。 20. 爲補充初級小學教育之不足,得酌設相當年期之師範學校或師範講習科。

　　三、高等教育: 21. 大學設數科或一科均可。其單設一科者,稱某科大學校,如醫科大學校、法科大學校之類。 22. 大學校修業年限四年至六年,各科得按其性質之繁簡,於此限度內斟酌定之。醫科大學校、法科大學校,修業年限至少五年;師範大學校,修業年限四年。(附注四,依舊制設立之高等師範學校,應於相當時期內,提高程度,收受高級中學畢業生,修業年限四年,稱爲師範大學校。) 23. 大學校用選科制。 24. 因學科及地方特別情形,得設專門學校,高級中學畢業生入之,修業年限三年以上。年限與大學同者,待遇亦同。(附注五、依舊制設立之專門學校,應於相當時期內提高程度,收受高級中學畢業生。) 25. 大學校及專門學校得附設專修科,修業年限不等,凡志願修習某種學術或職業而有相當程度者入之。 26. 爲補充初級中學之不足,得設二年之師範專修科,附設於大學校教育科或師範大學校,亦得設於師範學校或高級中學,收受師範學校及高級中學畢業生。 27. 大學院爲大學畢業及具有同等程度者研究之所,年限無定。

　　四、附則: 28、注重天才教育,得變通年限及教程,使優異之智能盡量發展。 29. 對於精神上或身體上有缺陷者,應施以相當之特種教育。

新學制課程標準的製定　　當全國教育會聯合會建議學校系統改革草案的時候,曾同時組織"新學制課程標準起草委員會"。民國十一年(公元一九二二年)十月在北京開第一次委員會議,議定進行程序;十二月在南京開第二次委員會,通過中小學畢業標準,編定各學科課程要旨,分請專家草擬各科目課程綱要。十二年(公元一九二三年)四月及六月,在上海開第三次及第四次委員會,覆訂小學、初中各科目課程綱要及高中課程總綱,完全刊布,其大略如次:一、小學課程分爲國語、算術、衛生、公民、歷史、地理、自然、園藝、工用藝術、形象藝術、音樂、體育等十一科目;前期四年,將衛生、公民、歷史、地理合併爲社會科。二、初級中學課程分爲社會科(公民、歷史、地理)、言文科(國語、外國語)、算學科、自然科、藝術科(圖畫、手工、音樂)、體育科(生理衛生、體育)等六學科。初級中學畢業，須修滿百八十學分，除必修科百六十四學分外，其他學分得選他種科目或補習必修科目。三、高級中學得分設爲普通科及職業科。普通科又分爲第一組及第二組；第一組注重文學及社會科學，第二組注重數學及自然科學。職業科又分爲 1. 師範科；2. 商業科；3. 工業科；4. 農業科；5. 家事科。因此，高級中學課程約分三部分，1. 公共必修科；2. 分科專修科；3. 純粹選修科。高中普通科公共必修科目爲國語、外國語、人生哲學、社會問題、文化史、科學概論、體育；其分科專修科目，則第一組爲特設國文、心理學初步、論理學初步、社會學的一種、自然科或數學的一種；第二組爲三角、高中幾何、高中代數、解析幾何大意、用器畫、物理化學或生物(三項選習二項)。高中職業科，公共必修科目與普通科相同，所有分科專修科目及純粹選修科目，由各校依照實際情形規定。四、至大學專門學校的課程，當時委員會從未議及；其辦法，仍舊依準民國新學制，參以各校意見，呈部核定。

四　國民黨黨治下的學校制度

黨治下教育主張之演變　這一時期，可以由現在(公元一九三〇年)追溯到民國十三年(公元一九二四年)。民國十三年一月，中國國民黨開第一次全國代表大會於廣州，通過總章，並發表宣言。在宣言中，關於教育的政綱，有"厲行教育普及，以全力發展兒童本位之教育，整理學制系統，增高教育經費，並保障其獨立"的條文。十五年一月(公元一九二六年)，又在廣州開第二次全國代表大會，當時於"青年運動報告決議案"中有"在教育方面應使其革命化與平民化，並注意於平民學校的擴充"；及"在國民政府勢力範圍內，尤應積極設法收回教育權"的條文。十八年五月(公元一九二九年)，國民政府頒布國民黨第三次全國代表大會通過的教育宗旨及實施方針。原文如次：

"甲、教育宗旨：中華民國之教育，根據三民主義，以充實人民生活，扶植社會生存，發展國民生計，延續民族生命爲目的；務期民族獨立，民權普遍，民生發展，以促進世界大同。"

"乙、實施方針：前項教育宗旨之實施，應守下列之原則：一、各級學校三民主義之教學，應與全體課程及課外作業相貫連。史地教科，闡明民族真諦；以集合生活，訓練民權主義之運用；以各種之生產勞動的實習，培養實行民生主義之基礎；務使知識、道德融會貫通於三民主義之下，以收篤信力行之效。二、普通教育須根據總理遺教，陶冶兒童及青年"忠、孝、仁、愛、信、義、和、平"之國民道德，並養成國民之生活技能，增進國民生產之能力爲主要目的。三、社會教育必須使人民具備近代都市及農村生活之常識，家庭經濟改善之技能，公民自治必備之資格，保護公共事業及森林園地之習慣，養老恤貧防災互助之美德。四、大學及專門教育必須注重實用科學，充實內容，養成專門智識技能，並切實陶融爲國家社會服務之健全品格。五、師範教育爲實現三民主義的國民教育之本源，必須以最適宜之科學教育及最嚴格之力心訓練、養成一般國民道德上、學術上最健全師資爲主要之任務；於可能範圍內，使其獨立設置，盡量發展鄉村師範教育。六、男女教育機會平等。女子教育必須注重陶冶健全之德性，保持母性之特質，並建設良好之家庭生活及社會生活。七、各級學校及社會教育一體，注重發展國民之體育。中等學校及大學專門須受相當之軍事訓練。發展體育之目的，固在增進民族之體力，尤須以鍛練強健之精神、養成規律之習慣爲主要任務。八、農村推廣，須由農業教育機關積極設施。凡農業生產方法之改進，農民技能之增高，農村組織與農民生活之改善，農業科學智識普及，以及農民生產消費合作之促進，須以全力推行。"

黨治下學校內容之興革　　國民黨黨治下的學校，其與從前不同的，不在於學校系統，而在於學校內容。舉其最顯著的而言：一、各級學校增設黨義一科；凡黨義教師及訓育主任，須受"黨義教師檢定委員會"的檢定；同時並規定考查各級學校黨義成績辦法及各級學校教職員研究黨義暫行條例。(詳教育部印行《現行重要教育法令彙編》通則類頁六五——七三。)二、高中以上學校，除女生外，以軍事教育爲必修科目，修習期間爲二年六學分。應受軍事教育的學校，由教育部咨請訓練總監部，考選正式陸軍學校畢業成績優良的軍官，充任軍官教官；必要時，加派軍官或軍士若干名補助。同時並規定高中以上學校軍事教育查閱章程及懲獎規則。(詳前書學校教育類頁六二——八九。)三、各級學校所設的童子軍，改組爲中國國民黨童子軍，受"中國童子軍司令部"的管轄，而直隸於國民黨中央執行委員會訓練部。(詳前書學校教育類頁九〇——一〇〇。)四、中等以上各級學校學生，須依照學生團體組織原則，在校內組織學生自治會，不得干涉學校行政。學生會會費，應由學生自行設法籌措，不能由學校支給。(詳前書通則類頁一三一——一四一。)此外如小學不准採用文言教科書，取締宗教科目等等，都是前期所已倡導，不過到這時期總嚴厲執行而已。

關於學校組織，沒有什麼改革，大抵只對於以前的加以修訂。一、大學。當國民政府初定都南京的時候，曾在浙江、江蘇兩省，模仿法國制度，實行大學區制，以大學校長兼理舊教育廳事務，以求教育行政的學術化。後因流弊頗多，引起各方反對，試行不及兩年，卒改復舊制。民國十八年(公元一九二九年)七八月間，國民政府頒布大學組織法及大學規程。其與從前不同的，1. 大學須具備三學院以上；不及三學院的，稱爲某某學院，得分兩科。2. 大學修業年限，醫學院五年，其餘四年。二、專科學校。同時又頒布專科學校組織法及專科學校規程。專科學校分甲、乙、丙、丁四類，以教授應用科學，養成技術人才爲限。修業期限爲二年或三年。入學資格，須曾在高中或同等學校畢業。三、中小學。民國十七年(公元一九二八年)二三月間，大學院曾公布中學暫行條例及小學暫行條例，與前期新學制大致相同，唯於小學添三民主義及黨童子軍，中學添黨義、黨童子軍及軍事教育等科。

這一時期，對於前期新學制加以補充的，爲幼稚園及中小學課程暫行標準的頒布。民國十七年(公元一九二八年)五月，開"全國教育會議"於南京，議決由大學院組織"中小學課程標準起草委員會"，編訂中小學課程標準。八月，大學院公布委員會組織大綱，聘請委員。十月，大學院改組爲教育部，修訂委員會組織大綱，加聘委員。到十八年(公元一九二九年)八月間，先後頒布幼稚園、小學、初級中學及高級中學普通科的課程標準。計幼稚園課程範圍分爲音樂、故事和兒歌、遊戲、社會和自然、工作、靜息及餐點；小學科目爲黨義、國語、社會、自然、算術、工作、美術、體育、音樂；初級中學科目爲黨義、國文、外國語、歷史、地理、算學、自然科、生理衛生、圖畫、音樂、體育、工藝、職業科目(選修)、黨童子軍；高級中學普通科科目爲黨義、國文、外國語、數學、本國歷史、外國歷史、本國地理、外國地理、物理、化學、生物學、軍事訓練、體育及其他選修科目。(詳可參考教育部頒布的《中小學課程暫行標準》。)

此外，如大學院制及大學區制的試行，中研院的成立，以其關於教育行政，不在學校制度範圍之內，略而不述。

群經概論

導論

【經的定義】 中國經學,就時間方面説,僅從西漢初年起計算,已經有二千一百餘年的歷史;就分量方面説,僅據《四庫全書總目》經部著録,已經有一千七百七十三部、二萬零四百二十七卷;然而,經的定義是什麽,到現在還是一個争辯未決的問題。

我們要曉得經的定義,先要曉得經學上的學派。經學的學派,下文擬另節敍説,現在只要先知道大概可分爲四派:一、"西漢今文學派",二、"東漢古文學派",三、"宋學派",四、"新史學派"。對於經的定義一問題,"宋學派"及"新史學派"不甚注意,但"西漢今文學派"(以下簡稱今文派)與"東漢古文學派"(以下簡稱古文派)卻是各有主張,而且争辯非常激烈。

今文派以爲經是孔子著作的專名。孔子以前,不得有經;孔子以後的著作,也不得冒稱爲經。他們以爲經、傳、記、説四者的區别,由於著作者身份的不同;就是孔子所作的叫做經,弟子所述的叫做傳或叫做記,弟子後學輾轉口傳的叫做説;一如佛教稱佛所説的爲經、禪師所説的爲律、爲論的不同。所以他們以爲只有《詩》、《書》、《禮》、《樂》、《易》、《春秋》是孔子手作,可以稱經。而《樂》在《詩》與《禮》中,本没有經文,所以實際上只有"五經"這個名辭可以成立。總之,依今文派説,所謂經,只有《詩》三百○五篇,《書》今文二十八篇,《儀禮》十六篇(《喪服傳》爲子夏作,不計),《易》的《卦辭》、《爻辭》、《彖辭》、《象辭》四種,以及"斷爛朝報"似的《春秋經》。對於這主張堅決地提出的,始於清龔自珍《六經正名》及《六經正名答問》諸文。其後如皮錫瑞的《經學歷史》、廖平的《知聖篇》以及康有爲的《新學僞經考》諸書,亦時有更明確更有系統的解説。

古文派與今文派相反,以爲經只是一切書籍的通稱,不是孔子的六經所能專有。在孔子以前,固然已有所謂經;在孔子以後的群書也不妨稱爲經。他們以爲經、傳、論的不同，不是由於著作者的身份的區別，而只是由於書籍版本長短的差異。經的本義是綫，就是訂書的綫，也就是《論語》上所謂"韋編三絕"的"韋編"。古代經書竹簡，長短是有一定的，或二尺四寸，或一尺二寸（見鄭玄《論語序》）。傳是"專"的假借字，專在《說文》釋爲六寸簿，所以傳就是比經短點的書本。論，古僅作"侖"，比次竹簡，使有次第，就稱爲論；《論語》之所以得名，就因爲他是將孔子師弟問答編次成帙的緣故。所以他們以爲經是一切群書的通稱，如《國語·吳語》"挾經秉枹"，則兵書可以稱經；王充《論衡·謝短篇》"至禮與律獨經也"，則法律可以稱經；《管子》有《經言》、《區言》，則教令可以稱經；《漢書·律曆志》援引《世經》，則歷史可以稱經；《隋書·經籍志》著錄《畿服經》，則地志可以稱經；《墨子》有《經上》、《經下》篇，《韓非子·內外儲說篇》另立綱要爲經，《老子》到漢代鄰氏次爲經傳，賈誼書有《容經》，則諸子也可以稱經。總之，依古文派說，經是一切書籍的通稱，不能佔爲五經、六經、七經、九經、十一經、十三經等經書的專名。對於這主張堅決地系統地提出的，始於近人章炳麟《國故論衡》《文學總略》及《原經》諸文。

此外，還有立場於駢文學派的見地，而提出經的定義的。他們以爲經是經緯組織的意思。六經中的文章，多是奇偶相生，聲韻相協，藻繪成章，好像治絲的經緯一樣，所以得稱爲經；換言之，六經的文章大抵是廣義的駢文體，也就是他們所謂"文言"。所以其他群書，只要是"文言"的，也可以稱爲經；如《老子》稱爲《道德經》，《離騷》稱爲《離騷經》等。這派是始於清代反桐城派的駢文學家阮元，到近人劉師培著《經學教科書》，更提出比較有系統的主張。

對於經的定義，以上三派，駢文學家借《易經》的《文言》以自重，近於附會，固不足取；但古文派過於空泛，今文派過於狹窄，也未見得使我們心服。總之，經是中國儒教書籍的尊稱，因歷代儒教徒意識形態的不同，所以經的定義逐漸演化，經的領域也逐漸擴張，由相傳爲孔子所刪訂的六經擴張到以孔子爲中心的其他書籍，如《孟子》、《爾雅》等。

【經的領域】 依上節所說，經的領域，因歷代儒教徒意識形態的不同而逐漸擴張，所以在前代的記載上，每每有六經、五經、七經、九經、十經、十二經、十三經及十四經、二十一經等等的稱號。

六經 以《詩》、《書》、《禮》、《樂》、《易》、《春秋》六者爲"六經"，始見於《莊子·天運篇》。稱六經爲"六藝"，始見於《史記·滑稽列傳》。其後班固《漢書·藝文志》襲用劉歆《七略》，編次儒教經典的書籍，稱爲"六藝略"；所謂六藝，亦就是六經。

五經 六經去《樂》，稱爲"五經"。唐徐堅等《初學記》說："古者以《易》、《書》、《詩》、《禮》、《樂》、《春秋》爲六經。至秦焚書，《樂經》亡，今以《易》、《詩》、《書》、《禮》、《春秋》爲五經。"按《樂經》的有無，今古文學的主張完全不同。依今文學說，《樂》本無經，樂即在《詩》與《禮》之中。依古文學說，《樂》本有經，因秦焚書而亡失。上舉的《初學記》，可視爲古文學說之一例。今文家對於這主張最說得透澈的，首推清邵懿辰《禮經通論》。邵氏說："樂本無經也。……夫聲之鏗鏘鼓舞，不可以言傳也；可以言傳，則如制氏等之琴調曲譜而已。……樂之原在《詩》三百篇之中，樂之用在《禮》十七篇之中。……欲知樂之大原，觀三百篇而可；欲知樂之大用，觀十七篇而可；而初非別有《樂經》也。……先儒惜《樂經》之亡，不知四術有樂，六經無樂，樂亡非經亡也。周、秦間六經、六藝之云，特自四術加以《易》、《春秋》耳。"據他的意見，五經而稱爲六經，完全是習慣的關係；因爲古代樂正崇四術（《詩》、《書》、禮、樂）以教士，後來加以《易》、《春秋》，遂稱六經；其實樂本來是沒有文字的。（或又主張六經去《春秋》而稱五經；班固《白虎通德論・五經篇》："五經何謂也？《易》、《尚書》、《詩》、《禮》、《樂》也。"按這說不甚通行。）

七經 "七經"的名稱始見於《後漢書・趙典傳》，又見於《三國志・蜀書・秦宓傳》。清全祖望《經史問答》解釋說："七經者，蓋六經之外，加《論語》。東漢則加《孝經》而去《樂》。"清柴紹炳《考古類編》解釋說："有稱'七經'者，五經之外，兼《周禮》、《儀禮》也。"據這二說，則七經有三義：一以《詩》、《書》、《禮》、《樂》、《易》、《春秋》、《論語》爲七經，二以《詩》、《書》、《禮》、《易》、《春秋》、《論語》、《孝經》爲七經。三以《詩》、《書》、《儀禮》、《周禮》、《禮記》、《易》、《春秋》爲七經。

九經 "九經"的名稱始見於《唐書・儒學傳・谷那律傳》。柴紹炳《考古類編》說："有稱'九經'者，七經之外，兼《論語》、《孝經》也。"清皮錫瑞《經學歷史》說："唐分《三禮》、《三傳》，合《易》、《書》、《詩》爲九。"據這二說，則九經有二義：一以《易》、《書》、《詩》、《儀禮》、《周禮》、《禮記》、《春秋》、《論語》、《孝經》爲九經；一以《易》、《書》、《詩》、《儀禮》、《周禮》、《禮記》、《左傳》、《公羊傳》、《穀梁傳》爲九經。

十二經 "十二經"的名稱始見於《莊子・天道篇》。唐陸德明《經典釋文》以爲有三義：一以《詩》、《書》、《禮》、《樂》、《易》、《春秋》六經，又加六緯，爲十二經。二以爲《易》上下經，並孔子《十翼》，爲十二經。三以爲《春秋》十二公爲十二經。

其後宋晁公武《郡齋讀書志》說:"唐太和中,復刻'十二經',立石國學。"這十二經是指《易》、《書》、《詩》、《周禮》、《儀禮》、《禮記》、《春秋左傳》、《公羊傳》、《穀梁傳》、《論語》、《孝經》、《爾雅》。

十三經 "十三經"的名稱始於宋。皮錫瑞《經學歷史》說:"唐分《三禮》、《三傳》,合《易》、《書》、《詩》爲九。宋又增《論語》、《孝經》、《孟子》、《爾雅》爲十三經。"明顧炎武《日知錄》亦說:"唐時立之學官,則云九經者,《三禮》、《三傳》,分而習之,故云九也。……宋時程、朱諸大儒出,始取《禮記》中之《大學》、《中庸》,及進《孟子》,以配《論語》,謂之四書。本朝因之,而十三經之名始立。"據這說,則以《易》、《書》、《詩》、《周禮》、《儀禮》、《禮記》、《春秋左傳》、《公羊傳》、《穀梁傳》、《論語》、《孝經》、《爾雅》、《孟子》爲十三經。

十四經 此外還有"十四經"的名稱,蓋附《大戴禮記》於十三經。宋史繩祖《學齋佔畢》說:"先時,嘗併《大戴記》於十三經末,稱十四經。"

二十一經 又清代段玉裁主張於十三經外,應增《大戴禮記》、《國語》、《史記》、《漢書》、《資治通鑑》、《說文解字》、《周髀算經》、《九章算術》八書,爲二十一經,以爲這些都是保氏(周官掌教國子的)書數之遺。見章炳麟《檢論·清儒篇》。

總之,經的領域逐漸擴大,現在依普通的習慣,以十三經爲限。因爲十四經的名稱不甚普遍,而二十一經不過是清代樸學家個人的主張。

【經的次第】 經的定義及經的領域兩問題以外,經的次第也是經學上一個素被忽略而其實非常重要的問題。對於經的次第,"宋學派"及"新史學派"無甚意見,但今古文學派卻仍是爭辯不決。

六經的次第,今文學派主張(1)《詩》,(2)《書》,(3)《禮》,(4)《樂》,(5)《易》,(6)《春秋》。而古文學派主張(1)《易》,(2)《書》,(3)《詩》,(4)《禮》,(5)《樂》,(6)《春秋》。他們兩派除在爲行文便利而偶爾顛倒外,決不隨便亂寫。現先將今古文學派的證據列下,然後加以說明。

今文學說:

(1)《莊子·天運篇》:"丘治《詩》、《書》、《禮》、《樂》、《易》、《春秋》。"

(2)《莊子·天下篇》:"《詩》以道志,《書》以道事,《禮》以道行,《樂》以道和,《易》以道陰陽,《春秋》以道名分。"

(3)董仲舒《春秋繁露·玉杯篇》:"《詩》、《書》序其志,《禮》、《樂》純其養,《易》、《春秋》明其知。"

(4)司馬遷《史記·儒林傳》序漢初傳經諸儒,說:"自是之後,言《詩》於魯則申培公,於齊則轅固生,於燕則韓太傅。言《尚書》自濟南伏生。言《禮》自魯高堂生。言《易》自淄川田生。言《春秋》,於齊、魯自胡母生,於趙自董仲舒。"(按依今文説,樂本無經,故缺。)

(5)《荀子·儒效篇》:"《詩》言是其志也,《書》言是其事也,《禮》言是其行也,《樂》言是其和也,《春秋》言是其微也。"(按缺《易》)。

(6)《商君書·農戰篇》:"《詩》、《書》、《禮》、《樂》、《春秋》。"(按亦缺《易》。)

(7)《淮南子·泰族訓》:"温惠淳良者,《詩》之風也;淳龐敦厚者,《書》之教也;清明條達者,《易》之義也;恭儉尊讓者,《禮》之爲也;寬裕簡易者,《樂》之化也;刺幾辯義者,《春秋》之靡也。"(按《易》序偶亂。)

(8)《禮記·經解》:"其爲人也,温柔敦厚,《詩》教也;疏通知遠,《書》教也;廣博易良,《樂》教也;潔静精微,《易》教也;恭儉莊敬,《禮》教也;屬辭比事,《春秋》教也。"(按《易》及《樂》序偶亂。)

(9)《禮記·王制》:"順先王《詩》、《書》、《禮》、《樂》以造士。"

(10)《莊子·徐无鬼篇》:"横説之則以《詩》、《書》、《禮》、《樂》。"

(11)《荀子·儒效篇》:"故《詩》、《書》、《禮》、《樂》之歸是矣。"

(12)《論語·泰伯篇》:"興於《詩》,立於《禮》,成於《樂》。"

(13)《論語·述而篇》:"《詩》、《書》、執禮,皆雅言也。"

古文學説:

(1)班固《漢書·藝文志》"六藝略"序六經次第,首《易》,次《書》,次《詩》,次《禮》,次《樂》,次《春秋》。

(2)《漢書·儒林傳》:"漢興,言《易》自淄川田生;言《書》自濟南伏生;言《詩》,於魯則申培公,於齊則轅固生,燕則韓太傅;言《禮》則魯高堂生;言《春秋》,於齊則胡母生,於趙則董仲舒。"又下文序漢儒傳經的次第,亦是先《易》,次《詩》,次《禮》,次《春秋》,與《史記·儒林傳》不同。(按古文説,《樂經》亡佚,故缺。)

(3)班固《白虎通德論·五經篇》:"五經何謂也?《易》、《尚書》、《詩》、《禮》、《樂》也。"(按未及《春秋》。)

(4)許慎《説文解字序》:"其稱《易》孟氏、《書》孔氏、《詩》毛氏、《禮》《周官》、《春秋》左氏、《論語》、《孝經》,皆古文也。"(按孟氏當作費氏,説見康有爲《新學僞經考·説文序糾謬》及章炳麟《檢論·清儒篇》。)

(5)宋范曄《後漢書·儒林傳》:"《易》有施、孟、梁丘、京氏;《尚書》,歐陽、大小夏侯;《詩》,齊、魯、韓、毛;《禮》,大小戴;《春秋》,嚴、顔,凡十四博士。"又下文序諸儒傳經次第,亦是先《易》,次《書》,次《禮》,次《春秋》,與《漢書·儒林傳》合,與《史記·儒林傳》不同。(按"毛"字衍文,説見顧炎武《日知録》"史文衍字"條及皮錫瑞《經學歷史》"經學昌明時代"章。)

(6)唐陸德明《經典釋文》序録:"五經六籍,聖人設教……今以著述早晚,經義總别,以成次第,出之如左。"按下文次第,一、《周易》;二、《古文尚書》;三、《毛詩》;四、《三禮》;五、《春秋》。又説:"《周易》雖文起周代,而卦肇伏犧;既處名教之初,故《易》爲七經之首。……《古文尚書》,既起五帝之末,理後三皇之經,故次於《易》。……《毛詩》既起周文,又兼商頌,故在堯、舜之後,次於《易》、《書》。……《周》、《儀》二禮,并周公所制,宜次文王。……《春秋》既是孔子所作,理當後於周公,故次於《禮》。"按六經次第,與《漢書·藝文志》相同。

(7)唐長孫無忌《隋書·經籍志》序諸儒傳經次第,亦先《易》,次《書》,次《詩》,次《禮》,次《春秋》,與《漢書·藝文志》相同。

今古文學對於六經次第的排列,是有意義的。所謂意義是什麽呢?就是古文學的排列次序是依六經產生時代的早晚,今文學卻是按六經内容程度的淺深。古文學家以《易經》的八卦是伏犧畫的,所以《易》列在第一。《書經》中最早的篇章是《堯典》,較伏犧爲晚,所以列在第二。《詩經》中最早的是《商頌》,較堯、舜又晚,所以列在第三。《禮》、《樂》,他們以爲是周公所作,在商之後,所以列在第四、第五。《春秋》是魯史,經過孔子的删改,所以列在第六。這理由,在上引的《經典釋文》序録裏,已經説得很明白。至於今文學家對於六經次第的排列,頗含有教育家排列課程的意味。他們以《詩》、《書》、《禮》、《樂》是普通教育或初級教育的課程,所以列在先;《易》、《春秋》是孔子的哲學、社會學及政治學的思想所在,可以説是孔子的專門教育或高級教育的課程,所以列在後。又《詩》、《書》是符號的(文字的)教育,《禮》、《樂》是實踐的(道德的)陶冶,所以《詩》、《書》列在最先,《禮》、《樂》列在其次。這理由,就上引的《春秋繁露·玉杯篇》的文句,也可以窺見大概。

但是我們如果進一步的詢問,古文學家爲什麽以時代的早晚爲六經次第的標準,而今文學家爲什麽又依程度的淺深爲標準呢?這就不能不論及這兩派對於孔子觀念的不同。古文學家視孔子爲一史學家。他們以爲六經都是前代的史料,所謂"六經皆史";孔子只是前代文化的保存者,所謂"述而不作,信而好古"。孔子既是將前代的史料加以整理以傳授後人,則六經的次第應當按史料產生的早晚而排列。今文學家視孔子爲教育家、哲學家、政治家。他們以爲六經固有前代的史料,但這只是孔子"託古改制"的工具。孔子所着重的,不在於六經的文字事實,而在於六經的微言大義;這正如孟子讚美《春秋》所説,"其事則齊桓、晉文,其文則史,其義則丘竊取之矣。"孔子既是一位改制的"素王",則六經的次第當然要按程度的淺深而排列。至於這兩派的觀察究竟孰優,現因限於篇幅,暫略而不論。(可參考拙著《經今古文學》"經今古文異同示例"章。)

【六經與孔子】 儒教的經典,以孔子爲中心,這是很顯然的事實;但孔子與六經的關係究竟密切到怎樣的程度,換言之,即六經是否全部分或一部分爲孔子所制作或删述,則自來經學家的意見殊不一致。

對於孔子删定六經的史迹,記載得比較地有系統的,當推《史記·孔子世家》。《孔子世家》説:"孔子之時,周室微而《禮》、《樂》廢,《詩》、《書》缺。(孔子)追迹三代之禮,序《書傳》,上紀唐、虞之際,下至秦繆,編次其事。曰:'夏禮,吾能言之,杞不足徵也;殷禮,吾能言之,宋不足徵也;足,則吾能徵之矣。'觀殷、夏所損益,曰:'後雖百世可知也;以一文一質。周監二代,郁郁乎文哉!吾從周。'故《書傳》、《禮記》自孔氏。孔子語魯太師:'樂其可知也。始作,翕如;縱之,純如,皦如,繹如也,以成。''吾自衛反魯,然後《樂》正,雅頌各得其所。'古者《詩》三千餘篇,及至孔子,去其重,取可施於禮義,上采契、后稷,中述殷、周之盛,至幽、厲之缺,始於衽席。故曰:'《關雎》之亂以爲《風》始;《鹿鳴》爲《小雅》始;《文王》爲《大雅》始;《清廟》爲《頌》始。'三百五篇,孔子皆弦歌之,以求合韶、武、雅、頌之音。禮樂自此可得而述,以備王道,成六藝。孔子晚而喜《易》,序《彖》、《繫》、《象》、《説卦》、《文言》。讀《易》,韋編三絶,曰:'假我數年,若是,我於易則彬彬矣。'……子曰:'弗乎!弗乎!君子病没世而名不稱焉。吾道不行矣,吾何以自見於後世哉?'乃因史記作《春秋》,上至隱公,下訖哀公十四年,十二公。據魯,親周,故殷,運之三代,約其文辭而指博。故吴、楚之君自稱王,而《春秋》貶之曰子;踐土之會,實召周天子,而《春秋》諱之曰:'天王狩於河陽。'推此類以繩當世。貶損之義,後有王者舉而開之,《春秋》之義行,則天下亂臣賊子懼焉。孔子在位聽訟,文辭有可與人共者,弗獨有也;至於爲《春秋》,筆則筆,削則削,子夏之徒不能贊一辭。弟子受《春秋》,孔子曰:'後世知丘者以《春秋》,而罪丘者亦以《春秋》。'"依《史記》的話,則《春秋》是孔子因史記而作;《易》的一部分,如《彖辭》、《象辭》、《繫辭》、《文言》、《説卦》等,亦是孔子所作;《詩》是孔子所删訂,《書》是孔子所編次,《禮》、《樂》亦是孔子所修正。然而,這些話仍未得自來經學家一致的承認。

關於孔子與六經的關係,就是六經的某一部分爲孔子所制作或爲孔子所刪述,自來經學家的意見,假使要詳密地羅列着比較着,可成爲數十萬言的專著,決不是這本小册子所能容納。現在只能舉出兩極端的主張,作爲代表,而略去其他。所謂兩極端的主張,就是一種以爲五經(去樂不計)都是孔子所制作;一種以爲五經是五部各不相干的書,孔子没有制作,也没有刪述。前者可以清末皮錫瑞説爲代表,後者可以近人錢玄同先生説爲代表。

皮錫瑞在他所著的《經學歷史》及《五經通論》兩書裏,竭力主張五經爲孔子所作。他以爲五經的原料固然有大部分是古代已有的篇籍,但將這些離亂的篇籍,加以整理,給與以經學所特有的魂靈,即所謂"微言大義",使成爲"經",則實始於孔子。他説:"古詩三千篇,書三千二百四十篇,雖卷帙繁多,而未經刪定,未必篇篇有義可爲法戒。……《儀禮》十七篇,雖周公之遺,然當時或不止此數而孔子刪定,或並不及此數而孔子增補,皆未可知。觀'孺悲學士喪禮於孔子,《士喪禮》於是乎書',則十七篇亦自孔子始定;猶之刪《詩》爲三百篇,刪《書》爲百篇,皆經孔子手定而後列於《經》也。《易》自孔子作《卦爻辭》、《彖》、《象》、《文言》,闡發義、文之旨,而後《易》不僅爲占筮之用。《春秋》自孔子加筆削褒貶,爲後王立法,而後《春秋》不僅爲記事之書。此二經爲孔子所作,義尤顯著。"(見《經學歷史》"經學開闢時代"章)按皮氏爲清代今文學家;以五經爲孔子所制作,幾乎爲今文學者一致的主張,不過他們没有主張《易》、《禮》爲孔子所作,如皮氏這樣的澈底而已。

錢玄同先生在《努力週刊》《讀書雜志》第十期上,根本的否認五經與孔子的關係。他以爲:一、孔子没有刪述或制作六經的事。二、《樂經》本來無書;《詩》、《書》、《禮》、《易》、《春秋》本是各不相干的五部書。三、將各不相干的五部書配成一部而名爲六經的緣故,是因爲附會《論語》"子所雅言:《詩》、《書》、執禮"及《孟子》"孔子作《春秋》"的話而成。四、六經的配成當在戰國之末。五、自六經名詞成立以後,於是《荀子》、《商君書》、《禮記》、《春秋繁露》、《史記》、《漢書》、《白虎通》等書,一提及孔子,就併及六經,而且瞎扯了什麼"五常"、"五行"的鬼話來比附。六、因有所謂五經,於是將傳記群書諸子亂加,而成爲七經、九經、十一經、十三經的名稱。他搜集了《論語》上談及《詩》、《書》、《禮》、《樂》、《易》、《春秋》的話而加以嚴密的考證,因而斷定:一、《詩》是一部最古的總集;二、《書》是三代時候的"文件類編"或"檔案彙存",應該認爲歷史;三、《儀禮》是戰國時代胡亂鈔成的僞書;四、《易》的原始的卦爻是生殖器崇拜時代的符號,後來被孔子以後的儒者所假借,以發揮他們自己的哲理;五、《春秋》是五經中最不成東西的一部書,是所謂"斷爛朝報"或"流水賬簿"(又見顧頡剛《古史辨》第一册頁六七——八二)。按錢先生可視爲近年來產生的"新古史學者",新古史學者以懷疑精神重理中國古代史爲其特點,這種"六經孔子關係論",正可窺見近代經學研究之新的途徑。

總上所説,可知不僅經的定義、經的領域及經的次第仍在争辯不決,就是這個經學上之最根本的問題,所謂六經與孔子的關係,也仍在激烈的論難中呢!

【經學的派別】 依上文所説,經學上問題的繁複正不下於其他學科;而其所以繁複的原因,就因爲歷來經學家對於經典本身發生許多不同的見解。這許多見解不同的經學家説,如果詳盡的記述,也非專著不行;但如果應用史學家處置史料的手段,則這許多經學家説也不過可歸納爲四大派。這四大派,就個人的意見,可稱爲一、西漢今文學派;二、東漢古文學派;三、宋學派;四、新史學派。

西漢今文學派產生於西漢初年,就是普通所謂"今文十四博士"之學(十四博士已見上)。當西漢時候,因爲帝王之利用和提倡,在學術界幾有獨尊之勢。後來因爲古文學派的暴興,及鄭玄、王肅等的混淆家法,遂漸漸的衰落。延到曹魏、西晉,因爲政亂及胡禍的過烈,連僅存的章句傳説也多隨兵燹而亡佚。一直到了清代的中末葉,因爲社會、政治、學術各方面趨勢的匯合,於是這骸骨似的今文學忽然復活,居然在學術界有當者披靡之象。當時所稱以莊存與爲開山大師的"常州學派"、"《公羊》學派",就是這西漢博士的裔孫。現在今文學大師雖多已殂落,但今文學派的影響仍然在學術界存在着;而且最近新史學派的產生,也大部分以今文學爲基點。

東漢古文學派,如果稍爲縝密點説,可以説是產生於西漢末年。到了東漢,因爲今文學派自身的腐化,及古文學大師的努力,大有取今文學派而代之的趨勢。鄭玄、王肅雖説混淆家法,但究竟偏袒古文學;所以魏、晉時代,今文學亡滅,而古文學反日趨於發揚開展。後來六朝的南北學,隋、唐的義疏派,雖虛實繁簡,不必盡同,但其立場於古文學,則初無二致。一直到了北宋慶曆以後,懷疑學派——宋學派——崛興,於是這正統派的古文學纔暫時衰歇。但元、明末葉,因爲姚江學派(即王陽明學派)之流於虛妄,及清代思想壓迫政策的實現,於是顧炎武扛了"舍經學無理學"的大旗來復興古文學。清代三百年學術界的權威,遂爲這一派所獨佔;所謂以惠棟爲領袖的"吴派"及以戴震爲領袖的"皖派",都和東漢古文學派有血統的關係。現在古文學大師,碩果僅存的,也只有章炳麟。至於古文學的影響，在學術界仍有相當的勢力；近年來中國文字學、語音學以及考證學的發展，雖大部分可認爲受外來學術思想的影響，但亦不能不說是在接受古文學派的遺產。

宋學派産生於北宋慶曆以後。但宋學之懷疑的精神，唐時經師如趙匡、啖助、陸淳等已開其端。到了南宋，因研究方法的不同，可分爲以朱熹爲領袖的"歸納派"，以陸九淵爲領袖的"演繹派"及以陳亮、葉適爲領袖的"批評派"三派。朱陸兩派的哲學見解雖大相逕庭，但其以理欲心性等問題爲論究的對象，而借助於經學的解釋，則大致相同。陳、葉一派，即普通所稱爲"浙東學派"，雖朱、陸並譏，但因爲自身對經學沒有建設，其末流遂折入史學與文學。所以，依正統派的見解，宋代只可說有哲學、史學與文學，而沒有經學。元、明以來，歸納派的朱學，因朝廷之利用和提倡，僥倖地獲得獨佔的地位；而演繹派因王守仁生力軍似的加入，也頗能得具有天才的學者的信仰。但這兩派都是假借經學以言"理學"，結果，所謂"尊德性"者固然是流於禪釋，即所謂"道問學"者亦空疏無物。於是元、明兩代成爲經學史上的衰落時期，而東漢古文學遂得乘之而復興。現在學術界的現象，比較地可說近於宋學派的，大概只在懷疑經典精神之復興一點；至於那些欲以唯心的見地謀道統的繼承，則只見其非愚即誣而已。

新史學派可以說是產生於"五四運動"前後（民國八年，公元一九一九年），到現在還不過十餘年。這是超漢宋學、超今古文學而以歷史的方法去研究經學的新學派。因爲時間的短促，現在還不能說有怎樣的成績；但是因爲他一方接受歷來經學學派的遺產，一方接受外來學術思想的影響，終於成爲經學上的最後而且最新的一派；其具有發展的可能性，是毋庸懷疑的。這派就現在說，可再細分爲三派：一派，是以今文學爲基點，攝取宋學之懷疑的精神，而輔以古文學之考證的方法；上舉的錢玄同先生，即可視爲這派的著名者。一派，是以古文學爲基點，接受外來考古學的方法，尋求地下的實物以校正記載；新近逝世的王國維，即可視爲這派的領袖。一派，以外來的唯物史觀爲中心思想，以經學爲史料，考證中國古代社會的真相，以爲解決中國目前社會問題方案的初步；著《中國古代社會研究》的郭沫若先生等，可歸隸於這一派。

上舉經學的四派，自然是極其粗枝大葉的叙述。

除新史學派外，其餘三派的不同，可以簡勁的說：今文學派以孔子爲政治家，以六經爲孔子政治之說，所以偏重於微言大義，其特色爲功利的，而其流弊爲狂妄；古文學派以孔子爲史學家，以六經爲孔子整理古代史料之書，所以偏重於名物訓詁，其特色爲考證的，而其流弊爲煩瑣；宋學派以孔子爲哲學家，以六經爲孔子載道之具，所以偏重於心性理氣，其特色爲玄想的，而其流弊爲空疎。至於新史學派，其目的在求孔子與六經的真相，老實地説，已超出含有宗教性的經學的範圍而入於史學的領域了。

本　論

一　《易　經》

【八卦與重卦】《易經》可分爲符號與文字兩部分。符號部分又可分爲二：一爲"八卦"，二爲"六十四卦"。八卦爲☰(乾)、☷(坤)、☳(震)、☴(巽)、☵(坎)、☲(離)、☶(艮)、☱(兑)八種，相傳始於伏犧，合—(陽)--(陰)兩種符號而成。六十四卦由八卦相重而成，如乾、坤兩卦相重而成䷋(否卦)，坤、乾兩卦相重而成䷊(泰卦)，坎、離兩卦相重而成䷾(既濟卦)，離、坎兩卦相重而成䷿(未濟卦)等。重卦是誰所作，據孔穎達《周易正義》，凡有四説：一、以爲伏犧，晉王弼等主之；二、以爲神農，漢鄭玄等主之；三、以爲夏禹，晉孫盛主之；四、以爲周文王，漢司馬遷等主之。按《淮南子・要略篇》有"伏犧爲之六十四變"的話，則伏犧重卦説已始於西漢，不始於晉王弼。這四説究竟孰是孰非，現在無法考證。普通的説法，或主第一説，以爲伏犧；或主第四説，以爲文王。

【《易經》的内容與作者】《易經》的文字部分又可分經與傳。經的部分又再分爲二：一爲《卦辭》，二爲《爻辭》。以《易經》的首卦"乾卦"(䷀)爲例，"乾：元、亨、利、貞"爲《卦辭》。"初九，潛龍勿用。""九二，見龍在田，利見大人。""九三，君子終日乾乾，夕惕若厲，无咎。""九四，或躍在淵，无咎。""九五，飛龍在天，利見大人。""上九，亢龍有悔。""用九，見群龍无首，吉"等爲《爻辭》。——所謂爻，指每卦的六畫。—爲陽爻，--爲陰爻。陽爻稱爲"九"，陰爻稱爲"六"。他的次第，由下而上，所以乾卦的初爻稱"初九"，二爻稱"九二"，三爻稱"九三"，四爻稱"九四"，五爻稱"九五"，六爻稱"上九"。——凡以文句定全卦的意義的曰《卦辭》，以文句解釋每一爻的意義的曰《爻辭》。《卦辭》及《爻辭》的作者是誰，歷來經學家的意見也不一致，據《周易正義》，以爲有兩説：一以爲《卦辭》、《爻辭》都是文王所作，鄭玄等主之；二以爲《爻辭》每記述文王以後的事情，因主張《卦辭》爲文王所作，《爻辭》爲周公所作，漢馬融、吳陸績等主之。但這兩説以外，清末皮錫瑞撰《五經通論》及《經學歷史》，又以爲《卦辭》及《爻辭》都爲孔子所作；他以爲伏犧畫卦，文王重卦，只有符號而無文字，到孔子纔加以《卦辭》、《爻辭》而後成爲《易經》。這可視爲今文學的極端派的說法，當代古文學者如章炳麟等，都反對他。

【《易》傳的内容與作者】 《易》傳的部分又再分爲七種，計十篇：一、《彖辭》上；二、《彖辭》下；三、《象辭》上；四、《象辭》下；五、《繫辭》上；六、《繫辭》下；七、《文言》；八、《說卦》；九、《序卦》；十、《雜卦》。《彖辭》所以解釋《卦辭》，以乾卦爲例（下同），如"彖曰：大哉乾元，萬物資始；……首出庶物，萬國咸寧"一段就是。《象辭》又分爲"大象"、"小象"。"大象"所以解釋全卦所從的象，如"象曰：天行健，君子以自强不息"。"小象"所以解釋每爻所從的象，亦即解釋《爻辭》，如"潛龍勿用，陽在下也……用九天德，不可爲首也"一段。《易經》六十四卦分爲上下篇，所以《彖辭》及《象辭》也分上下。《繫辭》偏於說理，大致追述《易》義的起源，推論《易》學的作用，或解釋卦義以補充《彖辭》、《象辭》。因爲簡編繁重，分爲上下；自"天尊地卑，乾坤定矣。……不言而信，存乎德行"爲《上繫》，自"八卦成列，象在其中矣。……誣善之人其辭游，失其守者其辭屈"爲《下繫》。《文言》所謂"文飾之言"，專解乾坤兩卦；因爲乾坤爲《易》的門戶，其他卦爻都由乾坤而出，所以特作《文言》；今本《易經》附於乾坤二卦之後。《說卦》偏於說象，大致陳說八卦的德業、變化與法象。《序卦》說明六十四卦相承相生的次序。《雜卦》雜舉六十四卦的卦義，或以同相類，或以異相明。《說卦》、《序卦》、《雜卦》今本《易經》都另立卷帙，很易明瞭。

這《彖辭》、《象辭》、《繫辭》、《文言》、《說卦》、《序卦》、《雜卦》十篇，相傳稱爲"十翼"，亦稱《易傳》，爲孔子所作。這問題在經學上爭論頗烈，到現在還沒有正當的解決。大概地說：古文學派相信十翼說；今文學派反對十翼說；宋學派以爲《繫辭》、《文言》以下都非孔子所作；新史學派以爲《易》是一部雜湊的書，根本與孔子無關。——古文學說可參考《周易正義》；今文學說可參考皮錫瑞《易經通論》"論《卦辭》、《爻辭》即是《繫辭》，十翼之說於古無徵"節；宋學派可參考歐陽修《歐陽文忠公全集·易童子問》；新史學派可參考顧頡剛《古史辨》第一册頁七七錢玄同先生論《易》一段。

【《易》學的派別】 《易》學大別爲漢學及宋學兩派，而漢學又可分爲今文及古文兩派，宋學又可分爲義理及圖書兩派。

《易》今文學分爲四家：曰施氏，曰孟氏，曰梁丘氏，曰京氏，西漢時，都立於學官。秦始皇焚書，《易》用於卜筮，相傳不絶。漢興，田何傳《易》，以授王同、周王孫、服生、丁寬。丁寬授田王孫。田王孫授施讎、孟喜、梁丘賀，於是《易》有施氏、孟氏、梁丘氏之學。孟氏之學傳於焦延壽，焦延壽以授京房，於是《易》又有京氏之學(孟氏弟子白光、翟牧不承認焦《易》出於孟喜)。東漢時，虞光世傳孟氏《易》，五傳至三國吳虞翻，作《周易注》、《易律曆》、《周易集林》、《周易日月變例》等書，為今文《易》學的支流。西晉永嘉之亂，施氏、梁丘氏亡佚，孟氏、京氏有書無師，《易》今文學忽然中衰。歷南北朝、隋、唐、五代、宋、元、明，到清代漢學重興，《易》今文學纔大略可見。當時由惠棟開其端，張惠言繼其後，而焦循更異軍突起，自成一家學說，已超出今文學的領域。惠棟作《周易述》、《易漢學》，棟弟子江藩作《周易述補》，張惠言作《周易虞氏義》、《周易虞氏消息》、《虞氏易禮》、《虞氏易事》、《虞氏易言》、《虞氏易候》，劉逢祿作《易虞氏五述》，曾釗作《周易虞氏義箋》等書，孟、京《易》學，於是重興。但惠、張諸人，以漢學為歸，不專主今文，所以虞氏以外，亦兼及鄭玄、荀爽等之《易》古文學的支流，還不能視為《易》今文學的專家。

　　《易》古文學有費氏一家。費氏《易》出於費直，西漢時，未立於學官，其來源不可考。據《漢書·儒林傳》，說他長於卦筮，無章句，僅以《彖》、《象》、《繫辭》、《文言》解說上下經。但據《隋書·經籍志》，說他有《周易注》四卷，新舊《唐書·藝文志》及《經典釋文》序錄亦說他有《周易章句》四卷，與《漢書》無章句的話不合。其所以稱為古文，因為據《漢書·藝文志》說，劉向以中祕古文《易經》校施、孟、梁丘經，或有脫簡，唯費氏經與古文相同；但今文學者對於劉向的中古文根本否認，而以為劉歆誣父的話。東漢時陳元、鄭眾、馬融、鄭玄、荀爽等，都習費氏《易》，為作傳注，費氏大盛。魏王弼以老、莊解《易》，雖仍依費氏舊本，然盡掃漢儒象數之論，已超出漢學的範圍，而表現魏、晉清談家的風度。南北朝時，北朝雖仍用鄭注，而南朝則梁、陳學官兼列鄭、王。隋唐以後，王注盛行；孔穎達作《周易正義》，亦以王注為宗。當時李鼎祚作《周易集解》，史徵作《周易口義訣》，雖力崇漢學，排斥王注，然終無救於鄭學的衰歇。到了清代，惠棟、張惠言等輩出，於是鄭玄、荀爽的《易》學又大略可考。張氏更作有《周易鄭氏義》、《荀氏九家義》等書，專究鄭、荀《易》學。

　　與費氏同為西漢民間的《易》學，而未有確證指為今文或古文的，另有高氏一家。高氏《易》出於高相，自說出於丁寬。據《漢書·儒林傳》，高氏與費氏同時，也沒有章句，專說陰陽災異；據《隋書·經籍志》，高氏《易》為費氏弟子王璜所授，與《漢書》不同。如果高氏出於丁寬，則當隸今文《易》，但當西漢今文學盛行時候，又何以不被列於學官？如果高氏出於費氏，則當隸於古文《易》，但《漢書》何以不明說，而必有待於後來的《隋書》？據《隋書》說，高氏亡於西晉，其學已完全無可考。所以在極端派的今文學家，或斥高氏《易》的名稱爲古文學家所僞造，不過爲費氏《易》張目之用。

《易》學到宋而大變。《易》宋學既不是兩漢象數的面目，又不是魏、晉玄理的立場，而自具宋學之特有的見地。《易》宋學的派別，如果詳盡的說，也很繁雜；但僅舉在經學史上有權威的學派而說，則只有兩派：一爲圖書派，一爲義理派。

圖書派起源於宋初道士陳摶。摶本方士鍊丹術的理論，造作先天後天圖，撰《易龍圖》一書。摶學又分爲二支：一支由陳摶傳穆修，穆修傳李子才，李子才傳邵雍，邵雍傳子伯溫，撰《易學辨惑》。一支由陳摶傳种放，种放傳許堅，許堅傳范諤昌，范諤昌傳劉牧，撰《易數鈎隱圖》。這兩支派都附會古代所謂"河圖""洛書"，以黑白點子談《易》。後來邵《易》盛行，劉《易》漸衰。南宋時，朱熹作《周易本義》、《易學啓蒙》，意欲合義理與圖書兩派，集《易》宋學的大成，遂雜用邵說；但結果這道士式的《易》學在宋、元、明三代竟成爲《易》學正統。到了清初，懷疑"圖書"的學者輩出。黃宗羲作《易學象數論》，羲弟宗炎作《圖書辨惑》，毛奇齡作《河圖洛書原舛編》，胡渭作《易圖明辨》，於是宋《易》圖書派在經學史上成爲毫無價值的一派。

義理派起源於胡瑗。瑗作《易傳》；瑗弟子倪天隱作《周易口義》，更暢師說。其學掃除西漢災異之說、東漢緯讖之說、魏晉《老》《莊》之說，而一歸於性命道德之理的討究。繼胡而起的爲程頤。頤爲周敦頤的弟子，與邵雍爲姻婭，然其所作《易傳》，不取周氏"太極圖"說及邵氏圖書說，而一衷於義理。頤答張閎中書說："有理而後有象，有象而後有數。《易》因象以知數；得其義，則象數在其中矣。必欲窮象之隱微，盡數之毫忽，乃尋流逐末，術家所尚，非儒者之務也。"（見《程氏遺書》）很可考見程氏義理派的立場。其後宗程氏的，有程弟子郭忠孝《兼山易解》，忠孝子雍《郭氏傳家易說》，項安世《周易玩辭》，楊萬里《誠齋易傳》，方聞一《大易粹言》，鄭汝諧《易翼傳》，許衡《讀易私言》，趙汸《周易文詮》等，然皆未能超越程《傳》。到了清代，研究漢《易》成爲風氣，於是義理派也逐漸衰落。

《易》宋學除上述兩派外，或以事說《易》，以司馬光、張載爲代表；或以心說《易》，以楊簡爲代表；或仍言象數，以朱震爲代表；或專輯古注，以房審權爲代表；或考正古本，以呂祖謙爲代表；但都未形成學派，故略而不談。至於折衷程朱、調和義理圖書的，因爲他自身沒有明確的立場與特到的見地，現亦從略。

二 《尚書》

【《尚書》的種類】 《尚書》在諸經中是糾紛最多的一經；因爲其他各經，只有字體的異同，只有經說的爭辯，而《尚書》則經典本身就有或真或僞之別。如果我們不加思索，以《十三經注疏》中的《尚書正義》爲標準經典，則我們將要被僞作所欺騙。

《尚書》可分爲三種：一、西漢時候立於學官的《今文尚書》；二、相傳爲西漢時候在孔子宅壁中發現的《古文尚書》；三、東晉時候由梅賾所獻的《僞古文尚書》。而現在通行的《十三經注疏》中《尚書》就是《今文尚書》與《僞古文尚書》的混合品。（此外尚另有西漢時張霸所僞造的《百二篇尚書》及後漢時杜林在西州所得的《漆書古文尚書》兩種，以無甚關係，從略。）

【今文《尚書》的篇目與來源】 《今文尚書》凡二十九篇，爲：《堯典》一（合今《舜典》篇而没有《舜典》篇首二十八字），《皐陶謨》二（合今本《益稷》篇），《禹貢》三，《甘誓》四，《湯誓》五，《盤庚》六，《高宗肜日》七，《西伯戡黎》八，《微子》九，《泰誓》十（非今本僞《泰誓》），《牧誓》十一，《洪範》十二，《金縢》十三，《大誥》十四，《康誥》十五，《酒誥》十六，《梓材》十七，《召誥》十八，《洛誥》十九，《多士》二十，《無逸》二十一，《君奭》二十二，《多方》二十三，《立政》二十四，《顧命》二十五（合今本《康王之誥》），《費誓》二十六，《呂刑》二十七，《文侯之命》二十八，《秦誓》二十九。其中《盤庚》分爲上中下三篇，《泰誓》亦分爲上中下三篇，《顧命》另分出《康王之誥》一篇，所以《今文尚書》二十九篇亦可稱爲三十四篇。依普通的經說，這二十九篇爲漢初伏生相傳，以漢時當代的文字隸書抄寫，所以稱爲《今文尚書》。（其中《泰誓》一篇，各家意見不一致，暫從略。）

【古文《尚書》的篇目與來源】 《古文尚書》亦稱《逸書》，相傳凡十六篇，爲：《舜典》一（別有《舜典》，而非今本由《堯典》分出的《舜典》），《汨作》二，《九共》三，《大禹謨》四，《棄稷》五（別有《棄稷》，而非今本由《皐陶謨》分出的《益稷》），《五子之歌》六，《胤征》七，《湯誥》八，《咸有一德》九，《典寶》十，《伊訓》十一，《肆命》十二，《原命》十三，《武成》十四，《旅獒》十五，《冏命》十六。其中《九共》分爲九篇，所以《古文尚書》十六篇亦可稱爲二十四篇。這十六篇，據古文學家說，是漢武帝末魯恭王壞孔子宅壁而得，因爲是以古文書寫，所以稱爲《古文尚書》。據說當時孔子後裔孔安國擬獻書朝廷，因巫蠱事發，遂罷。後來這《古文尚書》並沒有留傳下來，後漢末年經學大師鄭玄也只存各篇題目而沒有師說，所以清代的今文學家頗懷疑這《古文尚書》的獲得是漢代古文學家的僞說。

【僞古文《尚書》的篇目與來源】 《僞古文尚書》凡二十五篇,爲:《大禹謨》一,《五子之歌》二,《胤征》三,《仲虺之誥》四,《湯誥》五,《伊訓》六,《太甲上》七,《太甲中》八,《太甲下》九,《咸有一德》十,《說命上》十一,《說命中》十二,《說命下》十三,《泰誓上》十四,《泰誓中》十五,《泰誓下》十六,《武成》十七,《旅獒》十八,《微子之命》十九,《蔡仲之命》二十,《周官》二十一,《君陳》二十二,《畢命》二十三,《君牙》二十四,《冏命》二十五。與這二十五篇的《僞古文尚書》同時出現的爲僞孔安國《尚書傳》。今本《尚書注疏》就是以《僞古文尚書》二十五篇加真《今文尚書》三十三篇共五十八篇及僞孔安國《尚書傳》爲底本(《今文尚書》本三十四篇,去《泰誓》三篇,分《堯典》下半爲《舜典》而另加篇首二十八字,分《皋陶謨》下半爲《益稷》,故爲三十三篇)。這《僞古文尚書》及僞孔《傳》,爲東晉時豫章內史梅賾(或作梅頤)所獻,曾立於學官。唐代頒布《五經正義》爲取士標準,《書》取僞孔,於是該書愈益盛行。到了宋吳棫作《書稗傳》,始疑這二十五篇及孔傳爲僞。朱熹《語類》中也頗有疑辭。明梅鷟作《尚書考異》,始明斥爲僞作,但論證還不確切。清閻若璩作《古文尚書疏證》,惠棟作《古文尚書考》,始用樸學家考證的方法,一一發現它的來源。丁晏作《尚書餘論》,更證明這是晉王肅所僞作。到了現在,這《僞古文尚書》及僞孔安國《尚書傳》的公案,總算是經學史上已經解決的問題。——雖然清毛奇齡曾作了《古文尚書冤詞》,爲《僞古文尚書》辯護。

此外,《尚書》如《詩經》的《詩序》一樣,而有所謂《書序》。《書序》的真僞,經學家的意見也不一致,因爲對於《尚書》研究沒有十分重要關係,故從略。

【《尚書》學的派別】 《尚書》學大別爲漢學及宋學兩派,而漢學又可分爲今文及古文兩派。

《書》今文學分爲三家:曰歐陽氏,曰大夏侯氏,曰小夏侯氏,西漢時,都立於學官。漢初,濟南伏生傳《今文尚書》,以授鼂錯及張生。張生授歐陽生。歐陽生授兒寬。兒寬授歐陽生的兒子,世傳《書》學,一直到曾孫歐陽高。這是《尚書》歐陽氏之學。又有夏侯都尉,受業於張生,授族子始昌;始昌傳族子勝,這是《尚書》大夏侯之學。勝授從子建,又別爲《尚書》小夏侯之學。西晉永嘉之亂,歐陽、大小夏侯《尚書》都亡佚。一直到清代輯佚學興,陳喬樅撰《今文尚書經說考》及《尚書歐陽夏侯遺說考》,西漢今文學說始大略可考。同時今文學派崛起,魏源撰《書古微》,排黜古文學派,而上祖西漢今文學說。近人崔適撰《史記探原》,更由史籍以求今文《書》學的真相。

《書》古文學僅有孔氏一家。相傳孔安國得孔壁《古文尚書》，以授膠東庸生，五傳而至桑欽。西漢末，劉歆崇奉古文，與今文博士爭立學官。東漢時，《書》古文學家著名的有賈逵、孔僖、尹咸、周防、周磐、楊倫、張楷、孫期等。馬融、鄭玄雖間或雜糅今古，但仍偏袒古學。自東漢末年一直到南北朝的北朝，《書》學都以鄭玄注爲宗；雖魏王肅作《尚書解》，蜀李譔作《尚書傳》，以及吳虞翻等力攻鄭注，但仍未出古文學的範圍。到唐孔穎達作《尚書正義》，以僞孔安國《尚書傳》爲宗，於是由《書》古文學派生的鄭學亦亡。到了清代，漢學重興，惠棟弟子江聲作《尚書集注音疏》，王鳴盛作《尚書後案》，孫星衍作《尚書今古文注疏》，戴震弟子段玉裁作《古文尚書撰異》，都以馬融、鄭玄傳注爲依歸，於是古文學又大略可見。

與漢古文學有關而實非真古文學的，還有從魏晉到隋唐間盛行的《僞古文尚書》及僞孔安國《傳》一派。這僞書與僞傳，究竟是誰造作，學者間還沒有一致的意見，或以爲王肅，或以爲皇甫謐，或以爲梅賾。總之，於東晉元帝時，始由梅賾獻奏。據梅賾説，由鄭沖授蘇愉；愉授梁柳；柳授臧曹；曹始授賾。當時晉代君臣，信僞爲真，於是遂立於學官。南北朝時，南朝梁費甝爲《僞古文尚書》作《義疏》；齊姚方興並僞造《舜典》孔《傳》一篇，自謂得於大桁頭，對經文妄加增益。但當時北朝仍崇奉鄭玄《尚書注》，南朝梁陳二代也是鄭、孔並立，僞《書》僞《傳》還沒有獨佔的勢力。到了隋代劉炫，得南朝費甝《義疏》，兼崇姚方興僞書，又增益《舜典》十六字，於是北方人士也黜鄭崇孔。唐孔穎達作《尚書正義》，以僞孔爲宗，由是這僞《書》僞《傳》遂成爲標準經典。到了後來，宋吳棫、朱熹，明梅鷟，清閻若璩、惠棟、丁晏等，相繼攻擊僞《書》僞《傳》，於是這經學上一大公案始得解決。（關於諸人攻僞諸書，已詳前節，現從略。）

《書》宋學派非如《書》漢學派之有家數可舉；其特點在善於懷疑，開清代攻擊僞孔的端緒；其流弊在全憑臆説好以主觀妄論古代的史實。宋儒治《尚書》的，始於蘇軾《書傳》。蘇書廢棄古注，以議論見長，一變從前治經的方法。其後林之奇作《尚書全解》，鄭伯熊作《書説》，之奇弟子呂祖謙作《書説》，又以史事説《書》。其他如夏僎《尚書解》，黃倫《尚書精義》，魏了翁《尚書要義》，胡士行《尚書詳説》等書，雖略存古訓，但雜糅漢、宋，全依主見爲取舍。朱、陸兩派門人亦治《尚書》；楊簡作《五誥解》，承沿陸説，間以心學釋書；蔡沈作《書經集傳》，祖述朱義，在元、明兩代居然成爲標準經典。元儒如金履祥、陳櫟、董鼎、陳師凱、朱祖義等都宗蔡傳；明代輯《書傳大全》，亦以蔡傳爲主，且頒爲功令。當時敢於糾正蔡傳的，僅有馬明衡《尚書疑義》，王樵《尚書日記》，袁仁《尚書砭蔡編》，王夫之《書經裨疏》等而已。總之，以主觀妄測古史，幾爲宋代《書》學的通病。如《西伯戡黎》，舊説以西伯指文王，但蔡《傳》依薛季宣《書古文訓》説，以爲武王。如《康誥》，舊説以爲周公踐位稱王，封康叔於衛，故有"朕其弟"的話，但蔡《傳》堅持周公未代王，又無法解説"朕其弟"，於是亦移爲武王。最甚的，如元儒王柏作《書疑》，移易經文，以《大誥》、《洛誥》等篇爲不足信，其懷疑精神雖不無可佩，但究竟方法與觀點都不免錯誤，而使經學有治絲益棼的弊病。

三 《詩　　經》

【《詩經》的內容與篇數】《詩經》現存三百零五篇，分爲《風》、《雅》、《頌》三大類。《風》分爲十五《國風》，計共一百六十篇；《雅》分爲《大雅》、《小雅》，計共一百零五篇；《頌》分爲《周頌》、《魯頌》、《商頌》，計共四十篇。（《詩》古文學派毛氏主張《詩經》應有三百十一篇，即三百零五篇外加《南陔》、《白華》、《華黍》、《由庚》、《崇丘》、《由儀》六篇；但這六篇僅有篇名而沒有文辭，實不應計算在內）

【《風》、《雅》、《頌》的區分】《風》、《雅》、《頌》的區別，歷來經學家的意見非常紛歧；比較重要的，約有三説：一、以爲由於詩篇內容的不同，《詩大序》説可爲代表。《詩大序》説："上以風化下，下以風刺上；主文而譎諫，言之者無罪，聞之者足以戒，故曰風。……是以一國之事繫一人之本謂之《風》。言天下之事，形四方之風，謂之《雅》。雅者，正也；言王政之所由興廢也。政有大小，故有《小雅》焉，有《大雅》焉。《頌》者，美盛德之形容，以其成功告於神明者也。"按原文不甚明切，勉強的加以疏釋，大概以爲：《風》是關於個人的，《雅》是關於王政的，《頌》是關於神明的。二、以爲由於詩篇作者的不同，宋鄭樵《詩辨妄》説可爲代表。鄭説："《風》者出於土風，大概小夫、賤隸、婦人、女子之言；其意雖遠，而其言淺近重複，故謂之《風》。《雅》者出朝廷士大夫；其言純厚典則，其體抑揚頓挫，非復小夫、賤隸、婦人、女子所能言者，故曰《雅》。《頌》者，初無諷誦，惟以鋪張勳德而已；其辭嚴，其聲有節，不敢瑣言褻言，以示有所尊，故曰《頌》。"他以爲《風》出於普通平民，《雅》出於朝廷士大夫。三、以爲由於詩篇音調的不同，清惠周惕《詩説》可爲代表。惠説："《風》、《雅》、《頌》以音別也。……按《樂記》師乙曰：'廣大而靜，疏達而信者，宜歌《大雅》；恭儉而好禮者，宜歌《小雅》。'季札觀樂，爲之歌《小雅》，曰：'美哉思而不貳，怨而不言。'爲之歌《大雅》，曰：'廣哉熙熙乎！曲而有直體。'據此，則大小二《雅》，當以音樂別之，不以政之大小論也。"按這三説，如果以現存的《風》、《雅》、《頌》一篇一篇的去考校，都有難通之點，所以這問題仍是經學史上沒有解決的問題。

【《國風》的次第】 《國風》的次第，據現存的《毛詩》(《詩》古文學派，詳下)，爲：一、《周南》，十一篇；二、《召南》，十四篇；三、《邶風》，十九篇；四、《鄘風》，十篇；五、《衛風》，十篇；六、《王風》，十篇；七、《鄭風》，二十一篇；八、《齊風》，十一篇；九、《魏風》，七篇；十、《唐風》，十二篇；十一、《秦風》，十篇；十二、《陳風》，十篇；十三、《檜風》，四篇；十四、《曹風》，四篇；十五、《豳風》，七篇。但除了這次第以外，還有兩種：一爲一、《周南》，二、《召南》，三、《邶》，四、《鄘》，五、《衛》，六、《王》，七、《鄭》，八、《齊》，九、《豳》，十、《秦》，十一、《魏》，十二、《唐》，十三、《陳》，十四、《檜》，十五、《曹》，見《左傳》襄公二十九年傳；一爲一、《周南》，二、《召南》，三、《邶》，四、《鄘》，五、《衛》，六、《檜》，七、《鄭》，八、《齊》，九、《魏》，十、《唐》，十一、《秦》，十二、《陳》，十三、《曹》，十四、《豳》，十五、《王》，見鄭玄《詩譜》。宋歐陽修曾爲《毛詩》次第疏釋，作《十五國風次解》，以爲："《國風》之次，以兩而會之，分其次，以爲比。……《周》、《召》以深淺比也，《衛》、《王》以世爵比也，《鄭》、《齊》以族氏比也，《魏》、《唐》以土地比也，《秦》、《陳》以祖裔比也，《檜》、《曹》以美惡比也，《豳》能終之以正，故居末焉。"但清魏源《詩古微》又以爲：《左傳》所載是孔子沒有刪訂以前的周太師樂歌的次第，因爲彙合民風相近的爲一類，所以《邶》、《鄘》、《衛》、《王》東都之地爲一類，《豳》、《秦》西都之地爲一類，《鄭》、《齊》爲一類，《唐》、《魏》爲一類，《陳》、《檜》、《曹》小國爲一類；《詩譜》所說是孔子已經刪訂以後魯、韓《詩》(今文學派詳下)傳授的次第，他所以挈《豳》於後，先《唐》於《秦》，《王》在《豳》後，《檜》在《鄭》先，都有大義存於其間；至於《毛詩》次第，進《王》退《檜》，既非太師原第，又乖孔子古義，不足爲法。按魏氏爲清今文學家，所以不以古文學派《毛詩》爲然。

【大、小《雅》的篇第】 《小雅》共七十四篇，計一、《鹿鳴》之什十篇，二、《南有嘉魚》之什十篇，三、《鴻雁》之什十篇，四、《節南山》之什十篇，五、《谷風》之什十篇，六、《甫田》之什十篇，七、《魚藻》之什十四篇。《大雅》共三十一篇，計一、《文王》之什十篇，二、《生民》之什十篇，三、《蕩》之什十一篇。《小雅》、《大雅》依政治的汙隆，都有所謂"正""變"：《小雅》從《鹿鳴》到《菁菁者莪》爲正，《六月》以下爲變；《大雅》從《文王》到《卷阿》爲正，《民勞》以下爲變。但這些話，就現在看，都有可研究或商榷的餘地。

【三《頌》的篇第與作者】 《頌》，《周頌》共三十一篇；計一、《清廟》之什十篇，二、《臣工》之什十篇，三、《閔予小子》之什十一篇。《魯頌》計《駉》之什四篇。《商頌》五篇。《魯頌》、《商頌》的作者及其命意，古文學《毛詩》與今文學齊、魯、韓三家《詩》完全不同。《魯頌》，古文學派以爲季孫行父作，今文學派以爲奚斯作。《商頌》，古文學派以爲戴公時正考父得於周太師，今文學派即以爲正考父作。《魯頌》、《商頌》所以與《周頌》並列，古文學派以爲商、魯得用天子的禮樂，故同於周室；今文學派則以爲《周》、《魯》、《商》三頌與《春秋公羊傳》所説"王魯、新周、故宋"的"三統説"相通。

【《詩序》的作者及其爭辯】 《詩經》還有一問題爲經學家所爭辯未決的，就是現存《毛詩》的《詩序》。現存《詩序》有大小序的分別；列在各詩之前，説明詩中大意的，是《小序》；連在首篇《關雎》的小序之後，概論全經的，是《大序》。（據孔穎達《毛詩正義》，是從"風，風也"句以下。）《詩序》的作者，到現在還没有定論。一、漢鄭玄《詩譜》以爲《大序》，子夏作；《小序》，子夏、毛公合作。二、魏王肅《家語注》以爲《詩序》全爲子夏所作。三、宋范曄《後漢書·儒林傳》以爲衛宏受學謝曼卿，作《詩序》。四、《隋書·經籍志》以爲《詩序》爲子夏所創，毛公及衛宏加以潤益。五、唐韓愈以爲子夏不序《詩》，學者欲顯其傳，故借子夏之名。六、唐成伯璵以爲子夏惟作《詩序》首句，以下出於毛公。七、宋王安石以爲《詩序》爲詩人所自製。八、宋程顥以爲《小序》是國史舊文，大序是孔子作。九、宋蘇轍以爲衛宏所作《詩序》已非孔子舊文，只存其首句。十、宋王得臣以爲《詩序》首句是孔子所題。十一、宋曹粹中以爲《毛傳》初行，未有《詩序》，後來門人互相傳授，各記師説而成。十二、宋鄭樵《詩辨妄》以爲《詩序》是村野妄人所作。其後王質、朱熹、吕祖謙、陳傅良、葉適及清代顧炎武、崔述也都對於這問題參加辯難。（詳見清朱彝尊《經義考》卷九十九。）其實這問題在目前無法解決；而且《詩序》對於《詩經》，只是障礙，而不是一種工具，大可置之不論。

【《詩經》學的派別】 《詩經》學可分爲漢學及宋學兩派；而漢學又可分爲今文及古文兩派。

《詩》今文學分爲魯、齊、韓三家，西漢時，都立於學官。一、《魯詩》溯源於荀卿，創始於魯人申培（亦稱申公）。據《漢書·楚元王傳》，荀卿授詩浮丘伯、伯授申培、楚元王、穆生及白生，申培於文帝時以治《詩》爲博士。據《儒林傳》，申公獨以《詩經》爲訓故以教，亡傳，疑者則闕弗傳。二、《齊詩》創始於齊人轅固生；景帝時，以治《詩》爲博士。三、《韓詩》創始於燕人韓嬰；文帝時，爲博士。據《儒林傳》："嬰推詩人之意而作《内外傳》數萬言，其語與齊、魯間殊。"三家詩，《齊詩》亡於魏代，《魯詩》亡於西晉，《韓詩》雖存，無傳者。南宋以後，《韓詩》亦亡，僅存《外傳》。到了清代，輯佚學及今文學興起，於是久已衰亡的今文《詩》學又成爲學者討究的對象。關於這類的著作，有一、陳喬樅《三家詩遺說考》，二、《齊詩翼氏學疏證》，三、《詩四家異文考》（三家加古文學毛氏，故爲四家），四、迮鶴壽《齊詩翼氏學》，五、魏源《詩古微》（以上都見《續清經解》），六、丁晏《三家詩補注》，七、馮登府《三家詩異文疏證》（以上都見《清經解》），八、范家相、葉鈞《重訂三家詩拾遺》（見《嶺南遺書》），九、阮元《三家詩補遺》（見《觀古堂彙刻書》），十、江瀚《詩四家異文考補》（見《晨風閣叢書》），十一、王先謙《三家詩義疏》（原刻本）。其中以陳、魏、王三家書爲較重要。

《詩》古文學僅有毛氏一家。《毛詩》相傳創始於毛公。據《漢書·儒林傳》，毛公，趙人，以治《詩》爲河間獻王博士。據《漢書·藝文志》，毛公《詩》學自謂傳自子夏，其著作有《毛詩故訓傳》三十卷。《毛詩》的傳授，毛公的名字，《毛詩故訓傳》的作者，諸說多不一致，所以今文學家時藉此加以攻擊。據漢末鄭玄《詩譜》說：魯人大毛公爲訓故傳於其家，河間獻王得而獻之，以小毛公爲博士。但據吳陸璣《毛詩草木鳥獸蟲魚疏》說：〝孔子刪詩授卜商，商爲之序，以授魯人曾申。申授魏人李克。克授魯人孟仲子。仲子授根牟子。根牟子授趙人荀卿。荀卿授魯國毛亨。毛亨作《訓詁傳》，以授趙國毛萇。時人謂亨爲大毛公，萇爲小毛公。〞又據陸德明《經典釋文·叙錄》引吳徐整說：〝子夏（即卜商）授高行子。高行子授薛倉子。薛倉子授帛妙子。帛妙子授河間人大毛公。毛公爲《詩故訓》，傳於家，以授趙人小毛公（一名萇）。小毛公爲河間獻王博士，以不在漢朝，故不立於學。〞按《漢書》但言毛公，不載毛公的名字，也未有大小毛公的分別；到了鄭玄，有大小毛公的分別，且以《詩故訓傳》爲大毛公作；到了陸璣，又說大毛公名亨，小毛公名萇；而徐整所說的傳授世數與人名又與陸璣不同。後說加詳，而且互有矛盾，實與人以可疑。《毛詩》，西漢時未立於學官，但盛行於東漢。當時著名學者，如鄭衆、賈逵、馬融、鄭玄，都治《毛詩》。鄭玄復爲毛公《詩傳》作《箋》，雜采今文三家《詩》說，自成其混淆家法的〝通學派〞，盛行一時。三國時，魏王肅作《詩解》，蜀李譔作《毛詩傳》，雖與鄭《箋》立異，但仍未脫毛氏的範圍。南北朝時，北朝兼崇毛、鄭；南朝雖崇毛《傳》，但對於鄭、王異同，互相申駁。唐孔穎達作《毛詩正義》，守疏不破注的原則，引申毛、鄭兩家的經說，成爲當時標準經典。及宋學崛興，毛、鄭之學漸衰。到了清代，陳啓源作《毛詩稽古編》，戴震作《毛鄭詩考正》，馬瑞辰作《毛詩傳箋通釋》，胡承珙作《毛詩後箋》，都以疏通毛、鄭爲標的。戴氏再傳弟子陳奐作《毛詩傳疏》,始去鄭用毛,恢復《詩》古文學的本來面目;又作《鄭氏箋考徵》,考證鄭《箋》的來源;於是《毛詩》古文學又遂大行於清代中葉。

《詩》宋學派非如《詩》漢學派之有家數可舉;其特點在能就經典本身加以討究,其流弊在好以主觀臆見淆亂古義。宋儒治《詩經》的,始於歐陽修《毛詩本義》。《本義》辨詰毛、鄭,斷以己意,力反東漢以來治《詩》的舊習。蘇轍繼起,作《詩集傳》,始攻擊毛《序》,僅存録首句。南宋時,鄭樵作《詩傳辨妄》,直斥《詩序》爲村野妄人所作。朱熹受鄭樵的影響,作《詩集傳》及《詩序辨説》。《詩集傳》不僅棄《序》不用,而且雜採毛、鄭,間録三家,以己意爲取舍。又以爲《詩》三百五篇中,男女淫佚之詩凡二十四,一反從來"思無邪"之傳統的經説。朱子既殁,輔廣作《詩童子問》,朱鑑作《詩傳遺説》,都對於《詩集傳》加以補充。元儒如許謙、劉瑾、梁益、朱公遷、梁寅等,也都以《集傳》爲依歸。王柏且依朱説作《詩疑》,居然改竄經文,刪削淫詩三十二篇。明代胡廣等輯《詩經大全》,依據劉瑾《詩傳通釋》一書,頒爲功令;蓋朱熹《詩集傳》已取代毛鄭《詩》學之正統的地位了。當時反對朱説的,雖也頗不乏人。如陳傅良説:"以城闕爲偷期之所,彤管爲淫奔之具,竊所未安。"(見葉紹翁《四朝聞見録》)元馬端臨《文獻通考》亦力辨淫詩之説(見卷百七十八《經籍考》)。然都無法阻止朱《傳》的流行。直到清代漢學復盛,於是《詩》宋學始漸不爲世所重。當《詩》宋學力以懷疑精神表現的時候,也頗有一二學者以徵實著名;如蔡卞作《毛詩名物解》,王應麟作《詩地理考》。應麟更作《詩考》,採掇今文三家《詩》的遺説,開清代輯佚學的先河。

四 《三禮》——《周禮》、《儀禮》與《禮記》

【《周禮》的命名與篇第】 《周禮》本名《周官》(始見《史記·封禪書》),亦稱《周官經》(見《漢書·藝文志》)。後稱《周官禮》(見《漢書·藝文志》顔師古註),又尊稱爲《禮經》(見荀悦《漢紀》卷二十五,今文學家都反對這説)。賈公彥《周禮義疏》加以解釋,以爲"以設位言之,謂之《周官》;以制作言之,謂之《周禮》。"其説亦未可盡信。《周禮》凡六篇:《天官冢宰》第一,《地官司徒》第二,《春官宗伯》第三,《夏官司馬》第四,《秋官司寇》第五,《冬官司空》第六;但《冬官》一篇早已亡佚,當時補以《考工記》,稱爲《冬官考工記》。

【《周禮》的來源】 《周禮》爲古文學最重要的書籍,亦爲歷來經學家爭辯最激烈的書籍。關於《周禮》的出現,諸説紛紜。一、以爲漢武帝時發現。唐賈公彥《周禮義疏·序周禮廢興》引《馬融傳》説:"秦自孝公已下,用商君之法,其政酷烈,與《周官》相反,故始皇禁挾書,特疾惡,欲絕滅之,搜求焚燒之獨悉,是以隱藏百年。孝武帝始除挾書之律,開獻書之路,既出於山巖屋壁,復入於祕府,五家之儒莫得見焉。"他以爲《周禮》因秦始皇焚書而隱藏,因漢武帝提倡儒學而出現,復因藏於宮廷圖書館而不行於當時。二、以爲漢河間獻王所得。《漢書·河間獻王傳》説:"獻王所得書,皆古文先秦舊書《周官》、《尚書》、《禮》、《禮記》、《孟子》、《老子》之屬。"三、以爲河間獻王時李氏所得。唐陸德明《經典釋文·叙錄》引或説,説:"河間獻王開獻書之路,時有李氏上《周官》五篇,失《事官》一篇,乃購千金,不得,取《考工記》以補之。"《隋書·經籍志》則以爲李氏得《周官》,上於河間獻王,獻王補以《考工記》上奏。唐杜佑《通典·禮》篇説亦同。四、以爲與《古文尚書》等同時發現於孔壁。唐孔穎達《禮記正義·曲禮》篇引漢鄭玄《六藝論》説:"《周官》,壁中所得,六篇。"《太平御覽》學部引楊泉《物理論》説:"魯恭王壞孔子舊宅,得《周官》,闕無《冬官》,漢武購千金而莫有得者,遂以《考工記》備其數。"五、以爲與《逸禮》同爲孔安國所獻。宋范曄《後漢書·儒林傳》説:"孔安國獻《禮古經》五十六篇及《周官經》六篇。"按以上五説,清孫詒讓《周禮正義》以爲四、五兩説虛妄不足憑信,然一、二、三三説亦參差不同,所以《周禮》一書,頗引起宋學派及今文學派學者的懷疑。

【《周禮》的作者及其爭辯】 關於《周禮》的作者,學者間亦爭辯頗烈;大抵古文學家以爲周公所作,今文學家以爲非周公所作,甚至斥爲劉歆所偽造。古文學家中,最初主張《周禮》爲周公所作的,是西漢末年的劉歆。據唐賈公彥《周禮義疏·序周禮廢興》引《馬融傳》,以爲劉歆知《周禮》爲周公致太平之道。據《漢書·藝文志》及荀悅《漢紀》,亦以爲王莽時,劉歆爲《周禮》置博士。後來繼承劉歆的主張的,是東漢末年的鄭玄。鄭註《周禮》於首句"惟王建國"句下説:"周公居攝,而作六典之職,謂之《周禮》。"清末孫詒讓撰《周禮正義》,更就鄭説,考訂周公攝政的年代與頒行《周禮》的時期。今文學家中,最初反對《周禮》的,大概是與劉歆同時的今文博士。博士的言論雖現在不可考見,但我們只要一讀劉歆《移讓太常博士書》,就可知道他們爭辯的激烈。所以賈公彥《序周禮廢興》中説:"時衆儒並出,共排以爲非是。"到了東漢,與鄭玄先後的今文學家,也堅持反對的論調。"林孝存(即臨碩)以爲武帝知《周官》末世瀆亂不驗之書,故作十論七難以排棄之。何休亦以爲六國陰謀之書。"(亦見賈疏)清代今文學復興,與孫詒讓同時的康有爲,採用桐城派方苞《周官辨》的主張,以爲《周禮》是劉歆所竄造(見康著《新學偽經考》卷三)。至於宋學派對於《周禮》的態度,則或信或疑,各就主見而定。

他們中,最初懷疑《周禮》的爲歐陽修、蘇軾、蘇轍。歐陽修於《問進士策》一文,以爲"《周禮》,其出最後……由今考之,實有可疑者"(見《歐陽文忠公全集·居士集》卷四十八)。蘇軾於《天子六軍之制策》一文,以爲"其言五等之君,封國之大小,非聖人之制也,戰國所增之文也"(見《東坡續集》卷九)。蘇轍於《歷代論》一《周公》篇,亦以爲"言周公之所以治周者,莫詳於《周禮》;然以吾觀之,秦、漢諸儒以意損益之者衆矣,非周公之完書也"(見《欒城後集》卷七)。其後如晁説之,如胡安國等,也傾向於懷疑的方面。此外調停各説的,或以爲周公制定而未實行,或以爲間有漢儒的竄改,不過在經學史上增添沒有根據的臆説而已。

【《儀禮》的篇目與次第】《儀禮》,古單稱曰《禮》,或稱《禮經》,或稱《士禮》。《儀禮》凡十七篇;漢代所傳,凡有三本。一曰戴德本,即大戴本,其次第爲:《士冠禮》第一,《士昏禮》第二,《士相見禮》第三,《士喪禮》第四,《既夕禮》第五,《士虞禮》第六,《特牲饋食禮》第七,《少牢饋食禮》第八,《有司徹》第九,《鄉飲酒禮》第十,《鄉射禮》第十一,《燕禮》第十二,《大射儀》第十三,《聘禮》第十四,《公食大夫禮》第十五,《覲禮》第十六,《喪服》第十七。二曰戴聖本,即小戴本,其次第爲:《士冠禮》第一,《士昏禮》第二,《士相見禮》第三,《鄉飲酒禮》第四,《鄉射禮》第五,《燕禮》第六,《大射儀》第七,《士虞禮》第八,《喪服》第九,《特牲饋食禮》第十,《少牢饋食禮》第十一,《有司徹》第十二,《士喪禮》第十三,《既夕禮》第十四,《聘禮》第十五,《公食大夫禮》第十六,《覲禮》第十七。三曰劉向《別録》本,亦即鄭玄所注現行本,其次第爲:《士冠禮》第一,《士昏禮》第二,《士相見禮》第三,《鄉飲酒禮》第四,《鄉射禮》第五,《燕禮》第六,《大射儀》第七,《聘禮》第八,《公食大夫禮》第九,《覲禮》第十,《喪服》第十一,《士喪禮》第十二,《既夕禮》第十三,《士虞禮》第十四,《特牲饋食禮》第十五,《少牢饋食禮》第十六,《有司徹》第十七。

這十七篇的次第,普通因鄭玄《儀禮注》盛行於後世,所以多主劉向《別録》本。唐賈公彦《儀禮疏》説:"劉向《別録》,即此十七篇之次是也;皆尊卑吉凶次第倫敘,故鄭用之。至於大戴……小戴……皆尊卑吉凶雜亂,故鄭玄皆不從之。"但清代今文學家主張大戴本次第爲最優。他們根據《禮記》《昏義》及《禮運》篇的話,以爲冠、昏、喪、祭、射、鄉、朝、聘八者爲禮之經;——冠以明成人,昏以合男女,喪以仁父子,祭以嚴鬼神,鄉飲以合鄉里,燕射以成賓主,聘食以睦邦交,朝覲以辨上下;一切人事都可用此包括。依大戴本次第,則一、二、三篇爲冠昏,四、五、六、七、八、九篇爲喪祭,十、十一、十二、十三篇爲射鄉,十四、十五、十六篇爲朝聘,《喪服》通於上下,故附於後。(詳可參考邵懿辰《禮經通論》。)

【《儀禮》的作者問題與完缺問題】　《儀禮》的經典本身有兩個問題到現在仍是爭辯未決：一是《儀禮》的作者問題，一是《儀禮》的完缺問題。關於《儀禮》的作者問題，有兩種絕對不同的意見：在古文學派，以爲《儀禮》與《周禮》並爲周公所作，唐賈公彥《儀禮疏》說可爲代表。他說："《周禮》言周不言儀，《儀禮》言儀不言周，既同周公攝政六年所制，題號不同者：《周禮》取別夏、殷，故言周；《儀禮》不言周者，欲見兼有異代之法。"在今文學派，以爲《儀禮》爲孔子所定，清皮錫瑞《三禮通論》說可以代表。他說："《檀弓》云：恤由之喪，哀公使孺悲學士喪禮於孔子，《士喪禮》於是乎書。據此，則《士喪》出於孔子，其餘篇亦出於孔子可知。"皮氏所撰的《經學歷史》亦堅持這說："《儀禮》十七篇，雖周公之遺，然當時或不止此數而孔子刪定，或並不及此數而孔子補增，皆未可知。觀'孺悲學士喪禮於孔子，《士喪禮》於是乎書，'則十七篇亦自孔子始定。"（見《經學開闢時代》章）至於關於《儀禮》的完缺問題，今古文學亦具有絕對不同的兩種意見。今文學家主張十七篇已包舉一切的禮儀，故以《儀禮》爲完整的經典；上述的清邵懿辰《禮經通論》說可爲代表。古文學家主張《逸禮》三十九篇爲可信，故以現存《儀禮》十七篇爲秦火的殘燼（詳下節）。

【逸《禮》的來源與真僞】　對於現存《儀禮》十七篇，亦如《今文尚書》之外還有孔壁發現的《古文尚書》一樣，而有所謂"古文《逸禮》三十九篇"。《逸禮》的發現，凡有五說：一、以爲與《古文尚書》同時發現於孔壁，由孔安國獻於朝廷，劉歆主之。歆《讓太常博士書》說："魯恭王壞孔子宅，欲以爲宮，而得古文壞壁之中。《逸禮》有三十九篇，書十六篇。天漢之後，孔安國獻之，遭巫蠱倉卒之難，未及施行。"二、以爲發現於魯淹中及孔壁，班固《漢書·藝文志》主之。《志》說："《禮》古經者出於魯淹中及孔氏，與十七篇文相似，多三十九篇。"（據劉敞說改）三、以爲發現於孔壁，爲河間獻王所得，鄭玄《六藝論》主之。鄭說："後得孔氏壁中河間獻王《古文禮》五十六篇。"四、以爲發現於魯淹中，由河間獻王獻於朝廷，《隋書·經籍志》主之。《隋志》說："又有《古經》，出於淹中，而河間獻王好古受學，收集餘燼，得而獻之，合五十六篇，並威儀之事……無敢傳之者。唯《古經》十七篇與高堂生所傳不殊，而字多異。"五、以爲三十九篇外又在河內老屋得一篇，漢王充《論衡》主之。《論衡·正說篇》說："河內女子發老屋，得逸《易》、《禮》、《尚書》各一篇。"按以上各說互相差池，所以今文學家根本否認《逸禮》的發現，而以爲是古文學家僞造的譌言。這三十九篇古文《逸禮》沒有留傳下來，他亡佚的時候也無可考證。

【《禮記》的篇第】 《禮記》亦稱《小戴記》，爲西漢《禮》今文學家戴聖所編纂，凡四十九篇。其篇目爲：《曲禮》上第一，《曲禮》下第二，《檀弓》上第三，《檀弓》下第四，《王制》第五，《月令》第六，《曾子問》第七，《文王世子》第八，《禮運》第九，《禮器》第十，《郊特牲》第十一，《內則》第十二，《玉藻》第十三，《明堂位》第十四，《喪服小記》第十五，《大傳》第十六，《少儀》第十七，《學記》第十八，《樂記》第十九，《雜記》上第二十，《雜記》下第二十一，《喪大記》第二十二，《祭法》第二十三，《祭義》第二十四，《祭統》第二十五，《經解》第二十六，《哀公問》第二十七，《仲尼燕居》第二十八，《孔子閒居》第二十九，《坊記》第三十，《中庸》第三十一，《表記》第三十二，《緇衣》第三十三，《奔喪》第三十四，《問喪》第三十五，《服問》第三十六，《間傳》第三十七，《三年問》第三十八，《深衣》第三十九，《投壺》第四十，《儒行》第四十一，《大學》第四十二，《冠義》第四十三，《昏義》第四十四，《鄉飲酒義》第四十五，《射義》第四十六，《燕義》第四十七，《聘義》第四十八，《喪服四制》第四十九。這四十九篇大概多是孔門七十子後學所記；其有主名可舉的，如：《經典釋文》引劉瓛的話，以《緇衣》篇爲公孫尼子所作；《隋書·音樂志》引沈約的話，以《中庸》、《表記》、《坊記》、《緇衣》四篇爲子思子所作，《樂記》篇爲公孫尼子所作。此外《月令》與《呂氏春秋·十二紀》及《淮南子·時則訓》略同，《明堂位》與《周書·明堂》篇略同。又《冠義》、《昏義》、《鄉飲酒義》、《射義》、《燕義》、《聘義》六篇可視爲儀禮中《士冠禮》、《士昏禮》、《鄉飲酒禮》、《鄉射禮》、《燕禮》、《聘禮》六篇的傳註。

【《禮記》的來源及其爭辯】 《禮記》四十九篇的來源，爲歷來經學家爭辯頗烈的問題。中國現存的著録古代書籍的目録，當推《漢書·藝文志》爲最早；但《漢志》沒有著録《禮記》四十九篇及《大戴記》八十五篇，而只有"《記》百三十一篇，七十子後學者所記也"的話。到了漢末，鄭玄撰《六藝論》說："戴德《傳記》八十五篇，則《大戴禮》是也；戴聖《傳記》四十九篇，則此《禮記》是也。"於是始分別大小《戴記》的篇數。到了唐初，陸德明《經典釋文·叙錄》引晉司空長史陳邵《周禮論序》說："戴德刪古禮二百四篇爲八十五篇，謂之《大戴禮》。聖刪《大戴禮》爲四十九篇，是爲《小戴禮》。後漢馬融、盧植考諸家同異，附戴聖篇章，去其繁重及所叙略，而行於世，即今之《禮記》是也。"於是始有小戴刪《大戴記》以成《禮記》的話。《隋書·經籍志》繼起，更加附益，以爲："漢初，河間獻王又得仲尼弟子及後學者所記一百三十一篇，獻之，時亦無傳之者。至劉向考校經籍，檢得一百三十篇，向因第而叙之。而又得《明堂陰陽記》三十三篇，《孔子三朝記》七篇，《王氏史氏記》二十一篇,《樂記》二十三篇,凡五種,合二百十四篇。戴德刪其煩重,合而記之,爲八十五篇,謂之《大戴記》;而戴聖又刪《大戴》之書,爲四十六篇,謂之《小戴記》。漢末,馬融……又足《月令》一篇,《明堂位》一篇,《樂記》一篇,合四十九篇。"於是又有小戴刪《大戴記》爲四十六篇而由馬融增益三篇爲四十九篇的主張。直到清代,諸學者始力駁小戴刪大戴的話。戴震以爲劉向《別錄》已説《禮記》四十九篇,小戴弟子橋仁已著撰《禮記章句》四十九篇,則馬融增益三篇的話絶不可靠。(詳見《東原集・大戴禮記目録後語》。)錢大昕以爲《小戴記》四十九篇,《曲禮》、《檀弓》、《雜記》皆以簡策重多,分爲上下,實止四十六篇,合《大戴記》八十五篇,正合百三十一的數目,所以《小戴記》並非刪《大戴記》而成。(詳見《廿二史考異・漢書考異》。)陳壽祺則更進一層,以爲大小《戴記》對於《漢志》所説百三十一篇之《記》,各以己意選取,所以互相異同,並非"此之所棄,即彼之所録",如錢氏所説;因爲據他考證,大小《戴記》篇目每多相同,篇内文字也各有詳略。(文繁不録,詳見《左海經辨》。)

【《禮記》各篇的"定性分析"】　　《禮記》四十九篇,若就《禮記》編纂者的小戴(聖)本人的學統説,是無疑的屬於今文學;但就《禮記》各篇的性質加以考究,則頗有問題。近人廖平以爲《禮記》及《大戴禮》兩書,有先師經説,亦有子史雜鈔,最爲駁雜。他采自今學的,爲今學家言;采自古學的,則爲古學家言。我們只要看杜、賈註《周禮》、《左傳》對於《戴記》有引用有不引用,即可知《戴記》是最初混淆今古文學的書籍。據廖氏的考證,《禮記》各篇中,屬於今文學的,有:一、《王制》;二、《冠義》;三、《昏義》;四、《鄉飲酒義》;五、《射義》;六、《燕義》;七、《聘義》;八、《祭統》;九、《喪服四制》。屬於古文學的,有:一、《玉藻》;二、《深衣》(二篇屬於《周禮》);三、《祭法》;四、《曲禮》;五、《檀弓》;六、《雜記》(四篇屬於《左傳》);七、《祭義》(一篇屬於《孝經》);八、《内則》;九、《少儀》(二篇屬於小學);十、《禮運》;十一、《禮器》;十二、《郊特牲》(三篇屬於《詩》、《禮》);十三、《明堂位》;十四、《投壺》(二篇屬於《逸禮》);十五、《奔喪》;十六、《曾子問》;十七、《喪大記》;十八、《問喪》(四篇屬於《喪禮》);十九、《喪服小記》;二十、《大傳》;二十一、《服問》;二十二、《間傳》;二十三、《三年問》(五篇屬於《喪服》)。今古文學混雜的,有:一、《文王世子》;二、《中庸》;三、《樂記》;四、《月令》。今古文學相同的,有:一、《大學》;二、《學記》;三、《經解》;四、《緇衣》;五、《坊記》;六、《表記》;七、《儒行》;八、《仲尼燕居》;九、《孔子閒居》;十、《哀公問》。(見《六譯館叢書・今古學考》卷上《兩戴記今古分篇目表》及卷下頁十。)按廖氏就禮制以分別今古文學,且以分別《戴記》各篇的今古,殊有特解;但究爲清末今文學派一家之説,尚未得一般學者的承認。(皮錫瑞爲今文學者,但謂廖説"未必盡可據",見《三禮通論》原刻本頁五五。又康有爲亦爲今文學者,但以《禮運》爲今文要籍,而爲作註。)

【《禮》學的派別】 經典中的三《禮》,《周禮》爲古文學,《儀禮》爲今文學,《禮記》就學派説屬於今文,就内容説則又爲古、今文兼(見上廖平説)。但三《禮》所説,多屬典章制度,在諸經中較難研究;加以漢末鄭玄兼注三《禮》以來,三《禮》之綜合的研究因之而起;所以《禮》學的派別不能如其他經典之能顯然的劃分。現在就可分的分述於下,其不可分的條舉其重要的著作。

《禮》在漢代,顯分爲今古文學兩派。西漢初年,所謂《禮經》,僅有今文學的《儀禮》十七篇,由魯高堂生傳授。高堂生授蕭奮。奮授孟卿。卿授后蒼。蒼撰《曲臺后倉》九篇,見於《漢書·藝文志》。(《儒林傳》稱爲《后氏曲臺記》。)蒼授梁人戴德、德從兄子聖及沛人慶普,於是《儀禮》分爲大戴、小戴、慶氏三家。據《漢書·藝文志》,三家在當時都立於學官;但據《後漢書·儒林傳》,今文學十四博士不數《禮》慶氏而數《易》京氏,則慶氏《禮》是否立於學官,亦頗成疑問。其後慶普傳夏侯敬。敬數傳至曹充。充傳於其子襃,有名於當時。這是《儀禮》慶氏學派。戴德傳徐良,這是《儀禮》大戴學派。戴聖傳橋仁及楊榮,這是《儀禮》小戴學派。據《隋書·經籍志》説,"三家雖存並微",則當時《禮》學已漸衰落。到了東漢末年鄭玄,於注《儀禮》以外,兼及《周禮》與《禮記》,於是三禮的名稱纔始成立。鄭玄在學派上是一位混淆古今文學的通學者,所以他所注的《儀禮》,於今文之外,並參考當時發現的古文《逸禮》;經從今文則注内疊出古文,經從古文則注内疊出今文,對於今古文字的取捨殊不一致。晉初王肅爲反鄭學的健者,其所作《三禮解》及《儀禮·喪服傳》,都故意與鄭立異;又僞造《孔子家語》、《孔叢子》二書,以爲反鄭專著之《聖證論》的根據;然而王肅混淆今古文學的弊病,更甚於鄭玄。《儀禮》一經,自從鄭、王以後,其今文學的真面目已不復保存。晉代盛行王學。南北朝時,北朝專崇鄭學,南朝則雜採鄭、王。又當時南朝社會劃爲士庶兩大階級,所以治《儀禮》的,多偏究喪服。最著名的,爲雷次宗、與鄭玄齊名,稱爲雷、鄭;其他見於《隋書·經籍志》的頗不少,蔚爲一時特殊的風氣。唐代,賈公彦撰《儀禮義疏》,以鄭注爲宗,鄭學賴以保存。宋儒治《儀禮》的,始於張淳。淳曾撰《儀禮識誤》,考訂注疏。其後朱熹及其弟子黄榦成《儀禮經傳通解》,欲以《儀禮》爲經,以《周禮》諸書爲傳,其混合三禮以談《禮》,更較鄭玄爲甚。元儒吴澄撰《儀禮逸經傳》，汪克寬撰《經解補佚》，雜採諸書，指爲《儀禮》逸文；敖繼公撰《儀禮集説》，且疑《喪服傳》爲僞作；蓋完全表現其宋學之懷疑的主觀的見地。清代漢學重興，其初反於鄭學，其繼反於西漢今文學。清初治《儀禮》的，以張爾岐《儀禮鄭注句讀》爲最具家法。其後如吳廷華撰《儀禮章句》，金曰追撰《儀禮正譌》，沈彤撰《儀禮小疏》，褚寅亮撰《儀禮管見》，胡匡衷撰《儀禮釋宮》，程瑤田作《喪服足徵錄》，任大椿撰《深衣釋例》，張惠言撰《儀禮圖》，也都放射漢學的光彩。當時最著名的著作，可以凌廷堪《禮經釋例》及胡培翬《儀禮正義》兩書爲代表。後來邵懿辰撰《禮經通論》，主張《儀禮》十七篇爲完書，則更就今文學的見地而爲學派上的鬪争了。

《周禮》，當西漢末新莽時，因古文學派的首創者劉歆的提倡，立於學官。歆傳其學於杜子春。子春傳鄭興。興傳其子衆。同時，歆又別授賈徽。徽傳其子逵，奉詔作《周官解詁》。其後衛宏、馬融、盧植、張恭祖等，都治《周禮》，有所述作。及鄭玄出，先後受學於張恭祖及馬融，撰《周禮注》、《儀禮注》、《禮記注》，合稱《三禮注》，盛行於當時，集漢代《周禮》學的大成。晉代朝廷禮學雖以王肅爲主，但鄭玄《周禮注》仍爲學者所宗。經南北朝以至隋、唐，鄭學迄未衰落。唐賈公彦撰《周禮義疏》，一本鄭《注》，於是鄭學益有獨尊之勢。到了宋代，王安石撰《周禮新義》，頒爲試士的標準，《周禮》學始漸變。王昭禹繼之，撰《周禮詳解》，《四庫總目提要》謂其"附會穿鑿皆遵王氏《字説》"。此外，鄭伯謙撰《太平經國之書》，王與之撰《周禮訂義》，以論議見長，而略於典章。而俞廷椿撰《復古編》，陳友仁撰《周禮集説》，吳澄撰《周禮叙錄》，欲從五官中以補苴冬官，更完全爲宋學改經的習氣。清代以考證學爲正統，故《周禮》學復反於漢。當時專究制度的，如沈彤的《周官禄田考》，王鳴盛的《周禮軍賦説》；專究製作的，如戴震的《考工記圖》，阮元的《車制考》，都是名著。清末，古文學最後大師孫詒讓撰《周禮正義》，詳密審慎，學者以爲出於舊疏之上。

《禮記》一書，不見於《漢志》；他的内容的來源，學者間的意見也未一致（見上節）；但這書爲小戴所纂集，所傳授，則大概没有疑義。（魏張揖、清陳壽祺、皮錫瑞主張《禮記》始撰於叔孫通，其説不足取信，詳可參考皮錫瑞《三禮通論》"論《禮記》始撰於叔孫通"章。）《禮記》學的傳授，没有明文可錄。惟《後漢書·橋玄傳》，橋玄七世祖仁曾著《禮記章句》四十九篇，則橋仁於傳受小戴《儀禮》學之外，又兼傳其《禮記》學。又《後漢書·曹褒傳》，褒傳父充慶氏《禮》，又傳《禮記》四十九篇，則曹褒於傳受慶氏《儀禮》學之外，又兼傳小戴的《禮記》學。《隋書·經籍志》

以爲："漢末馬融遂傳小戴之學。""鄭玄受業於融，又爲之注。"則《禮記》一書，實自鄭注行世後，而始與《儀禮》、《周禮》並稱三禮；在漢代諸經中，最無學派可説。南北朝時，爲鄭注作義疏的，南有皇侃，北有熊安生。唐孔穎達敕修《禮記正義》，亦宗鄭注，而以皇氏爲本，以熊氏爲輔。孔序批評熊、皇二書，以爲"熊則違背本經，多引外義"；"欲釋經文，惟聚難義"；"皇氏雖章句詳正，微稍繁廣；又既遵鄭氏，乃時乖鄭義"。但孔氏守疏不破注的原則，所以《四庫總目提要》又以爲孔氏"務伸鄭注，不免有附會之處"。總之，《禮記》學，從漢到唐，都以鄭注爲中心。宋儒治《禮記》的，始於衛湜。湜撰《禮記集説》，採摭各家經説凡百四十四家，頗稱該博，但不甚精審。元吳澄作《禮記纂言》，重定篇第；陳澔作《禮記集説》，務求淺顯；於是鄭注中心之《禮記》學漸變。明永樂中，胡廣等敕修《禮記大全》，廢棄鄭注，襲用《集説》，古義遂荒。清代漢學以考證爲主，《禮記》的研究不及《儀禮》、《周禮》之盛。杭世駿撰《禮記集説》，雖稱浩溥，但不免泛濫；朱彬撰《禮記訓纂》，較爲簡約，然亦不及胡培翬《儀禮正義》、孫詒讓《周禮正義》的詳審。及今文學崛興，《禮記》各篇中的微言大義始爲學者所重，康有爲撰《禮運注》，皮錫瑞撰《王制箋》，對於孔子託古改制的深意及儒家大同的理想，爲大膽的宣揚。

三禮經典本身的學統本不相同，但自從鄭玄兼注三禮以來，三禮之兼治的風習與禮學之綜合的研究，遂爲歷代經學家所沿用。最初繼鄭玄的方法而爲反鄭學的運動的，是晉初王肅。肅曾撰《三禮解》，與鄭立異。南北朝時，兼治三禮的學者更多；最著名的，有徐遵明、劉獻之、沈重、李炫、熊安生、何佟之、王儉、何承天、崔靈恩、嚴植之、沈文阿、戚袞諸人。唐代孔穎達撰《禮記正義》，賈公彦撰《周禮義疏》及《儀禮義疏》，都以鄭注爲主，三禮學復定於一尊。宋代，朱熹撰《儀禮經傳通解》，欲混同《儀禮》、《周禮》諸書，作禮學之綜合的研究。陳詳道撰《禮書》，晁公武《郡齋讀書志》及陳振孫《直齋書録解題》都稱其詳博；然中多掊擊鄭學，蓋完全宋學家的習氣。清初治三禮的，有徐乾學、萬斯大、毛奇齡、李光地、李光坡、方苞等，然或失之雜糅，或失之武斷。及江永撰《禮經綱目》，秦蕙田撰《五禮通考》，始具備漢學家法。但三禮來源不同，綜合研究殊不易易，所以這方面的成功作品仍不多見。

五 《春秋》——《春秋經》與《左傳》、《公羊傳》、《穀梁傳》

【編年的《春秋經》】《春秋經》相傳爲孔子據魯史《春秋》一書加以筆削而成。其書分年紀事，上起魯隱公元年（當周平王四十九年，公元前七二二年），下

止魯哀公十四年(當周敬王三十九年,公元前四八一年),計凡十二公,二百四十二年。表示之如次:

(1) 隱公十一年(當周平王四十九年、公元前七二二年,至周桓王八年、公元前七一二年)。

(2) 桓公十八年(當周桓王九年、公元前七一一年,至周莊王三年、公元前六九四年)。

(3) 莊公三十二年(當周莊王四年、公元前六九三年,至周惠王十五年、公元前六六二年)。

(4) 閔公二年(當周惠王十六年、公元前六六一年,至周惠王十七年、公元前六六〇年)。

(5) 僖公三十三年(當周惠王十八年、公元前六五九年,至周襄王二十五年、公元前六二七年)。

(6) 文公十八年(當周襄王二十六年、公元前六二六年,至周匡王四年、公元前六〇九年)。

(7) 宣公十八年(當周匡王五年、公元前六〇八年,至周定王十六年、公元前五九一年)。

(8) 成公十八年(當周定王十七年、公元前五九〇年,至周簡王十三年、公元前五七三年)。

(9) 襄公三十一年(當周簡王十四年、公元前五七二年,至周景王三年、公元前五四二年)。

(10) 昭公三十二年(當周景王四年、公元前五四一年,至周敬王十年、公元前五一〇年)。

(11) 定公十五年(當周敬王十一年、公元前五〇九年,至周敬王二十五年、公元前四九五年)。

(12) 哀公十四年(當周敬王二十六年、公元前四九四年,至周敬王三十九年、公元前四八一年)。

【傳、經的分合】《春秋經》的經文,現在都分載於《左傳》、《公羊傳》、《穀梁傳》的各傳之前,已没有單行本;但在古代,《春秋經》與三傳實各自別行,而且經今古文本亦不相同。《漢書‧藝文志》有《春秋古經》十二篇,又有《春秋經》十一卷。所謂《古經》,就是古文本的《春秋經》,也就是《左氏傳》所根據的古文經;所謂《經》,就是今文本的《春秋經》,也就是《公羊傳》及《穀梁傳》所根據的今文經。

《春秋古經》與《左氏傳》的配合,蓋始於晉杜預。杜預《春秋經傳集解序》所說"分《經》之年與《傳》之年相附,比其義類,各隨而解之"的話可爲證據。唐陸德明《經典釋文》亦說"舊夫子(指孔子)之《經》與丘明之《傳》各異,杜氏合而釋之。"至今文的《春秋經》與《公羊傳》、《穀梁傳》的配合,則不知始於何人。按何休《公羊傳解詁》,但釋傳文而不釋經文,與杜預《經傳集解》體裁不同;又按漢熹平《石經》殘字《公羊傳》一段,亦僅載傳文而沒有經文,與現行刻本不同;則漢末今文經傳還各自別行。《四庫總目提要》疑《春秋經》與《公羊傳》的配合始於爲《公羊傳》作義疏的唐儒徐彥,《春秋經》與《穀梁傳》的配合始於爲《穀梁傳》作《集解》的晉儒范甯;然這都是推測之辭,沒有明文足證,可存而不論。至於《漢志》《春秋古經》與《春秋經》篇卷數目不同的原因,則由於今古文學對於魯十二公紀年分合意見的差異。古《春秋左氏》説主張十二公各爲一篇,故爲十二篇。今《春秋公羊》説主張合閔公於莊公,故十二去一而爲十一卷;至其所以如此併合的理由,今文學大家何休以爲"子未三年,無改於父之道";閔公僅二年而薨,故附於莊公。但清儒沈欽韓《漢書疏證》反對何説,以爲不過因"閔公事短,不足成卷,并合之耳",亦自有相當的理由。

【《春秋》的命名】 《春秋經》所以命名"《春秋》",今古文學家的意見大致相同。因爲《春秋》是編年體,年有四時,不能徧舉四字以爲書名,故交錯互舉,取"春""秋"以包"夏""冬"。杜預《春秋經傳集解序》説得很清楚:"《春秋》者,魯史記之名也。記事者以事繫日,以日繫月,以月繫時,以時繫年,所以記遠近、別同異也。故史之所記,必表年以首事。年有四時,故錯舉以爲所記之名也。"徐彥《公羊傳疏》亦説:"《公羊》何氏(指何休)與賈、服(指漢時《左傳》學者賈逵、服虔)不異。……《春秋》者,道春爲生物之始,而秋爲成物之終,故云:始於春,終於秋,故曰《春秋》也。"除上述的解釋外,又另有三種的異説,但都不足憑信。一、以爲《春秋》當一王之法,其命名含有賞刑的意義;就是説:"取賞以春夏,刑以秋冬。"二、以爲含有褒貶的意義,"一褒一貶,若春若秋。"三、以爲《春秋》成書時期的關係,"哀公十四年春,西狩獲麟,作《春秋》;九月,書成。以其書春作秋成,故云《春秋》。"(一、二見宋王應麟《玉海》引鄭樵語,三見徐彥《公羊傳疏》)。這三説都根本的忘記了"《春秋》"是古代記事史籍的通名,而不始於孔子。

【《春秋》的通名與專名】 "春秋"本通名,到孔子據魯史而作《春秋》,於是始成《春秋經》的專名。《公羊傳》莊七年傳説:"不修《春秋》曰:雨星不及地尺而復。"《禮記·坊記》説:"魯《春秋》記晉喪曰:殺其君之子奚齊。"又説:"魯《春秋》

去夫人之姓曰吳，其死曰孟子卒。"《左傳》昭二年傳說："晉韓起聘魯，觀書於太史氏，見《易》象與魯《春秋》。"則《春秋經》所根據的魯史本名《春秋》。《國語·楚語》，申叔時論傅太子的方法，說："教之以《春秋》。"則楚史亦名《春秋》。《國語·晉語》，司馬侯對晉悼公說："羊舌肸習於《春秋》。"則晉史亦名《春秋》。《墨子·明鬼篇》下引有周之《春秋》、燕之《春秋》、宋之《春秋》、齊之《春秋》。《隋書》，李德林答魏收書引《墨子》曰："吾見百國《春秋》。"則諸國史記亦都名《春秋》。此外泛言《春秋》的，如《管子·法法篇》說："故《春秋》之記，臣有弒其君，子有弒其父者矣。"《韓非子·內儲說上》說："魯哀公問於孔子曰：《春秋》之記曰'冬十二月隕霜不殺菽'，何爲記此？"《戰國策·燕策》，蘇代說："今臣逃而紛齊、趙，始可著爲《春秋》。"樂毅說："賢明之君，功立而不廢，故著於《春秋》。"以上所舉，都不能專指爲孔子的《春秋經》，而爲《春秋》的通名。

【《春秋》的作者與孔子】　《春秋》爲孔子據魯史而作，古無異辭。但專記孔子言行的《論語》沒有一言及於孔子的巨著《春秋》，實不免啓後人以可疑之點。首言孔子作《春秋》的，當推孟子。《孟子·滕文公》篇下說："世衰道微，邪說暴行又作，臣弒其君者有之，子弒其父者有之；孔子懼，作《春秋》。《春秋》，天子之事也，是故孔子曰：'知我者，其惟《春秋》乎！罪我者，其惟《春秋》乎！'"又"孔子成《春秋》而亂臣賊子懼。"又《離婁》篇下說："王者之迹熄而《詩》亡，《詩》亡然後《春秋》作。晉之《乘》，楚之《檮杌》，魯之《春秋》，一也。其事則齊桓、晉文；其文則史；孔子曰：'其義則丘竊取之矣。'"又《盡心篇》下說："《春秋》無義戰。"其後繼孟子之說而更加發揮的，當推司馬遷《史記》。《史記·孔子世家》說："子曰：'弗乎！弗乎！君子疾歿世而名不稱焉。吾道不行矣！吾何以自見於後世哉？'乃因史記作《春秋》，上至隱公，下訖哀公十四年。據魯，親周，故殷，運之三代，約其文辭而指博。……貶損之義。後有王者舉而開之，《春秋》之義行則天下亂臣賊子懼焉。孔子在位聽訟，文辭有可與人共者，弗獨有也；至於爲《春秋》，筆則筆，削則削，子夏之徒不能贊一辭。弟子受《春秋》，孔子曰：'後世知丘者以《春秋》，而罪丘者亦以《春秋》。'"然《春秋》一經，闕文闕義，殊不易研究。宋王安石曾譏爲"斷爛朝報"。近人錢玄同先生更以孔子作《春秋》的話是孟子所僞造，不是史實，則《春秋》與孔子的關係也成爲經學上的疑案了。(錢說見顧頡剛《古史辨》第一冊頁六七——八二。)

【《左傳》與《春秋》】　現行的《左傳》，據經古文學家說，是解釋《春秋經》的傳，爲孔子同時人左丘明所作，所以應稱爲《春秋左氏傳》。但經今文學家否認這説,他們以爲《左傳》是古代一種歷史的書籍,並非解釋《春秋經》,所以不應稱爲《春秋左氏傳》,而當與《吕氏春秋》、《虞氏春秋》相同,稱爲《左氏春秋》。這爭論一直到現在還没有正當的解決,下文當擇要加以論述。不過我們就《左傳》與《公羊傳》、《穀梁傳》的經傳内容加以比較,很可以見到同異。一、《左傳》有續經及續傳,而《公羊傳》、《穀梁傳》没有。《左傳》的續經,到魯哀公十六年孔子卒止,較《春秋》本經多二年;《左傳》的續傳,到魯哀公二十七年哀公如越,又續到悼公四年止,較《春秋》本經多十七年。二、《左傳》與《春秋經》對比,時有闕文。如莊公二十六年,《春秋經》書:"春,公伐戎。""夏,公至自伐戎。""曹殺其大夫。""秋,公會宋人、齊人伐徐。""冬,十有二月癸亥朔。日有食之。"但《左傳》都没有傳文,而僅有"春,晉士蒍爲大司空。""夏,士蒍城絳以深其宫。""秋,虢人侵晉。""冬,虢人又侵晉"諸語。杜預《集解》以爲:"此年經傳各自言其事者,或經是直文,或策書雖存而簡牘散落,不究其本末,故傳不復申解,但言傳事而已。"杜預欲爲《左傳》出脱,所以委故於簡牘散落,其實無論如何,經與傳不相稱,乃是非常明顯的事。清劉逢禄《左氏春秋考證》,更就今文學的見地,臚舉《左傳》闕文,如隱公二年、十年,桓公元年、七年、九年、十年、十一年、十二年、十三年、十四年、十六年、十七年,莊公元年以後七年、十三年、十五年、十七年、二十七年、二十九年、三十年、三十一年,僖公元年等,都可以尋出《春秋經》與《左傳》的内容不相對稱。

【《左傳》的作者及其爭辯】《左傳》的作者,相傳爲孔子同時的左丘明。這説,經古文學家非常相信,但經今文學家又非常反對。以《左傳》爲左丘明作的最早的現存的史料,當推司馬遷《史記·十二諸侯年表》。《史記》説:"孔子……西觀周室,論史記舊聞,興於魯而次《春秋》,上記隱,下至哀之獲麟,約其辭文,去其煩重,以制義法。王道備,人事浹。七十子之徒口授其傳指,爲有所刺譏褒諱抑損之文辭不可以書見也。魯君子左丘明懼弟子人人異端,各安其意,失其真,故因孔子史記,具論其語,成《左氏春秋》。"但這段文字,近人崔適《史記探原》設爲七證,以爲係後人爲古文學者依劉歆《七略》的話竄入,當加删除(見《史記探原》卷四頁二),則這段史料之真實的價值殊可懷疑。其次説到左丘明作《左傳》的,見《漢書·藝文志》及《劉歆傳》(卷三十六)。《漢志》説:"仲尼思存前聖之業……以魯周公之國,禮文備物,史官有法,故與左丘明觀其史記。據行事,仍人道,因興以立功,就敗以成罰,假日月以定曆數,藉朝聘以正禮樂。有所褒諱貶損,不可書見,口授弟子。弟子退而異言;丘明恐弟子各安其意,以失其真,故論本事而作傳,明夫子不以空言説經也。"《歆傳》説:"歆以爲左丘明好惡與聖人同,親見夫子;而公羊、穀梁在七十子後;傳聞之與親見之,其詳略不同。"按《漢志》本襲劉歆《七略》,劉歆爲經古文學家的開創者,他主張左丘明作《左傳》,乃是必然的事,不足以服經今文學者的辯難。又其次説到左丘明作《左傳》的,見於杜預《春秋經傳集解》。杜氏説:"左丘明受經於仲尼……身爲國史,躬覽載籍,必廣記而備言之。"按杜預爲《左傳》專家,其偏袒《左氏》,更甚於劉歆,則他的話語也沒有信史的價值。又其次,孔穎達《左傳正義》引沈氏云:"《嚴氏春秋》引《觀周篇》云:孔子將修《春秋》,與左丘明乘如周,觀書於周史,歸而修《春秋》之經,丘明爲之傳,共爲表裏。"按沈氏指陳沈文阿,《嚴氏春秋》指漢《春秋公羊傳》嚴氏學。皮錫瑞《春秋通論》以爲:"《嚴氏春秋》久成絶學,未必陳時尚存。漢博士治《春秋》者,惟嚴、顏兩家。嚴氏若有明文,博士無緣不知。如《左氏傳》與《春秋經》相表裏,何以有丘明不傳《春秋》之言?劉歆博極羣書,又何不引《嚴氏春秋》以駁博士?"所以皮氏以爲沈氏所引《嚴氏春秋》,出於僞託,亦不足憑信。

　　至於懷疑《左傳》的,其初以《左傳》與《春秋經》無關,其後以《左傳》爲非左丘明所作。西漢末,今文學博士反對古文學家劉歆,曾主張"《左氏》爲不傳《春秋》"(見劉歆《移讓太常博士書》)。東漢初,今文學家范升反對古文學家韓歆、陳元,也曾以爲"《左氏》不祖於孔子而出於丘明"(見《後漢書·范升傳》)。兩漢今文學者雖然反對《左傳》,以爲與《春秋經》無關,但尚不否認《左傳》爲左丘明所作。至唐趙匡,始辯作《左傳》的左氏與《論語》上所説的左丘明是兩人。左丘明是孔子以前的賢人,如史佚、遲任等見稱爲當時;左氏蓋與公羊氏、穀梁氏相似,都是孔門以後的門人。(見陸淳《春秋纂例》"趙氏損益義"章。)宋王安石曾撰《春秋解》一卷,證明左氏非左丘明的凡十一事。(王書已佚,陳振孫《書錄解題》以爲出於依託。)葉夢得説《左傳》記事終於智伯,當是六國時人。鄭樵撰《六經奧論》,更設八驗,以爲左氏非丘明,而是六國時楚人。清乾隆間,紀昀等修《四庫全書總目提要》,對於《左傳》雖仍定爲左丘明作,但措辭亦頗含疑義。(見《提要·春秋左傳正義》條)其後今文學派崛興,劉逢禄撰《左氏春秋考證》,康有爲撰《新學僞經考》,對於《左傳》攻擊益力,且以爲係劉歆由《國語》竄改而成。近瑞典人珂羅倔倫(Bernhard Karlgren)撰《論左傳之真僞及其性質》(*On the Authenticity and the Nature of the Tsochuan*)一書,用《左傳》的特別文法組織和"魯語"比較,以證明《左傳》的語言自成一個文法組織,與《國語》相接近,而決非魯君子所作。這在《左傳》作者問題的研究方法上實是一種新穎而重要的貢獻。

　　【左傳的來源】　關於《左傳》的發現,古代也沒有明確的記載。約略的説,凡有三説:一、以爲漢代藏於祕府,爲劉歆所發現。《漢書·劉歆傳》載歆《移讓太常博士書》説:"《春秋左氏》丘明所修,皆古文舊書……臧於祕府,伏而未發。孝成皇帝閔學殘文缺,稍離其真,乃陳發祕臧,校理舊文,得此三事"(按三事指《左傳》及《古文尚書》、《逸禮》)。又本傳亦説:"歆校祕書,見古文《春秋左氏傳》。……初《左氏傳》多古字古言,學者傳訓故而已。及歆治《左氏》,引傳文以解經,轉相發明,由是章句義理備焉。"按今文學家以《左傳》爲劉歆所竄改僞造,則這史料也殊可疑。二、以爲係漢初張蒼所獻。許慎《説文解字序》説:"北平侯張蒼獻《春秋左氏傳》。"《隋書·經籍志》本其説,亦以爲"《左氏》,漢初出於張蒼之家,本無傳者"。按許慎爲東漢古文學者,張蒼獻《左傳》的話不見於西漢他書,恐亦難可憑信。三、以爲發現於孔子宅壁中。王充《論衡·案書篇》説:"《春秋左氏傳》者,蓋藏孔子壁中。孝武皇帝時,魯恭王壞孔子教授堂以爲宫,得佚《春秋》三十篇,《左氏傳》也。"又《佚文篇》説:"魯恭王壞孔子宅以爲宫,得《春秋》三十篇,……上言武帝,武帝遣吏發取。"按這説恐是王充讕言,清段玉裁已加以否認。《説文解字序》段注説:"《論衡》説《左傳》三十篇出恭王壁中,恐非事實。"總之,《左傳》的來源,在西漢時代,已没有明確的記載可考。

【《公羊傳》的"異義"】《公羊傳》爲解釋《春秋經》而作,就學派言,是屬於今文學。《公羊傳》與《左傳》不同之點,在文字方面,一、《左傳》有續經、續傳,而《公羊傳》没有;二、《左傳》只能説以史實疏證本經,而《公羊傳》則專就經文逐層地加以問答體的説明。在内容方面《左傳》以"史"爲主,而《公羊傳》則以"義"爲主。何休《春秋公羊經傳解詁序》説《公羊傳》"多非常異義可怪之論";據何休《文謚例》及《春秋説》,則非常異義有所謂五始、三科、九旨、七等、六輔、二類、七缺等等,而以"三科九旨"爲最重要。所謂"三科九旨",計有二説:一、何休以爲"三科九旨者,新周,故宋,以《春秋》當新王,此一科三旨也。""所見異辭,所聞異辭,所傳聞異辭,二科六旨也。""内其國而外諸夏,内諸夏而外夷狄","天下遠近大小若一","是三科九旨也。"二、宋氏以爲"三科者:一曰張三世,二曰存三統,三曰異外内,是三科也。九旨者:一曰時;二曰月;三曰日;四曰王;五曰天王;六曰天子;七曰譏;八曰貶;九曰絶。時與日月,詳略之旨也。王與天王、天子,是録遠近親疏之旨也。譏與貶、絶,則輕重之旨也。"據何休説,九旨即在三科之内;據宋氏説,九旨另在三科之外,但兩説没有什麽十分衝突。總之,依《春秋》公羊學的意見,《春秋》一經是孔子的政治哲學所在。孔子不願著一部空洞的政治哲學,也不敢著一部空洞的政治哲學,所以借春秋二百四十年的史實以表示他對於政治的觀念,就是《史記·自序》所謂"我欲載之空言,不如見之於行事之深切著明也"。孔子對於政治,主張進化,以爲可分三大階段,就是所謂"三世",也就是所謂由據亂世進爲小康世、由小康世進爲大同世。因政治進化階段的不同,所以又有所謂"存三統"(所謂新周,故宋,以《春秋》當新王)及"異內外"的差別。這些話是否把握《春秋》的核心,固屬一大疑問;但《公羊傳》以這些思想爲骨幹,則可無疑。此外所謂"五始者,元年、春、王、正月、公即位是也。七等者:州、國、氏、人、名、字、子是也。六輔者:公輔天子,卿輔公,大夫輔卿,士輔大夫,京師輔君,諸夏輔京師是也。二類者:人事與災異者也"(徐彥疏引何休《文諡例》)。"七缺者:惠公妃匹不正,隱、桓之禍生,是爲夫之道缺也。文姜淫而害夫,爲婦之道缺也。大夫無罪而致戮,爲君之道缺也。臣而害上,爲臣之道缺也。僖五年,晉侯殺其世子申生;襄二十六年,宋公殺其世子痤;殘虐枉殺其子,是爲父之道缺也。文元年,楚世子商臣弒其君髡;襄三十年,蔡世子般弒其君固;是爲子之道缺也。桓八年正月己卯,烝;桓十四年八月乙亥,嘗;僖三十一年夏四月,四卜郊,不從,乃免牲,猶三望;郊祀不脩,周公之禮缺,是爲七缺也"(徐彥疏引《春秋說》)。

【《公羊傳》的作者及其爭辯】 《公羊傳》的傳授雖然可考(詳下);但《公羊傳》的傳文始於何人,現在還不能確指。《漢書·藝文志》僅有"《公羊傳》十一卷,公羊子,齊人"的話,而没有確舉公羊子的名字。顏師古《漢書注》以爲公羊子名高,蓋據《春秋緯說題辭》"傳我書者公羊高也"一語。然緯讖本不足憑信,則顏說亦頗可懷疑。據徐彥《公羊傳疏》引戴宏序說:"子夏傳與公羊高,高傳與其子平,平傳與其子地,地傳與其子敢,敢傳與其子壽。至漢景帝時,壽乃共弟子齊人胡母子都著於竹帛。"據何休隱二年傳注,以爲"至漢,公羊氏及弟子胡母生等乃始記於竹帛。"則《公羊傳》之著爲文字,或始於公羊壽及胡母生等;故《四庫全書總目提要》即定爲公羊壽撰。但近人崔適《春秋復始》反對這說,他以爲:"子夏少孔子四十四歲。孔子生於襄公二十一年,則子夏生於定公二年。下迄景帝之初,三百四十餘年。自子夏至公羊壽,甫及五傳,則公羊氏世世相去六十餘年;又必父享耄年,子皆夙慧,乃能及之,其可信乎?"按《公羊傳》的內容,決非成於一人;傳中引子沈子、子司馬子、子女子、子北宫子、魯子、高子六人,就是明證。(引子沈子見隱公十一年、莊公十一年及定公元年傳文。引子司馬子見莊公三十年傳文。引子女子見閔公元年傳文。引子北宫子見哀公四年傳文。引魯子見莊公三年、二十三年,僖公五年、十九年、二十四年、二十八年傳文。引高子見文公四年傳文。)又定公元年傳"正棺於兩楹之間"兩句,《穀梁傳》引稱沈子,不稱公羊子,則

《公羊傳》中不著姓名的，也當有不出於公羊氏的手筆。又桓公六年、宣公五年傳文有"子公羊子"的稱呼，則《公羊傳》不全出於公羊氏之手，更有明證。總之，古代的經傳，不是積累而成，就是經過後人的竄改，則《公羊傳》不是成於一人，也是無容諱言的事。

【《穀梁傳》與《公》、《左》】《穀梁傳》的體裁，與《公羊傳》相近，而與《左傳》不同。其與《公羊傳》相近之點：一、沒有續經及續傳；二、用問答式的解釋體。現節錄三傳對於《春秋經》隱公"元年春王正月"一段解釋以資比較。

穀梁傳　元年春王正月。雖無事，必舉正月，謹始也。公何以不言即位？成公志也。焉成之？言君之不取爲公也。君之不取爲公，何也？將以讓桓也。讓桓，正乎？曰：不正。《春秋》成人之美，不成人之惡。隱不正而成之，何也？將以惡桓也。其惡桓，何也？隱將讓而桓弒之，則桓惡矣。桓弒而隱讓，則隱善矣。善則其不正焉，何也？《春秋》貴義而不貴惠，信道而不信邪；孝子揚父之美，不揚父之惡。先君之欲與桓，非正也，邪也；雖然，既勝其邪心以與隱矣，已探先君之邪志，而遂以與桓，則是成父之惡也。兄弟，天倫也；爲子受之父，爲諸侯受之君；已廢天倫，而忘君父，以行小惠，曰小道也。若隱者，可謂輕千乘之國，蹈道則未也。

公羊傳　元年春王正月。元年者何？君之始年也。春者何？歲之始也。王者孰謂？謂文王也。曷爲先言王而後言正月，王正月也。何言乎王正月？大一統也。公何以不言即位？成公意也。何成乎公之意？公將平國而反之桓。曷爲反之桓？桓幼而貴，隱長而卑；其爲尊卑也微，國人莫知。隱長又賢，諸大夫扳隱而立之。隱於是焉而辭立，則未知桓之將必得立也；且如桓立，則恐諸大夫不能相幼君也；故凡隱之立，爲桓立也。隱長又賢，何以不宜立？立適以長不以賢；立子以貴不以長。桓何以貴？母貴也。母貴則子何以貴？子以母貴，母以子貴。

左傳　元年春王周正月。不書即位，攝也。（按這段以前，《左傳》有所謂"先經以始事"一段，附錄於下，以明史實。傳云："惠公元妃孟子。孟子卒，繼室以聲子生隱公。宋武公生仲子。仲子生而有文在其手，曰'爲魯夫人'。故仲子歸于我，生桓公。而惠公薨，是以隱公立而奉之。"）

【《穀梁傳》的作者及其爭辯】《穀梁傳》在學派上，從來都以爲與《公羊傳》同屬於今文學；自近人崔適撰《春秋復始》一書，始斥《穀梁傳》爲古文學，以爲亦是劉歆所僞造，所以供《左傳》的驅除。崔氏的立論，雖現在還未得一般學者的承認；但《穀梁傳》的作者問題之無明文可考，實亦不容諱言。考《漢書·藝文志》僅説："《穀梁傳》十一卷，穀梁子，魯人。"顏師古《漢書注》以爲"名喜"。錢大昭《漢書辨疑》據閩本《漢書》，又以爲喜字作嘉。此外，桓譚《新論》、應劭《風俗通義》、蔡邕《正交論》、陸德明《經典釋文·叙錄》引糜信注，都作穀梁赤，王充《論衡·案書篇》又作穀梁寘，阮孝緒《七錄》及《元和姓纂》引《尸子》語又作穀梁俶，楊士勛《穀梁傳疏》又引作穀梁淑。一穀梁子，而有喜、嘉、赤、寘、俶、淑六名，其可疑者一。據楊士勛《疏》，説穀梁子受經於子夏，爲經作傳；則《穀梁傳》當爲穀梁子所自作。然據《四庫全書總目提要》及阮元《十三經校勘記》的考訂，定公即位一條，《穀梁傳》與《公羊傳》相同，稱引沈子曰；初獻六羽一條，稱引穀梁子曰；隱公五年及桓公六年傳又兩稱引尸子曰（按尸子即尸佼，爲商鞅的師；鞅被殺，佼逃於蜀）；如穀梁子確爲子夏門人，不當下見沈子及尸子，亦不當自稱穀梁子，則《穀梁傳》是否出於一人之手，實亦成爲問題，其可疑者二。

【《春秋》學的派別】 《春秋學》可分爲漢學及宋學兩派，而漢學又可分爲今文學及古文學兩派。

西漢初年，《春秋》分爲五家，爲左氏、公羊、穀梁、鄒氏、夾氏。據《漢書·藝文志》説，"鄒氏無師，夾氏有錄無書"，故五家去二而爲遺留到現在的三傳。（關於鄒、夾二氏，極端的今文學者，如康有爲，亦以爲是劉歆虚立名目，故意爲《左傳》作僞的掩飾。）這三傳，《左傳》屬於古文學，《公羊傳》屬於今文學，都非常明確；《穀梁傳》，從來學者都以爲屬於今文學，自崔適《春秋復始》倡"穀梁氏亦古文學"之説，於是《穀梁傳》的學派遂成疑問。

《左傳》最初的傳授也是古今文學者爭論的一端。按《左傳》傳授不見於《史記·儒林傳》，《漢書·儒林傳》也僅只是推源到漢初的張蒼，唐陸德明《經典釋文·叙錄》更進而追溯到春秋時代的曾申、吳起，愈後的記載愈是詳盡，實不免令人懷疑。《經典釋文》説："左丘明作傳以授曾申。申傳衛人吳起（魏文侯相）。起傳其子期。期傳楚人鐸椒（楚太傅）。椒傳趙人虞卿（趙相）。卿傳同郡荀卿名況。況傳武威張蒼。蒼傳洛陽賈誼。誼傳至孫嘉。嘉傳趙人貫公。貫公傳其少子長卿。長卿傳京兆尹張敞及御史大夫張禹。"而《漢書·儒林傳》則説："漢興，北平侯張蒼及梁太傅賈誼、京兆尹張敞、太中大夫劉公子皆修《春秋左氏傳》。誼爲《左氏傳》訓故，授趙人貫公，爲河間獻王博士。子長卿，爲蕩陰令，授清河張禹、長子。禹……授尹更始。更始傳子咸及翟方進、胡常。常授黎陽賈護季君，哀帝時，待詔爲郎。授蒼梧陳欽子佚，以《左氏》授王莽，至將軍。而劉歆從尹咸及翟方進受，由是言《左氏》者本之賈護、劉歆。"又《漢書·劉歆傳》説："歆校祕書，見古文《春秋左氏傳》，大好之。丞相史尹咸以能治《左氏》，與歆共校經傳。歆略從咸及翟方進受，質問大義。初《左氏傳》多古字古言，學者傳訓詁而已；及歆治《左氏》，引傳文以解經，轉相發明，由是章句義理備焉。"總之，《左傳》的內容是否如今文學者所言出於劉歆改竄《國語》而成，固屬疑問；但《左傳》學的傳授，劉歆以前不足信，劉歆以後始可信，實在毫無疑義。

劉歆傳《左傳》學於賈徽。徽撰《春秋條例》，傳其子逵。逵受詔奏《公羊》、《穀梁》二傳不如《左傳》四十事，名爲《左傳長義》，又撰《左氏解詁》。又陳欽受業於尹咸，傳子元，元撰《左氏同異》。又鄭興亦受業於劉歆，傳子衆；衆撰《左氏條例章句》。此外，馬融、延篤等亦治《左氏學》。漢末鄭玄，初治公羊，後改治《左氏》，撰《鍼膏肓》、《發墨守》、《起廢疾》三書，以駁《公羊》學者何休所撰的《左氏膏肓》、《公羊墨守》、《穀梁廢疾》；又以所注授服虔。虔撰《左氏章句》，盛行於時。三國時，《公》、《穀》二學已漸衰微；當時魏王肅撰《左氏解》，蜀李譔撰《左氏傳》，而尹默、來敏也都治《左氏》。晉杜預好《左傳》，襲賈、服舊注，成《春秋經傳集解》，又撰《春秋釋例》，流傳至今。南北朝時，或宗杜注，或宗服傳，互相排擊，而《左氏》學遂又分爲兩枝。南朝盛行杜注，梁崔靈恩曾撰《左氏隆義》，申服難杜；但虞僧誕又申杜難服，用以答駁。北朝，因徐遵明傳授服注，作《春秋章義》，故服注盛行；但杜注得杜預玄孫杜垣的宣揚，亦行於齊地。當時，如周樂遜撰《左氏序義》，劉炫撰《春秋述異》、《春秋攻昧》、《春秋規過》，張仲撰《春秋義例略》等，都與杜注立異。到了唐代，孔穎達撰《五經正義》，《左傳》專用杜注，於是賈、服傳注遂亡。其後陸淳繼趙匡、啖助的學說，撰《春秋集傳纂例》及《春秋微旨》，掊擊三傳，以臆說解經，自成一派，已開宋學的端緒。清代治《左氏學》的，始於顧炎武《杜解集正》及朱鶴齡《讀左日抄》。其後惠棟撰《左傳補注》，沈彤撰《春秋左傳小疏》，洪亮吉撰《左傳詁》，馬宗璉撰《左傳補注》，梁履繩撰《左傳補釋》，都以糾正杜注、申揚賈服爲職志。其中的代表作，推李貽德《賈服古注輯述》及劉文淇《春秋左氏傳舊注疏證》二書。清末今文學重興，《左傳》本身大受攻擊，章炳麟曾撰《春秋左傳讀》、《叙錄》及《劉子政左氏說》諸書爲古文學張目，然仍未足掩閉今文學家的口舌。

《公羊》學，漢初始於胡母生及董仲舒。胡母生，據徐彥《公羊傳疏》引戴宏序，是撰著《公羊傳》的一人。董仲舒《公羊學》的著作見於《漢書・藝文志》的，有《公羊董仲舒治獄》十六篇；而現存的《春秋繁露》，也頗多《公羊傳》的"非常異義可怪之論"。仲舒傳嬴公、褚大、段仲及呂步舒。嬴公傳孟卿及睦孟。睦孟傳嚴彭祖及顏安樂。二家都立於學官，於是《公羊》學又分爲嚴、顏二派。後漢時，何休專主《公羊》，力排《左》、《穀》，依胡母生條例，撰《公羊解詁》，流傳至今。三國以後，《公羊》學逐漸衰落，不及《左氏》的盛行。南北朝時，北朝僅徐遵明兼通《公羊》，南朝則《公》、《穀》都未得立於學官，惟沈文阿撰《三傳義疏》，并及公羊而已。唐代徐彥撰《公羊傳疏》、注取何休《解詁》，頗得漢學的正傳。清代治《公羊》學著名的，有孔廣森《公羊通義》，淩曙《公羊禮記》、《公羊禮疏》、《公羊問答》，曙弟子陳立《公羊正義》。但諸儒還不是立場於純粹西漢今文學的見地；其憑藉《公羊》以復興今文學的，當首推莊存與。存與撰《春秋正辭》，始宣究微言大義，不專事訓詁。存與甥劉逢祿更加鑽研，撰《公羊何氏釋例》、《公羊何氏解詁箋》，又撰《左氏春秋考證》，以斥排《左傳》，於是今文學的壁壘愈益森嚴。其後宋翔鳳、魏源、龔自珍、戴望、王闓運、廖平、康有爲、皮錫瑞、崔適等輩出，更援引《公羊》大義以説羣經，甚且欲以解決政治及其他社會問題。如康有爲《大同書》一書，雖爲超經學的作品，然仍可視爲由《公羊學》引申的著作。

《穀梁學》，相傳始於漢初治《魯詩》的申公。申公傳瑕丘江公。江公傳榮廣及皓星公。榮廣傳周慶、丁姓及蔡千秋。千秋又事皓星公，以傳尹更始。更始撰《穀梁章句》，以傳翟方進、房鳳及子咸。又宣帝時，江公孫爲博士，亦傳《穀梁》，以傳胡常。當時朝廷曾集經師平《公》、《穀》異同，韋賢、夏侯勝、蕭望之、劉向都傾向《穀梁》，於是《穀梁》學始漸盛。但這説，崔適《春秋復始》以爲不足信。後漢以來，《穀梁》學流行的情況遠不及《左傳》及《公羊》。東晉時，范甯集唐同、糜信等十數家舊説，成《穀梁集解》，流傳至今。南北朝時，《穀梁》且未得立於南朝學官。唐代，楊士勛撰《穀梁義疏》，以范甯《集解》爲主，亦未饜漢學者的願望。清代治《穀梁》的，不及他經之多；較著名的，侯康撰《穀梁禮證》，柳興恩撰《穀梁春秋大義述》，許桂林撰《穀梁釋例》，鍾文烝撰《穀梁補注》，而以鍾書爲比較詳明，然仍不是可以代替舊疏的著作。

宋學的《春秋學》以棄傳談經爲特色。這種風氣開始於唐趙匡、啖助、陸淳，而更可以推源到用注駁傳的范甯。宋儒説《春秋》的，始於孫復。復撰《春秋尊王發微》，廢棄傳注，專談書法。劉敞繼之，撰《春秋權衡》等書，以主觀評論三傳得失。此外，如葉夢得、高閌、陳傅良諸人，不是排斥三傳，就是雜糅三傳，全非漢儒家法。其後胡安國撰《春秋傳》，假借經文，以論時政，更不顧經傳的原意。而張洽《春秋集傳》、家鉉翁《春秋詳説》等亦與胡傳相似。然自宋陳深《讀春秋編》尊崇胡《傳》以後，元俞皐《春秋集傳釋義大成》、汪克寬《胡傳纂疏》繼之，胡《傳》遂佔有相當地位。到了明洪武間,取胡《傳》、張洽《傳》合《公》、《穀》、《左氏》,合稱五傳。永樂間,胡廣等撰《五經大全》,遂直以胡《傳》頒爲功令。當時不從胡《傳》的,僅陸粲、袁仁、楊于庭數人而已。

六 《論　語》

【《論語》的篇第】　現行的《論語》凡二十篇,爲《學而》第一,《爲政》第二,《八佾》第三,《里仁》第四,《公冶長》第五,《雍也》第六,《述而》第七,《泰伯》第八,《子罕》第九,《鄉黨》第十,《先進》第十一,《顏淵》第十二,《子路》第十三,《憲問》第十四,《衛靈公》第十五,《季氏》第十六,《陽貨》第十七,《微子》第十八,《子張》第十九,《堯曰》第二十。

【《論語》的種類與變遷】　《論語》在漢代,最初計凡三種:一曰《魯論》,二曰《齊論》,三曰《古論》。梁皇侃《論語疏叙》引劉向《別録》説:"魯人所學,謂之《魯論》;齊人所學,謂之《齊論》;孔壁所得,謂之《古論》。"《魯論》凡二十篇,也就是現行《論語》所根據的版本。《齊論》凡二十二篇,多《問王》、《知道》兩篇;即二十篇中的章句,也較《魯論》爲多(根據《漢書·藝文志》及陸德明《經典釋文·叙録》)。關於《問王》一篇,晁公武《郡齋讀書志》以爲:詳其名稱,當是内聖之道、外王之業。王應麟《漢書藝文志考證》以爲《問王》疑即《問玉》,因篆文相似而誤。《説文》及《初學記》等書所引《逸論語》言玉事,就是這篇的逸文。朱彝尊《經義考》主王説,以晁説爲傅會。近人陳漢章《經學通論》以爲:《禮記·聘義篇》有子貢問玉一段;荀子《法行篇》祖述其説,亦有論玉一段;王肅僞造《家語》,更襲録以爲《問玉解》;則《問王》當作《問玉》,更得明證。《古論》凡二十一篇,分《堯曰》篇"子張問何如可以從政"以下另爲一篇,名曰《從政》篇,所以《漢志》以爲"兩《子張》"。《古論》,《漢志》以爲出孔子壁中;《隋書·經籍志》以爲與《古文尚書》同出;何晏《論語集解序》以爲篇次不與《齊論》、《魯論》相同;桓譚《新論》以爲文異者四百餘字(見王應麟《漢書藝文志考證》引)。這《古論》,何晏《論語集解序》以爲孔安國爲之訓解,但世不傳。按孔安國相傳撰《古文尚書傳》及《古文孝經傳》,經學家都已證明是僞託,則這《古論語傳》也甚可疑。清儒沈濤《論語孔注辨僞》以爲這孔安國《古論語傳》就是何晏所僞作,很有相當的理由。

《魯論》、《齊論》對《古論》而言,雖都屬今文,但内容亦不相同。自西漢末安昌侯張禹出,於是混合《齊》、《魯》而有《張侯論》。何晏《論語集解叙》:"安昌侯張禹本受《魯論》,兼講《齊》説,善者從之,號曰《張侯論》,爲世所貴。"《隋書·經籍志》及陸德明《經典釋文·叙録》更詳盡。《隋志》以爲："張禹本授《魯論》,晚講《齊論》,後遂合而考之,删其煩惑,除去《齊論》《問王》、《知道》二篇,從《魯論》二十篇爲定,號《張侯論》。"《叙録》以爲："安昌侯張禹受《魯論》於夏侯建,又從庸生、王吉受《齊論》,擇善而從,號《張侯論》,最後而行於漢世。"這可説是《論語》的第一次的改訂本。東漢末,鄭玄注《論語》,又混合《張侯論》及《古論》,而成爲現行的《論語》。何晏《論語集解叙》:"鄭玄就《魯論》篇章,考之《齊》、《古》,爲之注。"《隋書·經籍志》:"漢末鄭玄以《張侯論》爲本,參考《齊論》、《古論》,而爲之注。"陸德明《經典釋文·叙録》:"鄭氏校《魯論》本以《齊》、《古》讀,正凡五十事。"這可説是《論語》的第二次的改訂本,也就是現行本的來源。

【《論語》篇數的異説】 關於《論語》的篇數,另有一種異説。王充《論衡·正説》篇:"《論語》者,弟子共記孔子之言行,勑記之時甚多,數十百篇。……漢興失亡,至武帝發取孔子壁中古文,得二十一篇,齊、魯二(二字衍)河間九篇,三十篇。至昭帝女讀二十一篇,宣帝下太常博士,時尚稱書難曉,名之曰傳,後更隸寫以傳誦……始曰《論語》。今時稱《論語》二十篇,又失齊、魯、河間九篇。本三十篇,分布亡失,或二十一篇,目或多或少,文贊或是或誤。……不知存問本根篇數章目。"按王説不甚簡明,但他以爲《論語》本有三十篇,計《古論》二十一篇,《齊》、《魯》、河間九篇,清劉寶楠《論語正義》以王説爲"無稽之談,不足與深辯"。他以爲:"《魯論》、《齊論》已見《前志》,不得別有齊、魯合河間爲九篇出於《漢志》之外,又合《古論》爲三十篇。""《古文論語》久入孔氏,昭帝女何由得讀?既帝女能讀,而宣帝時博士轉難曉耶?"據劉説,則這《論語》三十篇的篇目問題大可存而不論。

【《論語》的編者及其争辯】 《論語》的作者問題,雖亦有不同的意見,但較《孝經》、《爾雅》等爲簡單。最初論及《論語》的纂撰者的,是《漢書·藝文志》。《漢志》説:"《論語》者,孔子應答弟子、時人,及弟子相與言,而接聞於夫子之語也。當時弟子各有所記,夫子既卒,門人相與輯而論纂,故謂之《論語》。"顔師古《漢書注》"輯與集同,纂與撰同",則《論語》的編撰,《漢志》泛指爲孔子門人。其次,鄭玄《論語序》以爲係孔子弟子仲弓、子游、子夏等所撰(見陸德明《經典釋文·叙録》引);《論語崇爵讖》以爲係子夏六十四人共撰仲尼微言;則又與《漢志》的泛言門人稍有不同。唐柳宗元更撰《論語辯》,根據《論語》記曾子死事,以爲係曾子的弟子所作。他説:"曾参少孔子四十六歲;曾子老而死;是書記曾子之死,則去孔子也遠矣。曾子之死,孔子弟子略無存者矣。吾意曾子弟子之爲之也。"宋程頤以《論語》對曾子及有子不稱名,因以爲係曾子、有子的弟子所論撰(見《二程語録》)。宋永亨又以《論語》對閔子稱字不稱名,因以爲出於閔氏(見《經義考》卷二百十一引)。則又於柳説曾子的弟子之外另添有子、閔子的弟子。按柳、程、宋諸説皆出於推測,未可即以爲憑。總之,以《論語》爲孔門弟子所論撰,其説雖失於泛,但尚不至於如何錯誤。

【《論語》的命名與其别名】 《論語》的名稱,始見於《禮記・坊記》及《孔子家語・弟子解》。《孔子家語》爲王肅所僞造,不足憑信;《坊記》,沈約以爲出於子思子,當具有史料價值。則《論語》之稱爲《論語》,已始於弟子撰集的時候。王充《論衡・正説》篇以爲孔安國授魯人扶卿,始名《論語》,其説實不可信。不過《論語》名稱使用的確定,實始於漢後。兩漢時代,《論語》一書,或單稱爲"《論》",或單稱爲"《語》",或别稱爲"《傳》",或别稱爲"《記》",或詳稱爲"《論語説》"。單稱爲《論》的,如《隸釋》載《衡方碑》文"仲尼既殁,諸子綴《論》",《論》即指《論語》。單稱爲《語》的,如《鹽鐵論》引《論語》原文,謂"《語》曰:百工居肆。"又《後漢書・邳彤傳》引《論語》原文,謂"《語》曰:一言可以興邦。"别稱爲《傳》的,如揚雄《法言・孝至篇》引《論語》原文,謂"吾聞諸《傳》,老則戒之在得。"又《漢書・揚雄傳贊》:"《傳》莫大於《論語》。"别稱爲《記》的,如《後漢書・趙咨傳》引《論語》原文,謂"《記》曰:喪與其易也寧戚。"詳稱爲《論語説》的,如《前漢書・郊祀志》引《論語》原文,謂:"《論語説》曰:子不語:怪,神。"按《論語》一書,簡稱爲《論》或《語》,乃行文的便利。至别稱爲《傳》或《記》,則因爲古代《論語》簡策的長度較短於經。鄭玄《論語序》:"《易》、《詩》、《書》、《禮》、《樂》、《春秋》,策皆二尺四寸。《孝經》謙半之。《論語》八寸。策者,三分居一,又謙焉。"近人章炳麟據以解釋,以"傳"爲六寸簿,即專字的假借。傳的得名,因爲體短,有異於經(見《國故論衡・文學總略》)。則《論語》之别稱爲《傳》或《記》,當因爲簡策長短的緣故。

【《論語》學的沿革】 《論語》學在西漢時代有今古文的派别。上文所述的《魯論》及《齊論》屬今文,《古論》屬古文。當時傳《魯論》的,有龔奮、夏侯建、夏侯勝、韋賢、蕭望之諸人;傳《齊論》的,有王吉、宋畸、貢禹、五鹿充宗、庸譚諸人;傳《古論》的,相傳有孔安國,曾爲撰訓解。其後張禹混合《魯》、《齊》,成爲《張侯論》。後漢時,包咸、周氏爲《張侯論》撰作章句,而馬融亦爲《古論》撰注。漢末鄭玄,以《張侯論》爲本,參考《齊論》、《古論》,而爲之注,盛行於當時。鄭注早亡,清馬國翰《玉函山房輯佚書》及袁鈞《鄭氏遺書》都有輯佚本。近燉煌千佛洞石室發現鄭注《論語》殘本,亦略可供參考(見《鳴沙石室古籍叢殘》)。三國時,魏王肅曾撰《論語解》,與鄭注故意立異;陳羣、周生烈亦各撰義説。晉代,王弼於注《周易》、《老子》之外，兼及《論語》。而何晏諸人又雜採漢、魏經師八家之説，成《論語集解》，流傳至今。南北朝時，北朝盛行鄭學，南朝仍以何晏《集解》爲主。當時有名的著作爲梁皇侃《論語義疏》。皇《疏》，據《四庫總目提要》考證，謂亡於南宋；清乾隆間復由日本傳入中國，蓋非出於依託。隋、唐兩代，《論語》學無甚名著。韓愈、李翱撰《論語筆解》，以空説解經，漸開宋學的端緒。宋儒治《論語》的，首推邢昺所撰的《正義》，就是今《十三經注疏》本的《論語疏》。邢疏根據皇疏，芟其枝蔓，傳以義理，爲漢學、宋學轉變期的作品。自從程頤表章《論語》，於是開義理説經之風。程氏弟子如范祖禹、謝顯道、楊時、尹焞等，對於《論語》都有所述作。及南宋朱熹出，輯集宋儒十一家的學説，既撰《論語集注》，又撰《論語或問》(《四書或問》之一部分)及《論語精義》(合《孟子精義》，總稱《論孟精義》)。熹弟子黃榦續撰《論語注義通釋》。同時治《論語》而較有名的，爲張栻、朱震。元、明以降，《論語》學大抵以朱注爲中心。清初治《論語》的，尚不脱宋學的範圍。及劉台拱撰《論語駢枝》，方觀旭撰《論語偶記》，錢坫撰《論語後録》，包慎言撰《論語溫故録》，焦循撰《論語通釋》，始復漢注之舊；其中以劉、焦二氏的書爲精審。其後劉寶楠撰《論語正義》，以何晏《集解》爲主，而詳採各家之説，其詳博超於舊疏。及今文學興，劉逢禄撰《論語述何》，宋翔鳳撰《論語發微》，戴望撰《論語注》，又自成一家之言。最後黄式三撰《論語後案》，調和漢、宋，亦時有持平之論。至專究《論語》中的名物制度，完全表現考證學的色彩的，有江永的《鄉黨圖考》一書。

七 《孝　經》

【《孝經》的篇第】　現行的《孝經》分爲十八章，爲《開宗明義章》第一，《天子章》第二，《諸侯章》第三，《卿大夫章》第四，《士章》第五，《庶人章》第六，《三才章》第七，《孝治章》第八，《聖治章》第九，《紀孝行章》第十，《五刑章》第十一，《廣要道章》第十二，《廣至德章》第十三，《廣揚名章》第十四，《諫諍章》第十五，《感應章》第十六，《事君章》第十七，《喪親章》第十八。

【《孝經》的版本及其争辯】　《孝經》雖然是諸經中文字最少的一經，——據《經義考》引鄭耕老的話，《孝經》只一千九百三字。——但版本的争辯也很複雜。《孝經》歷來的本子，大體的説，可分爲四種：一、今文本；二、漢代古文本；三、隋代後得古文本附有孔安國《傳》；四、清代後得日本古文本，亦附有孔安國《傳》。

一、今文本就是《漢書·藝文志》所著録的"《孝經》一篇十八章"的本子。據陸德明《經典釋文·叙録》及《隋書·經籍志》説，秦時焚書，《孝經》爲河間人顏芝所藏，漢初，芝子貞獻出，凡十八章。但這説不見於漢以前的書，不知《釋文》及《隋志》何所根據。這今文本流行於西漢。西漢末，劉向用今文本與古文本相校，去其繁惑，以十八章的今文本爲定（據《隋志》説），這可説是今文的第一次的改訂本。東漢末，有鄭氏注出現，相傳爲鄭玄或鄭小同所注，流行於南北朝時（也據《隋志》説，鄭氏注之前，鄭衆、馬融也曾注《孝經》，但早亡佚）。這可説是今文的第二次的注釋本。唐開元七年，因《孝經》今文鄭玄注本與隋代後得古文孔安國注本旨趣駁踳，下詔令諸儒質定。時左庶子劉知幾主古文，國子祭酒司馬貞主今文。貞并以爲《閨門章》文句凡鄙，《庶人章》割裂舊文，妄加"子曰"及注文"脱衣就功"等語。當時下詔採用貞説，仍主今文鄭注本（見《唐會要》）。這可説是今文的第三次的改訂本。唐開元十年，唐玄宗注《孝經》，頒行天下；天寶二年，玄宗又重注《孝經》頒行（也見《唐會要》）。天寶四年，以御注刻石於太學，稱爲《石臺孝經》，今尚存陝西西安府學中，這可説是今文的第四次的注釋本，也就是現在流行的《十三經注疏》本的來源。

　　二、古文本，就是《漢書·藝文志》所著録的"《孝經古孔氏》·篇、二十二章"的本子。這古文本的出現，據《漢志》説，出於孔子宅壁中；據《隋書·經籍志》説，與《古文尚書》同出。（按《古文尚書》出於孔壁，《古文孝經》既與《古文尚書》同出，則亦出於孔壁，與《漢志》説同。）據後漢許慎子沖上《説文解字表》，説："《古文孝經》者，孝昭帝時魯國三老所獻。建武時，給事中議郎衛宏所校。皆口傳，官無其説。"則又與《漢志》、《隋志》微異。按孔壁出書事，漢代及清代今文學者多不相信；許沖説亦不知何所根據，所以也頗可懷疑。這《古文孝經》凡二十二章，比《今文孝經》多四章。據顏師古《漢書注》引劉向説，謂《庶人章》分爲二，《曾子敢問章》分爲三，又多一章。據《隋書·經籍志》説："長孫（長孫氏《今文孝經》本）有《閨門》一章……又衍出三章，并前合爲二十二章。"《漢書注》引桓譚《新論》説："《古孝經》千八百七十二字，今異者四百餘字。"則今古文本《孝經》的篇章字數也頗有異同。孔安國《古文孝經傳》，始見於王肅《家語·後序》。《隋志》亦説孔安國曾爲《古文孝經》作傳。但這説未見於《漢志》及以前書，亦頗可疑。《隋志》説："安國之本亡於梁亂"，則漢代的《古文孝經》本當南北朝梁代即已亡佚。

　　三、隋代後得古文本的來源，始見於《隋書·經籍志》。據《隋志》説，從《古文孝經》亡於梁亂以後，隋祕書監王劭於京師訪得《古文孝經》孔安國《傳》，送給河間劉炫。炫因序其得喪，述其義疏，講於人間。後來朝廷聞知，下令與《今文孝經》鄭玄注並立於學官。但當時儒者都説這後得的古文本及孔《傳》是劉炫偽作，不是孔安國的舊本。而且祕府又没有原書，無從校正他的真僞，所以遂成爲經學上的一大疑案。唐開元七年，下詔令諸儒質定今古文《孝經》，劉知幾主古文，以爲隋代後得的《古文孝經》就是漢代孔壁的《古文孝經》。他敍述隋代古文本及孔《傳》的來源，較《隋志》更爲詳盡。他説："隋開皇十四年，祕書學士王孝逸於京市陳人處買得一本，送與著作郎王劭。劭以示河間劉炫，仍令校定。而此書更無兼本，難可依憑，炫輒以所見，率意刊改。"則他以爲後來的古文本及孔《傳》是真品，不過經過劉炫的刊改。當時司馬貞主今文，以爲隋代後得的《古文孝經》孔《傳》是僞品，但不是劉炫所僞作。他説："近儒欲崇古學，妄作此《傳》，假稱孔氏，輒穿鑿改更。又僞作《閨門》一章。劉炫詭隨，妄稱其善。"到了清代，盛大士爲丁晏《孝經徵文》作序，以爲《古文孝經》孔《傳》是晉王肅所僞造。他説："安國作《傳》，漢人不言，獨《家語》言之。《家語》爲王肅僞撰；而安國之注《孝經》，有與《家語》暗合者。且《隋志》所載王肅《孝經解》久佚不傳，今略見於邢昺《疏》中；而邢《疏》所引之王肅注，多與孔《傳》相同。是必王肅妄作，假稱孔氏，以與己之臆見互相援證。……疑爲劉炫作；而不知劉炫得之於王劭，劭與炫皆被欺於王肅。"這後得的古文本《孝經》及孔安國《傳》，自從唐玄宗注行世後，遂亦亡佚。《中興藝文志》説："自唐明皇時，議者排毀古文，以《閨門》一章爲鄙俗，而古文遂廢。"

四、清代後得日本古文本及孔《傳》，係乾隆間流入中國。據鮑廷博乾隆丙申（乾隆四十一年公元一七七六年）該書新刊跋，説他的朋友汪翼滄附市舶到日本，得於日本的長崎澳。據《四庫全書總目提要》的考訂，這是日本原有相傳的書，不是鮑廷博所僞造。但孔安國《傳》文"淺陋冗漫，不類漢儒釋經之體，并不類唐、宋、元以前人語。殆市舶流通，頗得中國書籍，有桀黠知文義者，撫諸書所引孔《傳》影附爲之，以自誇圖籍之富。"阮元《孝經注疏校勘記序》亦説："孔《注》今不傳，近出於日本國者，誕妄不可據。要之孔注即存，不過如《尚書》之僞傳，決非真也。"考該本本經僅一千八百六十一字，與今文異的止二百餘字，與桓譚《新論》的話不合，決非真古文本。這日本本的《古文孝經》及孔《傳》現尚存。

【《孝經》的作者及其爭辯】 《孝經》的作者問題，歷來經學家的意見亦殊不一致。關於這問題，約可分爲七説：一、以《孝經》爲孔子所作。《漢書·藝文志》："《孝經》者，孔子爲曾子陳孝道也。"《白虎通德論·五經》篇："孔子……已作《春秋》，復作《孝經》，何？"鄭玄《六藝論》："孔子以六藝題目不同，指意殊別，恐道離散，後世莫知根源，故作《孝經》以總會之。"《三國志·蜀志·秦宓傳》："孔子發慎作《春秋》,大乎居正;復制《孝經》,廣陳德行。"二、以《孝經》爲孔子弟子曾參所作。《史記·仲尼弟子列傳》:"孔子以曾參爲能通孝道,故授之業,作《孝經》。"三、以《孝經》爲曾子弟子所作。晁公武《郡齋讀書志》:"今首章云'仲尼居,曾子侍',非孔子所著明矣。詳其文義,當是曾子弟子所爲書。"王應麟《困學紀聞》引胡寅語,謂:"《孝經》非曾子所自爲也。曾子問孝於仲尼,退而與門弟子言之,門弟子類而成書。"四、以《孝經》爲曾子弟子子思所作。《困學紀聞》引馮椅語,謂:"子思作《中庸》,追述其祖之語,乃稱字。是書當成於子思之手。"五、以《孝經》爲七十子之徒所作。毛奇齡《孝經問》:"此是春秋、戰國間七十子之徒所作,稍後於《論語》,而與《大學》、《中庸》、《孔子閒居》、《仲尼燕居》、《坊記》、《表記》諸篇同時,如出一手。故每説一章,必有引經數語以爲證,此篇例也。"《四庫全書總目提要》:"今觀其文,去二戴所録爲近,要爲七十子之徒之遺書。使河間獻王採入一百三十一篇中,則亦《禮記》之一篇,與《儒行》、《緇衣》轉從其類。"六、以《孝經》爲後人傅會而成。朱熹《孝經刊誤後序》引汪應辰説,謂:"玉山汪端明亦以此書多出後人傅會。"七、以《孝經》爲漢儒所僞作。姚際恆《古今僞書考》:"是書來歷出於漢儒,不惟非孔子作,併非周、秦之言也。……勘其文義,絶類《戴記》中諸篇,如《曾子問》、《哀公問》、《仲尼燕居》、《孔子閒居》之類,同爲漢儒之作。"按以上七説,一、二兩説,以《孝經》爲孔子或曾子所作,自不足信。三、四兩説,以《孝經》爲曾子弟子或子思所作,亦係揣測之辭。六、七兩説,以《孝經》爲後人或漢儒僞作,雖有特見;但《吕氏春秋》《孝行》、《察微》二篇曾引《孝經》原文,蔡邕《明堂論》及賈思勰《齊民要術·耕田篇》,亦曾引魏文侯《孝經傳》文,則《孝經》的來源似頗久遠,恐不是漢時所僞造。所以慎重點説,尚以第五説爲較合理,即以《孝經》爲七十子後學的作品。

【《孝經》學的派别】 《孝經學》可分爲"漢學"與"宋學"兩派,而"漢學"又可分爲"今文"與"古文"兩派。

關於《孝經學》的著作,最早的當推魏文侯《孝經傳》;但這書,不見於《漢書·藝文志》及《隋書·經籍志》,馬國翰《玉函山房輯佚書》以爲《漢志》中《孝經雜傳》四篇中當有魏文侯《孝經傳》在内,説亦可疑。西漢時,《孝經》學分今古文兩派。傳今文的,有長孫氏、江翁、后蒼、翼奉、張禹五家,所著《孝經説》都見於《漢志》。東漢時,有鄭注出現,或以爲是鄭玄所注,或以爲非是,成爲經學家的爭辯的問題。(晉荀昶信爲鄭玄注,齊陸澄以爲不與玄其他注書相類,唐陸德明亦以爲與玄注五經不同,劉知幾更設十二驗以爲非玄作,宋王應麟以爲係鄭玄孫小同所撰。詳可參考《經義考》卷二百二十二。)東漢以後,多宗鄭注。南北朝時,立於學官。當時北朝治《孝經》的有李鉉、樂遜、樊深諸人,南朝有王元規、張譏、顧越諸人。唐開元間,會諸儒質定《孝經》鄭《注》及孔《傳》優劣,仍主鄭《注》。唐玄宗《御注孝經》,刻石太學,亦宗《今文孝經》,并詔元行沖撰疏。宋邢昺《孝經疏》即以行沖疏爲藍本,今列爲《十三經注疏》本之一。清初始治《孝經》的,爲毛奇齡,撰《孝經問》,詆排宋儒的《孝經學》。丁晏繼作《孝經徵文》,更力攻《古文孝經》孔《傳》是僞書。嚴可均輯《孝經鄭注》,皮錫瑞撰《孝經鄭注疏》,都從事於鄭學的恢復。姚際恆撰《古今僞書考》,直列《孝經》爲僞書,則已越超經學的研究而爲史的考訂了。

漢代傳《古文孝經》的,相傳爲孔安國,昭帝時由魯國三老獻於朝廷,然其說殊不可信。西漢末,劉向曾加以校定。東漢時,許慎撰說,馬融撰注,但都早已亡佚。隋代,王孝逸得《僞古文孝經》孔《傳》,由王劭以示劉炫。炫信以爲真,爲撰《孝經述義》。唐開元間,劉知幾主古文孔《傳》,然未被朝廷採用,孔《傳》因而漸亡。清乾隆間汪翼滄重得日本《古文孝經》孔《傳》本,流行國內,學者多不置信,以爲是僞中之僞。

宋儒《孝經》學,以改竄經文爲特點,自具有宋學的面目。朱熹信《古文孝經》,因胡寅、汪應辰的話,撰《孝經刊誤》,分爲經一章,傳十四章,刪改舊文二百二十三字。元董鼎撰《孝經大義》,更就朱本加以訓釋。同時吳澄又信《今文孝經》,撰《孝經章句》,仿朱熹《刊誤》的方法,分爲經一章,傳十二章。《四庫全書總目提要》說:"漢儒說經以師傳;師所不言,則一字不敢更。宋儒說經以理斷;理有可據,則六經亦可改。然守師傳者,其弊不過失之拘;憑理斷者,其弊或至於橫決而不可制。"(見毛奇齡《孝經問》條)蓋對於宋儒《孝經》學頗有微辭。

八 《爾　雅》

【《爾雅》的篇第】　《爾雅》是古代的詞典;他附屬於經部,完全出於因襲的觀念。現行的《爾雅》凡十九篇;爲:《釋詁》第一,《釋言》第二,《釋訓》第三,《釋親》第四,《釋宮》第五,《釋器》第六,《釋樂》第七,《釋天》第八,《釋地》第九,《釋丘》第十,《釋山》第十一,《釋水》第十二,《釋草》第十三,《釋木》第十四,《釋蟲》第十五,《釋魚》第十六,《釋鳥》第十七,《釋獸》第十八,《釋畜》第十九。

【《爾雅》的命名】　《爾雅》二字,或作《爾疋》,又作《邇疋》(見陸德明《經典釋文》)。顏師古《漢書注》引張晏注謂:"爾,近也。雅,正也。"《釋文》加以申說,謂:

"言可近而取正也。"清阮元更詳加解釋,謂:"古人字從音出:喉舌之間,音之所通者簡;天下之大,言之所異者繁。爾雅者,近正也。正者,虞、夏、商、周建都之地之正言也。近正者,各國近於王都之正言也。……《爾雅》一書,皆引古今天下之異言以近於正言。夫曰近者,明乎其有異也。正言者,猶今官話也。近正者,各省土音近於官話者也。揚雄《方言》自署曰'輶軒使者絶代語釋別國方言';夫絶代別國尚釋之,況本近正者乎!言由音聯,音在字前。聯音以爲言,造字以赴音。音簡而字繁;得其簡者以通之,此聲韻文字訓詁之要也。"(見《揅經室集》卷五《與郝蘭皋户部論爾雅書》)。按阮氏解釋《爾雅》的命名非常詳明,而且《爾雅》一書在語文學上自有相當的價值,也可由此而明瞭。

【《爾雅》的篇數問題與其解釋】 《爾雅》的篇數,始見於《漢書‧藝文志》。據《漢志》,《爾雅》三卷二十篇;與現存篇數相較,計缺一篇。這一篇的亡缺問題,歷來學者間的意見很不一致。略言之,可分三說:一、以爲《爾雅》本另有"《序篇》"一篇,後來亡佚,故二十減一而爲十九篇。《爾雅》之有"《序篇》",一如《周易》的《序卦》、《尚書》的《書序》、《詩》的《大小序》。考《詩周南關雎詁訓傳正義》引《爾雅序篇》說:"《釋詁》、《釋言》,通古今之字,古與今異言也。《釋訓》,言形貌也。"這就是《序篇》的逸文。這說,陸堯春及葉德輝主之(見《經義叢鈔》引及《漢書補注》引)。按這說有難通之點;孔穎達《毛詩正義》作於唐初,如果唐初尚存《序篇》,則晉郭璞爲《爾雅》作注,決不至於删而不錄。二、以爲《爾雅》當另有《釋禮》一篇,其篇次在《釋樂》篇的前後。現《爾雅‧釋天》篇中"祭名"、"講武"、"旌旗"三章,都與"天"無關,當是《釋禮》篇的殘文錯簡。這說,清翟灝及崔應榴主之(見崔應榴《吾亦廬稿》及孫志祖《讀書脞錄續編》引)。按這說也有難通處;考魏張揖《廣雅》的篇第全依《爾雅》;如果《爾雅》另有《釋禮》篇,則《廣雅》不應沒有。三、以爲《爾雅》沒有缺篇,因爲《釋詁》篇在漢時分爲上下二篇,所以是二十篇。這說孫志祖主之(見孫志祖《讀書脞錄續編》)。按這說在古時也沒有正證或旁證。邵晉涵《爾雅正義》說:"考諸書之徵引《爾雅》者,似有佚句而無闕篇,班固所言篇第,今莫可考。"則這《爾雅》的篇數也只好暫時存疑而不論。

【《爾雅》的作者及其爭辯】 至於《爾雅》究竟作於何人,學者間的爭辯更其激烈。最初說到《爾雅》作者問題的,是魏張揖。張揖《上廣雅表》說:"昔在周公,纘述唐、虞,宗翼文、武,尅定四海,勤相成王;六年制禮,以導天下;著《爾雅》一篇,以釋其意義,傳於後孠。歷載五百,墳典散落,惟《爾雅》恒存。《禮三朝記》:'哀公曰:寡人欲學小辯以觀於政,其可乎?孔子曰:《爾雅》以觀於古,足以辯言矣.'《春秋元命苞》言：'子夏問夫子作《春秋》,不以初哉首基爲始,何？是以知周公所造也.'率斯以後,超絕六國,越踰秦、楚,爰暨帝劉,魯人叔孫通撰置《禮記》,文不違古。今俗所傳三篇《爾雅》,或言仲尼所增,或言子夏所益,或言叔孫通所補,或言沛郡梁文所考。皆解家所説,先師口傳,既無正驗聖人所言,是故疑不足能明也."據張揖説,《爾雅》一篇爲周公作,其餘相傳爲孔子、子夏、叔孫通、梁文諸人所增益。他以《爾雅》爲周公作的理由,是因爲《大戴禮·孔子三朝記》篇及《春秋緯元命苞》篇已談及《爾雅》。其實這些理由都非常薄弱,《三朝記》及《元命苞》的著作時間及著作者根本就很可懷疑,他們所傳的孔子及子夏的話根本就沒有信史的價值。況且孔子、子夏以前的書,也未見得就是周公所作；這已是中國道統成立後的讕言。至於後儒考證《爾雅》多周公以後事,更其明證(見邢昺《爾雅疏》及王應麟《困學紀聞》,文繁不錄)。其次根據張揖的話而再以附益的,是唐陸德明。陸德明《經典釋文·叙錄》説："《釋詁》一篇,蓋周公所作。《釋言》以下,或言仲尼所增,子夏所足,叔孫通所益,梁文所補。"這因爲周公作《爾雅》説不能盡通,所以僅將第一篇《釋詁》歸於周公,根本仍是附會之辭。又其次以爲是孔子門人所作；主這説的,是漢鄭玄及梁劉勰。《周官·大宗伯疏》引鄭玄《駁五經異義》説："《爾雅》者,孔子門人所以釋六藝之文言。"《詩·大雅·鳧鷖疏》引《鄭志》,亦説是孔子門人所作。劉勰《文心雕龍·練字篇》主張鄭説,説："《爾雅》者,孔徒之所纂,而《詩》、《書》之襟帶。"但據宋曹粹中《放齋詩説》考訂,《爾雅》成書,當在作《詩故訓傳》的毛公之後(見《四庫全書總目提要·爾雅注疏》條引,文繁不錄)。那麽,孔子門人作《爾雅》的話也不能成立。比較合理的,還是《四庫全書總目提要》的主張。他以爲《爾雅》一書"大抵小學家綴緝舊文,遞相增益；周公、孔子,皆依託之詞"。"今觀其文,大抵採諸書訓詁名物之同異,以廣見聞,實自爲一書,不附經義。""蓋亦《方言》、《急就》之流；特説經之家多資以證古義,故從其所重,列之經部耳。"因爲據他的考證,《爾雅》不專爲五經作,而且雜取《楚辭》、《莊子》、《列子》、《穆天子傳》、《管子》、《吕氏春秋》、《山海經》、《尸子》、《國語》等書。總之,古代的文字學的書籍大概不出三類：一爲小學學童的教科書,大抵爲四言或三七言的韻語,所以便於記憶,如《漢志》所著錄的《史籀》、《蒼頡》、《凡將》、《急就》、《元尚》、《訓纂》等書,其性質與後世的《三字經》、《千字文》相同。二爲依據字形分部,加以解釋,始於許慎的《説文解字》,其性質等於現代的字典。三爲依據詞類分篇,加以説明,如《爾雅》一書就是,其性質等於現代的詞典。因爲《爾雅》是詞典,所以歷經增改,不能確定誰是作者(採近人呂思勉《經子解題》説)。

【《爾雅》的來源】　《爾雅》的來源無可考，不像今文《易》、《書》、《詩》、《儀禮》、《春秋》、《論語》等之有明文可據，所以近代今文學者每加以排斥，以爲當屬於僞造的古文經典。清初陳啓源撰《毛詩稽古編》，考證《爾雅》中的訓詁多與古文學家毛公的《詩故訓傳》相同。其後孫星衍於《爾雅釋地四篇後叙》一文中，説："《爾雅》所紀，則皆《周官》之事。"據他的考證，《釋詁》、《釋言》、《釋訓》三篇即《周禮》的"誦訓"及"訓方氏"所掌；《釋親》、《釋宮》二篇即《周禮》的"小宗伯"所掌。《釋器》一篇，即《周禮》的"獸人"、"內饔"、"職金"、"司弓矢"、"典瑞"、"典絲"諸官所掌；《釋樂》一篇即《周禮》的"典同"所掌；《釋天》一篇即《周禮》的"眡祲"、"保章氏"、"甸祝"、"詛祝"、"司常"、"巾車"諸官所掌；《釋地》、《釋丘》、《釋山》、《釋水》四篇即《周禮》的"大司徒"、"職方氏"、"山師"、"川師"、"遂師"諸官所掌；《釋草》、《釋木》、《釋蟲》、《釋魚》、《釋鳥》、《釋獸》六篇即《周禮》的"大司徒"、"山師"、"川師"、"土訓"、"倉人"、"龜人"諸官所掌；《釋畜》一篇即《周禮》的"庖人"、"校人"、"雞人"諸官所掌。到了清末康有爲，以今文學家的立場，根據陳、孫二氏的話，確定《爾雅》完全是古文學的作品。他在《新學僞經考》卷三説："《爾雅》訓詁以釋《毛詩》、《周官》爲主。《釋山》則有五嶽，與《周官》合，與《堯典》、《王制》異。《釋地》九州與《禹貢》異，與《周官》略同。《釋樂》與《周官》大司樂同。《釋天》與《王制》異。祭名與《王制》異，與《毛詩》、《周官》合。"總之，《爾雅》以詞的研究爲主體，所謂以名物訓詁爲宗，已染有很濃厚的古文學氣味，則其內容與古文學經典息息相通，自是必然的事。

【《爾雅》學的沿革】　《爾雅》的性質屬於古文學，故別無派別可言。始爲《爾雅》作注的是漢武帝時犍爲舍人（舍人或以爲官名，或以爲人名；盧文弨、邵晉涵、宋翔鳳、洪頤煊等主前説，錢大昕、劉師培等主後説）。其後揚雄、劉歆亦崇信《爾雅》，劉歆且爲《爾雅》作注。東漢時，注《爾雅》的，有樊光、李巡、孫炎、鄭玄（玄注見《周禮》賈公彥《義疏》引）。三國以後，有王肅、謝氏、顧氏。晉郭璞撰《爾雅注》、《爾雅音》、《爾雅圖》、《爾雅圖讚》，可謂集《爾雅》學的大成。南北朝時，南朝盛行《雅》學，撰注的有沈旋、陶弘景，撰疏的有孫炎（別一孫炎）、高璉，撰音的有沈旋、施乾、謝嶠、顧野王、江灌，撰圖讚的有江灌。隋、唐時，曹憲撰《爾雅音義》，裴瑜、劉邵撰《爾雅注》，亦足以補正郭注。宋代，邢昺以郭注爲主，撰《爾雅疏》，但過於簡陋，未能滿學者的願望。此外羅願撰《爾雅翼》，陸佃撰《爾雅新義》，更其穿鑿破碎。蓋宋、元、明三代是文字學衰落時期，同時亦可説是《爾雅》學衰落時期。清代樸學重興，文字學爲治學入門工具，於是《爾雅》學突然發達。當時的代表作爲邵晉涵《爾雅義疏》及郝懿行《爾雅正義》。二書雖都以郭注爲主，但邵書守疏不破注的原則，有時不免曲解；郝書則博采漢注，訂正訛謬，而且能由聲音以推求詁訓，殊得訓詁學的祕訣。此外臧庸輯《爾雅舊注》，葉蕙心撰《爾雅古注斠》，開《爾雅》輯佚學的一派。近人胡元玉撰《雅學考》，詳述《雅》學源流，亦頗便參考。

九 《孟　　子》

【《孟子》的内篇與外篇】　現行《孟子》計七篇，篇各分爲上下，爲《梁惠王》篇第一，《公孫丑》篇第二，《滕文公》篇第三，《離婁》篇第四，《萬章》篇第五，《告子》篇第六，《盡心》篇第七。這七篇稱爲"内篇"。另有"外書"四篇，爲《性善辯》一、《文説》二、《孝經》三、《爲政》四。這四篇，漢趙岐《孟子題辭》以爲出於後世依託；他説："又有外書四篇：《性善辯》、《文説》、《孝經》、《爲政》；其文不能弘深，不與内篇相似，似非《孟子》本真，後世依放而託之者也。"按這四篇早已亡佚，今所傳的《孟子外書》，係明人僞造，不足信。清周廣業撰《孟子四考》，其一爲《孟子逸文考》，搜集《孟子》的逸文頗備。

【《孟子》的作者及其爭辯】　《孟子》的作者，歷來學者間也有數種不同的意見。一、以《孟子》爲孟軻所自作。《史記・孟子列傳》："天下方務於合從連衡，以攻伐爲賢，而孟軻乃述唐、虞、三代之德，是以所如者不合。退而與萬章之徒序《詩》、《書》，述仲尼之意，作《孟子》七篇。"趙岐《孟子題辭》："此書，孟子之所作也，故總謂之《孟子》。""孟子……通五經，尤長於《詩》、《書》，……退而論集所與高第弟子公孫丑、萬章之徒難疑答問，又自撰其法度之言，著書七篇。"應劭《風俗通義・窮通篇》："孟軻受業於子思，既通，游於諸侯，所言皆以爲迂遠而闊於事情，然終不屈……退與萬章之徒，序《書》、《詩》，仲尼之意，作書中外十一篇。"《文選・辨命論》李善注引晉《傅子》説："昔仲尼既殁，仲尼之徒追論夫子之言，謂之《論語》。其後，鄒之君子孟子輿擬其體，著七篇，謂之《孟子》。"二、以《孟子》爲孟子的門弟子所作。吳姚信《士緯》："《孟子》之書，將門人所記，非自作也。故其志行多見，非惟教辭而已"（見《太平御覽》引）。唐韓昌黎《答張籍書》："軻之書非自著，既没，其徒萬章、公孫丑相與記軻所言焉耳。"宋晁公武《郡齋讀書志》引晁説之語："按此書，韓愈以爲弟子所會集，非軻自作。今考其書，則知愈之言非妄發也。書載孟子所見諸侯皆稱謚，如齊宣王、梁惠王、梁襄王、滕定公、滕文公、魯平公是也。夫死然後有謚，軻著書時所見諸侯不應皆死。且惠王元年至平公之卒,凡七十七年;孟子見惠王,王目之曰叟,必已老矣,決不見平公之卒也,故予以愈言爲然。"三、以《孟子》爲孟子所自作,而經門弟子的叙定。清閻若璩《孟子生卒年月考》:"孟子……道不行,歸而作書七篇。卒當赧王之世。卒後,書爲門人所叙定,故諸侯王皆加謚焉。"四、以《孟子》爲孟子的門弟子所作,而且雜有再傳的門弟子的紀錄。宋林之奇《孟子講義序》:"《論語》、《孟子》,皆先聖既没之後,門弟子所録;不惟門弟子所録,亦有出於門弟子門人者。……如《孟子》之書,乃公孫丑、萬章諸人之所録;其稱'萬子曰'者,則又萬章門人之所録;蓋集衆人之聞見而後成也。"清周廣業《孟子四考》:"此書叙次數十年之行事,綜述數十人之問答,斷非輯自一時,出自一手。其始萬章之徒追隨左右,無役不從,於孟子之言動,無不熟察而詳記之。……其後編次遺文,又疑樂正子及公都子、屋廬子、孟仲子之間人與爲之。"按以上四説,各自有其理由;但以理推斷,或以第四説爲較優。

【《孟子》的"升格運動"】 孟子一書,《漢書·藝文志》及《隋書·經籍志》都列入子部儒家。據趙岐《孟子題辭》,以爲漢孝文帝時,曾置博士。然這事不見於《漢書》,說頗可疑。清閻若璩《四書釋地三續》根據劉歆《移讓太常博士書》,以爲《孟子》博士的廢罷,當因董仲舒對策專崇六藝之故。但這也是推測之辭,不足憑信。將《孟子》與《論語》同列於經部,始於宋陳振孫《直齋書録解題》。陳氏以爲"自韓文公稱孔子傳之孟軻,軻死不得其傳;天下學者咸曰孔、孟。孟子之書,固非荀、揚以降所可同日語也。今國家設科,《語》、《孟》並列於經;而程氏諸儒訓解六書,常相表裏,故合爲一類。"據近人陳漢章《經學通論》的考訂,宋大中祥符七年(公元一〇一四年),孫奭上新印《孟子音義》;嘉祐六年(公元一〇六一年),刻石備九經;都已尊崇《孟子》。王應麟《玉海》亦説國朝(宋代)以《孟子》升經,並《論語》、《孝經》爲三小經。則《孟子》之被表章,固不始於程朱諸儒及陳振孫氏。再推而上之,唐代宗寶應二年(公元七六三年),禮部侍郎楊綰疏請《論語》、《孝經》、《孟子》兼爲一經,見《唐書·選舉志》。唐懿宗咸通四年(公元八六三年),進士皮日休請立《孟子》爲學科,見《皮子文藪》及《文獻通考》。則《孟子》升列經部的運動,實始於唐而完成於宋。宋淳熙間,朱熹以《論語》與《孟子》及《禮記》中的《大學》、《中庸》二篇並列,《四書》之名始立。元延祐間,復行科舉,《四書》一名更見於功令。於是《孟子》遂與《論語》並稱,而由子部儒家上躋於經部。

【《孟子》學的沿革】 漢代治《孟子》的,始於揚雄。雄注《孟子》,見於《中興藝文志》,然旨意淺近,當時已疑爲依託。後漢注《孟子》的,有程曾(見《後漢書·儒林傳》)、高誘(見《吕氏春秋·叙》)、鄭玄、劉熙(都見《隋書·經籍志》),但都已亡佚。僅趙岐作《孟子章句》，并撰《題辭》，至今猶存，列爲十三經注之一。當時非議《孟子》的，有王充。充曾撰《刺孟》篇，見於《論衡》。三國以後，治《孟子》的，有晉人綦毋邃；唐代，陸善經撰《孟子注》，張鎰撰《孟子音義》，丁公著撰《孟子手音》，也都亡佚。宋代，孫奭撰《孟子音義》；今所傳孫奭《孟子正義》，朱熹以爲邵武士人所假託，非出奭手。從二程表章《孟子》以後，《孟子》成爲儒家哲學的重鎮。朱熹撰《孟子集注》，又撰《論孟精義》，又撰《四書或問》，會集宋儒二程等十二家之說，而下以己意，於是朱注《孟子》遂成爲元、明以來《孟子》學的中心。但北宋時，非議《孟子》的，也頗有其人。如馮休刪《孟子》，李覯撰《常語》，司馬光撰《疑孟》，都對於《孟子》一書致其不滿。清代治《孟子》的，閻若璩撰《孟子生卒年月考》，周廣業撰《孟子四考》，一反宋明以來空言性理的舊習。焦循撰《孟子正義》，折衷趙注，廣博精深，遠在舊疏之上。戴震撰《孟子字義疏證》，就孟子舊說，提倡理欲一元論，以反抗宋儒的理欲二元論，已由經部的考證而躍入於哲學的辯詰。清末，康有爲撰《孟子微》，更就孟子贊述孔子的話語，竭力發揮儒家託古改制說，蓋又完全變爲經今文學家的立場了。

據商務印書館一九三三年初版

緯讖中的孔聖與他的門徒

孔子、墨子俱道堯、舜，而取舍不同，皆自謂真堯、舜。堯、舜不復生，將誰使定儒、墨之誠乎？——韓非《顯學》篇。

這是計劃中的《孔學演變史》一書中的一章。無疑的，孔子問題是兩漢以來中國文化的核心問題；孔子問題不解決，則中國現在文化的動向無法確定。然而這也是無疑的，兩漢以來的孔子只是假的孔子而不是孔子的真相。至少，這可以說的，兩漢以來的孔子只是已死的孔子；他隨着經濟組織、政治現象與學術思想的變遷，而換穿着各色各樣的奇怪的服裝。不信，在最近幾年，孔子不是穿着不相稱的"中山裝"在搖搖擺擺的嚇人嗎？那末，現在發表這篇文章，命意也不過是在看看兩漢間孔子所穿着的怪裝，好使刁黠的政客與忠厚的書生們清醒清醒點；同時希望研究原始宗教的謠俗學者，對於這裏所搜集的材料加以注意。

一　孔聖的誕生

當公元前五百五十一年間（周靈王二十一年，魯襄公二十二年），有一位少女，顏徵在，某天，曾在大冢的斜陂上游玩。——一說是大澤——她大概是玩得疲倦了；就在那裏睡覺。她忽然夢見一位黑帝請她去。她不能自主的跟着他去，居然和他發生性交。他並且告訴她說：她將來養小孩一定是在空桑裏面。這位少女醒來，回想夢境，似乎有些異樣的感覺。後來，她居然養了一位小孩，並且的確是生在空桑裏面。這位小孩就是我們的聖哲，孔子。因爲他是黑帝的後裔，所以稱爲"玄聖"，——"玄"就是"黑"的意義。①

---

①　《春秋緯演孔圖》："孔子母（顏氏）徵在游於大冢（《太平御覽》作澤）之陂，睡，夢黑帝使請己。已往，夢交。語曰：'女乳必於空桑之中。'覺則若感，生丘於空桑之中，故曰玄聖。"——見《藝文類聚》卷八十八，《太平御覽》卷三百六十一人事部二及卷九百五十五木部一引。又《路史》前紀卷三，《後漢書·班固傳》註及《文獻通考·學校考》引，文義略同。"故曰《玄聖》"四字據《後漢書》註及《通考》補。

他,孔子,由這位少女撫養,漸漸的長大了。因爲自己有母親而沒有父親,不知道應該姓什麽,於是某一天依照古代聖人的辦法,吹樂律以定自己的姓。他吹得"陰"聲,是以"羽"做"宫"聲,因此遂決定姓孔。① 他是黑帝的兒子,和殷朝是同一祖先。② "黑"在"五行"是屬"水","水"在音律方面的配合是"羽","羽"是"陰"聲,所以他吹律就知道自己是殷朝的後裔孔氏的子孫。③

但另一種傳説,説孔子是有父親的。他的父親名叔梁紇。叔梁紇曾經和他的少妻徵在到尼丘山求子,感受黑龍——也就是黑帝——的精靈,因生了孔子。④ 總之,孔子是黑帝的兒子是無疑的。

二 孔聖的異表

孔子爲什麽名丘,字仲尼呢?這是因爲他的狀貌的緣故。據説,孔子的頭頂很像尼丘山,四周高,中央低。這叫做"反宇";這是道德家,思想家的骨相。⑤

但孔子的異表不止這一樣,孔子身長十尺,大九圍;坐着像蹲龍,立着像牽牛。他的儀表非常堂皇,發射出一種光彩,近看好像昴星,遠看好像斗星。⑥

此外,孔子海口⑦,牛唇⑧,駢齒⑨,輔喉⑩,舌頭的紋理七重⑪,這些都是表顯

---

① 《春秋緯演孔圖》:"孔子曰:'丘援律而吹,命陰,得羽之宫。'"——見《太平御覽》卷十六時序部一及《路史·黄帝紀》註引。《樂緯》:"孔子曰:'丘吹律定姓,一言得土曰宫,三言得火曰徵,五言得水曰羽,七言得金曰商,九言得木曰角。'"——見《黄氏逸書考·樂緯》,據《大義釋名》第一引。《孝經緯援神契》:"聖人吹律有姓。"見《太平御覽》卷十六時序部一引。

② 《春秋緯元命苞》:"夏,白帝之子;殷,黑帝之子;周,蒼帝之子。"——見《禮記·大傳正義》引。

③ 楊應階曰:"……《是類謀》云:'吹律卜名。'又云:'聖人興起,不知其姓,當吹律聽聲,以别其姓。黄帝吹律定姓。'《孝經鉤命決》云:'聖人吹律有姓。'是吹律以定姓名,古蓋有之。……京房吹律改李姓爲京;蓋其法失傳,亦非唯聖能之矣。……孔子祖殷王,爲黑帝精。又孔子感黑帝精而生,爲玄聖,故吹律定姓名得羽。羽爲水;水色黑也。羽爲陰,故曰'命陰';'命'即《(乾元)叙制記》所云'(因象)箸命'也。'羽之宫'者猶言'羽爲宫'也。"——見《黄氏逸書考·春秋緯演孔圖》引。

④ 《論語撰考讖》:"叔梁紇與徵在禱尼丘山,感黑龍之精,以生仲尼。"——見《禮記·檀弓正義》引。

⑤ 《春秋緯文耀鉤》:"首類尼丘山,故以爲名。"——見蔡復賞《孔聖全書》引。《禮緯含文嘉》:"孔子反宇,是謂'尼丘',德澤所興,藏元通流。"——見《白虎通》"聖人"章及《路史·高辛紀》引。

⑥ 《春秋緯演孔圖》:"孔子長十尺,大九圍;坐如蹲龍,立如牽牛;就之如昴,望之如斗。"——見《太平御覽》卷三百七十七人事部十八引。又《初學記》人部,《困學紀聞》評文章及《太平御覽》卷三百九十三引,較簡略。

⑦ 《孝經緯援神契》:"孔子海口,言若含澤。"——見《太平御覽》卷三百六十七人事部八引。又《藝文類聚》卷十七引,義略同。

⑧ 《孝經緯鉤命決》:"仲尼牛唇。"(牛或作斗)——見《白孔六帖》卷三十一引。

⑨ 《孝經緯鉤命決》:"夫子駢齒。"——見《太平御覽》卷三百六十八人事部九引。

⑩ 《孝經緯鉤命決》:"夫子輔喉。"——見《太平御覽》卷三百六十八人事部九引。

⑪ 《孝經緯鉤命決》:"仲尼舌理七重,吐教,陳機,授度。"——見《太平御覽》卷三百六十七人事部八引。

一位説教者的面相。至於軀幹部分,據説是虎掌①,龜脊②。最特別的,是他的胸部。他的胸成方形,和"矩"相合③;並且有文字,據説是"制作定世符運"六個字④。

三 孔聖的使命

這黑帝的兒子孔子爲什麽在這春秋時代降生呢？換言之,就是上天爲什麽一定使孔子降生在周朝的末世,秦漢的前夜,所謂"春秋時代"呢？這是大有道理的。

依據"五行"説起來,夏朝屬金,白色;殷朝屬水,黑色;周朝屬木,青色,也可説是蒼色(見第245頁註②)。繼周朝而起的,應該是赤色的火,孔子有帝王的道德,有帝王的才幹,但是,不幸得很,他却没有帝王的命運。因爲他是黑帝的兒子,是"水精",依據五行,他無法繼承木精的蒼帝的周朝。⑤

那末,孔子不是白白的降生嗎？決不是的。他負了上天給他的很重大的使命。這使命,就是他應該替天下制法⑥。或者更確切的説,他的降生是替火精的赤帝的漢朝制法⑦。

照這樣説,孔子不是好像現在國内制憲專家嗎？對的;或者不是孔子像他們,而是他們正在學孔子。

孔子很明瞭這上天所給付的使命;他曾經翻覽古代的史記和"圖録"——這圖録是上天賜給古代的帝王而遺留在人間的符命——推算天象的變異,知道繼

---

① 《孝經緯鉤命決》:"仲尼虎掌,是謂威射。"——見《太平御覽》卷三百七十人事部十一引。
② 《孝經緯鉤命決》:"仲尼龜脊。"——見《太平御覽》卷八百七十二引。
③ 《孝經緯鉤命決》:"孔子胸應矩,是謂儀古。"——見《太平御覽》卷三百六十八人事部九引。又卷三百七十一人事部十二引,入《論語讖摘輔象》。
④ 《春秋緯演孔圖》:"孔子之胸有文,曰:'制作定世符運。'"——見《白孔六帖》卷三十引。又《太平御覽》卷三百七十一人事部十二引,文略同。
⑤ 《春秋緯》:"黑龍生,爲赤,必告示象,使知命。"——見《公羊傳》隱元年《疏》引。又:"丘,水精,治法,爲赤制功。"——見《公羊傳》隱元年《疏》引。又《孝經緯援神契》:"丘爲制法主,黑緑不代蒼黄。"——見《禮記·中庸正義》引。又《曲禮正義》引,入《孝經緯鉤命決》。
⑥ 《春秋緯演孔圖》:"聖人不空生,必有所制,以顯天心。丘爲木鐸,制天下法。"——見《禮記·中庸正義》引。又《詩·魯頌·閟宫正義》引首兩句,入《孝經緯援神契》。《孝經緯鉤命決》:"丘以匹夫徒步,以制正法。"——見《公羊傳》哀十四年《疏》引。
⑦ 《春秋緯感精符》:"墨孔生,爲赤制。"——見《後漢書·郅惲傳》註引。《春秋緯演孔圖》:"玄丘制命,帝卯行也。"——見《文選》班孟堅《典引》註引。又後漢《史晨碑》作:"玄丘制命帝卯金。"《黄氏逸書考》入《孝經緯援神契》(又,本頁註⑤可參考)。

起的朝代是"漢朝",大約距當時三百年間,就要興起來"改憲",於是孔子就鄭重的負起這替漢朝"制憲"的使命。① 因爲孔子是上帝的兒子,所以他是一位先知者或預言家。

孔子制憲成功,將起草好的兩部"圖書"——《春秋》與《孝經》——遺留下來。後來火精的赤帝兒子劉邦起兵,就拿着這上天留給他的"圖書",也可以説是"符命",滅秦,平楚,繼承木精的蒼帝的周朝,統一天下,於是天下人民直接在漢朝的統治之下,間接在孔子的"憲法"之下得了救②!這都是上天特別安排好的天意!

四 上天的啓示之一——獲麟

孔子爲什麽曉得上天命他替漢朝"制憲"呢?這因爲上天曾經用各種的方法啓示他。

某晚,孔子忽然夢見豐沛一帶地方有赤色的烟氣升騰起來,他於是叫顔淵、子夏兩位門徒一同駕了車子去看。他們到了楚國西北的范氏廟,看見一個扒柴草的小孩在那裏毆打麒麟。他的前左腿已經打傷了,躺在那邊,這小孩取些柴草將他遮蓋起來。孔子招這小孩來,説:"小孩,你來啊,你姓什麽?"小孩説:"我姓赤松,名子喬,號受紀。"孔子説:"你也有些什麽看見嗎?"小孩説:"我看見一隻獸,好像麕一樣;羊的頭;頭上面有角;角的末尖又有肉;正從這裏往西邊走。"孔子説:"啊!天下已經有了救主了!這救主是'赤劉',陳、項輔助他,五星走入了井宿跟從着歲星。"這小孩將蓋在麟身上的柴草拿去,麟看看孔子。孔子趕近去看,麟垂下耳朵,嘴裏吐出了三卷書。每卷寬三寸,長八寸,有二十四個字。孔子拿來一讀,是説赤劉應當興起。原文傳到現在已經不完全,是"周姬亡,××赤氣起,×××火曜興,×××玄

---

① 《春秋緯漢含孳》:"孔子曰:'丘覽史記,援引古圖,推集天變,爲漢帝制法,陳叙圖録。'"——見《公羊傳》隱元年《疏》引。《春秋緯保乾圖》:"孔子口:'漢二百載,升歷改憲。'"——見《後漢書·郎顗傳》註及《文選》王元長《永明九年策秀才文》註引。《孝經緯鉤命決》:"丘乃授帝圖,拨秘文。"——見《文選》顔延年《三月三日曲水詩序》註引。又《文選·西都賦》註及《後漢書·班固傳》註引末句。

② 《書緯考靈曜》:"卯金出軫,握命孔符。"——見《初學記》卷二十七及《太平御覽》卷八十七皇王部十二引。又《太平御覽》加以註釋,説:"卯金,劉字之別。軫,楚分野之星。符,圖書,劉所握天命;孔子制圖書。"

丘制命,帝卯金"二十四個字。①

另一種傳説,説公元前四百八十一年(周敬王三十九年,魯哀公十四年)春天②,魯國叔孫氏的車夫鉏商在山野裏砍柴,得到一隻麒麟。大家不認得他,以爲是不祥的東西,將他丢棄在五父的街道上。孔子的門徒冉有告訴孔子説:"有一隻麇,但是角上有肉,這大概是天下的妖異吧!"孔子説:"現在什麽地方?我打算去看看他。"他即刻動身,和他的駕車的門徒高柴説:"照求(冉有的名)的話説來,大概一定是麒麟吧!"到那裏一看,果然是麟。孔子説:"現今周朝將要滅亡,天下没有聖主,你是爲了誰出現啊?今天麟出來而被人打死,我的道完了!"於是他作了一首詩歌,説:"唐、虞之世麟鳳遊,今非其時來何由?麟兮!麟兮!我心憂!"③

這兩種傳説雖表示兩種不同的意見,但無疑的,都是上天所以啓示孔子。

依第一種傳説,扒柴草的小孩得到麒麟,是上天表示漢要代周而起的意思。因爲麟是木精,所以麟的毛色是蒼黄;周朝是蒼帝的兒子,以木得王,和麟的五行正相配合。現在麟出來被人家打傷,這正是表示周朝快要倒霉了。並且打倒麟的是一位扒柴草的平民的小孩;柴草是燒火用的,火是赤色;這正是表示赤帝的兒子從平民間起來打倒這蒼帝的兒子周朝。④ 孔子自己是黑帝的兒子,他看見

---

① 《孝經右契》:"孔子夜夢三槐之間,豐、沛之邦有赤氤氣起,乃呼顔淵、子夏侣往觀之。驅車到楚西北范氏街,見芻兒捶麟,傷其前足,束薪而覆之。孔子曰:'兒,汝來,汝姓爲誰?'兒曰:'吾姓爲赤松,名時喬,字受紀。'孔子曰:'汝豈有所見乎?'兒曰:'吾所見一禽,如麇,羊頭,頭上有角,其末有肉,方以是西走。'孔子曰:'天下已有主也!爲赤劉,陳、項爲輔,五星入井從歲星。'兒發薪下麟,視孔子。孔子趨而往。麟向孔子,蒙其耳,吐書三卷。孔子精而讀之。圖廣三寸,長八寸,每卷二十四字。其言:'赤劉當起日周亡。赤氣起,火曜興,玄丘制命,帝卯金。'"——見《搜神記》,《初學記》卷二十九,《白孔六帖》卷九十五及《太平御覽》卷八百八十九引。

② 《春秋緯》:"十有四年春,西狩獲麟。赤受命,倉失權,周滅,火起,薪采得麟。"——見《公羊傳》隱元年《疏》及《路史餘論·麐本説》引。

③ 《論語讖摘衰聖》:"叔孫氏之車子曰鉏商,樵于野而獲麟焉。衆莫之識,以爲不祥,棄之五父之衢。冉有告孔子曰:'有麇,肉角,豈天下之妖乎?'夫子曰:'今何在?吾將觀焉。'遂往,謂其御高柴曰:'若求之言,其必麟乎!'到,視之。曰:'今宗周將滅,無主,孰爲來哉!兹日麟出而死,吾道窮矣'!乃作歌曰:'唐、虞之世麟鳳游,今非其時來何由?麟兮!麟兮!我心憂!'"——見《公羊傳》哀十四年《疏》;又《孔叢子·記問》篇文小異;《古微書》收入《論語摘衰聖承進讖》,《玉函山房輯佚書》,《黄氏逸書考》仍之;今姑依引,待攷訂。

④ 《春秋緯演孔圖》:"蒼之滅也,麟不榮也;麟,木精也。"宋均注:"麟,木精,生水,故曰陰。水氣好土。土黄木青,故麟色青黄。不榮謂見綫。"——見《初學記》卷二十九獸部及《太平御覽》卷八百八十九獸部一引。又《路史餘論·麐本説》引,文次序稍異。又《藝文類聚》木部引末句。《尚書中候》:"夫子素案圖録,知庶聖劉季當代周,見薪采者獲麟,知爲其出。何者?麟者,木精;薪采者,庶人燃火之意。此赤帝將代周。"——見《公羊傳》哀十四年《解詁》及《疏》引。

這上天的啓示，再精讀麟嘴裏所吐出來的圖書，已經很明瞭自己應該負替這將興的赤漢制法的使命了。①

依第二種傳說，麒麟出來而被人打死，是上天表示孔子本人不能作帝王的意思。麒麟是聖王的祥瑞；現在沒有聖王，而麒麟居然出現；這麒麟是爲孔子出現的；因爲孔子雖不是當位的聖王，而却是具備帝王的聖德的"素王"。② 不過麟出而死，這正是證明孔子無法當位，所以孔子很感嘅的說："我的道完了！"又說："麟兮麟兮吾心憂！"

五　上天的啓示之二——血書

上天已經將麒麟向孔子啓示，恐怕他還延擱着不替赤漢制法，於是接着又有"血書"的啓示。

孔子曾向他的門徒子夏說：得麟這個月，上天一定有血書在魯國端門上啓示他。到了那時期，端門上果然發見血書，原文是"趨作法，孔聖沒，周姬亡，彗東出，秦政起，胡破術，書紀散，孔不絕"。第二天，子夏去看，逢着一位路人，說端門上有血書。子夏到那邊去抄寫，血書變作紅色的鳥飛去，門上發見白色的圖，署名"演孔圖"，繪畫孔子作圖制法的形狀。③

另一種傳說，說孔子已經作《春秋》，天才將"演孔圖"賜給他。這圖中有一塊大玉，刻有字，原文是"璇璣一低一昂，是七期驗敗毀滅之徵也"等字。并且傳說這話是孔子自己親口說的。④

---

① 《春秋緯》："麟出，周亡，故立《春秋》，制素王，授當興也。"——見《文選》班固《幽通賦》註引。《易乾鑿度》："孔子曰：'丘按錄讖，論國定符，以《春秋》西狩，題釗表命。'"

② 《孝經緯援神契》："麟，中央也，軒轅大角獸也。孔子備《春秋》者，修禮以致其子，故麟來爲孔子瑞。"——見《古微書》輯引。

③ 《春秋緯說題辭》："孔子謂子夏曰：'麟得之月，天當有血書端門。'子夏至期往視，逢一郎，言門有血書。往寫之，血飛鳥化爲帛。鳥消書出，署曰'演孔圖'。"——見《藝文類聚》卷九十八引。又《太平廣記》卷一百四十四，《文選·魏都賦》註《魯靈光殿賦》註，及司馬紹統《贈山濤詩》註引，文稍簡異。《春秋緯演孔圖》："得麟之後，天下血書魯端門，曰：'趨作法，孔聖沒，周姬亡，彗東出，秦政起，胡破術，書記散，孔不絕。'子夏明日往視之，血書飛爲赤鳥，化爲白書，署曰'演孔圖'，中有作圖制法之狀。"——見《公羊傳》哀十四年《解詁》及《疏》引。

④ 《春秋緯演孔圖》："孔子曰：'某作《春秋》，天授演孔圖。中有大玉，刻一版，曰：璇璣一低一昂是七期驗敗毀滅之徵也。'"——見《太平御覽》卷六百零六及蔡復賞《孔聖全書》引。

六　孔聖的憲法草案之一——《春秋》

　　黑帝的兒子,孔子,因獲麟與血書的啓示,曉得自己無法得位行道,只能替赤帝的兒子劉邦制法,於是開始寫作《春秋》。①

　　他寫作《春秋》是非常鄭重的。先卜吉凶,得了夏殷的"陽豫"卦②。爲了《春秋》的曆法,又去研究殷朝的古曆③。爲了《春秋》的史料,又曾派遣門徒子夏等十四人到處搜求周代的史記,得了一百二十國的寶書(已見本頁註①)。

　　孔子爲漢制法,本可以寫些理論的書,如什麼主義之類,爲什麼一定要寫這帶有歷史形式的《春秋》呢?這因爲孔子以爲用空話來寫作,不如借史事來表見比較得深切顯明④。所以,《春秋》决不能作爲歷史看待,它備具"三聖"的法度⑤,陳述天人的道理⑥,改革當時的亂制⑦,表現王道的完成⑧,以顯示赤漢將興的天命⑨。所以《春秋》雖然依據周代的舊史,但的確是孔子新制的經典⑩。

　　這經典包含有許多微言大義,如所謂"三科,九旨"⑪,"七缺,八

---

　　①　《春秋緯》:"哀十四年春,西狩獲麟,作《春秋》,九月書成。以其春作秋成,故曰《春秋》也。"——見《公羊傳》隱元年《疏》引。《春秋緯》:"昔孔子受端門之命,制《春秋》之義,使子夏等四人求周史記,得百二十國寶書。九月,經立。"——見《公羊傳》隱元年《疏》引。
　　②　《春秋緯演孔圖》:"孔子欲作《春秋》,卜之,得陽豫之卦。"——見《公羊傳》隱元年《疏》引。又《儀禮·士冠禮疏》、《路史·炎帝紀》註及《玉海》引,文稍異。宋均注云:"陽豫,夏、殷之卦名。"
　　③　《春秋緯命曆序》:"孔子爲治《春秋》之故,退修殷之故曆,故其數可傳於後。"——見《晉書·律曆志》引。
　　④　《春秋緯》:"孔子曰:'我欲載之空言,不如見之於行事之深切著明也。'"——見《史記·太史公自叙》及《史記索隱》引。
　　⑤　《春秋緯說題辭》:"《春秋》經文備三聖之度。"——見《北堂書鈔》卷九十五及《初學記》卷二十一引。
　　⑥　《春秋緯握誠圖》:"孔子作《春秋》,陳天人之際,記異考符。"——見《初學記》卷二十一引。
　　⑦　《春秋緯》:"伏犧作八卦,丘合而演其文,瀆而出神;作《春秋》以改亂制。"——見《公羊傳》隱元年《疏》引。
　　⑧　《春秋緯元命苞》:"丘於《春秋》,始於元,終於麟,王道成也。"——見《文選》班固《答賓戲》註引;又劉歆《移讓太常博士書》註引,稍簡異。
　　⑨　《尚書緯考靈曜》:"丘生倉際,觸期稽度,爲赤制,故作《春秋》,以明文命,綴紀撰書,定禮義。"——見洪适《隸釋·魯相史晨祀孔廟奏銘》引。
　　⑩　《春秋緯》:"據周史,立新經。"——見《公羊傳》隱元年《疏》引。
　　⑪　《春秋緯》:"《春秋》設三科九旨。"——見《公羊傳》隱元年《疏》引。按:三科九旨,後儒解釋不一。依何休《解詁》九旨就在三科之內,"三科九旨者,新周,故宋,以《春秋》當新王,是一科三旨也。""所見異辭,所聞異辭,所傳聞異辭,是二科六旨也。""內其國而外諸夏,內諸夏而外夷狄","天下遠近大小若一","是三科九旨也"。但依宋均注,九旨另在三科以外。"三科者:一曰張三世,二曰存三統,三曰異外內,是三科也。九旨者:一曰時,二曰月,三曰日,四曰王,五曰天王,六曰天子,七曰譏,八曰貶,九曰絕。時與日、月,詳略之旨也;王與天王、天子是錄遠近親疏之旨也;譏與貶、絕,則輕重之旨也。"

缺"①。又根據天象,分爵祿爲"三等"②,分賞罰爲"七等"③。而其中最重要的,是"三科"中的"三世"。

所謂"三世",是説孔子假借魯國的十二公表示社會演進的三個階段。第一階段稱爲"所見之世",指昭、定、哀三公時代;第二階段稱爲"所聞之世",指文、宣、成、襄四公時代;第三階段稱爲"所傳聞之世",指隱、桓、莊、閔、僖五公時代。④這三世的每一世都以九九八十一年爲極限⑤。

《春秋》對於天變非常注意(已見第250頁註⑥),更其是日蝕。因爲孔子相信"天人合一説",以爲君主應該通曉天文星象;君主如果聖明,天道自然得正,那末,日月也自然光明,五星也自然有度。太陽是君主的象徵,日蝕正所以表明君主政治的紊亂。《春秋》記載日蝕,先後共三十六次之多,這正是表示上天很譴責執政者的意思。⑥

至於這部經典所以稱爲《春秋》,因爲這部書是孔子在魯哀公十四年春季開始寫作,到那年秋季九月完成,所以簡稱爲《春秋》。⑦《春秋》全書共計一萬八千字,其中間有重書複辭。孔子的門徒子夏平時雖曾對於《春秋》的用字提出疑問,

---

① 《春秋緯》:"《春秋》書有七缺。"——見《公羊傳》隱元年《疏》引。按《疏》云:"七缺者:惠公妃匹不正,隱桓之禍生,是爲夫之道缺也。文姜淫而害夫,爲婦之道缺也。大夫無罪而致戮,爲君之道缺也。臣而害上,爲臣之道缺也。僖五年,晉侯殺其世子申生;襄二十六年,宋公殺其世子痤,殘虐枉殺其子,是爲父之道缺也。文二年,楚世子商臣弑其君髠;襄三十年,蔡世子般弑其君固,是爲子之道缺也。桓六年正月己卯,烝;桓十四年八月乙亥,嘗;僖三年夏四月,四卜郊,不從,乃免牲,猶三望;郊祀不脩,周公之禮缺,是爲七缺也矣。"又按:《黄氏逸書考·春秋緯》輯引,多"八缺之義"四字,以爲:"隱元年,不書即位,君道缺。祭仲來,非王命,臣道缺。鄭伯克段,兄弟道缺。惠公,仲子,夫婦道缺,父子道缺。其八缺之義與!"

② 《春秋緯元命苞》:"《春秋》爵三等,象三光。"——見《禮記·王制正義》引。

③ 《春秋緯運斗樞》:"《春秋》設七等之文,以貶絶録行,應半屈伸。"——見《公羊傳》莊十年《疏》引。按《黄氏逸書考》輯引而加以按語云:"《公羊傳》:州不若國,國不若氏,氏不若人,人不若名,名不若字,字不若子。《解詁》謂:周本有奪爵稱國、氏、人、名、字之科;孔聖加州,文備七等,以進退之。徐《疏》謂:必備七等之法者,正以北斗七星主賞罰示法,《春秋》者賞罰之書,故則之。引此緯之文及《説題辭》'北斗七星有政,《春秋》亦以七等宣化'爲證。"

④ 《春秋緯》:"昭、定、哀爲所見之世,文、宣、成、襄爲所聞之世,隱、桓、莊、閔、僖爲所傳聞之世。"——見《公羊傳》隱元年《疏》引。

⑤ 《孝經緯援神契》:"《春秋》三世,以九九八十一爲限。"——見《公羊傳》隱元年《疏》引。按《疏》云:"隱元年盡僖十八年爲一世,僖十九年盡襄十二年又爲一世,自襄十三年盡哀公十四年又爲一世。所以不悉八十一年者,見人命參差,不可以齊之義。""鄭玄曰:'九者,陽數之極;九九八十一,是人命終矣。'"

⑥ 《春秋緯感精符》:"人主含天光,據機衡,齊七政,操八極。故君明聖,天道得正,則日月光明,五星有度。"——見《後漢書·明帝紀》註引。按《注》云:"日明則道正,不明則道亂,故常戒以自飭厲。日食皆象君之進退爲盈縮。故《春秋》撥亂,日食三十六,故日至譴也。"

⑦ 《春秋緯》:"始於春,終於秋,故曰《春秋》。"——見《公羊傳》隱元年《疏》引。又,見第271頁註①。

但孔子完成以後傳給子夏和子游時,他們不能改換一個字,可見這部經典的謹嚴與完美。①

孔子對於傳《春秋》的後儒也早已預先知道,他曾經説過:"傳我書的是公羊高。"②後來漢代傳《春秋》的果然是他。

七　孔聖的憲法草案之二——《孝經》

孔子接受天命,爲赤漢撰著《春秋》以後,又從事第二部的著作,那就是《孝經》。《孝經》一篇,共十八章。這部書也是天地的喉舌,所以説明道德的要本。當時孔子的門徒曾子因記録《孝經》,對於經文的異同曾提出疑問,於是孔子告訴他所以作《孝經》的理由。孔子説:"我所以作《孝經》,因爲我只是一位'素王',有帝王的道德而没有帝王的禄位。我不能拿爵禄去賞人,也不能拿刑戮去罸人,所以只得稱説聖王的道理。"曾子覺得這話很嚴重,離開坐席,又重新坐下。孔子説:"你坐,我再告訴你。我主張和順謙遜,以避免災禍。我自己雖没有權勢,但可以假託古代的聖王,作爲自己的力量。我注意至德要道,以記載天子以下的德行。現在這經文中先提出我的字號'仲尼',以表示我的態度。又用'子曰'兩字,以表示我是受了天命。又列你的姓名'曾子',以表示你幫助我共治天下。同時,我們還有《詩經》、《書經》兩部書以和這部《孝經》合作。"③

孔子對於他所制作的《孝經》和《春秋》同樣重視。他曾經説過這樣的話:"我的思想表見於《春秋》,我的行動表見於《孝經》。後人要想明瞭我褒貶諸侯的思想,可以在《春秋》裏去找;要想明瞭我着重倫理的行動,可以在《孝經》裏去找。"④

---

① 《春秋緯》:"孔子作《春秋》,一萬八千字。九月而書成,以授游、夏之徒,游、夏之徒不能改一字。"——見《公羊傳》昭十二年《疏》引。《春秋緯元命苞》:"子夏問:夫子作《春秋》,不以初、哉、首、基爲始,何?"——見《爾雅序正義》引。《春秋緯》:"孔子曰:書之重,辭之複,嗚呼! 不可不察,其中必有美者焉。"——見《公羊傳》僖四年《解詁》及《疏》引。

② 《春秋緯説題辭》:"傳我書者,公羊高也。"——見《公羊傳注序疏》引。《春秋緯演孔圖》:"公羊全孔經。"——見《初學記》卷二十一引。

③ 《孝經緯鉤命決》:"《孝經》者,篇題就號也。所以表指括意,叙中書名出義,見道曰著。一字苞十八章,爲天地喉,襟,道要德本,故挺以題符冠號。曾子撰斯問曰:'孝文乎駮不同,何?'子曰:'吾作孝經,以素王無爵禄之賞,斧鉞之誅,故稱明王之道。'曾子避席復坐,子曰:'居,吾語女,順遜以避災禍,與先王以託權,目至德要道以題行,首仲尼以立情性,言子曰以開號,列曾子示撰輔,有《書》、《詩》以合謀。'"——見《太平御覽》卷六百十學部四引。按"言子曰以開號"句,注云:"若夫子所以自開於受命也。"

④ 《孝經緯鉤命決》:"孔子曰:吾志在《春秋》,行在《孝經》。欲觀我褒貶諸侯之志在《春秋》,崇人倫之行在《孝經》。"——見《禮記·中庸》鄭注及《正義》引,又《孝經注疏序》引"欲觀"以下二句。

孔子將這兩部書作好以後，曾經將《春秋》親自傳授給他的門徒卜商；將《孝經》傳授給曾參。①

孔子所以這樣着重孝道，根本的原因，由於他以爲忠孝是互相關連的；他曾經說過："奉事兩親孝順的人可以將忠心奉獻給君主，所以君主尋求忠臣，一定要在孝子的門庭。"②

八　孔聖的告天

黑帝的兒子孔子既然接受天命，爲赤帝的兒子劉邦制憲，作好《春秋》和《孝經》以後，於是向天"告成"。某晚，孔子命他的七十二位門徒向北辰星鞠躬站着，命曾子也朝北捧着《河圖》、《洛書》等。孔子自己呢，先齋戒，簪上青白色的筆，穿上赤色的單衣，朝着北辰星禮拜，並且說："《孝經》四卷，《春秋》和《河圖》、《洛書》等共八十一卷，已經慎重的寫好。"天上忽然有雲氣起來，白色的烟霧一直降到地。一條赤色的彩虹從天上下來，變作黃色的玉，有三尺長，上面刻有文字。孔子急忙的跪下接受來讀它。原文是"寶文出，劉季握，卯金刀，在軫北，字禾子，天下服"十八字。大意是說劉邦在軫宿的分野北起事，後來要統一天下。③

另一種傳說，說孔子將經典整理好以後，有一隻鳥飛來，化爲"圖書"。孔子捧着這圖書向天禱告，又有一隻紅色的鳥飛來停在書上，化爲黃色的玉。這玉上刻有文字；原文是"孔提命，作應法，爲赤制"等字，大意是說孔子應該爲赤漢制法。④

又另一種傳說，將"獲麟"、"血書"等啓示也混在一起，說：孔子因《孝經》已經作成，天道已經表現，於是齋戒向天報告。忽然黑色的雲從北極湧起，紫微宮

---

① 《孝經緯鉤命決》："以《春秋》屬商，以《孝經》屬參。"——見《公羊傳》隱元年、哀十四年《疏》及《藝文類聚》卷二十六人部引。

② 《孝經緯》："孔子曰：'事親孝，故忠可移於君，是以求忠臣必於孝子之門。'"——見《後漢書·韋彪傳》引。

③ 《孝經右契》："孔子作《春秋》、制《孝經》，既成，使七十二弟子向北辰磬折而立，使曾子抱《河》、《洛》事北向。孔子齋戒，簪縹筆，衣絳單衣，向北辰而拜，告備於天，曰：'《孝經》四卷，《春秋》、《河》、《洛》凡八十一卷，謹已備。'天乃洪鬱起，白霧摩地，赤虹自上而下，化爲黃玉，長三尺，上有刻文。孔子跪受而讀之，曰：'寶文出，劉季握，卯金刀，在軫北，字禾子，天下服。'"——見《北堂書鈔》卷八十五，《太平御覽》卷五百四十二及《宋書·符瑞志》引，詳略各稍異。

④ 《春秋緯演孔圖》："孔子論經，有鳥化爲書。孔子奉以告天，赤雀集書上，化爲黃玉，刻曰'孔提命，作應法，爲赤制。'"——見《藝文類聚》卷九十九，《太平御覽》卷九百二十二羽族部九及《路史餘論·麟本說》引，文略有異同。

星座的"北門"也開開,角亢兩星宿向北下落,天派遣司命星下來題書名,稱爲《孝經》,并題了"玄神辰裔孔某知元命,使陽衢乘紫麟下告地主要道之君"等字,大意是説黑帝的後裔孔子明白天命,將來還有麒麟會下來。後來,果然有麒麟出現,嘴裏吐出圖文。又有血書在魯端門出現,子夏去鈔録,只寫得十七個字,其餘的字消滅不見,化爲紅色的烏鴉高飛到青雲裏去。①

九　孔聖的其他法典

除了《春秋》與《孝經》兩部法典以外,孔子又曾草定其他著作,總稱爲五經。這五經,運以天地的妙理,考以古代的圖録,可以上比於三代聖王,可以推行於四海天下。②

五經的第一部書是《詩》,這是孔子從衛國回到魯國以後所删定的③。《詩》裏面包含有所謂"五際、六情"等的道理④。

五經的第二部書是《書》,這也是孔子從衛國回到魯國以後所删定的(已見本頁註③)。據説孔子曾經求得黄帝的玄孫帝魁的書,一直到了秦穆公時候,總共有三千三百三十篇。——一説是三千二百四十篇——孔子大加删訂,專取可以作後世法戒的,選擇一百篇作爲《尚書》——一説是一百零二篇——另選十八篇

---

① 《孝經中契》:"某作《孝經》,文成道立,乃齋以白之天。則玄雲涌北極,紫宫開北門,角亢星北落,司命天使書題號云:'《孝經》篇:玄神辰裔孔某知元命,使陽衢乘紫麟下告地主要道之君。'後年,麟至,口吐圖文,北落郎服,書魯端門,隱形不見。子夏往觀寫之,得十七字,餘字滅消。其餘文飛爲赤烏,翔摩青雲。"——見《太平御覽》卷六百十及《路史餘論》卷五引。

② 《春秋緯演孔圖》:"孔子作法五經,運之天地,稽之圖象,質於三王,施於四海。"——見《初學記》卷十六、文部《太平御覽》卷六百零八學部四引。按陳立《白虎通疏證》卷九云:"謂《易》、《書》、《詩》、《禮》、《樂》爲五經者,此先秦之説。以時《春秋》有二:孔子未修之《春秋》,則藏於祕府,人莫能習;孔子已修之《春秋》,傳諸弟子,亦未著於竹帛也。……《御覽》引云:'五經何謂也?《易》、《尚書》、《詩》、《禮》、《樂》也。'……《初學記》引云:'五經:《易》、《尚書》、《詩》、《禮》、《樂》也。'"

③ 《論語讖》:"自衛反魯,删《詩》、《書》,修《春秋》。"——見《文選·劉歆移讓太常博士書》註引。按六經次序,今文學派主張一,《詩》;二,《書》;三,《禮》;四,《樂》;五,《易》;六,《春秋》;詳見拙著《經今古文學》。緯學與今文學相通,所以現在《五經》次序先從《詩》起。

④ 《春秋緯演孔圖》:"詩含五際六情。"——見《詩·關雎叙正義》及《文選·文賦》注引。按五際説見《詩緯氾曆樞》。原文云:"午亥之際爲革命,卯酉之際爲改正,辰在天門出入候聽。……亥爲革命,一際也;亥又爲天門出入候聽,二際也;卯陰陽交際,三際也;午爲陽謝陰興,四際也;酉爲陰盛陽微,五際也。"又六情説見《漢書·翼奉傳》。原文云:"知下之術在於六情十二律而已。北方之情,好也;好行貪狼,申子主之。東方之情,怒也;怒行陰賊,亥卯主之。……南方之情,惡也;惡行廉貞,寅午主之。西方之情,喜也;喜行寬大,巳酉主之。……上方之情,樂也;樂行姦邪,辰未主之。下方之情,哀也;哀行公正,戌丑主之。"

作爲《尚書中候》。① 從這《書》裏面，可以考見上天賜給帝王的符命，如《河圖》、《洛書》等等。②

孔子對於禮與樂，也非常注意，因爲他以爲這都是治天下的工具。他曾經因爲自己不得帝位，不能够制禮作樂，很感慨的對他的門徒子夏説："用禮治外，用樂治内，我是没有份了！"③

在古代帝王的音樂裏，他很贊美虞舜的"簫韶"樂。他曾經説："簫韶樂温潤和平，好像南風吹來一樣。它的音律的感人，好像寒暑風雨感動萬物，好像萬物感動人類。"他并且由這聯想到道德問題；他以爲萬物、人類都容易接受外界的刺激或誘惑，所以君子應該留意道德的根本涵養。④

五經的第五部書是《易》。《易經》起源於伏犧，成就於周文王，演明於孔子。⑤（又，見第 271 頁註⑦）孔子對於《易經》，曾經加以長期的研究，據説訂書的皮綫和寫字的鐵摘斷了三次、竹簡上的漆書也模糊了三次。⑥ 因此，他能在《易經》裏發見了許多變化的道理。⑦（又，見本頁註②）

孔子書寫五經、《春秋》和《孝經》的竹簡，長短各相不同；據説五經的竹簡長四尺，《春秋》二尺四寸，《孝經》一尺二寸。⑧

---

① 《尚書緯璇璣鈴》："孔子求得黄帝玄孫帝魁之書，迄秦穆公，凡三千三百三十篇。乃删以一百篇爲《尚書》，十八篇爲《中候》。"——見《史記·伯夷列傳索隱》引。又《尚書叙正義》引云："孔子求得，得黄帝玄孫帝魁之書，迄於秦穆公，凡三千二百四十篇，斷遠取近，定可以爲世法者，百二十篇爲《尚書》，十八篇爲《中候》。"按篇數各異。

② 《孝經緯援神契》："《易》長於變，《書》考命符授河。"——見《初學記》卷二十二及《太平御覽》卷六百零九引。注云："授河者，授《河》、《洛》以考命符也。"

③ 《禮緯稽命徵》："孔子謂子夏曰：'禮以修外，樂以治内，丘已矣夫！'"——見《後漢書·張奮傳》引。

④ 《樂緯動聲儀》："孔子曰：'簫韶者，舜之遺音也。温潤以和，似南風之至。其爲音，如寒暑風雨之動物，如物之動人。雷動禽獸，風雨動魚龍，仁義動君子，財色動小人，是以君子務其本。'"——見《太平御覽》卷八十一皇王部六引。又《文選》嵇叔夜《琴賦》注、劉公幹《公讌詩》注引風雨二句。

⑤ 《易緯通卦驗》："蒼牙通靈；昌之成運；孔演命，明道經。"鄭玄於《通卦驗》注云："蒼精牙肩之人，能通神靈之意，謂虙羲將作《易》也。昌，文王名也；又將成之，謂觀象而繫辭也。"《易緯乾鑿度》："孔子曰：《洛書摘六辟》曰：'建紀者，歲也。成姬倉，有命在河聖，孔表雄德，庶人受命，握麟徵，易歷曰陽紀天心。'"鄭玄注云："建紀者，謂夫易爻六、七、八、九之數，此道成於文王聖也。孔表雄，著漢當興，以庶人之有仁德受命爲天子。此謂使以獲麟爲應。易猶象也，孔子以歷説《易》，名曰象也。"

⑥ 《論語比考讖》："孔子讀《易》，韋編三絶，鐵摘三折，漆書三滅。"——見孫瑴《古微書》輯引。

⑦ 《易緯》今存《乾坤鑿度》二卷，《乾鑿度》二卷，《稽覽圖》二卷，《辨終備》一卷，《通卦驗》二卷，《是類謀》一卷，《坤靈圖》一卷，《乾元序制記》一卷，在緯讖中，保存最多。其中《乾坤鑿度》及《乾元序制記》兩種雖出宋代僞託，但其他各種中假借孔子名義以説《易》義的仍不少，擬另撰文。

⑧ 《孝經緯鈎命決》："六經策長四尺，《春秋》二尺四寸之策書之，《孝經》一尺二寸之策書之。"——見《通典》卷五十四引。

除了這些經典以外，孔子又曾研究《河圖皇參持》和《雒書摘亡辟》，知道伏犧始作八卦，又預言亡秦朝的是胡亥①。

十　孔聖的史觀

孔子因爲撰著法典，對於古代史曾經有一種特殊的研究和見解。

他以爲皇、帝、王是人君因爲德行的高低而區別的三種稱號。德與"元"相合的稱爲皇；德與天相合的稱爲帝，天賜給他祥瑞；德合於仁義的稱爲王，天下的人民歸依他。② 他又以爲三皇時代，只要説話，人民就不會違背；五帝時代，需要畫像，社會才能夠順應；到了三王，定了肉刑和許多法律，才能制止刁點欺詐。③ 所以他的歷史觀是主張退化的。

他對於堯、舜禪讓的故事，曾經説過下列的話。他説：他曾經聽説，帝堯帶領舜等游覽首山和河渚，遇見五位老人。第一位老人説："《河圖》將來告帝期。"第二位老人説："《河圖》將來告帝謀。"第三位老人説："《河圖》將來告帝書。"第四位老人説："《河圖》將來告帝圖。"第五位老人説："《河圖》將來告帝符。"一些時光，忽然一條紅色的龍銜了玉版的圖書下來。這圖書裝飾得非常莊嚴，玉的函蓋，用金泥填封着。龍開口説話："曉得我的是'重瞳'啊！"（按相傳舜目重瞳）當時五位老人忽然都變爲流星，飛上歸入昴宿。正恍惚間，龍也不見了，只留下圖書。堯和太尉舜將這圖書打開，中有文字，是"帝樞當百則禪於虞"八個字。堯於是感慨的長嘆着向舜説："啊！舜啊！天位的列次現在是輪到你的身上了。做君主的方法，應該很忠誠的把握着那中庸的道德。這樣，那麼你的統治就可以窮極到四海，而天賞賜的祿籍也永遠在你了！"堯説了以

---

① 《易緯辨終備》："孔子表《河圖皇參持》曰：'天以斗視，日發明；皇以戲招始掛八卦談。'"鄭玄注云："言以北斗之星視聽，而以日月發其明，以昭示天地。三皇、伏戲始卦以示後世之人，謂使觀見之矣。"

又《易緯通卦驗》："孔子表《洛書摘亡辟》曰：'亡秦者胡也。丘以推：秦，白精也。其先星感，河出圖。挺白以胡；誰亡，胡之名行之。名行之萌，秦爲赤驅，非命王。故帝表有七五命，七以永慶，王以火代黑，黑畏黄精之起因咸萌，虙犧作《易》仲，仲命德，維紀衡。'"按原文疑有誤奪，待攷。

② 《春秋緯說題辭》："孔子曰：皇象元。道遙術，無文字，德明諡。"——見《公羊傳》成八年《解詁》引。按《解詁》云："德合元者稱皇。""德合天者稱帝；《河》、《洛》受瑞。可放仁義，合者稱王；符瑞應天，天下歸往。"《書緯璇璣鈐》："孔子曰：'五帝出，受錄圖。'"——見《文選》陸士衡《漢高祖功臣頌》註及沈休文《齊故安陸昭王碑文》註引。

③ 《孝經緯鈎命決》："孔子曰：'三皇設言民不違，五帝畫像世順機，三王肉刑揆漸加，應世點巧姦偽多。'"——見《公羊傳》襄二十九年《解詁》及《疏》引。

後,就把帝位讓給舜。①

關於唐、虞、夏間的政治,孔子曾經和他的門徒顏回討論過。顏回因爲夏、商、周三代的政教各有變易,於是問孔子説:"虞、夏時代怎麽樣?"孔子説;"政教以補救衰敗、改革混亂爲目的,所以稱爲'治'。舜繼承堯,一切都依照堯的治道,沒有什麽變改。"②他的意思是説堯、舜、禹治道相同,所以"三教"應該從夏朝起。

關於周朝的史實,孔子曾經考查圖録,觀察五行,知道周文王姬昌是蒼帝的精靈。③ 他説:周朝始祖后稷的母親姜嫄感受了蒼帝的精靈,這在卦位是"震卦"。震能動而發光,所以蒼周伐殷的一定是姬昌。姬昌降生在岐山,成長在豐邑;人的形狀,龍的面,又長又大,被日精所保護,外表有一層青色的光彩。他後來當西伯時,蓄意想伐紂,只有十刻的時間,就把紂消滅掉。④

十一　孔聖言行散記

孔子曾經拜老聃爲師。⑤

孔子平素在鄉黨之間,將自己美好的道德保藏着,不使外露。⑥ 後來孺悲特來拜訪孔子,於是鄉黨的人才仰慕他的道義。⑦

---

① 《論語比考讖》:"仲尼曰:'吾聞:帝堯率舜等游首山,觀河渚,乃有五老游河渚。一老曰:《河圖》將來告帝期。二老曰:《河圖》將來告帝謀。三老曰:《河圖》將來告帝書。四老曰:《河圖》將來告帝圖。五老曰:《河圖》將來告帝符。少頃,赤龍銜玉苞,舒圖刻版,題命可卷,金泥玉檢封盛威,曰:知我者,重童也。五老乃爲流星,上入昴。黄姚視之,龍没圖在。與太尉舜共發,曰:帝樞當百,則禪於虞。堯喟然嘆曰:咨!汝舜!天之歷數在汝躬,允執其中,四海困窮,天祿永終。乃以禪舜。'"——見《路史餘論》卷七引。又《藝文類聚》卷一,《太平御覽》卷五、卷三百八十三,《文選》王元長《三月三日曲水詩》註,任彥昇《宣德皇后令》註,《開元占經》卷七十二引,文繁簡各異。

② 《樂緯稽耀嘉》:"顔回問:'尚三教,變虞、夏何如?'曰:'教者,所以追補敗政,靡弊涵濁,謂之治也。舜之承堯,無爲易也。'"——見《白虎通德論》三教章引。

③ 《春秋緯感精符》:"孔子案録書,合觀五常英人,知姬昌爲蒼帝精。"——見《太平御覽》卷八十四皇王部九引。

④ 《春秋緯元命苞》:"孔子曰:'扶桑者,日所出,房所立,其耀盛。蒼神用事,精感姜原;卦得震。震者動而有光,故知周蒼伐殷者爲姬昌。生於岐,立於豐。人形,龍顔;長大精翼日,衣青光。遷造西,十刻消。'"——見《文選》沈休文《齊故安陸昭土碑文》註及《太平御覽》卷八十四皇王部九引。宋衷註云:"姬昌之言基始也。昌,兩日重見,言明象……爲日精所羽翼,故遂以爲名也。木神,以其方色表衣。遷造西,蓋文王爲西伯時,西方造意,東入討紂。十刻之間,則消滅之,言聖人所向無前也。"

⑤ 《論語讖》:"孔子師老聃。"——見《白虎通》引。

⑥ 《論語讖》:"仲尼居鄉黨。卷懷道美。"——見《文選》沈休文《齊故安陸昭王碑文》註引。

⑦ 《論語撰考讖》:"孺悲欲見,鄉黨慕義。"——見《文選》司馬長卿《喻巴蜀檄》註引。

孔子對於"名"非常重視，所以水名"盜泉"，孔子也不用以漱口。①

孔子不大說到"利"，因爲他以爲利每每可以損害行爲。②

孔子對於政治，主張安靜。他曾經作了一首詩歌說："違山十里，蟪蛄之聲，猶尚在耳。"他以爲政治不是蟪蛄，叫叫"口號"就算了事的。③

叔孫氏的武叔曾經毀謗孔子，說孔子說堯對於人民沒有什麽功力。④ 他們不知道堯、舜的政治本來是無爲而治的。

當時，魯國叔孫氏、季氏的家臣時常據他們的采邑反叛，於是去請教孔子。孔子以爲家臣所以屢次叛變，因爲采邑有堅固的城池，家中可以保藏甲兵，根本的辦法只有把城拆掉。季氏居然聽從他的話。⑤

孔子對於婦女道德，主張服從。他根據天象，以爲天、太陽是陽，地、月亮是陰。月亮隨着太陽走，所以婦人也應該服從着丈夫。⑥

孔子非常博學。他明曉天文，知道占卜妖祥的法術；但是不是適當的人，雖是告訴他，也仍舊不肯明顯的說。⑦

他知道《河圖》、《洛書》以及神蛇等祥瑞怎麽出現。他說："上天將要降賜祥瑞的時候，河水先清二天，變成青色四天。後來青變爲紅，紅變爲黑，黑變爲黄，各三天。那時候，河水安靜，天氣清明，於是《河圖》出現，而且必定有龍說話。他出現的日子，是三天、六天、九天、十二天或十五天一次。"⑧

他又說："上天將要降賜《洛書》以應帝德的時候，洛水先溫暖九天，後五天變

---

① 《論語比考讖》："水名盜泉，仲尼不漱。"——見《藝文類聚》卷九、《太平御覽》卷六十三地部三十五、《後漢書·列女傳》註引。

② 《論語撰考讖》："子罕言利，利傷行也。"——見《文選》鄒陽《在獄上書自明》註引。

③ 《詩緯含神霧》："昔孔子歌云：'違山十里，蟪蛄之聲，猶尚在耳。'政尚靜而惡譁也。"——見《古微書》輯引。

④ 《論語比考讖》："叔孫武叔毀孔子，譬若堯民曰：'我耕田而食，穿井而飲，堯何有焉。'"——見《太平御覽》卷八百二十二引。又《路史紀紀》卷十一引，文稍略，末句作："堯何功力者。"

⑤ 《春秋緯》："以問孔子。孔子曰：'陪臣執國命、采長數叛者，坐邑有城池之固，家有甲兵之藏故也。'季氏悦其言而墮之。"——見《公羊傳》定十二年《解詁》及《疏》引。按《解詁》原文云："郈，叔孫氏所食邑；費，季氏所食邑。二大夫宰吏數叛，患之，以問孔子。……《疏》謂"以問……墮之"是《春秋》說。

⑥ 《孝經緯援神契》："孔子曰：'日者，天之明，月者，地之理。陰契制，故曰上屬爲天，使婦從夫放月紀。'"——見《周禮》天官九嬪註及《太平御覽》卷三引。

⑦ 《春秋緯握誠圖》："孔子明天文，占妖祥，若告非其人，則雖言之不著。"——見《黃氏逸書考》輯引。

⑧ 《易緯乾鑿度》："孔子曰：'天之將降嘉瑞應，河水清三日，青四日，青變爲赤，赤變爲黑，黑變爲黄，各各三日。河中水安井，天乃清明，圖乃見。見必南向仰天言。見三日以三日，見六日以六日，見九日以九日，見十二日以十二日，見十五日以十五日，見皆言其餘日。'"鄭玄註云："南之向天者，龍也。"又云"餘"字誤，當爲"陵之"。

成五色玄黄。那時候,天地清静,於是《洛書》出現,由靈龜背負着。他出現的日子是五天、十天、十五天、二十天、二十五天或三十天一次。"①

他又説:"君子也可以得有上天的祥瑞,那是像龍而没有角的東西,稱爲神蛇。他出現的時候,河水先清兩天,以後變爲白、紅、黑、黄等色,各兩天。他出現按着每日的時辰,就是今天是丑時出現,明天也是丑時出現。"②

他又説:"《河圖》、《洛書》以及神蛇在夜晚出現的時候,水中發現紅色的光彩,好像火花。"③

據説,吴王闔閭曾經想欺騙孔子,但終被孔子穿破。這故事是這樣的:太湖中洞庭山上的林屋洞天,是夏禹保藏真文的地方,也叫作包山。吴王闔閭某次登包山,命龍威丈人在山裏得到一卷書,凡一百七十四字。吴王不認識,派人請教孔子,并騙他説是紅色的烏鴉銜了這卷書送給吴王。孔子説:"從前,我曾經游玩到西海,聽見童謡説:'吴王出游觀震湖,龍威丈人名隱居,北上包山入靈墟,乃造洞庭竊禹書,天帝大文不可舒,此文長傳六百初,今强取出喪國廬。'我按據謡言,這卷書是龍威丈人在洞裏得到,現在説是紅色的烏鴉銜來,這我可不曉得。"吴王於是害怕起來,重新將這卷書放在原地方。④

孔子對於鳥獸草木,也加以研究。他曾經對他的門徒子夏説:"羣鶬飛來,這不是中國的鳥。"⑤又將糯米、粺米、繫米、穀米、晶米分别得很清楚。⑥

孔子因爲道不行,非常悲觀,曾經想隱居九夷,和鳳凰嬉遊;因爲鳳凰遇到亂

---

① 《易緯乾鑿度》:"孔子曰:'帝德之應,洛水先温九日。後五日,變爲五色玄黄。天地之静,書見矣,負圖出午聖人。見五日以五日,見十日以十日,見十五日以十五日,見二十日以二十日,見二十五日以二十五日,見三十日以三十日。'"鄭玄註云:"午者,龜。"

② 《易緯乾鑿度》:"孔子曰:'君子亦於静,若龍而無角。河二日清,二日白,二日赤,二日黑,二日黄。虵見水中,用日也,一日辰爲法:以一辰二辰,以三辰,以四、五辰,以六、七辰,以八、九辰,以十辰,以十一辰,以十二辰。'"鄭玄註云:"以一日辰爲法,謂用其明日期也。……丑辰而無受者,期(明)日丑辰見。"

③ 《易緯乾鑿度》:"夜不可見,水中赤煌煌如火英,圖、書、虵皆然也。"鄭玄註云:"英猶華也。"按此文本接本頁註②下,亦是孔子的話。

④ 《河圖降象》:"太湖中洞庭山林屋洞天,即禹藏真文之所,一名包山。吴王闔閭登包山之上,命龍威丈人入包山,得書一卷,凡一百七十四字而還。吴王不識,使問仲尼,詭云赤烏銜書以授王。仲尼曰:'昔吾游西海之上,聞童謡曰:吴王出游觀震湖,龍威丈人名隱居,北上包山入靈墟,乃造洞庭竊禹書,天帝大文不可舒,此文長傳六百初,今强取出喪國廬。某按謡言,乃龍威丈人洞中得之。赤烏所銜,非某所知也。'吴王懼,乃復歸其書。"——見《古微書》輯引。又見《靈寶要略》及《越絶書》,文詳略各異。

⑤ 《禮緯稽命徵》:"孔子謂子夏曰:'羣鶬至,非中國之禽也。'"——見《太平御覽》卷九百三十二羽族部十引。

⑥ 《春秋緯説題辭》:"孔子言曰:'七變入白,米出甲,謂䃺之爲糯米也。春之,則粺米也。肺之,則繫米也。舀之,則穀米也。又槃擇之,暘暴之,則爲晶米。'"——見《古微書》輯引。

世也要逃居九夷的。①

後來,孔子死,用上天賜給他的那塊黃玉殉葬在魯國的城北。② 他的墳四周方一里;他的門徒各將四方奇異的樹木栽植在這墳邊,枝頭多朝南。③

十二 孔聖的門徒

孔子的門徒,也如孔子一樣,有許多異表。

據説:顔淵是山庭、日角④;或説:顔淵是月角,額角像月亮的形狀。他所以名淵,和這異表是有關係的。因爲月是水精,淵是水,所以他名爲淵。⑤

子貢山庭,口邊繞有斗星⑥,所以他很能説話⑦。

曾子珠衡、犀角;(已見本頁註④)子夏、子張都是日角、大目⑧;南容井口;大公大夫鼻有伏藏⑨;澹臺滅明歧掌⑩;樊遲山額,月衡,且如孔子樣的"反宇"⑪。

此外,孔子的門徒如仲弓、宰我、子游、公冶長、子夏、公伯周等,他們的手都有異表,這也是顯示一羣哲學家,道德家的骨相。⑫

其中,子路最特別。子路的母親感受雷精而生他,所以他的性格剛強好

---

① 《論語讖摘衰聖》:"子欲居九夷從鳳嬉。"——見《初學記》卷三十、《太平御覽》卷九百十五引。宋均注云:"鳳遇亂則潛居九夷。"

② 《春秋緯説題辭》:"孔子卒,以所受黃玉葬魯城北。"——見《水經注》卷二十五泗水、《太平御覽》卷八百四珍寶部三引。

③ 《禮緯稽命徵》:"夫子墳方一里,弟子各以四方奇木植之,杪多南向。"——見《藝文類聚》卷八十八引。據《黃氏逸書考》輯,補末四字。

④ 《論語摘輔象》:"顔淵山庭,日角;曾子珠衡,犀角。"——見《古微書》輯引。

⑤ 《論語撰考讖》:"顔回月角,額似月形。淵,水也。月是水精,故名淵。"——見《文選》任彥昇《王文憲集序》註引。

⑥ 《論語摘輔象》:"子貢山庭,斗繞口。"——見《文選》任彥昇《王文憲集序》註引。又《太平御覽》三百六十七人事部八引,文稍異。

⑦ 《論語摘象》:"子貢掉三寸之舌,動於四海之内。"——見《文選》揚子雲《解嘲》註引。

⑧ 《論語摘輔象》:"子夏日角大目。""子張日角大目。"——見《古微書》輯引。

⑨ 《論語摘輔象》:"南容井口","大公大夫鼻有伏藏。"——見《太平御覽》卷三百六十七人事部八引。

⑩ 《論語摘輔象》:"澹臺滅明歧掌,是謂正直。"——見《太平御覽》卷三百七十人事部十一引。

⑪ 《論語摘輔象》:"樊遲山額,有若月形,反宇陷額,是謂和喜。"——見《太平御覽》卷三百六十四人事部五引。

⑫ 《論語摘輔象》:"仲弓鉤文在手,是謂知始。宰我手握户,是謂守道。子游手握文雅,是謂敏士。公冶長手握輔,是爲習道。子夏手握正,是謂受相。公伯周手握直期,是謂疾惡。"——見《太平御覽》卷三百七十人事部十一引。

勇①。據說，有一次，他曾經用腳將宰我從車廂裏踢下來。這事情是很簡單的：某次，孔子的一羣門徒經過朝歌這地方，他們對於名都够注意，覺得"朝歌"是早上起來歌唱的意思，是不合禮的。所以這地方，顏淵不停留，其餘七十位門徒也將眼睛閉着經過，只有宰我張開眼睛看看，子路大生氣，一腳將他踢到車下。②又有一次，子路因爲太鹵莽了，幾乎被人家扣留。這事情也是很簡單的：某天，子路和子貢一同走過鄭國的神社。神社的樹上有鳥。子路不問皁白，就在那裏打鳥。於是神社裏的人出來將子路拉住。幸得他的同伴子貢去說情，方把他放了。③後來，子路死在衞難。他臨死的時候，還將帽纓結好，以表示不苟。他死後，衞人將他斬作肉醬。孔子得到這消息，將看菜中的肉醬蓋着不忍吃。聽見雷響，因爲子路是雷精化生，也覺得悲哀。後人所以常常忌雷，這是一種原因。（已見本頁註①）

這許多門徒中，孔子最贊美顏淵。他以爲他和顏淵幾乎交臂失掉④。

其次，曾子最有孝道。他時常請問安親的道理⑤。他聽見勝母的里名，也感到不安⑥。

又其次，仲弓很賢明而有條理，可以担任一國的卿相。⑦

子夏曾經說過：孔子是素王，顏淵是司徒，子路是司空。⑧ 可惜他們師徒因爲運命不幸，都無法得位行道。

孔子死了以後，他的門徒子夏等六十四人共同編撰孔子的微言大義，以表示孔子是一位"素王"。⑨

---

① 《論語比考讖》："子路感雷精而生，尚剛好勇。親涉衞難，結纓而死。孔子聞而覆醢；每聞雷鳴，乃中心側怛。故後人忌焉，以爲常也。"——見陳耀文《天中記》卷二引。又《太平御覽》卷十三引作《論衡》原文。《古微書》輯入《比考讖》。

② 《論語比考讖》："邑名朝歌，顏淵不舍，七十弟子掩目，宰予獨顧，由蹶墮車。"——見《水經注》卷九淇水及《續博物志》卷八引。

③ 《論語比考讖》："子路與子貢過鄭神社。社樹有鳥，子路搏鳥。神社人牽攣子路。子貢說之，乃止。"——見《博物志》。《古微書》輯入《論語比考讖》。

④ 《孝經緯鈎命決》："孔子謂顏淵曰：'吾終身與汝交臂而失之，可不哀與！'"——見蔡復賞《孔聖全書》引，《黃氏逸書考》輯入《鈎命決》。

⑤ 《論語摘輔象》："曾子未嘗不問安親之道也。"——見《文選》嵇叔夜《幽憤詩》註引。

⑥ 《論語比考讖》："里名勝母，曾子斂襟。"——見《太平御覽》卷一百五十七引。

⑦ 《論語摘輔象》："仲弓淑明清理，可以爲卿。"——見《文選》張平子《思玄賦》註引。

⑧ 《論語摘輔象》："子夏曰：仲尼爲素王，顏淵爲司徒。""子路爲司空。"——見《北堂書鈔》卷五十二引。《太平御覽》卷二百零七引，子路作子貢。

⑨ 《論語崇爵讖》："子夏六十四人共撰仲尼微言，以事素王。"——見《文選》劉子駿《移讓太常博士書》註、蔡伯喈《郭有道碑》註及曹顏遠《思友人詩》註引。

緯讖中關於孔聖的材料,這裏已大致搜集完備;但因此間書籍過於缺乏,不敢說沒有遺漏;讀者如有所見,請抄示,不勝感激。

二二,三,一一於安慶安徽大學

原載《安徽大學月刊》第一卷第二期(一九三三年三月)

孔　子

一　引　語

　　孔子是大家都知道的聖人；然而孔子的真相，到現在還在學者間研究而没有完全解决。這原因是爲什麽呢？簡單的説，就是真的孔子死了，假的孔子在依着中國的經濟組織、政治狀況與學術思想的變遷而挨次的出現。這話怎麽講呢？譬如説：漢武帝繼承漢高祖武力統一中國以後，採用董仲舒的建議，排斥春秋、戰國時代其他各派的思想，而單獨推尊孔子，並且以《五經》爲研究孔子的唯一法門。就表面上看，孔子的思想，到這時期，似乎大發展了。其實完全不然；因爲漢朝所尊奉的孔子，只是爲政治的便利而捧出的一位假的孔子，至少是一位半真半假的孔子，决不是真的孔子。這還不過是説孔子因政治的變遷而變遷；倘使説到學術思想方面，那孔子的變遷就更多了。近人梁啓超説：孔子漸漸的變爲董仲舒、何休，漸漸的變爲馬融、鄭玄，漸漸的變爲韓愈、歐陽修，漸漸的變爲程頤、朱熹，漸漸的變爲陸九淵、王守仁，漸漸的變爲顧炎武、戴震。① 這就是因爲"道統""學統"等等無聊觀念的關係，使歷代學者誤認個人的主觀的孔子爲客觀的孔子。所以孔子雖是大家所知道的人物，但是大家所知道的孔子未必是真的孔子。

　　在這本小册子裏，因爲篇幅的限制，無法談到假的孔子，無法談到假的孔子所以出現的原因。在這本小册子裏，我只能盡自己的忠心與學力，描畫出一個真的孔子的輪廓。自然，以二千五百年後的我們，描畫二千五百年前的人物，無論如何的忠心，如何的博學，總不免有失真的地方。所以我希望閲讀這本小册子的諸位，不要就以這裏所記述的爲滿足，而應當抱有求真的熱誠，超越過這本小册子而向前邁進！

　　我因爲想盡心盡力描畫真的孔子的輪廓，所以對於材料的選擇非常嚴格。

---

①　原文見壬寅年《新民叢報》，又見《清代學術概論》頁一百四十四引。

我的材料大部分取自孔子的門弟子所記錄的《論語》一書。《論語》以外的書，非萬不得已，不胡亂採用。這並不是以爲《論語》一書以外沒有可供描畫孔子的材料，乃是因爲這些材料的可信性太薄弱了。所以就是普通認爲繼承孔子的道統的《孟子》書裏的材料，也嚴格的加以選擇。但是諸位應該知道；研究孔子應該有兩方面，一方面固然要研究真的孔子，一方面也要研究假的孔子，因爲假的孔子正所以襯托出真的孔子的真實性。如果研究假的孔子的話，那麼，不僅《孟子》一書裏的材料應當彙採，就是在漢代產生的鬼話連篇的緯書裏的材料也不應當捨棄了①。

研究真的孔子，以《論語》一書爲唯一材料，固然比較的可靠，但諸位還應該知道，它的忠實性仍舊不是絕對的。這原因，因爲：一，《論語》的版本，從古代到現在，經過好幾次的改變，其中難保沒有後人竄改的地方。二，《論語》二十篇，前十篇與後十篇文體並不一致，更其是末尾《季氏》、《陽貨》、《微子》、《子張》、《堯曰》五篇，可疑處更多。② 所以研究真的孔子，第一步須先研究真的《論語》。但這是專門考證學範圍以內的事，在這本小冊子裏，還無法達到這目的。不過諸位如果閱讀了這本小冊子，而想進一步研究孔子，那麼，應該知道《論語》的研究實在是孔子的研究的先決問題。

二　傳　略

一　孔子的家世

孔子是殷商帝室的後裔③。周武王滅商以後，封商的宗室微子於宋。由微子四傳到閔公。④ 閔公的長子弗父何依法當立爲宋君，但他將國位讓給弟厲公。弗父何的曾孫正考父曾經任宋國戴公、武公、宣公三世的上卿，以謙恭著名⑤。正考父的兒子孔父嘉繼任爲宋國的大司馬。宋穆公病，將子殤公囑託給他。宋

---

① 拙著《緯讖中的孔聖與他的門徒》一文，專研究緯書中所描畫的假的孔子，見《安徽大學月刊》第一卷第二期。
② 關於《論語》研究的入門，可先閱拙著《羣經概論》中的《論語》章及錢穆《論語要略》中的《序說》章；兩書都是商務印書館出版。
③ 見《史記·孔子世家》。
④ 見《史記·宋微子世家》。
⑤ 見《左傳》昭公七年傳及《史記·孔子世家》。

臣華督作亂，弒殤公，並殺孔父嘉①。嘉的後人避難到魯國的鄹邑（在今山東曲阜縣境），以孔爲氏②。這是孔子所以是魯國人而且姓孔的原因。

孔子的曾祖父名孔防叔；祖父名伯夏③。孔子的父親名紇，字叔。古書上稱他爲鄹叔紇④，或稱爲叔梁紇⑤。他是鄹邑的大夫，以武力聞名，曾經參加魯國的對外戰爭⑥。

孔子的母親姓顏⑦，名徵在⑧。

二　孔子的生平

孔子誕生的年月日，古書上說各不同⑨；比較可信的，是說孔子生於周靈王二十一年，即魯襄公二十二年冬十月庚子⑩。因爲古今曆法不同，這十月庚子正當現在夏曆的八月二十七日，或說應該是八月二十八日⑪。如果以公元及陽曆計算，他是生在公元前五百五十一年。

孔子名丘，字仲尼。他所以取這個名字，據說和他的形貌有關係。他的頭頂，四周高，中央低，像尼丘山的樣子。⑫

孔子的誕生，有許多傳說和神話。或說孔子的父親和顏氏女野合而生孔子⑬。或說孔子的父親和母親祈禱於尼丘山，感受黑龍的精靈而生孔子⑭。甚且有說孔子只有母親而沒有父親，他的母親和黑帝的神夢中性交而生孔子於空桑裏面⑮。當原始宗教還沒有消滅的時候，一位偉大人物的產生，自然有許多附會的神話，這當然不足憑信的。

---

① 見《左傳》桓公二年傳。
② 見《史記·孔子世家》索隱。
③ 見《史記·孔子世家》。
④ 見《左傳》襄公十七年傳。
⑤ 見《史記·孔子世家》。
⑥ 見《左傳》襄公十年及十七年傳。
⑦ 見《史記·孔子世家》。
⑧ 見《禮記·檀弓》。
⑨ 《春秋公羊傳》魯襄公二十一年"十有一月庚子，孔子生"。《春秋穀梁傳》襄公二十一年"冬十月庚子，孔子生"。《世本》"魯襄公二十二年冬十月庚子，孔子生"。《史記·孔子世家》及《十二諸侯年表》"魯襄公二十二年，孔子生"。
⑩ 見孔廣牧《先聖生卒月日考》。
⑪ 見成蓉鏡《經義駢枝》。
⑫ 見《史記·孔子世家》。
⑬ 見《史記·孔子世家》。
⑭ 見《禮記·檀弓正義》引《論語撰考讖》。
⑮ 見《藝文類聚》卷八十八及《太平御覽》卷三百六十一引《春秋緯演孔圖》。

孔子誕生不久，他的父親叔梁紇就死去①，所以他幼年的境況大概不甚好。他曾經自己說過："我少年的時候貧賤，所以能夠做許多粗作。"②《孟子》書裏說他曾經當過主管倉廩和苑囿的下吏，或者是可信的。③

　　孔子雖然貧苦，但從小就有志氣。據說，他小時候，時常陳列祭祀用的俎豆，作一種行禮的游戲④。他自己說：十五歲的時候，就對學問發生興趣⑤。他善於取法別人，他自己曾經說過，三個人裏面，總有可以作他的師的⑥。他的弟子子貢也說他沒有什麼不學⑦。當時達巷的鄉人也稱贊他博學⑧。可見孔子對於當時一切學問都很留意。

　　孔子到了三十歲左右，學問已經成立⑨，頗得當時貴族階級的尊敬。據說，那時魯國的貴族孟僖子將死，召他的家臣，說他死後，將他的兩位兒子孟懿子（說）和南宮敬叔（何忌）送到孔子那裏學禮，因為孔子是聖人的後裔，是一位通儒。⑩

　　孔子三十五歲，正當魯昭公二十五年（周敬王三年、公元前五百十七年）。那年，昭公討伐魯國的貴族季氏，失敗了，逃到齊國。當時魯國混亂，於是孔子也避到齊國⑪。齊國的諸侯景公曾經向孔子詢問政治，孔子說："君君，臣臣，父父，子子。"⑫因為當時魯齊兩國的政權都操在卿大夫手裏，君不像君，臣不像臣，所以孔子說這句話。

　　孔子在齊國也不得志，於是重新回到魯國。那時孔子的名譽已大，弟子更多，並且有從遠方來受學的⑬。那時，魯國的政權操在季氏，而季氏又受制於他的家臣陽貨。陽貨很想招致孔子給自己用，孔子故意避免不見，他於是送孔子蒸豚。依古代的禮節，孔子不能不回拜，於是孔子等陽貨出外的時候去拜訪他，但

---

① 見《史記・孔子世家》。
② 見《論語・子罕》。
③ 見《孟子・萬章》。
④ 見《史記・孔子世家》。
⑤ 見《論語・為政》。原文："吾十有五，而志於學。"
⑥ 見《論語・述而》。原文："子曰：'三人行，必有吾師焉。擇其善者而從之，其不善者而改之。'"
⑦ 見《論語・子張》。
⑧ 見《論語・子罕》。
⑨ 見《論語・為政》。原文："三十而立。"
⑩ 見《左傳》昭公七年。
⑪ 見《史記・魯世家》及《孔子世家》。
⑫ 見《論語・顏淵》。
⑬ 見《史記・孔子世家》。

恰恰在路上遇見了。陽貨以各種理由責備孔子，孔子只得敷衍他。① 然而當陽貨專權的時代，孔子始終未嘗向行政界去混。

魯定公九年(周敬王十九年、公元前五百零一年)，孔子已經五十一歲。那年，陽貨被逐出奔，於是孔子才見用於魯國。他先作"司空"，繼作"司寇"②。這時期內，孔子在政治上的表見有兩件事值得說的：一是夾谷的會盟，一是毀魯國貴族三家私邑的城垣。

魯定公十年(周敬王二十年、齊景公四十八年、公元前五百年)，孔子已經五十二歲。那年夏季，魯定公和齊景公會盟於夾谷地方，魯國派孔子相禮。齊臣犂彌勸齊景公用武力劫魯定公，說孔子知禮而不勇，一定可以成功。那知孔子不僅以禮責備齊侯，使他無法施用武力；而且取回從前陽貨私送齊國的鄆、讙、龜陰三地的田畝。③ 這可算是孔子外交上的勝利成績。

魯定公十二年(周敬王二十二年、公元前四百九十八年)，孔子五十四歲。那時，孔子很見信於魯國的貴族季氏，他的弟子子路也作季氏的家臣，於是想施行他的"制裁貴族、尊崇君主"的政策，主張將魯國最有權勢的貴族季孫、叔孫、孟孫三家私邑的險要毀掉。當時，季氏居然聽從孔子的話，將他的私邑費的險要毀去，叔孫氏也將私邑郈毀去。孟氏本也允許將他的私邑成毀去，因公斂處父的挑撥，不肯。魯定公派兵圍成，失敗，於是孔子的政策沒有完全成功。④

從這事以後，孔子又不見信用。公伯寮曾向季孫說子路的壞話，子路很憤慨，但孔子委之天命，說："道的將要施行呢，是命；道的將要廢棄呢，也是命；公伯寮對於命有什麼辦法呢！"⑤

當時，齊國很怕孔子執政，於是故意將女樂送給魯國。魯國的季桓氏居然受他誘惑，三天不朝。而且不把郊祭的膰肉送給孔子，非常失禮。孔子覺得自己無法再停留下去，於是去魯到衛。⑥ 但魯是孔子的祖國，他始終不忍舍去；他遲緩地動身，和當年離開齊國的急遽的情形完全不同。他說："遲遲的去是離開祖國的道理啊！"⑦那年孔子已經五十五歲，正當魯定公十三年、衛靈公三十八年(周

---

① 見《論語·陽貨》。
② 見《史記·孔子世家》。
③ 見《左傳》定公十年及《史記·孔子世家》。
④ 見《左傳》定公十二年、《公羊傳》定公十二年及《史記·孔子世家》。
⑤ 見《論語·憲問》。
⑥ 見《論語·微子》及《史記·孔子世家》。
⑦ 見《孟子·萬章》。

敬王二十三年、公元前四百九十七年)。

孔子到衛,寄寓在衛國的賢大夫顏讎由家裏。當時衛國的寵臣彌子瑕和孔子的弟子子路是親戚;他對子路說:"假使孔子寄寓在我的家裏,衛國的卿可以設法得到。"①衛的權臣王孫賈也用隱語勸孔子依附他②;但孔子都堅決的加以拒絕。當時衛靈公對於孔子雖不能信用,但待遇以相當的禮貌,所以孔子也就就擱下去。③

孔子在衛先後五年,衛靈公死,因君位的繼承問題發生爭亂,於是孔子才離衛,那年孔子已經五十九歲(周敬王二十七年、魯哀公二年、衛靈公四十二年、公元前四百九十三年)④。孔子先經過曹國,繼經過宋國和鄭國,最後到了陳國。⑤

孔子經過宋國的時候,和弟子在大樹下面學禮。宋國的權臣司馬桓魋討厭孔子恢復古禮,對自己不利,於是將大樹拔去,想殺害孔子。孔子便服離開宋國,並且很鎮定的說:"天將道德託生給我,桓魋對我有什麼辦法呢!"⑥

孔子六十三歲那一年(周敬王三十一年、魯哀公六年、陳湣公十三年、公元前四百八十九年),吳攻陳,楚救陳,孔子打算離陳到楚,中途因為兵亂,用費無法接濟,竟至於絶糧。子路很憤慨的向孔子說:"君子也有窮困的時候嗎?"孔子說:"君子耐得住窮的;小人一窮,就亂來了!"⑦後來孔子到了楚境蔡地,遇見楚臣葉公。他向孔子問政治,孔子說政治的究竟目的,在於使"附近的人民快樂,遠方的人民能够來歸。"⑧

孔子在陳、蔡,也不得意,他很感慨的說:"為什麼不回去呢?我的故鄉的人士雖然有點狂,但對於大道抱着進取的熱誠,還不致忘記了本原呢!"⑨於是他又回到衛國。⑩

當時衛國的君主是孝公,也就是出公。他對於孔子也只是送他俸祿,並不能

---

① 見《孟子·萬章》。
② 見《論語·八佾》。
③ 見《史記·孔子世家》及《孟子·萬章》。
④ 說本錢穆《論語要略》頁三十五及頁五十八。
⑤ 見《史記·孔子世家》。
⑥ 見《史記·孔子世家》、《論語·述而》及《孟子·萬章》。
⑦ 見《論語·衛靈公》、《荀子·宥坐篇》及《史記·孔子世家》。
⑧ 見《論語·子路》。
⑨ 見《孟子·盡心》。原文:"孔子在陳,曰:'盍歸乎來!吾黨之士狂簡,進取,不忘其初。'"
⑩ 見《史記·衛世家》。原文:"出公……八年,……孔子自陳入衛。"

信用。① 孔子的弟子子路曾經問孔子說："衛君等候夫子整理政治,夫子打算先從什麼着手？"孔子說："那該是正名吧！"子路因爲那時衛國父子正在互爭君位,覺得孔子有點不合時勢,於是說："這樣嗎？夫子太迂遠了！在現在,你正什麼名呢！"孔子因名分是政治的基礎；於是斥責子路說："鄙野的由啊！君子對於他自己所不曉得的,只好缺而不說；你不曉得正名的意義,怎麼能說是迂遠呢！名如果不正,言辭就沒有順序；言辭沒有順序,政事就無法完成；政事不得完成,君主不能安位,風教不能化下,禮樂也就無法興起；禮樂不興,自然濫行刑罰；濫行刑罰,那麼,人民無法對付自己的行動,而全國騷亂了。所以君子稱名必定可以言說,言說必定可以施行。君子對於言辭,不能有所苟且的啊！"②

魯哀公十一年(周敬王三十六年、公元前四百八十四年),孔子已經六十八歲,魯國用幣禮請孔子回去,於是孔子離衛回到祖國,然而前後已經十四年之久了。③

當孔子在外周游的時候,時常遇到隱居的哲人,向孔子表示一種譏諷規勸的意思；然而孔子以拯救當時的社會自負,仍然堅持着自己的主張。

孔子的前輩微生畝曾經對孔子說："丘啊！爲什麼這樣忙碌的東奔西走呢？無乃爲誇耀自己的口才嗎？"孔子回答說："不敢爲誇耀口才啊！實在厭惡這固陋的社會而想拯救它啊！"④

孔子的弟子子路曾經在魯國的城門石門過宿,那個管城門開關的人所謂"晨門"的,問他："你從什麼地方來？"子路回答說："從孔氏那邊來。""晨門"的說："就是明曉得不可以作爲而還在那裏作爲的那位嗎？"⑤

長沮、桀溺兩位隱者在那裏並耜耕種,孔子叫子路向他們詢問濟渡的地方。長沮問："那位在車裏拿着馬韁的是誰？"子路說："是孔丘。"長沮說："是魯國的孔丘嗎？"子路說："是的。"長沮譏諷的說："他周游各國,當然是曉得濟渡的地方了！"故意不告訴他。子路又去問桀溺。桀溺說："你是誰？"子路說："我是仲由。"桀溺又問："你是魯國孔丘的門徒嗎？"子路回答說："是的。"桀溺也譏諷的說："現在天下全是亂七八糟的樣子,你和誰能夠改變它？而且你與其跟從這位'避人'

---

① 見《孟子・萬章》。
② 見《論語・子路》。
③ 見《史記・孔子世家》。
④ 見《論語・憲問》。
⑤ 見《論語・憲問》。

的人,豈若跟從我們'避世'的人呢?"他在那裏不停的覆種着,也故意的不告訴子路。子路弄得無法,只得回去告訴孔子。孔子很失意的説:"我們不可以和鳥獸同居而隱居在山林;我不和這人羣相親又和誰相親呢? 假如天下已經合理,我孔丘又何必改變它呢?"①

某次,子路跟從孔子出游而落後,途中遇見一位老人,他用杖挑着一種叫做"篠"的竹器。子路問他説:"你看見夫子嗎?"老人説:"四肢不勞作,五穀不分種,誰是夫子呢?"他將杖插立着而到田裏除草。子路無法,只得拱手站立。老人留子路過宿,殺鷄煮飯請他喫,並且叫兩個兒子見他。第二天,子路動身趕到孔子,告訴他這件事的經過。孔子説:"這是隱居的哲人啊!"叫子路回來見他。子路到他家裏,他已經出門,於是留言給他的兒子請他們轉達,説:"不出去作官,這是失義。你們父子相養,長幼的禮節已經曉得不可廢棄,君臣的大義爲什麽要廢棄它? 隱居自好,只是想獨善一身,實際上卻混亂了大道。君子的出仕,不過想實行自己的義理;至於'道'的不能施行,我們也已經曉得了!"②

孔子在衛國的時候,有一天在那裏擊磬。一位挑着一種所謂"蕢"的盛土的草器的走過孔子的門外,聽見磬聲,説:"有心啊! 這擊磬啊!"後來又説:"太固鄙了! 這樣的硜硜然,説没有人曉得自己。這樣的完了,就完了,何必憂傷呢! 人們的處世同渡水一樣,水淺不妨將衣襟揭起,水深就讓衣服溼了渡過去好了!"孔子聽到這譏刺的話,説:"太武斷了! 然而也没有法子駁難他啊!"③

孔子到楚國的時候,有一位裝瘋的接輿唱着歌而經過孔子的面前,説:"鳳啊! 鳳啊! 你的德行爲什麽這樣的衰落啊! 已往的無法阻止,將來的還可以追救呢,完了,完了! 現在的從政的很危險呢!"孔子下車,打算和他説話;但接輿跑開避掉,不能和他接談。④

孔子始終抱着救世的熱情,所以他的苦衷無法得到這些隱居的哲人們的了解;然而孔子之所以爲孔子,也正在於這種"淑世"的精神。

孔子返魯,已經是近七十歲的老翁了,然而他從前以禮治魯的主張仍舊不變。魯哀公十四年(周敬王三十九年、公元前四百八十一年),孔子七十一歲。那年,齊國的權臣陳恆弑齊簡公。孔子沐浴齋戒去朝見,對魯哀公説:"陳恆弑他的

---

① 見《論語·微子》。
② 見《論語·微子》。
③ 見《論語·憲問》。
④ 見《論語·微子》。

國君,請討伐他。"哀公說:"你去告訴'三子'"(指魯權臣季孫、孟孫、叔孫三卿)。孔子說:"因爲我追隨大夫之後,所以不敢不告;現在君卻命我去告訴'三子'。"孔子又到"三子"那裏去請討伐,"三子"不肯,孔子說:"因爲我追隨大夫之後,所以不敢不告啊!"①

起初,孔子東奔西跑,很想實行他的社會的、政治的理想。他很自負,曾經說過:"如果有國君用我的話,週年已經可以,三年一定有成功。"②又孔子的弟子子貢問孔子說:"有一塊美玉在這裏,擱在匣櫃裏保藏着呢？還是求好價格賣掉呢?"孔子說:"賣的,賣的,我是在等候着價格啊!"③

後來孔子到處不得意,於是時常流露慨嘆的話。如說:"沒有人曉得我了!"子貢說:"爲什麽没有人曉得夫子呢?"孔子曰:"我不怨天,也不怨人。我下學人事,上知天命;曉得我的,大概只有天吧!"④又孔子曾經對他的弟子顔淵說:"世間引用我們,就施行自己的大道;世間捨棄我們,就蘊藏自己的美德;那只有我和你能够這樣吧!"⑤

有時孔子覺得中夏無法施行他的理想,也頗有到邊遠地方去的感慨。如說:"大道不能施行,只好乘着木排去渡海,能够跟隨我的,大概只有仲由吧!"⑥又孔子曾經想移住在當時未開化的境界所謂"九夷",有人說:"太僻陋了,你怎麽辦呢!"孔子說:"君子住在那裏,有什麽僻陋呢?"因爲君子是可以感化他們的。⑦

最後孔子已經衰老,曉得不能及身行道,於是時常有沉痛的絕望的語調。某次,孔子在川流旁邊,看見川流很快,無法阻止,於是聯想到時間的過去和自己的老邁,很感慨的說:"過去的竟是這樣的快啊！日夜不曾片刻的停流着。"⑧又說:"啊！我已經很長久的不再夢見周公了!"⑨因爲他平素很熱情的想行道,所以時常夢見周公。又說:"鳳凰不來,黄河裏也没有圖書出現,我是完了!"⑩鳳凰、河圖,傳說是古代帝王接受天命的祥瑞,現在一些些的祥瑞也没有,他是絕對的没

---

① 見《論語‧憲問》及《左傳》哀公十四年。
② 見《論語‧子路》。
③ 見《論語‧子罕》。
④ 見《論語‧憲問》。
⑤ 見《論語‧述而》。
⑥ 見《論語‧公冶長》。
⑦ 見《論語‧子罕》。
⑧ 見《論語‧子罕》。
⑨ 見《論語‧述而》。
⑩ 見《論語‧子罕》。

有行道的希望了。

　　魯哀公十六年(周敬王四十一年、公元前四百七十九年),孔子七十三歲。那年夏四月己丑,孔子病死①。以現在夏曆去推算,正是二月十一日②。他葬在魯國城北泗水的旁邊③。

三　孔子的日常生活

　　孔子的日常生活是孔子人格之自然的表現,所以是研究孔子的重要材料。

　　孔子平時的態度,溫和而嚴正,威儀而不剛暴,謙恭而能自然。④

　　他退朝閒居的時候,表現着很整飭的樣子,而同時表現着很安舒的樣子。⑤

　　當孔子受了外物的激刺而引起情感的反應時,也都合於中道。他對於一切人類的死亡,表示一種哀悼的禮貌。孔子自己於曾經哭泣的那一天,不再歌唱⑥。在有喪事的人家進食不忍喫飽⑦。路中看見送死的衣物,用手伏在車前的橫木上對它致敬禮⑧。遇到穿喪服的人,雖是很熟的,也一定變容接待⑨。他很重友誼,如果朋友死亡而沒有親屬可歸的,孔子必定說:"我可以代他主喪。"⑩

　　孔子的愛由人類推及於一切生物。所以他平時只用竿去釣魚而不用網去撈魚,只用線繫着箭去射鳥而不射夜晚栖宿的鳥⑪。某次,馬廄起火,孔子退朝,問:"傷了人沒有?"回答他沒有,於是他又問馬。⑫

　　孔子對於音樂的趣味,非常濃厚。他在齊國的時候,聽見舜的"韶樂",忘記了肉的滋味三月之久,說:"不料音樂竟能達到這樣美的境界!"⑬他平時和人歌唱,如果那人歌唱得好,必定請他重唱,而後自己和他。⑭

---

　　① 見《左傳》哀公十六年及《史記・孔子世家》。
　　② 見成蓉鏡《經義駢枝》。
　　③ 見《史記・孔子世家》。
　　④ 見《論語・述而》。
　　⑤ 見《論語・述而》。原文:"子之燕居,申申如也,夭夭如也。"
　　⑥ 見《論語・述而》。
　　⑦ 見《論語・述而》。
　　⑧ 見《論語・鄉黨》。
　　⑨ 見《論語・鄉黨》。
　　⑩ 見《論語・鄉黨》。
　　⑪ 見《論語・述而》。
　　⑫ 見《論語・鄉黨》。原文:"廄焚,子退朝,曰:'傷人乎?'不,問馬。"按舊註"不問馬"作一句,以爲孔子重人賤畜。今改爲"不"字絕句,以表示孔子先仁人而後愛物。
　　⑬ 見《論語・述而》。
　　⑭ 見《論語・述而》。

孔子是魯人，不能不帶有魯國的方音；但他誦詩、讀書、習禮，都用正音，以表示慎重①。孔子平素不大說到"利""命"和"仁"②，因為這三樣都含有深遠的意義，聽的人如果沒有相當的程度，很容易發生誤解。孔子平素所不說的是"怪異""武力""變亂""鬼神"四種③。

孔子說話，依地方和人而不同，但都合於禮貌。他在鄉黨裏，表現溫恭的樣子，好像不能說話。在宗廟和朝廷裏，說得很流利，但很謹慎。朝見的時候，和下大夫對話，很和樂的樣子；和上大夫對話，很中正的樣子。④ 入太廟助祭的時候，每一件事，雖然曉得的，也要問一問⑤，以表示慎重。

孔子應付事物的態度，源於他道德上的四個原則：一、不意度；二、不專必；三、不固執；四、沒有私己的心。⑥ 他平素所慎重的事有三種：一是齋戒；二是戰爭；三是疾病。⑦

此外，孔子對於衣食住行也都有相當的規律和禮節。

孔子不用玄色和淺絳色的布做領緣；因為玄色是齋戒的衣服，淺絳色近於喪服。家居的衣服不用紅紫等的閒色。暑天，穿葛的單衣，必定外加上衣。冬季，依皮袍的顏色，外加各色的"裼衣"，使它相稱；如穿黑色的羔皮，則用緇色的裼衣；穿黃色的狐皮，則用黃色的裼衣；穿鹿皮，則用素色的裼衣。家居的皮袍比較的長，取其溫暖；右面的袖短些，取便於作事。狐貉的皮衣溫厚些，作為家居接見賓客的用。不穿戴羔裘玄冠去弔祭，因為這是吉服。每月朔旦，必定穿朝服去朝見。齋戒沐浴以後，必定有布製的"明衣"。除了下身的裳，上身的衣必定有縫。除了居喪，不去身上的帶佩。平時必定有被，所謂"寢衣"，長度一身半。⑧

孔子喫飯不厭精，魚肉不厭細。飯氣味變，魚肉敗壞的，不喫。一切食品，顏色或氣味不好的，不喫；飪調失了生熟火候的，不喫。肉類割切不正的，魚膾沒有

---

① 見《論語・述而》。原文："子所雅言，詩、書、執禮，皆雅言也。"雅言就是用正音說話，猶現在說國音，說本劉台拱《論語駢枝》。
② 見《論語・子罕》。
③ 見《論語・述而》。
④ 見《論語・鄉黨》。
⑤ 見《論語・鄉黨》。
⑥ 見《論語・子罕》。原文："子絕四：毋意，毋必，毋固，毋我。"何晏《論語集解》："以道為度，故不任意。用之則行，舍之則藏，故無專必。無可無不可，故無固行。述古而不自作，處羣萃而不自異，唯道是從，故不有其身。"
⑦ 見《論語・述而》。
⑧ 見《論語・鄉黨》。古代裘衣外面都加正服，裼衣就是兩袖稍微捲起露出內裘的外衣。明衣是為齋戒而沐浴以後所穿的衣服；明潔身體，所以稱為"明衣"。

芥醬的，都不喫。買來的酒和肉都不喫。肉雖然多喫，但不使過分；酒可以隨便喝，但不使醉亂。助祭於國君，所得的肉不使過宿。家祭的肉不使過三天；過了三天，就不喫。不是應當喫的時候不喫。喫不使過飽，喫的時候不和別人説話。

孔子齋戒的時候，必定將食品變換過。齋戒雖然禁止葷菜，但不去薑。祭祀的食品雖然是蔬食、菜羹和瓜，也一樣的恭敬。①

孔子家居的時候，不以客禮自待②。寢卧的時候，不説話；不將四肢伸開，像死屍的樣子。齋戒的時候，必定變換房間。③

孔子任魯大夫的時候，不步行④。出門上車的時候，必定正立，拿着上車的繩所謂"綏"。在車廂裏，不回頭向裏面看，不急忙的説話，不用手指東指西。⑤

對付君主、大夫和鄉人，孔子也有許多禮貌，現在從略。

四　孔門的述贊

孔子的自述和孔子弟子的贊揚，可以窺見孔子人格的全部或一部，所以也是研究孔子的重要材料。

楚國的大夫葉公問孔子的弟子子路，孔子究竟是怎樣的人；子路没有回答。後來孔子曉得了，對子路説："你爲什麽不説：'他的爲人呢，發憤好學而忘了食，樂道安貧而忘了憂，不曉得衰老將要到來'這樣的話呢？"⑥

關於發憤好學方面，孔子自己曾經説過許多話。他説：自己不是生而曉得學問的，他是愛好古道、敏捷的以求得學問的人⑦。又説：十家的小地方裏也必定有像他一樣忠實的人，但不如他的好學⑧。

關於樂道安貧方面，孔子也曾經説過許多話。他説：喫菜，喝水，窮到將手臂橫過來當枕頭，也有一種快樂在這裏面。作不義的事情而得到富貴，對於他好

---

① 兩節都見《論語・鄉黨》，但次序不完全依原文。
② 見《論語・鄉黨》。原文"居不容"，按當依唐《石經》作"居不客"，説不以客禮自居，見臧琳《經義雜記》。
③ 見《論語・鄉黨》，但次序不依原文。
④ 見《論語・先進》。原文："顏淵死，顏路請子之車以爲之椁。子曰：'才不才，亦各言其子也。鯉也死，有棺而無椁，吾不徒行以爲之椁。以吾從大夫之後，不可徒行也。'"何晏《集解》："孔子時爲大夫，言從大夫之後不可徒行，謙辭也。"
⑤ 見《論語・鄉黨》。
⑥ 見《論語・述而》。
⑦ 見《論語・述而》。
⑧ 見《論語・公冶長》。

像天上的浮雲一樣，一點不值得什麼！① 又説：假使富貴可以勉强求得的話，雖是拿鞭子的賤職，他也去做；但如果不能勉强求得，那麼，依他自己所願意做的去做。②

所以孔子平素以爲可憂的事，不是貧富貴賤等的物質享受問題，而只是學問道德等的精神陶冶問題。他曾經説過：不修明道德，不講求學問，聽到義而不能去行，做了不善而不能改，這都是他所憂慮的。③

當時的人以仁與聖贊美孔子，孔子每每謙遜不敢自居；他屢次説他自己只是好學而不厭惡，教人而不倦怠。④

孔子曾經與門弟子談到各人的志向，孔子説自己願意使年老的相安，使朋友相信，使年少的歸依他⑤。以整個人類的安寧爲自己努力的理想，和《禮記·禮運篇》中所描寫的"大同"社會所謂"老有所終，壯有所用，幼有所長"相近似。

至於孔子弟子贊揚孔子的話，以顔淵與子貢比較的深入。顔淵偏於道德方面，子貢偏於政治方面，都可以看見孔子的一體。

顔淵曾經感嘆的説：夫子的道德，不能窮盡，不能形象；仰求而更高，鑽研而更堅；看它似乎在前，忽然又似乎在後。然而夫子依照次序很能誘進人，先博學於文章，又約束以禮節，使自己想停止而不可能。盡自己的才力，似乎可以追隨着他；但是他依舊卓然獨立，使自己雖想追隨他，而終無法能够及到他。⑥

某大夫曾經問子貢，孔子是聖人嗎？爲什麼對於小藝也這樣的多能呢？子貢説：孔子是天生的大聖，又是多能的人。⑦ 魯大夫叔孫武叔曾對在朝的大夫説子貢比孔子賢些。有人告訴子貢，子貢説：譬如房屋的圍牆，我的圍牆只有肩那麼高，人們容易看見裏面房屋美好的情形；孔子的圍牆幾丈高，不從大門走進去，是看不見裏面的宗廟的偉大和百官的富麗的。然而能够曉得孔子的大門的人就

---

① 見《論語·述而》。
② 見《論語·述而》。
③ 見《論語·述而》。
④ 見《論語·述而》。原文："子曰：'若聖與仁，則吾豈敢？抑爲之不厭，誨人不倦，則可謂云爾已矣。'"又："子曰：'默而識之，學而不厭，誨人不倦，何有於我哉？'"又《孟子·公孫丑》篇亦載"子貢問於孔子曰：'夫子聖矣乎？'孔子曰：'聖則我不能，我學不厭而教不倦也。'子貢曰：'學不厭，智也。教不倦，仁也。仁且智，夫子既聖矣。'"
⑤ 見《論語·公冶長》。
⑥ 見《論語·子罕》。
⑦ 見《論語·子罕》。

不多,所以叔孫武叔的話是不足怪的。① 叔孫武叔曾經毀謗孔子。子貢說:這毀謗是没有意義的,孔子是無法可以毁傷的。別人的賢德,不過如丘陵一樣,還可以跨過他;孔子簡直和天上的日月一樣,你是無法可以跨過的。② 陳子禽曾經對子貢說:你大概爲謙恭吧?孔子那能比你賢呢?子貢說:孔子德行的不可及,好像上天不能用階梯去升登一樣。孔子如果得到國家從事政治的話,真所謂他要怎麽樣就怎麽樣:他樹立政教,而人民就都能自立;他勸導以道,而人民就都能隨從;他安撫他們,而遠方的來歸依;他鼓動他們,而没有不和睦。孔子生存的時候非常榮譽,死亡的時候受人哀悼;孔子是怎樣的可以及到呢?③

此外,《孟子》書中記載孔子弟子推尊孔子的話也很不少,如:宰我說孔子比唐堯、虞舜賢得多。子貢說:自從有人類以來,没有出過孔子這樣偉大的人物。有若說:孔子與一般人類的對比,好像麒麟對於走獸,鳳凰對於飛鳥,泰山對於小丘,河海對於溝水。④ 曾子說:孔子好像江、漢的偉大,好像秋季太陽的和暖,甚至好像上天顥顥的元氣,無法可以超越過他。⑤

五　孔子的著作

孔子是否著作《六經》,或删訂《六經》,是經學史上到現在還没有解決的問題,本書因爲篇幅的限制,只能大略的說說。

依一般的傳說,說孔子從衛國回到魯國的時候,年紀已老,自己曉得政治的路已經碰壁,於是轉到學問方面,想靠着著作將自己的理想遺傳給後人。他於是删《詩》、《書》,訂《禮》、《樂》,贊《周易》,修《春秋》,而成所謂《六經》。但這些話到現在都發生搖動而成爲問題了。

說孔子删《詩》,見於《史記》。它說:古代的詩有三千多篇,到了孔子,將重複的删去,選取可以施於禮義的,凡三百零五篇。⑥ 但這話很可疑。第一,《論語》這部書裏就没有說到孔子删《詩》。孔子注重《詩》,批評《詩》,將《詩》教授他

---

① 見《論語·子張》。
② 見《論語·子張》。
③ 見《論語·子張》。
④ 都見《孟子·公孫丑》上。
⑤ 見《孟子·滕文公》上。
⑥ 見《史記·孔子世家》。

的門弟子和他的兒子鯉是有的①,但没有删《詩》。第二,孔子平時説到《詩經》,已經説三百篇,可見孔子那時候的詩本只有這數目,並非孔子删訂以後才减爲三百。② 第三,如果古詩有三千多篇,那麼,被孔子删去而遺留到現在的詩一定很不少;然而古書上所引的詩,見於《詩經》的多,出於逸詩的少,這又是什麽原因呢?③ 所以孔子删《詩》説不足信,而《詩經》是孔子以前已經存在的一部詩歌總集。

説孔子删《書》,見於《尚書緯》。它説:孔子尋求古代的書,從黄帝玄孫帝魁時候起,下到秦穆公,共計三千二百四十篇;孔子去遠取近,選取可以作世間法戒的一百二十篇,以一百零二篇爲《尚書》,十八篇爲《尚書中候》。④ 或説三千三百三十篇,以一百篇爲《尚書》,十八篇爲《中候》。⑤ 但《緯書》出現於前漢哀帝、平帝時代,説多怪誕,本不足信。

其次,説孔子雖不删《書》,但曾經對於《書》加以編纂。《史記》説:孔子序《書傳》,上起唐、虞,下到秦穆,編次當時的史事。⑥《漢書》説:孔子編纂《書經》共百篇,且爲作序。⑦ 但這話也仍舊可疑。第一,《論語》這部書裏只説到孔子以《書》教授門弟子,而没有説到孔子删《書》編《書》或作《書序》。⑧ 第二,更可疑的,就是《論語》所引的書,都不在現在《今文尚書》二十八篇以内,可見孔子當時的《書》是否和現在流傳的相同,也是問題。⑨ 至於《書序》决不是孔子所作,漢武帝時孔子宅壁中所發現的《古文尚書》也是僞造等話,清末經今文學家已經説得很

---

① 《論語》全書,關於《詩》的,統計共十八則,見顧頡剛《古史辨》第一册頁七十一。孔子注重詩,如:"子曰:興於詩,立於禮,成於樂。"見《論語·泰伯》。如:"子曰:誦《詩》三百,授之以政,不達;使於四方,不能專對;雖多,亦奚以爲?"見《論語·子路》。批評《詩》,如"子曰:《詩》三百,一言以蔽之,曰思無邪。"見《論語·爲政》。以《詩》教授門弟子,如:"子所雅言:詩、書、執禮,皆雅言也。"見《論語·述而》。以《詩》教授孔鯉,如:"鯉趨而過庭,曰:'學《詩》乎?'對曰:'未也。''不學《詩》,無以言。'鯉退而學《詩》。"見《論語·季氏》。
② 説本崔述《洙泗考信録》。
③ 説本孔穎達《詩譜序正義》。
④ 見孔穎達《尚書序正義》引《書緯》。
⑤ 見《史記·伯夷列傳》司馬貞《索隱》引《書緯》。
⑥ 見《史記·孔子世家》。
⑦ 見《漢書·藝文志》。
⑧ 《論語》全書,關於《書》的,統共只四則,見顧頡剛《古史辨》第一册頁七十二。孔子以《書》教授門弟子,如:"子所雅言:詩、書、執禮,皆雅言也。"見《論語·述而》。
⑨ 説本錢玄同先生《答顧頡剛先生書》,見《古史辨》第一册。《論語》引《書》文共三則:一、"《書》云:孝乎惟孝,友于兄弟",見《爲政》。二、"武王曰:予有亂臣十人",見《泰伯》。三、"《書》云:高宗諒陰,三年不言",見《憲問》。

詳盡①,可以不必再多説了。

現在流傳的《禮經》凡四種:《大戴禮記》和《小戴禮記》(或簡稱《禮記》)是漢儒彙編從前儒家的作品,和孔子無關,可存而不論。《周禮》或稱《周官》,經古文學家以爲是周公所作,經今文學家以爲是劉歆僞造,總之,和孔子無關,也可存而不論。普通説孔子修訂《禮經》是專指十七篇的《儀禮》。

堅決的主張《儀禮》是孔子所修訂的,是清末的經今文學家②。他們以爲《六經》都是孔子所作;孔子以前,不得有經;所以這樣的强辯。至於説到孔子和《禮》的關係的最早的書籍,當仍推《史記》。《史記》説:孔子那時候,周室衰微,禮樂廢弛,於是他追述三代的禮;所以説:"禮,記自孔氏。"③但這話仍舊很可疑。第一,《論語》這部書裏只説到孔子注重禮,以禮教育門弟子和他的兒子孔鯉④,而没有説到修訂或記録《禮經》。第二,《論語》這部書裏關於禮的話雖是很多,但大都是論禮意的,和《儀禮》全不相干⑤。總之,孔子所謂禮,不是指有文字的《禮經》,而是指用以救世的禮意與禮儀。

關於《六經》中的《樂經》,有兩種説法:一是説《六經》中本有《樂經》,因爲秦始皇焚書而亡失⑥。一是説樂本没有經;因爲樂的歌辭在於詩,樂的作用在於禮,樂的聲律傳在伶官⑦。至於《隋書・經籍志》所載的四卷的《樂經》,那是王莽在漢平帝元始三年(公元三年)所立,與孔子没有關係。⑧

説孔子訂樂,見於《史記》。它説:孔子將古詩三千多篇删爲三百零五篇,每篇都施於弦歌,以求與《韶》、《武》、《雅》、《頌》的音律相合。⑨ 按這話原於《論語》。《論語》載孔子曾經自己説:我從衛國回到魯國,然後訂正古樂,使雅頌的音各得

---

① 詳可參閲康有爲《新學僞經考》卷十三《書序辨僞》。
② 如皮錫瑞《經學歷史》"經學開闢時代"章説:"《儀禮》十七篇雖周公之遺,然當時或不止此數而孔子删定,或並不及此數而孔子增補,皆未可知。觀孺悲學士喪禮於孔子,《士喪禮》於是乎書,則十七篇亦自孔子始定;猶之删《詩》爲三百篇,删《書》爲百篇,皆經孔子手定而後列於經也。"
③ 見《史記・孔子世家》。
④ 孔子注重禮,如一、"子曰:能以禮讓爲國乎,何有?不能以禮讓爲國,如禮何?"見《論語・里仁》。二、"子曰:……道之以德,齊之以禮,有恥且格。"見《論語・爲政》。三、"禮樂不興,則刑罰不中。"見《論語・子路》。四、"子曰:興於詩,立於禮,成於樂。"見《論語・泰伯》。以禮教育門弟子,如:"子所雅言:詩、書、執禮,皆雅言也。"見《論語・述而》。以禮教育孔鯉,如:"鯉趨而過庭,曰:'學禮乎?'對曰:'未也。''不學禮,無以立。'鯉退而學禮。"見《論語・季氏》。
⑤ 説本錢玄同先生《答顧頡剛先生書》,見《古史辨》第一册。
⑥ 本沈約説,見朱彝尊《經義考》卷一百六十七引。
⑦ 説見《四庫全書總目提要》樂類總叙;又見邵懿辰《禮經通論》"樂本無經"篇。
⑧ 見《漢書・王莽傳》。
⑨ 見《史記・孔子世家》。《韶》,虞舜樂;《武》,周武王樂。

其所。① 又據《論語》全書，關於樂的，共計六則，除上一則外，大都是贊美音樂、批評音樂的話。② 所以總結的說，孔子對於樂，只是整理詩歌，使它施於弦管，以和古樂相合，並沒有什麼特殊的著作所謂《樂經》。

關於孔子贊《易》的事，後儒爭辯很烈，糾紛也最多。據一般的見解，以爲《易經》由伏犧、文王和孔子三位聖人合作增修而成。孔子對於《易經》，曾經作了十種文章，合稱爲"十翼"，也稱爲《易傳》。這十翼是《彖辭》上一，《彖辭》下二，《象辭》上三，《象辭》下四，《繫辭》上五，《繫辭》下六，《文言》七，《説卦》八，《序卦》九，《雜卦》十。③ 這學説大抵是經古文學家所主張，它的來源出於《史記》。《史記》説：孔子晚年好《易》，"序《彖》、《繫》、《象》、《説卦》、《文言》"；因爲讀《易》太勤，訂書的皮帶，所謂"韋編"，也曾經斷了三次。④ 但這話，後來的儒者很多懷疑它。

説《繫辭》以下六種不是孔子作的，始於宋歐陽修。他以爲這六種辭意繁複而矛盾，不僅不是孔子的作品，而且決不是出於一人之手。⑤ 説"十翼"全不是孔子作的，始於崔述。他批評《史記》的原文不明，而且根據《孟子》全書沒有説到孔子作《易》，汲冢發見的《周易》也沒有《彖》、《象》、《文言》、《繫辭》等等，因以爲《易傳》的十翼決不是孔子所作。⑥ 説《史記》"序、彖、繫、象、説卦、文言"八字不是原文，而是經古文學家故意增竄，始於康有爲及崔適。他們以爲古文學家主張十翼説，恐怕自己的學説被人攻擊或推翻，於是故意在《史記》中增竄這不倫不類的八個字。⑦ 到了現在，"十翼"不是孔子所作，已成爲中外學人的定論了⑧。

如果我們依照討論上説各經的方法，以《論語》爲判斷的標準書籍，則也不見有孔子贊《易》的證據。《論語》全書，關於《易》的，只有三則。一是曾子的話，與今《易經》艮卦的《象辭》相近；一是孔子的話，見今《易經》恆卦的《爻辭》；都和"贊《易》"沒有關係。一是孔子曾經這樣的説："加我數年，五十以學易，可以無大過矣。"但這一則很可懷疑。因爲這則的原文是根據《古文論語》，如果根據經今文派的《魯論》，是作"五十以學，亦可以無大過矣。"依《魯論》，那是説孔子年老而學

---

① 見《論語·子罕》。
② 見顧頡剛《古史辨》第一册頁七十二。
③ 見孔穎達《周易正義》卷首"論夫子十翼"。翼是翼助的意思。
④ 見《史記·孔子世家》。
⑤ 見《歐陽文忠公全集》《易童子問》及《易或問》。
⑥ 見崔述《洙泗考信録》。
⑦ 見康有爲《新學僞經考》卷二《史記經説足證僞經考》及崔適《史記探原》卷六。
⑧ 見顧頡剛《古史辨》第三册上編及江俠庵《先秦經籍考》上册譯日本本田成之《作易年代考》與内藤虎次郎《易疑》二文。

不倦,並非專指學《易》①。總之,概括的説,孔子並没有關於《易》學的著作。

説孔子作《春秋》的,始見於《孟子》。孟子認孔子作《春秋》是一件大事。他説孔子因爲當時社會衰落,邪説暴行並起,所以作《春秋》以裁制那些亂臣賊子。《春秋》雖是魯史,但孔子特取其中的意義。② 繼《孟子》以後,系統的説孔子作《春秋》的,是《史記》。它説孔子當道不行以後,因魯史而作《春秋》。③ 從西漢武帝實行尊孔政策以後,孔子之所以爲孔子,幾全在《春秋》一書。後來經古文派興起,雖然抑孔子而尊周公,但也只是説《春秋》的凡例始於周公而增訂於孔子,並没有根本否認孔子作《春秋》。④ 所以孔子作《春秋》幾乎是孟子以後的一致的論調。

然而這話仍舊很可疑。根據《論語》一書來考訂,簡直没有一個字談到《春秋》。以著作《春秋》這樣一件大事,以孔子門弟子這樣的多而賢,而説孔子竟閉口不談,祕密的在著作着,實爲事理所不許。《論語》中載"子張問十世"⑤,"顏淵問爲邦"⑥,都是關於政治而可以談到《春秋》的,然而孔子的意見仍是很平正,並没有《公羊》學派的所説"非常異義可怪之論",這又是什麽原因呢?⑦ 所以我們現在雖不敢大膽的否認孔子作《春秋》,但究竟這件事是很可懷疑的。

依上文所説,孔子與《六經》的關係並不十分密切。孔子以《詩》、《書》教弟子是有的,但没有删《詩》、《書》。孔子以禮、樂治理社會,教導個人是有的,但没有訂正什麽《禮經》或《樂經》。至於《易》與《春秋》,經今文學家認爲是孔子的社會哲學與政治哲學所在的著作,然而是否是孔子所作,到現在都成疑問了。

那麽,《六經》與孔子毫没有關係嗎?是的,或者可以這樣的説。然而,《六經》爲什麽與孔子發生關係呢?這因爲漢朝實行尊孔政策,以《六經》爲儒家所專有的緣故。於是從這以後,經學上先產生今文學派,以《六經》爲孔子所作;又產生古文學派,以《六經》爲起源於周公而增修於孔子。到了宋代,雖然產生喜於懷疑的宋學派,然而因爲《六經》可以幫助他們建設哲學體系,於是也不敢全部的否認。到了最近,以史學研究經典的風氣漸盛,於是才有孔子與《六經》没有關係的結論。

---

① 説本錢玄同先生《答顧頡剛先生書》,見《古史辨》第一册。
② 見《孟子》《滕文公》下及《離婁》下。
③ 見《史記》《孔子世家》、《十二諸侯年表》及卷百三十《自序》。
④ 見杜預《春秋左傳集解序》。
⑤ 見《論語·爲政》。
⑥ 見《論語·衛靈公》。
⑦ 説本錢玄同先生《答顧頡剛先生書》,見《古史辨》第一册。

三 學 說

一 孔子的本體論

孔子是一位思想家或哲學家,那是無可否認的;然而孔子的思想或哲學體系是否備具了本體論、價值論與認識論三部分呢?或者可以劃分爲這三部分呢?談到這問題,那就又有疑問了。

如果我們承認《易傳》是孔子著作的話,那麽,關於本體論的材料就異常豐富了;然而,依上文的考證,《易傳》與孔子沒有關係,我們不能取作史料。假使我們根據研究孔子惟一可靠的書《論語》來觀察,那孔子哲學的本體論實在沒有什麽可談;或者更可以說,孔子對於這方面的思想完全不曾留意,所以只是傳統的、守舊的。

《論語》裏記載孔子說到"天"或"命"的很不少;然而孔子對於這兩個名詞,並沒有給它新的意義或新的解釋,如後來出現的《中庸》所說的"天命之謂性"一樣,而只是接受舊的、傳統的、通俗的解釋,以爲是一個"主宰的天",與"有意志的上帝"的思想相近似。如果我們勉强的加以分别,則孔子所說的"天"是"主宰的天"的"本體",所說的"命"是"主宰的天"的"作用"或發動而已。

《論語》中說到天的,有下列各則:

一、孔子在衛國的時候,衛國的執政王孫賈希望孔子依附他,引用俗語諷勸孔子。孔子回答說:"得罪於天是没有什麽地方可以祈禱的啊!"①

二、孔子在衛國的時候,曾經去見衛靈公的夫人南子。孔子的弟子子路因爲南子是婦人而且淫亂,不了解孔子去見她的理由,不大高興。孔子發誓說:"我如果有不正當的心,天厭棄的,天厭棄的。"②

三、孔子生病很厲害,子路因爲孔子曾經作過魯國的大夫,派遣弟子作孔子的家臣。孔子的病稍微好些,曉得這事,責備子路欺騙,說:"我現在已經不是大夫而充作大夫,我欺騙誰呢?欺騙天嗎?"③

四、孔子的最得意的弟子顔淵死了,孔子很悲哀,說:"啊!天喪亡我啊!天

---

① 見《論語·八佾》。
② 見《論語·雍也》。
③ 見《論語·子罕》。

喪亡我啊！"①

五、孔子曾經説："不怨天也不怨人，下學人事，上知天命，曉得我的只有天吧！"②

《論語》中説到命的，有下列各則：

一、孔子的弟子伯牛得惡病，孔子去看他，從窗牖裏握着他的手，説："完了！真是命啊！這樣的人竟有這樣的病啊！這樣的人竟有這樣的病啊！"③

二、孔子的弟子子路曾經作魯國貴卿季氏的家臣，很得信用。公伯寮向季氏進讒言，子路非常憤慨，孔子説："道的將要施行呢，是命；道的將要廢棄呢，也是命；公伯寮對於命有什麼辦法呢？"④

三、孔子曾經説："君子有三種畏服：一、畏服天命；二、畏服聖人；三、畏服聖人的話。"⑤

四、孔子曾經説："不知道命是没有什麼可以作爲君子的了。"⑥

五、孔子自述修學進德的情形，説："五十歲才曉得天命。"⑦

孔子對於"天"與"命"這兩個概念，雖然接受舊的、傳統的、通俗的解釋；但是他決不和別的宗教家一樣，玩弄祈禱、懺悔或靈感等等把戲，以改變天的意志或預知天的意思。這除了上文對王孫賈的話外，可以《論語》中所記載的一事爲證。某次，孔子病得很厲害，孔子的弟子子路請替孔子向鬼神祈禱，希望疾病早點好。孔子以爲死生有命，不願祈禱，故意反問子路説："有這件事嗎？"子路不明白他的意思，説："有的。誄禱篇中就有'爲你祈禱於上下神祇'的話。"孔子於是明白拒絕的説："我的祈禱已經很久了！"⑧

反之，這舊的、傳統的、通俗的天命觀念反給與孔子以道德的勇氣與内心的安慰，使他能超脱生死與世間一切苦難，而發射出一種偉大崇高的精神。依《論語》一書，除上述公伯寮一段外，如孔子在宋國被宋司馬桓魋圍着的時候，他很鎮定的説："上天將道德託生給我，桓魋對我有什麼辦法呢！"⑨又如孔子過匡，因容

---

① 見《論語·先進》。
② 見《論語·憲問》。
③ 見《論語·雍也》。
④ 見《論語·憲問》。
⑤ 見《論語·季氏》。原文："畏大人"，何晏《集解》："大人即聖人，與天地合其德。"
⑥ 見《論語·堯曰》。
⑦ 見《論語·爲政》。
⑧ 見《論語·述而》。
⑨ 見《論語·述而》。

貌和陽虎相似,被匡人包圍,但他仍然很鎮定的説:"文王雖説已死,但他的文化不是遺留在我的身上嗎?如果上天將要消滅這文化的話,那麽,我這位'後死者'不應該曉得這文化;現在我已經保留着這文化,那麽,上天不是要消滅它的。如果上天不是要消滅這文化的話,匡人對我有什麽辦法呢?"①天命這一觀念,對於孔子竟有這樣的妙用,在現代的我們看來,似乎很可驚異。

後來繼承孔子的儒家,大抵抱有樂道安貧的精神,都是受這一思想的影響。這種思想的好處,在於使人輕視外的、物質的、暫時的、世俗的享受,而轉向於内的、心靈的、永久的、道德的陶冶。至於它的流弊,在使人苟安於社會的病態,缺乏反抗的、鬥爭的、改進的情緒;而且容易被統治階級所利用,以爲麻醉被統治階級的工具。當時墨家所以主張非命,後來漢武所以尊孔崇經,與這都很有關係的。

二 孔子的道德哲學

如果以哲學的體系來觀察孔子的思想,那麽,孔子之所以爲孔子,幾乎完全是在價值論方面。更其是道德哲學或倫理哲學,可説是孔子思想的核心。就道德哲學而言,則孔子所説的"仁",又是核心的核心。

關於仁的解釋,真所謂"異説粉紜";不僅古來的哲人,因爲喜用主觀的見地去説明,而無法一致;就是現代的學者,自説能比較地用客觀的觀察,也未能有相當的結論。② 這原因,第一,由於《論語》裏所記載的"仁",都是孔子因時、地、人物的不同,而對症發藥的叙説,所以千差萬别,不易把握到仁的全體;第二,由於《論語》的文體是"語録",本身上就不免有簡略雜亂的毛病,而不能系統的明顯的給我們以一個完整的概念。因爲這兩種原因,所以後人説仁,好像一羣盲人摸象,各人都只得到象的一部分;説它是象固不是,説它不是象又不是。

我覺得孔子所説的"仁"仍舊由他傳統的、通俗的"天"的觀念派生而來。中國上古社會或本有一種原始宗教,以兩性解釋宇宙中的一切現象。他們以爲天地是最偉大的兩性;天地的化生萬物,和人類的父母化生兒女是一樣的。到了孔

---

① 見《論語·子罕》。
② 如蔡元培以仁爲"統攝諸德,完成人格之名",見《中國倫理學史》頁十九;如梁啓超以仁在"智的方面所表現者爲同類意識,情的方面所表現者爲同情心",見《先秦政治思想史》頁百三十;如胡適以爲仁就是"成人","成人即是盡人道",見《中國哲學史大綱》上卷頁十四;如馮友蘭以爲仁"即人之性情之真的及合禮的流露,而即本同情心以推己及人",見《中國哲學史》頁九十三。

子,對於這原始的樸素的思想,加以道德的解釋,於是才由宗教的一躍而爲哲學的。天地化生萬物,就萬物的類別說,固各自不同;但就天地的生殖說,卻同出於一個血統。這樣,則個己的我,與一切人羣,與一切萬物都有血統的關聯。在未化生以前,都是父天母地的本體中的氣質;在既化生以後,都是父天母地的同胞兄弟。既然個己的我與一切人羣及一切萬物有血統的關聯,則我對於一切人羣及一切萬物都應該相愛。這種廣大的深入的愛的表現就是"仁"。所以簡單的說,天地是本體的"體",生殖是本體的"用",仁是本體的"德"。①

但《論語》一書說到仁的思想的來源或根據的並不多;《論語》所說的,大都偏於仁的內容、仁的效用和修仁的方法。

仁的內容的最簡單的說明,就是孔子回答他的弟子樊遲的話,所謂"愛人"兩個字②。

仁的內容的較詳密的解釋,就是孔子的弟子曾參說明孔子的大道只是"忠"和"恕"兩個字③。"忠"是屬於仁的積極方面,"恕"是屬於仁的消極方面。

關於"恕"的解釋,孔子曾經很明顯的回答他的弟子子貢。子貢問孔子說:"有一句話而可以終身實行它的嗎?"孔子說:"大概只有'恕'吧!自己所不願要的事物,不轉給別人,這便是恕。"④至於"恕"就是"仁"的一部分,孔子於回答他的弟子仲弓問仁的時候,也很明顯的說過上述的兩句話。⑤

關於"忠"的解釋,《論語》裏雖沒有確切的文字,但它含有積極的意義而爲"仁"的一部分,那是無疑的⑥。孔子回答他的弟子子貢說:"仁是自己想有所成立而同時想去成立別人,自己想有所通達而同時想去通達別人。"⑦換言之,它剛剛是"恕"的反面,它是將自己所願要的事物轉給別人。

"忠"與"恕"只是"仁"的正面的解釋;"仁"的反面的解釋,就是什麼不能算是"仁"或什麼不是"仁",在《論語》一書裏談到的並不多。關於什麼不能算是"仁"

---

① 說本拙著《孝與生殖器崇拜》,見《一般》第三卷第一號,今收入顧頡剛《古史辨》第二冊。
② 見《論語·顏淵》。
③ 見《論語·里仁》原文:"子曰:'參乎!吾道一以貫之。'曾子曰:'唯。'子出,門人問曰:'何謂也?'曾子曰:'夫子之道,忠、恕而已矣。'"
④ 見《論語·衛靈公》。
⑤ 見《論語·雍也》。原文:"仲弓問仁。子曰:'出門如見大賓,使民如承大祭。己所不欲,勿施於人。在邦無怨,在家無怨。'仲弓曰:'雍雖不敏,請事斯語矣。'"
⑥ 忠有積極爲人之義,說本馮友蘭《中國哲學史》頁九十六注文。
⑦ 見《論語·雍也》。原文:"子貢曰:'如有博施於民而能濟衆,何如?可謂仁乎?'子曰:'何事於仁,必也聖乎!堯、舜其猶病諸。夫仁者,己欲立而立人,己欲達而達人。能近取譬,可謂仁之方也已。'"

一問題,孔子於回答他的弟子原憲的話中曾經明顯的説過。原憲問:"一個人,不好勝,不自誇,不忌怨,不貪欲,可否算是仁?"孔子説:"這四種行爲可算是難能;但説是仁,我可不曉得。"①依孔子的話來推測,仁以同情心爲前提,以上四種行爲只是出發於潔身獨善的動機,所以不配稱爲仁。

"仁"是孔子道德哲學的核心,就是所謂"一貫之道"。② 因爲他以"仁"爲道德行爲的最高境界,所以仁可以包含一切的道德,仁也可以爲一切的道德的總稱。

"仁"可以包含其餘一切的道德,見於《論語》的,如:孔子的弟子宰我反對三年制的喪期,孔子斥爲不仁;這是"仁"可以包含"孝"德。③ 殷朝亡國的時候,微子逃去,箕子故意裝瘋貶爲奴隸,比干諫紂被殺,三人的行爲雖各不同,但憂亂安民的忠心是一樣的,所以孔子稱爲"三仁"④;這是"仁"可以包含忠孝的"忠"德。孔子的弟子子張問令尹子文和陳文子是否配稱爲"仁",孔子批評他們,説:未算是智,怎麼能稱爲仁?⑤ 這是一"仁"可以包含"智"德。孔子曾經説過:仁的人必定有勇德,勇的人不一定有仁德⑥;這是"仁"可以包含"勇"德。

"仁"是一切道德的總稱,見於《論語》的,如:一、孔子自己謙虚,以爲"聖"與"仁",我豈敢自居⑦。二、孔子批評古代的賢人伯夷、叔齊,以爲他們雖然餓死,卻沒有怨心,因爲他們是求"仁"而得了"仁"⑧。三、孔子以爲志士仁人沒有因爲求生而損害了"仁"德,卻只有犧牲了身命以完成"仁"德⑨。這上面所説的"仁",決不是狹義的"仁",而是廣義的"仁",即一切道德達於最高完成境界的名稱。⑩

以上只是説"仁的内容",現在再進説"仁的效用";就是假使我們有了仁德以後,對於個己和社會究竟有什麽用處;換言之,就是"仁"的倫理的和政治的價值是什麽。

---

① 見《論語·憲問》。原文"憲問:……'克、伐、怨、欲,不行焉,可以爲仁矣?'子曰:'可以爲難矣,仁則吾不知也。'"
② 見第305頁註③;又《論語·衛靈公》"子曰:'賜也,女以予爲多學而識之者與?'對曰:'然。非與?'曰:'非也,予一以貫之。'"
③ 見《論語·陽貨》。
④ 見《論語·微子》。
⑤ 見《論語·公冶長》。
⑥ 見《論語·憲問》。
⑦ 見《論語·述而》。
⑧ 見《論語·述而》。
⑨ 見《論語·衛靈公》。
⑩ 上二段,説本馮友蘭《中國哲學史》,見原書頁九十七及九十八。

當個己的修養達到"仁"的境界時,他的表現可分爲內的和外的,即內心的和態度的兩方面來說:在內心方面,孔子曾經說過,有仁德的人,能夠真情的愛好人,也能夠真情的厭惡人。他所說厭惡的人是指不仁的人而說,所以仁的人不是一味偏愛①。他又曾經說過,有"仁"德的人安靜而不憂愁②。因之,有仁德的人必定有勇③,而性質剛毅的人和仁相近④。在態度方面,孔子曾經對他的弟子司馬牛說過,有"仁"德的人說話好像遲鈍的樣子⑤。因之,他又說過,態度木訥的人也和仁相近⑥。因爲仁人心境安靜,態度溫厚,物我的境界已破,一切生活都是自然的、合理的,所以他可以安於一切的環境而沒有怨心,所以他可以長壽⑦。

　　"仁"所以修己,但也所以治人。如果以爲"仁"只是修己而不是用以治人,那只是得了"仁的效用"的一面。用古代的話來說,那就是只有"內聖"而忘記了"外王"⑧。所以"仁"的政治的功效決不可以忽略。關於這方面,孔子以爲君主施行仁政,須有長期的時間才有效果,決不是"急就"可成;所以他說:"如果有王者出,必定經過三十年之久,然後仁政可成。"⑨至於所謂仁政,孔子大概以德澤及於當時、流於後世的爲標準。所以孔子平素對於管仲,批評他器量太小,批評他不知禮⑩;但是一論到他的功業,就大贊美他是"仁"。這因爲管仲當春秋這樣亂世的時候,居然輔助齊桓公,九合諸侯,不用武力,使當時的人民得以安寧;又管仲不僅使諸侯結盟以尊王朝,而且驅逐夷狄,使後世的人民不致受他們的蹂躪。因爲這兩種關係,所以孔子居然將他最不輕易稱許的"仁"字去稱許管仲。⑪

　　"仁的內容"和"仁的效用"已明,現在再進說"修仁的方法"。

　　修仁的方法可分爲正反兩方面說。所謂反的方面,就是怎樣不能達到"仁";

---

① 見《論語・里仁》。原文:"子曰:'惟仁者,能好人,能惡人。'"
② 見《論語・雍也》。原文:"仁者靜。"又見《論語・子罕》。原文:"仁者不憂。"
③ 見《論語・憲問》。
④ 見《論語・子路》。原文:"剛毅木訥近仁。"
⑤ 見《論語・顏淵》。原文:"司馬牛問仁。子曰:'仁者,其言也訒。'"
⑥ 見本頁註④。
⑦ 見《論語・顏淵》。原文:"仲弓問仁。子曰:'……在邦無怨,在家無怨。'"又見《論語・雍也》。原文:"仁者壽。"
⑧ "內聖""外王"兩詞,見於《莊子・天下》篇。
⑨ 見《論語・子路》。
⑩ 見《論語・八佾》。
⑪ 見《論語・憲問》。原文:"子路曰:'桓公殺公子糾,召忽死之,管仲不死,曰,未仁乎?'子曰:'桓公九合諸侯,不以兵車,管仲之力也;如其仁!如其仁!'"又:"子貢曰:'管仲非仁者與?桓公殺公子糾,不能死,又相之。'子曰:'管仲相桓公,霸諸侯,一匡天下,民到於今受其賜。微管仲,吾其被髮左衽矣。豈若匹夫匹婦之爲諒也,自經於溝瀆而莫之知也。'"

正的方面,就是怎樣可以達到"仁"。關於反的方面的話,《論語》裏所記的只有一則;孔子曾經説過:一個人如果只是話説得漂亮,顔色裝着和善,以求人家的喜歡,根本就很少會有"仁"德①。推孔子的意思,仁由誠出發,如果只是一味虛僞,以求同流合污,那就向"仁"的反對方向墮落下去,根本説不到"仁"了。

關於修仁方法之正的方面的話,《論語》裏所記的雖不少,但因孔子因人而説話不同,所以也很不容易找到一貫的論調。依孔子的意志,第一,須先對於"仁"有信仰;換言之,就是自身須先有進德的勇氣。所以孔子説:"仁在遠處嗎?不是的,我自己如果要仁,仁就來了。"②又説:"有能一天對於仁用他的力的人嗎?我没有見過自己要修仁而力不够的。"③孔子以爲修仁並不難,只要你自己有決心就够了。

第二,孔子以爲和賢仁的人作朋友,使自己受他的陶冶,也是一種修仁的方法。他的弟子子貢曾經請教修仁的方法,孔子説:"譬如工匠想要把事物做好,一定先要把自己的工具弄得犀利;所以一個人住在這個國度裏,如果想要修治仁德,也一定先要交結這國度裏的賢大夫和仁士。"④

第三,孔子以爲從恭敬、忠信等比較具體的部分的德目入手,也是修仁的方法。他的弟子樊遲問仁,孔子説:平常恭謹,做事敬慎,對付人忠信,就是到夷狄的地方,也不捨棄這些道德⑤,始終如一,不因時因地而變異,也可以漸漸的達到"仁"。他回答他的弟子仲弓問仁的話,也和這一則相近。他説:修仁的方法,出門好像拜見公侯的大賓,治民好像擔承禘郊的大祭。⑥換句話説,就是到處需要恭敬忠信。

第四,孔子以爲由個己的好惡推到别人,是修仁的方法。這由心理方面立論,比較的高深點,所以他只對他的著名的弟子子貢説。他於説明仁的内容以後,告訴子貢説,能够"就近取譬",——就是就近的個己推及遠的他人,——可算是修仁的方法。⑦

---

① 見《論語·學而》。原文:"子曰:'巧言、令色,鮮矣仁!'"
② 見《論語·述而》。
③ 見《論語·里仁》。
④ 見《論語·衛靈公》。原文:"子貢問爲仁。子曰:'工欲善其事,必先利其器。居是邦也,事其大夫之賢者,友其士之仁者。'"
⑤ 見《論語·子路》。原文:"樊遲問仁。子曰:'居處恭,執事敬,與人忠;雖之夷狄,不可棄也。'"
⑥ 見《論語·顔淵》。原文:"仲弓問仁。子曰:'出門如見大賓,使民如承大祭。……'"
⑦ 已見第 305 頁註⑦。

第五，孔子以爲克制自己而反歸於禮，是修仁的方法。這是偏於行的方面的，較第四項偏於知的方面的更進一層，所以他只對他的最得意的弟子顏淵說。因爲人不能没有好惡；節制自己的好惡，使它不致妨害别人的好惡，這就是反復於禮，也就是修仁的大道。譬如不窺探别人的祕密，不竊聽别人的私話，不議論别人的長短，不侵犯别人的自由，這些道德，普通也都曉得。但一般的人往往只曉得責人而不曉得責己，所以社會不能表現"仁"德。現在由自己的所惡推想到别人的所惡也是這樣，於是節制自己，使不侵害别人，那就是達到仁的邊境了。所以孔子又向顏淵提出復禮的節目是非禮不要看，非禮不要聽，非禮不要說，非禮不要動；換句話說，就是到處以禮自制。①

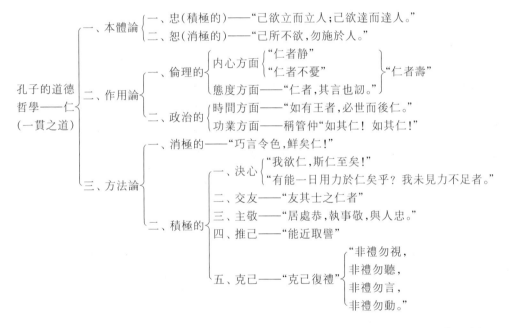

總上所說，仁的内容可稱爲"仁的本體論"，仁的效用可稱爲"仁的作用論"，修仁的方法可稱爲"仁的方法論"，孔子將這三方面同時說明的，只見於他回答他的弟子仲弓的話。仲弓問仁。孔子說："出門好像拜見公侯的大賓；治民好像擔承禘郊的大祭。自己所不願要的事物，不轉給别人。仕於諸侯的邦國或卿大夫

---

① 見《論語·顏淵》。原文："顏淵問仁。子曰：'克己復禮爲仁。一日克己復禮，天下歸仁焉。爲仁由己，而由人乎哉？'顏淵曰：'請問其目。'子曰：'非禮勿視，非禮勿聽，非禮勿言，非禮勿動。'顏淵曰：'回雖不敏，請事斯語矣。'"

的私家,都没有怨心。"①這段話的首兩句指修仁的方法,中兩句指仁的内容,末兩句指仁的作用。現在綜合的表示如上頁。

三 孔子的教育哲學

孔子所以爲孔子,第一,固在於他自身道德的完成;其次,就在於教育功能的發揮。而孔子對於當時和後世的影響,更以教育方面爲最有意義而最成功。

孔子的教育哲學可分爲本原論、目的論和方法論三部分來叙説。

關於本原論部分,第一,孔子承認人類的可型性。孔子曾經説過,人性大致相近似,所以有賢或不肖,因爲習慣使他們相遠②。但孔子並不下全稱肯定,他不否認天才的存在,也不否認低能者的存在;所以他又曾經説過,只有上智和下愚不能變移③。總之,孔子不是絶對的教育萬能論者,也不是絶對的教育無效論者。他和後代絶對性善論者的儒家所主張的"滿街都是聖人"不同,他和當時絶對反智論者的道家中的慎到一派也不同。

孔子既承認人類的可型性,所以,第二,他主張教育的必要。他曾經説過:"生而知的,是上等;學而知的,次一等;因遇到困難而去學的,又次一等;至於遇到困難而還不學的,那是下等了!"④又説:"用力於學,好像來不及的樣子,好像怕失掉它的樣子。"⑤他曾經對他的弟子子路説學的必要;他説:"好仁不好學,它的流弊是愚昧;好知不好學,它的流弊是逸蕩;好信不好學,它的流弊是賊害;好直不好學,它的流弊是絞切;好勇不好學,它的流弊是變亂;好剛不好學,它的流弊是狂妄。"⑥他在晚年時候,又曾經將他自己修學進德的歷程很明顯的告訴我們;他説:"我十五歲用心於學;三十歲有所成立;四十歲才不疑惑;五十歲曉得天命;六十歲内心與外物能够順應;七十歲依從個己的心做去而自然的不違反一切道德的規範。"⑦孔子本身也是由學由教育以達到完成的人格之聖人的境地,決不是天啓的、頓悟的、豁然貯通的。孔子所以是教育家而不是宗教家,最大的關

---

① 已見第 305 頁註⑤。
② 見《論語・陽貨》。原文:"子曰:'性相近也,習相遠也。'"
③ 見《論語・陽貨》。原文:"子曰:'唯上知與下愚不移。'"
④ 見《論語・季氏》。
⑤ 見《論語・泰伯》。原文:"子曰:'學如不及,猶恐失之。'"
⑥ 見《論語・陽貨》。
⑦ 見《論語・爲政》。原文:"子曰:'吾十有五,而志於學;三十而立,四十而不惑,五十而知天命,六十而耳順,七十而從心所欲,不踰矩。'"

關於目的論部分,孔子所希望養成的人物,大概是"君子"。"君子"、"小人"兩詞,在《論語》一書中,含有兩種意義。一是指社會階級的地位,一是指自身教育的程度。前者是舊的、一般的、通俗的用法,後者是新的、孔子的、特創的用法。孔子時代雖是封建制度開始崩潰的時代,但社會還保存着兩大階級的對峙,一是貴族階級,一是平民階級。《論語》書中有些地方所謂"君子"和"小人"就是我們現在所說的貴族和平民。譬如孔子說:"君子思念道德,小人思念土地。君子思念禮法,小人思念恩惠。"① 又如說:"君子曉喻於道義;小人曉喻於財利。"② 這都是說因在朝在野所處地位的不同,而關心的對象也隨而各異;這裏所謂"君子"和"小人",無疑的是指"貴族"和"平民"。至於《論語》其他部分所說的"君子"大多數是指教育的程度而言,並非專指社會階級的身份。

　　孔子所說"君子"是一位人格圓滿表現的理想人物。"君子"的成分,以德性爲最重要,所以《論語》一書裏所說的"君子"也多偏於德性部分。在倫理哲學方面,孔子既以"仁"爲一切道德的核心,所以"君子"最重要的德性也是"仁"。孔子曾經說過:"假使去了'仁',怎麼可稱爲'君子'?'君子'沒有一些些的時間離開了'仁',雖然在急忙的時候或困苦的時候,也必定守着'仁'。"③ 然而"仁"是道德最高的境界,"君子"有時也未免不能全備④,不過內心必定向往着它而已。"仁"以外,孔子以爲"智"和"勇"也是"君子"所必要具備的德性。孔子曾經說過:"君子的道德有三種,我還不能夠具備。仁的不憂怨,智的不疑惑,勇的不恐懼。"⑤ 他回答他的弟子司馬牛也以"不憂不懼"是"君子"的德性;換句話說,就是以"仁"和"勇"是"君子"的德性。至於"君子"所以能達到"不憂不懼"的境界,根本就因爲他內省沒有什麼慚愧。⑥

　　除了仁、智、勇以外,君子還須具備其他許多的德性。孔子曾經說過:"君子以'義'爲體質,以'禮'施行它,以'謙遜'表現它,以'信'完成它。能夠這樣,那是

---

　　① 見《論語·里仁》。原文:"子曰:'君子懷德;小人懷土。君子懷刑,小人懷惠。'"訓懷爲思念,係據劉寶楠《論語正義》。
　　② 見《論語·里仁》。
　　③ 見《論語·里仁》。原文:"君子去仁,惡乎成名?君子無終食之間違仁;造次必於是,顛沛必於是。"
　　④ 見《論語·憲問》。原文:"子曰:君子而不仁者有矣夫,未有小人而仁者也。"
　　⑤ 見《論語·憲問》。
　　⑥ 見《論語·顏淵》。原文:"司馬牛問君子。子曰:'君子不憂不懼。'曰:'不憂不懼,斯謂之君子矣乎?'子曰:'內省不疚,夫何憂何懼?'"

君子了!"①又説:"君子對於天下的人,沒有和誰厚點,也沒有和誰薄點,他只是和有'義'的人相親。"②又説:"君子莊重而不爭奪,合羣而不結黨。"③又説:"君子守正道而不拘拘於小信。"④總上所説,則義、禮、遜、信、矜(莊重)、貞(守正)等等,也是君子德性中所需要的成分。

"君子"既以德行爲重,所以重"行爲"而輕"言語"。孔子曾經説過:"君子對於言語要遲鈍,對於行爲要敏捷。"⑤又説:"君子以言語超過行爲爲羞恥。"⑥他回答他的弟子子貢問"君子"的話,也説:"君子要先實行他自己所要説的話,而後以言語跟隨他的行爲。"⑦君子不僅對於自己不以言語爲重,就是鑒別別人的賢否,也不以言語爲標準,所以孔子説:"君子不因爲言語而舉用人。"但是善言究竟有助於自己的修養,所以他又説:"君子也不因爲人的關係而廢棄言語。"⑧

"君子"既以德行爲重,所以輕視世間的物質生活和虛榮。孔子曾經説過:"君子考慮道的問題,不考慮食的問題。""君子爲道義擔心,不爲貧窮擔心。"⑨又説:"居子飲食不求飽,居處不求安,敏捷於事業而慎重於言語,親近有道的人以求指正,可算是好學的了!"⑩他回答他的弟子子路,也説:"君子本來有時窮困;假使小人窮困,那就要亂來了!"⑪《論語》一書中,不標舉君子,而和上文同義的話很多;總之,君子應該注意内的道德的修養而輕視外的物質的享受。因此,君子應該責求於己,不應該責求於人;所以社會的虛譽也不重要。孔子説:"君子只怕自己沒有才能,而不怕人們不曉得自己。"⑫又説:"君子責求自己;小人責求別人。"⑬又説:"人們不曉得自己而毫不怨怒,那不是君子嗎?"⑭但是"蓋棺論定"後

---

① 見《論語·衛靈公》。原文:"子曰:'君子義以爲質,禮以行之,孫以出之,信以成之,君子哉!'"
② 見《論語·里仁》。原文:"子曰:'君子之於天下也,無適也,無莫也,義之與比。'"訓適爲厚,訓比爲薄,訓比爲親,依邢昺《論語正義》。
③ 見《論語·衛靈公》。原文:"子曰:'君子矜而不爭,羣而不黨。'"
④ 見《論語·衛靈公》。原文:"子曰:'君子貞而不諒。'"
⑤ 見《論語·里仁》。
⑥ 見《論語·憲問》。原文:"子曰:君子恥其言而過其行。"皇侃《義疏》本"而"作"之",今依用。
⑦ 見《論語·爲政》。原文:"子貢問君子。子曰:'先行其言而後從之。'"
⑧ 見《論語·衛靈公》。原文:"子曰:'君子不以言舉人,不以人廢言。'"
⑨ 見《論語·衛靈公》。原文:"子曰:'君子謀道不謀食。耕也,餒在其中矣;學也,禄在其中矣。君子憂道不憂貧。'"
⑩ 見《論語·學而》。
⑪ 見《論語·衛靈公》。原文:"在陳絶糧,從者病,莫能興。子路慍見曰:'君子亦有窮乎?'子曰:'君子固窮;小人窮,斯濫矣!'"
⑫ 見《論語·衛靈公》。
⑬ 見《論語·衛靈公》。
⑭ 見《論語·學而》。

的名譽仍是必要的,因爲這究竟是判斷你是不是君子的標準;所以孔子說:"君子怕死了以后而善名不被人稱引。"①

和"君子"相反的是"小人";《論語》一書中將"君子"和"小人"對比的話頗多,現在依次彙舉於下:

一、君子忠信而不偏黨;小人偏黨而不忠信。②

二、君子的心境寬廣;小人時常憂懼。③

三、君子完成人家的美德,不完成人家的惡行;小人和這相反。④

四、君子內心和平而見地不同;小人嗜好相同而內心不和。⑤

五、君子容易侍候而不容易說話;小人不容易侍候而容易說話。⑥

六、君子寬泰而不驕傲;小人驕傲而不寬泰。⑦

七、君子上達於仁義;小人下達於貨利。⑧

八、君子的道深遠,不可以小曉知而可以大受用;小人的道淺近,不可以大受用而可以小曉知。⑨

九、君子有三種畏服:畏服天命,畏服聖人,畏服聖人的話。小人不知道天命而不畏服,輕狎聖人,侮慢聖人的話。⑩

十、孔子告戒他的弟子子夏說:你作君子的儒,不要作小人的儒。⑪

關於方法論部分,在《論語》一書裏所記載的孔子的話,訓育論和教學論很不容易劃分得清楚;不過孔子的學說始終以道德爲中心,所以仍多偏於訓育論方面。

第一,孔子主張"學"和"思"並重;拿中國古代成語來表示,就是"內外兼修";

---

① 見《論語·衛靈公》。原文:"子曰:'君子疾沒世而名不稱焉。'"
② 見《論語·爲政》。原文:"子曰:'君子周而不比;小人比而不周。'"
③ 見《論語·述而》。原文:"子曰:'君子坦蕩蕩,小人長戚戚。'"
④ 見《論語·顏淵》。
⑤ 見《論語·子路》。原文:"子曰:'君子和而不同;小人同而不和。'"何晏《集解》:"君子心和;然其所見各異,故曰不同。小人所嗜好者同;然各爭利,故曰不和。"
⑥ 見《論語·子路》。原文:"子曰:'君子易事而難說也,說之不以道,不說(悅)也;及其使人也,器之。小人難事而易說也。說之雖不以道,說(悅)也;及其使人也,求備焉。'"
⑦ 見《論語·子路》。
⑧ 見《論語·憲問》。原文:"子曰:'君子上達,小人下達。'"皇侃《義疏》,"上達,達於仁義;下達,達於財利。"
⑨ 見《論語·衛靈公》。原文:"子曰:'君子不可小知而可大受;小人不可大受而可小知。'"何晏《集解》引王肅註云:"君子之道深遠,……小人之道淺近。……"
⑩ 已見第303頁註⑥。
⑪ 見《論語·雍也》。何晏《集解》引孔安國註云:"君子爲儒,將以明道;小人爲儒,則矜其名。"

拿現在流行的話來說，就是經驗與內省並用。孔子曾經説過："只是學而不去思，那就要惘惘然無所知；只是思而不去學，那就要疑惑而疲乏。"①他對他的弟子子貢説：他自己不是多學而記憶它，卻另有一貫的道②；所謂多學而記憶，就是學而不思的註解。他又説："我曾經成天的不喫，成晚的不睡，在那裏思想；結果，毫没有益處，不如去學呢！"③這就是思而不學的註解。所以後代儒家偏於外的研究或偏於內的潛修，都失了孔子的本意，都不能冒牌的作爲孔子的承繼者。

　　第二，孔子主張人格感化的教育。孔子曾經對弟子們説過："你們以爲我有所隱藏嗎？我對你們是没有隱藏的。我没有一件行爲不是對你們公開的；這是我的本心啊！"④因爲孔子主張整個人格的表現，所以没有一部分的藏匿。孔子又曾經對他的弟子子貢談過："我想不説話。"子貢説："假使夫子不説話，那麽，弟子們傳述些什麽呢？"孔子説："天何嘗有説話呢？然而四時推行，萬物化生，天何嘗有説話呢！"⑤因爲孔子主張整個人格的感化，所以無待於言説，而可以達到"無言之教"的境地。

　　第三，孔子主張個性的教育。孔子道德的理想雖只一個"仁"字，人格的理想雖只是一種"君子"，但他決不是不問對方個性的不同，而只用一種呆板的教育法。孔子曾經説過："中人以上，可以告訴他上智的話；中人以下，不可以告訴他上智的話。"⑥所以孟懿子、孟武伯、子游、子夏同問孝，而孔子所回答的不同⑦。顔淵、仲弓、司馬牛、樊遲同問仁，而孔子所回答的也不同⑧。這因爲他們個性不同，程度各別，所以孔子告訴他們的話也隨而不一致。但這還可以説是《論語》記載問語太簡略的緣故。最明顯的例，如子路、冉有同提出"聽説人窮困是否立刻去實行救濟他"的問題，而孔子所回答的仍然不同。他回答子路説："有父兄在那裏，怎樣可以聽見就去施行？"回答冉有説："聽見就可以去施行。"公西華不了解同一問題而回答何以不同，孔子解釋説：冉有稟性謙退，所以勸進他；子路喜歡

---

　　① 見《論語・爲政》。原文："子曰：'學而不思則罔，思而不學則殆。'"
　　② 見《論語・衛靈公》。原文："子曰：'賜也！女以予爲多學而識之者與？'對曰：'然，非與？'曰：'非也。予一以貫之。'"
　　③ 見《論語・衛靈公》。
　　④ 見《論語・述而》。原文："子曰：'二三子以我爲隱乎？吾無隱乎爾！吾無行而不與二三子者，是丘也。'"何晏《集解》引包咸註云："聖人知廣道深，弟子學之不能及，以爲有所隱匿，故解之。"
　　⑤ 見《論語・陽貨》。
　　⑥ 見《論語・雍也》。
　　⑦ 都見《論語・爲政》。
　　⑧ 都見《論語・顔淵》。

勝人，所以抑退他。① 這不是很明顯的個性教育的原理嗎？

第四，孔子注重學習的動機。孔子曾經說過："如果不是心裏憤悱、口裏說不出的樣子，我不啓發他。告訴他一方面，而不能推論到別方面的，就不再教他。"② 又說："不說怎麼樣、怎麼樣的人，我也沒有怎麼樣的方法了！"③ 又說："喫得飽飽的，成天沒有什麼用心，這些人真太難了！不是有骰子和圍棋在那裏嗎？玩耍這些東西，比不做還好些吧！"④ 這些話都是表示孔子對於學習動機的注重。如果沒有學習動機，教也無效，所以孔子主張不如不教他。

第五，孔子採用誘導的啓發式。對於這點，孔子的最著名的弟子顏淵說得最親切。他說："夫子依循次序，很能誘進我們，先使我們博學於文章，又約束以禮節，使自己想停止而不可能。"⑤

第六，孔子訓育和教學的內容，是"文"、"行"、"忠"、"信"四種⑥。"文"是符號教育，是知的教育；行、忠、信是道德陶冶，是德的教育。《論語》又記載說：孔子以詩、書、禮教弟子⑦。詩、書就是"文"；禮可以包括"行"、"忠"、"信"。也就是他的弟子顏淵所說的"博文""約禮"⑧。但孔子的教育，智育與德育的區別並不十分清楚，所以孔子每每於《詩》、《書》中討究道德。關於這方面，《論語》中曾有幾段記載。一、子貢問孔子說："貧窮而不諂媚，富貴而不驕傲，這樣的人怎樣？"孔子說："可以了；但不如貧窮而樂道，富貴而好禮呢！"子貢說："《詩》說：'如切如磋，如琢如磨'，大概是這樣意思吧！"孔子說："賜啊！這才可以和你談《詩》了！告訴你往的而懂得來的。"⑨ 二、子夏問孔子："《詩》說：'巧笑倩兮，美目盼兮，素以爲絢兮'，是怎麼說的呢？"孔子回答說："繪畫的事後加素粉。"子夏說："那麼，

---

① 見《論語·先進》。原文："子路問聞斯行諸？子曰：'有父兄在，如之何其聞斯行之？'冉有問聞斯行諸？子曰：'聞斯行之。'公西華曰：'由也問聞斯行諸？子曰：有父兄在。求也問聞斯行諸？子曰：聞斯行之。赤也惑，敢問。'子曰：'求也退，故進之。由也兼人，故退之。'"何晏《集解》引包咸註云："賑窮救乏之事。"

② 見《論語·述而》。原文："子曰：'不憤，不啓；不悱，不發。舉一隅，不以三隅反，則不復也。'"朱熹註："悱，口欲言而未能之貌。"

③ 見《論語·衛靈公》。原文："子曰：'不曰如之何、如之何者，吾未如之何也已矣。'"

④ 見《論語·陽貨》。原文："子曰：'飽食終日，無所用心，難矣哉！不有博弈者乎？爲之，猶賢乎已。'"

⑤ 見《論語·子罕》。

⑥ 見《論語·述而》。原文："子以四教：文、行、忠、信。"

⑦ 見《論語·述而》。原文已見第298頁註①、第299頁註④。

⑧ 見《論語·子罕》。

⑨ 見《論語·學而》。

禮是在後嗎？"孔子說："啓發我的是商啊！這才可以和你談《詩》了！"①三、孔子又曾對門弟子說過："你們爲什麼不學《詩》？《詩》可以興比，可以觀察，可以合羣，可以怨刺；近足以事父母，遠足以事君主，又能夠多認識鳥獸草木的名稱。"②這些話都是於智的教育中滲入德的陶冶。

關於教育制度，孔子主張破除階級制度的教育。孔子曾經說過"只有教導，沒有分類"的話③。又曾經說過："只要對我有相當的禮貌，送來十刀乾肉，我沒有不教導他的。"④所以孔子的門人，來源非常複雜；也有貴族，也有平民。孔子對於來請教他的，不論什麼人，都指導他。孔子自己說過："有位鄙野的人來問我，他的意見是空空洞洞的，但是我也將事情的首尾盡量的告訴他。"⑤又當時互鄉地方的人民很不容易說話，互鄉的童子來見孔子，孔子不拒絕他，孔子的弟子覺得很奇怪。孔子解釋說："我只許他能進而來見，並沒有許他退而作不善，厭惡何必這樣的過甚呢？人家潔己而進來，我只許他的自潔，不必追問既往的行爲。"⑥

四　孔子的政治哲學

孔子的思想，以倫理哲學爲本體；由倫理哲學而發射的作用分爲兩方面：在個人方面是"教育"，在社會方面是"政治"。所以孔子的政治哲學，澈底的說起來，與其說是"政治的"，毋寧說是"教育的"或"倫理的"。

孔子的倫理思想首先注意個己的修養，所以他的政治思想也由個己出發而推及社會。孔子對於政治的最簡單最正確的解釋，就是所謂"政者，正也"⑦。這句話的意思，就是說：你先要將自己修養得正正的，然後拿這個正道去治人，那

---

①　見《論語·八佾》。何晏《集解》引馬融註云："倩，笑貌；盼，動目貌；絢，文貌。"又原文"繪事後素"句，《集解》引鄭玄註云："繪畫文也。凡繪畫先布衆色，然後以素分布其間，以成其文；喻美女雖有倩盼美質，亦須禮以成之。"

②　見《論語·陽貨》。

③　見《論語·衛靈公》。原文："子曰：'有教無類。'"邢昺《正義》："言人所在見教，無有貴賤種類也。"

④　見《論語·述而》。原文："子曰：'自行束脩以上，吾未嘗無誨焉。'"按《儀禮·聘禮》疏："脯十脡亦曰束。"說文："脩，脯也。""脯，乾肉也。"

⑤　見《論語·子罕》。原文："……有鄙夫問於我，空空如也；我叩其兩端而竭焉。"何晏《集解》引孔安國註云："有鄙夫來問於我，其意空空然。我則發事之終始兩端以語之，竭盡所知，不爲有愛。"

⑥　見《論語·述而》。原文："互鄉難與言。童子見，門人惑。子曰：'與其進也，不與其退也。唯何甚？人絜己以進，與其絜也，不保其往也。'"

⑦　見《論語·顏淵》。

就是政治。所以孔子的政治只是倫理的發揮與教育的推廣。《論語》中記載這類的話頗不少,如:

一、魯國的上卿季康子問政治於孔子;孔子説:"政是正的意思。你如果拿正道來領導,誰敢不端正。"①

二、孔子説:"如果在上的人本身端正,不必有教令,而可以推行;如果他的本身不端正,雖然有教令,也没有人服從。"②

三、孔子説:"假使能够端正他的本身,對於從事政治有什麽難呢?假使不能够端正他的本身,怎麼能够正人呢?"③

孔子的倫理思想既以"仁"爲核心,因之,他的政治思想也以"德"爲核心,形成一種"德治論"的主張,而與戰國時代的"法治論"互相對峙。孔子説:"拿'德'去施行政治,好像北極星一樣,站在那裏不動,而其他許多星辰都尊拱它。"④他以爲德治遠勝於法治,所以説:"以法來指導人民,以刑來齊整人民,結果,人民只是苟且避免而無恥。以德來指導人民,以禮來齊整人民,結果,人民不僅有恥而且端正。"⑤所以他回答季康子,也以爲不必用殺戮而應當用道德,季康子問政於孔子説:"假如殺戮無道的人,以成就有道,你以爲怎樣?"孔子回答説:"你從事政治,何必用殺?你假使爲善,人民也自然受感化而向善了!貴族的德行好像風一樣,庶民的德行好像草一樣;草上加風,必定仆伏。"⑥這是就國内而説的。他反對魯國的上卿季氏吞併顓臾,對他的弟子冉有和子路説:"有國家的,不怕土地人民的寡少而怕政教的不平均,不怕國家的貧乏而怕人民的不能安居。因爲政教平均,無所謂貧;上下和氣,無所謂少;人民安居,自然没有傾危。這樣,而遠方的人民還不服,那麽,修治文德以招來他們,既然來了,就使他們相安。"⑦這是就國外而説的。所以孔子回答楚國的大夫葉公問政的話,也説:"爲政的究竟目的,在

---

① 見《論語·顏淵》。
② 見《論語·子路》。
③ 見《論語·子路》。
④ 見《論語·爲政》。原文:"子曰:'爲政以德,譬如北辰,居其所,而衆星共之。'"
⑤ 見《論語·爲政》。原文:"子曰:'道之以政,齊之以刑,民免而無恥。道之以德,齊之以禮,有恥且格。'"何晏《集解》引孔安國註云:"政爲法教。"
⑥ 見《論語·顏淵》。原文:"季康子問政於孔子,曰:'如殺無道,以就有道,何如?'孔子對曰:'子爲政,焉用殺?子欲善而民善矣。君子之德風,小人之德草,草上之風必偃。'"
⑦ 見《論語·季氏》。原文:"……有國有家者,不患寡而患不均,不患貧而患不安。蓋均無貧,和無寡,安無傾。夫如是,故遠人不服,則修文德以來之。既來之,則安之。……"

使附近的人民快樂,使遠方的人民能夠歸來。"①這是兼一國的內外而說的。

孔子既然主張德治,那麼,怎樣才算是達到德治的理想境界呢?關於這方面,孔子每每舉古代的帝王唐堯、虞舜以爲是德治的標準。孔子說:"偉大啊!堯的爲君啊!這樣高大的樣子!只有天算是最大,也只有堯能夠以天爲法式。他的道德非常的廣遠,人民沒有法子能夠說明它。他的功德的成就很高大,他的文化的表現也很有光輝。"②又說:"能夠無爲而治的,大概只有舜吧!他做些什麼呢?不過本身恭敬,南面坐着而已。"③政治的最高境界是"無爲而治",是和天一樣的"不言而萬物化生。"④

其次,孔子既然主張德治,那麼,用什麼方法達到德治呢?關於這方面,孔子以爲與陶冶個人一樣只有"禮"和"樂"。禮樂只是達到德治的工具,所以我們應該要把握着禮樂的真義,而不當僅僅注意禮樂的外表。孔子說:"所謂禮呀、禮呀,豈只指玉帛而說的嗎?所謂樂呀、樂呀,豈只指鐘鼓而說的嗎?"⑤就是這個意思。

《論語》一書,說到禮和政治的關係頗多;孔子說:"君主如果好禮,那麼,人民就很容易驅使了!"⑥又說:"能夠用禮讓治國呢,那有難呢?不能用禮讓治國,怎麼好算是禮呢?"⑦至於禮的內容,孔子大概大部分主張周禮。他說:"夏朝的禮,我能夠講,但是夏朝的後裔杞國不足以徵引;殷朝的禮,我也能夠講,但是殷朝的後裔宋國不足以徵引;因爲文獻不夠的緣故啊。假使文獻夠的話,那麼,我也能徵引了!"⑧又說:"周朝以夏殷兩代爲鑒,一切禮制都很有文采;我從周朝。"⑨又說:"假使有用我的話,我大概使周朝的禮制重現於東土吧!"⑩又說:"文王既死,

---

① 見《論語·子路》。
② 見《論語·泰伯》。原文:"子曰:'大哉!堯之爲君也。巍巍乎!唯天爲大,唯堯則之。蕩蕩乎!民無能名焉。巍巍乎!其有成功也!煥乎!其有文章。'"何晏《集解》:"蕩蕩,廣遠之稱。""煥,明也。其立文垂制又著明。"
③ 見《論語·衛靈公》。原文:"子曰:'無爲而治者,其舜也與!夫何爲哉?恭己正南面而已矣。'"
④ 大意見《論語·陽貨》。原文:"……天何言哉!四時行焉,百物生焉,天何言哉!"
⑤ 見《論語·陽貨》。原文:"子曰:'禮云禮云,玉帛云乎哉?樂云樂云,鐘鼓云乎哉?'"
⑥ 見《論語·憲問》。
⑦ 見《論語·里仁》。原文:"子曰:'能以禮讓爲國乎,何有?不能以禮讓爲國,如禮何?'"何晏《集解》:"何有者,言不難。"又引包咸註云:"如禮何者,言不能用禮。"
⑧ 見《論語·八佾》。
⑨ 見《論語·八佾》。原文:"子曰:'周監於二代,郁郁乎文哉!吾從周。'"
⑩ 見《論語·陽貨》。原文:"子曰:'……如有用我者,吾其爲東周乎!'"何晏《集解》:"興周道於東方,故曰東周。"

周朝的文化不是在這裏(指他的本身)嗎!"①從這些話裏,都可見孔子不滿意夏、殷兩朝的禮而以周朝的禮爲標準。但是孔子也並不是一切拘泥周禮,如果他能從事政治,他將以周禮爲藍本而另加增訂。他回答他的弟子顏淵問治國的禮法説:"用夏朝的時曆,乘殷朝的大輅,戴周朝的冠冕,音樂就用舜的韶舞。"②又他回答他的弟子子張問後世的禮制説:"殷朝因承夏朝的禮制,它的增損可以曉得的;周朝因承殷朝的禮制,它的增損也可以曉得的;那麼,假使有繼承周朝的,雖然百世的久遠,也可以推測的了!"③

至於説到樂和政治的關係的,《論語》一書裏記載的並不多。除上文孔子主張採用舜的韶樂外,曾贊許他的弟子子游用音樂來治民。當時,子游任魯國武城地方的官宰,孔子到武城去,聽見歌弦的聲音,微笑着説:"殺鷄何必用牛刀呢?"子游説:"從前,偃(子游名)聽到夫子説:'君子學道就能夠愛人,小人學道就容易驅使。'"孔子對隨從的門弟子説:"偃的話是對的,我以前的話是和他説笑的。"④

孔子以禮樂爲達到德治的工具,然而當時的社會,在孔子的心目中,卻是禮壞樂崩的時期。所以孔子很感慨的説:"天下有道的時候,禮樂和武力都從天子出;天下無道的時候,禮樂和武力就都從諸侯出。從諸侯出,大概很少十世不失掉政權的;從大夫出,很少五世不失掉政權的;至於家臣操縱政令,很少三世不失掉政權的。天下有道的時候,政權不在大夫手裏。天下有道的時候,庶民不會有所非議。"⑤他對於當時卿大夫非禮的舉動,也很明顯的加以批評或指斥。如魯國的上卿季氏僭用天子所用的"八佾"舞,孔子説:"這假使可以容忍的話,什麼不可以容忍呢?"⑥又如魯國的上卿仲孫、叔孫、季孫三家僭用天子的禮樂,用《雍》詩來"徹祭",孔子説:"《雍》詩裏有'相維辟公,天子穆穆'的話,這對於三家的廟堂有什麼取義呢?"⑦又如季氏僭用諸侯禮,在泰山舉行"旅祭",孔子對他的弟子

---

① 見《論語·子罕》。
② 見《論語·衛靈公》。
③ 見《論語·爲政》。
④ 見《論語·陽貨》。原文:"子之武城,聞弦歌之聲。夫子莞爾而笑曰:'割鷄焉用牛刀!'子游對曰:'昔者偃也聞諸夫子曰:"君子學道則愛人,小人學道則易使也。"'子曰:'二三子,偃之言是也,前言戲之耳。'"何晏《集解》引孔安國註云:割鷄焉用牛刀,"言治小何須用大道。""道謂禮樂也。樂以和人,人和則易使。"
⑤ 見《論語·八佾》。
⑥ 見《論語·八佾》。何晏《集解》引馬融註云:"佾,列也,天子八佾,諸侯六,卿大夫四,士二。八人爲列,八八六十四人。"
⑦ 見《論語·八佾》。何晏《集解》引包咸註云"辟公謂諸侯及二王之後。"

季氏的家臣冉有説:"你不能阻止這非禮的舉動嗎?"冉有回答説:不能。孔子很感慨的説:"啊! 能説泰山的神不如問禮的林放嗎?"①

　　孔子想矯正這種非禮的社會狀況,所以他提出"正名主義"。他的弟子子路問孔子説:"衛國的國君等候夫子去整理政治,夫子打算先從什麽着手?"孔子回答説:"必定先是'正名'吧!"② 齊國的君主景公問政治於孔子,孔子也説:"君君,臣臣,父父,子子。"③名所以代表事物,一件事物有它所以成立的要素,也就是這個名的定義。既名爲"君",他必定要有所以爲"君"的要素,他必定要合於"君"的定義。社會上的一切名實相符,然後社會才上軌道,才能談到治理社會的禮樂,才能逐漸達到社會治理的理想的"德治"的境界。所以孔子對於當時社會一切名實不相符的病態,曾經借題發揮,很感慨的説:"觚也不像個觚,觚啊!觚啊!"④

　　孔子的政治思想雖以精神的德治爲歸宿,但並不否認物質生活的重要,而且以"德治"的實現須在社會物質生活相當發達以後。孔子到衛國去的時候,他的弟子冉有替他駕車;他看見衛國人煙稠密,贊歎説:"人口真多啊!"冉有問:"人口既然衆多了,那麽,再要什麽呢?"孔子説:"應該使人民富足。"冉有又問:"既然富足了,那麽,又要什麽呢?"孔子説:"應該教導人民。"⑤孔子居然以精神的教導建築在民衆國富的基礎之上。但當國家遇到非常事變的時期,孔子卻仍以精神生活較物質生活爲重要,而不脱德治論的色彩。孔子的弟子子貢問政治於孔子,孔子説:"使食糧富足,使兵力充實,那麽,人民就要信賴你了。"子貢問:"必不得已的時候,對於這三種而要去掉一種,那麽,先去那一種?"孔子説:"先去兵力。"子貢又問:"必不得已的時候,對於這兩種而要去掉一種,那麽,先去那一種?"孔子説:"先去食。食糧固是人們所必需,但從古以來,人們總是有死的,而人民卻没有信就不能立國。"⑥治國以忠信的主張,在孔子別的話裏也曾表示過;他説:"治理'千乘'的國家,應該舉事敬慎而誠信,節省用度而愛護人民,在合宜的時候役

---

　　① 見《論語・八佾》。何晏《集解》引包咸註云:"神不享非禮,林放尚知問禮,泰山之神反不如林放邪? 欲誣而祭之。"
　　② 見《論語・子路》。
　　③ 見《論語・顔淵》。
　　④ 見《論語・雍也》。《説文》:"觚,鄉飲酒之爵也。一曰:觶受三升者,觚。"
　　⑤ 見《論語・子路》。
　　⑥ 見《論語・顔淵》。

使他們。"①又曾對他的弟子子張說:"爲政的大道:對於本身,不得倦怠;行於人民,必須忠信。"②

因爲孔子主張德治,所以他對於國家的用人也主張以人材爲標準,拿現在流行的話來比附,就是所謂"賢人政治"或"好人政府"。魯哀公問孔子說:怎麼樣做才能使人民心服?孔子回答說:"舉用正直的人,廢置邪枉的人,人民就心服。舉用邪枉的人,廢置正直的人,人民就不心服。"③孔子的弟子樊遲問政於孔子,孔子說:"知人。"樊遲不明瞭,孔子說:"舉用正直的人,廢置邪枉的人,能夠使邪枉的人也化爲正直。"樊遲仍不甚明瞭,去告訴子夏。子夏於是舉例說:"舜治天下,在許多人裏選擇人材,舉用皋陶,於是不仁的人避而遠去。湯治天下,在許多人裏選擇人材,舉用伊尹,於是不仁的人也避而遠去。"④但是怎樣能夠曉得正直的人而舉用他呢?對於這問題,孔子完全根據主觀。孔子的弟子仲弓問爲政的方法於孔子,孔子說:"舉用賢才。"仲弓又問:"怎樣知道他是賢才而舉用他?"孔子說:"舉用你所知道的賢才。你所不知道的賢才,別的人肯把他捨去嗎?"⑤這種人材登庸法,在我們現在看來,實在太不周密;然而我們應該曉得孔子那時代只是貴族封建社會,不分等級而以賢才爲標準的主觀選舉,已含有改進的意義了!

五　孔子的宗教哲學

中國的原始宗教含有兩種要素:一是承認鬼神之客觀的存在,一是窺探鬼神的意志而產生的術數。古代所說"陰陽家者流",並不始於戰國時代。而是春秋戰國以前原始宗教的總稱。到了春秋戰國時代所產生的儒、道、墨三家,就宗教思想方面說,都是陰陽家的反動或修正者。簡言之,就是:陰陽家是主張鬼神和術數的原始宗教,道家是反對鬼神和術數的急進哲學,儒家是去鬼神而取術數的宗教修正者,墨家是去術數而取鬼神的宗教再修正者。⑥

---

① 見《論語·學而》。原文"道千乘之國"句,何晏《集解》引包咸註云:"道,治也。千乘之國者,百里之國也。古者井田,方里爲井,十井爲乘。百里之國,適千乘也。"
② 見《論語·顏淵》。原文:"子張問政。子曰:'居之無倦,行之以忠。'"何晏《集解》引王肅註云:"言爲政之道,居之於身,無得懈倦,行之於民,必以忠信。"
③ 見《論語·爲政》。原文:"哀公問曰:'何爲則民服?'孔子對曰:'舉直錯諸枉,則民服;舉枉錯諸直,則民不服。'"何晏《集解》引包咸註云:"錯,置也。舉正直之人用之,廢置邪枉之人,則民服其上。"
④ 見《論語·顏淵》。
⑤ 見《論語·子路》。
⑥ 説本夏曾佑《中國歷史教科書》第一册。

孔子是儒家的開創者，所以他的宗教思想，簡單的說，就是一方面否認鬼神之客觀的存在，一方面卻又利用術數以爲修養道德的工具。

孔子雖沒有積極的否認鬼神存在的話，但將鬼神問題擱而不論，頗有消極的否認的意思。據《論語》所記載，"鬼神"是孔子平素所不說的四種之一①。孔子的弟子子路曾經問孔子奉事鬼神的道理，孔子回答說："還不能夠事人，怎麼能夠事鬼？"子路又問到死，孔子回答說："還沒有知道'生'，怎麼知道'死'？"②孔子平素曾經說："敬事鬼神而遠避他們，可算是'智'了！"③又說："不是應該祭祀的人鬼而去祭它，這是諂媚啊！"④這些話雖沒有正式否認鬼神的存在，但將鬼神問題故意撇開，那是很明顯的。

孔子曾經說過："祭祀宗廟，好像祖先存在的樣子；祭祀百神，好像百神存在的樣子。"又說："吾不親自致祭，和不祭一樣。"⑤不說鬼神真的存在，而說鬼神好像存在，這不是否認鬼神嗎？既然否認鬼神的存在，但是不廢祭祀，而且很恭敬的去祭祀，這似乎是矛盾，其實不然。孔子對於當時社會鬼神的思想，不願取反抗的否定的急進態度，而只是在利用它以爲自己道德哲學的輔助。所以孔子以及後代儒家的祭祖先、郊天地等舉動，只是想由外部的儀式，引起內心的"反古復始""愼始追遠"的敬意，以完成其個己與社會的倫理。所以孔子的祭祀論已脫了"有鬼論"的舊見，而入於宗教心理的應用。⑥

然而孔子雖不襲用陰陽家的"有鬼論"，卻仍舊保留陰陽家的"術數論"。《論語》一書談到天、談到命的頗不少，已詳於上文"孔子的本體論"一節，現不再贅。

假使我們追問下去，孔子爲什麼要保留術數的思想呢？這或者又是孔子借術數以爲道德陶冶的輔助工具，與借祭祀以修養"仁""孝"道德同一作用。孔子以爲社會應當改善，但改善的手段應當採用漸進的、改良的方法，而不應採用急進的、革命的方法。當社會還沒有改善之前，即孔子沒有得位行道之前，社會一

---

① 見《論語·述而》。原文："子不語：怪，力，亂，神。"
② 見《論語·先進》。
③ 見《論語·雍也》。
④ 見《論語·爲政》。
⑤ 見《論語·八佾》。原文："祭如在，祭神如神在。子曰：吾不與祭如不祭。"何晏《集解》於首句引孔安國註云："事死如事生。"於次句云："謂祭百神。"於末二句引包咸註云："孔子或出或病，而不自親祭，使攝者爲之，不致肅敬於心，與不祭同。"
⑥ 詳見拙著《孝與生殖器崇拜》，已收入《古史辨》第二册。

切現象自多不合理或不平的地方。對於這不合理或不平的社會現象,在孔子的意思,以爲不當採憤怒抗争的態度,而只應採容忍期待的態度,就是孔子所謂"不怨天不尤人"的態度。所以孔子對於有知識的分子,勸他們安貧樂道,勸他們輕視物質生活而着重精神生活;對於無知識的一般大衆,主張有天,主張有命,使他們對於現在不合理或不平的境況,發生一種無可奈何而只得隱忍的心理。這對於維持社會的秩序有絶大的作用。所以孔子的"天命論",説得好一點,是一種精神的社會政策;説得壞一點,只是一種擁護舊社會制度的麻醉劑而已。①

四 尾 語

依據上文的研究,則:

一、孔子是有父親有母親而父親早死的孤兒,並不是如緯書中所説的感受什麽黑帝的精靈而生的私生子。

二、孔子是宋國的後裔,是没落的貴族;這證明了孔子的時代背景。换言之,孔子是貴族封建制度開始崩潰時期中的一位人物。

三、因爲孔子是没落的貴族,爲維持生活的緣故,只得以傳授學識爲職業。因此,孔子是中國第一位的教書先生,是中國特有的士大夫階級的開創者②。

四、因爲孔子以學識傳授給一般平民,一般平民因爲獲得學識而有參與政權的要求,所以孔子可以説是在文化方面促進貴族封建制度崩潰的人物。所以近人説孔子是新興的地主階級的代言人,是有相當理由的③。

五、孔子所傳授的學識爲詩、書、禮、樂。依現在教育學的術語,詩、書屬於符號教育,即智的教育;禮、樂屬於一般陶冶,即德的教育。但這並不能截然劃分,因爲孔子也每每於詩、書的談論中,含有陶冶道德的意味。

六、孔子爲傳授詩、書的便利,或者有加以選擇的事,但並没有如一般所説的删三千多篇的古詩爲三百零五篇,也没有删三千多篇的書爲百篇的事。

七、孔子所傳授的禮樂,是實際的、活的,所以訓練個人的意志生活與感情生活,並不是書本的、死的;所以現在所流傳的《儀禮》不見得出於孔子的手筆,而

---

① 詳見拙著《儒家之精神的社會政策》,曾載《民鐸》雜誌。
② 説見馮友蘭《中國哲學史》頁六十七至七十六。
③ 説見李季《胡適中國哲學史大綱批判》頁二至七十九。

《樂經》就根本沒有這回事。

八、孔子沒有作《易》,《春秋》是否是他的著作,也很可疑;所以《六經》和孔子沒有密切的關係,而"經今文學家"所說"《六經》皆孔子所作"的話①,完全不足信。

九、孔子是一位熱情的救世者;他痛心於當時社會的離亂狀況,所以東奔西走,想得一位可以説話的諸侯,以施行他的政治理想。他不是專研究名物訓詁的學究,也不是專思考宇宙本體的玄學家。所以後來的"漢學"中"經古文學派"和"宋學"中的"歸納學派"與"演繹學派"都不能算是孔子思想的繼承者②。

十、孔子的政治理想,只是希望當時的統治階級施行仁政,以安定當時擾攘的社會,使人民脱離水深火熱的苦難。他並不希望平民起來反抗統治階級;他並沒有社會主義的思想。所以,後代的"經今文學家"根據《公羊傳》及《禮記·禮運》説孔子有一種大同思想③,是不足信的。

十一、孔子的政治學説只是尊君安民,只是斥責僭禮的卿大夫。他雖沒有明顯的意識想推翻貴族封建制度,但實際上對於貴族封建制度是不利的。孔子所以在當時不能得君行道,孔子所以在新興地主階級擡頭的秦漢以來被人尊奉,孔子所以在地主階級開始崩壞的現在被人反對④,都由於孔子自身的政治學説與社會的經濟機構符合與否的關係。

十二、孔子不是體系完整的哲學家;他沒有本體論或宇宙觀,也沒有認識論或知的本身的探究。他的全部哲學着重於人世間的道德的實際陶冶;換言之,他的哲學的核心是在道德哲學。

十三、因爲孔子的哲學沒有完整的本體論或宇宙觀,所以他所説的"天",所説的"命",只是傳統的舊的信仰,並沒有如後代儒家所解釋的那樣深遠的意義。

十四、因爲孔子的哲學只是着重人世間的道德陶冶,所以他不談生前死後的鬼神問題,因此,他並不是一位宗教家。

總之,孔子是一位中國古代人格完滿發展的聖人;他是一位實際的教育家,

---

① 説見康有爲《孔子改制考》卷十《六經皆孔子改制所作考》及皮錫瑞《經學歷史》"經學開闢時代"章。
② 可參考拙著《漢學與宋學》,見《中學生》第三十五號(一九三三年五月)。
③ 可參考康有爲《禮運注》及《大同書》。
④ 可參考陳獨秀《獨秀文存》及吳虞《吳虞文錄》。

他是一位不得意的政治思想家,他是一位專研道德問題的倫理學家。他對於中國文化給與以巨大的影響;而且這影響曾經波及東亞的其他國家。

據開明書店一九三四年九月初版

緯讖中的"皇"與"帝"

引　言

年來國內治中國古代史的，大概可歸納爲四派：一、泥古；二、疑古；三、考古；四、釋古。泥古一派，囿於舊說，除非別有用心，不足與談學術。其餘三派，各有所長，也各有所短。疑古失於臆斷，釋古流於比附。考古本治史大道，但也苦於狹窄，且不是每一學人所能從事。鄙意疑古和釋古都應該有先驅的工作，考古也應該有輔助的工作。這工作便是將中國舊有的神話、傳說和舊史作一度分期的研究，看中國的歷史是怎樣積層地造成的。譬如緯讖，假使我們斷定是兩漢的產物；那末，緯讖裏的神話和傳說便可認爲是兩漢以前的民俗學或宗教史上的可珍貴的材料，而我們的所謂"正史"怎樣地受這神話和傳說的影響也可瞭然。這樣，疑古派的辨僞的爭論，和釋古派的社會決定的爭論，都可以省下一部分無謂的浪費的氣力，而考古派也正可以依據地下的遺物和這紙上的分析工作相呼應。我現在想先就緯讖做一種嘗試的工作；因爲這裏面包含的問題太多，受時間和書籍的限制，每苦於不能盡量發揮；然而我希望這嘗試的方法和所彙輯的材料能引起國內治古史的、治宗教學的以及治民俗學的學者們的注意。就表面看，這工作和羅泌的《路史》相近似；其實完全不同。《路史》是彙合以往的神話傳說和舊史的材料，造成羅氏自己特殊的史的體系；而我這工作是將這些神話和傳說還原於它所產生或流傳的時代，而看它怎樣影響到所謂正史和影響正史到怎樣的程度。這段解釋，在有些讀者們或以爲是多餘的；但爲免除誤會，或者是必要的，所以就這樣累贅地寫下了。

一　"皇"與"帝"

在緯讖編著者的眼光裏，中國的歷史是退化的。他們將中國的歷史劃分爲幾個階段，綜合若干統治者，加以一個特殊的名稱，以表示每一階段的轉變。這些特殊的名稱，也可說是中國上古史的階段，是"皇"、"帝"、"王"、"霸"；依據中國民族使用數字的習俗，或稱爲"三皇"、"五帝"、"三王"、"五霸"。

"皇"和"帝"不僅是人物的不同，而且是道德世運的差別。他們以爲"皇"依於"道"，"帝"合於"德"，皇道衰缺以後，帝者才始興起。所以他們説：

> 皇道，帝德，爲内外優劣。①
> "皇者，煌煌也，道爛然顯明。帝者，諦也。"②
> "皇道缺故帝者興。"③

他們每每將"三皇""五帝"和"三王""五霸"，就文化政制的差異，作一個明顯的比較，以表示世運的轉變，如説：

> 三皇步，五帝趨，三王馳，五霸騖。④
> 三皇無文，五帝畫象，三王肉刑。⑤
> 三皇設言，民不違；五帝畫象，世順機；三王肉刑，揆漸加；應世黠巧姦僞多。⑥
> 帝者得其根核，王者得其英華，霸者得其附枝。⑦
> 帝不先義，任道德；王不先力，尚仁義；霸不先正，尚武力。⑧

除了上舉的例證以外，對於"皇""帝"的區别，加以解釋的，在輯存的緯讖中，

---

① 《尚書中候》文，見《詩·大雅·泂酌》正義引，馬國翰《玉函山房輯佚書》以爲係《中候勑省圖》文。
② 《春秋緯元命苞》文，見《太平御覽》卷七六引。
③ 《維書》文，見《初學記》卷九及《太平御覽》卷七六引。黃奭《黃氏逸書考》以爲係《維書甄曜度》及《維書靈準聽》文。
④ 《孝經緯鈎命決》文，見《白虎通·號》篇、《太平御覽》卷七六、《後漢書·曹褒傳》注及馬驌《繹史》卷二注引。"趨"或作"驟"。
⑤ 《孝經緯鈎命決》及《援神契》文，見《周禮·地官·保氏》疏，《春官·外史》疏及《秋官·司圜》疏引。"三皇無文"句，《書叙》正義及羅泌《路史餘論》二引，又以爲係《尚書緯》文。
⑥ 《孝經緯》文，見《春秋公羊傳》襄公二十九年傳何休注引，《玉函山房輯佚書》以爲係《孝經緯鈎命決》文。
⑦ 《禮緯斗威儀》文，見《藝文類聚》卷十一、《太平御覽》卷七八、《文選·長楊賦》注及《繹史》卷二注引。原文下尚有"故帝道不行，不能王；王道不行，不能霸；霸道不行，不能守其身"三語。
⑧ 《論語摘衰聖承進讖》文，見《太平御覽》卷七六引。

還有許多①；而以《春秋緯運斗樞》的解釋爲最詳盡②。

依據上舉的例證，可見緯讖編著者的史觀已超出儒家史觀，而混合了道家的觀念。因爲《論語》和《孟子》只談到堯、舜，而緯讖編著者卻於"五帝"的堯、舜之上，加上了"無爲而治"的"三皇"。假使我們認緯讖和經學的今文學派有關，而是兩漢的產物③，那麼，兩漢的思想已不是純粹的儒家思想，而是儒、道、陰陽、方士混合的思想了④。

二　"三皇"與"五帝"

因爲緯讖的編著者不是一人，因爲緯讖的文體不是短時期的產物，所以緯讖的中心思想雖然大致相同，而緯讖中所記錄的傳說卻不一致。就如"三皇"和"五帝"，他們究竟是那些人，説者也各不同。

關於"三皇"，有四種説法：一、以天皇、地皇、人皇爲三皇⑤；二、以伏犧、女媧、神農爲三皇⑥；三、以伏犧、燧人、神農爲三皇⑦；四、以伏犧、神農、黃帝爲三皇，將五帝的黃帝也昇格列在三皇了⑧。

---

① 一、《孝經緯鉤命決》"道合機者稱皇"，見《文選·西都賦》注及《宋郊祀歌》注引。二、《春秋緯》"皇象元，逍遙術，無文字，德明諡"，見《公羊傳》成公八年傳注引。原文下尚有"合天者稱帝，河洛受瑞可放。仁義合者稱王，符瑞應，天下歸往"等語，《玉函山房輯佚書》及《黃氏逸書考》依據孫㲄《古微書》，以爲全係《春秋緯説題辭》文，喬松年《緯攟》以爲係何休語，《古微書》誤指爲緯文，見《緯攟》卷十三《古微書訂誤》。三、《尚書緯璇璣鈐》"五帝之世受籙圖"，見《白虎通·五經》篇引。原文上尚有"傳曰三皇百世計神元"語。

② 《春秋緯運斗樞》："皇者天。天不言，四時行焉，百物生焉。三皇垂拱無爲，設言而民不違，道德玄泊，有似皇天，故稱曰皇。皇者，中也，光也，弘也。含弘履中，開陰布綱；上合皇極，其施光明；指天畫地，神化潛通；煌煌盛美，不可勝量。"見《風俗通》卷一、《初學記》卷九、《太平御覽》卷七六及《路史後紀》二羅苹注引。又"帝之言諦"，亦《春秋緯運斗樞》文，見《詩·鄘風·君子偕老》正義引。又"五帝脩名立功，脩德成化，統調陰陽，招類使神，故稱帝。帝之言諦也。"亦《春秋緯運斗樞》文，見《後漢書·李雲傳》注引。鄭玄注："審諦於物也。"

③ 詳見拙著《緯書與經今古文學》，《民鐸》雜誌第七卷第二號。

④ 緯讖雜糅陰陽和方士的思想，詳見下文。

⑤ 詳見下文。

⑥ 一、"伏羲、女媧、神農，是三皇也。"《春秋緯運斗樞》文，見《風俗通》卷一、《初學記》卷九、《太平御覽》卷七六及《路史後紀》二注引。二、"伏羲、女媧、神農爲三皇"，《春秋緯元命苞》文，見《文選·東都賦》注引。按鄭玄注《尚書中候勑省圖》亦主此説，見《書序》疏引。

⑦ "三皇：虙戲、燧人、神農"，《禮緯含文嘉》文，見《風俗通》卷一、《初學記》卷九、《藝文類聚》卷八十、《北堂書鈔》卷一四二及《路史後紀》一注引。

⑧ "三皇，三正。伏犧建寅。神農建丑，黃帝建子。至禹，建寅，宗伏犧；商建丑，宗神農；周建子，宗黃帝，所謂正朔三而改也。"《玉函山房輯佚書》依《古微書》以爲係《禮緯稽命徵》文，原文見《禮記·檀弓》正義引書傳略説。

關於"五帝",有兩種含義:一指"天帝",一指"人帝",而人帝產生的來源由於天帝。他們以爲帝是上帝,也就是天帝的專稱;人間的統治者都只可以稱爲"王"。所以説:

> 帝者,天號也;王者,人稱也。天有五帝以立名,人有三王以正度……①

但是人間的統治者的"王"爲什麽也可以僭稱爲"帝"呢?這有兩種解釋。其一,以爲人間的統治者的德行和天帝相同,所以可以尊稱爲"帝"。其二,以爲五天帝各有座星,人間的統治者如果和五天帝座星相合,或者感五天帝座星而誕生,也可以稱爲"帝"。

合於上述"一"説的,如:

> "德象天地爲帝。"②"德配天地,天地不私公位,稱之曰帝。"③

合於上述"一"説的,如:

> "德合五帝坐星者稱帝。"④"感五帝座星者帝。"⑤

天上的天帝固然限於五數,但是人間的統治者合於五帝坐星的卻不止五位;所以依後漢末年緯學專家鄭玄的解釋,人間的"五帝",名五而實六;這六位就是黃帝、少昊、顓頊、帝嚳、唐堯、虞舜⑥。

---

① 《尚書緯》文,見《藝文類聚》卷十一、《初學記》卷九、《太平御覽》卷七六及《文選·西京賦》注引。《玉函山房輯佚書》以爲係《尚書緯刑德放》文,《緯攟》以爲係《尚書緯璇璣鈐》文,《黃氏逸書考》以爲係《尚書緯刑德放》、《璇璣鈐》及《帝命驗》文。

② 《樂緯稽耀嘉》文,見《文選·西都賦》注及《宋書·禮志》引。

③ 《易緯坤靈圖》文。按《初學記》卷九及《太平御覽》卷七六引作《易緯》,首另有"帝者天號也"一語。

④ 《尚書中候勑省圖》文,見《史記·五帝本紀》正義引。

⑤ 《緯攟》依《詩正義》,以爲鄭玄注《尚書中候勑省圖》原文作"感五帝座星者帝"。

⑥ 一、《尚書中候勑省圖》鄭玄注云:"德合五帝坐星者稱帝,則黃帝、金天氏、高陽氏、高辛氏、陶唐氏、有虞氏是也。實六人而稱五者,以其俱合五帝坐星也。"見《禮記·曲禮》正義引。二、《尚書中候》鄭玄注云:"五帝座:帝鴻、金天、高陽、高辛、唐、虞。"見《尚書》孔序正義引。

三 "五天帝"與"五人帝"

所謂"五天帝"究竟是什麽呢？據緯讖編著者的意見：太微宮有五帝座星，這五帝依着五行的方位、顔色和季候而各各不同①。表示之如次：

神 名	靈威仰	赤熛怒	含樞紐	白招矩	叶光紀
方 位	東 方	南 方	中 央	西 方	北 方
顔 色	蒼 帝	赤 帝	黄 帝	白 帝	黑 帝
季 候	春	夏	季 夏	秋	冬
精 類	青 龍	朱 鳥	麒 麟	白 虎	玄 武
廟 名	靈 府	文 祖	神 斗	顯 紀	玄 矩

這五天帝是人格的神，所以他們的狀貌也可以描畫出來。據説：蒼帝方面②，并乳③；赤帝圓面；黄帝廣顙，龍額，兑頤；白帝廣面；黑帝深面，修頸④。這神靈的狀貌，人間當然不容易見到；他們顯示給人間的，只是肉眼可以看到的蒼穹中的星辰；如填星是黄帝的精靈，熒惑星是赤帝的精靈等⑤。

---

① 一、"太微宮有五帝座星：蒼帝，春起受制，其名靈威仰。赤帝，夏起受制，其名赤熛怒。白帝，秋起受制，其名白招矩。黑帝，冬起受制，其名汁光紀。黄帝，季夏六月火受制，其名含樞紐"。《春秋緯文耀鈎》文，見《周禮·春官·大宗伯》疏《左傳》桓公五年正義、《穀梁傳》僖公三十一年疏、《詩·廊風·君子偕老》正義、《禮記·曲禮》、《禮器》及《月令》正義引。二、"東宫，蒼帝，其精爲青龍。南宫，赤帝，其精爲朱鳥。西宫，白帝，其精爲白虎。北宫，黑帝，其精爲玄武。中宫，大帝，其尊北極星，含元出氣，流精生一"。《春秋緯文耀鈎》文，見《史記·天官書》索隱引。三、"東方，蒼帝，神名靈威仰，精爲青龍。南方，赤帝，神名赤熛怒，精爲朱鳥。中央，黄帝，神名含樞紐，其精爲麒麟。西方，白帝，神名白招矩，精爲白虎。北方，黑帝，神名叶光紀，精爲玄武"。《河圖》文，見《太平御覽》卷八八一、《文選·東都賦》附《明堂詩》注及《後漢書·班固傳》注引。四、"黄帝座一星在太微宫中，含樞紐之神，其精有四象。其東，蒼帝座，神名曰靈威仰，其精爲青龍之類。其南，赤帝座，神名曰赤熛怒，其精爲朱鳥之類。其西，白帝座，神名曰白招矩，其精爲白虎之類。其北，黑帝座，神名曰協光紀，其精爲玄武之類。五帝並設，神靈集謀者也"。《黄氏逸書考》依清河郡本，以爲《詩緯含神霧》文。五、"帝者承天立五府，以尊天重象也。蒼曰靈府，赤曰文祖，黄曰神斗，白曰顯紀，黑曰玄矩"。《書緯帝命驗》文，見《太平御覽》卷五三三、《史記·五帝本紀》索隱、《北史·宇文愷傳》及《隋書·宇文愷傳》引。六、"中宫大帝，其北極星下一明者，爲太一之先，含元氣以布斗常"。《春秋緯文耀鈎》文，見《周禮·春官·大宗伯》疏引。

② "蒼帝方面，赤帝圓面，白帝廣面，黑帝深面，黄帝廣顙龍額"。《河圖》文，見《太平御覽》卷三六四、五、《北堂書鈔》卷一及《緯略》卷七引。《古微書》以爲係《河圖握矩記》文，《緯攟》以爲非是。

③ "蒼帝并乳"。《河圖》文，見《太平御覽》卷三七一及《路史後紀》五引。

④ "黄帝兑頤，黑帝修頸"。《河圖》文，見《太平御覽》卷三六八、九及《路史後紀》五引。

⑤ "填，黄帝含樞紐之精，其體璿璣中宿之分也"。"赤帝熛怒之神爲熒惑焉，位爲南方，禮失則罰出"。《春秋緯文耀鈎》文，見《史記·天官書》索隱引。

這天上的五帝和人間的五帝是相密繫的。假使說人間的五帝是政治的或倫理的,那麼天上的五帝顯然是宗教的。中國的政治和倫理思想導源於宗教,在這五帝問題上也可以得到啓示。

四　三皇說之一——天、地、人三皇

	發祥地	人　數	曆　年	五　德	狀　貌	文化程度
天皇①	柱州崑崙山下	兄弟十二人	各一萬八千年	木	九翼	無爲而俗化作干支君臣道生
地皇②	熊耳龍門山	兄弟十一人	各一萬八千年（一説萬九千年）	火	身黑面碧	（未詳）

---

①　一、"天皇被迹,望在無外柱州崑崙山下"。《讖遁甲開山圖》文,見《初學記》卷九、《藝文類聚》卷十一、《太平御覽》卷七八、《水經注·河水注》及《說郛》卷五引。《緯攟》據《說郛》,以爲係《春秋緯》文。二、"天皇氏十二頭;澹泊無所施爲,而俗自化;木德王;歲起攝提;兄弟十二人,各立一萬八千歲"。《河圖》文,見司馬貞補《史記·三皇本紀》及自註引,《玉函山房輯佚書》及《黃氏逸書考》依《古微書》以爲係《春秋緯命曆序》文,《緯攟》以爲非是,見卷十三《古微書訂誤》。三、"天皇九翼,是爲旋復"。《河圖括地象》文,見《初學記》卷九、《太平御覽》卷七八及《路史前紀》二注引。按《繹史》卷一引作"天皇九翼,題名旋復"。又《古微書》依《路史前紀》,引"天皇顢贏、三舌、驤首、鱗身、碧膚、禿揭"一語,以爲係《雒書靈準聽》文,《緯攟》以爲非是,見卷十三《古微書訂誤》,故未據引。四、關於天皇的政治情況,有兩種傳說:其一,以爲天皇無爲而治,已見本註二。其一,以爲天皇也曾努力於法則的建立,如《春秋緯保乾圖》"天皇於是斟元陳樞,以立易威"。宋衷註:"威,則也,法也。天皇斟酌的元氣,陳列樞機,受行次之當得也"。見《後漢書·李固傳》注及《路史前紀》二注引。《黃氏逸書考》依清河郡本,引"天皇出焉,號曰防五,兄弟十三人繼爲治,乘風雨,夾日月以行。定天之象,法地之儀,作干支,以定日月度。共治一萬八千歲。天皇被蹟在柱州崑崙山下"一段,以爲係《春秋緯命曆序》文。又:"天地成位,君臣道生,粤有天皇"。《路史前紀》二注以爲係《易緯通卦驗》佚文;《黃氏逸書考》依《古微書》,以爲係《易緯坤靈圖》佚文。又:"天皇氏之先,與乾曜合德,君有五期,輔有三名"。《易緯通卦驗》遺文,見《路史前紀》二注及《繹史》卷一引。《黃氏逸書考》依《古微書》,以爲係《易緯坤靈圖》文。

②　一、"地皇興於熊耳龍門山",《讖遁甲開山圖》文,見《藝文類聚》卷十一、《太平御覽》卷七八及《路史前紀》二、《繹史》卷一引。《黃氏逸書考》依《古微書》,作"地皇出於雄耳龍門之嶽",指爲《易緯坤靈圖》佚文。二、"地皇十一頭,火德王,一姓十一人,興於熊耳龍門等山,亦各萬八千歲"。《河圖》文,見司馬貞補《三皇本紀》及自註引。"天地二皇俱萬八千歲"。《河圖》文,見《路史前紀》二引。三、"天皇氏以木王,地皇氏以火紀"。《春秋緯命曆序》文,見《繹史》卷一引。四、《黃氏逸書考》依清河郡本,引"次後地皇出,黑色面碧,號曰文悅。兄弟十一人,興於龍門熊耳山。共治一萬九千歲"一段,以爲係《春秋緯命曆序》文。按《古微書》依《路史前紀》,引"地皇十一君,皆女面、龍頰、馬蹄、蛇身",以爲係《雒書靈準聽》文,《緯攟》以爲非是,見卷十三《古微書訂誤》,故未據引。

續表

	發祥地	人數	曆年	五德	狀貌	文化程度
人皇①	刑馬山提地之國	兄弟九人	凡一百五十世共四萬五千六百年（一說人皇治三百年）	（未詳）	身九章	分九州立城邑 夫婦道始

五 "三皇"與"十紀"

據緯讖編著者的意見，從天地開闢一直到孔子西狩獲麟那一年（周敬王三十九年、魯哀公十四年），總共二百二十七萬六千年，分爲十紀：第一稱爲九頭紀；第二，五龍紀；第三，攝提紀；第四，合雒紀；第五，連通紀；第六，叙命紀；第七，循蜚紀；第八，因提紀；第九，禪通紀；第十，疏仡紀。②

---

① 一、"人皇生於刑馬山提地之國"。《讖遁甲開山圖》文，見《繹史》卷一引。《黃氏逸書考》依《古微書》，以爲係《易緯坤靈圖》佚文。又："人皇出於提地之國"。《春秋緯命曆序》文，見《太平御覽》卷三九六引。二、"人皇九頭，乘雲車，駕六羽，出谷口，兄弟九人，分長九州，各立城邑，凡一百五十世，合四萬五千六百年。"《河圖》文，見司馬貞補《三皇本紀》及自註引。又："人皇九頭，乘雲車，駕六羽，出谷口。"《春秋緯命曆序》文，見《初學記》卷九、《太平御覽》卷七八及《文選·洛神賦》注引。又《文選·魯靈光殿賦》注引作："人皇九頭，提羽蓋，乘雲車，使風雨，出陽谷，分九河。"文較詳。又："人皇九頭。駕六羽，乘雲車，出谷口，長九州。"《黃氏逸書考》依清河郡本，《緯攟》依《説郛》及《繹史》卷一，以爲係《尚書緯璇璣鈐》文。又"人皇九頭，兄弟九人，別長九州。"《春秋緯運斗樞》文，見《周禮序》引。又："人皇，兄弟九人，分爲九州，長天下"。《春秋緯保乾圖》文，見《太平御覽》卷七八引。又："人皇氏依山川地土之勢，裁度爲九州，謂之九囿，各居其一，而爲之長。人皇居中州，以制八輔。分長九州，各立城邑，凡一百五十世，合四萬五千六百年"。《春秋緯命曆序》文，見《路史前紀》二引。又："人皇相厥山川，形成勢集，才爲九州，謂之九囿。"《雒書》文，見《路史前紀》二引，《黃氏逸書考》依《古微書》，以爲係《雒書靈準聽》文。又《黃氏逸書考》依清河郡本，引"次後，人皇出焉。駕六羽，乘雲車，出谷口，兄弟九人，相象，以別分治九州。人皇治中輔，號曰握元。共治四萬一千六百歲"一段，以爲係《春秋緯命曆序》文。又："人皇氏駕六蜚鹿，政三百歲。"《春秋緯命曆序》文，見《繹史》卷一引。三、"人皇……其身九章"，《雒書》文，見《路史前紀》二引，《緯攟》以爲係《雒書靈準聽》文。按《古微書》依《路史前紀》引"人皇龍身，九頭，驤首，逹胲"一語，以爲係《雒書靈準聽》文，《緯攟》以爲非是，見卷十三《古微書訂誤》，故未據引。四、"人皇兄弟九人，別長九州，離艮地精女出，爲之后，夫婦之道始此。"《雒書摘六辟》文，見《太平御覽》卷一三五及《路史前紀》二注引，《古微書》以爲係《雒書靈準聽》文。

② "自開闢至於獲麟，二百二十七萬六千歲。分爲十紀。一曰九頭紀，二曰五龍紀，三曰攝提紀，四曰合雒紀，五曰連通紀，六曰叙命紀，七曰循蜚紀，八曰因提紀，九曰禪通紀，十曰疏仡紀"。《春秋緯命曆序》文，見《路史前紀》二註及《餘論》一引。

這曆年的多寡,各紀的名稱,緯讖裏也稍有異同①。據後來有些史家的解釋,如羅泌《路史》,以爲人皇時代就是九頭紀。九頭紀時,雖然已經有了君臣,卻還沒有官位尊卑的區別②。

六　三皇說之二——伏犧、神農、女媧

在三皇說之二、三及四中,伏犧佔着三皇的首席,是各家一致的。伏犧這兩個字,伏或作宓、作虙、作庖,犧或作羲、作戲,雖因聲音的通假,可以隨便書寫,但這名稱據說是有意義的。

"虙者,別也。戲者,獻也,法也。伏羲始別八卦,以變化天下,天下法則,咸伏貢獻,故曰伏羲也。"③

伏犧的母親,名叫華胥。她本是一位處女,在雷澤地方,偶然踏着大人的腳印,於是懷孕,生伏犧於成紀(或作起),一說生在四絕孤立的仇夷山。這大人的腳印原是上帝精靈的遺留;據後來緯讖研究者的解釋,這上帝大概是蒼帝靈威仰④。這樣怪異的感着上帝而誕生的故事,在緯讖裏是非常普遍的;漢以後的經學家每每簡稱爲"感生"說。

伏犧既然是上帝所生,所以他有許多異表。據說:伏犧身長九尺一寸,龍顏,大目,鼻準像山,額角像月,衡中有骨如連珠,象玉衡星⑤。

---

① 一、"自開闢至獲麟,二百七十六萬歲,每紀爲一十六萬七千年。"《春秋緯元命苞》文,見《續漢書·律曆志》、《路史前紀》二注、《餘論》一及《繹史》卷一引。又《路史前紀》二注引作《易緯乾鑿度》文。二、司馬貞補《三皇本紀》,引《春秋緯》,文與第 332 頁註②相同,惟連通作連通,循蜚作修蜚,因提作回提,疏仡作流仡,字稍不同。

② "九頭紀時,有臣,無官位尊卑之別。"《春秋緯命曆序》文,見《周禮疏序》及《路史後紀》一引。《古微書》引作"九龍紀時有臣,無官位,但立尊卑之別",文稍異。

③ 《禮緯含文嘉》文,見《風俗通》卷一"三皇"引。

④ 一、"大跡出雷澤,華胥履之,生宓犧。"《詩緯含神霧》文,見《太平御覽》卷七八、《初學記》卷九、《路史後紀》一注及《繹史》卷三注引。二、"華胥履跡,怪生皇犧"。《孝經緯鉤命決》文,見《太平御覽》卷七八、《路史後紀》一注及《繹史》卷三注引。注云:"跡,靈威仰之迹也。"三、"華胥於雷澤履大人跡而生伏犧於成紀",《黃氏逸書考》依清河郡本,以爲係《河圖稽命徵》文。四、"仇夷山,四絕孤立,太昊之治,伏犧生處",《讖通甲開山圖》文,見《太平御覽》卷七八、及《路史後紀》一注引。《繹史》卷三注引作:"伏犧生成起,徒治陳倉。""仇夷山,四面絕立,太昊之治也。"

⑤ 一、"伏犧長九尺有一寸,望之廣,視之專",《春秋緯合誠圖》文,見《初學記》卷九、《路史後紀》一及《繹史》卷三注引。二、"伏犧大目,山準,日角,衡而連珠",《孝經緯援神契》文,見《太平御覽》卷七八、卷三六七、《路史後紀》一注及《繹史》卷二注引。注云:"衡中有骨表如連珠,象玉衡星。"三、"伏犧大目,山準,龍顏。"《春秋緯元命苞》文,見《古微書》輯引。四、"伏犧大目,是謂舒光,作象八卦,以應天樞",《黃氏逸書考》依清河郡本,以爲係《春秋緯演孔圖》文。五、"伏犧龍身,牛首,渠肩,達腋,山準,日角,奯目,珠衡,駿毫,翁鬣,龍脣,龜齒。"《古微書》引《路史後紀》一,以爲係《春秋緯合誠圖》文,《緯攟》以爲非是,見卷十三《古微書訂誤》,故未據引。

伏犧最重要的制作是始畫八卦作《易》一件事；但這有兩種傳說：其一，以爲伏犧依據上帝所賜的河圖而畫八卦；其二，以爲伏犧根據自己觀察的靈感而畫八卦。依第一種說：伏犧統治天下的時候，因爲德行圓滿，天地賜以祥瑞。那時，黃河裏有一條神龍，稱爲"龍馬"；他背着上帝的河圖賜給伏犧，伏犧於是模倣它而畫成了八卦①。依第二種說：上古的時候，人民没有居住的房屋，也不知道利用水火來烹飪，伏犧以五行的木德統治天下，仰觀察天文，俯觀察地理，中觀察萬物，於是才畫作了八卦②。這八卦究竟作什麼用呢？或說是因此可以"定天地之位，分陰陽之數，推列三光，建分八節，以爻應氣，凡二十四，消息禍福，以制吉凶"；或說所以"通神明之德，類萬物之情"（已見本頁註②）。總之，它是天文學的開端，但也含有推斷吉凶禍福的"術數"的作用，和後來陰陽家的學術有密切的關係。

除了作《易》以外，伏犧對於人類社會，還建立了許多功績。這些功績。列舉起來，是：

一、取象八卦的離卦，結繩而爲網罟，以便漁獵③。

二、建立正朔的制度（已見第 328 頁註⑧）。

三、分人民爲九部，以便治理④。

四、定出蟲魚鳥獸以及其他萬物的名稱。又定百官的名稱⑤。

---

① 一、"伏犧德洽上下，天應以鳥獸文章，地應以《河圖》、《洛書》，乃則象而作易，始畫八卦。"《禮緯含文嘉》文，見《藝文類聚》卷十一、《太平御覽》卷七八、《文選·西都賦》注及《路史後紀》一注引。二、"伏犧氏有天下，龍馬負圖，出於河，遂法之以畫八卦。"《尚書中候握河紀》文，見《禮記·禮運》正義引。又《黃氏逸書考》依清河郡本，作："神龍負圖出河，虙犧受之，以其文畫八卦"。

② 一、"伏犧氏以木德王，天下之人未有室宅，未有水火之和，於是乃仰觀天文，俯察地理，始畫八卦，定天地之位，分陰陽之數；推列三光，建分八節，以爻應氣，凡二十四，消息禍福，以制吉凶"。《春秋內事》文，見《太平御覽》卷七八、《路史後紀》一及《繹史》卷三注引。又《黃氏逸書考》依《說郛》卷五及清河郡本，以爲係《河圖始開圖》文。二、"孔子曰：方上古之時，人民無別，群物無殊，未有衣食器用之利。於是伏犧乃仰觀象於天，俯觀法於地，中觀萬物之宜，始作八卦，以通神明之德，以類萬物之情。"《易緯乾鑿度》文。三、"孔子曰：伏犧作八卦，丘合而演其文，讀而出其神。……"《春秋緯》文，見《公羊傳》隱公元年《疏》引。《古微書》以爲係《春秋緯說題辭》文，《玉函山房輯佚書》以爲係《春秋緯演孔圖》文。又："宓犧作易無書以畫事。"《易緯坤靈圖》佚文，見《說郛》卷五引，《路史後紀》一注以爲係《易緯通卦驗》佚文，《繹史》卷三注引，亦以爲《通卦驗》文，作"伏犧方牙精，作易……"云云，文稍不同。又"垂皇策者羲"，《易緯乾鑿度》佚文，見《埤雅》卷十六、《續博物志》卷十及《路史後紀》一引。

③ "伏犧氏之王天下也，始作八卦，結繩而爲罔罟，以畋以漁，蓋取諸離。質者無文，以天言此易之意。"《易緯乾鑿度》文。

④ "伏犧立九部而民易理"。《易緯坤靈圖》文，《繹史》卷三注引。

⑤ 一、"伏犧燧人始名物虫鳥獸"。《春秋緯命曆序》文，《太平御覽》卷九一四及《路史前紀》五注引。二、"伏犧作易名官"。《春秋緯文耀鉤》文，見《周禮疏序》及《路史後紀》一注引。

五、區畫地理，分別山川，調查出銅和出鐵的山脈①。

六、製作音樂，稱爲"立基"。或說稱爲"扶來"，也稱爲"立本"②。

這許多功績，固然出於伏犧，但也由於當時六位輔佐他的臣子，這六位臣子各有職司，據說："金提主化俗，烏明主建福，視默（或作冒或作墨）主災惡，紀通（或作侗）爲中職，仲起爲海陸，陽侯爲江海。"③

據緯讖編著者的意見，天地開闢以後，五緯還分列各方，到了伏犧，才始集合，所以他是三皇的第一位④。就十支上說，他"在亥，得人定之應"⑤。後來，他禪位給伯牛；伯牛會鑽木取火⑥，那或者是指燧人了！

但依三皇說之二，繼伏犧之後的，卻不是燧人，而是女媧。

關於女媧的傳說，緯讖裏非常的少。她是中國神話中的第一位女皇；至於她的丈夫，據說是一條赤龍⑦。有些書裏，以爲她曾經命娥陵氏、聖氏和隨製作音樂和樂器，但據緯讖研究者的意見，這不是緯讖的原文，不足爲憑⑧。我們只知道，從女媧以下到神農氏，曾經過七十二姓⑨。或說女媧氏死了以後，大庭氏統治天下⑩；

---

① "伏犧氏畫地之制，凡天下山五千三百七十，居地五十六萬四千五十六里；出水者八千里，受水者八千里；出銅之山四百五十七，出鐵之山三千六百九十"。《玉函山房輯佚書》、《黃氏逸書考》依《古微書》，以爲係《孝經緯援神契》文。

② 一、"伏犧氏爲立基"。《孝經緯鉤命決》文，見《禮記·樂記》正義，《周禮·春官·大司樂》疏及《路史前紀》八注引。二、"伏犧樂名扶來，亦曰立本"。《玉函山房輯佚書》以爲係《孝經緯援神契》文。三、《繹史》卷三引作："伏犧樂曰立基，一云扶來，亦曰立本。"以爲均係《孝經緯鉤命決》文。

③ "伏犧六佐：金提……江海"，《論語讖摘輔象》文，見《聖賢群輔錄》引。按視默，《路史後紀》一引作視冒，注引作視墨。紀通，《路史》引作紀侗。

④ "天地開闢，五緯各在其方；至伏義乃合，故歷以爲元"。《春秋内事》文，見《太平御覽》卷八八引。又《繹史》卷三注引，以爲係《易緯稽覽圖》佚文。

⑤ "伏犧在亥，得人定之應"。《孝經河圖》文（按：《隋書·經籍志》没有《孝經河圖》的篇名，《玉函山房輯佚書》以爲當是《孝經緯》和《河圖》）。見《太平御覽》卷一三五及《路史後紀》一注引。此文，《玉函山房輯佚書》又以爲係《詩緯含神霧》文；《黃氏逸書考》依《古微書》，以爲係《河圖握矩紀》文；但《緯攟》卷十三《古微書訂誤》以爲非是。

⑥ "伏犧禪於伯牛，鑽木作火。"《河圖挺佐輔》文，見《太平御覽》卷七六及卷八六九引。

⑦ "赤龍感女媧"，《詩緯含神霧》文，見《北堂書鈔》卷二三引。

⑧ "女媧命娥陵氏制都梁管，以一天下之音。命聖氏爲斑管，以合日月星辰，名曰充樂。又令隨作笙簧"。《古微書》以爲係《春秋緯保乾圖》文，《玉函山房輯佚書》依之。《緯攟》以爲：此文見《帝系譜》及《路史》，皆未言是緯；《丹鉛錄》引爲緯文，但亦未指明爲何緯；《古微書》臆斷爲《保乾圖》之文，不合。說見卷十三《古微書訂誤》。

⑨ "女媧以下，至神農，七十二姓。"《春秋緯運斗樞》文，見《禮記·曲禮上》正義引。《古微書》以爲係《春秋緯文耀鈎》文，《玉函山房輯佚書》及《黃氏逸書考》依之。《緯攟》以爲係《禮記正義》引宋均注文。

⑩ "女媧氏没，大庭氏王有天下，五鳳異色。"《讖遁甲開山圖》文，見《太平御覽》卷七八、《路史前紀》六及《說郛》卷五引。

這大庭氏就是炎帝,也就是"作耒耜播百穀"的神農①。

神農的誕生也和伏犧相似。他的母親名叫安登(或作女登),是少典的妃子,曾到華陽遊玩,一條神龍和她在常羊(或作常陽)合婚,於是懷孕而誕生了神農。或說神農的母親名姙姒(或作任巳),感龍而生神農,名爲帝魁。但這說,後來有些緯讖研究者不以爲然②。

神農的狀貌也頗特異。他體軀碩大,長八尺七寸,龍顏,大肩(或作眉)③。名叫軌④,或說叫石年(或作耳)(已見本頁註③)。他生下來三天便會說話,五天便會行走,七天便出齊了牙齒,三歲便知道耕種的事情⑤。他長大以後,統治天下,發明耕種的工具,耒和耜,教人民種田,改善他們的衣食。因爲他的德行濃厚象神靈,所以稱爲神農⑥。

神農不僅注意地利,而且稽考地形;據說,那時候的疆域相當廣闊,東西達九十萬里,南北達八十二萬里。甚至有誇說"地過日月之表"的。當時輔助神農圖錄地形山脈水道的是白阜,——白阜是怪義的兒子⑦。

---

① "炎帝號大庭氏,下爲地皇,作耒耜,播百穀,曰神農。"《春秋緯》文,見《禮記·月令》正義引。

② 一、"少典妃安登遊于華陽,有神龍首感之于常羊,生神子,人面龍顏,好耕,是謂神農。"《春秋緯元命苞》文,見《路史後紀》三注及《繹史》卷四引。《太平御覽》卷一三五作:"女登生神農,人面龍顏,始爲天子。"二、"女登遊於華陽,有神龍首感女登於常陽山,而生神農。"《黃氏逸書考》依清河郡本,以爲係《河圖稽命徵》文。三、"姙姒感龍生帝魁",《孝經緯鉤命決》文,見《太平御覽》卷一三五引。或作"任巳感龍生魁",見《太平御覽》卷七八、《路史後紀》五及《文選·東京賦》注引。按帝魁是否爲神農,後人說各不同。鄭玄以爲就是神農,《路史》以爲另有一人。

③ 一、"赤帝之爲人,視之豐,長八尺七寸。"《春秋緯合誠圖》文,見《路史後紀》三引。二、《古微書》依《路史後紀》三,引"神農長八尺有七寸。宏身而牛頭(或作額),龍顏而大脣,懷成鈐,戴玉理"一段,以爲係《孝經緯援神契》文,《玉函山房輯佚書》及《黃氏逸書考》依之,《緯攟》以爲《路史》未言是緯,不合據爲《援神契》,見卷十三《古微書訂誤》。三、"神農龍首",《詩緯含神霧》文,見《路史後紀》三注引。四、"有神人名石年(或作耳,《路史》注以爲訛字)蒼色大肩(或作眉),戴玉理,駕六龍,出地輔,號曰皇神農。"《春秋緯命曆序》文,見《太平御覽》卷七八、《藝文類聚》卷十一、《路史後紀》三注及《繹史》卷四注引。《黃氏逸書考》又以爲係《尚書緯璇璣鈐》文。

④ "神農名軌",《孝經緯鉤命決》文,見《路史後紀》三注引。

⑤ "神農生三辰而能言,五日而能行,七朝而齒具,三歲而知稼穡般戲之事。"《春秋緯元命苞》文,見《古微書》及《繹史》卷四引。

⑥ "神農者:神者,信也;農者,濃也。始作耒耜,教民耕種,美其衣食。其德濃厚若神,故爲神農也。"《禮緯含文嘉》文,見《風俗通·皇霸》篇及《太平御覽》卷七八引。

⑦ 一、"神農始立地形,甄度四海,遠近山川林藪所至,東西九十萬里,南北八十一萬里。"《春秋緯命曆序》文,見《太平御覽》卷七八、《路史後紀》三注及《繹史》卷四引,《黃氏逸書考》又以爲係《尚書緯璇璣鈐》文。二、"神農地過日月之表",《玉函山房輯佚書》及《黃氏逸書考》依《古微書》,以爲係《春秋內事》文。三、"神農世,怪義生白阜,圖地形脈道。"《春秋緯元命苞》文,見《太平御覽》卷三五、《路史後紀》三注及《繹史》卷四注引。又:"神農甄四海,白阜脈山川。"《緯攟》依《字彙》,以爲係《春秋緯命曆序》文。

神農又曾經製樂，名爲"下謀"，也稱爲"扶持"①。

因爲神農發明耒耜，耕桑得利，於是上帝賜他福壽，天應以嘉禾，地應以醴泉，異色的五鳳也飛集下來。②

神農計傳八世，合五百二十歲；或説五百四十年③。神農以後，據説有柏皇氏、中央氏、栗陸氏、驪連氏、赫胥氏、尊盧氏、祝融氏、混沌氏、昊英氏、有巢氏、葛天氏、陰康氏、朱襄氏、無懷氏，共十五代，都襲用伏犧的稱號，因爲經史没有記録，不知道他們的都城究在那裏，但知道祝融氏的音樂名爲"屬績"。④

七　三皇説之三——伏犧、神農與燧人

除了伏犧、神農以外，還有將燧人來代替女媧，以湊足三皇的數目的。

關於燧人惟一的傳説，就是發明火食的故事。據説：到了燧人，才始知道鑽木取火，炮生爲熟，使人民不致再得腹疾，和一般禽獸有別。因爲他能够遂順上天的意思，所以或稱爲遂人⑤。

但是燧人究竟應該安置在那一代呢？關於這問題，緯讖編著者的意見頗不一致。照本篇第二節所述，是安置在神農之前；但根據有些緯讖，將燧人安置在伏犧之前。他們以爲燧人死後，伏犧才生⑥；以爲華胥生伏犧是在燧人的時代⑦。僅就燧人先後的問題來觀察，可見中國上古史上的三皇的傳説，在緯讖産生的兩漢時代，還没有成熟；而現在一般泥古者認三皇五帝爲神聖不可侵犯的史實，真

---

① "神農樂曰下謀，一名扶持。"《孝經緯鈎命決》文，見《繹史》卷四引。
② 一、"神農耕桑得利，究年受福。"《孝經緯援神契》文，見《路史後紀》三注及《繹史》卷四注引。《文選·策秀才文》注以爲係《孝經緯鈎命決》文。二、"神農修德，作耒耜，地應以醴泉，天應以嘉禾"。《禮緯含文嘉》文，見《太平御覽》卷八七三及《路史後紀》三注引，又《五行大義》論五帝第二十一引作："神農作田道，就耒耜，天應以嘉禾，地出以醴泉。"《繹史》卷四注引作"神農就田，作耒耜，天應以嘉穀，地應以醴泉。"三、"大庭氏王有天下，五鳳異色"，已見第335頁註⑩。
③ 一、"炎帝號曰大庭氏，傳八世，合五百二十歲。"《春秋緯命曆序》文，見《禮記·祭法》正義、《路史後紀》卷三及《繹史》卷四注引。二、"神農五百四十年"，《易緯稽覽圖》文。
④ 一、"女媧氏没，大庭氏王有天下……次有柏皇氏……無懷氏，凡十五代，皆襲庖犧之號。自無懷氏已上，經史不載，莫知都之所在。"《讖遁甲開山圖》文，見《太平御覽》卷七八引。二、"祝融樂曰屬績。"《孝經緯鈎命決》文，見《繹史》卷三注引。
⑤ "燧人始鑽木取火，炮生爲熟，令人無復腹疾，有異於禽獸。遂天之意，故曰遂人也。"《禮緯含文嘉》文，見《風俗通義·皇霸》篇、《太平御覽》卷七六、卷八三七及《文選》張景陽《雜詩》注引。
⑥ "燧人之皇没，虙戲生。"《易緯通卦驗》文。
⑦ "燧人之世，大跡出雷澤，華胥履之而生伏犧。"《河圖》文，見《太平御覽》卷七二、卷一三五、《北堂書鈔》卷二三及《路史後紀》一引。《黄氏逸書考》依《古微書》，以爲係《河圖握矩紀》文；《緯攟》以爲非是，見卷十三《古微書訂誤》。

有些非愚即誣了!

除發明火食的功績以外,據説,燧人也通曉天文,他曾經效法北斗,以成七政;而且預言伏犧、文王和孔子三位聖人完成這部神祕的《易經》①。他有四位輔佐,都生在洛水左右;這四佐,是明由、必育、成博和隕邱(或作䲭);明由主政治,必育主賦役,成博主諸侯職等,隕邱主圖録。②

八　黄帝——五人帝之一

五人帝的第一位是黄帝軒轅氏。

黄帝也是感天而生的。據説:黄帝的母親,附寶,她本是地祇的女兒,到郊野去,看見電光繞着北斗樞星,受了感動,於是懷孕,到二十五個月,誕生黄帝於壽邱。黄帝原是北斗黄神的精靈,因雷精而起,所以黄帝胸口有"黄帝子"三個字③。他還有許多異表,面孔像龍,頭應天文,足有"陰"字④。

黄帝將要興起的時候,便有許多祥瑞。或説大螾出現,或説黄雲升於堂,或

---

① 一、"遂皇始出握機矩,是法北斗而成七政。"《易緯通卦驗》佚文,見《禮記·昏義》正義引。《黄氏逸書考》依《古微書》,以爲係《易緯坤靈圖》佚文。二、"遂皇始出握機矩,表計宜,其刻曰,蒼牙通靈,昌之成,孔演命,明道經。"《易緯通卦驗》文。按蒼牙指伏犧,易指文王,孔謂孔子。

② "燧人出天,四佐出洛。""燧人四佐:明由曉升級,必育受税役,成博受古諸,隕邱受延嬉。"《論語讖摘輔象》文,見《聖賢群輔録》引。宋均注云:"級,等差,政所先後也。受税役,受賦税及徭役所宜施爲也。古諸,古諸侯職等也。延,長;嬉,興也;主受此録也。"

③ 一、"大電繞北斗樞星,照郊野,感附寶而生黄帝。"《詩緯含神霧》文,見《初學記》卷九、《太平御覽》卷七九及《文選·辨命論》注引。二、"附寶出,降大靈,生帝軒。"《孝經緯鉤命决》文,見《太平御覽》卷七九、《路史後紀》五注及《繹史》卷五注引。三、"黄帝母曰地祇之子,名附寶,之郊野,大霓繞北斗樞星,感附寶,生帝軒。"《河圖》文,見《太平御覽》卷一三五及《占經》卷一〇二引。四、"黄帝名軒,北斗黄神之精。母,地祇之女,附寶,之郊野。大電繞斗樞星,耀感附寶,生軒,胸文曰黄帝子。"《河圖握矩記》文,見《太平御覽》卷七九、卷一三五、《藝文類聚》卷二、《北堂書鈔》卷二三及《路史後紀》五注引。《繹史》卷五注引,無"母地祇……生軒"二十二字。《黄氏逸書考》依《説郛》卷五引,以爲係《河圖始開圖》文。五、"附寶見大電光繞北斗樞星,炤郊野,感而孕,二十五月而生黄帝軒轅於壽邱。龍顔,有聖德,劾百神朝而使應龍攻蚩尤,戰虎豹熊羆四獸之力,以女魃止淫雨"《黄氏逸書考》依清河郡本,以爲係《河圖稽命徵》文。六、"黄帝名軒轅,北斗神也,以雷精起,胸文曰黄帝子修德立義,天下大治。"《黄氏逸書考》依清河郡本,以爲係《河圖始開圖》文。七、"黄帝以雷精起",《河圖》文,見《太平御覽》卷十三、《藝文類聚》卷二及《占經》卷一〇二引。《黄氏逸書考》又依《占微書》,以爲係《河圖握矩記》文。

④ "黄帝龍顔,得天庭陽;上法中宿,取象文昌;戴天履陰,乘教制剛。"《春秋緯元命苞》文,見《太平御覽》卷七九、卷三七〇及《初學記》卷九引。註謂戴天,天文在首;履陰,陰字在足下。又《黄氏逸書考》依清河郡本,引上四句,以爲係《春秋緯演孔圖》文,唯庭字作任。又:"黄帝身逾九尺,附函、挺朶、修髯、花瘤、河目、龍顙、日角、龍顔。"《古微書》引《路史後紀》五,以爲係《孝經緯援神契》文;《玉函山房輯佚書》及《黄氏逸書考》從之;《緯攟》以爲非緯文,見卷十三《古微書訂誤》,故未據引。

説赤頭的黄雀立在日旁①。而黄帝自己也確能先招致白狐白虎,使諸神物跟着下來②。天帝將各種祥瑞這樣地賜給人間的帝王,在古代流行着的特別術語,稱爲"受命",就是受天命的意思;這是聖人統治天下的第二要件,——自然,第一要件是"感生"③。

到了黄帝統治成功的時候,上帝又賜給他許多祥瑞;最有名的是,《河圖》、《洛書》和鳳凰銜圖三件事。

據説:黄帝坐在石室玄扈閣裏,看見一條黄龍,鱗甲都成文字,負着《河圖》,從河中出來,將圖授給黄帝。黄帝命侍臣將《河圖》抄寫下來,轉告天下的人民。④

所謂《河圖》,究竟是一件什麽事物呢? 據説:《河圖》是真命天子必備的祥瑞;這上面載着帝王終始存亡的時期和江河山川州界的分野;換句話説,是帝王的禄命和版圖的預言。這《河圖》不僅黄帝得到,所有五帝如唐堯、虞舜以及後來夏、商兩代也都曾接受。⑤

黄帝東巡到了洛水,有一隻神龜從洛水中出來,背上有紅色的文理像文字,送給黄帝⑥。這就是所謂《洛書》。《河圖》和《洛書》每每連類並稱⑦。

至於鳳凰銜書的故事是這樣的:黄帝遊於洛水,坐在石室玄扈閣裏,大司馬

---

① 一、"黄帝起,大蚓見。"《河圖》文,見《太平御覽》卷九四七引。二、"黄帝之將興,黄雲升於堂。"《春秋緯演孔圖》文,見《太平御覽》卷八七二、《藝文類聚》卷一及《繹史》卷五注引。《黄氏逸書考》依《古微書》又以爲係《春秋緯感精符》文。三、"黄帝將興,有黄雀赤頭立於日旁。帝占曰:黄者,土精;赤者,火精;爵者,賞也,余當立。"(《繹史》下有大功乎三字)《春秋緯考異郵》文,見《太平御覽》卷八七二、卷九二二、《藝文類聚》卷九一及《繹史》卷五註引。

② 一、"黄帝生,先致白狐。"《河圖》文,見《藝文類聚》卷九九引。《古微書》又以爲係《河圖握矩紀》文,《黄氏逸書考》從之,《緯攟》以爲非是。二、"黄帝先致白狐、白虎,諸神物乃下。"《春秋緯合誠圖》文,見《文選·赭白馬賦》注及《繹史》卷五注引。

③ 如:"帝受命握符。"《孝經緯鉤命決》文,見《文選·故安陸昭王碑文》注引。如:"帝軒轅受命,公孫氏握。"《河圖括地象》文,見《後漢書·公孫述傳注》引。詳可參考夏曾佑《中國古代史》頁一八及頁七五至七六。

④ 一、"黄帝坐於玄扈之閣,黄龍負圖,鱗甲成字,以授黄帝。帝令侍臣寫之,以示天下。"《河圖》文,見《占經》卷一二○及《路史後紀》五引。二、"天授元,始建帝號。黄龍負圖,鱗甲成字,從河中出,付黄帝。令侍臣寫,以示天下。"《龍魚河圖》文,見《太平御覽》卷七九及《藝文類聚》卷九八引,《黄氏逸書考》依《古微書》又以爲係《河圖挺佐輔》文。

⑤ 一、"孔子曰:五帝出,受録圖。"《尚書緯璇璣鈐》文,見《文選·漢高祖功臣頌》及《齊故安陸昭王碑文》注引。二、"河圖,帝王終始存亡之期。"《尚書緯刑德放》文,見《文選·晉武帝華林園集詩》注引。三、"河圖,帝王之階。圖載江河山川州界之分野。後堯壇于河,作《握河紀》。逮虞舜、夏、商,咸亦受焉。"《春秋緯命曆序》文,見《水經注》卷一、《文選·東都賦》注、《吴趨行》注、《安陸昭王碑文》注及《連珠》注引。

⑥ "黄帝東巡至洛,龜書赤文像字以授軒轅。"《尚書中候》文,見《開元占經》卷一二○引。《繹史》卷五注引作:"黄帝巡洛,龜書赤文,成字象軒。"《黄氏逸書考》以爲係《尚書中候握河紀》文,文字略有異同。

⑦ "帝軒受圖,雒受曆。"《春秋緯命曆序》文,見《文選·赭白馬賦》注引。

容光和左右輔將周昌等一百二十人伴着，忽然看見一隻鳳凰銜着圖書，送到黃帝的面前。黃帝再拜受圖。這圖用黃玉爲柙，中有"五始之文"①。所謂"五始"，就是《春秋》開端的"元年、春、王、正月、公即位"一句話。因爲"元"是氣之始，"春"是四時之始，"王"是受命之始，"正月"是政教之始，"公即位"是一國之始。以元正天，以天正王者的政教②。這是中國古代的政治哲學；換句話說，帝王的政教應該法天，而天受元的支配。兩漢時代流行的"天人相與說"的政治思想，就是這原則的演繹。

這鳳凰的故事每和神龍的故事並稱，或和麒麟的祥瑞同傳。他們以爲這都是由於黃帝功德所招致③。

和神龍的故事相近似的，還有大魚的故事；這或者是神龍的故事所派生的。據說：黃帝遊於洛，看見一條鯉魚，有三丈長，身青色，沒有鱗甲，卻有赤色的文理像文字的樣子。或說：黃帝出遊洛水，看見一條大魚，殺五牲去祭他，於是天下大雨。④

上帝曾賜給黃帝許多祥瑞⑤；這許多祥瑞並不是上帝無故賜給他的，而因爲

---

① 一、"黃帝遊玄扈洛水上，與大司馬容光、左右輔周昌等百二十人臨觀。鳳凰銜圖置黃帝前，帝再拜受圖。圖以黃玉爲柙。"《春秋緯合誠圖》文，見《初學記》卷三十、《太平御覽》卷四三、卷九一五及《藝文類聚》卷九十引。《繹史》卷五注引無"左右輔周昌等百二十人"一句，又無末句。二、"黃帝坐玄扈閣上，與大司馬容光，左右輔周昌等百二十人(《路史》作百二十二人)觀鳳凰銜書。"《河圖錄運法》文，見《太平御覽》卷二〇九及《路史後紀》五注引。三、"黃帝與大司馬容光臨觀鳳凰銜圖，置黃帝前。"《春秋緯運斗樞》文，見《藝文類聚》卷四七及《北堂書鈔》卷九六引。四、"鳳凰銜圖實帝前，黃帝再拜受。"《春秋緯元命苞》文，見《詩・王》序正義引。五、"黃帝坐於扈閣，鳳凰銜書至帝前，其中得五始之文。"《春秋緯》文，見《左傳》杜序，隱公元年正義及《繹史》卷五注引。《黃氏逸書考》、《玉函山房輯佚書》又依《古微書》，以爲係《春秋緯保乾圖》文。

② 一、"黃帝受圖，立五始：元者，氣之始；春者，四時之始；王者，受命之始；正月者，政教之始；公即位者，一國之始。"《春秋緯》文，見《左傳》及《穀梁傳》隱公元年疏引；《玉函山房輯佚書》及《黃氏逸書考》依《古微書》，以爲係《春秋緯元命苞》文。二、"以元之深正天之端，以天之端正王者之政。"《春秋緯》文，見《公羊傳》隱公元年疏引。三、"黃帝立五始，制以天道。"《春秋緯合誠圖》文，見《禮記・中庸正義》引。

③ 一、"黃帝修兵革，臣德行，則黃龍至，鳳凰來儀。"《禮緯含文嘉》文，見《五行大義》論五帝第二十一引。二、"帝軒提象，配永循機，麒麟在囿，鸞鳳來儀。"《尚書中候》文，見《繹史》卷五注引。《詩・麟趾》正義引作："帝軒提象，麒麟在囿。"以爲係《中候握河紀》文。

④ 一、"黃帝遊於洛，見鯉魚長三丈，青身無鱗，赤文成字。"《河圖》文，見《初學記》卷六、卷三十及《太平御覽》卷九三六引。《黃氏逸書考》依《古微書》，以爲係《河圖挺佐輔》文，《緯攟》以爲非是；又《黃氏逸書考》依清河郡本，以爲係《河圖錄運法》文。二、"黃帝出遊洛水之上，見大魚，殺五牲以醮之，天乃大雨。"《春秋緯》文，見《緯攟》依《說郛》輯引。

⑤ "帝執德，恭聰明，密微思，心清靜。在廷從宜，仁推度符，移序精和，天下休通，五行期化。景星出攝提；鳳凰巢阿閣，謹於樹；河龍出圖，洛龜書威，赤文綠字，以授軒轅；麒麟在囿，鸞鳥來儀。"《尚書中候握河紀》文，《玉函山房輯佚書》依據《開元占經》卷七七、《太平御覽》卷七九、卷八八九、卷九一五、卷九一六、《初學記》卷二九、卷三〇、《藝文類聚》卷九八、《詩・周南・麟趾》及《大雅・卷阿》正義、《春秋左傳》昭公十七年傳正義、《文選・古詩十九首》及《君子有所思行》注等合編。

他有許多政績。據說：黃帝的德行是五帝的冠首①；就五行說，是以土德王天下。他教導人民建築房屋，以躲避風雨；又建立祭廟，稱爲"合宮"。他觀察天文和地形，制定官制，設立九州的長官，分別朝聘的禮名。又定樂名爲"咸池"，或說名"雲門"②。其他一切，也都依用法度以稽考功績③。當時人民還沒有姓氏，於是黃帝吹律聽聲，以決定自己的姓④。

　　黃帝除了上述的内政以外，最大的功績便是征服蚩尤。蚩尤是炎帝的後裔，和少昊一樣，以五行的西方的金統治部族⑤。他的手紋有"威"字，會製造兵器⑥。或說：他有兄弟八十一人（或作七十二人），都是獸身人語，銅頭鐵額，喫食沙石，製造兵仗、刀、戟、大弩等五種兵器，又會變化雲霧。他們都非常殘酷，不仁不慈，專門以殺戮爲事。當時天下的人都怕他，想推尊黃帝做天子。黃帝用德行來統治，蚩尤向黃帝挑戰。黃帝因爲仁義不能阻止蚩尤的暴行，恐怕不能敵他，仰天而嘆，上天派玄女下來，賜給黃帝兵信神符。一說：黃帝打蚩尤的時候，夢見西王母派遣一位道人，披着玄狐的裘衣，將符籙送給黃帝，告訴他說："太乙在前，天乙備後，河出符信，攻戰必剋。"黃帝醒，不能記憶符籙，因告訴他的臣子風后和力牧。風后、力牧說："這是兵應，戰爭一定可以勝利。"於是力牧和黃帝都到盛水的岸邊，設立祭壇，用太牢來祭禱。有一隻黑龜銜着符籙從水中出來，將它安置在祭壇裏，又爬回去。黃帝再拜頓首接受符籙，一看就是夢中所得的符，廣三寸，長一

---

① "黃帝德冠帝位。"《春秋緯合誠圖》文，見《文選·典引》及《繹史》卷五註引。

② 一、"軒轅氏以土德王天下，始有堂廡，高棟深宇，以避風雨。"《春秋内事》文，見《藝文類聚》卷十一及《太平御覽》卷七九引。二、"黃帝曰合宮"，《尚書緯帝命驗》文，見《玉海》卷九五引。三、"黃帝受地形，象天文，以制官。爰有九州之牧，則有朝聘。"《論語撰考讖》文，見《周禮疏序》及《路史》引。《繹史》卷五注引無"爰有九州"以下二句。《玉函山房輯佚書》依《古微書》，於"爰有九州之牧"句下引《周禮疏序》原文"伏犧以前，雖有三名，未必具立官位；至黃帝，名位乃具"一段，以爲亦係《撰考讖》文；《黃氏逸書考》以爲此段疑係宋均註文，《緯攟》以爲此段係賈公彥序文，故未據引。四、"軒轅知地利，九牧倡教。"《論語撰考讖》文，見《禮記》正義序及《路史後紀》五注引。《繹史》卷五註引無轅字，以爲係《論語讖》文。五、"禮有三起；禮理起於太一，禮事起於遂皇，禮名起於黃帝。"見《禮記》正義引；《玉函山房輯佚書》依《古微書》，以爲係《禮緯含文嘉》文；《緯攟》以爲係皇侃注，非緯文，見卷十三《古微書訂誤》。六、"黃帝樂曰咸池。"《樂緯動聲儀》及《叶圖徵》文，見《初學記》卷十五、《太平御覽》卷五六六及《禮記·樂記》正義引。註云："咸，皆也。池取無所不浸，德潤萬物，故定以爲樂名也。"又註云："池音施。道施於民，故曰咸池。"七、"雲門，黃帝樂。"《春秋緯元命苞》文，見《周禮·春官·大司樂》疏引。

③ "黃帝布迹，必稽功務法。"《春秋緯合誠圖》文，見《文選·曲水詩》注及《答七夕詩啓》注引。

④ "聖人興起，不知其姓，當吹律聽聲以卜其姓；黃帝吹律以定姓是也。"《易緯是類謀》佚文，見《太平御覽》卷十六引。

⑤ "蚩尤者，炎帝之後，與少昊治西方之金。"《讖遁甲開山圖》文，見《路史後紀》卷四注引。

⑥ "蚩尤虎捲威文立兵。"《春秋緯元命苞》文，見《太平御覽》卷三三九、《路史後紀》四注及《繹史》卷五注引。

尺。黄帝佩着這符征伐蚩尤,便將蚩尤擒獲。一説:黄帝派應龍攻蚩尤,戰虎豹熊羆四獸,又命女魃停止淫雨。蚩尤死了以後,天下擾亂不安,黄帝將蚩尤的形象圖繪起來,以威嚇天下的人民。他們傳説蚩尤没有死,各方部族因此都被鎮服。①

這許多的文治和武功,固由於黄帝的聖德,但也由於他的臣佐的幫助。據説黄帝有七位輔佐,都是由九州推選出來的。這七位輔佐,風后決議是非,天老接受天命,五聖主司修道的次序,地典職掌九州的交通,知命糾正風俗,窺紀補救災變,力牧(或作墨)清理凡事。②

在這七位輔佐中,風后最有名。他是黄帝的師傅,曉得伏犧的聖道,能夠推演陰陽的事變③。他後來又化爲老子,以聖書授給張良④。經他曾告訴黄帝河源和旌旗的名稱。他説:"河有五,都發源在崑崙。"⑤又説:"東方的旗,法青龍,叫做旗;南方法朱鳥,叫做旐(或説當作旟);西方法白虎,叫做典;北方法玄蛇,叫做旂;中央法黄龍,叫做常。"⑥

和風后齊名的,是天老。天老曾經教黄帝招致鳳凰與接受籙圖。據説:黄帝即位以後,修德行仁,天下和平,但鳳凰還不出現,於是將天老召來,問他鳳凰

---

① 一、"黄帝攝政,時有蚩尤兄弟八十一人,並獸身人語,銅頭鐵額,食沙石子,造立五兵仗刀矛戟大弩,威振天下,誅殺無道,不仁不慈。萬民欲令黄帝行天子事,黄帝以仁義不能禁止,遂不敵,乃仰天而嘆。天遣玄女下授黄帝兵信神符,制伏蚩尤,以制八方。蚩尤没後,天下復擾亂不寧;黄帝遂畫蚩尤形像以威天下,天下咸謂蚩尤不死,八方萬邦皆爲弭服。"《龍魚河圖》文,見《史記·五帝本紀》正義、《太平御覽》卷七九、卷八七二及《繹史》卷五引。二、"黄帝之初,有蚩尤兄弟七十二人,銅頭鐵額,食沙石,制五兵之氣,變化雲霧。"《龍魚河圖》文,見《太平御覽》卷七四及《路史後紀》四注引。三、"黄帝以德行,蚩尤與黄帝戰。"《禮緯》文,見《周禮·春官宗伯·肆師》疏引。四、"帝伐蚩尤,乃睡夢西王母遣道人披玄狐之裘,以符授之,曰:'太乙在前,天乙備後,河出符信,戰則剋矣。'黄帝寤,思其符,不能悉憶,以告風后、力牧。風后、力牧曰:'此兵應也,戰必自勝。'力牧與黄帝俱到盛水之側,立壇祭太牢,有玄龜銜符出水中,置壇中而去。黄帝再拜稽首,受符。視之,乃夢所得符也;廣三寸,表一尺。於是黄帝佩之以征,即日禽蚩尤。"《黄氏逸書考》依清河郡本,以爲係《龍魚河圖》文。五、或説應龍攻蚩尤,原文已見第338頁註③。

② "黄帝七輔,九州選舉,翼佐帝。風后受金法,天老受天籙,五聖受道級,知命受糾俗,窺紀受變復,地典受州絡,力墨受準斥。"《論語摘輔象》文,見《聖賢群輔録》及《繹史》卷五引。宋均注:"金法,言能决理是非也。籙,天教命也。級,次序也。糾,正也。有禍變能補復也。絡,維絡也。準斥,凡事也。力墨或作力牧。"

③ "黄帝師於風后,風后善於伏犧之道,故推衍陰陽之事。"《春秋内事》文,見《後漢書·張衡傳》注及《路史後紀》五注引。

④ "風后,黄帝師;又化爲老子,以書授張良。"《詩緯含神霧》文,見《史記·留侯世家》索隱引。

⑤ "黄帝問風后曰:'余欲知河之始開。'風后曰:'河凡有五,皆始開乎崑崙之墟。'"《河圖始開圖》文,見《太平御覽》卷六一引。

⑥ "風后曰:'予告汝帝之五旗:東方法青龍,曰旗;南方法朱鳥,曰旐;西方法白虎,曰典;北方法玄虵,曰旂;中央法黄龍,曰常也。'"《河圖》文;見《太平御覽》卷三四〇引。《黄氏逸書考》依《古微書》,以爲係《河圖握矩紀》文,《緯攟》以爲非是;又依清河郡本,以爲係《河圖稽耀鉤》文,文較繁。旐,原文作鼠,《黄氏逸書考》以爲當作旟,《緯攟》以爲當作旐。

的形狀究竟怎樣。天老說:"鳳凰前像鴻,後像麟;頸像蛇,尾像魚;頷像燕,嘴像雞;文彩像龍,身體像龜。頭有德象,頸有義象,背有仁象,心有信象,翼有義象,足有正象,尾有武象。小音如金聲;大音如鼓聲。延頸張翼,五色全備。"黄帝說:"真的嗎?這樣,我何敢招致他呢?"於是穿着黄色的衣,佩着黄色的紳,戴着黄色的冠,在殿中齋戒。鳳凰蔽掩着日光飛來。黄帝從東階下來,向西再拜稽首,說:"皇天降賜我祥瑞,不敢不接承。"鳳凰停留在黄帝東園的梧桐樹上,啄食竹實,永久不去。① 或說:黄帝即位五十年的秋季七月庚申日,天發霧,三日三夜不散,白晝像黄昏。黄帝問他的臣子天老、力牧和容成說:"公等對於這天象的意見怎樣。"天老說:據《河圖》中說:國家平安,君主好文,鳳凰就來住;國家擾亂,君主好武,鳳凰就飛去。現在鳳凰在東郊飛翔,好像很高興在這裏;他的鳴聲合於律呂的夷則,和天時相合。照這樣看,大概天有什麼嚴重的教命賜給帝,請帝不要冒犯他。黄帝於是召史官來卜,龜燋不能成兆,史官說:"臣不能占卜了,請去問聖人看。"黄帝說:"我已經問過天老、力牧和容成了。"史官北面再拜說:"龜卜不能違反聖智的話,所以燋了。"②

接受籙圖的故事是這樣的:黄帝即位以後,修德行義,天下大治,於是召天老來問他說:"我夢見兩條龍抬着白色的圖,從上帝那邊在河畔的都邑授給我。醒來很高興,不懂得這道理,敢向你請教。"天老說:"河出圖,雒出《龜書》,記載帝王的録譜和聖人所記的姓號以及興謀治平的道理,於是鳳凰來住。現在鳳凰已經下來三百六十天了,按照古代的圖記,上天大概要授給帝《河圖》吧。"於是黄帝齋戒七天,戴着黄冕,駕着黄龍的車子,載着交龍的旗子,天老和五聖也都跟伴着他,到河水、洛水之間遊覽,找尋從前夢見的境地,但是尋不得。後來到了翠嬀淵,看見一條大鱸魚溯流而來。黄帝向天老說:"你看見河中溯流的東西嗎?"天

---

① "黄帝即位,施聖恩,承大明,一道修德,唯仁是行,宇内和平,未見鳳凰,乃召天老而問之,曰:'鳳象何如?'天老對曰:'夫鳳象,鴻前而麟後,蛇頸而魚尾,龍文而龜身,燕頷而雞啄。首戴德,頸揭義,背負仁,心入信,翼扶義,足履正,尾繫武。小音金,大音鼓。延頸奮翼,五色備舉。'黄帝曰:'允哉!朕何敢與之焉?'於是黄帝乃服黄衣,帶黄紳,戴黄冠,齋於殿中。鳳蔽日而至。黄帝降於東階,西面再拜稽首。'皇天降祉,不敢不承命。'鳳乃止帝東園,集梧樹,食竹實,没身不去。"《黄氏逸書考》依清河郡本,以爲係《河圖録運法》文。

② "五十年秋七月庚申,天霧,三月三夜,晝昏黄。帝問天老及力牧、容成曰:'於公,何如?'天老曰:'聞之圖:國安,其主好文,則鳳凰居之;國亂,其主好武,則鳳凰去之。今鳳凰翔於東郊而樂之;其鳴音中夷則,與天相副。以是觀之,大有嚴教以賜帝,帝勿犯也。'乃召史卜之,龜燋。史曰:'臣不能占也,其問之聖人。'帝曰:'已問之天老、力牧、容成矣。'史北面再拜曰:'龜不違聖智,故燋也。'"《黄氏逸書考》依清河郡本,以爲《河圖稽命徵》文。

老説："看見的。"回頭問五聖們，都説没有見到。黄帝於是辭去左右，單獨和天老跪下來迎接他。魚帶着白圖，蘭葉的彩色，朱色的文字，天老接來送給黄帝，展開來看，叫做"録圖"①。

除風后、天老以外，黄帝曾向太一請教長生不死的道術。太一説：齋戒"六丁"，道才可成。這"六丁"，據後來緯讖註釋者的意見，有好幾種解釋②。

黄帝的臣子還有一位雲陽先生，曾爲黄帝養龍於絳北陽石山的神龍池。據説，如果國有水旱不時，便祀池請雨。③ 後來皇帝將死，有地裂的預兆④。一説，黄帝不死，曾白日升天。據説，黄帝曾在荆山之下鑄鼎。鼎成，有龍下來迎接他。黄帝騎上龍身，羣臣後宫也有跟着上天的。小臣們也想上去，拉住龍鬚。鬚被拔下，黄帝隨帶的弓也掉下。⑤

黄帝曾説過關於人類壽歲的話。他説："凡人生一日，天地賜算三萬六千，又賜紀二十。聖人得三萬六千七百二十，凡人得三萬六千。一紀主一歲，聖人加七百二十。"⑥

黄帝共傳十世，二千五百二十年，或説一千五百二十年⑦。

---

① 一、"黄帝修德立義，天下大治，乃召天老而問焉，余夢見兩龍挺白圖，即帝以授余於河之郊。覺昧素喜，不知其理，敢問于子。天老曰：'河出圖，雒出龜書，紀帝籙，列聖人所紀姓號，與謀治平，然後鳳凰處之。今鳳凰已下三百六十日矣。古之圖紀，天其授帝圖乎？試齋以往視之。'黄帝乃祓齋七日，衣冠黄冕，駕黄龍之乘，載交龍之旗。天老、五聖皆從，以游河、洛之間，求所夢見者之處，弗得。至於翠嬀之淵，有大鱸魚泝流而至，乃問天老曰：'子見夫中河泝流者乎？'曰：'見之。'顧問五聖，皆曰莫見。乃辭左右，獨與天老跪而迎之，五色畢具。天老以授黄帝，舒視之，名曰《録圖》。"（《繹史》作魚汎白圖，蘭葉朱文，以授黄帝，名曰《録圖》。）《河圖挺佐輔》文，見《太平御覽》卷七九及《繹史》卷五注引。《黄氏逸書考》及《緯攟》又依《説郛》卷五，以爲係《河圖始開圖》文。二、"黄帝云：余夢見兩龍挺白圖，即帝以授余於河之都。天老曰：'天其授帝圖乎？'試齋以往視之。黄帝乃齋河、洛之間，求象見者。至於翠嬀泉，大鱸魚折溜而至，乃問天老，見中河折溜者乎？見之。與天老跪而受之。魚汎白圖，蘭葉朱文，以授黄帝。舒視之，名曰籙圖。"《河圖》文，見《初學記》卷六、《太平御覽》卷六一及《路史餘論》六引。《黄氏逸書考》又依清河郡本，以爲係《河圖録運法》文。

② "黄帝請問太一長生之道。太一曰：'齋戒六丁，道乃可成。'"《春秋緯合誠圖》文，見《太平御覽》卷五三〇及《文選·升天行》注引。注云："丁取能丁寧常戒慎也。"又宋均注："飲六甲之精，可以長生。六甲或謂神軀也。"又楊應階注："六丁謂六甲中丁神也。甲子旬中，丁卯爲神；甲戌旬中，丁丑爲神；甲申旬中，丁亥爲神；甲午旬中，丁酉爲神；甲辰旬中，丁未爲神；甲寅旬中，丁巳爲神。役使之法，先齋戒，然後其神至，可使致遠方物及知吉凶也。"見《後漢書·梁節王傳》注。又《繹史》卷五注引作"五丁"，疑誤。

③ "絳北有陽石山，有神龍池。黄帝時，遣雲陽先生養龍於此。歷代帝王養龍之處；國有水旱不時，即祀池請雨。"《讖遁甲開山圖》文，見《太平御覽》卷十一、卷六七、《路史前紀》卷三注及《繹史》卷五注引。

④ "黄帝將亡則地裂。"《尚書緯》文，見《太平御覽》卷八八引。

⑤ "乃鑄鼎荆山之卜，成，有龍下迎。黄帝上龍，群臣后宫從上天者黍秩余人。小臣悉持龍髯，拔，墜黄帝弓。"《黄氏逸書考》依清河郡本以爲係《尚書中候握河紀》文。

⑥ 《河圖》文，見《初學記》卷十七、《太平御覽》卷四〇一引。《黄氏逸書考》又依清河郡本，以爲係《雒書甄曜度》文。又依《古微書》，以爲《河圖握矩紀》文，《緯攟》以爲非是。

⑦ "黄帝一曰帝軒轅，傳十世，二千五百二十歲。"《春秋緯命曆序》文，見《禮記·祭法》正義引。又《繹史》卷五注引《命曆序》文，作一千五百二十年。

九　少昊——五人帝之二

繼黃帝後而爲五帝的，是少昊(或作皞)。他就是帝宣，也稱青陽。或稱金天氏，或稱窮桑氏。①

關於少昊的傳說非常的少，只知道他也是"感生"而爲帝王的。據説：少昊的母親名叫女節；黃帝時，有大星象虹，下流到華渚；女節夢中和這大星交接，意感懷孕而生少昊。或説他也生有異表。②

少昊在位的時候，曾經製樂，叫做"大淵"(或作九淵)③。他死後，葬在雲陽山④。計傳八世，五百歲(已見本頁註①)。

十　顓頊——五人帝之三

繼少昊之後而爲五帝的，是顓頊，就是高陽氏⑤。他也是"感生"而爲帝王的。據説：他的母親名叫女樞，在幽房(或作防)的宮裏。看見"搖光"的星好像虹霓，貫過月亮，發射出白光，因意感而生顓頊於若水⑥。顓頊也有異表，

---

① 一、"青陽即是少皞，黃帝之子，代黃帝而有天下，號曰金天氏。"《春秋緯》文，見《左傳》昭公十七年正義引。二、"次曰帝宣，曰少昊。一曰金天氏，則窮桑氏，傳八世，五百歲。"《春秋緯命曆序》文，見《禮記·祭法》正義引。《繹史》卷六注引作"少昊傳八世。"

② 一、"黃帝時，大星如虹，下流華渚。女節夢接意感，而生白帝朱宣。"《春秋緯元命苞》文，見《文選·辯命論》註引。二、"帝摯少昊氏，母曰女節，見大星如虹，下流華渚。既而夢接意感，生白帝朱宣。"《河圖》文，見《初學記》卷一、卷九、卷十，《太平御覽》卷七、卷七九，《文選·策秀才文》注，《後漢書·賈逵傳》注及《繹史》卷六注引。《黃氏逸書考》依清河郡本，以爲《河圖稽命徵》文；又依《古微書》，以爲《河圖握矩紀》文，《緯攟》以爲非是。三、《黃氏逸書考》依《古微書》，引《路史後記》"少昊秀外，龍庭，日月懸，通頤"等語，以爲係《河圖握矩紀》文；《緯攟》以爲此係《路史》原文，非緯文，見卷十三《古微書訂誤》，故未據引。

③ "少昊樂曰大淵"，《孝經緯鉤命決》文，見《文獻通考》卷一二八引。《繹史》卷六注作"九淵"。

④ "帝少昊死，葬雲陽山。"《讖遁甲開山圖》文，見《太平御覽》卷七九引。

⑤ "次曰顓頊，則高陽氏，傳二十世，三百五十歲。"《春秋緯命曆序》文，見《禮記·祭法》正義引。

⑥ 一、"搖光如蜺，貫月正白，感女樞，生顓頊。"《詩緯含神霧》文，見《初學記》卷九、《太平御覽》卷十四、《路史後紀》八注及《繹史》卷七注引。二、"搖光如蜺，貫月正白，感女樞幽房之宮，生顓頊。首戴干戈，有文德也。"《河圖》文，見《初學記》卷九、卷二四，《太平御覽》卷七九、卷一三五，《北堂書鈔》卷二三及《史記·五帝本紀》正義引。《黃氏逸書考》依清河郡本，以爲係《河圖稽命徵》文，於"生顓頊"下加"於若水"三字；又依《古微書》，以爲《河圖握矩紀》文，《緯攟》以爲非是。三、《黃氏逸書考》依《古微書》引路史後紀》八"帝乾荒擢首而謹耳，豭喙而渠股，是襲若水，取蜀山氏，曰樞，是爲河女，所謂淖子也。淖子感搖光于幽防而生顓頊"一段，以爲係《河圖握矩紀》文；《緯攟》以爲非緯文，見卷十三《古微書訂誤》，故未據引。

頭上有象干戈的紋理，身上併幹，據說這些都是有文德、崇仁義、理陰陽的相貌①。

顓頊制定曆法，以十一月為正；色尚赤，薦玉用赤色的繒；又制定樂律，叫做"五莖"；據緯讖註釋者的意見，以為顓頊能為五行之道建立根莖（好像現代語說基礎），所以有這名稱。②

儺禮也始於顓頊時代。據說：顓頊有三個兒子，生而死亡，變為疫鬼。一在江水，叫做瘧鬼；一在漢土（或作若水），叫做魊鬼（或作罔兩）；一在宮室的角隅，喜歡驚嚇大人和小兒，叫做小鬼。人們在十二月由禮官方相氏舉行"儺"禮。他蒙着熊羆的皮，臉上塗着黃金色，畫成四隻眼睛，玄色的衣，纁色的裳，手裏拿着戈和盾，帥領着羣吏和小孩們，到宮室裏搜查驅逐疫鬼。又拿着桃弓和葦矢，敲着土鼓，射這些疫鬼們；再用赤丸五穀來灑掃，以除去一切的災殃。③

顓頊傳二十世，三百五十年（已見第 345 頁註⑤）。一說顓頊只傳九世④。

十一　帝嚳──五人帝之四

繼顓頊之後而為五帝的，是帝嚳。帝嚳就是高辛氏⑤。他生有異表，有說他

---

① 一、"顓頊首戴干戈，有文德也。"已見第 345 頁註⑥。二、"顓帝戴干，是謂崇仁。"《春秋緯演孔圖》文，見《路史前紀》六注引。三、"顓頊併幹，上法月參，集威成紀，以理陰陽。"《春秋緯元命苞》文，見《太平御覽》卷七九引。又卷三七二，"併幹"作"駢齒"，"月"作"日"，"集威"作"秉度"，文稍不同。四、《黃氏逸書考》依《古微書》，引《路史後紀》"顓頊渠頭併幹，通眉帶干"等語，以為係《河圖握矩紀》文；《緯攟》以為非緯文，見卷十三《古微書訂誤》，故未據引。

② 一、"高陽氏尚赤，以十一月為正，薦玉以赤繒。"《尚書中候勅省圖》文，見《通典》卷五五引。二、"顓頊樂曰五莖。"《樂緯協圖徵》及《動聲儀》文，見《初學記》卷十五、《太平御覽》卷五六六及《禮記·樂記》正義引。注："能為五行之道立根莖也。"又注："道有根莖，故曰五莖，……能為五行之道立根本也。"《繹史》卷七注引作《樂緯》文。

③ "顓頊有三子：生而亡去，為疫鬼。一居江水，是曰瘧鬼（《太平御覽》作疫，下同）；一居漢土（作若水），是為魊鬼（作罔兩）；一居宮室區隅，喜驚人（下有小兒二字），是為小鬼。于是常以正歲十二月，令禮官方相氏掌蒙熊羆（作皮），黃金四目，玄衣纁裳，執戈揚盾，率百吏及童子而時儺，以索室而驅疫鬼。以桃弓、葦矢，土（作土）鼓且射之；以赤丸五穀等灑掃以祛疫鬼（作播洗之以除疾殃）。"《禮緯》文，見《太平御覽》卷五三〇引。《黃氏逸書考》依《說郛》卷五，以為係《禮緯稽命徵》文；又以為《禮緯斗威儀》文。按《文選·東京賦》注引作《漢舊儀》，則儺禮，漢代尚在流行。

④ "顓頊傳九世。"《春秋緯命曆序》文，見《左傳》文公十年正義及《大戴禮記·五帝德》盧辯注引。

⑤ "次是帝嚳，則高辛氏，傳十世，四百歲。"《春秋緯命曆序》文，見《禮記·祭法》正義引。又《左傳》文公十年傳正義、《禮記·月令》正義、《大戴禮記·五帝德》注及《繹史》卷八注引，均作"帝嚳傳十世"。

駢齒;有説他方頤;也有説他和顓頊一樣,頭上有象干盾的紋理;總之,這都是做帝王的奇相①。

帝嚳即位,命重黎掌司曆象,改以十三月爲正;色尚黑,薦玉用黑色的繒;又制定樂律,叫做"六英";據緯讖註釋者的意見,以爲顓頊能爲天地四時六合之道發揮菁華,所以有這名稱②。

帝嚳傳十世,共四百年(已見第 346 頁註⑤)。帝嚳以上,依緯讖編著者的意見,也以爲樸略難傳;直到唐堯、虞舜,才焕然可以效法③。

十二 唐堯——五人帝之五

繼帝嚳之後而爲五帝的,是唐堯④。

唐堯也是"感生"而爲帝王的。唐堯的母親名叫慶都。她本是火帝的女兒,生於斗維的郊野,常在三河的東南。她自己的誕生就很神異,據説,天大雷電,有血流潤到大石的裏面,於是誕生了慶都。她長大以後,形貌像火帝。她的頭上時常有黄雲覆蓋着;雖然少喫食物,但不飢餓。二十歲,寄住在伊長孺的家裏。她没有丈夫;但出遊到三河的上游,好像有神靈跟隨着她。一天,忽然看見一條赤龍,背着圖録出來。她展開來一看,上面有文字,大概説"赤受天運";下面有圖,畫着一個人,穿赤色的衣服,光亮的臉色,八彩的眉毛,鬢髮長七尺二寸,上面瘦削些,下頤豐滿些,足下有翼宿的紋理。寫着"赤帝起誠天下寶"七個字。一霎兒,陰風四合,赤龍和慶都合婚,於是就懷孕。到了十四月,才生堯

---

① 一、"帝嚳駢齒,上法日參,秉度成紀,以理陰陽。"《河圖握矩紀》文,見《路史後紀》九注引。又《太平御覽》卷三六八引首句。二、"帝嚳方頤",《河圖》文,見《緯攟》依《格致鏡原》輯引。三、"帝嚳戴干,是謂清明。"《春秋緯演孔圖》文,見《路史前紀》六引。《繹史》卷八注引作《春秋緯元命苞》文。四、"帝嚳戴干,是謂通明,發節移度,蓋象招摇。"《春秋緯元命苞》文,見《太平御覽》卷八〇、卷三五七、《路史後紀》九注及《五行大義》論五帝二一引。五、《黄氏逸書考》依《古微書》,引《路史後紀》"帝嚳駢齒、方頤、龐顙、珠庭、仳齒、戴干"等語,以爲係《河圖握矩記》文,《緯攟》以爲非是,見卷十三《古微書訂誤》,故未據引。

② 一、"高辛受命,重黎説天文"。《春秋緯文耀鉤》文,見《後漢書·律曆志》及《路史後紀》九注引。二、"高辛氏尚黑,以十三月爲正,薦玉以黑繒。"《尚書中候勅省圖》文,見《通典》卷五五引。三、"帝嚳(樂)曰六英。"《樂緯協圖徵》及《動聲儀》文,見《初學記》卷十五、《太平御覽》卷五六六及《禮記·樂記》正義引。注:"道有英華,故曰六英。……六英能爲天地四時六合之道發其菁華也。"《繹史》卷八注引作《樂緯》文。

③ "帝嚳以上,樸略難傳;唐、虞以來,焕焕可法"。《尚書緯璇璣鈐》文,見《尚書序》正義引。又《文選·魯靈光殿賦》注及《繹史》卷八注引作:"帝嚳以上朴略,有象難傳。"文稍簡略。

④ "帝嚳傳十世,乃至堯。"《春秋緯命曆序》文,見《周禮·春官·大司樂》疏引。

於丹陵，一説是伊祁，形貌和龍圖一樣。後來堯長大，慶都就將這龍圖送給堯①。又後來，慶都將死的時候，黑雲入户，蛟龍守門，所以《易經》裏有"時乘六龍以御天"的話②。

堯的狀貌也很特别。他身長十尺；一説身長八尺七寸。眉有八彩，或説眉像八字。庭骨像朱鳥星和太微星。③

堯的道德非常純備，一切以寬容爲懷，好像天地覆載萬物一樣。即位以後，勵行德治，一點兒不懈怠。他爲事擇人，引用俊義的人居官。那時萬民和樂，將他和伏犧並稱，甚至於稱讚他的功德和上天相同。當時的文化程度興盛可觀，所以後世有"成帝德者堯，開王表者禹"的話。但堯非常謙遜，曾説過皇道和帝德不

---

① 一、"堯母慶都，有名於世，蓋火（《繹史》及《黄氏逸書考》引作大，下同）帝之女，生於斗維之野，常在三河之東南。天大雷電，有血流潤大石之中，生慶都。長大，形像火帝（作大帝），常有黄雲覆蓋之。夢（作蔑）食不飢。及年二十，寄迹伊長孺家。無夫，出觀三河之首，常若有神隨之者。有赤龍負圖出，慶都讀之，赤受天運。下有圖，人衣赤，光面，八彩，鬚髮長七尺二寸，兑上豐下（下有'足履翼宿'四字），署曰：'赤帝起誠天下寶。'虺龍陰風雨（《繹史》作淹然陰風），赤龍與慶都合昏，有娠，龍消不見。既乳堯，貌如圖表。及堯有知，慶都以圖予堯。"《春秋緯合誠圖》文，見《太平御覽》卷八十、卷一三五、《藝文類聚》卷八九、《初學記》卷十及《繹史》卷九注引。《黄氏逸書考》以爲"夢食"當作"蔑食"；蔑，小也。二、"粤若堯母，曰慶都，游於三河，龍負圖而至。其文要曰赤受天佑。眉八采，鬚髮長七尺二寸，圓兑上豐下，足履翼宿。既而陰風四合，赤龍感之。孕十四月而生堯於丹陵。其狀如圖，身長十尺。有盛德，封於唐。厥夢作龍而上。厥時高辛氏衰，天下歸之。"《黄氏逸書考》依清河郡本，以爲係《尚書中候握河紀》文。三、"帝堯之母曰慶都，生而神異，常有黄雲覆上。"《春秋緯合誠圖》文，見《太平御覽》卷七六引。四、"堯，火精，故慶都感赤龍而生。"《春秋緯元命苞》文，見《五行大義》論五帝第二一引。五、"慶都與赤龍合昏，生赤帝伊祁，堯也。"《詩緯含神霧》文，見《初學記》卷九及《文選·魯靈光殿賦》注引。六、"慶都與赤龍合，生帝堯於伊祁。"《河圖》文，見《太平御覽》卷一三五引。《黄氏逸書考》又依《説郛》卷五及清河郡本，以爲《河圖稽命徵》文。七、"震十有四月而生於丹陵。"《讖遁甲開山圖》文，見《路史後紀》十注引。

② "其母崩去，玄雲入户，蛟龍守門，故曰：時乘六龍以御天也。"《易緯坤靈圖》佚文，見《太平御覽》卷八十及《初學記》卷十引。鄭玄注："謂慶都，天皇之女。"

③ 一、"堯身長十尺"，係《尚書中候握河紀》文，已見本頁註①。二、"赤帝之爲人，視之豐，長八尺七寸。"《黄氏逸書考》依《古微書》，以爲係《雒書靈準聽》文；《緯攟》以爲係《春秋緯合誠圖》文。三、"堯眉八彩，是爲通明。"《春秋緯演孔圖》文，見《路史前紀》六注引。四、"堯眉八彩，是謂通明，歷象日月，璇璣玉衡。"《春秋緯元命苞》文，見《太平御覽》卷八十及《繹史》卷九注引。《尚書大傳》云："眉八眉。八者，如八字也。"五、"堯鳥庭、荷勝、八眉。"《孝經緯援神契》文，見《太平御覽》卷八十引。注云："鳥庭，庭有骨表取象朱鳥與太微庭也。朱鳥戴聖，荷勝似之。八眉，眉有八彩也。"六、《黄氏逸書考》依《古微書》，引路史後紀》十"豐下兑上，龍顔日角，八采三眸，鳥庭荷勝，琦表射出，握嘉履翌，竅息洞通"等語，以爲係《雒書靈準聽》文；《緯攟》以爲非緯文，見卷十三《古微書訂誤》，故未據引。

是他所能專有。①

　　因爲堯的政績這樣優越,所以上天賜給他許多祥瑞。這許多祥瑞中,最有名的,也是河圖和洛龜兩件事②。

　　據説,堯以五行的火德王天下,所以當他即位七十年的時候,上天派遣赤龍賜給他《河圖》③。《河圖》出現的情形是這樣的:一天,帝堯出遊河渚,一條赤龍背着圖從河中出來。圖赤色像錦綈,用赤玉爲柙,白玉爲檢,黄珠爲封泥,玄玉爲印鑑,蓋有"天皇大帝合神置"的印章,又署有"天上帝孫伊堯"等字。龍去,圖留,堯和太尉舜等一百二十人啓視,後來將它藏在大麓④。或説,當時龍馬銜着甲出來。甲像龜背,廣長九尺,赤文緑字,上面有星宿的分野、斗正的度數和帝王興亡的紀録⑤。帝堯接受《河圖》以後,立壇祭天。他自己西向鞠躬如折磬,命伯禹接神,舜和契陪位,后稷相禮儀,供祭品。堯説:我自己没有德行,但敬奉上天所賜

---

① 一、"放勛欽明文塞晏晏。"《尚書緯考靈曜》文,見《後漢書·馮衍傳》、《皇后傳》及《陳寵傳》注引。註:"道德純備謂之塞,寬容覆載謂之晏。"二、"堯勵德匪懈,萬民和欣,文命咸德,俊乂在官。"《尚書中候握河紀》文,見《太平御覽》卷八七三、卷八七二,《開元占經》卷一一八及《後漢書·光武帝紀》注引。三、"堯德清平,比隆伏犧。"《尚書中候握河紀》文,見《太平御覽》卷八七三及八七二引。四、"曰若稽古帝堯。稽,同也。古,天也。"《尚書緯》文,見《詩·玄鳥》及《長發正義》引。按鄭玄《尚書注》云:"稽,同也。古,天也。言堯能順天而行,與之同功。"五、"帝堯文明",《尚書中候握河紀》文,見《文選·宣德皇后令》注引。六、"帝堯焕炳,隆興可觀。"《尚書緯璇璣鈐》文,見《文選·魯靈光殿賦》注引。七、"成帝德者堯,開王表者禹。"《河圖》文,見《文選·曲水詩序》注引。《黄氏逸書考》作:"成帝德名堯。"八、"順堯考德,題期立象。"《尚書緯帝命驗》文,見《後漢書·曹襃傳》、《律曆志》及《路史後紀》十一注引。註云:"題五德之期,立將起之象。"九、"堯曰:皇道帝德,非朕所專。"《尚書中候握河紀》文,見《周禮·地官·師氏》疏及《禮記·曲禮》正義引。

② 一、"堯廣被四表,致於龜龍。"《禮緯含文嘉》文,見《五行大義》論五帝第二一引。二、"堯受圖書。"《尚書中候苗興》文,見《詩·周頌·昊天有成命》正義引。三、"五百載,聖紀符;四千五百六十歲,精反初。握命人起,河出圖,聖受恩。"《尚書緯考靈曜》文,見《太平御覽》卷四〇一及《路史後紀》十引。鄭玄注:"聖謂堯也。"

③ 一、"堯大德,故赤龍應焉。"《尚書中候》文,見《緯攟》依《天中記》龍類輯引。二、"堯即政七十年,受《河圖》。"《尚書中候》文,見《詩·周南·麟趾》及《魯頌·閟宫》正義引。

④ 一、"唐帝遊河渚,赤龍負圖以出。圖赤色如錦(《文選》註及《繹史》作綈)狀。赤玉爲柙,白玉爲檢,黄珠爲泥,玄玉爲鑑。章曰'天皇大帝合神置',署'天上帝孫伊堯'。龍潤滑,圖在。唐典右尉舜等百二十臣,發視之,藏之大麓。"《春秋緯元命苞》文,見《占經》龍魚蟲蛇占引。《文選·石闕銘》注及《繹史》卷十引注無"赤玉爲柙"以下一段,僅有"龍没圖在"四字。二、"赤龍負圖以出河見,堯與太尉舜等百二十人集發,藏之大麓。"《春秋緯運斗樞》文,見《太平御覽》卷三〇七及《繹史》卷十注引。《黄氏逸書考》依《古微書》,又以爲係《春秋緯合誠圖》文;《緯攟》以爲非是。

⑤ 一、"堯時,龍馬銜甲,(《繹史》於此句上有'修壇河洛,仲月辛日,昧明備備。榮光出河,休氣四塞'一段。)赤文緑色,臨壇上。甲似龜背,廣袤九尺,圓理平上,五色文,有列星之分、斗正之度、帝王録紀興亡之數。"《尚書中候》文,見《左傳》杜預序疏及《繹史》卷十注引。二、"堯時,受河圖,龍銜,赤文緑字。"《尚書中候握河紀》文,見《禮記·禮運》正義引。

的聖圖,現在將它賜示給你們。於是將土地賜封給稷、契和皋陶,并分賜姓號①。

洛龜出書的故事是這樣的:帝堯率領着羣臣,在玉璧上刻着"天子,臣放勳,德薄,施行不元"幾句話,東行沈在洛水。他退下來,在下稷(即側字)候着。忽然洛水裏起來一道赤光,一隻玄龜背着書出來。他的甲上有赤色的紋理,成爲文字,停留在壇上。帝堯又刻璧沈在河水,出來一隻黑龜,也有赤色的文字②。或說,當時,堯和羣臣賢人到翠嬀川,有大龜負圖送給堯。堯於是命臣下抄録,以表示瑞應。抄寫完畢,大龜又回歸水裏。③

和《河圖》《洛書》的傳說相近似的,還有鳳凰負圖的傳說。據説:帝堯坐在舟中,和太尉舜等一同遊覽。忽然有鳳凰負圖飛來,將它授給帝堯。這圖用赤玉爲匣,長三尺,廣八寸,厚三寸;用黃金爲檢,白玉爲繩,封住兩端。上面有印章,是"天赤帝符璽"五個字。④

除了上文的種種祥瑞以外,據説,帝堯即位七十年,景雲出現在翼宿,鳳凰停留在庭閣,朱草生長在郊野,嘉禾孳連在田畝,甘露從天上下降,醴泉從山中噴發。同時,榮光出於河,休氣布滿於天空。當鳳凰飛來的時候,伯禹向帝堯拜賀,說:"從前黃帝軒轅氏統治天下的時候,鳳凰也曾經結巢在阿閣。"至於嘉禾的形狀,據説七莖相連,共有三十五穗。⑤

---

① "堯受河圖,帝立壇,磐折西向。伯禹進迎,舜、契陪位,稷辨護。"《尚書中候握河紀》文,見《周禮·地官·山虞》、《春官·大祝》疏及《詩·魯頌·閟宫》正義引。二、"堯曰:嗟!朕無德,欽奉丕圖,賜爾三子。斯封稷,契,皋陶,賜姓號。"亦《尚書中候握河紀》文,見《詩·商頌譜》正義及《長發》正義引。

② 一、"帝堯刻璧,東沈於雒,書:'天子臣放勳,德薄施行不元。'"《尚書中候運衡》文,見《太平御覽》卷八十引。二、"堯率群臣,東沈璧于洛。退候至于下稷,赤光起,玄龜負書出,背甲赤文成字,止壇。"《尚書中候握河紀》文,見《初學記》卷九、《白孔六帖》卷七、《占經》卷一二〇及《繹史》卷十注引。三、又"沈璧於河,黑龜出,赤文題。"《尚書中候握河紀》文,見《藝文類聚》卷九九、《初學記》卷三十及《太平御覽》卷九三一及《繹史》卷十注引。按《繹史》二節連文,以爲係《尚書中候》文。

③ "堯時,與群臣賢智到翠嬀之川,大龜負圖來投堯。堯勅臣下寫取告瑞應。寫畢,龜還水中。"《龍魚河圖》文,見《太平御覽》卷八十及《藝文類聚》卷九九引。又《黃氏逸書考》依《古微書》,以爲係《河圖挺佐輔》文;《緯攟》以爲非是。

④ 一、"堯坐中舟,與太尉舜臨觀,鳳凰負圖授。"《春秋緯元命苞》文,見《詩·大雅·文王》正義引。二、"堯坐中舟,與太尉舜臨觀。鳳凰負圖文授堯,以赤玉爲匣,長三尺,廣八寸,厚三寸。黃金檢,白玉繩,封兩端。其章曰'天赤(《繹史》作賜)帝符璽'五字。"《春秋緯合誠圖》文,見《初學記》卷三十、《太平御覽》卷九一五、卷二〇七、《藝文類聚》卷四六及《繹史》卷十注引。

⑤ 一、"帝堯即政七十載,景雲出翼,鳳凰止庭,朱草生郊,嘉禾孳連,甘露潤液,醴泉出山。"《尚書中候握河紀》文,《玉函山房輯佚書》據《太平御覽》卷八十、卷七、卷八七二,《藝文類聚》卷一及《開元占經》卷七七合編。二、"帝堯文明,榮光出河,休氣四塞。"《尚書中候》文,見《文選·宣德皇后教》注引。三、"堯德匪懈,醴泉出。"《黃氏逸書考》依《玉海》祥瑞門,以爲《禮含文嘉》文;《緯攟》依《說郛》,以爲《尚書中候》文。四、"堯即政七十年,鳳凰止庭。伯禹拜曰:'昔帝軒提象,鳳巢阿閣。'"《尚書中候我應》文,見《左傳》昭公十七年疏引。五、"堯時,嘉禾七莖,連三十五穗。"《詩緯含神霧》文,見《太平御覽》卷八七三及《路史後紀》十一注引。

帝堯所以能得上天的眷顧，賜給他許多祥瑞，實因爲他有許多具體的政績。帝堯很注意天象曆數，命他的臣子羲和製造渾天儀；用甲子天元爲推步的法術；定十二月爲正①。又興立禮樂。他的樂名爲"大章"，或説名爲"大咸"與"咸池"②。他的廟制稱爲"五府"，和虞舜相同，共有五廟，計親廟四，始祖廟一，和殷六廟制、周七廟制不同③。禮色尚白，薦玉用白繒（已見第 327 頁註⑦）。又制定衣冠車載的制度，以賜給有功績的臣子。④

　　堯所以有這樣優越的政績，固然由於他本身的聖德，但也由於他的臣佐舜、禹、契、后稷、皋陶等的輔助。堯舉舜爲太尉，禹爲司空，稷爲大司馬，而使皋陶典管刑法，爲大理⑤。這幾位臣佐，不是他自己，就是他的子孫，都曾經做過帝王，統治過天下。

　　契就是後來商湯的祖先。他也是無父而"感生"的，但没有親"受命"爲天子。據説：他的母親名叫簡狄。她和姊妹們在玄邱的水裏洗浴，恰好有隻燕子掉下銜着的卵，她得到，好玩地將他含在口裏，不料一不小心，竟吞下去，於是就有孕而誕生了契。後來契長大，輔助着帝堯，封於商。帝堯懂得天命，賜契姓子，并知道他的後裔有湯這位帝王。⑥

---

　　① 一、"唐堯即位，羲和立象儀。"（《路史》作立渾）《春秋緯文耀鉤》文，見《後漢書・律曆志》、《晉書・天文志》、《隋書・天文志》、《太平御覽》卷二、《路史後紀》十一注及《繹史》卷九注引。二、"堯以甲子天元爲推術。"《易緯乾鑿度》佚文，見《太平御覽》卷十六引。《黄氏逸書考》依《古微書》，以爲係《易緯坤靈圖》佚文。三、"陶唐氏尚白，以十二月爲正，薦玉以白繒。"《尚書中候》文，見《宋書・禮志》引。

　　② 一、"堯樂曰大章。"《樂緯動聲儀》及《協圖徵》文，見《初學記》卷十五、《太平御覽》卷五六六及《禮記・樂記》正義引。註云："堯時仁義大行，法度章明，故曰大章。"又註云："大章，言其德被格，道大章明也。"二、"大咸，咸池，堯樂也。"《春秋緯元命苞》文，見《周禮・春官・大司樂》疏引。

　　③ 一、"堯曰五府"，《尚書緯帝命驗》文，見《玉海》卷九五引。二、"唐、虞五廟，親廟四，始祖廟一。夏四廟，至子孫，五。殷五廟，至子孫，六。周六廟，至子孫，七。"《禮緯稽命徵》文，見《禮記・王制》正義及《後漢書・禮志》引。三、"唐堯五廟，親廟四，與始祖五。禹四廟，至子孫，五。殷五廟，至子孫，六。周六廟，至子孫，七。"《孝經鉤命決》文，見《禮記・王制》正義引。四、"唐、虞五廟，殷六廟，周七廟。"《春秋緯元命苞》文，見《通典》卷四七引。五、"唐五廟，夏亦五廟，殷六廟。"《禮緯》文，見《詩・生民》正義、《烈祖序》正義及《周禮・守祧》疏引。

　　④ "帝堯焕炳，隆興可觀。曰載，曰車，曰軒，曰冠，曰冕，作此車服，以賜有功。"《尚書璇璣鈐》文，見《繹史》卷十注引。

　　⑤ 一、"稷爲大司馬，舜爲太尉。"《尚書中候握河紀》文，見《太平御覽》卷二〇九及《禮記・月令》正義引。二、"堯知命，表稷、契，賜子、姬；皋陶典刑不表姓，言天任德遠刑。"《尚書緯刑德放》文，見《白虎通・姓名》篇及《太平御覽》卷五〇二引。又禹爲司空，詳見第 353 頁註①。又皋陶爲大理，詳見第 352 頁註⑤。

　　⑥ 一、"湯之先稷契，無父而生。契母與姊妹浴於玄邱水，有燕銜卵，墮之。契母得，故含之。誤吞之，即生契。"《詩緯含神霧》文，見《史記・三代年表》引。二、"玄鳥翔水，遺卵于流，娀簡狄吞之，生契，封商。"《玉函山房輯佚書》及《黄氏逸書考》依《古微書》，以爲係《詩緯含神霧》文。三、"堯知天命，賜契子，知有湯。"《孝經緯援神契》文，見《詩・商頌譜》正義引。

后稷就是後來周朝的祖先。他和契一樣,也是無父"感生"而沒有親"受命"爲天子。他的母親名叫姜原,曾在閟宫這地方遊玩,看見地上有大人的脚印,她好玩地將自己的脚踏上去,不料竟因此感孕而誕生了后稷。或説后稷的母親是帝嚳十世以後的子孫的配偶。① 后稷的形貌也有點特別;據説,他的面皮上有些土象,這是喜好農耕的象徵② 后稷長大以後,輔助着帝堯,賜姓姬。帝堯曾得有《河圖》、《洛書》,這上面有后稷的名字,説他的後裔一定爲帝王,——這就是指着後來的周文王。③

　　皋陶的後裔據説就是秦④。他也是"感生"的。他的母親名叫扶始。扶始登高邱,看見一隻白虎,上面有雲蓋住他。這本是白帝的精靈;他和扶始合婚,於是受孕而誕生了皋陶。皋陶的形貌也有點特別,嘴像馬(或作鳥,字誤)喙,這本是明察決獄的相。後來,帝堯作天子,在季秋下旬夢見白帝(或作白虎)送給他一位馬喙的孩子,並且將白帝和扶始合婚的經過告訴他。帝堯醒後,訪尋着扶始,問她,一切如堯的話,因徵召皋陶來和他談話。皋陶明於刑法,於是派他作"大理"。據説皋陶曾經在洛水旁邊看見過黑書。⑤

　　禹是帝堯的一位最有功績的臣子。他不僅感天而生,而且受命爲王。因爲他佔着"三王"的首席,不在本文叙述範圍之内,所以將關於禹的其他傳説暫略不提,而只將他和堯的關係的傳説加以輯述。

---

　　① 一、"周本后稷。姜原遊閟宫,其地扶桑,履大人跡,而生後稷。"《春秋緯元命苞》文,見《太平御覽》卷一三五、卷九五四及《藝文類聚》卷五八引。二、"姜原履大人之跡,生后稷。"《河圖》文,見《太平御覽》卷八三、《詩·大雅·生民》正義及《禮記·祭法》正義引。《黄氏逸書考》依《古微書》,以爲係《河圖握矩紀》文,《緯攟》以爲非是。三、"契之卵生,稷之迹乳。"《尚書中候苗興》文,見《詩·大雅·生民》正義及《商頌·玄鳥》正義引。四、"姜嫄是帝嚳十世以後子孫之妃。"《春秋緯命曆序》文,見《禮記·檀弓》正義引。

　　② 一、"后稷岐頤自求,是謂好農,蓋象角亢,載土食穀。"《春秋緯元命苞》文,見《太平御覽》卷三六八及《路史後紀》九注引。註云:"面皮有土象也。"二、"后稷植穀,是爲僂仁,司其所利,海内富明。"《黄氏逸書考》依清河郡本,以爲係《春秋緯演孔圖》文。

　　③ 一、后稷賜姓爲姬,已見第351頁註⑤。二、"堯受《河圖》、《洛書》,后稷有名録,苗裔當王。"《尚書中候稷起》注文,見《詩·大雅·生民》正義引,三、"蒼耀稷生感跡昌",亦《稷起》文,亦見《生民》正義引。四、"蒼精名姬,稷之後昌。"《春秋緯》文,見《文選·曲水詩》注引。

　　④ "皋陶之苗爲秦。"《尚書中候苗興》文,見《詩·秦風譜》正義引。

　　⑤ 一、"堯爲天子,季秋下旬,夢白帝(一作虎)遺吾馬(一作鳥字,誤)喙子。其母曰扶始,升高邱,覩白虎,上有雲,感已,生皋陶。索扶始問之,如堯言。徵與語,明于刑法罪次始終,故立皋陶爲大理。"《春秋緯元命苞》文,見《太平御覽》卷二四、卷五四、卷三九七、《藝文類聚》卷九九、《北堂書鈔》卷一五七、《白孔六帖》卷九八及《初學記》卷十二及《繹史》卷九注引,文繁略稍異。二、"皋陶馬喙,是謂至誠,決訟明白,察於人情。"《黄氏逸書考》依清河郡本,以爲係《春秋緯演孔圖》文。三、"皋陶於洛見黑書。"《緯攟》依《路史》以爲《尚書中候》文。

當時伯禹還是庶人，四岳方伯都薦舉他。堯曉得禹已經得到天所賜與的《括象圖》，長於地理，明瞭九州水泉，於是不再試以普通的官職，就命他爲司空，要他去治水。禹起初辭謝，以爲這是重要的官職，請帝堯另選人材，並且讓給益和夔。帝堯說："你是真正適當的人選呀！並且選出你來，由於《河圖》上所記載的天命，這是天意呢！"於是伯禹告訴帝堯說："臣在河邊游覽，看見一位白面的長人，身體像魚，從河裏出來，說：我是河精，叫文命治淫水。授給臣河圖，再回到水裏。"①照這樣說，禹治洪水，以及受舜禪讓，都是天意已經安排好的。

十三　虞舜——五人帝之六

　　五人帝，名雖五而實六。因爲這六位帝王都是合於天上五帝星座的緣故。(已見第 329 頁註①)這五人帝的最後的一位便是舜。

　　舜也是"感生"的。他的母親名叫握登。握登看見大虹，心竟感動，因此懷孕，生舜於姚墟。② 舜有許多異表，最特別的是每隻眼睛裏有兩個瞳子，所謂"重瞳"③。此外，有說他方面、月衡；有說他龍顏、大口，手中有"褒"字形；也有說他色黑，身長六尺一寸。④

---

① 一、"伯禹在庶，四嶽師舉薦之，握括，命，不試，爵授司空。伯禹稽首，讓於益、歸(夔)。帝曰：何？斯若真。出爾，命圖，示乃天。"《尚書中候握河紀》文，見《太平御覽》卷八二引。二、"禹長於地理水泉山川，得《括象》圖，故堯以爲司空。"《尚書緯刑德放》文，見《太平御覽》卷二〇八引。三、"伯禹曰：臣觀河，河伯面長人首魚身，出曰：'吾河精也。'授臣《河圖》，躡入淵，伯禹拜辭。"《尚書中候》文，見《太平御覽》卷八二引。四、《玉函山房輯佚書》依據《太平御覽》卷八二及卷八七二，作"堯使禹治水，禹辭天地重功，帝欽擇人。帝曰：出爾，命圖，示乃天。伯禹曰：臣觀河，有白面長人，魚身，出曰：'吾河精也。'表曰文命治淫水。授臣《河圖》，躡入淵。伯禹拜辭。"以爲係《尚書中候握河紀》文。

② 一、"握登見大虹，意感而生舜於姚墟。"《詩緯含神霧》文，見《太平御覽》卷八一引。二、"握登見大虹，意感，生舜于姚墟。"《河圖著命》文，見《太平御覽》卷一三五引。《黃氏逸書考》又依《說郛》卷五及清河郡本，以爲係《河圖稽命徵》文。三、"姚氏縱華感樞。"《尚書緯帝命驗》文，見《初學記》卷九引。註云："舜母感樞星之精而生舜華華。"四、"帝舜生姚墟。"《孝經緯援神契》文，見《史記·秦始皇本紀》正義引。

③ 一、"舜重瞳子，是謂滋涼；上應攝提，以象三光。"《春秋緯元命苞》文，見《白虎通·聖人》篇引。《初學記》卷九引上二句；《路史後紀》十一注引下二句，作"下應三元"；《五行大義·論五帝》第二十一作"以統三光"；并以爲係《文耀鉤》文。二、"舜目四瞳，謂之重明；承乾踵堯，海内富昌。"《春秋緯演孔圖》文，見《太平御覽》卷八一引。三、"舜目重瞳，是謂玄景。"《春秋緯演孔圖》文，見《路史前紀》六注引。

④ 一、"有人方面，日衡，重華，握石椎，懷神珠。"《雒書靈準聽》文，見《太平御覽》卷八一及《繹史》卷十注引。註云："眉上日衡。重華，重童子。椎讀曰錘，平輕重者也，握謂知璇璣玉衡之道。懷神珠喻有聖性也。"二、"舜龍顏，重瞳，大口，手握褒。"《孝經緯援神契》文，見《初學記》卷九、《藝文類聚》卷十一、《太平御覽》卷八二及《繹史》卷十注引。註云："握褒，手中有褒字，喻從勞苦起受褒飾致天祚也。"三、"握登生舜於姚墟，龍顏，色黑，身長六尺一寸。"《黃氏逸書考》依清河郡本，以爲係《尚書中候考河命》文。

舜長大以後，父親和後母厭惡他，曾命他修補倉廩，從下面放火焚燒，但是舜穿着鳥工的衣服飛去。又命舜掘井，從上面填塞，想壓死他，但是他穿着龍工的衣服從傍邊逃走。舜曾經在歷山耕種，夢見眉毛和頭髮一齊長①。在少年時候，他雖然經歷過這許多艱苦，但他抱着聖德②，終被帝堯所擢用。

當時堯在位已經七十年，因爲兒子丹朱不肖，不配嗣位統治天下，想訪求賢人，將帝位讓給他。後來堯夢見一位長人來見他，和他討論治平的道理，於是才在服澤的附近找到了舜。③

舜已佐堯統治天下有功，堯打算將天下讓給他，於是沐浴齋戒，在河、雒的附近修建祭壇，選擇好日子，舉行沉璧的典禮，帶領舜等升登首山，循着河渚。當時有五位老人也在河渚那邊游玩：第一位老人說：“《河圖》將來告帝期。”第二位老人說：“《河圖》將來告帝謀。”第三位老人說：“《河圖》將來告帝書。”第四位老人說：“《河圖》將來告帝圖。”第五位老人說：“《河圖》將來告帝符。”一些些時光一條赤龍銜着《河圖》出來，用黃金爲泥，白玉爲檢，裝封得非常莊嚴，並且說：“曉得我的是重瞳啊！”當時五位老人忽然變爲流星，飛昇入昴。黃姚去看，赤龍已不見，只剩下了《河圖》。帝堯和太尉舜將《河圖》打開，上面寫着“帝樞當百則禪于虞”等字樣。帝堯喟然長嘆說：“啊！舜啊！天位的次第落在你的身上。你應該忠實地把握着這中道，使統治的勢力達到四海的邊境，使天祿也永遠在你的身上。”於

---

① "父母憎之，使其塗廩，自下焚之，舜乃服鳥工之衣飛去。又使浚井，自上填之，舜服龍工之服自傍而出。嘗耕於歷，夢眉長與髮等。"《黃氏逸書考》依清河郡本，以爲係《尚書中候考河命》文。按此蓋依《孟子》本文加以敷衍，所謂母，蓋指後母而非指握登。

② "虞舜聖，在側陋，光耀顯都，握石椎，懷神珠。"《尚書緯帝命驗》文，見《太平御覽》卷八一引。

③ 一、"初堯在位七十載矣，見丹朱之不肖，不足以嗣天下，乃求賢以異于位。至夢長人，見而論治。"《尚書緯》文，見《路史後紀》十一引；《玉函山房輯佚書》依《古微書》，以爲係《尚書中候》文；《黃氏逸書考》又以爲係《尚書中候握河紀》文。二、"堯夢長人，見而論治，舉舜于服澤之陽。"《黃氏逸書考》依《古微書》，以爲係《尚書緯帝命驗》文。三、"舜之潛德，堯實知之，于是疇咨於衆，詢四岳，明明揚側陋，得諸服澤之陽。"《玉函山房輯佚書》及《黃氏逸書考》依《古微書》，以爲係《尚書中候》文；《緯攟》以爲此係《路史》引《墨子》語，非緯文，見卷十三《古微書訂誤》，故未據引。四、"堯之長子監明早死，不得立。監明之子封於劉朱，又不肖，而弗獲嗣。"《玉函山房輯佚書》依《古微書》，以爲係《尚書中候》文，《緯攟》以爲此係《路史國名紀》文，非緯文，見卷十三《古微書訂誤》，故未據引。

是就將帝位讓給舜。①

帝舜受命的前後，不僅有五老和赤龍的瑞應，而且還有其他許多祥瑞。據說：帝舜將要受禪的時候，有黄色的雲升於堂屋。正月上日，帝舜正式受位，鳳凰和黄龍下降，朱草和蓂莢孳生，西王母也將地圖和玉玦獻給他。後來，又有景星生於房宿，山車出於山陵。帝舜自己曾謙虚地説：他實在没有什麽德行，但是蓂莢孳生，百獸舞蹈，鳳凰司晨，上天賜給他許多祥瑞。②

帝舜即位五年，上天因爲他的政績優良，又有黄龍負圖的祥瑞出現。據説：舜從堯的太尉受號即位爲天子，五年二月，東巡狩，到了中州，和三公諸侯臨觀河、洛。舜舉行沈璧的典禮，將玉璧投在河裏。退到下稷（即下側），有祥光連接而起。忽然有一條黄龍，花紋五采，負着圖，從河裏出來，將圖安置在舜的面前，又回到水裏。這圖用黄玉爲匣，白玉爲檢，黄金爲繩，紫芝爲封泥。匣形像櫃，長三尺，廣八寸，厚一寸；四合而有啓閉的門。兩端封着，蓋有"天黄帝符璽"五字的印章。這印章廣闊各三寸，深四分，是鳥篆的字體。舜和三公大司空禹、臨侯望博等三十人共同將圖打開。圖玄色，好像綈狀，可以卷舒，長三十二尺，廣九寸，

---

① 一、"堯歸功於舜，將以天下禪之，乃潔齋修壇于河、雒之間，擇良日，率舜等升首山，遵河渚，有五老遊焉，蓋五星之精也，相謂曰：《河圖》將來，告帝以期，知我重瞳黄姚。五老因飛爲流星，上入昴。"《黄氏逸書考》依清河郡本，以爲係《尚書中候握河紀》文。二、"堯歸功於舜，乃齋戒于雒，有五老相謂曰：《河圖》將來，告帝以期，知我者重瞳黄姚。"《黄氏逸書考》依清河郡本，以爲係《河圖録運法》文。三、"堯修壇河、洛，擇良，議此，率舜等升首山，導河渚，五老遊焉，相謂：《河圖》將來，告帝以期。"《論語撰考讖》文，見《路史後紀》十四引。四、"仲尼曰：吾聞帝堯率舜等游首山，觀河渚，乃有五老游河渚，一老曰：《河圖》將來告帝期。二老曰：《河圖》將來告帝謀。三老曰：《河圖》將來告帝書。四老曰：《河圖》將來告帝圖。五老曰：《河圖》將來告帝符。有頃，赤龍銜玉苞，舒圖刻版，題命可卷，金泥玉檢封盛書威。曰：知我者重瞳也。五老乃爲流星上入昴。黄姚視之，龍没《圖》在。與太尉舜共發，曰：帝樞當百，則禪於虞。堯喟然嘆曰：咨，汝舜，天之歷數在汝躬，允執其中，四海困窮，天禄永終。乃以禪舜。"《論語比考讖》文，見《路史餘論》七、《藝文類聚》卷一、《太平御覽》卷五及《文選》王元長《三月三日曲水詩序》注及《繹史》卷十注引。

② 一、"舜之將興，黄雲升於堂。"《春秋緯演孔圖》文，見《太平御覽》卷八及《繹史》卷十注引。二、"正月上日，舜受終，鳳皇儀，黄龍感，朱草生，蓂莢孳，西王母授益地圖。"《雒書靈準聽》文，見《太平御覽》卷八一及《繹史》卷十注引。三、"舜受終，赤鳳來儀。"《尚書緯帝驗》文，見《太平御覽》卷九一〇引。四、"舜受命，蓂莢孳。"《尚書緯帝命驗》文，見《文選》王元長《三月三日曲水詩序》注引。五、"蓂莢，堯舜時皆有之。"《尚書中候摘洛戒》文，見《路史餘論》卷七引。六、"西王母獻舜地圖及玉玦。"《禮緯斗威儀》文，見《路史餘論》卷九引。七、"西王母於大荒之國得益地圖，慕舜德，遠道獻之。"《尚書緯帝命驗》文，見《繹史》卷十注引。八、"王者德至山陵，則山出木根車，應載萬物。虞舜德盛於山陵，故山車出，有垂綏。"《孝經援神契》文，見《繹史》卷十注引。九、"虞舜之世，景雲出房。"《春秋緯佐助期》文，見《太平御覽》卷八七二引。十、"帝舜曰：朕維不義，蓂莢浮著，百獸舞，鳳皇晨。"《尚書中候考河命》文，見《太平御覽》卷八一、卷九一五及《藝文類聚》卷九八引。

中有七十二帝的形像、地理山川的區劃和天文星位的差度。① 或説：這黄龍從洛水出來，鱗甲成字，舜命臣下將它寫録下來。寫完以後，龍又回去。②

　　舜所以能有這許多祥瑞，完全因爲他的政績得到上天的贊許。舜，也就是重華；他一方面敬慎地翼奉皇天的曆象，所以能够和上天同功③；一方面貶損自己以安百姓，所以百姓歡樂他能够繼紹堯的功業。舜的音樂所以稱爲"簫韶"，也就爲此，因爲韶本訓爲繼紹④。後來孔子非常稱贊簫韶，説它的音律温潤而和，好像南風吹來一樣的舒適；他並且就簫韶發揮音樂和人生關係的哲理⑤。

　　舜的政治大部分繼紹堯的功業，但也有改制的地方。如舜改以十一月爲正，色改尚赤，廟名改稱"總章"等等⑥。

　　舜所以有這樣優越的政績，也由於賢臣的輔助。舜時有三公，以稷爲司馬，契爲司徒，禹爲司空，象天上的"三能"。舜後來賞賜羣臣，對於稷、契、皐陶都特

---

①　一、"舜以太尉受號即位爲天子，五年二月，東巡狩，至於中月，與三公諸侯臨觀河、洛，有黄龍五采，負圖，出置舜前，豐入水而前去。圖以黄玉爲匣，如櫃，長三尺，廣八寸，厚一寸，四合而有户。白玉檢，黄金繩，芝爲泥，封兩端。章曰'天黄帝符璽'五字，廣袤各三寸，深四分，鳥文。舜與大司空禹臨侯望博等三十人集發圖，玄色而綈狀，可舒卷，長三十二尺，廣九寸，中有七十二帝地形之制、天文位度之差。"《春秋緯運斗樞》文，見《太平御覽》卷八一及《北堂書鈔》卷一五八引。二、"舜以太尉即位，與三公臨河，觀黄龍五采負圖，出置舜前，以黄玉爲柙，白玉爲檢，黄金爲繩，紫芝爲泥。章曰'天黄帝符璽。'"《河圖》文，見《初學記》卷六、卷三十、《太平御覽》卷九二九、《藝文類聚》卷九八及《北堂書鈔》卷九六引。《黄氏逸書考》依《古微書》，又以係《河圖挺佐輔》文，又依清河郡本，以爲係《河圖録運法》文。三、"帝舜祇德欽象，有光至於稷興，榮光迭至，黄龍負圖，卷舒至水畔，寘舜舟。舜與三公、大司空禹等三十人集發。"《孝經緯援神契》文，見《路史餘論》卷六引。四、"舜沈璧於河，至于下稷(側)，榮光休至，黄龍負卷舒圖，出水壇畔，赤文緑錯。"《尚書中候考河命》文，見《太平御覽》卷八一、卷九二九及《藝文類聚》卷九八引。五、"舜即位，巡省中河，録圖授文。"《孝經緯鉤命決》文，見《文選》江淹《雜詩》注引。

②　"黄龍從雒水出詣舜前，鱗甲成字，舜命寫之，寫竟，龍去。"《河圖》文，見《太平御覽》卷九二九引。又《黄氏逸書考》依《古微書》，以爲《河圖挺佐輔》文；又依《藝文類聚》卷九八及清河郡本，以爲係《龍魚河圖》文。

③　"若稽古帝曰重華，欽翼皇象。"《尚書中候考河命》文，見《太平御覽》卷八一引。按稽古訓爲同天，已見第349頁註①。

④　一、"舜損己目安百姓，致鳥獸鶬鶊，鳳凰來儀。"《禮緯含文嘉》文，見《太平御覽》卷八一及《五行大義》論五帝第二一引。二、"舜之時，民樂其紹堯業；故韶者，紹也。"《春秋緯元命苞》文，見《論語·八佾》正義、《周禮·大司樂》疏及《太平御覽》卷五〇六引。三、"舜樂曰簫韶。"《樂緯動聲儀》及《協圖徵》文，見《初學記》卷十五、《太平御覽》卷五六六及《禮記·樂記》正義引。注云"韶，繼也。舜繼堯之後，循行其道，故曰簫韶。"又注云："簫韶言能紹堯之德也。"

⑤　孔子曰："簫韶者，舜之遺音也。温潤以和，似南風之至。其爲音，如寒暑風雨之動物，如物之動人。雷動禽獸，風雨動魚龍；仁義動君子，財色動小人，是其君子務其本。"《樂緯動聲儀》文，見《太平御覽》卷八一引。

⑥　一、"顔回問三教變，虞、夏何如？曰：教者所以追補敗政，靡弊溷濁，謂之治也。舜之承堯，無爲易也。"《樂緯稽耀嘉》文，見《白虎通·三教》篇引。二、"有虞氏尚赤，以十一月爲正。"《尚書中候勅省圖》文，見《通典》卷五五引。三、"舜曰總章。"《尚書緯帝命驗》文，見《玉海》卷九五引。

別增益他們的土地①。

舜最後將帝位讓給禹,這也是上天的命令。帝舜即位十四年,一天,在演奏音樂,還沒有終止,忽然暴風雷雨,房屋樹木都被損折,桴鼓也被吹倒在地,鐘磬也被吹亂行列。當時,舞人匐伏,樂正狂奔,舜拿住權衡笑着説:"是啊!天下不是一個人的天下啊!這預兆也表見於鐘鼓笙管嗎?"於是將禹薦給上天,代行天子事。那時,和氣滿布,慶雲興起。這慶雲似烟非烟,似雲非雲,那樣地盛大繁多。於是百官相和,唱着《慶雲歌》。帝舜首先唱道:"慶雲爛兮,糾縵縵兮,日月光華,旦復旦兮。"羣臣都進拜稽首和着歌唱:"明明上天,爛然星陳,日月光華,弘予一人。"帝舜又和着歌唱:"日月有常,星辰有行。四時從經,萬姓久誠。於予論樂,配天之靈。遷於聖賢,莫不咸聽。鼚乎鼓之,軒乎舞之。精華以竭,褰裳去之。"那時,八風流通,慶雲聚集,蟠龍蛟龍以及龜鼈都從所藏的淵澤裏出來,離開了虞而來事夏。舜依照堯的故事,在河畔修建祭壇。退到下側,有祥瑞的光射出,一條黃龍負着圖,長三十二尺,安置在壇的旁邊,赤色的字,緑色的紋,上面有"禪於夏后,天下康昌"這些字②。舜因此就將帝位讓給禹。於是"五帝"的歷史終結,而"三王"的局勢開始。

十四　蒼頡——五帝以外的一帝

在一般的歷史裏,每以爲蒼頡是黃帝的史官;但在緯讖裏,蒼頡本人卻是一位帝王。據説:倉帝史皇氏名頡,姓侯剛。他有許多異表:龍顔,闊嘴,四目,發射着靈光。他具有睿德,誕生下來,便會書寫。後來接受河圖録字,於是窮究天

---

①　一、"稷(《繹史》作益)爲司馬,契(《繹史》作髙)爲司徒,禹爲司空,聖帝即位,三公象三能矣。"《尚書緯刑德放》文,見《北堂書鈔》卷五〇及《繹史》卷九注引。又《詩·魯頌·閟宮》正義及《路史高辛紀》注引首二句。二、"禹襃賜羣臣,賞爵有分,稷、契、皋陶皆益土地。"《尚書中候考河命》文,見《詩·大雅·崧高》及《商頌·長發》正義引。

②　"……在位十有四年,奏鐘石笙筦,未罷而天大雷雨,疾風,發屋伐木,桴鼓播地,鐘磬亂行,舞人頓伏,樂正狂走。舜乃攬權持衡而笑曰:'明哉,天下非一人之天下也,亦乃見於鐘石笙筦乎?'乃薦禹於天,行天子事。於時,和氣普應,慶雲興焉。若烟非烟,若雲非雲,郁郁紛紛,蕭索輪囷。百工相和而歌慶雲。帝乃倡之曰:'慶雲爛兮,糾縵縵兮,日月光華,旦復旦兮。'羣臣咸進稽首曰:'明明上天,爛然星陳,日月光華,弘予一人。'帝乃載歌曰:'日月有常,星辰有行。四時從經,百姓允誠。於予論樂,配天之靈。遷於聖賢,莫不咸聽。鼚乎鼓之,軒乎舞之。精華以竭,褰裳去之。'於是八風修通,慶雲叢聚。蟠龍奮迅於厥藏,蛟龍踴躍於厥淵,龜鼈咸出厥穴,遷虞而事夏。舜乃設壇於河,如堯所行。至於下稷,容光休至,黃龍負圖,長三十二尺,置於壇畔,赤文緑錯。其文曰:禪於夏后,天下康昌。"《黄氏逸書考》依清河郡本,以爲係《尚書中候考河命》文。

地的變化，仰觀奎星圜曲的姿勢，俯察山川龜鳥人體的形態，而創造文字。當時，天爲下粟，鬼爲夜哭，龍爲藏匿。他統治一百一十年，定都在陽武。後來葬在衙地的利鄉亭①。

一說：倉頡帝南巡狩，升登陽虛山，臨觀玄扈、洛、汭等水，有靈龜負着書，丹色的甲，青色的文字，授給倉頡，倉頡帝模擬二十八字，刻在陽虛山的石上。後來秦相李斯，精通古文字，也只認識八字，是"上天垂命，皇辟迭王"。現在這字跡已尋訪不到了②。

"文字"這兩個字本是綜合的名詞，那是包含一切概念以指名事物。如果分別解釋，那就"文"是祖先，"字"是子孫。這個文字，如果取象自然，文理完備，如"六書"中"象形"一類，就稱爲"文"，由這"文"逐漸滋衍，好像母子相生似的，如"六書"中的"形聲"和"會意"之類，就稱爲"字"。"字"是孳乳漸多的意思。寫在竹帛上，稱爲"書"。"書"是"如""舒""著""記"的意思③。

十五　三皇五帝之際的諸皇

在緯讖中，三皇和五帝是比較具有整齊的體系的。此外，還有許多一般古史裏所不大記錄的諸皇，大概可安置在天地人三皇以後和黃帝、少昊、顓頊、帝嚳、堯、舜五帝以前。

"十紀"的第一紀是"九頭紀"（已見第 332 頁註②）。繼九頭紀之後的稱爲五龍紀，父子五人，分治五方。長子稱爲角龍，是木仙，號柔成；次子稱爲徵龍，是火仙，號耀屏；三子稱爲商龍，是金仙，號剛瞻；四子稱爲羽龍，是水仙，號翔陰；父親

---

① 一、"倉帝史皇氏，名頡，姓侯剛。龍顏，侈哆，四目，靈光。實有睿德，生而能書。及受河圖綠字，於是窮天地之變，仰觀奎星圜曲之勢，俯察龜文鳥羽山川指掌，而創文字。天爲雨粟，鬼爲夜哭，龍乃潛藏。治百有一十載，都於陽武，終葬衙之利鄉亭。"《春秋緯元命苞》文，見《繹史》卷五注引。二、"蒼頡龍顏。"《春秋緯命曆序》文，見《路史前紀》六引。三、"蒼頡四目，是謂並明。"《春秋緯演孔圖》文，見《藝文類聚》卷十一、《太平御覽》卷三六六及《路史前紀》六引。四、"奎主文章，蒼頡效象，洛龜曜書丹青，垂萌畫字。"《孝經緯援神契》文，見《繹史》卷五注引。

② "蒼頡爲帝，南巡狩，登陽虛之山，臨於玄扈，洛、汭之水。靈龜負書，丹甲青文以授之帝。"《河圖》文，見《山海經·中山經》玄扈水注引。《繹史》卷五注引，以爲係《河圖玉版》文。《黃氏逸書考》又依《古微書》，於"以授之帝"下加"文捉二十八字，景刻於陽虛之石。李斯止識八字，曰：上天垂命，皇辟迭王。今已不可尋矣"一段，以爲係《河圖玉版》文。

③ "蒼頡文字者，總而爲言，包意以名事也。分而爲義，則文者祖父，字者子孫。得之自然，備其文理，象形之屬，則謂之文。因而滋蔓，母子相生，形聲、會意之屬，則謂之字。字者言孳乳浸多也。題之竹帛，謂之書。書者，如也，舒也，著也，記也。"《孝經緯援神契》文，見張懷瓘《書斷》及《太平御覽》卷七四九引。

稱爲宮龍，是土仙，號合離。這五帝的神靈後來分掌四時。到了合離時代人民才知道穴居皮衣①。據這説，那麽，五龍紀是完全由五行説演繹而成的。

或説五龍紀是皇伯、皇仲、皇叔、皇季、皇少五姓。因爲這五姓同時，都用龍爲駕騎，所以號稱五龍②。

五龍紀以後，有所謂鉅靈、黃次、皇神、次民、皇次屈、皇談等古怪的名稱。因爲緯讖散佚，後來校輯的人的意見也不一致，還很顯着雜亂。

據説：鉅靈胡得神元的聖道，造成山川江河，和元氣同生，是九元的真母③。

後來有黃次，黃頭大腹，駕着六隻飛麋，出天參政。到了他，才有官統。他統治了三百四十年，狃神繼他，稱爲皇神，也叫做黃袄。皇神誕生在淮水，駕着六隻飛羊（或作鹿），上下天地，和神靈合謀。他統治了三百年，共五代，一千五百年④。

又後來有次民氏，也稱次是民。次是民死後，六皇繼起，穴居的時代才始告終⑤。

六皇的第一位是辰放氏，也稱皇次屈，大頭四乳，誕生在地郭。他駕着六隻飛麟，順從日月的運行，上下天地，和神靈合謀。統治了二百五十年。辰放氏以前，人民只知道以草木遮蔽身體；到辰放氏時代，天多陰風，於是他教民攀樹衣皮，以防禦風霜；絢髮潤首，以避免霖雨。人民都依從他，稱爲衣皮的人⑥。

辰放以後，離光繼他，號稱皇談。皇談尖頭日角，誕生在地衡。他駕着六隻

---

① "九頭紀……次後五龍紀，父子五人，分治五方。長爲角龍，木仙也，號曰柔成；次爲徵龍，火仙也，號曰耀屏；三爲商龍，金仙也，號曰剛瞻；四爲羽龍，水仙也，號曰翔陰；父爲宮龍，土仙也，號曰合離。其神後司於四時。合離起，民始穴處衣皮毛。"《黃氏逸書考》依清河郡本，以爲係《春秋緯命曆序》文。

② "皇伯，皇仲，皇叔，皇季，皇少，五姓同期，俱駕龍，號曰五龍。"《春秋緯命曆序》文，見《文選‧魯靈光殿賦》注、《路史前紀》二注及《繹史》卷一注引。

③ "鉅靈胡者，偏得神元之道，造山川，出江河，神化之宜，與元氣齊生，爲九元真母。"《讖遁甲開山圖》文，見《路史前紀》三及註及《繹史》卷一引。

④ "有人黃頭大腹，號曰黃次，駕六蚩麋，出天齊政，則有官統，三百四十歲。狃神次之，號曰皇神。出淮，駕六蚩羊（或作鹿），上下天地，與神合謀，政化三百歲；五葉，千五百歲。黃神氏或曰黃袄。"《春秋緯命曆序》文，見《太平御覽》卷九〇六、《藝文類聚》卷九九、《初學記》卷三九及《路史前紀》三引。《黃氏逸書考》依清河郡本，引"皇神駕六飛鹿，化三百歲"，以爲《命曆序》文。

⑤ "次民氏是爲次是民。次是民没，六皇出，天地命易以地紀（或作天易命以地紀，文亦不甚可解），穴處之世終矣。"《春秋緯命曆序》文，見《初學記》卷二九及《路史前紀》三引。《黃氏逸書考》及《緯攟》又依《古微書》及《路史》以爲係《雒書摘六辟》文。

⑥ 一、"辰放氏是爲皇次屈，渠頭四乳，駕六蚩麋，出地郭，而從日月，上下天地，與神合謀，治二百有五十載。"《春秋緯命曆序》文，見《初學記》卷二九及《路史前紀》四引。《黃氏逸書考》及《緯攟》又依《古微書》及《初學記》，作："辰放大頭四乳，號曰皇次屈，出地郭，駕六飛麟，從日月，治二百五十歲。"以爲係《雒書摘六辟》文。二、"古初之人，卉服蔽體。次民氏没，辰放氏作，時多陰風，乃教民攆禾茹皮，以禦風霜；絢髮閏首，以去靈雨；而人從之，命之曰衣皮之人。"《春秋緯命曆序》文，見《路史前紀》四引。

鳳凰，在位五百六十年，或說二百五十年①。

皇談以後，是有巢氏，也稱古皇氏。他身有五色，長肘，駕着六龍和飛麟，順從着日月的運行。他治所在琅邪石樓山南。統治了五百九十年；一說統治了一百多代，不知道他們的年代②。

又後來有庸成氏。他有少子，性喜淫，白晝宣淫於市。庸成氏怒，將他放逐在西南邊境。季子和馬交合而生子，身體像人，但尾和蹄都是馬形。這就是所謂三身國③。

又有柏皇氏，也稱皇伯，生在榑桑，太陽的南邊。他駕着六龍，上下天地，以木德王天下④。

柏皇氏以後，或說就是燧人、伏犧以及黃帝等一班帝王了⑤。

原文載《暨南學報》一九三六年第一卷第一期

---

① "昔辰放治世，離光次之，號曰皇談。銳頭，日角，駕六鳳凰，出地衡，在位五百六十歲。"《春秋緯命曆序》文，見《初學記》卷九及《路史前紀》四引。《路史》及《六帖》卷九四引作"二百五十歲"。

② 一、"次後，有人五色長肘，號曰有巢氏，治五百九十歲。"《黃氏逸書考》依清河郡本，以爲係《春秋緯命曆序》文。二、"有巢氏王天下也，駕六龍飛麟，從日月，號古皇氏。"《河圖》文，見《路史前紀》九引。三、"石樓山在琅邪，昔有巢氏治此山南。王天下百有餘代，未詳年代也。"《識遁甲開山圖》文，見《太平御覽》卷七八及《初學記》卷九引。又《路史前紀》五注及《繹史》卷一注引，均無末二句。按《路史》以爲有巢氏有二，一在燧人氏之前，一在昊英氏之後，不同；今以緯讖爲據，未從改。

③ "庸成氏實有季子，其性喜淫，晝淫於市。帝怒，放之於西南。季子儀馬而産子。身人也，而尾蹄馬。是爲三身之國。"《河圖括地象》文，見《路史前紀》五引。

④ "柏皇氏是爲皇伯，登出榑(或作博，作扶)桑，日之陽，駕六龍而上下，以禾紀德。"《春秋緯命曆序》文，見《文選·海賦》注及《路史前紀》六引。

⑤ "䭆溫次之，號曰遂皇。冬則穴居，夏則巢處。燔物爲食，使民無腹疾。治五百三十歲。忽彰次之，號曰庖犧。有人蒼色大耳，名石年，戴玉理，始立地形，甄度四海，治五百三十歲，而流紇紀作。禪于謀泯，號曰榆罔，治五十四年。軒提次之，號曰帝壽鴻，即軒轅，有熊之子也，興于窮山軒轅之丘。治百有五年，而其孫顓頊次之，號曰高陽。治七十四年，而夋亥次之，號曰帝嚳辛。治七十九年，而放動次之，治曰伊祈。治九十八年而禪于重華，號曰舒昌，亦曰都君。治五十三年，而禪于文命。……"《黃氏逸書考》依清河郡本，以爲係《春秋緯命曆序》文。因其他緯讖輯佚者多未據輯，故本文未據引，而附錄於此。

五十年來中國之新史學

近幾年來，爲大學諸生講授中國史，知道他們研究中國史的困難不在於史蹟的記憶，而在於史蹟背景與關係的了解，而更在於中國史學發展的現階段的把握。因爲這一點暗示，曾經發願想寫一本《中國的新史學與新史料》，以便初學者；又曾經爲暨南大學史地學系成立"史地參考室"，盡量搜集關於整理新史料的文獻，如北京地質調查所、中研院歷史語言研究所、北平故宮博物院、北平圖書館、北平研究院與國外各學術機關的刊物，以及羅振玉、王國維、斯坦因(A. Stein)、伯希和(P. Pelliot)諸人寫印的書籍。"八一三"事變，這參考室因爲近接史地教室，而遠離圖書館，未及遷移，全成灰燼。三年來，因環境的局促，不僅後者的參考文獻一時沒有重行搜集完備的希望，便是前者的寫作計劃也未能安心的順利的進行。現在姑乘本輯刊行之便，先寫關於新史學的趨勢一文；但爲篇幅限制，未能盡量叙述；補充修正，也只好待於異日了！

一

中國史學在世界文化史上有其光榮的地位與悠久的歷史。

中國史學的演變，從殷商以來①，依個人的私見，可分爲四期：第一期稱爲"萌芽期"，從殷商直至春秋以前，甲骨上的刻辭、《易》的一部分的《卦辭》、《爻辭》、《今文尚書》中的一小部分，可認爲代表的材料。第二期稱爲"產生期"，從春秋經戰國而至漢初，相傳爲孔子著修的《春秋》②，以及《竹書紀年》、《國語》、《世

---

① 中國史學萌芽於殷商，係根據最近"小屯文化"的發現。可參考董作賓《帚矛説》(《骨臼刻辭研究》)一文，見《安陽發掘報告》第四期。

② 《春秋》一書，經古文學派認爲孔子所修，可參考晉杜預《春秋經傳集解序》；經今文學派認爲孔子所作，可參考清康有爲《孔子改制考》"六經皆孔子改制所作考"；新史學家錢玄同認爲《春秋》與孔子無關，可參考《答顧頡剛先生書》，見《古史辨》第一册，及《重論今古文問題》，見同上書第五册。

本》等書，可認爲偉大的代表的作品。第三期稱爲"發展期"，從漢初直至清末民初。這是中國史學史上最重要的定型的時期，紀傳體的《二十五史》，編年體的正、續《資治通鑑》，紀事本末體的"九種紀事本末"，以及偏重政制的《十通》，專記學術的《四朝學案》，都可認爲豐饒的代表的作品。第四期稱爲"轉變期"，從清末民初以至現在。在這一時期内，史學的著作雖還沒有形成另一種定型，但與第三期的史學著作，無論就歷史哲學或歷史方法論方面，也就是章學誠所謂"史意"、"史識"、"史學"、"史法"各方面，已逐漸不同，實無容否認或諱言的事。爲行文簡便起見，萌芽、產生、發展三期的中國史學，可稱爲"舊史學"；而第四期，轉變期的史學，可稱爲"新史學"。

中國史學所以由萌芽而產生而發展，自各有其社會的、歷史的背景或基礎；同樣的理由，中國史學所以轉變，所以轉變到今天而仍未能產生另一種定型，也自有其社會的、歷史的背景或基礎。關於這一點，本篇因限於篇幅，也只能就政治的、文化的或學術的各方面略加解釋。

所謂轉變期的新史學，可分爲兩類：一是偏重"史觀"及"史法"方面的，一是專究"史料"方面的。史法每原於史觀，或與史觀有密切的關係；爲行文簡便起見，前者可稱爲"史觀派"，後者可稱爲"史料派"。換言之，中國現代的新史學家可歸納爲兩類，即"史觀派"與"史料派"。固然，也有一些史學家能由新史料而產生新史觀，如李濟（詳下）；但大體地說，仍可以分屬於上述的兩派。這兩派所以產生於清末民初，換言之，這兩派所以使中國史學發生轉變，與清代初期、中葉以及後期的學術思想有密切的淵源的關係；所以想明瞭這兩派的新史學，非先對清代初期、中葉以及後期的學術思想作一度鳥瞰不可。

滿洲貴族入主中原，這一個政治的重大的變局給予當時的士大夫們以非常深刻的刺激。他們就當時的觀點，推究明亡清興的原因，於是歸罪於王學（王陽明一派）末流的空疏與狂妄。所以清初的學術思想界雖然人物輩出，派別各異，但有一點是相同的，那便是"王學的反動"；或者確切點說，消極的修正"王學"，積極的提倡民族思想。大概當時的學術思想界，以地域論，可先分爲南北兩派：北派以顏元爲代表人物，主張實踐，反對冥想與誦讀，可說是"由行而知"派。這派不合於當時士大夫們的經濟背景與政治環境，所以雖然理論不無是處，苦行亦多可佩，但終經李塨、王源兩傳而便中絶。南派又可分爲吳中派與浙東派。吳中派以顧炎武爲代表人物，主張以文字訓詁治經學，以經學矯正理學（更其是心學派的王學），上達於孔子之道，以挽救民族的衰亡。浙東派以黃宗羲爲代表人物，主張以史學充實理學,補救王學的空疏;而同時藉史學以高倡民族主義,保存晚明文獻,以寄其反清復漢的熱望。這兩派,雖然一主"經",一主"史",但都可說是"由知而行"派。所以就王學的修正說,顏元是左翼,顧炎武是中軍,而黃宗羲是右翼;但如就現代新史學的淵源說,黃的關係最深,顧次之,顏可以說無甚關係。所以上溯現代新史學的淵源,第一須追念黃宗羲。

清代的政治,因爲康熙、雍正、乾隆三朝統治政策的成功,更其是對於士大夫們威逼利誘政策的成功,不僅顏元一派因中絕而消滅,就是顧炎武、黃宗羲兩派也或多或少地起了"質"的變化。換言之,顧、黃兩大儒的民族主義的思想逐漸被隱蔽或減退,甚至於消滅;一般學人以經史爲其研究的對象或材料,採取考證、訂補、輯佚等等方法,即所謂廣義的考證學的方法,過其安靜淡泊與世無競的學究生活。到了這時候,顧、黃兩派的研究材料與方法逐漸變而相通,而且有混同爲一的趨勢。所以當清代全盛的時候,一般考證學者,與其說是"治經",不如說是"考史"①。當時代表這個學術趨勢的大儒是錢大昕。就錢氏學術的淵源或師承說,他本屬於顧炎武所派生的以惠棟爲領袖的吳中派,但錢氏於治音韻訓詁經義之外,兼治史學,所著《二十二史考異》、《三史拾遺》、《諸史拾遺》、《補元史·氏族表》、《補元史·藝文志》、《四史朔閏表》、《疑年錄》等書,在中國史學史上,都是第一流具有權威的著作。錢氏在清代學術史中,不僅上承顧、黃,而且下開後儒重修元史、專究西北地理以及編纂史部工具書的學風,而使現代新史學有一個穩固的學術基礎。所以上溯現代新史學的淵源,第二須追念錢大昕。

乾隆朝的晚年,清廷的政治基礎已漸露破綻。經過了道光朝的鴉片戰爭,咸豐、同治朝的太平天國與捻亂,清廷對外對內的統治權的動搖已表現得非常清楚。到了德宗光緒朝,無論在軍事、外交或內政方面,處處顯著土崩魚爛的現象。當時,不僅清廷無法再實施威逼利誘的舊政策,就是士大夫們自己也都惕於危亡日迫,而重新鼓起"經世"的熱情與理想。因爲面對着這樣嚴重的時局,學術思想界已無法置身事外、始終以經史考證學自娛,於是學術思想不得不開始轉變。但學術思想的轉變,仍有待於憑藉,亦即憑藉於固有的文化遺產。當時,國內的文

―――――――――

① 關於這,柳詒徵《中國文化史》第三編第十章《考證學派》有一段很明確的話。他說:"吾謂乾、嘉諸儒所獨到者,實非經學,而爲考史之學。……諸儒治經,實皆考史。或輯一代之學說(如惠棟《易漢學》之類),或明一師之家法(如張惠言《周易虞氏義》之類),於經義亦未有大發明,特區分畛域,可以使學者知此時代此經師之學若此耳。其於《三禮》,尤屬古史之制度,諸儒反覆研究,或著通例,或著專例,或爲總圖,或爲專圖,或專釋一書,或博考諸制,皆可謂研究古史之專書。……"(頁三七八至三七九)。

化仍未脱經學的羈絆,而國外輸入的科學又僅限於物質文明;所以學術思想界雖有心轉變,而憑藉不豐,轉變的路線仍無法脱離二千年來經典中心的宗派。當時代表這種學術趨勢的大儒有兩位:其一是章炳麟,其一是康有爲。就政治思想的立場説,康氏是右派,主張保皇變法;而章氏卻是左翼,主張反滿革命。但就學術思想的淵源説,章氏是舊派,可以説是顧炎武、黄宗羲的學統的繼承者或復興者;而康氏卻是新派,可以説是顧炎武所再度派生的以莊存與爲開山大師的常州派(或稱公羊派,常稱爲今文派)的集大成者。康氏是徹頭徹尾的經學家,他對於現代新史學的關係與貢獻,另有所在(詳見下文)。章氏卻是經史萃於一身的大儒。就經學方面説,章氏本屬於顧炎武所派生的以戴震爲領袖的皖南派,他由俞樾上承王念孫、王引之、段玉裁的學統而直接於戴震,所以他可以説是清代經古文學的最後大師;但就史學方面説,他並不以前一輩的考證的史學爲滿足,而竭力復興黄宗羲派的民族主義的史觀。他收編在《國故論衡》、《檢論》、《太炎文録》裏的文章,如《原經》、《尊史》、《訂孔》、《春秋故言》等篇,不僅在學術論争上是權威的著作,就是對民族革命,也貢獻其絶大的助力。章氏對於史學,真如他自己所説:"發憤於寶書,哀思於國命。"①而且,章氏的經學與史學,並不是分裂的或對立的各不相干的兩部分,而是能有機地聯繫或統一起來的;大概地説:他潛心治學的方法,承襲古文學派的皖派的考證學;而揭櫫應世的觀點,則在復興浙東史學派的民族主義。就他的學統的本身説,固屬於舊派;但就他的學術思想的影響説,卻自有其光榮的功績。所以論述現代新史學的淵源,第三須追念章炳麟。

二

轉變期的中國新史學,在文化的淵源方面,承接浙東史學與吴、皖經學的遺産,而與黄、錢、章三氏有密切的關係,已如上節所説。但這轉變期的中國新史學,更其是史觀派部分,不先不後而恰在清末民初開始其轉變的傾向,卻另有其社會的原因;或者狹義地説,另有其文化的動力。這文化的動力不是由於清代初期與中葉的學術主潮,即上文所説的浙東史學與吴、皖經學,而卻是由於起源於乾、嘉而發展於清末的今文學派,即上文所説的常州學派或公羊學派。

關於今文學派的産生與發展之史的叙述,不在本文範圍之内,現在只能加以

---

① 見《國故論衡》中《原經》篇,頁七〇(浙江圖書館木刻本)。

極概略的説明。依個人的私見，清代復興的西漢今文學派，可分爲前後兩期：前期的今文學派，崛起於莊存與，成立於劉逢祿，而下終於戴望；後期的今文學派，靭始於龔自珍，發展於康有爲，而下迄於崔適。前期以分經研究爲特徵；對於古文經典加以個別的打擊，對於今文經典予以個別的發揮，如莊存與的《春秋正辭》，劉逢祿的《左氏春秋考證》、《春秋公羊經傳何氏釋例》，魏源的《書古微》、《詩古微》，邵懿辰的《禮經通論》，戴望的《論語注》，都是代表的作品。後期以綜合研究、發揮大義爲特徵；對於古文學派的學統與體系加以整個的攻擊，對於今文學派的"微言大義"加以高度的發揮，如龔自珍的《六經正名》，康有爲的《新學僞經考》、《孔子改制考》、《春秋董氏學》、《禮運注》，廖平的《今古學考》、《古學考》、《知聖篇》、《經話》，皮錫瑞的《經學歷史》、《王制箋》，崔適的《春秋復始》，都是代表的作品。前期今文學派所以崛起，或者如梁啓超所説，"發於本學派之自身"；換言之，即學術的原因。因爲清代學術的演變，"以復古爲解放；第一步，復宋之古，對王學而得解放；第二步，復漢、唐之古，對程、朱而得解放"；則"第三步，復西漢之古，對許、鄭而得解放"，實是非常自然的趨勢。至於後期今文學派之所以發展，實"由環境之變化所促成"；換言之，由於社會的原因；而這社會的原因，以"鴉片戰役"爲最重要①。更其如康有爲的《孔子改制考》一書，完全受鴉片戰争的刺激，反映當時曾、左輩所提倡的官僚軍工業的民族資本主義，倡言改制變法，就《公羊》三世之義，而發爲先秦諸子"託古改制"的高論。這一部書，與其説是研究孔子，兼及諸家；不如説是借假孔學，表現自身。然而這一部書卻給予中國史學的轉變以極有力的影響；我們甚至於可以説，如果没有康氏的《孔子改制考》，決不會有現在的新史學派，或者新史學的轉變的路線決不會如此（詳下）。所以總括地説，轉變期的中國新史學所以擡頭，間接由於鴉片戰争之社會的原因，而直接由於今文學派之文化的動力。

三

對於轉變期的中國新史學加以研究的專篇文字，出版界似還没有人着手；偶然論到的，就個人所知，我以前曾撰《緯讖中的"皇"與"帝"》一文，在"前言"中曾

---

① 見梁啓超《清代學術概論》第二節及第二十節，頁六及頁五一至五二（《飲冰室合集》本，專集第九册，專集之三十四）。

將中國現代史學分爲"泥古"、"疑古"、"考古"與"釋古"四派①。馮友蘭在馬乘風《中國經濟史序》裏,將新史學分爲"信古"、"疑古"與"釋古"三種趨勢②。錢穆在《國史大綱》"引論"裏,將中國近世史學分爲三派:一曰"傳統派",亦稱"記誦派";二曰"革新派",亦稱"宣傳派";三曰"科學派",亦稱"考訂派";而"革新派"的史學,隨時遞變,又可分爲三期:其初爲"政治革命",繼爲"文化革命",又繼爲"經濟革命"③。大概我所謂"泥古派",就是馮氏的"信古",略近於錢氏的"傳統派";我所謂"考古派",略等於錢氏的"科學派";馮氏和我所謂"疑古"、"釋古"兩派,略等於錢氏的"革新派"中的"文化革命"與"經濟革命"兩期。雖各人所分派數多寡不同,所定名稱詳略互異,但大致也還相近。

不過,詳密點說,轉變期的中國史學,應該先分爲"史觀"與"史料"兩派。史觀派因觀點不同,可分爲"儒教史觀派"與"超儒教史觀派";前者可稱爲"經典派",後者可稱爲"超經典派"。儒教史觀派又因爲受漢學古文學派的影響與受漢學今文學派的影響而迥然不同,可再分爲兩派。前者屬於舊史學的範圍,雖大師宿儒還多健在,但這派學統遠紹劉歆、班固,近承章炳麟,與轉變期的史學無關,故下文略而不提,而僅將這派所以屬於舊史學的原因略加說明。後者即轉變期的中國史學之首先轉變的一派;就史觀說,雖亦屬於舊的;但就時期說,卻是鴉片戰爭後,亦即近百年來第一派的新史學。至於"超儒教史觀派"的學人,因爲對於歷史方法論與歷史哲學的取捨不同,又可再分爲"疑古"、"考古"、"釋古"三派;但就這三派使中國史學繼中國文字學之後脫離經典的羈絆而獨立一點,卻是相同的。最近數年,即"七七"事變以後,史學界已漸有綜合各派或批評各派而另形成最後新史學派的趨勢;但著作不多,觀感各異,在目前似尚無加以定名論述的必要。至於"史料派",自清末以來,因國內外學者陸續發現、搜集、整理、研究,現在上自數十萬年前的周口店文化,下至近百年來的外交史料,其材料的豐富,以及對於史學影響的重要,頗有"附庸蔚爲大國"之觀,致蔡元培有"史學本是史料學"的論調④。現再將上述表示如次:

---

① 見《暨南學報》第一卷第一號,民國二十五年二月出版。
② 馮原文云:"我曾說過:中國現在史學,有信古、疑古、釋古三種趨勢。就中釋古一種,應係史學之真正目的,而亦是現在中國史學之最新的趨勢。"按馮文成於民國二十五年十月,馬書出版於二十六年十一月。
③ 見錢穆《國史大綱》引論第二節及第三節,頁三至六(民國二十九年七月商務印書館出版,上海未發售)。
④ 見中研院歷史語言研究所出版《明清史料》甲編第一册序言。

（壹）史觀派
（一）儒教史觀派——經典派
（1）受古文學派影響者
（2）受今文學派影響者——轉變期新史學的出現
（二）超儒教史觀派——超經典派
（1）疑古派
（2）考古派
（3）釋古派
（貳）史料派

中國社會從秦、漢到鴉片戰爭以前，或者就政治文化說，到"戊戌政變"以前，這二千多年是中國有史以來最重要最長期的定型時代。適應這時代的文化，中國史學和中國文字學相似，窮究到最後的背景，總受着"儒教的經學"的支配；更確切點說，受經學中的漢學的古文學派的影響。就中國史學演變的形態上看，孔子的《春秋》，司馬遷的《史記》，無論就"史體"說，就"史法"說，似乎都給予中國史學以巨大的影響；其實窮究中國史學演變的本質，古文學派的創始者劉歆與其繼承者班固的史學支配着中國史學史上"發展期"的全期。中國史學的理論家，如劉知幾《史通》中的《六家》、《惑經》、《申左》諸篇，處處抑《春秋》而揚《左傳》，詆《史記》而譽《漢書》；又如章學誠的《文史通義》、《校讎通義》二書，力說集大成者是周公而非孔子，"史意"、"史學"都淵源於劉歆《七略》與班固《漢志》；不都是帶着極濃重的經古文學派的色采嗎？再就史學體裁言：紀傳體，與其說本於《史記》，不如說本於《漢書》；編年體，與其說源於《春秋》，不如說源於《左氏》；政制史（以往目錄家稱爲政書類），與其說始於劉秩《政典》，不如說始於《周禮》六官；學術史（以往目錄家分隸於子部各家），與其說源於《史記》的《孔子世家》、《儒林傳》，不如說本於《漢書》的《藝文志》、《儒林傳》；《左氏傳》、《周官》以及《漢書》不是古文經典以及受古文派學說支配的史學著作嗎？到了清代，除黃宗羲外，錢大昕的經史合一的考證學和章炳麟的許多史學理論，如認孔子是史學家，《春秋》是中國第一部的史學著作，劉歆保存古代文化是孔子第二，其直接繼承經古文學派的學統，更非常明顯。現代學者，受二章（章學誠與章炳麟）的影響，在史學著作界，仍可屈指而數，如張爾田的《史微》，陳漢章的《史學通論》，柳詒徵的《中國文化史》等，不都是與古文學派有相當關係嗎？所以，就個人的私見，發展期的中國史學實以經古文學爲其學術的背景,雖然許多史學家或自覺的、或不自覺的、或多的、或少的在受着他的支配。至於中國史學的轉變,實開始於戊戌政變以後;或者就原因說,開始於鴉片戰爭以後。而給予中國史學以轉變的動力的,卻是經今文學。

四

如上文所述,康有爲是清末後期經今文學派的領袖人物,他所著的《孔子改制考》一書是經今文學給予史學以轉變的動力的重要著作。康有爲是經學家而非史學家;《孔子改制考》是在打通《春秋》、《公羊傳》、《王制》、《禮運》、《論語》以及其他各經各子,以爲倡言變法改制的張本。康氏著作的目的在於假借經學以談政治;但康氏著作的結果,卻給予史學以轉變的動力,破壞儒教的王統與道統,夷孔子與先秦諸子並列,使史學繼文字學之後逐漸脫離經學的羈絆而獨立;而且在史學獨立的過程中,逼使康氏走上時代落伍者的宿命的路;這都是康氏所不及料,所萬不及料的。這種學術思想界的矛盾的演變,是值得我們士大夫化身的智識分子們警惕的。

《孔子改制考》的初版印行於清光緒二十三年丁酉(公元一八九七年),在"戊戌政變"的前一年,當民國紀元前十五年①。全書共二十一卷;其影響及於史學的,有卷一《上古茫昧無稽考》,卷九《孔子創儒教改制考》,卷十《六經皆孔子改制所作考》,卷十一《孔子改制託古考》,卷十二《孔子改制法堯舜文王考》等篇。從康氏追溯到西漢末年哀、平之際,中國學術思想界有一個傳統的見解;這見解支配着中國哲學家,同時也支配着中國史學家。這便是:孔子以前,"道統"與"王統"合而爲一;孔子以後,道統與王統分離。代表這種見解的,以韓愈《原道》一文爲最簡括。韓氏說:"斯道也……堯以是傳之舜;舜以是傳之禹;禹以是傳之湯;湯以是傳之文、武、周公;文、武、周公傳之孔子;孔子傳之孟軻。軻之死不得其傳焉。"這一段話,除"孔子傳之孟軻,軻之死不得其傳焉"兩句,爲後起的宋、明理學開了先路外,所謂堯、舜、禹、湯、文、武、周公、孔子之道"一以貫之",原是士大夫

---

① 據《孔子改制考》重刊本康氏題記。原文云:"光緒丁酉印於上海。戊戌、庚子,兩奉僞旨焚板禁行。越二十年,庚申,重刊於京師。壬戌成,冬印行。"按丁酉爲光緒二十三年,公元一八九七年。戊戌爲二十四年,公元一八九八年;庚子爲二十六年,公元一九〇〇年。庚申爲民國九年,公元一九二〇年;壬戌爲民國十一年,公元一九二二年。

們所深信不疑的。然而,康氏出,以爲孔子以前的史實都是茫昧無稽,我們現在所家喻戶曉的古代史實實是孔子爲救世改制的目的而假託的宣傳作品。中國歷史,從秦、漢以來,才可考信;秦以前,甚至於一般經學家、史學家所深信的《尚書》,如《堯典》、《皋陶謨》、《益稷》、《禹貢》、《洪範》等篇都是孔子所作;就是殷《盤》、周《誥》,也都是孔子根據舊文加以點竄而成;而且舉出四證,證明《堯典》一篇確是孔子手撰。他的武斷,他的狂妄,使現在的我們還覺着驚異;然而,他的識力的敏銳,氣象的瑰奇,又豈是拘拘於訓詁考訂的經古文學者所能夢見?現爲徵信起見,稍錄若干則如次:

中國號稱古名國,文明最先矣;然六經以前,無復書記;夏、殷無徵,周籍已去;共和以前,不可年識;秦、漢以後,乃得詳記。……夫三代文教之盛,實由孔子推託之故。故得一孔子,而日月光華,山川焜耀;然夷考舊文,實猶茫昧;雖有美盛,不盡可考焉。(卷一《上古茫昧無稽考》,頁一。《萬木草堂叢書》本。)

黃帝之言,皆百家所託……故言人人殊。……堯、舜之事,書缺有閒,茫昧無稽也。(同上,頁四。)

秦前尚略,其詳靡記……然則,周制亦茫昧矣。……惟其不詳,故諸子得以紛紛假託:或爲神農之言,或多稱黃帝,或法夏,或法周,或稱三代。皆由於書缺籍去,混混茫茫,然後諸子可以隨意假托。惟秦之後,乃得其詳。……(同上,頁四。)

按三代以上,茫昧無稽,《列子》所謂"若覺若夢,若存若亡"也。虞、夏之文,舍六經無從考信。《韓非》言,"堯、舜不復生,將誰使定儒、墨之誠",可見六經中先王之行事,皆孔子託之,以明其改作之義。……(卷十一《孔子改制託古考》,頁十一。)

《堯典》、《皋陶謨》、《益稷》、《禹貢》、《洪範》,皆孔子大經大法所存……皆純乎孔子之文也。……其殷《盤》、周《誥》、《呂刑》聱牙之字句,容據舊文爲底草,而大道皆同,全經孔子點竄,故亦爲孔子之作。(卷十《六經皆孔子改制所作考》,頁三。)

《堯典》一篇皆孔子作,凡有四證:王充《論衡》:"《尚書》自欽明文思以下,何人所作也?……曰:孔子也。"則仲任尚知此說。其證一。《堯典》制度,與《王制》全同。……《王制》爲素王之制。其證二。文辭……調諧詞整,與《乾卦》彖辭、爻辭……同,並爲孔子文筆。其證三。夏爲禹年號;堯、舜時,禹未改號,安有夏?而不云"蠻夷猾唐"、"猾虞",而云"猾夏"。蓋夏爲大朝……故周時人動稱夷夏、華夏,……雖以孔子之聖,便文稱之,亦曰"猾夏"也。證四。……(卷十二《孔子改制法堯舜文王考》,頁五。)

其次,康氏不僅對於孔子以前的史實加以消極的否定,而且積極的對於中國的舊史觀提出"進化論"的新見解。原來,照中國以往史學家的觀點,更其是受經古文學的影響的史學家,根據一切儒教的經典,認堯、舜、禹、湯、文、武時代都是至治的盛世,認《周禮》確實是周公"致太平之迹",自然而然地會發生有現世不及隋、唐,隋、唐不及秦、漢,秦、漢不及三代,三代不及五帝的感想,世愈古而治愈盛,陷入無可超拔的退化的泥潭,而歸結於悲觀論與宿命論的史觀。中國民族一部分的泥古的與痿痹的現象,固不能完全歸罪於這種退化論;但這種見解之有害於民族的奮發復興,是毫無疑義的。康氏出,憑藉《公羊》三世、《禮運》"大同""小康"的經說,發爲進化的史觀,以爲"據亂"當進爲"升平"(即小康),"升平"當進爲"太平"(即大同);堯、舜時代的文化,只是孔子託以明義,懸一理想的目標,以爲"太平世"的倒影。時愈久則治愈盛,人類社會最後的歸宿終有實現《大同書》上所描寫的"大同世"之一日①。這種空想的社會主義,就現在看,固然缺點很多;但在清末軍事、外交、內政、文化處處陷於失敗或落後的境況的時期,康氏的進化論不僅在中國史學界引起一大波瀾,對於民族的復興也無異於一針強心劑。

康氏所以抱有進化論的見解,是否完全由於治《公羊》學的心得,抑或已受有西洋思想的影響,這是一個值得考證的問題。據康氏的弟子梁啓超的意見,康氏高倡三世進化的學說,在達爾文主義還沒有輸入中國以前,認爲是康氏自己的心

---

① 梁啓超《南海康先生傳》:"先生之哲學,進化派哲學也。中國數千年學術之大體,大抵皆取保守主義,以爲文明世界在於古時,日趨而日下。先生獨發明《春秋》三世之義,以爲文明世界在於他日,日進而日盛。蓋中國自創意言進化學者,以此爲嚆矢焉。先生於中國史學,用力最深,心得最多,故常以史學言進化之埋。以爲中國始開於夏禹。其所傳堯、舜文明事業,皆孔子所托以明義,懸一至善之鵠,以爲太平世之倒影現象而已。……先生於是推進化之運,以爲必有極樂世界在於他日,而思想所極,遂衍爲大同學說。"(《飲冰室合集》,文集第三册,文集之六,頁七二至七三)

又梁啓超《論中國學術思想變遷之大勢》:"以改制言《春秋》,以三世言《春秋》者,自南海始也。……三世之義立,則以進化之理釋經世之志……而導人以向後之希望、現在之義務。……"(《飲冰室合集》,文集之七,頁九九)

得,因而譽爲"一大發明"①。但據我個人的私見,康氏能有進化論的見解,實係受西洋思想的影響,而且深受嚴復譯赫胥黎(T. H. Huxley)《天演論》(*Evolution and Ethics*)的影響。考康氏於二十八九歲時,由廣東南海北遊京師,道出香港、上海,曾盡購讀江南製造局及教會所譯各書。他受西洋思想的影響已始於這時②。嚴譯《天演論》,成於光緒二十二年丙申(公元一八九六年),較《孔子改制考》恰早一年③。那一年,梁啓超有《與嚴幼陵先生書》,説:

> 南海先生讀大著後,亦謂眼中未見此等人。如穗卿(按即夏曾佑)言,傾佩至不可言喻。……書中之言,啓超等昔嘗有所聞於南海而未能盡。南海曰:"若等無詑爲新理,西人治此學者,不知幾何家幾何年矣。"及得尊著,喜幸無量。啓超所聞於南海有出此書之外者。……南海亦曰,此必西人之所已言也。頃得穗卿書,言先生謂斯賓塞之學,視此書尤有進。聞之益垂涎不能自制,先生盍憐而餉之。④

可見康氏師弟對於嚴譯的傾佩及其對於西洋進化論派著作的熱望。考康氏所著《新學僞經考》一書,出版於光緒十七年辛卯(公元一八九一年,民國紀元前二十一年),較嚴譯《天演論》早五年,康著《孔子改制考》早六年⑤。《新學僞經考》一

---

① 梁啓超《論中國學術思想變遷之大勢》:"夫三世之義,自何邵公以來,久闇忽焉。南海之倡此,在達爾文主義未輸入中國以前,不可謂非一大發明也。"(《飲冰室合集》,文集之七,頁九九)
又梁啓超《清代學術概論》:"有爲著此書(指《大同書》)時,固一無依傍,一無勦襲,在三十年前,而其理想與今世所謂世界主義、社會主義者多合符契,而陳義之高且過之。嗚呼! 真可謂豪傑之士也已。"(見第 365 頁註①)

② 梁啓超《南海康先生傳》:"先生……年十八,始遊朱九江(按即朱次琦)先生之門,受學焉。……凡六年而九江卒。……乃屏居獨學於南海之西樵山者又四年。……既出西樵,乃遊京師。其時西學初輸入中國,舉國學者莫或過問;先生僻處鄉邑,亦未獲從事也。及道香港、上海……乃悉購江南製造局及西教會所譯出各書讀之。彼時所譯者……於政治、哲學,毫無所及;而先生以其天禀學識,別有會悟。……"(見第 370 頁註①)

③ 嚴譯《天演論序》末署"光緒丙申重九";又導言《察變》案語:"斯賓氏迄今尚存,年七十六矣。"考斯賓塞生於公元一八二〇年,卒於公元一九〇三年;自生年數至光緒丙申,亦適爲七十六週年。蔡元培《最近五十年之中國哲學》:"五十年來介紹西洋哲學的,要推侯官嚴復爲第一。……他譯的最早,而且在社會上最有影響的,是赫胥黎的《天演論》。……嚴氏譯《天演論》的時候,本來算激進派。……"(見申報館出版《最近之五十年》蔡文頁一至二)

④ 見《飲冰室合集》,文集第一册,文集之一,頁一〇。

⑤ 據《僞經考》重刊本康氏題記。原文云:"光緒辛卯,初刊於廣州,各省五縮印。甲午,奉旨燬板。戊戌、庚子,兩奉僞旨燬板,丁巳冬重刊於京城。戊午秋七月成。更姓記。"按辛卯爲光緒十七年,公元一八九一年。甲午爲二十年,公元一八九四年。戊戌爲二十四年,公元一八九八年。庚子二十六年,公元一九〇〇年。丁巳爲民國六年,公元一九一七年。戊午爲七年,公元一九一八年。

書雖集矢劉歆,爲今文學張目,但未見具有進化論的見解;即如卷三《漢書藝文志辨僞》《春秋》類一段,亦未雜有與《孔子改制考》相同或相似的論調。由這旁證,可見將《春秋》三世之義與西洋進化論相通,當在讀了嚴譯《天演論》之後。所以確切點説,給予轉變期的中國新史學以轉變的動力的今文學,其自身已含有外來文化的因素了!

五

直接受經今文學的啓示,而使中國史學開始轉變的,計有三人:一是梁啓超,二是夏曾佑,三是崔適。現在先述後者。

崔適與其説他是轉變期的史學家,不如説他是清末今文學派最後的經學家較爲恰當。崔氏的著作有《春秋復始》、《論語足徵記》、《五經釋要》與《史記探原》諸書。《春秋復始》一書完全是經今文學的著作,根據經今文學的見地,提出《春秋穀梁傳》的評價問題。後一書,《史記探原》,卻是以經今文學的見地推論到史部紀傳體第一部《史記》的本質問題。崔氏所以能取得清代今文學最後的經師的地位以此,崔氏所以與轉變期的史學有關也以此。

原來《史記》與《漢書》,在史體上,都屬於紀傳體。所不同的,《史記》是"通史",由黄帝直記到漢武;《漢書》是"斷代史",專述前漢一代的史蹟。以往史學理論家對於《史》、《漢》的評價,也每就他們的外表的史體説;例如唐劉知幾《史通》的《六家》篇,以"《史記》家"與"《漢書》家"相較,而稱譽《漢書》"言皆精練,事甚該密;……學者尋討,易爲其功。"而宋鄭樵《通志·總序》卻説:"自班固斷代爲史,無復相因之義。……會通之道自此失矣。"其次或有考《史》、《漢》文句的異同,以觀其得失,如宋倪思的《班馬異同評》一書。至於明人以及清代桐城派散文家評點《史》、《漢》,以主觀的鑑賞,爲字句的推敲,更不足與言學術。總之,從未有對《史》、《漢》内含的本質加以區分的。到了崔適,因經今文學在經部範圍之内,無論分經的或綜合的研究,都已無甚可發展的餘地,於是轉而治史,而首及於《史記》。據崔氏的研究,《史記》屬於經今文學的著作,《漢書》屬於經古文學的著作。《史記》中有與今文説及本書相違,而與古文説及《漢書》相合的,都是曾經劉歆所竄亂。劉歆爲什麽要竄亂《史記》呢?他以爲劉歆既經"顛倒五經",勢不得不波及《史記》,以爲佐證,作爲助莽篡漢的一種文化工作。這種僞造經傳、廣樹證據的工作,決非劉歆一人的力量所能勝任;關於這,崔氏以爲當王莽操政權的時候,曾經"徵天下有通《逸禮》、《古書》、《毛詩》、《周官》、《爾雅》、天文、圖讖、鐘律、月令、兵法、史篇文字者,皆詣公車,至者前後千數,皆令記說廷中,將令正乖繆"; 這千數人便是仰體劉歆的意旨、幫助劉歆僞造竄亂的打手,而《史記》也便是受了這些人的糟蹋!

崔氏的《史記探原》,有原刻本,有北京大學排印本。書首有清宣統二年庚戌(公元一九一〇年)朱祖謀的序文,出版在康有爲《新學僞經考》與《孔子改制考》二書之後。崔氏本是俞樾的弟子①,與章炳麟同門,和皖派的古文派漢學有學統的關係;但他這部書卻完全受康有爲《新學僞經考》的影響。康書卷二《史記經說足證僞經考》本曾有"其書(指《史記》)多爲劉歆所竄改,而大體明粹。以其說與《漢書》相較,真僞具見"的話,已給予崔氏以一種啓示。所以崔書中有許多論據,如《秦始皇本紀》,說始皇設立吏師制度,當時所學不限於法令而兼及《詩》、《書》、百家語;如《儒林傳》,說孔安國並沒有得《古文尚書》;都襲取《新學僞經考》的舊說而加以補充②。其餘,凡《史記》有"古文"二字,或與古文學說相同的,他都斥爲劉歆或後人所竄改。他雖自詡有許多見解爲康氏所未言;他之於康,略如惠棟之於閻若璩③;但本書行文過於簡短,不能列舉理由,以塞反對派的責難,在方法論方面確多武斷的缺陷。大概崔氏過於質樸,沒有康氏的識力和氣魄,因之理論的辯給也遠不及康氏。所以康氏成《新學僞經考》,章炳麟以一代古文學的宿儒,擬執筆駁斥而終於中止;而崔氏《史記探原》出版未久,柳詒徵的弟子繆鳳林便撰著《史記探原正謬》四卷④。雖繆書迄未印行,但崔氏不能折人之口,服人之心,已可見一斑了!

六

接受經今文學的啓示,編寫普通的歷史教本,使轉變期的新史學普及於一般

---

① 《史記探原》凡例:"凡稱師,謂曲園也。漢儒但稱師說,宋儒猶然。《論語集注》'愚問之師曰',謂延平也。今用其例。"按曲園即俞樾。

② 崔說見《史記探原》卷三《秦始皇帝本紀》第六"及卷一《序證》《古文尚書》,卷八《儒林列傳》第六十一";康說見《新學僞經考》卷一《秦焚六經未嘗亡缺考》,頁四至五,及卷三上《漢書藝文志辨僞》,頁七至十一;文繁不錄。

③ 崔氏於宣統三年(公元一九一一年)二月致錢玄同書:"知漢古文亦僞,自康君始。下走之於康,略如攻東晉《古文尚書》者惠定宇於閻百詩之比。雖若'五德'之說與《穀梁傳》皆古文學,'文王稱王'、'周公攝政'之義並今文說,皆康所未言;譬若自秦之燕,非乘康君之舟車至趙,亦不能徒步至燕也。"見錢玄同《重論今古文問題》(《古史辨》第五册,頁二四)。

④ 繆書見范希曾《書目答問補正》卷二頁二,國學圖書館本。

青年們的,是夏曾佑。

夏曾佑不是康有爲的弟子,但青年期住在北京的時候,和康氏的弟子梁啓超及後來成爲"戊戌六君子"之一的譚嗣同很友善。他治經今文學,在和梁、譚結交之前;他是杭州人,或者是受同鄉前輩今文學者龔自珍、邵懿辰的影響。自從他和梁、譚結交以後,因學問上的切磋,思想更趨於前進與解放。那時,他們以爲孔門淑世之學所以轉變,都由於荀卿,而發動一種"排荀"運動①。但夏氏的性格偏於現代心理學家所謂"内向"型,與梁氏的豪邁不同;加以當時生活相當窮困,所以不無鬱鬱②。"戊戌政變",這血的思想鬪爭與政治鬪爭的一幕,大概亦給他很大的刺激。所以"他既不著書,又不講學,……只是和心賞的朋友偶然講講,或者在報紙上隨意寫一兩篇",而且都是"署名别士"。結果,他"貧病交攻,借酒自戕",於民國十三年(公元一九二四年)三月間逝世③。這轉變期的初期的新史學家,留給我們的,除了幾篇在《新民叢報》和《東方雜誌》上發表而還没有人代爲收集出版的幾篇文章外,只有一部未完全而且"並非得意之作"④的《中國歷史教科書》。

---

① 梁啓超《亡友夏穗卿先生》:"穗卿和我都是從小治乾、嘉派考證學有相當修養的人,到我們在一塊兒的時候,我們對於從前所學生極大的反動。不惟厭他,而且恨他。……清儒所做的漢學,自命爲'荀學';我們要把當時壟斷學界的漢學打倒,便用'禽賊禽王'的手段去打他們的老祖宗——荀子。"(見《飲冰室合集》,文集第十五册,文集之四十四上,頁二一)

梁啓超《清代學術概論》第二十四節:"啓超……講學最契之友,曰夏曾佑、譚嗣同。曾佑方治龔、劉今文學。每發一義,輒相視莫逆。其後啓超亡命日本,曾佑贈以詩,中有句曰:'……冥冥蘭陵(荀卿)門,萬鬼頭如蟻。……祖禰往暴之,一擊類執豕。酒酣擲杯起,跌宕笑相視。頗謂宙合間,只此足歡喜。……'此可想見當時彼輩'排荀'運動實有一種元氣淋漓景象。"(見第 365 頁註①)

又夏曾佑《中國古代史》頁三三七至三三八:"蓋漢儒……皆出荀子。……《荀子·仲尼》篇……《臣道》篇……以固寵無患,崇美諱敗,爲六經之微旨,則流弊胡所不至。荀子死於秦前,幸耳。荀子而生於秦皇、漢武之世,有不爲文成、五利者乎?"按此書仍採排荀的主張。

② 梁啓超《與碎佛書》:"……具悉近狀,云何失館,而棲蕭寺?窮歲客況,聞之悽愴……念兄家計,勉集綿薄。……顧此區區,恐未有濟。……儕輩之中,咸稍蘇息;獨君鬱鬱,窮蹙益甚。……"註:"碎佛,夏穗卿先生號。"按此書作於光緒二十二年,當公元一八九六年(見《飲冰室合集》,文集第一册,文集之一,頁一一一)。

③ 關於夏曾佑的生卒年月,各書頗多歧誤。夏氏的生年,梁啓超《亡友夏穗卿先生》一文中未提及。梁氏從子廷燦所編《歷代名人生卒年表》亦只云生於清咸豐(見頁二七六)。夏元瑮所撰《夏曾佑傳略》,云生於咸豐癸亥十月,年六十二(見《第一次中國教育年鑑》戊編,第九,頁四一一)。按咸豐無癸亥年,自咸豐任何一年數至民國十三年(或十二年),亦均超過六十二,當是"同治癸亥"之誤。同治二年癸亥,當公元一八六三年;下至民國十三年(公元一九二四年),適爲六十二年。夏氏的卒年,據梁文末署"十三年四月二十三日,穗翁死後六日",則夏氏卒於民國十三年(公元一九二四年)四月十七日;梁廷燦書亦云夏氏卒於"民國十三,甲子,一九二四";但夏元瑮《傳略》云:"民國十二年三月十五日卒,時年六十二歲。"年、月、日均不同。按《傳略》"民國十二年"當係"民國十三年"之誤,因同治二年至民國十二年,爲六十一年,非六十二年。至月日或以《傳略》爲是,因梁僅係根據夏氏家族的函告。容異日再考訂之。

④ 本段本頁第三行起引號" "中文,都摘自梁啓超《亡友夏穗卿先生》(見本頁註①)。

這部《最新中學中國歷史教科書》是爲商務印書館編寫的，本是一部清末舊制中學本國史教本。第一册出版於光緒三十年(公元一九〇四年)，但是並沒有編完，只出了三册，到隋代爲止。民國十年(公元一九二一年)，梁啓超出版《清代學術概論》，論到和他同時的人物，特別提及夏曾佑和譚嗣同。次年(民國十一年，公元一九二二年)，蔡元培爲申報館紀念刊《最近之五十年》撰《五十年來之中國哲學》一文，根據夏氏這部書，也説到他的宗教哲學。民國十三年(公元一九二四年)，夏氏死，梁氏又爲撰《亡友夏穗卿先生》一文，發表於《晨報》及《東方雜誌》①，於是夏氏的學術聲譽因之上升。民國二十二年(公元一九三三年)冬，商務印書館將這部書加以句讀，改稱爲《中國古代史》，作爲"大學叢書"之一，重行出版，頗引起學術界的注意。當時，繆鳳林在《圖書評論》上撰文批評，並指責商務以中學教科書改稱爲大學叢書。其實這部書在中國現代史學史上自有其相當的地位，如在改版書的首尾加以序跋，詳述夏氏的身世、學術的來源以及本書在中國轉變期的新史學上的評價，則重印改版未嘗沒有相當的意義②。

《中國古代史》(只爲便於稱引起見)一書，開宗明義，便提出達爾文的《種源論》(C. R. Darwin: *The Origin of Species*)。其他以人羣進化的原則論證中國史蹟的，更是掇拾便是③。原來他在戊戌政變以前，對於嚴譯赫胥黎的《天演論》

---

① 見《晨報副鐫》民國十三年四月份及《東方雜誌》第二十一卷第十號。

② 繆文期數待查。據王鍾麒(伯祥)面告，夏書改版在"一二八"之前，確曾爲撰跋。事變以後，跋文大概遺失，故未附印。

③ 馬君武譯爲《物種原始》，中華書局出版，今從夏氏原文。夏氏《中國古代史》第一編第一章第一節"世界之初"："昔之學人篤於宗教，每多入主出奴之意。今幸稍衰，但用以考古而已。至於生物學家者，創於此百年以內，最著者英人達爾文(Darwin)之《種源論》(Origin of Species)。其説本於考察當世之生物與地層之化石，條分縷析，觀其會通，而得物與物相嬗之故。由古之説，則人之生爲神造；由今之説，則人之生爲天演。其學如水火之不相容，……先舉此以告學者，庶幾有所擇焉。"(頁一至二)。又如頁一〇："故凡今自文明之國，其初必由漁獵社會以進入遊牧社會。自漁獵社會改爲遊牧社會，而社會一大進。"如頁一一："故凡今日文明之國，其初必又由遊牧社會以進入耕稼社會。自遊牧社會改爲耕稼社會，而社會又一大進。……我族則自包犧已出漁獵社會，神農已出遊牧社會矣。"如同頁："大凡人類初生，由野番以成部落，養生之事次第而備，而其造文字，必在生事略備之後。"如頁二四："禹乃確立傳位之定法；蓋專制之權漸固，亦世運進步使然，無所謂德之隆替。"如頁二九："中國若無周人，恐今日尚居草昧。……中國之有周人，猶泰西之有希臘。"如頁三五："羣之由分而合也，世運自然之理。物競争存，自相殘賊。歷千餘年，自不能不由萬數減至十數。"(按指春秋、戰國諸侯之争霸)如頁七〇："春秋之時，人事進化，駸駸有一日千里之勢。鬼神術數之學，遂不足以牢籠一切。……至老子遂一洗古人之面目。"如頁一六六："秦以前爲古人之世界，秦以後爲今日之世界。"如頁一八〇："僖公十八年傳，鄭伯始朝於楚，楚子賜金……曰：無以鑄兵。……是其時以銅爲兵。而《史記·范雎傳》云：鐵劍利而勇士倡，則知戰國已用鐵爲兵矣。即西人所謂銅刀期與鐵刀期也。"如頁一八三："古今人羣進化之大例，必學説先開，而政治乃從其後。……至戰國時，——日宗教之改革。此爲社會進化之起原，即老、孔、墨三大宗是也。……四曰財政之改革。井田之制……以近人天演學之理解之，則似不能有此。……其實情蓋以大地爲貴人所專有，而農夫皆附田之奴……至秦商君，乃克去之，此亦社會進化之一端。"如頁三八三："循夫優勝劣敗之理，服從强權，遂爲世界之公例。威力所及，舉世風靡。弱肉强食，視爲公義。於是有具智仁勇者出，發明一種反抗强權之學風，以扶弱而抑强。此宗教之所以興，而人之所以異於禽獸也。"都在應用進化論的理論。

和斯賓塞的《羣學肄言》(Spencer: *The Study of Sociology*),已感到很大的趣味①;加以受康有爲《孔子改制考》的影響,則其接受進化論的思想,以爲本書的骨架,實是當然的事。在本書中,他着眼孔子以前的原始宗教,秦、漢的方士,漢代道教的產生與佛教的輸入;同時着眼宗教與哲學相嬗之故,於老、孔、墨三家之"道",周、秦之際的學派,西漢今文學與方士的關係,東漢古文學與方術的分離,都另立專題②。其識力的敏銳,不僅在當時,就是在現在,和一般只知堆積死的史實的史學家相較,也可説相去倍蓰。夏氏在本書中,並沒有專留意宗教和哲學,而忘記了政制的重要性。他説:"中國五千年之歷史,以戰國爲古今之大界。故戰國時之制度,學者不可不知其梗概。"③又説:"秦、漢南朝尤爲中國文化之標準。""中國之教得孔子而後立,中國之政得秦皇而後行,中國之境得漢武而後定。三者皆中國之所以爲中國。……譬如建屋,孔子奠其基,秦、漢二君營其室。後之王者,不過隨事補苴,以求適一時。"④又説:"清代二百六十一年爲更化之期:此期前半,學問政治,集秦以來之大成;後半,世局人心,開秦以來所未有。此蓋處秦人成局之已窮,而將轉入他局。"⑤這種理論,對於"古今世變",真可稱爲"洞若觀火",與最近有些中國社會史的論戰家相較,或反爲"談言微中,可以解紛"。同時,他對於中國民族的發展,也給予很大的注意,雖然限於時代,他的民族主義思想比較狹窄而不甚同於現在。他溯論中國種族之原,不同意於當時流行的"中國民族西來説"⑥;他詳述兩漢的四裔民族,而更詳於匈奴的政治與世系,予以很高的比重⑦。這些,在當時的史學界,都是不易得的見解。

---

① 已見前第(五)康有爲節及第 371 頁註④。
② 參閲《中國古代史》原書"目錄"便知,文繁不録。
③ 見原書第一篇第二章第二十三節"春秋制度之大概",頁一七八。
④ 見原書第二篇第一章第一節"讀本期歷史之要旨",頁二二五。
⑤ 見原書第一篇第一章第四節"古今世變之大概",頁五至六。
⑥ 公元一八九四年,法人拉克伯里(Perrien de Lacouperie)著《中國古文明西源論》(*Western Origin of the Early Chinese Civilization*),以爲中國黄帝即巴比倫巴克族的酋長,率族東遷而來中國。一八九九年(明治三十九年),日人白河次郎、國府種德合著《支那文明史》,採用這説。一九〇四年(光緒三十年,原書用孔子紀元,署紀元二千四百五十五年),留日學生所組織的東新譯社將這書譯出,改稱爲《中國文明發達史》。當時這説很流行中國學術界,如章炳麟的《序種姓》(《檢論》),丁謙的《中國人種從來考》(《穆天子傳考證》),黄節的《種源篇》,劉師培的《思祖國篇》、《華夏篇》、《國土原始論》,蔣智由的《中國人種考》等都附和這説。獨夏曾佑《中國古代史》説:"據下文最近西曆一千八百七十餘年後,法、德、美各國人數次在巴比倫故墟掘地所發見之證據觀之,則古巴比倫人與歐洲之文化相去近,而與吾族之文化相去遠,恐非同種也。"(見第一篇第一章第三節"中國種族之原",頁三至五)
⑦ 原書第二篇第三十六節至第四十一節,述匈奴之政治及其世系(頁三〇〇至三一〇);第四十二節至第五十九節,述西域、西羌、西南夷、百越、朝鮮、日本(頁三一〇至三三四)。

至於這部書受今文學的影響，採用今文學的學說，更其是康有爲的《新學僞經考》與《孔子改制考》二書中的理論，以反抗傳統的古文學的見解，更是十分明顯。如敘述堯、舜，說："儒家言政治者，必法堯、舜。……九流百家託始不同：墨子言禹，道家言黃帝，許行言神農，各有其所宗。即六藝之文，並孔子所述作，而託始亦異。……惟《書》首堯、舜，其義深矣。"①如敘述孔子手定六經，附錄唐陸德明《經典釋文序錄》，而加以按語說："案此篇皆唐人之學。至宋學興，而其說一變。至近日今文學興，而其說再變。年代久遠，書缺簡脫，不可詳也，然以今文學爲是。"②如敘述春秋、戰國時代的學派說："著錄百家之說，始於《漢書·藝文志》，後人皆遵用其說。然《藝文志》實與古人不同。……因（劉）向（劉）歆之大蔽，在以經爲史。古人以六藝爲教書，故其排列之次，自淺及深，而爲《詩》、《書》、《禮》、《樂》、《易》象、《春秋》。向、歆以六藝爲史記，故其排列之次，自古及今，而爲《易》、《書》、《詩》、《禮》、《樂》、《春秋》。……既已視之爲史，自以爲九流之所共矣，然又何以自解於附《論語》、《孝經》於其後乎？其不通如此。"③對於經古文學者所尊信而將躋於經典的劉歆《七略》與班固《漢志》，直斥爲"不通"，而且深究其"不通"的原因。及敘述兩漢經學學派，更探究經古文學產生之政治的背景，以爲"六藝爲漢人之國教，無禁絕之理；則其爲計，惟有入他說以亂之耳。劉歆爲（王）莽腹心……必與聞莽謀……故爲莽雜糅古書，以作諸古文經。其中至要之義即'六經皆史'一語。蓋經既爲史，則不過記已往之事……而其結果，即以孔子之宗教改爲周公之政法。一以便篡竊之漸，一以塞符命之源，計無便於此者。"他在這一專題中，表明自己的學統，而且表明自己由經今文學轉變爲新史學的原因，在本書中可說是最重要的一段自白。他曾說："自東漢至清初，皆用古文學；當世幾無知今文爲何物者。至嘉慶以後，乃稍稍有人分別今古文之所以然；而好學深思之士，大都皆信今文學。本編亦尊今文學者；惟其命意與清朝諸經師稍異。凡經義之變遷，皆以歷史因果之理解之，不專在講經也。"④夏氏所以尊信經今文學，是由於"好學深思"之學術史的觀察；而夏氏所以由經今文學者轉變爲新史學家，則由於"歷史因果論"的採用。夏氏與康有爲的學統上的離合，在這裏已表白得非常清楚了！

---

① 見原書第一篇第一章第十七節"堯、舜"，頁二〇。
② 見原書第一篇第二章第十節"孔子之六經"，頁七七至九〇。
③ 見原書第一篇第二章第二十二節"周、秦之際之學派"，頁一七五至一七八。
④ 見原書第二篇第一章第六十二節"儒家與方士分離即道教之原始"，頁三四〇至三四三。

夏氏《中國古代史》一書,在内容或本質方面是中國經今文學與西洋進化論思想的糅合,已如上文所説;但我們研究中國現代史學的轉變,更應該注意:夏氏一書,在形式或體裁方面,實受日本東洋史編著者的影響。中國史學體裁上所謂"通史",在現在含有兩種意義:一種是中國固有的"通史",即與"斷代史"相對的"通貫古今"的"通史",起源於《史記》;最顯著的例,如《隋書·經籍志》説梁武帝曾撰《通史》四百八十卷,從三皇到梁代(《史通·六家》篇説六百二十卷)。另一種是中國與西方文化接觸後而輸入的"通史",即與"專史"相對的"通貫政治、經濟、學術、宗教等等"的"通史",將中國史分爲若干期而再用分章分節的體裁寫作。這種體裁不是中國所固有;就我個人現在所得的材料而言,似乎也不是直接由西洋輸入,而是由日本間接的輸入。這類書影響於中國史學界較早而較大的,大概是日本那珂通世的《支那通史》和桑原騭藏的《中等東洋史》①兩書;更其是前者,因爲用漢文寫作的關係,影響更大。這書出版於公元一八九一年(明治二十四年,光緒十七年,也正是康有爲《新學僞經考》出版的那一年),原是學校的教本。東京高等師範學校教授南摩綱紀曾爲這部書撰有序文,説:"著史之要有十":"一曰詳治亂之源委、國勢之隆替;二曰辨政刑之美惡、教育之盛衰;三曰明地理之形、人種之別;四曰審制度之沿革;五曰記學術之異同、工藝之變遷;六曰分貢舉、銓選之良否;七曰舉兵賦、財政、貨幣之制;八曰析賢愚、淑慝、忠姦、正邪之跡;九曰載農商之勤惰、風俗之醇漓;十曰揭他國交涉之事。"關於通史所要叙述的材料大體具備。他稱譽這書能包舉這"十要",説:"初學熟讀此書,則不費力而得略知支那四千年之治亂、政刑、地理、人種、教育、制度、風俗及農工商之大體。"過了八年,中國經過甲午戰役、戊戌政變以後,到公元一八九九年(光緒二十五年己亥),羅振玉將這部書翻印,由上海東文學社出版,但只出版到卷四宋代爲止。羅氏曾爲這翻印本撰序,説:"吾友東儒藤田學士之言曰:自進化之論出,學子益重歷史。……振玉持此義以求諸古史氏,則唯司馬子長近之。……其他卷帙紛綸,衹爲帝王將相□事實作譜系,信如斯賓塞氏東家産猫之喻,事非不實,其不關體要,亦已甚矣。"因而稱譽本書爲"良史",以爲"簡而賅,質而雅,而後吾族

---

① 桑原騭藏《中等東洋史》,二卷,出版於明治三十一年,當清光緒二十四年,公元一八九八年。有樊炳清譯本,於光緒二十五年(公元一八九九年)由東文學社出版。又光緒三十年(公元一九〇四年),泰東同文局出版桑原氏《東洋史課本》,不署譯者姓名。同年,科學書局出版桑原氏著、周同俞譯的《中等東洋史教科書》。光緒三十二年(公元一九〇六年),文明書局又出版同上書;都見於《涵芬樓地字書目》。又"一二八"前商務印書館出版"本版書目"内載有金爲譯桑原氏的《東洋史要》一書,今已絶版,未見。

之盛衰與其强弱、智愚、貧富之所由然可知"。(由羅氏的序文,可知他亦是受進化論的影響而將新通史體輸入的一人。)夏曾佑《中國古代史》書中雖没有説到這部書,但他受日本東洋史研究者的影響仍是顯然的;如他叙述三國疆域與兩晉疆域沿革,便抄録日本重野安繹的《支那疆域沿革圖》及略説①。夏氏這部書,於開端幾節,述種族,論分期,以及以下分章分節的編制,大體與《支那通史》一書相近,而内容精審過之。就體裁説,顯然的受了這位日本東洋史研究者的影響。②

由上文所説,夏曾佑在中國史學轉變的初期,是將中國正在發展的經今文學、西洋正在發展的進化論和日本正在發展的東洋史研究的體裁相糅合的第一人。梁啓超説:"他對於中國歷史有嶄新的見解,尤其是古代史";因而稱譽他是"晚清思想界革命的先驅者",實不是阿好之言。

然而,這位"思想界革命先驅的夏穗卿先生",對於中國歷史雖有嶄新的見解,但不能由理論的知發爲實踐的行。他對於中國史,也只是"好像沙灘邊白鷺,翹起一足",對這波濤千頃的"史海""在那裏出神"③。我們讀到他所説"綜古今之士類言之,亦可分爲三期:由三代至三國之初,經師時代也;經師者,法古守禮,而其蔽也誣。由三國至唐,名士時代也;名士者,倜儻不羈,而其蔽也疏。由唐至今,舉子時代也;舉子者,天地之大,萬物之多,而惟應試之知,故其蔽也無恥。"④真如面對着這位憤世嫉邪的新史學家,而得知其借酒自戕的原因。然而,從夏氏長逝以後,"士類"又一變了。天地之大,萬物之多,而惟個己聲色貨利享受之知,倘使這位憤世嫉邪的新史學家活下去,不知他又將怎樣的憤慨了!

七

直接受康有爲經今文學的啓示,而使中國史學開始轉變、開始脱離經學羈絆的是梁啓超。

梁啓超是康氏的入室弟子,依常理説,是繼承康氏學統最適當的人物;然而因爲康、梁二氏性格的不同,而終於分手。關於這一點,梁氏自己説得很清楚:

---

① 見原書第二編第一章第七十五節頁三八九及第二章第三十九節頁五二一。
② 按當時受日本東洋史研究者的影響,不僅夏氏一人。劉師培於光緒末年間曾編著《中國歷史教科書》二册,由國學保存會出版,其體裁亦與夏書相同。
③ 引語都録自梁啓超《亡友夏穗卿先生》一文,見第 374 頁註①。
④ 見《中國古代史》第二篇第一章第七十四節"三國末社會之變遷下",頁三八九。

啓超與康有爲有最相反之一點：有爲太有成見，啓超太無成見。其應事也有然，其治學也亦有然。有爲常言"吾學三十歲已成。此後不復有進，亦不必求進。"啓超不然，常自覺其學未成，且憂其不成，數十年日在旁皇求索中。……①

關於康、梁二氏離合的經過，梁氏也説得很詳盡：

啓超年十三，與其友陳千秋同學於學海堂，治戴、段、王之學。……越三年，而康有爲以布衣上書被放歸，舉國目爲怪。千秋、啓超好奇，相將謁之，一見大服，遂執業爲弟子。共請康開館講學，則所謂萬木草堂是也。……啓超治《僞經考》，時復不慊於其師之武斷，後遂置不復道。其師好引緯書，以神祕性説孔子，啓超亦不謂然。……

啓超自三十以後，已絶口不談"僞經"，亦不甚談"改制"。而其師康有爲大倡設孔教會……啓超不謂然，屢起而駁之。……持論既屢與其師不合，康、梁學派遂分。……②

梁氏對於康氏，始從而終離，除性格不同的原因外，治學途徑的變異亦是一大關鍵。康氏始終是經學家，其談史也只是爲了治經。因爲康氏是經學家，所以始終談"僞經"，談"改制"，甚至於以神祕性談孔子。梁氏已由經師弟子轉變而爲新史學家，所以留意於"我國舊思想之總批判及其所認爲今後新思想發展應遵之途徑。"梁氏的友人林志鈞爲梁氏編輯遺稿時，曾有很明確的話。他説：

知任公者，則知其爲學雖數變，而固有其堅密自守者在，即百變不離于史是已。觀其髫年即喜讀《史記》、《漢書》；居江户，草中國通史；又欲草世界史及政治史、文化史等。所爲文，如《中國史叙論》、《新史學》及傳記、學案，乃至傳奇小説，皆涵史性。其《歷史研究法》，則其治史之方法論。而《政治思想史》、《美文及其歷史》、《近三百年學術史》、《佛教史》諸篇，皆爲文化史之初稿。……任公先生之於文化史，亦朝夕常言之。……③

---

① 見《清代學術概論》第二十六節，見第 365 頁註①。
② 見《清代學術概論》第二十五、二十六節。頁六一至六五。
③ 見《飲冰室合集·序》頁三。

梁氏雖由經師弟子轉變而爲新史學家,但他的史學思想顯然地受了今文學的刺激而接收進化論的史觀。代表這種見解的,是光緒二十八年(公元一九〇二年)所發表的《新史學》一文。他首先批評舊有的史學,以爲"茲學之發達,二千年於茲矣;然而陳陳相因,一邱之貉,未聞有能爲史界闢一新天地,而令茲學之功德普及於國民"。他再進而指出舊史學的四個"病源":"一曰知有朝廷而不知有國家","二曰知有個人而不知有羣體","三曰知有陳迹而不知有今務","四曰知有事實而不知有理想"。於是結果"汗牛充棟之史書,皆如蠟人院之偶像,毫無生氣,讀之徒費腦力"。因而斥責"中國之史,非益民智之具,而耗民智之具"。梁氏於批評舊史學之後,提出他對於新史學的界說:"第一,……叙述進化之現象";"第二,……叙述人羣進化之現象";"第三,……叙述人羣進化之現象而求得其公理公例"①。他的全部史觀建築在進化論之上!而且不僅以叙述歷史的演進現象爲滿足,並進而探求歷史演進的基因,浸浸乎和最近的釋古派的理論相近!

梁氏在《新史學》發表的前一年,曾發表《中國史叙論》一文,其見解也和這相同。他以爲根據他的新史學的界說,"雖謂中國前者未嘗有史,殆非爲過"。因爲他以爲"近世史家之本分,與前者史家有異。前者史家不過記載事實;近世史家必説明其事實之關係與其原因結果。前者史家不過記述人間一二有權力者興亡隆替之事,雖名爲史,實不過一人一家之譜牒;近世史家必探察人間全體之運動進步,即國民全部之經歷及其相互之關係"②。這種史觀,在現在看來,雖已成爲老生常談,並沒有什麽新奇可喜之處;然在四十年前,確是中國史學界的"颶風"、"火山大噴火"與"大地震"呢!(這是梁氏加於康氏三書的形容詞)

林志鈞恭譽梁氏,説:"際此鄙僿佝陋舉世昏睡之日,任公獨奮然以力學經世爲己任。……其始也,言舉世所不敢言,爲舉世所未嘗爲,而卒之登高之呼,聾發瞶振;雖老成夙學亦相與驚愕而漸即於傾服。所謂思想界之陳涉,視同時任何人,其力量殆皆過之!"③就全部思想界説,梁氏是否是"陳涉",尚有商榷的餘地;但就四十年前的史學界説,梁氏卻確是揭竿而起、登高而呼的草莽英雄陳涉呢!

梁氏的學問趣味雖屢變,史學的著作雖很繁多,但進化論的思想始終或多或少的支配着他的史觀。——民國十二年(公元一九二三年),梁氏講演《研究文化

---

① 見《飲冰室合集》,文集第四册,文集之九,頁一至一一。
② 見同上書,文集第三册,文集之六,頁一。
③ 見《飲冰室合集・序》頁二。

史的幾個重要問題》,仍認歷史的一部分現象是進化的(見《飲冰室合集》,文集第十四册,文集之四十,頁一至七)。——自然,在現在,單純的進化論的見解是否毫無疵瑕,已成問題;而且梁氏是否能澈底的根據這個史觀以完成一部權威的史學著作,也可懷疑。然而,梁氏由經今文學而接受進化論,由進化論而使中國史學發動轉變,梁氏在現代史學史上確已有其不可磨滅的功績。

終梁氏的一生,雖"著作等身",但始終未能完成一部權威的劃時代的史學著作,這原因或亦只能於梁氏的性格方面得到解釋。梁氏對於自己的批評十分嚴格而正確。他説:

> 啓超之在思想界,其破壞力確不小,而建設則未有聞。……啓超務廣而荒,每一學,稍涉其樊,便加論列。故其所述著,多模糊影響籠統之談;甚者純然錯誤。及其自發現而自謀矯正,則已前後矛盾矣。

他之所以有這種弊病,他自謂由於"生性之弱點":

> 啓超……保守性與進取性常交戰於胸中,隨感情而發,所執往往前後相矛盾。嘗自言曰:"不惜以今日之我,難昔日之我。"
>
> 啓超以太無成見之故,往往徇物而奪其所守。……啓超"學問慾"極熾,其所嗜之種類亦繁雜。每治一業,則沈溺焉,集中精力,盡抛其他。歷若干時日,移於他業,則又抛其前所治者。以集中精力故,故常有所得;以移時而抛故,故入焉而不深。……啓超雖自知其短,而改之不勇。①

梁氏的史學著作的缺點,雖不致如他自己對於他的一般學術思想的批評之甚;但"模糊影響籠統之談","往往前後相矛盾",與"入焉而不深"的弊病,確時時表現於他的史學著作中。即死前數年所著的《中國歷史研究法》及所講的《研究法續編》亦都不免。不過梁氏的性格,一方面有其弱點,一方面亦有其長處。林志鈞稱他"款摰而坦易,胸中豁然無所蓋覆,與人言,傾囷竭廩,懇懇焉惟慮其不盡"。② 當屬可信。因為具有這種性格,所以他樂於接受當代後輩的影響,而不

---

① 引語都見《清代學術概論》第二十六節,頁六三至六六。
② 見《飲冰室合集·序》頁三。

儼然以開山大師自居。如"五四"以後，因胡適、梁漱溟的著作與理論，而撰著《先秦政治思想史》、《墨子學案》等史學著作，即其顯例①。這種氣度與修養，在當代學者間殊少其比。假使"天假之年"，實是著撰中國文化史的較適宜的人選。然而如林志鈞所說："邇者中國社會史問題論戰方始，任公不及參與討論焉，即此已不可謂非學術界之一損失。"②平素嘗說：士大夫或知識分子們，有不當早死而竟死者。就史學家言，梁啓超與王國維都是不應死而竟早死者。

八

使中國史學完全脫離經學的羈絆而獨立的是胡適。崔適只是以經今文學兼及史學，夏曾佑只是由經今文學轉變到史學，梁啓超也只是逐漸脫離經今文學而計劃建設新史學。只有胡適，他才是了解經今文學、經古文學、宋學的本質，接受經今文學、經古文學、宋學的文化遺產，而能脫離經今文學、經古文學與宋學的羈絆，以嶄新的立場，建築新的史學。轉變期的史學，到了他確是前進了一步。胡適為什麼會有這樣的業績？除了個人的天才與學力的原因之外，我們不能不歸因於時代的反映。"五四"運動前後本是中國社會飛躍的一個時期，而胡適正是以"代言者"的姿態踏上了這一個時期。異日如有人專究現代中國以及胡適的史學，如果忽略了第一次世界大戰的爆發、中國民族資本主義的擡頭、西洋進化論思想的發展以及中國戊戌以來文化水準的提高等等史實，他將決不能了解胡適，而且也決不能了解中國轉變期的史學！

胡適的歷史哲學與歷史方法論很清楚的很簡潔的表現在他自己的兩篇文章裏：一是《介紹我自己的思想》(即《胡適文選自序》)③，一是《中國哲學史大綱》上卷第一篇的《導言》。在前一篇文章裏，他將十年內一百四五十萬字的三集《胡適文存》選了二十二篇文字，分爲五組：第一組選錄《演化論與存疑主義》、《杜威先生與中國》等六篇，泛論思想的方法；第五組選錄《國學季刊發刊宣言》、《古史討

---

① 錢穆《國學概論》第十章"最近期之學術思想"說："梁任公談諸子，尚在胡適之前；然其系統之著作，則皆出胡後。因胡氏有《中國哲學史》，而梁氏遂有《先秦政治思想史》。因胡氏有《墨辯新詁》(未刊)，而梁氏遂有《墨經校釋》、《墨子學案》諸書。……"(見該書下冊頁一四三)鄙意梁氏的《先秦政治思想史》尊奉儒家，蓋受梁漱溟《東西文化及其哲學》一書的影響。梁啓超晚年在清華研究院講學，宣揚王學，或亦受梁漱溟的影響。

② 見《飲冰室合集・序》頁三。

③ 見《胡適論學近著》第一集下冊卷五頁六二九至六四六。

論的讀後感》等四篇,代表他對於整理國故問題的態度與方法。前者和他的歷史觀有關,後者和他的方法論有關。他說:他的思想受兩個人的影響最大:一位是赫胥黎,一位是杜威。赫胥黎教他怎樣懷疑,教他不信任一切沒有充分證據的東西;杜威教他怎樣思想,教他處處顧到當前的問題,處處顧到思想的結果。換句話說,就是存疑主義(agnosticism)與實驗主義(pragmatism)建立起他的全部思想,而同時建立起他的史觀。存疑主義與實驗主義都是由達爾文的生物進化論派生的,所以簡括地說,胡氏也和轉變初期的史學家相同,都受着進化論的影響,只是比他們更了解得透澈而能更圓滑的應用而已。在方法論方面,他提出兩個基本方法:"一個是用歷史演變的眼光追求傳說的演變,一個是用嚴格的考據方法來評判史料",而"這不過是赫胥黎、杜威的思想方法的實際應用"。所以胡氏的史觀與方法論仍然是"一以貫之"。在《中國哲學史大綱‧導言》一篇,對於歷史方法論,有較具體的說明。他說:研究哲學史有三個目的:一是"明變",二是"求因",三是"評判"。但要達到這三個目的,先須做一番"述學"的工夫。所謂"述學",第一步是"審定史料",第二步是"整理史料"。審定史料的證據可分五種:一是"史事",二是"文字",三是"文體",四是"思想",合稱爲"內證";五是"旁證"。整理史料的方法約有三端:一是"校勘",二是"訓詁",三是"貫通"。胡氏的一切史學著作雖不能說完全依着這步驟,達到這目的;但在他自己,確以爲是在很客觀的向着這方面努力。

是不是完全如胡氏自己所說,他只在接受西洋文化,受着赫胥黎和杜威兩人的思想的影響呢?不是的。胡氏究竟是中國人,他一樣的受着中國文化遺產的培養。依個人的私見,胡氏與其說用西洋的思想來整理"國學"——其實只是廣義的史學,不如說集合融會中國舊有的各派學術思想的優點,而以西洋某一種的治學的方法來部勒他,來塗飾他。他平素稱譽朱熹,稱譽戴震,固然因爲這兩位學者治學的精神與方法有些近於所謂西洋的科學精神與科學方法,不僅僅因爲他們也是安徽人;但很顯然的,胡氏及其同派者都繼承了宋學的懷疑的精神,採用了漢學古文派的考證的方法。我們只能說前修未備,後學加密,卻不能說他們和宋學派及漢學的古文學派毫無學術上的關聯。宋學家,如歐陽修疑《易‧繫辭》《文言》以下非孔子所作,蘇軾譏《書‧康王之誥》爲失禮,朱熹說《詩》《邶》、《鄘》、《衛》、《鄭》、《陳》各《風》多淫泆之辭,蘇轍指《周禮》是秦、漢諸儒以意損益之作,王安石斥《春秋》爲"斷爛朝報",李覯、司馬光批評《孟子》的史識,他們的方法固然有時欠精審,但他們的疑古的精神和胡氏及其同派者所叫喊的"上帝尚可以批評","拿證據來"①,不是一脈相通嗎?至於胡氏與清代考證學,即漢代古文學所派生的學問,不僅有密切的關係,而且完全接受他們治學的業績與方法,更是非常明顯。在《中國哲學史·導言》裏,他談文字,談校勘,談訓詁,稱譽戴震、王念孫、王引之、俞樾、孫詒讓、章炳麟以及盧文弨、孫星衍、顧廣圻這一班樸學大師。蔡元培在這部書的序文裏,說他"生在世傳'漢學'的績溪胡氏,稟有'漢學'的遺傳性,雖自幼進新式的學校,還能自修'漢學',至今不輟"。梁啓超也說"績溪諸胡之後有胡適者,亦用清儒方法治學,有正統派遺風"。② 這種恭譽的話,胡氏並不否認,而且坦然地接受,這能說他和漢學古文派沒有關係嗎?

胡氏及其同派者,除承受宋學的精神與漢學古文派的方法以外,對於清末高度發展的漢學今文派的思想體系,實也有一脈相承之概。《中國哲學史》和以前出版的中國哲學研究著作,無論中國人或日本人寫作的,有兩個最大不同之點,即:一,中國哲學思想不始於堯、舜、禹、湯、文、武、周公,而始於老子與孔子;老、孔以前的思想史料,不採用《尚書》而採用《詩經》。這在現在,似不足驚爲新異;但在當時,民八"五四"以前,卻是頗大膽的"嘗試"。然而,這種思想的來源,不是很顯然的受了康有爲《孔子改制考》一書的影響嗎?中國文化既然始於孔子,堯、舜、文、武不過是儒家托古的人物,《帝典》、《皐陶》不過是儒家托古的禮制,則爲史而治史,爲信史而撰史,將這些僞裝的人物和書籍一筆撒開,不是很合理的方法嗎?其次,胡氏的古代哲學史所以能將老、孔、墨諸子等視齊觀,或者已受章炳麟"諸子學"和梁啓超《論中國學術思想變遷之大勢》③等文的影響,但康氏《孔子改制考》一書,說諸子都是"托古改制",意在尊崇孔子,實則夷孔子與諸子並列,不能不說是曾給了胡氏以思想上的啓示。又其次,如胡氏說"論《春秋》的真意,應該研究《公羊傳》和《穀梁傳》,晚出的《左傳》最沒有用"④;說秦焚書不是古代哲學中絶的真原因⑤;說諸子不出於"王官",《漢書·藝文志》"諸子略"並未能說明諸子產生的原因⑥;這些理論,或是襲用今文學的見解,或是由今文學的見解

---

① 上句見胡適《人權論集序》,已收入《胡適論學近著》卷五頁六二五。下句見《介紹我自己的思想》,《胡適論學近著》卷五頁六三三。
② 見梁啓超《清代學術概論》第二節,頁六。
③ 章氏論"諸子學"九篇,見《章氏叢書·國故論衡》卷下。梁文見《飲冰室合集》文集第三册,文集之七,係光緒二十八年作。
④ 見胡著《中國哲學史大綱》上卷,頁九八。
⑤ 見胡著《中國哲學史大綱》,頁三八四至三八七。
⑥ 見胡著《中國哲學史大綱》再版本附錄《諸子不出於王官論》。該文原載《太平洋》雜誌一卷七號,後收入《胡適文存》初集。

而加以擴大、加以轉變。

關於胡氏這一派和今文學的關係，錢玄同有更忠實的叙述。他説："一九〇九，細繹劉申受（逢禄）與龔定盦（自珍）二人之書，始背師（章太炎師專宗古文，痛詆今文）而宗今文家言。……自一九一一讀了康、崔二氏之書，乃始專宗今文。"①又自述受業崔適的經過，説："自一九一一（辛亥）至一九一三（民國二），此三年中，玄同時向崔君質疑請益；一九一四年（民國三）二月，以札問安，遂自稱弟子。"②他初由章炳麟研究文字學，後由崔適接受今文學。他的《答顧頡剛書》，他的《重論經今古文問題》，更其是他論《左傳》與《國語》的關係問題，都帶有非常濃厚的今文學的色彩③。胡氏的弟子顧頡剛也曾叙述到他和今文學的關係。"自從讀了《孔子改制考》的第一篇之後，經過了五六年的醖釀，到這時始有推翻古史的明瞭的意識和清楚的計劃。"又説："我的推翻古史的動機固是受了《孔子改制考》的明白指出上古茫昧無稽的啓發，到這時而更傾心於長素先生（有爲）的卓識。"④總之，胡氏及其同派者的學術思想繼承着今文學的思想體系而加以擴大，加以轉變，是無可諱言的。

那末，他們是今文學者的"流風餘韻"嗎？那又不然。他們不是經學家而是史學家，他們不是舊的史學家而是新的轉變期的史學家。胡適説自己"不主張'今文'，也不主張'古文'"⑤。錢玄同説自己"從一九一七以來，思想改變，打破'家法'觀念，覺得'今文家言'什九都不足信"。⑥ 顧頡剛説："我對於今文家的態度總不能佩服。……他們拿辨僞做手段，把改制做目的，是爲運用政策而非研究學問。"⑦他們由今文學胎育出來，而結果卻否定今文學，這便是中國現代學術界演變的歷程！錢玄同去姓而自稱"疑古玄同"，其實"疑古"已成這一派的標幟而與"考古"、"釋古"成爲中國現代史學三派之一了。就"疑古派"所研究的史料與方法而論，或可稱爲"記載考證派"，以與"考古派"之稱爲"遺物考證派"相别。所謂"記載考證派"，因爲他們的材料限於記載的書本，而他們的方法不出於史實的

---

① 見《論今古文經學及辨僞叢書》，已收入《古史辨》第一册頁二九至三一。
② 見《重論經今古文問題》，收載《古史辨》第五册，頁二四至二五。
③ 《答顧頡剛先生書》，見《古史辨》第一册頁六七至八二。《重論經今古文問題》本係標點本《新學僞經考》，載在北京大學《國學季刊》第三卷第二號，後加增改，收載《古史辨》第五册頁二二至一〇一。
④ 見顧編《古史辨》第一册《自序》頁四三。
⑤ 見《中國哲學史大綱》卷上頁九八。
⑥ 見《論今古文經學及辨僞叢書》。
⑦ 見顧編《古史辨》第一册《自序》。

考證而已。

　　胡氏《中國哲學史大綱》上卷的出版,恰當着"五四運動"的發展①,曾風行一時。過了三年,民國十一年(公元一九二二年),梁啟超在北京大學哲學社講演,曾加以批評②,但也不過指出本書的若干缺點,並未能將"疑古派"的史觀與方法論的缺陷加以暴露。民國十六年(公元一九二七年)以後,中國學術思想界,更其是史學方面,漸趨複雜。當時批評胡氏的文章頗多,而以李季的批判一書最爲熱辣③,然而並未引起胡氏的答辯。顧氏《古史辨》出版後的經過也和這大致相同。當第一册初出版時④,很引起學術界的趣味;但不久接上來的是許多深刻的批評⑤,其中較熱辣的是馬乘風的一篇批判文字⑥。平心而論,一種歷史哲學或一種歷史方法論,都有其優點,也都不免有其缺點,而其優點與缺點且每每隨着社會的時代的進展而無法遮掩,只有歷史的本身才是客觀的公平的批判者。"疑古派"在中國史學史上自有其不可一筆抹煞的業績,他們繼承今文學的思想體系,採用古文學的治學方法,接受宋學的懷疑精神,而使中國的史學完全脫離經學而獨立,這在中國學術演進史上是不能不與以特書的。至於他們的史料限於記載的書本,他們的研究方法仍不免帶有主觀的成見,他們的研究範圍僅及於秦、漢以前的古史以及若干部文學著作,因之,他們的成績不免消極的破壞多於積極的建設。至於進化論、存疑主義與實驗主義,應否應用於史觀,則"見仁見智","是亦一無窮,非亦一無窮",在簡短的本篇只好暫存而不論;而況在這派學者中,對這種思想,究竟了解到怎樣的程度,應用到怎樣的階段,也未能一概而論呢。

---

　　① 本書初版發行於民國八年(公元一九一九年)二月。
　　② 《評胡適之中國哲學史大綱》,現收入《飲冰室合集》,文集第十三册,文集之三十八,頁五〇至六八。
　　③ 當時《新社會雜誌》、《讀書雜誌》及《二十世紀雜誌》上都有批評胡氏《哲學史》的文章。李季的《胡適中國哲學史大綱批判》一書出版於民國二十年(公元一九三一年),後又收入《我的生平》一書中。
　　④ 《古史辨》第一册出版於民國十五年(公元一九二六年)六月。
　　⑤ 張蔭麟《評近人對於中國古史之討論》見《學衡》第四十期。陸懋德《評顧頡剛〈古史辨〉》,見《清華學報》三卷二期。梁園東《古史辨的史學方法商榷》,見《東方雜誌》二十七卷二十二、二十四號。鄭振鐸《湯禱篇——古史新辨之一》,見《東方雜誌》三十卷一號。
　　⑥ 見馬乘風初版的《中國經濟史》第一册第四編第四章《顧頡剛〈古史辨〉批判》,頁四八五至五四〇。本書出版於民國二十四年(公元一九三五年)五月,由中國經濟研究會發行。馬書以後由商務印書館發行,將第四章全部刪去。

九

對於疑古派的研究方法提出修正意見的是"考古派",這派的代表者,在初期有王國維,在後期有李濟。這派的起源並不後於疑古派,但他們能卓然自成一派,以與疑古派平分中國現代史學界,卻在疑古派形成之後。這派與今文學和宋學已可說毫無關係,與古文學的治學方法雖有學統上的一點聯繫,但到了後期(最近),連這一點聯繫也在若有若無之間。這派和我所說的史料派有密切的關係,但比史料派前進了或深入了一步。史料派只注意史料的發現、搜集與整理;至於整理後的史料應如何與中國已有的史學配合或如何修正中國史學,他們可存而不論。至於考古派,他不僅注意新的史料與舊的史學的關聯,而且因而建立他們的歷史方法論,因而建立他們的史觀。到了這派的後期學者,中國史學不僅脫離經學的羈絆,而且脫離中國一切以往舊文化的羈絆;遠古的史料,而處以嶄新的技術,中國史學到此已完全宣告獨立,誰能否認這是中國史學的大進步呢?

王國維的治學生涯可分爲幾個時期,因之,他的成就也是多方面的。關於前者,治學的分期,羅振玉和王氏的弟國華説得很清楚①。大概從甲午中、日戰爭以後到辛亥革命是他治學的前期;這時期,他初受康有爲、梁啓超政論的影響,由教育學而心理學而哲學而文學史與文學批評;在文學批評方面,有很高的成就②。從辛亥革命以後一直到他的自殺(民國十六年,公元一九二七年),是他治學的後期;這時期,他受羅振玉史料學的影響,由古文字學而古史學而西北民族史地研究;在古史學方面,建樹起另一學派。關於後者,他的學問的成就,陳寅恪

---

① 羅振玉《觀堂集林序》:"光緒戊戌……君年二十有二。君方治東西文字,繼又治泰西哲學。歲丁未(按即光緒三十三年,公元一九〇七年),君有《静庵文集》之刻。戊申(按即次年)以後……又治元、明以來通俗文學,時則有《曲録》之刻,而《宋元戲曲史》亦屬草於此時。……辛亥之變……航海居日本,自是始盡棄前學,專治經史,日讀注疏盡數卷,又旁治古文字聲韻之學。甲寅(按即民國三年,公元一九一四年),君與余共考釋《流沙墜簡》,余考殷虚文字,亦頗采君説。丙辰(按即民國五年,公元一九一六年)之春,君自日本歸……撰述乃益富。丁巳(按即次年),君撰《殷卜辭中所見先公先王考》及《殷周制度論》,義據精深,方法縝密,極考證家之能事。"見商務新印本《海寧王靜安先生遺書》第一册。

又王國華《静安遺書序》:"十八,丁中、日之戰,變政議起,先君以康、梁疏論示先兄,先兄於是棄帖括而不爲。二十二,入時務報館,兼學東瀛、西歐文學,好叔本華、尼采之書,是爲先兄治新學之始。於譯述外,凡整理宋、元以來劇曲之稿率成於其時。……會上虞羅叔言(按即羅振玉之字)……以古學期先兄,是爲先兄治甲骨金石史地之始。嗣後二十年間,由古文字而古史而西北民族史地,學問著述,世所共知。"見同上。

② 見吴文祺《近百年來的中國文藝思潮》第四段"王國維的文藝思潮",載《學林》第二輯頁一六三至一七七。

也有很明晰的說明。他說：

> 其學術內容及治學方法，殆可舉三目以概括之者。一曰取地下之實物與紙上之遺文互相釋證；凡屬於考古學及上古史之作，如《殷卜辭中所見先公先王考》及《鬼方》、《昆吾》、《獫狁考》等是也。二曰取異族之故書與吾國之舊籍互相補正；凡屬於遼、金、元史事及邊疆地理之作，如《萌古考》及《元朝祕史》之主因亦兒堅考等是也。三曰取外來之觀念與固有之材料互相參證；凡屬於文藝批評及小說戲曲之作，如《紅樓夢評論》及《宋元戲曲考》《唐宋大曲考》等是也。①

這三類的著作都可包括於廣義的史學，但影響於中國史學界最大的卻是第一類，即陳氏所謂"屬於考古學及上古史之作"。

敘述王氏的古史學，須追溯到殷虛甲骨文字的發現及其研究。關於這方面，近人的著述已多，擬不再辭費②。大概甲骨的收藏始於王懿榮；拓印始於劉鶚；文字研究始於孫詒讓；史學研究始於羅振玉，而實始於王國維；王氏是將甲骨學由文字學演進到史學的第一人。王氏在這方面的代表著作，有《殷卜辭中所見先公先王考》、《續考》、《殷周制度論》③、《殷虛卜辭中所見地名考》、《殷禮徵文》以及《古史新證》④等。王氏史學的業績，不僅在於論斷的精審，而是在於方法的縝密。他所以非僅僅屬於史料派的學者在此，他所以有別於疑古派而能卓然自成考古派也在此。王氏是一位很篤實淳樸的學者，只顧自"立"，不願"破"他，對於歷史方法論的論爭不大願意參加。羅振玉在民國十二年（癸亥，公元一九二三年）爲《觀堂集林》作序，曾轉述王氏的話，說："君嘗謂今之學者於古人之制度文物學說無不疑，獨不肯自疑其立說之根據。"這是很明顯的對於疑古派不滿的話。後來，王氏在《古史新證》第一章《總論》裏，才肯定的提出自己的見解。他說："上

---

① 見陳寅恪《王靜安先生遺書序》。
② 可參考董作賓《甲骨年表》（載民國十九年八月中研院歷史語言研究所《集刊》第二本第二分），邵子風《甲骨書錄解題》（民國二十四年十一月商務出版），容媛《金石書錄目》卷七甲骨類（民國十九年中研院歷史語言研究所單刊乙種之二）。又拙著《關於甲骨學》，係通俗文字，現收入《開明活葉文選》及傅東華編商務出版《高中國文》。
③ 三文都見《觀堂集林》卷九、卷十。
④ 《卜辭中所見地名考》見《王靜安遺書》第十一册《觀堂別集》卷一頁十七至十八。《殷禮徵文》見同書第二十四册。《古史新證》原係清華研究院講義；民國十六年載《國學月報》第二卷八期至十期；民國十九年，載入《燕大月刊》第七卷第二期。民國二十四年，趙萬里以王氏手藁本印行。

古之事,傳說與史實混而不分。史實之中,固不免有所緣飾,與傳說無異;而傳説之中,亦往往有史實爲之素地。二者不易區別,此世界各國之所同。"這種承認傳說之史學研究上的價值,比今文學派及疑古派將傳說一筆勾消,使中國悠久的歷史只剩了東周以來的下半截,實較爲審慎。他指斥疑古派的缺點,説:"至於近世,乃知孔安國本《尚書》之僞,《紀年》之不可信,而疑古之過,乃併堯、舜、禹之人物而亦疑之。其於懷疑之態度及批評之精神,不無可取;然惜於古史材料未嘗爲充分之處理。"最後提出自己的方法論。他説:"吾輩生於今日,幸於紙上之材料外,更得地下之新材料。由此種材料,我輩因得據以補正紙上之材料,亦得證明古書之某部分全爲實錄。即百家不雅馴之言,亦不無表示一面之事實。此二重證據法,惟在今日,始得爲之。"他所謂紙上的史料,有(一)《尚書》,(二)《詩》,(三)《易》,(四)《五帝德》及《帝繫姓》,(五)《春秋》,(六)《左氏傳》、《國語》,(七)《世本》,(八)《竹書紀年》,(九)《戰國策》及周、秦諸子,(十)《史記》;所謂地下的材料僅有(一)甲骨文字與(二)金文兩種。他自稱這講義爲《古史"新"證》,這"新"字正所以自別於疑古派。所以如果我們稱疑古派爲"記載考證派",則考古派實可稱爲"遺物考證派"。記載考證派不過以紙上的材料與紙上的材料相比較,以考證古史的真僞;而遺物考證派則以地下的材料與紙上的材料相比較,以考證古史的真象。兩派的不同,不僅在於材料的種類,而在於比較的方法。疑古派偏於破壞僞的古史,而考古派則以建設真的古史爲職志。目的不同,方法各異,於是他們研究的結論亦自不相一致了。

那末,王氏研究的結論是否偏於保守的而爲傳統的史學派(即泥古派或信古派)張目呢?那決不然。王氏研究古史,原在闡明殷商時代社會的真相,但給予古史學以巨大的影響的,卻在打破夏、商、周三代王統道統相承之傳統的觀念。因爲據古文學派的解釋,商、周兩朝是同父異母的兩個兄弟的子孫所建立。商的始祖是契;他的母親是簡狄,他的父親是帝嚳。周的始祖是棄,即后稷;他的母親是姜嫄,他的父親也是帝嚳。既然棄也是帝嚳的兒子,爲什麽姜嫄要將他的兒子棄於"陋巷"、"平林"和"寒冰"呢?關於這,古文學者有許多奇怪的不能自圓其説的解釋[①]。到了王氏,他根據地下的新史料以與紙上的舊史料相比較,以爲殷、周的典章制度都不相同,顯然的是兩個系統。於是王氏的弟子徐中舒撰《殷商文

---

① 可參考《毛詩正義》卷十七《大雅·生民》篇。

化之蠡測》一文①,直言殷、周係屬兩種民族。甚至於胡適、傅斯年也都受這種見解的影響②。三代王統道統相承之傳統的觀念到此已完全由動搖而推翻了。王氏的學術思想無論在文字學、文學或史學方面,都是革新的;但他的私生活,受着羅振玉的牽掣,卻是反動的。前進的理論與後退的實踐無法調和,所以他最後只得出於自殺的一途以解決一切。陳寅恪說他是以生命貢獻給"超越時間地域之理性"③,雖亦確有理由,但恐怕還不是根本的原因呢!中國轉變期的新史學家有兩位"畸人":一是夏曾佑,一是王國維。夏氏以醇酒自戕,而王氏則以蹈水悲劇終。知及之、勇不足以赴之的人每每有這種悲悶,這實是我們後學所當時常警惕的。

繼王氏之後而使考古派史學飛躍一步的是李濟。王氏的治學方法還和古文學的考證派有相當的關聯,而李氏則是純粹受西洋考古學的訓練的學者。李氏初回國,從事於仰韶文化(中國新石器時代文化)的發現,曾著有《西陰村史前的遺存》一書④。到民國十七年(公元一九二八年),中研院成立;次年(公元一九二九年),李氏為該院歷史語言研究所考古組主持安陽小屯殷墟的發掘。從這以後,殷商地下史料的獲得,才由偶然的發現進而為科學的發掘;同時,地下史料的範圍也由甲骨而擴大到銅器、陶器以及其他材料。由"甲骨學"的名稱而轉變為"小屯文化"、"青銅器時代文化"或"白陶文化"研究,以與前一時代的"仰韶文化"、"新石器時代文化"或"彩陶文化"研究相對,這正表示中國新史學發展的標幟。李氏和他的同事從事於安陽發掘,到民國二十五年(公元一九三六年)冬,先後共十四次;但《發掘報告》在上海可以見到的,只有四期;所研究的材料,也只限於前七次。二十二年(公元一九三三年)以後的材料,偶見於《田野考古報告》,但也不是系統的。這些研究報告的文章,大體都可以歸納於史料派,不在於本篇敘述範圍之內,故略而不提。就個人的私見,李氏所以不僅是史料派而可屬於史觀派中的考古派,因為他不僅以發掘整理這地下的史料為滿足,且進而解釋這些史

---

① 見中研院歷史語言研究所《集刊》第二本第三分,於民國二十年(公元一九三一年)四月出版。
② 胡適撰《說儒》一文,見《胡適論學近著》第一集上冊頁三至八一;傅斯年撰《周東封與殷遺民》一文,見同上書附錄頁八二至八九;都受殷周異民族說的影響。傅氏又撰《夷夏東西說》一文,見《慶祝蔡元培先生六十五歲論文集》下冊頁一〇九三至一一三四。按胡著成於民國二十三年(公元一九三四年)春,傅前文成於民國二十年(公元一九三一年)春,後文成於二十三年(公元一九三四年)春。
③ 見陳寅恪《王靜安先生遺書序》。
④ 此書於民國十六年(公元一九二七年),由清華大學研究院出版。西陰村在山西夏縣。

料。代表這種解釋工作的是《殷虛銅器五種及其相關之問題》一文①。依據這篇文章研究的結果殷商文化不是單純的古代的中國文化,而是複合的文化。這文化有三個來源:一是本土的文化;代表這文化的是甲骨文字、龜卜、蠶桑業和一部分陶器。一是西土的文化,也就是和仰韶文化有關的文化;代表這文化的是陶業。一是南亞的文化;代表這文化的是稻米、水牛、青銅器中所含的錫,更其重要的是文身的民俗。仰韶文化是安特生(Andersson)等所發現②,他和小屯文化的關係較易推論③;但說殷商文化含有南亞文化的成分,則李氏以前決沒有人這樣主張過。依這見解加以推論,則不僅西漢末年以後中國輸入印度文化,明末以來輸入西洋文化,即普通所謂秦、漢以前的中國固有文化也含有外來文化的成分了!這種見解已超出舊的單純的進化論,而和文化傳播論者(cultural diffusionist)或批評派(critical school)的文化人類學發生聯繫了!在中國文化人類學這一部門非常貧乏的現況之下,李氏這篇文章確是中國學術界進步的路標呢!

  對於史料派及考古派加以批評的,在現代學人間,還不大見到。就我所知的,只有錢穆。錢氏大概將這兩派合稱爲考訂派;他說:"考訂派則震於科學方法之美名,往往割裂史實,爲局部窄狹之追究。以活的人事換爲死的材料。治史譬如治岩礦,治電力,既無以見前人整段之活動,亦於先民文化精神漠然無所用其情。彼惟尚實證,夸創獲,號客觀,既無意於成體之全史,亦不論自己民族國家之文化成績。"④錢氏站在"通史致用"的觀點,要求治史者"附隨一種對其本國已往歷史之溫情與敬意"⑤,其出發點是情感的、公民的;考古派站在"考史明變"的觀點,希望治史者抱一種"無徵不信"的客觀的態度,其出發點是理智的、學究的。錢氏斥責他們爲"以活的人事換爲死的材料",其實考古派也可以說自己是"將死的材料返爲活的人事的記載,以便治史者引起對於本國已往歷史之溫情與敬意"。依個人的私見,這兩種見解並不是絕對對立的,考古派的研究方法雖比較

---

  ① 見《慶祝蔡元培先生六十五歲論文集》上册,民國二十二年(公元一九三三年)出版,爲中研院歷史語言研究所《集刊外編》第一種。
  ② 另詳擬寫《新史料》一文。安氏撰《中華遠古之文化》(*An Early Chinese Culture*),見《地質彙報》第五號,北平地質調查所民國十二年(公元一九二三年)出版,英文本,附袁復禮節譯本。安氏因仰韶所發現的彩陶與中亞蘇薩(Susa)及安諾(Anau)相同,而主張中國民族係從西方移住東方。與以前拉克伯里氏所主張的"舊西來說"相別,可稱爲"新西來說"。參看第376頁註⑥。
  ③ 李濟曾撰《小屯與仰韶》一文,載《安陽發掘報告》第二期,推論小屯、仰韶兩期文化的關係。
  ④ 見《國史大綱》上册《引論》頁三。
  ⑤ 見《國史大綱》"凡讀本書請先具下列諸信念",頁一。

瑣碎,研究的範圍雖比較狹窄,但這種爲史學基礎做打樁的苦工是值得贊頌的。錢氏説"治國史不必先存一揄揚夸大之私,亦不必抱一門户立場之見,仍當於客觀中求實證,通覽全史而覓取其動態"①。所謂"於客觀中求實證",考古派學者不是很好的伙伴嗎?

十

繼疑古派與考古派而崛起的是釋古派。胡適在《中國哲學史大綱》中雖然也曾提出治史的三個目的爲"明變"、"求因"與"批判";但疑古派與考古派究竟多只做到"明變"的一部分工作,而没有達到"求因"與"批判"兩個目的。——考古派對於這兩個目的根本加以忽略;疑古派的"求因"工作每不是客觀的而流於臆説的,因之他們的"批判"也並不會完全中肯。——换句話説,疑古派與考古派只叙説歷史現象之如此,而没有深究歷史之所以如此;再换句話説,只是歷史之現象論,而非歷史之動力論。釋古派便是對於這種學術上的缺點而企圖加以補充。其次,或者更重要的,釋古派所以産生或者由於社會的原因。從民八"五四"以後,中國社會形態極變幻的能事,許多知識份子因不安於現狀而探究鴉片戰争以後中國現代社會的形態及其本質,因而再追溯産生這現代中國社會之以往各期的社會的形態及其本質,而且想用一種理論以解釋這各期社會形態與本質之所以形成及其轉變。釋古派注意社會史,而中國社會史研究成爲近十多年來中國史學界的專題,或者都可以於此得到解釋。所以釋古派與疑古派及考古派的另一異點,便是後兩派注意於局部的斷代的(時代之代,非朝代之代)研究,而釋古派則喜爲全面的通史的研究。

釋古派的初期代表人物是胡漢民。民國八年(公元一九一九年)下半年間,他在《建設》雜誌第一卷第三號上發表了一篇關於中國哲學史研究的文章,顯然的採用和胡適不同的觀點。胡漢民承認中國古代曾有井田制度,而井田制度的破壞實爲先秦諸子産生的原因。胡適受今文學的影響,否認中國古代曾有所謂井田制度;他在這年十一月間寫信給廖仲愷,説:這篇文章的全體,他是很佩服的;漢代哲學一段更有獨到的議論;而且他也並不是反對這研究的觀點,只似乎不必從井田破壞一方面着想。於是由哲學史的討論一變而爲井田制的有無與本

---

① 見《國史大綱》上册《引論》頁一〇。

質問題的論戰。當時參加這論戰的還有廖仲愷、朱執信、呂思勉和季融五諸人，一直討論到次年(民國九年，公元一九二〇年)的五月，終於無結果而罷。①

　　使釋古派發展而與疑古派、考古派鼎足而三地成爲中國轉變期的新史學的是郭沫若。郭氏在民國十七年(公元一九二八年)避居日本時，用杜衍的筆名，在《東方雜誌》上連續發表關於《易》、《詩》、《書》之社會背境與思想反映的研究文字，又在《思想》雜誌上發表《中國社會之歷史的發展階段》一文。次年(民國十八年，公元一九二九年)，又補作《卜辭中的古代社會》和《周金中社會史觀》二文，合編爲《中國古代社會研究》一書，於民國十九年(公元一九三〇年)三月在現代書局出版。在這部書的序文裏，他主張承接羅振玉、王國維的業績，而對於疑古派的所謂"整理國故"表示不滿。他説：

　　　　在目前，欲論中國的古學，欲清算中國的古代社會，我們是不能不以羅、王二家之業績爲其出發點了。
　　　　王國維……遺留給我們的是他的知識的產品，那好像一座崔巍的樓閣，在幾千年來的舊學的城壘上，燦然放出了一段異樣的光輝。

又説：

　　　　我們的"批判"有異於他們(按指胡適及其同派者)的"整理"。"整理"的究極目標是在"實事求是"，我們的"批判"精神是要在"實事之中求其所以是"。"整理"的方法所能做到的是"知其然"，我們的"批判"精神是要"知其所以然"。"整理"自是"批判"過程所必經的一步，然而它不能成爲我們所應該局限的一步。

　　這實是釋古派之坦白的宣言。
　　與郭氏同屬於釋古派而見解卻又歧異的是陶希聖。陶氏於民國十八年(公元一九二九年)到二十一年(公元一九三二年)間，繼續編寫《中國社會之史的分析》、《中國社會與社會革命》、《中國社會現象拾零》、《中國封建社會史》、《西漢經

---

① 關於這次論戰的文獻見《胡適文存》初集，胡漢民著、黃昌穀編《唯物史觀與倫理之研究》，柯岑(Kokin)著、岑紀譯《中國古代社會》附錄。

濟史》、《中國政治思想史》(未完)、《中國問題之回顧與展望》等,產量相當豐富。但因爲陶氏並不是單純的客觀研究的理論家,所以時被不同派系的人所指責;而且陶氏各書中的見解前後每不一致,所以更予人以指責的機會。對於陶氏各書指責得最熱辣的是翦伯贊所著書中的一段①。

從郭、陶二氏以後,釋古派的分裂與論爭日甚一日,且已超出學術研究範圍之外。嵇文甫說從公元一九二八年(民國十七年)到一九三五年(民國二十四年)這六七年間,中國社會史的研究可分爲三個階段:第一是概說時期,第二是論戰時期,第三是搜討時期②;這話大致是正確的。在這時期中,能夠以純粹學術研究的態度寫作的,有馮友蘭的《中國哲學史》。馮氏在本書中雖然沒有很明顯的表白自己史學的立場,但他曾經說過"釋古一種應係史學之真正目的,而亦是中國史學之最新的趨勢"③。在本書中,如他說"中國實只有上古與中古哲學,而尚無近古哲學";因劃分"自孔子至淮南王爲子學時代;自董仲舒至康有爲爲經學時代"④。關於子學時代哲學發達的原因,他反對胡適的見解,以爲"於其時政治制度、社會組織及經濟制度皆有根本的改變。"⑤至於經學時代的出現,他以爲"秦、漢大一統,政治上定有規模,經濟社會各方面之新秩序亦漸安定。自此以後,朝代雖屢有改易,然在政治、經濟、社會各方面,皆未有根本的變化,各方面皆保其守成之局。……"⑥這種以社會史的背景來說明哲學的產生與其演變,不能不認與釋古派聲息相通。此外如敘述"陰陽家思想中之宇宙間架",敘述"五行",敘述"陰陽家與科學",敘述"《列子》中之機械論"⑦,都和以往講述中國哲學史者不同其面貌。但"七七事變"以後,馮氏的思想論調已漸起變化⑧,而接受——或者接近——陳寅恪的見解,即所謂"一方面吸收輸入外來之學說,一方面不忘本來民

---

① 見翦伯贊《歷史哲學教程》頁一五四至一六〇。
② 見中國經濟研究會出版馬乘風著《中國經濟史》第一冊序,頁一至五。商務版亦曾收載。
③ 見《中國經濟史·序》。
④ 見馮友蘭《中國哲學史》第二篇《經學時代》,第一章《汎論經學時代》,頁四九二至四九三。
⑤ 見馮友蘭《中國哲學史》第一篇《子學時代》,第二章《汎論子學時代》,頁三〇。
⑥ 見馮友蘭《中國哲學史》,頁四九三。
⑦ 見馮友蘭《中國哲學史》第二篇《經學時代》第二章《董仲舒與今文經學》(二),頁四九八;(四),頁五〇三。第三章兩漢之際讖緯及象數之學(九),頁五七三。(按原書目錄遺奪)第五章《南北朝之玄學》上(四),頁六一九。
⑧ 馮友蘭自"事變以來,已寫三書。曰《新理學》,講純粹哲學。曰《新事論》,談文化社會問題。曰《新世訓》,論生活方法。……書雖三分,義則一貫。"自謂"所謂'天人之際''內聖外王之道','合名曰《貞元三書》'"(引語見《新世訓》自序)。前兩書在商務印書館出版,後一書在開明書店出版。又《新事論》一書,上海未發售。

族之地位"①,更努力於海格爾歷史哲學中所謂"合"的工作②,企圖穩定宋、明理學的地位,以上承儒家的道統,而漸與釋古派分手了!

較馮氏《哲學史》一書稍後出而態度較爲明顯的是范壽康的《中國哲學史通論》③。在這部書的《緒論》裏,他主張以"社會的存在"説明"社會的意識";所以他對於中國今後哲學思想的建立也恰與陳寅恪的見解不同。

釋古派自身的論爭非常激烈,而别派所給予的指斥也很露骨,但都不免含有非學術的宗派的氣息,而未能爲冷静的客觀的論斷。比較能不以盛氣出之的,還是馮友蘭。他在馬乘風《中國經濟史》序文裏,説:"釋古一派之史學多有兩種缺陷:第一種是:……往往缺乏疑古的精神。……往往對於史料,毫不審查,見有一種材料,與其先入之見解相合者,即無條件採用。……第二種缺陷是……往往談理論太多……感覺他是談哲學,不是講歷史。……我們應當以事實解釋證明理論,而不可以事實遷就理論。"馮氏所不滿於一般的釋古派的,第一是方法問題,第二是技術問題;並非在於理論基礎。換言之,還是"人"的問題,"書"的問題,而不是"史觀"的本身問題。其次以較沈痛的語調出之的是錢穆。他在《國史大綱》的《引論》裏,説:"革新派之於史也,急於求智識,而怠於問材料。……其於史,既不能如記誦派所知之廣,亦不能如考訂派所獲之精。……彼之把握全史,特把握其胸中所臆測之全史。彼對於國家民族已往文化之評價,特激發於其一時之熱情,而非有外在之根據。其縮合歷史於現實也,特借歷史口號爲其宣傳改革現實之工具。彼非能真切沈浸於已往之歷史智識中,而透露出改革現實之方案。彼等乃急於事功而僞造智識者。"錢氏這些話固然不專指斥釋古派,梁啓超、胡適等亦在指斥之列,即他所説的革新派史學的三期,——由政治革命而文化革命而經濟革命——但他對於經濟革命論派更其沈痛;他説:"使此派論者有躊躇滿志之一日,則我國史仍將束高閣,覆醬瓿,而我國人仍將爲無國史智識民族

---

① 陳寅恪在馮著《中國哲學史》"審查報告三"説:"竊疑中國自今日以後,即使能忠實輸入北美或東歐之思想,其結局當亦等於玄奘唯識之學,在吾國思想史上既不能居最高之地位,且亦終歸於歇絶者。其真能於思想上自成系統,有所創獲者,必須一方面吸收輸入外來之學説,一方面不忘本來民族之地位。此二種相反而適相成之態度,乃道教之真精神,新儒家之舊途徑,而二千年吾民族與他民族思想接觸史之所詔示者也。"(頁四)

② 馮著《中國哲學史·自序》二:"吾之觀點之爲正統派的,乃係用批評的態度以得之者。故吾之正統派的觀點,乃海格爾所説之'合',而非其所説之'正'也。"(頁一)

③ 馮著《中國哲學史》第一篇成於民國十九年(公元一九三〇年),在神州國光社出版;第二篇成於民國二十二年(公元一九三三年),於次年,合第一篇在商務印書館出版。范著《中國哲學史通論》成於民國二十五年(公元一九三六年),於次年"七七事變"前在開明書店出版。

也。"按釋古派的目的在於把握全史的動態而深究動態的基因;與錢氏所主張的"於客觀中求實證,通覽全史而覓取其動態"①,並無根本的衝突。所成爲爭辯的焦點在於歷史應否"求因",及把握什麼以作求因的工具而已。不過國内自命爲釋古派的學人,每每熱情過於理智,政治趣味過於學術修養,偏於社會學的一般性而忽略歷史學的特殊性,致結果流於比附、武斷。但從民國八九年以來,釋古派因論爭批評,也並非毫無進步;如果説這派發展,中國史學便要束閣覆瓿,那卻未免過慮了。

十一

"七七事變"以來,中國史學因中國社會的急變而亦起反應。這反應的現象,雖因時間短促,以及史學研究者本身生活的流離顛沛,而還没有劃時代的作品出世;但史學發展的幾兆,大概不出於擷取疑古、考古、釋古三派的優點,加以批判的綜合,而滲透以高度的爭取民族解放的信念。章炳麟説:

> 國之有史久遠,則亡滅之難。自秦氏以訖今兹,四夷交侵,王道中絶者數矣。然猾者不敢毁棄舊章,反正又易。藉不獲濟,而憤心時時見於行事,足以待後。故令國性不墮,民自知貴于戎狄,非《春秋》孰維綱是?……孔子不布《春秋》,前人往不能語後人,後人亦無以識前;乍被侵略,則相安于輿臺之分。《詩》云:"宛其死矣,他人是愉。"此可爲流涕長潸者也!②

這位民族主義的史學家的話是會萬古流傳的。中國史學有其悠久的歷史與光榮的地位,因之,我們可以相信中國也必然的會保持他的悠久的歷史與光榮的地位!

現在選録事變以來的史學著作,作爲中國現代史學家對於這非常期的獻禮!

周谷城　《中國通史》　精裝一册,平裝二册　開明　民國廿八年出版。

錢　穆　《國史大綱》　二册　商務　民國廿八年成,廿九年出版。

---

① 見第 393 頁註①。
② 見章炳麟《國故論衡》卷中《原經》,頁七一。

陳恭禄　《中國史》第一冊　一冊　商務　民國廿八年成,廿九年出版。

呂思勉　《中國通史》上冊　一冊　開明　民國廿九年出版。

羅根澤(編)　《古史辨》第六冊　一冊　開明　民國廿七年出版。

蔣廷黻　《中國近代史》　一冊　商務　民國廿七年出版。

郭廷以　《近代中國史》第一冊　一冊　商務　民國廿七年成,廿九年出版。

郭廷以　《近代中國大事誌》　中央大學講義　民國廿八年成。

平　心　《中國現代史初編》　一冊　香港國泰　民國廿九年出版。

馮自由　《革命逸史》　一冊　商務　民國廿八年出版。

鄒　魯　《廣州三月二十九日革命史》　一冊　商務　民國廿八年出版。

錢亦石(遺著)　《近代中國經濟史》　一冊　生活　民國廿七年付印,廿八年出版。

蒙思明　《元代社會階級制度》(《燕京學報》專號之十六)　一冊　哈佛燕京社　民國廿七年出版。

錢亦石(遺著)　《中國政治史講話》　一冊　生活　民國廿七年付印,廿八年出版。

周谷城　《中國政治史》　一冊　中華　民國廿九年出版。

張雁深　《中法外交關係史》(法文本)　一冊　燕京大學法文朋友月刊社　民國廿八年出版。

錢端升　《民國政制史》　平裝二冊　商務　民國廿八年出版。

丘漢平　《歷代刑法志》　二冊　商務　民國廿七年出版。

向林冰　《中國哲學史綱要》　一冊　生活　民國廿八年出版。

朱謙之　《中國思想對於歐洲文化之影響》　一冊　商務　民國廿九年出版。

劉大杰　《魏晉思想論》　一冊　中華　民國廿八年出版。

徐世昌　《清儒學案》　木刻本,二百〇八卷,一百冊。北平修綆堂代售　民國廿八年出版。(本書編製雖沿襲舊體,但取材宏博,為四年來各書之冠,故附錄於此)

譚丕模　《清代思想史綱》　一冊　開明　民國廿六年稿,廿九年出版。

趙豐田　《晚清五十年經濟思想史》(《燕京學報》專號之十八)　一冊　哈佛燕京社　民國廿八年出版。

湯用彤　《漢魏兩晉南北朝佛教史》　二冊　商務　民國廿七年出版。

徐宗澤　《中國天主教傳教史概論》　一冊　上海聖教雜誌社　民國廿七年出版。

鄭振鐸　《中國俗文學史》　二冊　商務　民國廿七年出版。

郭箴一　《中國小說史》　二冊　商務　民國廿八年出版。

李何林　《近二十年中國文藝思潮論》　一冊　生活　民國廿九年出版。

鄭振鐸(編)　《中國版畫史》　第一輯四厚冊,第二輯四厚冊　良友代售　民國廿九年出版。

張世祿　《中國音韻學史》　二冊　商務　民國廿七年出版。

胡樸安　《中國訓詁學史》　一冊　商務　民國廿八年出版。

姚名達　《中國目錄學史》　一冊　商務　民國廿七年出版。

張立志(編)　《山東文化史研究甲編》　齊魯大學國學研究所　民國廿八年出版。

徐松石　《粵江流域人民史》　一冊　中華　民國廿八年出版。

王　庸　《中國地理學史》　一冊　商務　民國廿七年出版。

顧頡剛、史念海　《中國疆域沿革史》　一冊　商務　民國廿七年出版。

鄭肇經　《中國水利史》　一冊　商務　民國廿七年出版。

李長傅　《南洋史綱要》　一冊　商務　民國廿七年出版。

李仲融　《希臘哲學史》　一冊　開明　民國廿六年成,廿九年出版。

王克仁　《西洋教育史》　一冊　中華　民國廿八年出版。

王光祈(遺著)　《西洋美術史入門圖本》及《說明書》　二冊　中華　民國廿八年出版。

王光祈(遺著)　《西洋音樂史綱要》　二冊　中華　民國廿八年出版。

陳高傭(主編)　《中國歷代天災人禍表》　九冊,圖表一冊印刷中。暨南大學研究委員會　民國廿八年付印,廿九年出版。

蔡尚思　《中國歷史新研究法》　一冊　中華　民國廿九年出版。

歐陽頤、薛仲三　《兩千年中西曆對照表》　一冊　商務　民國廿五年脫稿,廿六年排版成,因戰事被燬重排,廿九年出版。

〔附註一〕　本文只將五十年來之史學趨勢為極概略的叙述;關於這時期內的一般史學著作,更其是關於西洋史的編著,歐、美歷史哲學與歷史方法論的介紹,因為範圍頗廣,材料頗多,非本文篇幅所能容納,擬另文叙述。

〔附註二〕　本篇是史的叙述,對於當代師友,仿梁啓超《清代學術概論》之例,概直書姓名,不加師、先生、君等敬稱,以求簡潔,希讀者諒之。

民國三十年元旦起草,一月十六日完成。

原載《學林》第四期(一九四一年二月)

二、學術經世

儒家之精神的社會政策

一　贅　言

在未論及本題之前，擬先説明幾句話，以免誤會。所説的話的内容，約略分爲兩層：一，對於國故之應取的態度；二，國故文字中之引用新名詞問題。

我平素總覺得國人對於學術太偏於功利的色彩，且每每因此失卻某種學術之獨立的價值。這種弊病，固然自古已是如此——如周秦諸子用託古改制的手段，使古代文化没有翔實的記載，致歷史學不能離開主觀的褒貶而爲客觀的叙述——但最近似乎依舊存在。幾年來國人對於國故態度的變異，就是一個顯明的例證。三四年前，誰要説"保存國粹"這句話，幾乎大家怒目斥爲老頑固；近年來，因爲一二人自己興趣所近而加以提倡，於是"整理國故"等等的話又變成非常時髦；但最近大家因爲國故和現社會太没有關係，又大聲疾呼自稱志士做的想把一切中華舊有的書籍全丢在毛廁裏。我有時偶然在這種憤怒詬謾的聲色文字中間，冷静的觀察一下，思索一下，不覺啞然失笑。我覺得："保存國粹"的呼聲不過是一部分人對於西洋學術之盲目的反抗；"整理國故"的高唱，除極少數人外，不過是想博得"學貫中西"的虚譽；而最近反對國學的論調也不過是用拯救現社會一觀念爲出發點。這三種態度雖然不同，或者簡直絶對的相反，但根本上不明瞭學術之獨立的價值而以功利的眼光做評判的標準，則完全犯了同一的毛病。劉復在《四聲實驗録》的序贅上説："……四聲雖然送進博物院，我還不免跟進博物院去研究。……可是我並不以爲青年有用的功夫太多，别種可以研究的東西太少，大家應當盡在這四聲上鬧得永遠不了；我以爲像我一樣的寶貝，有了一二個也就很夠了。"我對於這段話的態度很表同情。國故自身，無論他是國粹抑或是國糟，總之，我們不能不給他一個文化史上的地位，而研究他也自有其獨立的價值之存在。一個國故研究者，但同時也可以是社會主義者或無治主義者。我總認定研究學術是一件事，對於現世的態度或方略又是一件事；決不能因他研究國故，就想連他個人也丟在毛廁裏。如果國人眞能了解且給與國故之獨立研究的價值，我想把古董裝進中小學生腦筋裏的笑話如澄衷學堂會試的策題和東南大學入學試的測驗題等，自然也會減少。這種意思，我很久就想發表，現在不過乘機隨便說說，並不是爲本題作先容或掩護的地步。

其次，就是國故文字中引用新名詞一問題，也應稍加解釋。國人對於這問題，可分兩派：一派是專門喜歡附會，以爲近代或西洋所有的學術思想以及其他一切，我們中國古代全已經有過或說過。如王闓運說墨家的巨子和耶穌的十字架一樣，就是一個極端的例。一派又是矯枉過正，竭力反對上述的一派，他們偶然看見人家於國故文字中引用一二新名詞，就斥爲附會或荒謬。我覺得這兩種態度全不十分合理。專門附會固然不對，但是爲行文明瞭起見，以今語釋古語，也不見得不是一種便利。譬如梁啓超在《先秦政治思想史》中以同情心一詞來解釋儒家的仁與忠恕，的確能使讀者容易明瞭。所以我主張在相當的限度或範圍內，國故文字引用新名詞以助解說，是可以允許的。

這些話是我恐怕讀者一看見我的標題，立刻縐着眉頭說是又在那邊胡說八道，而加以解釋的。

以上全是題外的話，無關緊要，故題爲贅言；以下才入本題。但我這篇文章在短時間中匆匆草就，雖然自己以爲由歸納的方法而得到結論，不是先立目標，然後採摭材料，以意支配，不過或不免有戴有色眼鏡而觀察的弊病。如讀者能提出反證，則我對於取消自己的結論，決不加以惋惜；如能提出旁證或加以修正，那更是我所感激的了。

二　釋　　題

於此，我先把本文的標題說明一下。我所指的儒家是周秦間的儒家；在儒家中，我又僅只取孔丘、孟軻、荀況三人作代表；所以第三章例證中的取材也僅只根據《論語》、《孟子》、《荀子》三部書。——孔子的話見於《小戴記》的很多，但我覺得不大靠得住，所以不取。

社會政策與社會主義完全不同。固然，社會主義也有多種的解釋，但輓近所說的社會主義，大抵是指狹義的社會主義，或稱科學的社會主義。他的主要點，極簡略的說，就是改組現行的私產制度而謀社會之根本的改革。至於社會政策則導源於社會改良說；他對於現社會組織之不完全，是承認社會主義者的話；但解決這個問題，不採取革命的手段，而承認國家干涉的必要，以設立勞動者保護法或資本稅等。所謂社會政策就是指這種用和平的手段，以謀社會組織之改進的政策。總之，社會主義是革命的，急進的；而社會政策是穩健的，漸進的；更有一種特點，就是社會政策對於現社會秩序的維持是很注意的。

　　社會政策之上爲什麼加上"精神的"三個字呢？這是我自己杜撰的。無論社會主義或社會政策，他的着眼點，全在經濟方面；換句話說，就是全在物質方面。我覺得儒家中有一種思想，他想在維持現社會秩序之下，使不幸的人們得着安寧；但他使他們安寧的方法，不是在物質方面謀他們生活的改進，乃在精神方面謀他們內心的慰藉。他這種灰色的思想固然絕對不是社會主義，但也和西洋專着眼物質方面之社會政策不同，所以我稱爲精神的社會政策。

　　說了許久，究竟所謂儒家之精神的社會政策是什麼呢？我以爲這就是儒家竭力提倡所以自慰而又以慰人之樂道說與安命說。在儒家那時代，正是階級極盛時代，正是大部分是貧者、奴隸者、不幸者，而小部分是富者、主人及以暴力掠取幸福者的時代。儒家一方面既然沒有老聃返於小農社會及許行提倡無治主義的勇氣，而想竭力維持現社會的秩序，一方面又明知操握政權改革社會之緩不濟急，但這種不幸的慘痛的現象實在不願又不忍承受，於是利用一種精神麻醉的方法，提出樂道說，以解脫一切現實的物質的壓迫，而求得內心之淡泊的安寧。但是樂道安貧的方法只能勸導智識階級中之有修養者；那些因"無恆產則無恆心"的一般民衆，決不能使他們也領悟"飯疏食，飲水，曲肱而枕之"的快樂，況且就是智識階級中之有修養者，所謂君子，如果忽然遭遇一種橫逆或其他無可奈何的精神的苦痛，也不能不發生絕望與灰心，於是儒家又提出安命說，以濟樂道說之窮。

　　儒家所倡的命，是"有命論"，而非"定命論"。他不過拿命作個人生命程途上碰釘子時候之滑稽的解嘲的話，並不關於一切個人道德學問的修養。露骨的說，儒家的命，和阿Q被人家在牆角上撞響頭以後說幾句安慰內心的話是具有同樣的價值。總之，我覺得儒家提出樂道說和安命說，完全是想在現社會的不平的制度底下，去求個己的和一般的內心之暫時的或永久的安寧之政策，所以我武斷的——或者是附會的——稱爲精神的社會政策。

　　本文的標題本也可稱爲"儒家之樂道說與安命說"，因爲覺得稍微累贅，不十分醒目，或者可以說不十分新鮮，所以改爲今稱。

三　例　證

當然，我不是先有結論而後去找例證，現在所以將例證列在此章，不過是爲行文便利起見。這章條舉成文，似乎嫌太枯燥，其實本文的能否成立，完全在此。如果這章所引的都是誤解，或得一強有力的反證，則上段的說明就完全是廢話了。現在按樂道說與安命說分錄於下：

A　樂　道　說

子曰："飯疏食，飲水，曲肱而枕之，樂亦在其中矣。不義而富且貴，於我如浮雲。"（《論語・述而》）

子曰："賢哉回也！一簞食，一瓢飲，在陋巷，人不堪其憂，回也不改其樂。賢哉回也！"（《論語・雍也》）

孔子的"樂在其中"，顏回的"不改其樂"，他們決不是故意説謊，他們的確從內心領受到高尚的快感。因爲他們自樂其道，所以能解脫經濟壓迫的苦痛。但我們看了"人不堪其憂"一語，就知道樂道説有時而窮，而不能不有安命說以輔濟了。

子曰："君子謀道不謀食……憂道不憂貧。"（《論語・衛靈公》）

子曰："士志於道而恥惡衣惡食者，未足與議也。"（《論語・里仁》）

子曰："君子食無求飽，居無求安，敏於事而愼於言，就有道而正焉，可謂好學也已。"（《論語・學而》）

無恆產而有恆心者，惟士爲能。（《孟子・梁惠王上》）

士君子不爲貧窮怠乎道。（《荀子・修身篇》）

君子窮則約而詳（楊倞注：隱約而詳明其道也）。（《荀子・不苟篇》）

儒者……不用則退編百姓而愨，必爲順下矣。雖窮困凍餧，必不以邪道爲貪。……雖隱於窮閻漏屋，人莫不貴之，道誠存也。（《荀子・儒效篇》）

以上數條中所謂君子，所謂士，所謂士君子，所謂儒者，都是指智識階級中之有修養者而言。

於此更可見樂道說勢力之薄弱,而有提出知命說以輔濟的必要。

子曰:"富與貴,是人之所欲也;不以其道得之,不處也。貧與賤,是人之所惡也,不以其道得之,不去也。"(《論語‧里仁》)

子曰:"富而可求也,雖執鞭之士,吾亦爲之;如不可求,從吾所好。"(《論語‧述而》)

子貢曰:"貧而無諂,富而無驕,何如?"子曰:"可也,未若貧而樂,富而好禮者也。"(《論語‧里仁》)

子曰:"貧而無怨,難;富而無驕,易。"(《論語‧憲問》)

孔子的話,過於簡約,每成爲格言式。他只教訓人叫他勉強去樂道安貧,而沒有告訴人爲什麼可以達到樂道安貧的地步。到了荀子,他就給與我們一個法門了;他從心理方面去解釋物質的享受與內心的快樂不是一定成正比例,使我們知道貧未必就是苦,而道的確有可樂的所在。他宣傳的方法的確比孔子聰明得多了。他在《正名》篇說:

心憂恐則口銜芻豢而不知其味,耳聽鐘鼓而不知其聲,目視黼黻而不知其狀,輕煖平簟而體不知其安,故嚮(享)萬物之美而不能嗛也。假而得問(聞)而嗛之,則不能離也。故嚮萬物之美而盛憂,兼萬物之利而盛害。如此者,其求物也?養生也?粥壽也?……心平愉則色不及傭而可以養目,聲不及傭而可以養耳,蔬食、菜羹而可以養口,麤布之衣、麤紃之履而可以養體,屋(局)室廬(蘆)庚(廉)、葭藁蓐、尚机筵而可以養形,故無萬物之美而可以養樂,無執列之位而可以養名。

又荀子在《修身》篇所說的:"志意修則驕富貴,道義重則輕王公,內省則外物輕矣。傳曰:'君子役物,小人役於物。'此之謂矣。"也可以和上文相發明。

我上文說樂道說只及於智識階級中之有修養者,似乎看輕他的效力;其實不然。智識階級對於社會大抵居於先覺或指導者的地位,所以他們的思想言行影響於社會秩序的安寧,非常之大,更其是社會組織發現病態的時候。產業革命之後,假使沒有少數智識階級中人大聲疾呼攻擊資本制度而提倡社會主義,恐怕俄國第四階級專政和英國第一屆工黨內閣決不能在此時出現。於此,我們就可以看見智識階級的潛勢力而不宜妄加菲薄了。儒家的色彩是灰色的,他不主張革命,所以非常看重社會秩序的安寧——儒家所主張的禮樂也是就人類的意志與感情兩方面去維持社會秩序的方法,其詳須另文討論。——他明明白白曉得社會之病的狀態,但他不願意用激烈的手腕,他用樂道安貧四字竭力緩和智識階級對於病的社會之憤怒的感情。他好像説:"社會固然不合理,但你若反抗,要求物質生活之平等的待遇,你就是不安分,你就是沒有得道,你就不配當君子!"他願意他操握政權——他們所謂行道——之後慢慢的施行他的治國平天下的方策,而不願領導盲目的羣衆以從事一時狂熱而含有危險性的革命。所以樂道安貧直接的固然是個人道德的修養,其實間接的就是暫時維持社會秩序之一種絕妙的策略。自然,我這樣的説法,一定和過孔家生活的人的胃口不配合,他們一定說我淺薄,侮辱了儒家的涵養工夫;但我自信我這種觀察或者也可以得到儒家提倡樂道説之一部分的心理。

B 安命説

我覺得儒家提出安命説,有兩種原因。第一,是爲一般民衆説法的。他知道樂道説只能夠勸勉智識階級,對於一般民衆便失了效用。智識階級的思想言行對於社會秩序的安寧固然很有力量,如上文所述;但一般民衆也不可輕侮。如果一般民衆因物質待遇不平的憤慨而起反抗,則社會秩序又將立時破壞;於是儒家又提出命之一字,以爲社會上所以有貧富貴賤的階級,完全是冥冥之中有命這樣東西在那邊主宰,你就是反抗也是枉然。這樣,外面經濟壓迫的苦痛固然絲毫沒有減輕,但由經濟壓迫而引起之內心的憤慨的確得了相當的慰藉,而結果社會之不平的秩序得以勉強維持。第二,是爲智識階級說法的。所謂士君子,所謂儒者,固然已經曉得樂道安貧以免除經濟壓迫之內心的苦痛,但有時偶然遇着橫逆的事變,而這種事變又屬於精神方面的打擊,不能利用安貧二字以求解脱。到了這地步,無論你是士君子或是儒者,總不免有些失望,或竟至於灰心,於是儒家又提出命之一字,説這是無可奈何之命的作用,使他得着相當的安慰而助與相當的勇氣,以減除對於修養有絕大關係之失望灰心等等的惡念。現在先將關於第二項的列舉於下。

子曰:"天生德於予,桓魋其如予何!"(《論語‧述而》)

子畏於匡,曰:"文王既没,文不在兹乎?天之將喪斯文也?後死者不得

與於斯文也。天之未喪斯文也？匡人其如予何！"(《論語·子罕》)

子曰："道之將行也與？命也。道之將廢也與？命也。公伯寮其如命何！"(《論語·憲問》)

吾之不遇魯侯,天也,臧氏之子焉能使予不遇哉？(《孟子·梁惠王》)

子曰："莫我知也夫！"子貢曰："何爲其莫知子也？"子曰："不怨天,不尤人,下學而上達,知我者其天乎！"(《論語·憲問》)

子曰："鳳鳥不至,河不出圖,吾已矣夫！"(《論語·子罕》)

以上數條,都是"行道"時遇了打擊,於是提出命或天——天就是命,而所指的範圍有時較命爲廣——以安慰自己的證據。第一條"天生德於予,桓魋其如予何！"氣魄何等偉大！心地何等安易！但其所以達到這樣的程度,的確有一部分是安命說的魔力。末一條,似乎帶點悲哀的色彩,但這種悲哀完全是"嘅乎其言之"的態度,而毫沒有雜以憤怒的情緒,於此又可見安命說對於個人修養之消極的效力了。

伯牛有疾,子問之,自牖執其手,曰："亡之,命矣夫！斯人也而有斯疾也！斯人也而有斯疾也！"(《論語·雍也》)

顏淵死,子曰："噫！天喪予！天喪予！"(《論語·先進》)

以上二條是個人在生命程途上遇着無可奈何的現象——病或死——因而提出天或命以求免內心之深切的悲哀。

孔子曰："不知命,無以爲君子也。"(《論語·堯曰》)

孔子曰："君子有三畏：畏天命,畏大人,畏聖人之言。"(《論語·季氏》)

所謂處士者,……知命者也。(《荀子·非十二子》)

以上三條都是以知命爲君子必備的德操。

現在再將關於第一項的,即爲一般民衆說法的,條舉於下：

子夏曰："商聞之矣,死生有命,富貴在天。"(《論語·顏淵》)

人之命在天。(《荀子·天論篇》)

節遇謂之命（王先謙曰：節猶適也）。（《荀子·正名篇》）

夫賢不肖者，材也；爲不爲者，人也；遇不遇者，時也；死生者，命也。（《荀子·宥坐篇》）

楚王後車千乘，非知也；君子啜菽飲水，非愚也；是節然也。（劉台拱引《正名》篇：節遇謂之命）。（《荀子·天論篇》）

自知者不怨人，知命者不怨天。怨人者窮，怨天者無志。（《荀子·榮辱篇》）

孟子曰："莫非命也，順受其正；是故知命者不立乎巖牆之下。盡其道而死者，正命也；桎梏死者，非正命也。"（《孟子·盡心》）

孟子曰："口之於味也，目之於色也，耳之於聲也，鼻之於臭也，四肢之於安佚也，性也，有命焉，君子不謂性也。仁之於父子也，義之於君臣也，禮之於賓主也，知之於賢者也，聖人之於天道也，命也，有性焉，君子不謂命也。"（《孟子·盡心》）

末了一條，朱熹《四書集註》引程子的話說得很清楚。他說："五者（指口目耳鼻四肢）之欲，性也；然有分，不能皆如其願，則是命也。不可謂我性之所有，而求必得之也。仁、義、禮、智、天道，在人則賦於命者，所稟有厚薄清濁，然而性善可學而盡，故不謂之命也。"

關於安命說，我於《論語》中得了兩條近似反證的文字，好像儒家所言的命是精深微妙不是爲一般民衆說法似的：第一，《子罕》章說："子罕言利與命與仁。"第二，《爲政》章有孔子"五十而知天命"的話。

我對於這兩條的意見如下：我覺得"子罕言利與命與仁"這句話，根本上就有點靠不住，不免有些失實。一部《論語》，言利的固然不多，——《易經》上言利卻多極了——但言仁與命實在不少，就只上文所引言命的例證，已可概見。或者，孔子明白提倡安命的流弊，所以平素非不得已時不言天命，以阻人們精進的勇氣，而弟子因以爲罕言命。至於五十而知天命的天命，範圍似較普通所說的命字廣得多，似指宇宙間之一切自然法則，——所謂人類的富貴壽夭的命自然也包括在內——孔子在五十歲以前，修養的工夫尚未純粹，遇着橫逆的事項尚不免有所動心，到了這時，了解自然界的大本大則，對於一切都能淡泊自持，而距"耳順"與"從心所欲不踰矩"的程度不遠，所以說"五十而知天命"。

四　批　判

　　人世間所提出的學說，決沒有絕對的有利而無弊，更其是富於時代性的解決社會問題的策略。所以我們對於儒家所提出的樂道說與安命說的價值，固然不能斥爲不足道，但也不能說他盡美盡善；我們應當平心靜氣地用客觀的眼光給他一個功過相當的批判。

　　儒家的樂道說與安命說，在當時實不失爲一種有效力的社會政策。雖然他完全注意精神方面而遺棄物質方面，不免有偏頗的片面的毛病；但他減輕人類之內心的苦痛，使人生於不幸的境況當中得着生存的情趣，的確有相當的功勞。現代人生的苦悶，固然是社會組織的破綻較古代更其顯露的緣故，但大部分的人們不受樂道說與安命說的洗禮，爲物質的慾望所驅使，日夜宛轉呻吟於貪求攫奪等等的惡念之中，使內心沒有一時的安寧，實在也是一最大原因。我們中國數千年來，表面上似乎憔悴於暴政之下，但社會的組織沒有根本破壞過，人民總有自得其樂的氣象，的確是受這種教訓的緣故。我說這話，自問並不是像老頑固崇拜國糟的見解。你只要一到農村僻壤去，他們物質上的享受，我們過慣中國都市生活的人，簡直處處感受苦痛；你若是過慣西洋物質生活，你當時簡直要斥爲地獄；但你一看見他們當夕陽半山牛羊下來的時候，荷鋤田畔而行吟，或濯足溪流而徒歌，只要你稍微帶有詩人的感情，真要使你落淚。他們當然不曉得什麼叫做樂道，但他們能夠在最低限度物質生活之下，仍舊享受人生的快感，而不發生盜取或自殺的念頭；他們對於他人幸福的生活，不是不羨妒，但他們一轉念，仍舊自安於貧苦；這都不能不說是命之一字的魔力。又中國的智識階級，歷來以安貧爲美德，而毫無現世拜金主義的惡化；我們只要翻開古代的詩文集一看，每有以貧自誇其淡泊的傾向，雖然也有許多是不出於誠懇的衷心；這又不能不說是道之一字的魔力。你想，智識階級因樂道以自安於不幸，一般民衆又因知命以自安於不幸，那麼社會秩序當然沒有搖動破裂之危了。總之，儒家的時代正是階級制度鞏固而鼎盛的時代，而儒家又反對革命舉動，所以提倡這種精神的社會政策，以維持當時社會的秩序實在是當然的結果；至於影響中國社會如此之久遠，那真是他自己初意所不及的。

　　依上文的話，似乎樂道說與安命說有許多的優點，對於維持中國數千年的社會不無功勞，其實他方面也有很大的流弊，而尤以安命說的流弊爲更大。樂道説,表面上似乎是偏於個人的修養,無關於社會,不能加以非難;其實不然。你既然主張樂道安貧,你當然會蔑視社會物質文明的進步,你當然會蔑視民衆物質生活的苦痛,結果,你並且自會默許掠奪階級(如天子諸侯)之不合理的物質享樂,而不思加以矯正,因爲你以爲這種享樂是不值得注意的,這不是所謂"藉寇兵而齎盜糧"嗎?這樣試問人類的社會組織,如政治經濟等等,還有進步可言嗎?自然也有許多哲學者是主張歸真返樸而反對物質文明的,如中國的道家,但這種開倒車的辦法是絶對不可能的。據我現在個人的私意,我們現在應該一方面努力於物質文明的産生,以增進人生的幸福;一方面注意物質文明的分配以謀公平的享受。舉例言之,我們不應該反對機械的發明,而應該反對資本家利用機械以掠奪勞工的血汗。但樂道安貧説的流弊,每每一方面因爲安於低等的物質生活而阻礙文明的進步,他方面又因爲重視内心生活,而對於不公平的分配不知設法救正;那結果自然會發現"好人攏着手,壞人馱着走"的病象,而社會便無可救藥了。至於安命説,流弊更大,我敢武斷的説一句話,中國所以在進步路上躓方步,所以弄到現在朝不保夕的危境,完全是命字在那裏作怪。當儒家提出有命論,墨子就燭見流弊,提出强有力的駁論。《墨子·非命》上中下三篇,用"三表"的方法,幾乎駁得儒家不能開口。他在《非命》下説得最明瞭,他説:"今也王公大人之所以早朝晏退,聽獄治政,終朝均分,而不敢怠倦者,何也?曰:彼以爲强必治,不强必亂;强必寧,不强必危;故不敢怠倦。今也卿大夫之所以竭股肱之力,殫其思慮之知,内治官府,外斂關市山林澤梁之利,以實官府,而不敢怠倦者,何也?曰:彼以爲强必貴,不强必賤;强必榮,不强必辱;故不敢怠倦。今也農夫之所以蚤出暮入,强乎耕稼樹藝,多聚升粟,而不敢怠倦者,何也?曰:彼以爲强必富,不强必貧;强必飽,不强必飢;故不敢怠倦。今也婦人之所以夙興夜寐,强乎紡績織紝,多治麻統葛緒,捆布縿,而不敢怠倦者,何也?曰:彼以爲强必富,不强必貧;强必煖,不强必寒;故不敢怠倦。今雖(唯)毋在乎王公大人,若信有命而致行之,則必怠乎聽獄治政矣;卿大夫必怠乎治官府矣;農夫必怠乎耕稼樹藝矣;婦人必怠乎紡績織紝矣。王公大人怠乎聽獄治政,卿大夫怠乎治官府,則我以爲天下必亂矣。農夫怠乎耕稼樹藝,婦人怠乎紡績織紝,則我以爲天下衣食之財將必不足矣。"我引了《墨子》這一大段話,不用再加言辭,而命字的流弊自既昭然若揭了。

試冥目一想,假使社會所有的人們都相信定命論,以爲貧富貴賤福禍夭壽,冥冥中都已經預定好,大家都只"兩肩擔一口"的在那裏等着,試問成何景象!而甚麽意志自由道德標準,更無從説起了。

自然,中國一般民衆迷信運命,大部分是陰陽家的流毒,但儒家也不能免去從犯的罪。儒家講命,固然只限於富貴夭壽而不及道德學問,如《荀子·天論》篇所説"君子敬(苟)其在己者而不慕其在天者";但一方面勸人奮勉,一方面又説有命,總免不了矛盾;而況他的流弊有不可設想的呢。

　　總之,儒家所提出的精神的社會政策,——樂道説與安命説,——對於維持社會秩序的安寧,不能不説他有相當的功效;但究竟是治標的方法,而結果致於阻礙社會的進步;所以我以爲樂道説有保存而加以修正的價值,而安命説非加以猛力的攻擊與排斥不可。

原載《民鐸》雜誌第五卷第三號(一九二四年五月)

殭尸的出祟*
——異哉所謂學校讀經問題

這篇文章,實在是廢話;在作者與讀者方面,都是時間的浪費。但這有什麼法子呢!在這樣奇怪的國度裏,殭尸穿戴着古衣冠,冒充着神靈,到民間去作祟,幾乎是常有的事。你如果覺得太不入眼了,覺得有點忍耐不住了,你能沉默着不説話嗎?你能不大聲呼喊嗎?朋友們!恐怕誰也説"不能"!但是,這真是没有法子呢!

劈頭説了一段不着邊際的話,這真似廢話了;但是,且慢,請看八月十二日上海《時事新報》學燈欄中一段奇怪的新聞:

江蘇教育廳於八月八日訓令省立各學校,各縣教育局長第一六〇五號文云:案奉省長第五一八六號訓令内開:案准浙閩蘇皖贛聯軍總司令部函開:兹據無錫公民楊鍾鈺、曹啟文呈請禁止男女同校,特重讀經與國文,禁用白話,並多設宣講所等情。查中國禮教莊嚴,文獻宏備,本爲全球各國所重視。乃近歲學風浮嚚日甚,敗常亂俗,謬託文明。推其狂悖之心,直欲使數千年道德留貽(?)剗除凈盡,反不若歐美所設之學校,猶知維持德育。教部及各校職員,因循敷衍,舍己耘人,使青年子弟,漸染澆風,可爲太息。該公民等所稱,洞中時弊,頗堪采用。相應函請察照,令行教育廳核議施行爲荷等因。並附件原呈到署。除函復外,合行抄録呈稿,令仰該廳長查照向章,分別核議具復,此令,等因。並鈔發原呈。奉此。當以男女同學一項,在小學校生理尚屬幼稚時代,似尚無妨。大學生年齡學力已達成人時期,在道德及法律上均可自負責任。按諸國外各大學,亦類皆男女同學,似當有通融

---

* 本篇作於一九二六年九月,同年十月發表。後曾收入一九三〇年九月出版的《古史辨》第二册中編。——編者註

之餘地。惟中等各校,學生年齡大率正在青春時間,定識定力,均尚未有充分修養,似應一律禁止男女同學,以防弊害,而肅風紀。讀經一項,包括修齊治平諸大端,有陶冶善良風俗作用,似應由各校於公民科或國文科內,擇要選授,藉資誦習。至特重國文禁用白話一項,在小校學生程度尚淺,文言白話,不妨兼授,以期易於領會。中等各校學生以能閱本國典籍,現代文言報紙,及以清淺文字發表思想事物爲重要之目的,似應多授文言文,以期國文程度之增進。並應禁閱不正當之小說,以肅校風,而端士習。又多設宣講所一項,現在各縣所辦社會教育事項,類有通俗宣講員擔任宣講,前經廳長通令整頓在案,似可即由職廳摘抄原呈要旨,令飭各縣原有宣講員切實辦理,無庸另行添設,庶幾事易觀成,費無虛耗等語。備文復請省長核示。兹奉指令内開:呈悉,准如所擬辦理,即由該廳通令飭遵,並候特函總司令部查照,此令等因。奉此,除通令外。口行抄發原呈令,仰該校遵照,此令。

我不是美國哥倫比亞大學的教育博士,也不是新文化運動中的國語大家,關於男女同學和禁止白話文兩個問題,自有那些帶方帽子的博士們或者專家們去從容討論,用不着我來饒舌。現在,我姑且專就殭屍似的讀經問題談一下罷。

這"讀經"的殭屍,在民國作祟,已不止一次了。民國四年,國務卿徐世昌及程樹德等,不由教部而逕由政事堂編製教育綱要,添設讀經;當時的遺老遺少們大有"猗歟盛哉"之嘆,但不久袁世凱也就由總統變成皇帝了。共和重建,教育部總算顧全了這塊民國招牌,所以也就通令廢止。這是第一次。去年章士釗恃執政府教育總長的權威,在十月末開了一次部務會議,又要在學校裏添設讀經;僥倖當時教部還有幾位有骨氣的部員,堅持反對,於是終無結果;但不久段祺瑞槍殺學生的"三一八慘案"又就隨着發生了。這是第二次。我真正有點擔憂,這殭屍的出現總多少給民國一點禍患。第一次的帝制,第二次的慘殺,固然不能説全原於讀經,但牠的確是反動行爲的預兆呢!《易》曰:"知幾其神乎!"現在這殭屍第三次又出現了,牠或者已在伸出可怖的手爪來散播禍患的種子了! 但是,當禍患還未降臨的時候,我們惟一的救急手段,只有捉着這殭屍,剥掉牠的古衣冠,用照妖鏡似的眼光,看牠究竟是一個什麼東西變成的。現在,我不客氣了,我只得先動手去觸這個殭屍了。

如果我們像現在時髦大學考試國學常識似的,説:"經是什麼? 有些什麼?"

恐怕大家或者不加思索地說：經是孔子的東西；牠一共有十三部，所謂十三經；因而將《孟子》、《爾雅》等書一一的列舉出來。但是這個答案，假使我是主試者，我一定要給牠一個零分。爲什麽呢？因爲（一）經的定義，（二）經的領域，和（三）經和孔子的關係，在經學史上是一個爭辯未決的問題，決不是那麽簡單的話所能答覆的。所以提倡詩經的人，假使對於上面三個問題自己先沒有弄清楚，而僅僅的說初小要讀《孟子》，高小要讀《論語》，中學要讀《左傳》；那麽，他不僅不配作一個眞正的思想反動者，並且不配來談經，來提倡讀經；因爲他所以經呵經呵這樣無聊地喊，完全是自己被這個古衣冠的殭尸嚇倒，因而把這個殭尸當作神靈樣的去嚇別人。

我們要曉得，經學上的爭辯論難與其派別的複雜，和其他文學或哲學等是一樣的。雖然自孔子到現在已經有二千四百七十七年（公元前五五一——公元一九二六年），自西漢經學產生到現在已經有二千一百三十二年（高祖元年當公元前二〇六——公元一九二六年），但經學本身依然是紛亂的，是不能"定於一"的。僅就上面幾個問題——（一）經的定義，（二）經的領域，（三）經和孔子的關係——說，就我所知的，已經有四派完全不同的學說。我們爲明瞭起見，可以名爲：（一）經古文學派，（二）經今文學派，（三）駢文學派，（四）新古史學派。

這四派裏面，他的學說比較地沒有什麽價值或權威的，是第三派的駢文學派。這派起源於清代阮元的《文言說》，到近人劉師培才成爲比較有系統的主張。他以爲"經"書爲什麽稱爲經呢？這因爲六經中的文章多是奇偶相生，聲韵相協，藻繪成章，好像治絲的經緯一樣，所以稱爲"經"。依他的主張，孔子的六經所以名爲經，是因爲六經的文章大抵是廣義的駢文體；所以其他羣書，只要是"文言"的（即所謂廣義的駢文體），也可以稱爲經，如《老子》稱爲《道德經》，《離騷》稱爲《離騷經》等。這派發生的動機是反對桐城派的古文；因爲桐城派的文學家援引《左傳》、《檀弓》等以自重，說自己這派的文學淵源於六經；所以當時的駢文學者爲抵禦敵方（古文家）起見，也援引《易經》中的《文言》，說自己這派的文學也淵源於六經，而且比較他們所援引的早些而且更有權威。這派不知道經學與文學有各自獨立的領域，而甘心以文學作經學的附庸，實在不甚高明。現在錄劉師培一段話，以見一斑。

"許氏《說文》'經'字下云：'織也。從糸，巠聲。'蓋經字之義，取象治絲。從經爲經，衡絲爲緯；引伸之，則爲組織之義。……六經爲上古之書；故經書之義,奇偶相生,聲韻相協,以便記誦;而藻繪成章,有參伍錯綜之觀。古人見經文之多文言也,於是假治絲之義,而錫以六經之名。即羣書之文言者,亦稱之爲經,以與鄙詞示異。後世以降,以六經爲舊典也,乃訓經爲法;又以六經爲盡人所共習也,乃訓經爲常:此皆經後起之義也。"

"如《易》有《文言》而六爻之中亦多韻語,故爻字取義於交互。《尚書》亦多偶語韻文。《詩》備入樂之用,故聲成文謂之音;而《孟子》亦曰:'不以文害辭。'《孟子》引孔子之言曰:'《春秋》,其文則史';而《禮記·禮器》亦曰:'禮有本有文。'是六經之中無一非成文之書。"(均見劉著《經學教科書》第一册)

劉氏的話固然有許多誤謬的地方,最明顯的,如《春秋》其"文"則史,禮有本有"文"的兩個"文"字,决不能作"文言"的"文"來解釋;但我們現在不是來編經學講義,實在無需詳密的批評。總之,對也罷,不對也罷;不過假使採取這一派的學說來談經的定義及領域,那麼,不僅只《孟子》、《論語》可算是經,就是一切"文言"體的羣書,如哲學的《道德經》和文學的《離騷經》也應當稱爲經。大聲提倡讀經的聖人們賢人們,你們的意見怎麼樣?恐怕又以爲這不免涉及異端或斥爲雕蟲小技有妨大道了。

經學學派中,比較頑舊點的,是經古文學派;但就是依這派的主張,也恐怕不是現在這班提倡讀經的聖賢們所能忍受。因爲這派以爲經是書籍的通稱,不是孔子的六經所能專有。在孔子以前,固然已有所謂經書;在孔子以後的羣書,也不妨稱爲經。總之,經就是線,就是訂書的線,就是所謂"韋編三絶"的"韋編";所以只要是線裝的,全可以稱爲經。經是一切線裝書的總稱,不能佔爲五經、六經、七經、九經、十一經、十三經等經書的專名詞。依他的主張推廣地說,不僅現在書坊流行的"大狗跳,小狗叫"的小學國語教科書可稱爲經,就是他們表面上疾首痛惡而自己偷偷地在被窩裏看着的《金瓶梅》,假使不是日本洋裝式的翻板,也可以稱爲經。在腐舊的經學裏,居然有這樣大胆的主張;這在不學無術而又喜歡談經的聖賢們,恐怕又要舌撟不下了!

這派的起源較早,但對於上述學說的集成,實始於近人章炳麟。章氏在《國故論衡·文學總略》篇,有一段解釋"經""傳""論"的起源,說這三者的區別完全出於書籍裝訂與版本長短的不同。現節錄於下:

"案經者，編絲綴屬之稱，異於百名以下用版者，亦猶浮屠書稱修多羅。修多羅者，直譯爲線，譯義爲經。蓋彼以貝葉成書，故用線聯貫也；此以竹簡成本，亦編絲綴屬也。傳者，專之假借。《論語》'傳不習乎'，《魯》作'專不習乎'。《説文》訓專爲六寸簿。簿即手版，古謂之忽。書思對命，以備忽忘，故引伸爲書籍記事之稱。書籍名簿，亦名爲專。專之得名，以其體短，有異於經。鄭康成《論語序》云：'《春秋》二尺四寸，《孝經》一尺二寸，《論語》八寸。'此則專之簡策當復短於《論語》，所謂六寸者也。論者，古但作侖。比竹成册，各就次第，是之謂侖。籥亦比竹爲之，故侖字從侖。引伸，則樂音有秩亦曰侖，'於論鼓鐘'是也。言説有序亦曰侖，'坐而論道'是也。《論語》爲師弟問答，乃亦略記舊聞，散爲各條編次成帙，斯曰'侖語'。是故，繩線聯貫謂之經，簿書記事謂之專，比竹成册謂之侖，各從其質以爲之名。"

章氏根據上説，所以在《國故論衡・原經》篇中，説經是一切羣書的通稱。他舉了許多證據，以爲：（一）兵書可以稱經，如《國語・吳語》説"挾經秉枹"。（二）法律可以稱經，如王充《論衡・謝短》篇説，"五經題篇，皆以事義別之；至禮與律，獨經也"。（三）教令可以稱經，如《管子》書有經言、區言。（四）歷史可以稱經，如《漢書・律曆志》所援引的記載庖犧以來帝王代襌的"世經"。（五）地志可以稱經，如《隋書・經籍志》所著錄的摯虞的"畿服經"。（六）諸子可以稱經，如《墨子》有《經上》、《經下》兩篇；《韓非子》的内、外《儲説》先次凡目，亦稱爲經；《老子》到漢代鄭氏次爲經傳；賈誼書有《容經》。（七）其他六經以外的羣書，也時常稱經，如《荀子》所援引"人心之危，道心之微"二語，出於古代已經遺佚的《道經》。總之，依章氏的主張，一切的書籍都是經，這真使提倡讀經的聖賢們爲難了。章氏在今日，已居然作擁護舊禮教者的傀儡；但他的這種學説，恐怕又不是他們所能接受的。因爲他們所崇仰或利用的，只是半瘋假癡的章太炎，而不是洪憲以前的繼承浙東學派與擁護經古文學的章太炎呢！

與經古文學派相反的，是經今文學派。這派雖然以爲六經是孔子的作品，但他們對於經的定義異常狹窄，而主張復異常堅決，恐怕也仍舊使現在提倡讀經的聖賢們爲難。這派以爲經是孔子著作的專有名稱；孔子以前，不得有經；孔子以後的著作，也不得冒稱爲經。他們以爲經、傳、記、説四者的區別，不是如經古文學者所謂書籍板本長短的不同，而是著作者身份的不同。他們以爲孔子所作的叫做經,弟子所述的叫做傳,或叫做記,弟子後學展轉口傳的叫做說;一如佛教佛所說的名經,禪師所說的名、律、論的不同。所以他們以爲只有《詩》、《書》、《禮》、《樂》、《易》、《春秋》是孔子所手作,可以稱爲經;《樂》在《詩》與《禮》中,本無經文,所以實際上只有五經這名辭是可以成立或存在的。南朝增僞《周禮》、《小戴記》二書,稱爲七經;唐又去《春秋》本經,而增《公羊傳》、《穀梁傳》、僞《左氏傳》三書,稱爲九經;宋又增《論語》、《孝經》、《孟子》、僞《爾雅》四書,稱爲十三經;這些所謂七經、九經、十三經等等名詞,全是不通的,全是誤謬的。宋朱熹又將《小戴記》中的《大學》一篇,分析首章爲經,餘章爲傳,以一記文分經傳,更是荒謬的舉動。並且進一層說,就是五經,還有應該討論的問題。譬如《易經》,其中《卦辭》、《爻辭》、《象辭》、《彖辭》,是孔子的作品,可以稱爲經。《繫辭》、《文言》,是弟子所作,只可以稱爲傳;所以《史記·自序》篇稱《繫辭》爲《易大傳》。《說卦》、《序卦》、《雜卦》三篇,不僅不是孔子的著作,並且是漢時所僞造,所以連傳、記、說的名稱都不配。總之,依經今文家說,經的領域是異常狹窄的;所謂經,只有《詩》三〇五篇(他們不信古《毛詩》三百十一篇的話),《書》二十八篇(嚴格的今文家,連歐陽、大、小夏侯後增的《泰誓》也不算),《儀禮》十六篇(本十七篇,除掉子夏所作的《喪服傳》),《易》的《卦辭》、《爻辭》、《象辭》、《彖辭》四種(他們不信連《繫辭》、《文言》、《說卦》、《序卦》、《雜卦》都計算在內而稱爲十翼的古文說),及"斷爛朝報"似的《春秋》經的本文。這種學說,在清代中葉的漢學家已經這樣地主張;但立足於今文派而大胆的提出抗議的,是始於龔自珍《六經正名》及《六經正名答問》諸文。但龔氏有時還混雜古文家說,所以後來的今文家,如皮錫瑞的《經學歷史》,廖平的《知聖篇》,康有爲的《新學僞經考》,提出更明確更有系統的主張。現節錄龔氏文一段如下:

"何謂傳?《書》之有大、小夏侯、歐陽,傳也;《詩》之有齊、魯、韓、毛,傳也;《春秋》之有公羊、穀梁、左氏、鄒、夾氏,亦傳也。何謂記?大、小戴氏所錄凡百三十有一篇是也。何謂羣書?……《禮》之有《周官》、《司馬法》,羣書之頗關《禮經》者也。……何居乎後世有七經、九經、十經、十二經、十三經、十四經之喋喋也?或以傳爲經,《公羊》爲一經,《穀梁》爲一經,《左氏》爲一經。審如是,是則韓亦一經,齊亦一經,魯亦一經,毛亦一經,可乎?歐陽一經,兩夏侯各一經,可乎?《易》三家,《禮》慶、戴,《春秋》又有鄒、夾。漢世總古今文,爲經當十有八,何止十三?……或以記爲經,大小戴二記畢稱經。

夫大、小戴二記，古時篇篇單行；然則《禮經》外，當有百三十一經。或以羣書爲經。《周官》晚出，劉歆始立；……後世稱爲經，是爲述劉歆非述孔子。……又以《論語》、《孝經》爲經。假使《論語》、《孝經》可名經，則向早名之，且曰序八經，不曰序六藝矣。……於是乎又以子爲經（指《孟子》）。猶以爲未快意，則以經之輿儓爲經，《爾雅》是也。《爾雅》者，釋《詩》、《書》之書，所釋又《詩》、《書》之膚末，乃使之與《詩》、《書》抗，是尸祝輿儓之鬼配食昊天上帝也。"

龔氏這段話，很能痛快的指斥十三經名詞之不能成立，很能系統的指出《周禮》、《小戴記》、《公羊傳》、《穀梁傳》、《左傳》、《論語》、《孝經》、《孟子》、《爾雅》九書之不能稱經。但提倡讀經的聖賢們，這於你們又發生困難了。依你們的意見，不過叫沒有反抗力的小學生們讀讀《論語》、《孟子》，讀讀《大學》、《中庸》，或者讀讀《左傳》。但是，這只能算是讀傳記、羣書、諸子，不能算是讀經；這和國文教員選讀《史記》、《莊子》是一樣的，那裏配稱讀經？要讀經，就要讀斷爛朝報似的《春秋》或佶屈聱牙的《尚書》等才行；但是，不客氣說，諒這些聖賢們也沒有這樣大反動的氣概與膽識！況且，孔子不刪鄭衛之詩，這談戀愛說淫奔的國風，恐怕還要呈請司令部出示禁止呢！

上述三派，雖然對於經的定義與領域各有不同的見解；但是對於五經與孔子有密切的關係一點，都是承認的。不料到了最近產生的新古史學派，他們根本的否認五經與孔子有什麼關係。爲擁護舊禮教而擡出孔子作招牌，是否得當，是否有效，都暫且退一百步不提；但是爲昌明孔子之道而擡出五經作材料，那你就是被偽古史欺騙的大傻瓜！爲什麼呢？沒有別的，就因爲五經是五部不相干的雜湊的書，與孔子絲毫沒有關係；孔子與五經真所謂"風馬牛不相及"！自然，這在提倡讀經的聖賢們，或者會大咋其舌，而斥爲離經叛道；不過在平心靜氣以經書爲客觀的研究材料的人們，不能不承認他是經學上一個新學派，不能不承認他是一個超漢宋學，超今古文學而受懷疑哲學的洗禮的新學派！這派發生只有四年的歷史，自然一時不能有很完備的學說；在現在，可以作這派代表的，也只有錢玄同先生。錢先生以爲（一）孔子沒有刪述或制作六經的事。（二）《樂經》本來無書，《詩》、《書》、《禮》、《易》、《春秋》本是各不相干的五部書。（三）把各不相干的五部書配成一部而名爲六經的緣故，是因爲附會《論語》"子所雅言《詩》《書》執禮"及孟子"孔子作《春秋》"的話而成。（四）六經的配成，當在戰國之末。

(五)自六經名詞成立以後,於是《荀子》、《商君書》、《禮記》、《春秋繁露》、《史記》、《漢書》、《白虎通》等書,一提及孔子,就併及六經,而且瞎扯了什麽"五常""五行"的鬼話來比附。(六)因有所謂五經,於是將傳記羣書諸子亂加,而成爲七經、九經、十一經、十三經的名稱。他搜集《論語》上談及《詩》、《書》、《禮》、《樂》、《易》、《春秋》的話而加以嚴密的考證,因而斷定:(一)《詩》是一部最古的總集;(二)《書》是三代時候的"文件類編"或"檔案彙存",應該認爲歷史;(三)《儀禮》是戰國時代胡亂鈔成的僞書;(四)《易》的原始的卦爻是生殖器崇拜時代的符號,後來被孔子以後的儒者所假借,以發揮他們自己的哲理;(五)《春秋》是五經中最不成東西的一部書,是所謂"斷爛朝報"或"流水賬簿"。自然,他決不是如上文所援引的那樣的簡單,那樣大膽的武斷;這不過是他研究以後的結論與斷案,他所搜集的材料與考據的方法是和漢學家一樣的豐富與縝密的。這種考證文字,本也可以節引,但似乎太繁瑣,所以讀者如欲明瞭其中的曲折,請參考他的原著(見顧頡剛《古史辨》第一冊頁六七至八二,或《努力》週刊《讀書雜志》第十期)。

這真使我們提倡讀經的聖賢們更爲難了!提倡讀經是爲宣揚孔道,宣揚孔道是爲擁護舊禮教;現在經書和孔子根本上就沒有關係,這真是這些聖賢們的致命傷了。

以上所說,還不過是就經的定義、領域,及牠和孔子的關係隨便談談,已如此其繁複而不易解決;如果我們再進一層討論經的內容,那牠的困難問題更其是風起雲涌,不僅小學生的腦子裝不下,就是這班不學的聖賢們恐也要頭昏腦脹呢!現在姑且拿十三經的頭部書《易》經來說罷。《易》學派別的繁多,真是五花八門;有《易》漢學與《易》宋學的不同;《易》漢學中,又有今文《易》與古文《易》的不同;而今文《易》中,又有施(讎)、孟(喜)、梁丘(賀)、京氏(房)的分派;古文《易》中,又有費(直)、高(相)的分派;此外漢魏間鄭玄、虞翻、荀爽、王弼的《易》學,清代的張惠言、焦循的《易》學,都自有其立脚點。他們的學說,每每一個問題使你竟年窮究而不得結果!現在提倡讀經的聖賢們,或者以爲學生們用不着這許多,隨便談點罷了。但這是什麼話!做學問只要隨便,只要敷衍,這是對於學問的不忠實!這是對於自身的不忠實!這是卑鄙的心理!這是中國一切玄學、哲學、科學不發達的根本病因!我記得提倡讀經的章士釗曾在去年《甲寅》上鬧一個笑話。這笑話在一般人或者不注意,但只要對於經學稍有常識的人們,將要笑得齒冷。在那一期，恕我沒有閒功夫去查了；總之，在通訊欄，桐城派古文家馬其昶寫一封信給章士釗，替他的弟子保薦，同時送他一本馬氏自著的《易費氏學》。章氏莫名其妙的對於他瞎稱譽一頓。我當時有點奇怪，費氏《易》學久已失傳，晉王弼《易》注是否繼承費氏，在經學上，還是疑問；馬氏現在忽然著了一部《易費氏學》，或者是輯佚的著作，當有一看的價值，於是向圖書館借來了一本。不料看了以後，完全不是那麼一回事。馬氏不僅不懂《易》學，連《易》學的派別全弄不清楚，署名《費氏學》，而亂七八糟的將自漢至清的關於《易》學的著作不分學派的亂抄一頓。桐城派作家對於經學無研究，本不足怪，而不料章氏竟上了一次大當！對於自身所崇奉信仰而欲以號召社會的東西，自身先沒有忠實的研究，這是何等夸誕危險的事呵！我真不能不佩服中國式的政論家與教育家！

最後，我正式的宣示我的意見罷。經是可以研究的，但是絕對不可以迷戀的；經是可以讓國內最少數的學者去研究，好像醫學者檢查糞便，化學者化驗尿素一樣；但是絕對不可以讓國內大多數的民眾，更其是青年的學生去崇拜，好像教徒對於莫名其妙的《聖經》一樣。如果要懂得修齊治平之道，這是對的；但是，下之有公民學，中之有政治學、倫理學，上之有哲學，用不着讀經！如果你們頑強的盲目的來提倡讀經，我敢作一個預言家，大聲的說：經不是神靈，不是拯救苦難的神靈！只是一個殭屍，穿戴着古衣冠的殭屍！牠將伸出可怖的手爪，給你們或你們的子弟以不測的禍患！

九月六日脫稿

原載《一般》雜誌第一卷第二期
（一九二六年十月五日）

"漢學"與"宋學"

一

學術思想只是社會文化的一部分,社會文化又隨着整個的底層的經濟機構而演變。

中國文化,從有史以來,雖傳說已有五千多年的歷史;但概括的説,它的演變只可分爲三大時期。第一期,從上古一直到春秋、戰國(公元前三世紀初),可稱爲中國本土文化起源與發展的時期。第二期,從秦朝一直到明末(公元十七世紀中),可稱爲中國與印度文化由接觸而融變的時期。第三期,從明末到現在,可稱爲中國與西洋文化由接觸而突變的時期。

這只是極概括的文化分期説;如果按照學術思想本身的演變而論,則可分爲八個時期。第一期,從春秋老子、孔子以前,可暫稱爲傳説時期。這時期的學術思想的有無與究竟面目,因爲現在考古學與古史學還沒有發展到相當的程度,無從就下斷語,故暫存而不論。第二期從老子、孔子以後一直到秦(公元前三世紀初),可稱爲私學發展時期。第三期當兩漢時代(公元前三世紀初到公元三世紀初),可稱爲儒學獨尊時期。第四期當魏晉時代(公元三世紀初到五世紀初),可稱爲道家復興時期。第五期從南北朝到隋、唐(公元五世紀初到十世紀中),可稱爲佛學極盛時期。第六期從宋到明末(公元十世紀中到十七世紀中),可稱爲儒佛混合時期。第七期當清一代(公元十七世紀中到十九世紀末),可稱爲古學重興時期。第八期從清末到現在(公元二十世紀初),可稱爲西學漸盛時期。這八個時期的劃分,只是爲史的研究與説明的便利而設;實際上,每一時期都含有前一時期的餘波與後一時期的萌蘖,決不能爲截然的分割;這是我們談學術思想史的所當留意的。

二

　　中國學術思想史上所謂"漢學"就是指上説第三時期與第七時期的兩漢與清代的學術思想的主潮而言；第三時期是"漢學"產生的時期；而第七時期是"漢學"復興的時期。

　　"漢學"一派學術的存在，固遠在兩漢時代；但"漢學"這名詞的採用，却在於清代"漢學派"復興的時候。"漢學"這名詞乃由於與"宋學"對峙而成立。所謂"漢學"，因爲它產生於漢代；所謂"宋學"，因爲它產生於宋代，也就是指上説第六時期宋、元、明時代的學術思想的主潮而言。中國從兩漢一直到清末以前，這二千餘年的長時期中，所謂學術思想就以"漢學"與"宋學"爲兩大主潮。

　　就我們現在觀察，"漢學"與"宋學"實各自有其研究的對象與方法；也各自有其學術史上的地位與價值，大可各自發展，不相侵犯。然而因爲漢武帝實施"尊孔政策"以後，中國士大夫階級沉迷於"道統""學統"等無聊的觀念，於是"漢學家""宋學家"對於孔子競爲奪嗣立嫡之可笑的鬭爭，而互相非難互相排抵。其實，孔子自是孔子，"漢學"自是"漢學"，"宋學"自是"宋學"，三者各有其不同的實質與表象。而且"漢學"本身自有其演變與派別，"宋學"本身也自有其演變與派別，決不是這籠統的名詞所能賅括。現在請進一步的説明。

　　孔子是中國婦孺周知的哲人，然而孔子的真象到現在仍未能完全明瞭。僅就孔子的弟子門人所編輯的《論語》一書而加以考按，則孔子是一位熱情的救世者。他有他的社會觀，他有他的倫理觀，也就是當時所謂"道"。——雖然他的道不能爲現在的我們所接受。——他在他同時或先後的許多哲人中，創立一個學派，而得到許多門弟子的信仰。他與《五經》本身沒有什麼十分密切的關聯，他不是一位專從事名物訓詁的學究，同時也不是一位專思考宇宙本體的玄學家。

　　從春秋、戰國羣雄並峙時代一變而爲秦、漢統一時代，於是學術思想也隨着經濟與政治而大起變動。春秋、戰國學術思想界之私學爭鳴的現象，不利於君權的獨尊，所以秦始皇採用硬的焚書坑儒政策，而漢武帝易以軟的尊孔崇經政策。本來，孔子自是孔子，經典自是經典；經典不是儒家所專有，而孔子的精神也决不是全部存在於《六經》。就退一步承認《春秋》爲孔子的"微言大義"所在，但《春秋》以外的《五經》以什麼資格取得《春秋》同等的地位，而與孔子發生不可分離的關聯？將孔子崇拜與經典研究混爲一談，這完全出於統治階級的政策。就"漢學"言,這是它產生的主因;就"孔學"言,這是它墮落的主因。因爲從這以後,孔子由一位熱情的救世者一變而爲君主的擁護者。真的孔子死了! 假的孔子高據着廟堂,受着點君腐儒與一大羣無知的民衆的膜拜!

三

經典研究是"漢學"唯一的特點;然而因經典來源的不同與經典本身的各異,"漢學"自身又發生演變與派別。兩漢時代,"漢學"的演變可分爲三個時期,因而成立三大派。這三大派可稱爲:一、"今文學派";二、"古文學派";三、"通學派"。

今文學派起源於漢初,盛行於前漢。它根據漢初隸書本的經典;到了宣帝、元帝時候(公元前一世紀中),立於"學官的",凡十四博士。計《詩》分齊、魯、韓三家,《書》分歐陽、大夏侯、小夏侯三家,《禮》分大戴、小戴兩家,《易》分施、孟、梁丘、京氏四家,《春秋公羊傳》分嚴、顔兩家。他們有所謂"家法""師法",承受師說,專經研究,不相混亂。他們自以爲在發揮儒家的微言大義,在求"通經致用";其實呢,在思想方面,往往與方士混合,相信"天人相與"的學說,而專談陰陽、占驗、災異;在行爲方面,又往往假借經術以爲獵官的工具。

古文學派起源於前漢末年,盛行於後漢。它根據漢武帝時發現的古文經典,《易》主費氏,《書》主孔安國《古文尚書》,《詩》主毛氏,《禮》主《周禮》與《逸禮》,《春秋》主《左傳》。這派從劉歆提倡以後,時常與今文派爭論。這派崇奉周公,推尊《周禮》。它所以這樣主張,最初的確含有政治的作用,做爲王莽篡奪行爲的準備。這派的迷信色彩雖然比今文派減少些,但也決不是原始儒家的思想與精神。

從古文派與今文派爭論以後,於是又產生通學派。他們混合今古文學,不論家法或師法,而只是用主觀的見地爲去取。這派的代表者是漢末的鄭玄。他專門研究經典中的名物訓詁,而忽略思想,實可稱爲後代考證學的開山祖。因爲這派大部分以古文經說爲根據,而偶然雜以今文經說,所以爲簡便起見,也可以歸納於古文學派,而與今文學派相對峙。

從魏、晉一直到隋、唐(公元三世紀初到十世紀中),一部分的思想家或在復興道家的學說,或在接受佛學的思想,所謂經典研究的正統學者只在演繹古文學的訓詁,從事於義疏的工作,並沒有新的發展與推進。至於今文學派,當晉代永嘉之亂(公元三一一年),連固有的經典也都被燬滅。所以在這長時期中,所謂儒學,實正在衰落。

四

　　印度文化所給與於中國的,並不僅如普通所想像的只限於宗教。它於宗教之外,在文學、建築、雕塑、繪畫、音樂、戲劇等方面,都有顯著的巨大的影響。更其在思想方面,給與"宋學派"以新的刺激與新的題材。"宋學派"所以產生,一方固由於訓詁末流的反動,一方實被佛學的"本體論"所引起。"宋學家"在表面上雖自稱爲孔、孟道統的繼承者;而實際他們所用力的,不是熱情的去拯救社會,而是理智的去思考本體。將"宋學家"與孔子對比,則顯然可見:孔子是偏於倫理的、社會的、情意的,而"宋學家"則偏於哲學的、個人的、理智的。就退一步承認他們是儒家,他們也是受了佛學影響後的"新儒家",而決不是原始的儒家的孔子的繼承者。

　　本體研究是"宋學"唯一的特點,然而因爲方法論的不同,"宋學"自身也同樣的發生演變與派別。"宋學"到南宋時代才始完成,當時分爲兩大派:一爲"歸納派",一爲"演繹派"。在這兩派之外,又有"批評派"。普通所謂"宋學",往往不將這派包括在內;因爲這派不僅方法論不同,而且整個的立場也不同。

　　歸納派以朱熹爲代表,演繹派以陸九淵爲代表。這兩派哲學上的本體論、人性論及方法論都不相同。就本體論說:朱熹爲"理氣二元論"的主張者;用近代哲學術語來比附,可稱爲一"二元論"者,以爲一切現象的背後都有所謂"理"與"氣"兩者的存在。陸九淵爲"心即理"論的主張者;用近代哲學術語來比附,可稱爲一"唯心論"者,以爲一切現象都由心生,離心則一切現象無存在的可能。就人性論說:朱熹爲"二元論"者,將人性分爲"本然之性"與"氣質之性";陸九淵爲"一元論"者,以爲"性""情""才"不過是一物的異名。就方法論說:朱熹主歸納,主潛修,主自外而內,主自物而心,主自誠而明;陸九淵主演繹,主頓悟,主自內而外,主自心而物,主自明而誠。普通稱朱爲"道問學",陸爲"尊德性",就因爲這緣故。這兩派的理論的鬭爭,以"鵝湖之會"爲最明顯。

　　批評派,所謂"浙東學派",以陳亮、葉適等爲代表。這派與朱陸兩派的根本不同點,即前者以政治、經濟爲中心,後者以哲學、倫理爲中心。以哲學、倫理爲中心,所以假借《周易》、《中庸》等書,而專究理氣心性等本體問題;以政治、經濟爲中心,所以憑藉《尚書》、《周禮》等書,蔑視那些玄虛的研究,而歸宿於事功。專究本體,以人性與本體合一爲極致,故帶有倫理學上動機論的傾向;歸宿事功,以人羣獲得幸福爲標的,故帶有倫理學上樂利主義的色彩。所以以"浙學"批評朱、陸,則朱、陸爲棄實趨虛;以朱、陸批評"浙學",則"浙學"爲舍本逐末。

當佛學思想流行的時代,局限於現世之批評派的言論,自不易得一般學人的信仰。加以批評派數傳以後,不流於歷史的研究,即流於文學的推敲,於是"宋學"遂爲朱、陸兩派所獨佔。歸納派的朱學,因君主之利用的提倡,奪取正統的地位;而演繹派的陸學,因王守仁的發揚,也頗得天才的信仰。但這兩派都是假借經學以談哲學,其結果"尊德性"的演繹派固日流於禪釋,而"道問學"的歸納派也日趨於空疏。明代的末葉,不僅經典的研究非常衰落,就是思想方面也無可觀。一般的學人,幾乎不是腐儒,就是狂生。

五

學術思想,到了明末,有非變不可的趨勢。依隋唐義疏派的反動的成例,因印度文化的輸入而有"宋學"的產生;則因西洋文化的接觸,亦當有新學派的崛起。然而事實上,清代近三百年的學術思想,雖是"宋學"的反動,但只是"漢學"的復興,而不是新學的胚始。這原因:第一,因爲與西洋文化接觸的時期過於短促,不是印度文化長期的輸入所可比擬。第二,印度文化的輸入,以佛教爲先驅;佛教的哲學思想較中國原有的思想爲深入,容易引起一般學者的注意。西洋文化的輸入,以基督教爲先驅;基督教的教義過於淺薄,經典過於單純,不易得士大夫的信仰。第三,西洋學術的最初輸入,偏於天算、輿地、兵器等實用的科學,而不是與思想有關的哲學或倫理學問題。第四,因羅馬教皇昧於中國的風俗,強欲廢除祖先崇拜,使基督教的輸入爲之中斷。第五,清道光以後,西洋列強所以侵凌中國的,又只是鴉片、商器與炮艦,文化的風氣非常薄弱。所以當時士大夫的反應也只是軍艦、兵械的模仿,也只有"中學爲體、西學爲用"的口號,而不能產生新的學派。這都是西洋文化從明末與中國接觸而清代學術仍舊只是"漢學"的復興的主因。

清代的學術思潮以"漢學"爲主潮,這不必否認,也無法否認。但清代"漢學"自有其起源與演變,它只是兩漢學術之支裔的重興,而決非兩漢學術之本體的復活。換言之,"漢學"與"清學"似一而實二。就兩者研究範圍的廣狹與程度的深淺而加以考核,則後者都較前者爲超越。這實可視爲中國學術思想演進的例證。

"清學"以"復古"爲"求真"的手段,依它演變的情形,可分爲三時期。就梁啓超氏的主張,可稱爲一、啓蒙期;二、全盛期;三、蛻變期。啓蒙期約當順治、康熙、雍正三朝(公元十七世紀中到十八世紀中)。這時期,各派崛起,大師輩出,雖立場與業績各自不同,但反抗或修正明末的王學,而羣趨於質樸一途,則完全一致。這可以説是反明而復於漢、宋。全盛期約當乾隆、嘉慶二朝(公元十八世紀中到十九世紀上半期)。這時期以顧炎武爲開山祖的一派特別發展而成爲正統派。這派研究的範圍以經典爲中心,而旁及於列史、諸子、羣書、曆算、音律、輿地各方面;研究的方法以考證學爲特長。這可以説是反宋而復於後漢。蛻變期約當道光、咸豐、同治、光緒四朝(公元十九世紀上半期到二十世紀初),這時期,由經典研究的後漢古文學蛻變而爲前漢今文學,由名物訓詁的考訂轉變爲微言大義的發揮,由經生箋注的演繹轉變爲孔、孟理想的追尋。這可以説是反後漢,復於前漢,而漸及於先秦。

六

啓蒙期學術思想產生的因素,一爲學術的,一爲政治的,而二者又互相影響。學術的原因,在上文已大略説及。當明代末葉,學者受王陽明派的唯心的理想主義的影響,往往依據主觀的、空疏的見地,而發爲專斷的、狂妄的行爲,不僅無學術可言,而且思想也貧乏到極點。在這樣山窮水盡的境地,自易引起一反動。但當時西洋輸入的文化基礎尚未充實,所以這學術的反動只是舊學的復興,而不是新學的產生。其次,政治的原因,因爲滿洲貴族從東北入主中原,對於漢族專用高壓政策。士大夫階級中的優秀分子,繼承東林、復社的遺風,或親自參加軍事的抵抗,或隱居探究明亡的病因。到了南明諸帝慘敗以後,清廷的統治日趨鞏固,於是只得埋頭學術,深究典章制度,以備後起者的採擇。黃宗羲著撰《明夷待訪錄》,即可舉爲説明的代表。

啓蒙期的學術思想,依其反王學態度緩急的不同,可分爲三派。第一派可稱爲"王學的修正派",以黃宗羲爲開山大師,而偏於歷史的研究。他繼承劉宗周的學統,而同時努力於明末文獻的保存。全盛期的"浙東學派"即起源於此。第二派可稱爲"王學的反對派",以顧炎武爲開山大師,而偏於經典的研究。他力矯王學末流"束書不觀,遊談無根"的惡習,大倡"舍經學無理學"。同時閻若璩撰《古文尚書疏證》,對於晉代《尚書》爲真偽的辯難;胡渭撰《易圖明辨》,對宋代《易》説爲驅除的運動;實爲顧氏的左右翼。全盛期的"正統學派"即由此建立。第三派可稱爲"清學的最左派",以顏元爲開山大師,而偏於實學的推行。他不僅反對王學,而且反對一切玄學與考證學,以爲當離開空想與書本而在日常生活中求學問。這派以苦行爲宗,一傳於李塨、王源而遂中絶,在全盛期無所表見。這三派如果以地域劃分,則顏、李爲北派,顧、黃爲南派。此外有王夫之,近於顧、黃,而學力不及他們;有劉獻廷,近於顏元,而對音韻有獨造;有梅文鼎、王錫闡,專究天算,而與思想無關;都不能蔚成學派。

七

"清學"啓蒙期與全盛期的劃分,即前者"爲致用而學術",而後者"爲學術而學術"。其所以這樣演變的原因,固由於學術復古之自然的趨勢,而更由於政治的重壓。章炳麟以爲"多忌,故歌詩文史楛;愚民,故經世先王之志衰;家有智慧,大湊於說經,亦以紓死,而其術近工眇踔善。"(《檢論·清儒》篇)正可取爲這時期學術演變的説明。因爲從康熙朝到乾隆朝,清廷對於士大夫社會,長期的採用硬軟兼施政策。硬的政策爲興文字獄;其中如莊廷鑨、戴名世、查嗣庭、呂留良、胡中藻、王錫侯等案都非常殘酷。軟的政策爲修《明史》,設博學弘儒科,編類書,開四庫全書館。這種政策實施的結果,一般學者以文史容易得禍,只得羣趨於與文網無關之經典的名物訓詁的研究。顧炎武一派所以蔚成正統,黃宗羲一派所以流於考訂、補史、史學,顏元一派所以中絶,都可以由這裏探得原因。

全盛期的學術思想,如以發祥地區分,亦可析爲三派。啓蒙期的黃宗羲一系演爲"浙東派",而顧炎武一系又重分爲"吳""皖"兩派。"吳派"源於惠周惕、惠士奇,成於惠棟,而大昌於錢大昕、王鳴盛、余蕭客、江聲、汪中諸人。"皖派"源於江永,成於戴震,而大昌於金榜、孔廣森、凌廷堪、段玉裁、王念孫、王引之諸人。"吳派"以經説爲基點,而旁及史學與文學;"皖派"以文字學爲基點,而欲上探孔、孟的哲理。"吳派"以詳博見長,"皖派"以精斷見長,這是兩派的不同點。清末如俞樾、孫詒讓,都是"皖派"的最後大師。"浙東派"繼黃而起的,有萬斯同、全祖望、邵廷寀、邵晉涵、章學誠諸人。近人章炳麟以"皖派"經學家而兼"浙東史學家",在辛亥以前,竭力鼓吹民族革命,頗有復返於黃氏的趨勢。

八

　　"清學"由全盛期而轉爲蛻變期,其原因亦仍不離於學術的趨勢與政治的變動。漢代的經學,後漢的古文學與前漢的今文學本不相同;全盛期既已菲薄程(頤)朱(熹),崇拜許(慎)鄭(玄),而上復於後漢,則溯時代以復古,勢不能不再返於前漢。所以嘉慶、道光以後,由許、鄭之學導源而上,《詩》宗三家而斥毛氏,《書》宗伏生、歐陽、夏侯而去古文,《禮》宗《儀禮》而毁《周官》,《易》宗虞氏以求孟義,《春秋》宗《公羊》而排《左氏》,前漢十四博士之學完全復興。又清廷從乾隆末葉,已伏衰敗的朕兆;道光以後,情勢更日趨惡劣。當時内有太平天國的變亂,使滿族的統治逐漸搖動;外自鴉片戰争以來,西歐帝國主義的侵略與時俱深。士大夫社會中的優秀分子,感到國家社會的危機,於是一方對名物訓詁的爭辯表示不滿,一方依託《公羊》中"非常異義可怪之論"以昌言救世。這固然不能説晚清的今文學者都是如此,但我們只要看龔自珍、康有爲等假借經義以譏切朝政,則至少可以窺見學術態度的轉變。

　　蛻變期的開山大師是莊存與。他與戴震同時,但治學的方法完全不同。他撰著《春秋正辭》一書,不爲名物訓詁的研究,而事微言大義的發揮,可以説是清代今文學的第一部著作。但他個人並不是純粹的今文學者。他於這部著作以外,還著有關於古文經傳的書籍。到了他的門弟子劉逢禄、宋翔鳳,今文學才逐漸建立。宋氏喜附會,學問不甚深刻。劉氏則專主前漢經師董仲舒、李育的遺説,撰著《春秋公羊經傳何氏釋例》、《公羊何氏解詁箋》、《左氏春秋考證》等書。《公羊釋例》一書,應用"皖派"考證學的方法,在清代今文學著作中佔很重要的地位。所以以章炳麟的信從古文,也稱譽爲"屬辭比事,類例彰較,亦不欲苟爲恢詭,其辭義温厚,能使覽者説繹"(《清儒》篇)。莊、宋、劉都是江蘇常州人,且有戚屬關係,當時稱爲"常州學派",以别於吳、皖、浙東三派;又因專治《春秋公羊傳》,而稱爲"公羊學派"。其實,這派學説逐漸得人信從,籍貫不一定限於常州,學説由《公羊》而推演到各經,也不以何休《解詁》爲止境。

　　繼莊、劉而起的,有龔自珍、魏源、邵懿辰、戴望。龔自珍富於天才,但學術的途徑很雜亂。他是段玉裁的外孫,所以時談考訂;是浙江籍,所以襲用章學誠"六經皆史"説;以經世才自負,所以喜言西北地理。但他時常引用《公羊》義例,以批評政治;所著《六經正名》諸篇,在今文學上也有相當的貢獻。魏源與龔友善,爲學的態度亦相近似,不甚遵守今文家法。他曾著《詩古微》,攻擊《毛傳》及大小《序》,而專主齊、魯、韓三家。又著《書古微》,説不僅閻若璩所指斥的《古文尚書》孔傳是僞造,就是後漢馬融、鄭玄的《古文尚書》也不是孔安國的真説。同時,邵懿辰著《禮經通論》,主張樂本無經,《儀禮》十七篇並非殘缺,而《古文逸禮》三十九篇都是僞造。戴望更引伸《公羊》學説以注《論語》。於是今文學由《春秋》而《詩》、《書》,而《禮》、《樂》,而《論語》,範圍更日趨開展。

在當時有一派非今文學而對於今文學爲有力的援助的,是輯佚學的學者。輯佚學源於宋王應麟;清代正統派也多採用這方法;余蕭客的《古經解鈎沉》,即其一例。但這時期有些學者專門考輯前漢今文博士的遺説,如《詩》則有迮鶴壽《齊詩翼氏學》,陳壽祺《三家詩遺説》,陳喬樅《齊詩翼氏學疏證》、《詩四家異文考》,馮登府《三家詩異文疏證》等;《書》則有陳喬樅《今文尚書經説考》、《尚書歐陽夏侯遺説考》等;都給與今文學家以不少的便利。

九

今文學到了清末光緒朝,傳布更廣。當時著名的有王闓運、皮錫瑞、廖平、康有爲。王闓運以文學著名,經學也今古兼採,並不足觀;但他曾撰著《春秋公羊傳箋》,又曾雜用今文義以注羣經。皮錫瑞對於鄭玄經説有專門的研究,也不是純粹的今文學者;但所著《五經通論》、《經學歷史》、《王制箋》等書,則完全立脚於今文學的見地。王的弟子廖平是清末今文學派的重要人物,但可惜不能堅持所見。他曾著《四益館經學叢書》(今又添增爲《六譯館叢書》),其中以《今古學考》一書爲最有系統,其次如《經話》、《知聖篇》等書也有相當的見地。他初主張古文爲周公説,今文爲孔子説;繼主張今文爲孔子的真學,古文爲劉歆的僞品。但後來因環境的壓迫,忽主張今文是小説,古文是大統,以自相矛盾。又後來,更著《孔經哲學發微》,又連及《楚辭》、《黃帝内經》,以荒誕的幻想,爲孔學天人的描寫,則更不足觀了。當時襲用廖氏的舊説而成爲集清代今文學的大成的,是康有爲。康初師朱次琦,雜糅漢、宋、今、古,不講家法。嘗治《周禮》,著《政學通議》一書。後遇廖氏,遂盡棄舊説,專治今文學。先著《新學僞經考》一書,説古文經傳是劉歆僞造,古文學是新莽之學。這部書成爲清代今文學的殿軍,因爲以前的今文學著作大抵是局部的,片段的,到這部書然後綜合一切,對古文學下總攻擊。繼著《孔子改制考》一書,説先秦諸子都是託古改制,《六經》是孔子宣傳的書籍,堯、舜是孔子依託的理想社會，則更由後漢今文學而漸復於先秦諸子學。最後著《大同書》，由《公羊》學的三世說演繹爲烏托邦的描寫，則簡直近似於"無政府共産主義者"。在西洋社會主義没有輸入中國之前，由腐爛的經典而演化爲嶄新的社會思想，這不能不佩服康氏的敏感與大膽。可惜他沉迷於緩進的三世説，所以主張先復於君主制的"小康世"；又感於舊君的私恩，復一變而爲復辟論者。以左傾的思想家，經過兩次的"右轉走"，而遂變爲極右的反動派。這可窺見思想與行爲的"相關度"，而同時可了然於中國士大夫的劣根性！康氏除上述三書外，如《春秋筆削微言大義考》、《春秋董氏學》、《禮運注》等，也都是重要的作品。

清代的今文學，到康氏達了最高潮，以後遂逐漸衰落。康氏的弟子，以梁啓超爲最著名；梁著《清代學術概論》也自稱爲今文學派之猛烈的宣傳運動者，其實梁氏對今文學没有專門的著作，對國内思想界另有其貢獻，而治學的途徑也偏於中國文化史的研究，不能稱爲今文學者。近時的純粹今文學者，就個人所知，只有夏曾佑及崔適。夏曾撰著《中國歷史教科書》三册，對於先秦諸子及孔學，都有由今文學演繹而出之特殊的見解。崔曾撰《春秋復始》，證明《穀梁》也是古文；又撰《史記探原》，説《史記》是今文學，其所以雜有古文説，全是劉歆的羼亂，於是今文學更由經典而推及於史籍。

十

現代的學者雖也受有今文學的影響，但已在接受西洋的學術思想。"五四""五卅"以後，中國對於西洋文化，不僅在接受其物質文明，不僅在模仿其典章制度，而且正在介紹其一切學術思想，以訴於實際行動；"漢學"與"宋學"都成爲過去了的學術思想；這正是中國第二次接受外來文化而發生劇變的時代。它的雜亂，它的矛盾，自有其歷史的必然性。假使你是怯懦者，你在等着看吧！假使你是勇敢者，你流着汗，或者是血，加入那些推進歷史的巨輪的大羣中！假使你不自量的在逆轉，在反動，那你只有壓死在歷史的巨輪之下！

原載《中學生》雜誌第三十五號（一九三三年五月）

《孝經》新論

這是和〈《大學》與〈禮運〉〉（載在《中學生》第六十五號）一篇同性質的文章，目的只是向青年們敘述這部經典的來源、內容和我們現在應該給的新的估價，使還沒有腐化的青年們清醒點，不要給一班抱住骸骨當法寶的妄人們迷糊住。

這是一種頗爲奇怪而其實自有它的社會背景的現象，假使你注意中國思想界紛亂後退的局勢，你就會看到這幾年來在同一提倡讀經的口號下，也十足地表顯出它的封建性；不，確切點說，十足地表顯出它的割據性。這就是說：在同一中國的領域內，有些地方在提倡《大學》，有些地方在提倡《中庸》。有些地方在提倡《孝經》，有些地方在提倡《春秋》，甚至於提倡《春秋》的某一種理論，如《春秋》"公羊家"所說的"天下遠近大小若一"的"太平世"的理論，想在經典上建築起獻媚、屈服、投降的漢奸的理論。

青年們，假使你們還有點熱的血、冷的頭腦和明澈的眼光的話，爲了你們所託生的民族，爲了你們所託生的祖國，你們能默默地容忍這種現象嗎？不能的，我們要起來粉碎了它！

那麼，好，現在我們先來談談《孝經》。

第一個問題首先觸到的，就是《孝經》是不是孔子的著作，或是孔子的話語而被他的弟子們所記錄的書籍——假使我們暫時假定孔子是古代的聖人，而他的話語仍然全部適用於現代。但不幸得很，我們的答案卻不能中一般迷古者的意；這就是《孝經》並不是孔子的著作，也不是孔子的話語。

古今來的學者對於《孝經》究竟是誰所著作這一問題，並不一致，大概有七種說法：第一，以爲《孝經》是孔子的著作。主張這一說的，有漢代的《白虎通義》、《漢書·藝文志》、鄭玄《六藝論》和流行於兩漢時代的緯書，如《孝經緯鉤命決》、《援神契》和《孝經中契》等。第二，以爲《孝經》是孔子的弟子曾參的著作。主張這一說的，有漢代的司馬遷的《史記·仲尼弟子列傳》。第三，以爲《孝經》是曾子的弟子的著作。主張這一說的，有宋代的晁公武和胡寅；晁說見於他自己的著作

《郡齋讀書志》,胡説見於王應麟的《困學紀聞》。第四,以爲《孝經》是曾子的弟子子思的著作。主張這一説的,有宋代的馮琦;馮説也見於《困學紀聞》。第五,以爲《孝經》是孔子弟子"七十子之徒"的著作。主張這一説的,見於清代毛奇齡的《孝經問》和《四庫全書總目提要》。第六,以爲《孝經》是後人附會而成的。主張這一説的,有宋代的胡宏、汪應辰和朱熹;這三人的學説都見於朱氏的《孝經刊誤後序》。第七,以爲《孝經》是漢儒僞造的著作。主張這一説的,有清代的姚際恆;姚説見於他自己的著作《古今僞書考》。

這七種學説,有的出於揣測,有的出於考證,所用的研究方法並不相同,所得的結論價值當然也不一致。但是,總之,如果你用學術史的眼光來看,你就顯然地看到:在兩漢時代,《孝經》的地位非常地高,它可以和孔子的《春秋》相並(詳見下文)。但到了宋代,《孝經》的地位就摇動而跌下來了;它從《春秋》的地位跌到了《禮記》和《大戴禮記》的懷裏,成爲《儒行》、《緇衣》、《坊記》、《表記》的兄弟行。到了清代的姚際恆,簡直不客氣地將它送進古今僞書的隊伍裏去。然而,現在中國的張開眼睛作夢的人們又想將它拉回到兩漢時代所給它的位置;這不僅證實了他們對於《孝經》本身的無知,而且證實了他們對於中國學術演進趨勢的無知!

但是,兩漢時代爲什麽認《孝經》是孔子的著作而給它以和《春秋》同等的地位呢?這是一個需要解答的問題。要明瞭這一問題,須先要對於漢儒的《孝經》論作進一步的了解。我在《〈大學〉和〈禮運〉》一篇文章裏已經説過:中國的經學可分爲"漢學"和"宋學"兩派,而"漢學"又可分爲"今文學"和"古文學"兩派;如果詳細點或確切點説,"漢學"實可分爲"今文學"、"古文學"以及混合今古文學的"通學"三派。這是一個奇怪的現象,在經典的別一方面,"今古文學"的爭論非常激烈;但是對於《孝經》是否是孔子的著作一問題,無論"今文學"、"古文學"或"通學",他們的結論卻是一致。——雖然談到不滿兩千字的《孝經》本文,也有所謂"今文本"和"古文本",一樣無聊地在爭辯。

就上文我所舉的漢代《孝經論》,《白虎通義》一書屬於"今文學";《漢書·藝文志》源於劉歆的《七略》,屬於"古文學";鄭玄《六藝論》屬於混合今古文學的"通學";而陰陽怪氣的緯書,卻和"今文學"中的"齊學"有極密切的關係。《白虎通義》説:孔子已作《春秋》,又作《孝經》。《漢書·藝文志》説:《孝經》是孔子爲曾子陳述孝道的書。鄭玄《六藝論》説:孔子因爲六經的題目不同,意旨各別,恐怕大道離散,後世不知道根原,所以寫作《孝經》來總會它們。前漢初年以及前漢以前學者沒有説《孝經》是孔子的著作，爲什麽後漢一班學者卻忽然會替《孝經》指出著作的人名呢？後漢初年的學者還只有説《孝經》是孔子所著作，爲什麽後漢末年的鄭玄卻又忽然曉得孔子所以著作《孝經》的理由呢？没有一點考古學的材料做根據，然而越到後來，所曉得的史實越詳細，假使我們不是跟着古人瞎跑，這是可以相信的嗎？

這還不足爲奇，《白虎通義》、《漢書·藝文志》、《六藝論》究竟還是古代學者的作品，他們只在説謊，還不至於説鬼話。至於緯書上的記載，那更是鬼話連篇了！關於《孝經》的緯，有《鉤命決》、《援神契》、《孝經右契》、《孝經中契》等篇。據《孝經緯鉤命決》説：孔子曾經自己説過，他"志在《春秋》，行在《孝經》"；明顯點加以解釋，就是説：孔子的政治理論寄託在《春秋》一書，孔子的實踐方法著明在《孝經》一書；《春秋》和《孝經》是孔子承認爲自己兩部極重要的著作。《鉤命決》又説：孔子曾經自己説過，他爲什麽著作《孝經》呢？因爲他没有握到實際賞罰的政權，他只是一位有帝王的德行和才能而没有帝王的運命的"素王"（空王）。《鉤命決》又説到《春秋》和《孝經》的傳授，它説孔子親自將《春秋》交給他的弟子子夏，將《孝經》交給另一位弟子曾參。這一位《鉤命決》的著作者寫得那麽樣地親切而熟悉，好像他是孔子的朋友似的，他知道孔子爲什麽寫《孝經》，《孝經》的價值在什麽地方，《孝經》的最初的傳授怎樣。總之，《鉤命決》裏的話太使人不敢相信了；然而後來一班經學家，更其是《春秋》"公羊學派"的經學家，居然相信，而且居然引爲信史了！

這還不足爲奇，據《孝經中契》和《孝經緯援神契》的説法，《孝經》的名稱是天上的上帝派了一位神來題名的；孔子寫完《孝經》以後，上帝告訴他，將來的天下會落在漢高祖劉邦的手裏，孔子的《孝經》和《春秋》都是爲了這位劉邦寫作的法典。諸位或者會不相信這鬼話吧！然而《孝經中契》明明説着，孔子寫完了《孝經》，齋戒告天，天上忽然湧起了黑雲，天帝所住的紫微宮開開了北門，二十八宿的角星和亢星向北墜落，天帝派遣了一位神司命來題簽，稱爲《孝經》。《援神契》①説得更是活現。它説：孔子寫成了《春秋》和《孝經》，命他的七十二位弟子向北極星鞠躬似地站着，命他的大弟子曾子抱住《河圖》、《洛書》等也向北站着。孔子自己沐浴齋戒，簪着縹色的筆，穿着絳色的單衣，向着北極星拜，對天説：一

---

① 以下引見《太平御覽》卷五四二引《孝經右契》。虞世南《北堂書鈔》卷八五作引自《孝經援神契》，但係節引。——編者註

切都備齊了,總計《孝經》四卷,《春秋》、《河》、《洛》八十一卷。天上忽然起了變化,白色的霧摩到地面,赤色的虹從天上下來,變爲黃色的玉;長三尺,上面刻有文字。孔子跪下來接受着讀它,説:"寶文出,劉季握。卯、金、刀,在軫北。字禾子,天下服。"這和《燒餅歌》、《推背圖》一樣的預言,就是説:孔子的《孝經》等寶文出來以後,落在劉季,也就是後來漢高祖劉邦的手裏。這位真命天子是姓卯、金、刀三個字合起來的"劉"字;號禾、子兩個字合起來的"季"字。他生在二十八宿軫宿所管轄的區域的北部。他出來以後,天下就太平了!

諸位讀到此地,或者會發笑,或者覺得無聊,以爲我在傳述鬼話。是的,這是鬼話。孔子在漢代被這班是經學家也是宗教家裝成了十足的道士,《春秋》和《孝經》變成了這位道士的法寶,這位道士自身和他的這兩部隨身法寶,卻只是這位"流氓皇帝"劉邦的先遣隊。誰在侮辱這位古代哲人孔子呢?就是這班自命爲尊崇孔子的漢代經學家。然而,你如果要曉得《孝經》爲什麼被硬派爲孔子的著作,《孝經》在漢代爲什麼取得了和《春秋》同等重要的地位,那你就非對於這些鬼話忍耐地研究一下不可。

漢代的"今文學家"、"古文學家"、"通學家"以及和今文學有密切關係的緯説,都在一致尊崇《孝經》,不惜在説謊話或鬼話,如上文所説,那究竟是爲了什麼呢?這些經生、官僚、教徒們的話是否和當時的統治者的君主的意見相一致呢?抑或他們受了君主的指揮而故意在這樣地高唱着呢?甚或他們卑鄙無恥地故意説這些話,上以逢迎君主,下以麻醉民衆呢?要解決這些疑問,我們可以先回頭來看漢朝歷代帝王對於孝道和《孝經》的意見。

漢朝初期的帝王的確在竭力提倡孝道,崇信《孝經》。而開始這種運動的,就是這位開國皇帝漢高祖劉邦。劉邦,據司馬遷《史記·高祖本紀》所描寫,他是一位十足的流氓。他少年時代,不肯好好地跟着他的父親哥哥去種田;他起兵暴動的時代,曾經將儒生的帽子拿來小便;他剛握到政權的時候,曾經向他的父親誇張自己的本領和財產;總之,他是並沒有受了儒家或經學家的洗禮的一位草莽英雄。但是奇怪得很,他一坐上天子的寶座以後,立刻大提倡孝道。當高祖六年五月的時候,他已經將他自己的兄弟子姪分封好,忽然想到他的父親還沒有尊號,於是立刻下了一道詔令,尊稱他自己的父親爲"太上皇"。在這道詔令中説:"人類的至親沒有親過於父子。所以父親有天下,傳給他的兒子;兒子有天下,尊奉他的父親:這是人道最高的表現。"對的,父子在男系社會裏有極密切的血統的關係;父子在私有財產社會裏又有授受遺產的關係。中國的古代君主認國家是他私人的財產；為了這一大宗財產的安全，不能不採用立嫡制度，不能不實施"父系、父治、父權"的制度；為了這種制度的合理化，不能不提倡孝道。看穿了這一點，那你就很明顯地知道：孝道，在劉邦的眼光裏，只是他的荷包裏的"天下"的封條或火漆而已！劉邦自己有這樣的聰明和手腕嗎？或者有的，然而我疑心這是經學家轉變過來的政客叔孫通呈獻的妙計！

　　高祖死了以後，惠帝即位，更進一步對孝道作普遍的宣傳。他造成了選舉制度的雛形，對於人民"孝悌"或"力田"的，免除了他們的徭役，以表示優待。後來文帝下詔加以解釋說："孝悌是天下的大順，力田是為生的根本。"對的，在小農經濟組織的社會基礎上，建築着階級的各安其分的"孝悌論"，如《孝經》所說的"天子之孝"、"諸侯之孝"、"卿大夫之孝"、"士之孝"、"庶人之孝"，不是對於帝王萬世之業很有利的政治理論嗎？惠帝死了以後，諡法上特加"孝"字，稱為孝惠帝。以後居然成為漢朝的制度，接着有孝文帝、孝景帝、孝武帝等等。顏師古在《漢書注》裏說："孝子很會繼紹父親的意志，所以漢朝的諡法，從惠帝以下，都稱為孝。"這也是對的，父親將"天下"這私產傳給兒子，兒子應該好好地保持着，不讓別人奪去，這才配稱為孝子。秦始皇想用法家獨裁的手腕建築他的萬世子孫帝王之業，漢朝初期的帝王想用儒家孝道的理論建築他的萬世子孫帝王之業，一樣的為了他自己的私產，一樣的為了他自己的子孫，不過漢朝的統治者比秦朝的統治者更聰明些，更刁點些。然而，你要清楚，這決不是為了什麼倫常道德或大眾的福利！

　　武帝即位，聽了董仲舒的話，罷黜諸子，獨尊孔學；於是假的孔子和五經相結合，給漢家的"天下"建立了保險的理論；五經再和學校相結合，給地主們的子弟開墾了官僚的路線。君主和官僚分贓，統治着被剝削吮吸的農民，這就是兩漢以後清代以前的中國的社會形態！但是武帝和董仲舒恐怕五經的力量太單薄，於是再加上了一部《孝經》，因此，漢朝的帝王由理論的孝道的提倡逐漸變為成文的《孝經》的崇奉。董仲舒首先對於《孝經》的"天之經""地之義"加以解釋，說："天有木、火、土、金、水五行，木生火，火生土，土生金，金生水，……（這好像父子相生相傳一樣），所以父親傳授給他，兒子接受過來，這是合於五行的天道。……下事上，如地事天，……這是地之義。"（見《春秋繁露·五行對》）對的，父子以"天下"的私產相傳授，這是天道；社會分化為上下相統屬的兩階級，這是地義；君主、官僚的統治理論十足地表現在《孝經》裏面，怪不得《孝經》在漢代被擁上了經典的寶座，怪不得漢制通令天下誦讀《孝經》，怪不得漢代連"期門""羽林"的宮禁衛隊也一定要通解《孝經》章句了！

　　明瞭了漢代帝王對於孝道和《孝經》提倡的用意，那麼，這班經生、官僚、教徒們一唱一和地在崇奉《孝經》，在硬派《孝經》爲孔子的著作的用意也昭然若揭了。簡單地說：《孝經》在漢初是一種統治的武器，爲了統治階級自身的利益在施用着。宋代以後，"禮教"早已成爲一種不成文的嚴刑峻法，在保護着統治階級和男子們的利益；《孝經》也早已處於"功成者退"的地位，在統治策略上變成銹鈍了的武器；所以哲學家的朱熹和考證學家的姚際恆毫不徇情地加以排詆，而社會也居然能够容忍下去了！

　　然而《孝經》在漢初爲什麼不和《詩》、《書》、《禮》、《樂》、《易》相提並論，而一定要和《春秋》相輔以行？這些緯學家們爲什麼一定硬造出孔子"志在《春秋》，行在《孝經》"的話？這問題，我不想在這篇短文裏再說下去，免得太累贅。擬將來另寫一篇《春秋的本質和它的演變》來附帶地說明它。

　　《孝經》既决不是孔子的著作，如上文所說，那麼，它是否發揮了孔子的思想呢？就我們客觀研究的結果，也不是的。《孝經》不僅不是孔子的思想，而且和曾子、孟子的思想也不相同，——假使我們暫認孟子是曾子的再傳弟子，而《孝經》和曾子有相當的關係的話。

　　我不想在這裏寫枯燥的考證文字，我只想提出幾個問題證明《孝經》的思想和文字的出現是很晚的事情；或者如姚際恆所說，簡直是漢人所僞造。

　　考證孔子的思想，就現在考證學的觀點看，以《論語》一書比較可靠。孔子提倡"孝"是有的，但孔子更願意提倡"仁"。就孔子的倫理思想的體系說，"仁"是個人修養和社會演進之最高的階段，"孝"不過是修德入門的方法。"仁"，廣大而抽象；"孝"，狹窄而具體；從狹窄而具體的進到廣大而抽象的，這是孔子的教育方法論。所以如果有時"仁"、"孝"發生矛盾的時候，孔子便毫不客氣的去"孝"而取"仁"；或者確切點說，這"仁"已經包含了那"孝"。但是，像《孝經》那樣，將"孝"認爲一切道德的最高階段，將"孝"來統屬其他一切道德，那决不是孔子的思想。固然，在《大戴禮記》和《禮記》幾篇文章裏敘述到曾子的思想，也曾將"孝"的地位提得很高，將"孝"的理論發揮得很圓融；但也决不像《孝經》那樣，將"孝"說到那樣地淺薄無味。朱熹批評《孝經》說："《孝經》疑非聖人的話語，都不曾說得切要處。"這確是犀利的批評呢！

　　其次，《論語》裏記載孔子的弟子問孝，孔子每就各位弟子的性格，告以各種孝的方式;換句話説,就是孔子將弟子分爲若干"類型",依教育的方法,將孝也分爲若干"類型"。但是,像《孝經》那樣,將"孝"分爲"天子之孝"、"諸侯之孝"、"卿大夫之孝"、"士之孝"、"庶人之孝",將"孝"這樣明顯地"階級"化,那也決不是孔子的思想。因爲"類型"只是人性之横的分類,而"階級"卻是社會之直的統屬,性質迥不相同。所以《論語》論孝,和《孝經》論孝,不僅理論的優劣高低不能比擬,而且立場也不一致。因爲這是很顯明的,《論語》出發於倫理,而《孝經》出發於政治。

又其次,父子之間,如果意見發生衝突,就《論語》所記載的孔子的話,他主張"幾諫",就是説:不可以對父母激烈地表示爭辯,而只能微婉地透露意見。總之,對父母應該尊敬而不可違反他們的意旨,應該替他們効勞而不可有怨心。這種主張,在《大戴禮記》所記載的曾子的話語中,也同樣地表現。曾子以爲對父母只可以"微諫"。"微諫"也就是"幾諫",只可以傳達善意,而不敢有所爭辯。甚至於這種主張,在《孟子》裏,也同樣地表現着。孟子以爲父子之間不應該"責善";就是説,不應該互相責備;因爲"責善"只是朋友的道德。所以孟子説古代每每"易子而教",將兒子交換着教育,就是怕發生"責善"的惡現象。然而,在《孝經》裏,卻主張"諫諍"的必要。兒子見到父親做着不義的事,應該不客氣地諫諍。"諍子"的重要,和"諍臣"、"諍友"是同樣的。換句話説,父子關係和君臣關係,朋友關係並沒有兩樣。這種將出發於溫情的"孝"完全改易出發於理智,是孔子、曾子甚至於孟子所未有的思想。

此外,《孝經》的文句,有許多和《左傳》相同,宋代的朱熹和清代的姚際恆已經説過。《孝經》的文體,每章的末尾引《詩》來結束,和漢代劉向的《説苑》、《新序》、《列女傳》等書的文體相似,宋代的黃震也已經説過。清代的陳澧,説《孟子》七篇有許多和《孝經》相發明,證明《孝經》不是偽書;其實我們也可以翻過來説,因《孝經》是偽書,出於《孟子》以後,竄改《孟子》的文句而成,所以有相似處。這些,我們都不再繁徵博引了。

爲《孝經》辯護的人,每每説漢代的蔡邕《明堂論》中已引有魏文侯的《孝經傳》,可見《孝經》的出現相當地早。但是這話也頗可疑。第一,蔡邕《明堂論》是漢人的著作,用漢人的話來證明《孝經》的真實性,是不大可靠的。第二,依《史記·魏世家》,魏文侯是孔子弟子子夏的弟子。子夏,就是據漢人自己的傳説,也是傳授孔子的《春秋》的人,而不是傳授《孝經》的人,就是緯書裏所謂"《春秋》屬商、《孝經》屬參"的"商"。子夏不傳《孝經》,而他的弟子文侯忽然著作《孝經傳》,

在古代學術傳授習慣上是不可能的事。第三,假使魏文侯真有《孝經傳》,以《漢書·藝文志》搜羅古籍的完備,爲什麽缺而不載?這都是費解的。清末的康有爲,在《新學僞經考》卷三裏說,魏文侯《孝經傳》根本就是僞書,和子夏《易傳》同一性質,確是有相當理由的。

爲《孝經》辯護的人,又每每說《呂氏春秋·察微》篇曾引有《孝經》原文,可見《孝經》的出現至遲也當在秦始皇統一六國以前。這話似乎比較有力。但仔細考察,仍舊可疑。因爲《察微》篇原文,如果細加分析,所引《孝經》文句,實是將註文誤入正文,並不見得《呂氏春秋》著作時已經出現了《孝經》。

這些枯燥的考證問題,我們就是暫時撇開不說,只就《孝經》的思想文體和語句加以考核,也可以大膽地斷定《孝經》決不是孔子的著作,也不是孔子的思想!

我們不是偶像崇拜論者,無論《孝經》是不是孔子的著作,是不是漢代所僞造,如果《孝經》的思想仍舊爲中國現代所需要,仍舊應該採納於中國現代思想組織之中,那我們就應當加以提倡或發揮。然而,不幸得很,就我們客觀研究的結果,我們的意見又不能中一般迷古者意;這就是說,《孝經》的思想並不是現代中國所需要;要將中國從危險的局勢中拯救出來,非先打破中國宗法制度和家族道德的保護論的《孝經》不可。

談到這問題,如果慎重點,我們應該先從"孝"的道德的起源做一度的分析。人類一切道德律的產生和滋長,實和它的社會基層的經濟組織有關係,甚或建築在這基層上面。古代以及現代留存的野蠻民族和游牧民族沒有敬老的習俗,也沒有孝的理論,有些民族甚至於不讓老人們好好地終其天年。現代歐、美資本主義的國家,僅有養老、安老的物質的設備,沒有以家族爲本位的這樣詳密的孝的理論和習慣。只有中國,一切道德以"孝"爲起點,一切行爲以家族爲歸宿。這三種道德律不同的根原是爲了什麽呢?簡單地說一句,就是爲了社會經濟組織的差異。野蠻民族和游牧民族以漁獵、牧畜爲生,所需要的是旺健的體力,所困難的是食糧的獲取。老人在這一社會裏,只是一種拖累而不是生產者。現代資本主義的社會以機械工業爲主,所需要的是日新月異的自然科學和應用科學,所表現的是一切高速度的前進和擴張。人們在這一社會裏易成落伍者;所以僅有高齡而沒有勢力提供給社會的,並不能得社會的尊崇。只有中國,從西周以來,就停留在小農社會的範疇裏。在小農社會裏,天時的考察、水利的改善以及耕種的方法,都以經驗的傳授爲主,所以長老取得了社會的最高地位,和政治制度的封建制度相結合，形成了宗法社會，而產生了"孝"的道德律。

諸位不要誤會，我決不是在主張"非孝論"，我決不是在主張將中國拖回到野蠻民族或游牧民族的習慣，或將中國不加別擇地迎頭接受爛熟的西洋資本主義的文化。我的意思只是說：一切道德的產生和滋長有它社會的基礎，在中國目前萬分危急的局勢下，在中國社會已經客觀地在轉變的過程裏，過分的宣揚舊的道德律，使新的社會難產，甚至於流產，是萬分危險的事。這只是平心靜氣地爲了我們的國家民族的永存，也爲了我們自己和我們的後裔的生存，而決沒有絲毫誇浮的或憤激的意見！

孝的理論的表現，托根於宗法制度；宗法制度的形成，結合於封建制度，當西周初期，爲了周民族的安全，爲了殷民族的鎮壓，封建制度、宗法組織和孝的道德是三位一體的安定社會的武器！春秋、戰國時代，復古派或者確切地說改良派的儒家，爲了和平社會的企求，爲了仁愛道德的提倡，以"孝"爲淑世教育的方法，也自有其哲學上、倫理學上、教育學上的論據。兩漢以後，發揚《孝經》裏階級化的理論，使上可以息滅王位繼承的紛爭，下可以安定農業經濟的組織，也自有其政治的、社會的作用。然而，我們現在怎樣呢？我們所處的時代是對內應該從速改善，對外應該竭力抗爭的時代。我們既不是周室的貴族，也不是春秋、戰國的游士，更不是兩漢以來的順民。我們應該接受資本主義的文化而超越資本主義的文化。我們需要信仰廣義的社會主義的信徒，也還需要信仰個人主義的信徒，但是我們決不需要圈禁在狹的籠的家族主義的孝子。我們應該將自己，將全民族的幼兒、少年、青年從家庭裏掃數地交給國家，交給民族，交給社會！我們應該將貪官、污吏、土豪、劣紳之私而忘公，爲家族而忘民族的卑劣的心理的根源和腐爛的道德的堤障發掘掉、焚毀掉。眼看見一羣羣的貪污土劣在搜刮民脂民膏以後，建築了堂皇的住宅和墓道，藉口爲了雙親，以宣揚自己的孝德，這虛僞的、卑劣的、反社會的行爲，我們還容忍它永遠地延續下去嗎？

親子的慈愛，原是人類不可磨滅的優美的德性；然而提倡偏面的孝、虛僞的孝以阻礙新社會的誕生是不可恕的。這所說的還只是孝的一般的理論，至於《孝經》的內容更和現社會毫不相應。試問我們應該實行"天子之孝"、"諸侯之孝"、"卿大夫之孝"，抑或實行"士之孝"、"庶人之孝"呢？試問我們怎麼將我們的父親去"配天"或"以配上帝"呢？試問我們是否只准"嚴父"而不許尊母呢？在企求平等的社會裏，宣揚階級化的道德；在企求科學的社會裏，皈依於宗教化的天帝；在企求男女平權的社會裏，蔑視可貴的母愛；這是現代的我們所應該接受的理論嗎？

　　然而,《孝經》居然在現代的中國抬頭了！而且居然在革命策源地的廣東抬頭了！眼見過《孝經新詁》強制地送到廣東的少年、青年們的手裏,眼見過曾爲廣東的統治者陳濟棠的母親的堂皇富麗的墓道,眼見過翁半玄等讖緯家居然搗亂內政,我疑心我是置身在兩漢的盛世了！然而,我們的張騫呢？我們的衛青、霍去病呢？甚至於我們的王充、仲長統呢？

九月廿五日

　　　原載《現代父母》四卷九號（一九三六年十月）,
　　　　《中學生》第六十九號（一九三六年十一月）

治經與治史

承本刊主編者的好意，邀我寫這樣題目的一篇文章，獻給開學後的青年學子們。不過這題目比較地沉悶，如果詳盡地寫下來，不是這刊物的篇幅所能容納；所以現在只能略簡地像常識似地向青年讀者們報告點中國現代學術某種部門研究的趨勢而已。

一切學術的研究是發展的，轉變的；一切學術的發展或轉變又都自有其社會的原因。所以研究一種學術，先要了解他的過去，又要把握着他的現在，而且還要探求他所以發展或所以轉變之社會的原因，對付一切學術都應該如此，對付中國舊有的學術更應該如此。因爲只有這樣，你才能夠不抱住死骸或腐肉當作法寶，你才能接受這一社會的文化遺產而向前邁進，你才能了解你對於社會對於大衆所負的文化的偉大使命，不至於將學術當作個人的裝飾品，甚或當作出賣靈魂的契約！

不容否認的，鐵樣的史實呈示給我們，中國經典的本質，不僅是學術的，而且是宗教的，尤其是政治的。明顯地説，中國的經典，不僅可以當作學術的材料去研究；從兩漢以來，他發揮了宗教的作用；而且從兩漢以來，他盡量發揮了政治的作用。更明顯地説，中國的經典被君主和一班出賣靈魂的士大夫們當作政治的枷鍊或鞭子，恣意的殘酷的來蹂躪踏在他們腳下的大衆！

所以現在研究經典，至少應該負起兩種使命：一是積極的，將經典當作一種文化遺產，分部的甚至於分篇的探求他的真面目，估計他的新價值，使他合理的分屬於學術的各部門。舉例説吧，譬如《詩經》，應該先懂得從漢到清的各家家説，然後揚棄從漢到清的各家家説，而客觀的顯露他的本質，闡明他的內在的靈感和外形的技巧，合理的給他中國古代文學史上重要的地位。研究經典的另一種使命，可稱爲消極的，就是探求中國經典學所以產生發展和演變之社會的原因，揭發他所含的宗教毒菌，暴露他在政治上的作用，將他從統治階級和統治階級所奴使的學者名流的手裏奪過來,洗刷去他外加的血污或內含的毒素,重新成爲一種文化遺産,呈獻給大衆!

這兩種研究工作,無論是所謂積極的或消極的,都是相當地艱苦的。他決不是標語式的宣傳或游擊式的爭論所能成功的,他需要和研究其他學術同樣的堅定精神,一滴一滴整理,一步一步清算,然後一種一種享用。

其次,這兩種研究工作的路線,就表面上看似乎不同,但實質上是一致的。簡明地說,就是以治史的方法以治經。所以中國經學研究的現階段,決不是以經來隸役史,如《漢書·藝文志》將史部的《史記》隸屬於經部的《春秋》;也不是以經和史對等地研究,如《隋書·經籍志》以來有所謂經部、史部之分。就是清末章學誠所叫出的"六經皆史"說,在我們現在研究的階級上,也仍然感到不夠;因爲我們不僅將經分隸於史,而且要明白地主張"六經皆史料"說。——諸位大概明白,"史"和"史料"是不同的;史料是客觀的社會的歷程所遺留下來的記錄,而史是這些客觀的記錄透過了史學家的主觀的作品!明瞭了這一點,那麼中國史學對經學的關係,不僅如成語所說,"附庸蔚爲大國",而且實際上日在"侵食上國"了。明顯地說,中國經學研究的現階級是在不循情地消滅經學,是在用正確的史學來統一經學。要明白消滅經學,本不是破壞固有的文化,而只是剝去其經典的後加的污漬的外衣,將他當作純潔的文化體的一部分,注輸以新的血液而已。

站在或同情這樣的研究觀點的學人們,在近年來,漸漸的增多了,這是國內文化界比較可喜的現象。他們不是漢學家,也不是宋學家;不是經今文學派,也不是經古文學派,他們懂得舊有一切經學學派而能跳出舊有一切經學派的經典研究者;簡單地說,他們是超經學的經學學家。然而,站在或同情這研究觀點的是一事,站在這研究觀點而能將研究成績呈獻給社會的又是一事。說到研究成績,我們又立刻感到太寥落或太浮薄了!《左傳》的方言和文法的比較研究,讓瑞典的專門學者珂羅倔倫(Bemhard Karlgren)着了先鞭[1];整個經學之產生和演變的叙述,讓日本後起的學人本田成之在東京出版[2];這國內外學術研究空氣的對比,真使我們感到刺骨的慚愧。"××會"的寶貝們只會死抱着骸骨裝着鬼臉在跳舞,而還保留着人味的學人們又多在過着漂流的賣稿的或賣嘴的生活。青年讀者們,看到這文化界牛步化的現象,恐怕這經典研究的艱苦工作還要落在你們

---

[1] *On the Authenticity and the Nature of the Tsochuan*(《左傳真僞考》),陸侃如譯,新月書店出版。

[2] 《支那經學史考》,江俠庵譯,商務印書館出版,孫俍工譯,中華書局出版。按此書只能表示異國學者對於中國經學的見解,並不是成熟的作品。

中最少一部分的人的雙肩上呢!

在上文,我曾說過,中國經學研究的現階段,是在用正確的史學來統一經學,這句話如果是正確的,那麼正確的史學在現代的中國真是萬分迫切的需要了!

原來,在中國史學的產生是相當地悠久的。我們雖不敢肯定說最近小屯所發現的甲骨文就是殷商的史錄,我們雖不想附和梁任公的學說硬說《詩經》近似希臘的史詩,我們雖更不願襲用舊說承認檔案式的《尚書》是什麼"左史記言"的作品;但《春秋》無論如何,不能不承認是一部殘缺的初期的歷史,因爲他不僅含有客觀的時間、空間、人事歷史的三大要素,而且無可否認的還含有史家的主觀的史觀。但是不幸得很,這部殘缺的初期的歷史竟被西漢的腐儒硬擁上經部的寶座。從這以後,史學家雖也曾繼續地掙扎着,圖謀史學的獨立;雖也曾創立什麼紀傳,編年和紀事本末諸體,擴大史學的領土;但終於受了中國社會本質的限制,不是低頭於學術上的權威的經典,就是屈膝於實際政治上的權威。恕我現在不在講述中國史學史,總之,中國的舊史,大體地說,他只看見了個人而沒有看見了社會,他只看見了統治者而沒有看見了大衆,他只看見了部分的政治而沒有看見了整體的文化,他只看見了表面的靜態而沒有看見內在的動態。中國的史學只是長期停留在士大夫們上以輔賢君,下以統萬民的工具觀念裏。司馬光的《資治通鑑》和清高宗的《御批通鑑輯覽》,便是十足地暴露了君主和純儒舞弄着史學做他們統治上的武器!

但是,歷史本身終究是變的,變是歷史的唯一的本質。從鴉片戰爭以來,中國社會的本質起了突變,於是中國的史學也隨着內在的和外加的因素而起了突變。在現在,中國史學的權威的壓倒一切著作雖還沒有誕生,甚至於正確的史學也還沒有建立,然而中國現代的史學研究不同於往昔,中國現代的學人們對於正確的史學的需求的迫切,是無可否認的了!

放眼中國現代的史學界,大致可分爲二大派:一可稱爲"史料派",注意於史料的搜集與整理;一可稱爲"史觀派",根據舊的或新的史料,對於中國史的全部或某一部門加以考證,編纂與解釋。舉例地說,在史料派方面,如因仰韶遺物的發掘而探求中國新石器時代的文化,因小屯遺物的發掘而探求中國青銅器時代的文化,因西郵簡牘和敦煌石室遺物的發見而探求中國漢唐時代的文化,因西漢文字、遼碑、南明史料以及內閣檔案的發見而探求中國近世宋、元、明、清諸朝的史實,史料派學者工作的本身是煩瑣的、畸零的,而他的成績是可感謝的,因爲新的歷史的著作需要新的史料做他的柱石呢!不過史料究竟只是史料而不是史,中國現代社會所企求於史學界的是新的史學的建立與新的史籍的產生,而決不僅僅滿足於史料的零碎的獲得。

　　談到"史觀派",在現代的中國那就派別紛歧,論爭蠭起了;這在中國史學的演進歷程上,是必然的,與其説可以悲觀,毋寧説可以樂觀。這些史觀派又大別爲新舊兩派。舊派還脱離不了經學的羈絆,因經學學派本身的紛歧,這一派又可分別爲若干小派,但可總稱爲"儒教史觀派";簡明的説,就是仍舊受了儒教傳統思想的支配,將中國社會客觀的歷程,加以改削或塗飾,硬嵌入儒教思想的範疇裏。新派,或因接受中國的舊有文化而前進了一步,或因接受外來的現代思想而大膽地應用。已經超越傳統的史觀,有所獨創,而和舊派相對立,這總可稱爲"超儒教史觀派"。這一派,在現在,又可分爲左右中三翼。右翼的可稱爲"記載考證派",利用紙上的紀錄與紙上的紀錄相較而考證史實的真僞;中翼的可稱爲"遺物考證派",利用地下的遺物與紙上的紀錄相較而考證史實的真僞;左翼的可稱爲"史的一元論派",接受西洋現代歷史哲學的一派理論,探求中國整個社會演變的軌轍及其所以演變之一元的因素。這左翼史學不僅以搜集、考證、編排史料爲盡了史學的職責,且進而嘗試解釋史實了。

　　過渡期的中國現代史學界的論爭,或者會令青年們目爲之眩。然而,只要你了解中國史學的過去,了解中國史學的現狀,而且了解你自己的個性和胆識,那你就很容易在這紛擾的局勢下決定你應該努力的路線了!

　　　　　　　　原載《申報・每週增刊》第一卷三十六號(一九三六年)

道儒的黨派性

一

　　現社會上許多人抱着一肚子苦悶來做做文章，別人卻常在這些人的頭上加上一頂左派或是右派的紅的或白的帽子。現在不妨問一問已死的老子和孔子又是那一派，就是説道家和儒家各應該戴一頂什麽帽子。當然，我們現在祇能就道家或儒家的著作來考查一下，道家的代表作是《老》、《莊》、《列》三書，《列子》是僞書，所以我們研究道家可看《老子》、《莊子》。儒家代表作是《論語》、《孟子》、《荀子》等書，他們的派別，有用六家的分法，以《史記》爲代表即經今文派；有用九流十家分法的，以《漢書》爲代表，即經古文派。今古文之爭，我們且不去管他，依我個人意見先假定依六家分法分爲陰陽、儒、法、名、墨、道德六家，夏曾佑的《中國古代史》是以今文家立場分六家爲三期：

春秋以前　　陰陽家

春秋時代 ｛ 道家（反鬼神，反術數）
儒家（反鬼神，取術數）
墨家（取鬼神，反術數）

戰國時代……名家法家

　　道家的哲學是反鬼神反術數爲左派。儒家則爲中庸派，一面主張取術數，一面主張反鬼神，但相信"命"。"命"是了不起的神祕東西，特別有利於統治者作爲對被統治的下層人民的麻醉劑，利用命來解釋一切富貴貧賤的現象，使人民都歸於命而不敢反抗，維持社會秩序。同時"命"這個東西對上層人又是一種安慰，對於那批依人過活的士大夫是可以發出一種神祕的安慰力，使他們就是碰到釘子的時候，用"安命樂道"自己慰勉，保持社會安寧。所以孔子的主張雖是消極的，同時又是積極的,實是十足的改良主義者。墨子則是取鬼神反術數的,他的《明鬼》、《非命》等就是闡明這一種道理,因此他有點像耶穌的博愛一樣無差別的兼愛,他以爲在"上帝"之前人人平等,"上帝"有公平的賞罰,助理"上帝"有"鬼",任何人必須在"上帝"之前服從這種公平的賞罰;同時他以爲消費人多生產人少,社會不易得到安定,完全由於信"命"的結果,所以他反對等待的"命",要人人都勤勞,這樣才能使消費生產平衡起來,墨子可以説是中國古代最富有基督教思想的人。

二

我們現在對於墨家暫時不説,先來看看道家到底是左派抑是右派,還是中間派。我們看老子是主張"無治主義"的,即是無政府主義,這種人在今日是要入反省院的;農家許行在那時也是大傻瓜,主張君臣並耕,以倉廩府庫爲贓物,實爲道家支派,代表無產階級思想。這些都可歸入左派,這是胡適先生在《中國哲學史大綱》上的主張。

另外還有一種主張,在李季的《胡適中國哲學史大綱批判》上。李季先生卻以爲老子是右派,這二人的不同點主要是在對於階級區分的不同。李氏分法:

道家……代表没落的貴族

法家、儒家……代表新興地主

墨家……代表自耕農手工業者

許行、陳仲……代表佃農雇農

老子的思想完全代表着没落的貴族心理,像《列子·楊朱篇》所説楊朱是現世剎那享樂主義,這是在没落貴族階層的必然表現,《老子》、《莊子》上貫穿着這種思想。

三

儒家的黨派性説法,比道家來得複雜,有左、右、中三説:

甲 左 派

首先有康有爲在《孔子改制考》和《大同書》上以爲孔子是共產的無政府主義者,據説因爲力主天下大同。"大同"二字來自《禮記·禮運》篇,以後又見《公羊傳》。孔子是生在羣龍無首的時候,他的社會哲學依康氏意見把他分為三個階級,一曰"亂世",二曰"小康世",三曰"大同世"。孔子生在亂世,因此他主張小康和大同,小康世為小孔子,大同世為大孔子,和佛家大小乘思想相近。小乘的小康世中有階級存在,大乘的大同世為無階級無政府狀況。康有為雖然以大同世為理想社會,但因為他自己階級決定他不能建立"大同世",卻與當時有產階級,尤其是滿洲貴族勾結,主張"立憲","復辟",實行"小康世",將大同付與渺茫的未來,這是知識份子動搖不可靠的表現,也不能怪康有為一人。

乙 中 派

但是李季卻說孔子是新興地主的代表,屬於中派。孔子思想支配了中國二千年,將孔子歸於新興地主的代言人比較妥當。這理由可以在這樣事實上得到解釋,中國的經濟結構在二千年來雖然有着大大小小的改變,但在性質上是不找得出兩個截然不同的區別來,因此基於這種社會經濟結構的意識形態當然不會有大的改變。這是由漢武帝尊儒而到"五四"打倒孔家店為止,都應該說在孔子思想能夠支配中國社會的根源,而孔子應該歸於新興地主代言人的地位亦就在此。

丙 右 派

此外馮友蘭的《中國哲學史》說孔子是右派。他分西洋哲學有古代、中世、近代三期,分中國則只在子學、經學兩時代。孔子即是在這過渡時代。這個時代思想混亂,本來學術思想與政府權力成反比,政府權力強即社會秩序安定,則學術思潮低,政府權力弱即社會秩序混亂,那末學術思潮就會來得蓬勃。孔子生當亂世,學術正盛,而他卻主張維持舊制度,如"正名"主義,君君、臣臣、父父、子子;希望恢復封建社會隸屬關係,對封建社會的崩壞不滿,可為明證。

我個人意見以為孔子不是像康有為所說的是無產階級的共產思想,也不像胡適、馮友蘭等所說的右派,孔子在當時的確是代表新興地主階級的中間派。陶希聖先生在《中國政治思想史》和《中國社會與革命》中亦作如是見解。不過所謂孔子是中間派,是就當時各派來看。如果由整個歷史來考察時,孔子當然屬於右派,但這不是胡適之們所說的右派那樣的意義。

四

　　最後我以爲研究道儒的學説當作學術研究則可,用道儒做宣傳的幌子則不可。因爲社會進化的理論和事實,到現在我們是無法否認的,我們在這偉大的廿世紀,實不能擡出我們的二千年前法寶——六經,死抱着菩薩——聖賢,指望他們對帝國主義者的堅槍利砲有任何的作用,我想這一點是我們研究古代學術思想所應當注意的。

廿六,四,卅記。
原載《新史地》第二期(一九三七年六月)

三、晚期論文

"經"、"經學"、經學史*
——中國經學史論之一

還在一九五六年,我國十二年科學遠景規劃中就有"中國經學史"一項專題;一九五九年起,復旦大學歷史系"中國古代史專門化"開始設立"中國經學史"課程。這些都說明了黨和政府對這一學科的研究是重視的。

但是,對"中國經學史"的涵義認識不清,對研究"中國經學史"的任務和意義及其同中國哲學史、中國思想史的聯繫與分野估計不足的,在目前也不是絕無僅有。本文打算就這些問題,提出我們的初步看法,希望同志們批評指正。

什麼是"經"?

這裏所說的"經",是指由中國封建專制政府"法定"的以孔子爲代表的儒家所編著書籍的通稱。作爲儒家編著書籍通稱的"經"這一名詞的出現,應在戰國以後;而"經"的正式被中國封建專制政府"法定"爲"經典",則應在漢武帝罷黜百家、獨尊儒術以後。

東漢許慎《説文解字》説:"經,織也。從糸,巠聲。"清段玉裁注:"織之從絲謂之經。必先有經,而後有緯,是故三綱、五常、六藝謂之天地之常經。"《説文解字》又説:"巠,水脈也,從川,在一下。一,地也。壬省聲。一曰水冥巠也。𦘒,古文巠,不省。"但"經"及"巠"字,甲骨文中未見,可知殷商時代並没有"經"。

"巠"、"經",始見於周代銅器。盂鼎、克鼎、毛公鼎、克鐘都有"巠"字。(參考吳大澂:《説文古籀補》;丁佛言:《説文古籀補補》;容庚:《金文編》)克鐘有"涇"字;郘公牼鐘有"牼"字。虢季子白盤、齊陳曼簠有"經"字(吳大澂:《説文古籀

---

* 本篇和《王莽改制與經學中的今古文學問題》、《章學誠"六經皆史"説初探》、《博士制度和秦漢政治》、《從顧炎武到章炳麟》諸篇,發表時均署名周予同、湯志鈞。——編者註

補》；容庚：《金文編》）。但"經"的釋義是"經維四方"，就是經營的意思。郭沫若先生以爲"經"的初字是"巠"，而"經"是後起字。他説：

> "大盂鼎'敬雝德巠'，毛公鼎'肇巠先王令'，均用巠爲經。余意巠蓋經之初字也。觀其字形，……均象織機之縱線形。從糸作之經，字之稍後起者也。説文分巠、經爲二字，以巠屬於川部，……説殊迂闊。"（郭沫若：《金文叢考·金文餘釋·釋巠》）

照此説來，"巠"、"經"應是一字。"經"的初字是"巠"，巠即絲，並不是川。"經"爲後起字。金文中雖也有"經"字，但並不釋作"經典"，它的本義作"經緯"解。"經典"的説法，到戰國後才出現。先秦諸子提到"經"的記載有：

> 《管子·戒》："澤其四經。"
> 《荀子·勸學》："學惡乎始？惡乎終？始於誦經，終乎讀禮。"
> 《莊子·天道》：孔子"繙十二經"。

《管子》是戰國時的作品，"四經"就是"四術"，就是"詩、書、禮、樂"。《荀子》將"經"作"經典"解，又以"禮"與"經"相對立，似乎"禮"不屬於"經"而是禮儀。《莊子·天道篇》屬"外篇"，也應是後人所作。所以將"經"作爲中國儒家編著書籍的解釋，應在戰國以後。

秦併六國，禁止"私學"，以吏爲師，只許士人學習秦朝的法令制度，但朝廷上仍有博士官和儒生。西漢初期，指導政治的學説是黄老刑名之學，其次是陰陽五行之術，儒家博士不爲朝廷所重視，儒家"經籍"也未正式結集爲政府所"法定"。直到漢武帝，選拔《春秋公羊》學大師董仲舒、公孫弘爲首列，獨尊儒家之後，非儒家的諸子百家一概被罷斥，作爲以孔子爲代表的儒家書籍，才正式成爲封建政府"法定"的"經典"。

此後隨着中國封建社會的發展和歷代儒家意識的變化，對於"經"這一名詞的解釋，也逐漸有所不同。就我們目前搜集到的資料，凡有四説：

一、"五常説"。東漢班固《白虎通·論五經象五常》説："經所以有五何？經，常也，有五常之道，故曰五經。樂，仁；書，義；禮，禮；易，智；詩，信也。"漢儒相信陰陽五行，以"五常"與"五行"相配。訓"經"爲"常"，"常"即

"常道"之義①。

二、"專名説"。今文經學派以爲"經"是孔子著作的專稱，孔子以前不能有經，孔子以後的書也不能稱經。孔子弟子門人所述的叫做"傳"或"記"，弟子門人輾轉相傳的叫做"説"。所以只有《詩》三〇五篇、《書》二十八篇、《儀禮》十六篇（《喪服傳》除外）、《易》的《卦辭》、《爻辭》、《象辭》、《彖辭》和《春秋》經而已。這説始於鴉片戰争前龔自珍的《六經正名》和《六經正名答問》。以後如皮錫瑞的《經學歷史》、廖平的《知聖篇》以及康有爲的《新學僞經考》，也有更明確而有系統的解説。而主之最力的，則是皮錫瑞。

三、"通名説"。古文經學派與今文經學派相反，以爲經是一切書籍的通稱。在孔子以前，固已有經；在孔子以後的羣書，也不妨稱爲經。"經"就是"線"，就是古代裝訂書的"韋編"，就是《史記·孔子世家》所稱：孔子讀《易》，"韋編三絶"的"韋編"。"經"、"傳"、"論"的不同，只是竹簡長短的不同。據説：古代"經"的竹簡長二尺四寸（漢尺，下同）或一尺二寸，"論"八寸，"傳"則《説文解字》釋爲六寸簿。這樣，"經"成爲羣書的通稱，不能佔爲五經、六經、七經、九經、十三經等經書的專名。對於這説系統地提出的是章炳麟，見《國故論衡·文學總略》和《原經》諸文。

四、"文言説"。以爲中國文學以駢文爲正宗，而駢文源於《易》經中的"文言"。因之，凡是駢文（文言體）的書册，都可稱爲經。劉師培説："六經爲上古之書，故經書之文，奇偶相生，聲韻相協，以便記誦，而藻繪成章，有參伍錯綜之觀。古人見經文之多'文言'也，於是假治絲之義，而錫以六經之名。……即羣書之用'文言'者，亦稱之爲經，以與鄙詞示異。"（《經學教科書》第一册第二課，見《劉申叔遺書》）

上列四説中，"五常説"訓"經"爲"常"，以"五常"與"五行"相配，是一種封建的宗教的解説，較爲陳舊；但它以"經"爲"常道"，可知西漢以後對於以孔子爲代表的儒家書籍的尊重。這時的"經"已成爲封建專制政府"法定"的經典。"專名説"是今文經學派的一種主張，"通名説"和"文言説"則是古文經學派以及由古文經學派派生的古典文學的主張。前者將"經"的領域局限於孔子的著作，過於狹窄；（這些書籍是否孔子所"著"，都有問題）後者則泛指羣書，又過於廣泛。關於今、古文經學派對"經"名解釋爲什麽這樣距離很遠，牽涉到他們對孔子、對"經

---

① 東漢劉熙《釋名》以"徑"釋"經"，説"徑"猶徑路無所不通，和"常道"説相近，現從略。

典"看法的學派論爭問題,這裏不可能詳予闡述;但一般説來,"經"的涵義,並不囿於今文經學家所説的五經,也未伸展到泛指羣書爲"經"。"經"的領域固然逐漸擴張,而有五經、六經、七經、九經、十三經之稱,但它的擴張,是隨着歷代封建統治階級的需要而日益擴張的。作爲封建專制政府"法定"的"經典",畢竟未曾泛指一般書籍。

基於上述,我們認爲,中國經學史中所指的"經",具有下列幾個特點:

第一,"經"是中國封建專制政府"法定"的古代儒家書籍,隨着中國封建社會的發展和統治階級的需要,"經"的領域在逐漸擴張。自漢武帝罷黜百家,獨尊儒家,設立五經博士,從而《易》、《書》、《詩》、《禮》、《春秋》"五經"就被封建專制政府所"法定"。又漢代"以孝治天下",宣傳封建宗法思想,利用血緣作爲政治團結的工具,於是再將《論語》、《孝經》"升格",稱爲"七經"①。到了唐代,處於封建帝國極盛時期,把極力主張貴賤尊卑區別、認爲階級社會的秩序是"天道使然"的《五經正義》"欽命"爲科舉取士的標準書;又在"明經"科中設"三禮"(《周禮》、《儀禮》、《禮記》)、"三傳"(《左傳》、《公羊傳》、《穀梁傳》),連同《易》、《書》、《詩》,而有"九經"之稱②。宋儒保護家族宗法制度,提倡"忠、孝、節、烈",把《禮記》中的《大學》、《中庸》抽出來和《論語》、《孟子》配爲四書,它是爲中央集權的君主專制制度服務的,完全符合統治階級的需要,於是《孟子》升格爲"經",而有所謂"十三經"之名("九經"加《論語》、《孝經》、《孟子》、《爾雅》)。明成祖永樂十二年(公元一四一四年)"御敕"胡廣等修《五經四書大全》"頒行天下",用封建教條來束縛思想。清康熙、乾隆年間又將這些經書多次"御纂"、"欽定"。可知"經"是封建專制政府"法定"的古代儒家書籍,它的擴張是隨着封建專制政府需要而日漸擴張的。

第二,"經"是以孔子爲代表的古代儒家書籍,它不僅爲中國封建專制政府所"法定",認爲合法的"經典",而且是在所有合法書籍中挑選出來的。後來儒家編著的書籍,固然不稱之爲"經",就是秦漢以前的儒家書籍,不是得到孔子"真傳"的,也不稱之爲"經"。

戰國時期,儒、墨並稱顯學,但儒家比墨家更佔優勢。孔子以後的儒家,據

---

① 按"七經"之名,始見於范曄《後漢書·趙典傳》,又見於陳壽《三國志·蜀書·秦宓傳》。清全祖望《經史問答》解釋説:"七經者,蓋六經之外加《論語》。東漢則加《孝經》而去《樂》"。據此,可知漢武帝時立五經,漢武帝以後,《論語》、《孝經》即漸"升格"。

② 馬端臨:《文獻通考》卷二九《選舉考·舉士》。

《韓非子·顯學》篇所載:"有子張之儒,有子思之儒,有顏氏之儒,有孟氏之儒,有漆雕氏之儒,有仲良氏之儒,有孫氏之儒,有樂正氏之儒。"這些儒家,有的也曾編著書籍,在《漢書·藝文志·諸子略》中即有《子思》二十三篇、《曾子》十八篇、《漆雕子》十三篇、《宓子》十六篇、《公孫尼子》二十八篇、《孫卿子》三十三篇等。這些書籍,有的已經亡佚,有的即使流傳下來,但也未尊稱爲"經",如《孫卿子》(《荀子》)。這是爲什麽呢?主要由於以孔子爲代表的儒家學說含有多面性,它總能適合整個封建時代各個時期的統治階級的需求,成爲中國封建文化的主體。孔子以後的儒家有的雖曾傳"經",但他們自己的著作却未被尊稱爲"經"。如秦漢儒生所傳《詩》、《禮》、《易》、《春秋》諸經說,多出自荀子,但《荀子》一書却不是"經"(參考清汪中:《述學·荀卿子通論》)。這是因爲荀子由人勝天地萬物所造出的專制主義學說,在當時雖也曾適合政治的需用,但他不法先王,輕視仁義,否認命運,對統治階級並不合用,他的著作也就因此始終未被後世"法定"爲"經"。而合用的還是孔、孟傳統的儒學。所以,不是所有儒家編著的書籍都叫做"經",也不是所有流傳下來封建專制政府認爲合法的書籍都叫做"經"。"經"是從古代儒家書籍中挑選出來的,是以孔子爲代表的古代儒家編著書籍的通稱。至於西漢以後儒家釋"經"之書,則只能稱爲"注"、"箋"、"解"、"疏",也不能稱爲"經"。

第三,"經"之所以被中國封建專制政府從所有合法書籍中挑選出來"法定"爲"經",正是由於它能符合封建統治階級的需求。因此,"經"的本身就是封建專制政府和封建統治階級用來進行文化教育思想統治的主要工具,也是封建專制政府培養提拔統治人才的主要準繩,基本上成爲整個中國封建社會中合法的教科書。上述唐宋以來的科舉取士制度,便都可以說明這一點。

什麽是"經學"?

"經學"一詞,在文獻中,最早見於《漢書·兒寬傳》。

"經"和"經學",既有聯繫,也有區別。所謂"經",是指中國封建專制政府"法定"的以孔子爲代表的儒家所編書籍的通稱;所謂"經學",一般說來,就是歷代封建地主階級知識分子和官僚對上述"經典"著述的闡發和議論。

所謂一般說來,就是說基本情況是如此,但也有個別的例外。其一是個別經學家的思想並不屬於統治階級,如王充是東漢的古文經學家,但他反對陰陽五行家和讖緯學,是"反對東漢主要上層建築物的革命家"。① 其二是清朝末年改良主義思想家以"經學家"的面貌出現、"託古改制"、進行改良主義的政治活動,即康有爲所領導的戊戌變法運動。

　　這種情況,在整個中國歷史上,還是比較個別的。對"經"書闡發和議論的,畢竟以封建地主階級知識分子和官僚佔絶大多數。隨着中國封建社會的發展,經濟、政治的變化,封建統治階級內部各階層的變化,思想領域也起變化,對於"經"書的闡發和議論也就歷代有所變化,而各自賦有時代的特點。就其闡釋和議論的形式來看,是"經"書中的"經學"問題;就其闡釋和議論的思想實質來看,又代表着不同的階級(階層)利益。前者是他們對"經學"的繼承性,而後者則是他們的階級性。從這個意義上來說,"經學"基本上是統治階級內部各階層隨着中國社會、經濟、政治情況的發展而展開思想鬪爭的一種形式,是歷代地主階級知識分子和官僚披着"經學"外衣發揮自己思想進行鬪爭的一種表現。

　　歷代封建地主階級知識分子和官僚之所以根據"經"書加以闡釋,正是由於這些"經"書在當時是"法定"的,非根據經書議論不可;他們之間的爭論,所以都能以孔子爲代表的儒家"經典"爲準繩,正是由於孔子爲代表的儒家學説含有多面性,它總能適合整個封建時代各個時期的統治階級的需求。所以,不管他們如何爭論,卻是基本上都爲封建統治服務的。

中國經學史研究的特點

　　儒家思想是中國封建主義的正統思想。歷代的封建地主階級知識分子和官僚一方面闡釋"經"書,維護封建秩序;另一方面披着"經學"外衣,發揮自己的思想,展開了思想鬪爭和政治鬪爭。這樣,"經學"之史的研究,牽涉的範圍就相當廣泛,它同中國哲學史、中國思想史、中國文化史的研究,都有着密切的聯繫,而且有相互共通之處。這些經學家有着不同的世界觀,它與哲學史的研究有關;"經"又是封建時代選拔人材的標準書籍,它與思想史的研究有關;這些闡釋和議論經書的編著,也是我國文化遺產的一部分,它又和文化史的研究有關……。但是,"經學史"的研究,畢竟不同於哲學史、思想史、文化史的研究,它也決不能爲

---

① 范文瀾:《中國通史簡編》第二編第二三三頁。

哲學史、思想史、文化史所"概括",它有着特定的科學研究内容,是一門獨立的學科。"經學史"之所以能成爲一門獨立的學科,就是由於它具有本門學科的特殊性。

舉例來說:西漢時代的董仲舒,是有名的《公羊》學家;近代史上的康有爲,也曾利用今文經學作爲"託古改制"變法維新的理論工具。這些人物,哲學史、思想史上都要提到,都要闡明他們在中國歷史上所起的作用,從而正確地認識基礎與上層建築的關係。這是"經學史"與它們的共同點。但是,尤其重要的,成爲我們認識事物的基礎的東西,則是必須注意它的特殊點。由於學科對象所具有的特殊的矛盾性,彼此具體研究的任務便有所不同。哲學史的研究任務是運用馬克思主義對歷史上的哲學體系進行徹底的批判,從而對中國哲學思想發展的歷史過程作出科學的總結,以發展和豐富馬克思主義的認識論和辯證邏輯。思想史的研究任務是運用馬克思主義對中國社會各階級(階層)内部的思想流派加以系統的批判和科學的總結,因而它除掉儒家學派之外,還須對其他思想流派(如道、佛等)加以全面的分析;至於文化史,則除掉"經學"以外,還須包括文學、藝術、宗教、科學等等。所以,經學史的研究,是有其特定的内容的;它的科學的對象,是具有特殊的矛盾性的。

中國經學史研究的特點,大體包括着下述幾個方面:

第一,它是研究中國封建專制政府和封建統治階級利用以孔子爲代表的儒家思想進行文化教育和思想上統治的歷史。歷代的封建專制政府,對待"經學"問題,有時讓大家爭論,因爲爭論的範圍局限於"法定"的"經典"之内;更重要的,是統一"經學"思想,以利於統一思想,鞏固統治。所以漢武帝重用董仲舒,"令後學者有所統一,爲羣儒首"。唐太宗"欽命"孔穎達等撰定《五經正義》,作爲"取士"標準。明、清兩代,又將朱熹《四書集注》作爲培養、提拔人才的主要準繩。

第二,它是研究中國歷代封建統治階級内部不同階層和集團,以"經學"爲形式,展開思想鬥爭和政治鬥爭的歷史。他們所爭論的形式是"經",但實質上卻是社會實際問題,反映了不同階層不同集團的不同利益和不同見解。例如東漢時期今文經學和古文經學之爭,"今文經學反映統治階級内部有一部份人在政治上得勢,古文經學反映别有一部分人企圖在政治上得勢"。①

---

① 范文瀾:《中國通史簡編》第二編第二二八頁。

第三,個別學者的思想不屬於統治階級,或者具有唯物主義的色彩,或者具有樸素的辯證因素,甚或有利用"經學"以進行革命宣傳的,也都得認真地加以分析。例如清代戴震著《孟子字義疏證》,用訓詁學的形式以探求《孟子》"本義",痛斥當時代表統治地位的"宋學"(理學)。他這種唯物主義的學說,統治階級就不允許它發展。清初顧炎武、黃宗羲、王夫之等,注重經史,讀書與抗清聯結,著述與實踐(致用)一致,發揚《春秋》"夷夏之辨"的學說,以宣傳民族革命。這些,正是我國文化遺產中的精華所在,應該很好地批判吸收。

中國經學史的研究任務

根據中國經學史研究的特點,它就規定了這門學科特有的研究任務。那就是:一、研究"經"的來源和性質,研究中國社會經濟政治的變化如何反映在"經學"範圍之內。各個不同歷史時代、各個不同社會階級(階層)如何在"經學"範圍内展開思想鬭爭。二、中國封建專制政府和封建統治階級如何利用"經"和"經學"來進行文化、教育、思想上的統治。歷代的"經學"思想又如何爲不同階級(階層)或集團服務。三、隨着中國封建社會的發展,在不同的歷史時代中,"經學"思想發展的規律是怎樣的。個別經學家的思想爲什麼不屬於統治階級,甚或利用"經學"進行革命宣傳。對這種文化遺產,應該怎樣批判吸收。這些,都是"中國經學史"研究工作者的研究任務。

由於"經學"是中國封建文化的主體,它在我國漫長的封建社會中,始終作爲"正統",它關涉到我國幾千年來的政治、文化、思想、哲學等發展的各個方面。它既有"經學"思想本身的系統性,也有其特有的研究範圍和任務。因此,開展"中國經學史"的研究,將有助於對中國封建統治階級在文化、教育、思想上統治特點的理解,將有助於對中國封建統治階級隨着經濟政治變化而在"經學"思想上鬭爭規律特點的理解。

"經學"中有很多是反動的東西,是封建的糟粕,應該剔除。但"經學"中也有當時進步的東西,值得批判吸收。"經學"既成爲中國封建文化的主體,中國的封建社會又是那麼久長,要批判和繼承我國的文化遺產,就脫離不了"經學"。這就是説:要棄其糟粕,取其精華,要通過咀嚼消化,批判吸收。因此,開展"中國經學史"的研究,對清除封建思想,吸收文化遺產,從而劃清思想界線,提高覺悟水平,"古爲今用",爲當前的政治服務,是有着一定作用的。

"五四"運動以後,"經學"退出了歷史舞台,但"經學史"的研究卻急待開展。爲此,我們粗率而大膽地提出了上述意見,借以得到同志們的共鳴和批評。

原載《文匯報》一九六一年二月三日

王莽改制與經學中的今古文學問題

經學史中的今古文學問題,是聚訟多年、迄未真正解決的一個問題。

自從西漢末年古文經學派的開創者劉歆同今文博士發生衝突以後,整個東漢一代的經師繼續着古文、今文的爭鬭。到了清代,"漢學"復興,又引起今古文學的爭論。而且越到後來,越是門户森嚴,劃若鴻溝。清末戊戌政變前,康有爲撰《新學僞經考》,且詆古文經學爲"新(新莽)學",斥古文經傳爲"僞經"。五四運動以後,錢玄同先生在《重論經今古文問題》一文中,仍在康氏意見的基礎上重申了自己的見解。

我們認爲,經學是中國封建文化的主體,它在漫長的封建社會中,始終作爲正統,關涉到中國兩千多年來的政治、文化、思想、哲學等發展的各個方面,而經學中的今古文學問題,更是經學史中的關鍵問題之一。究竟今文經學派和古文經學派爲什麼爭論?他們的爭論,反映些什麼問題?封建統治者是不是只利用一個經學學派,還是"兼收並蓄"?這些問題,在今天都仍有重新討論的必要;就是僅僅爲了編寫好中國通史,也須加以注意。

本文擬通過王莽改制與經今古文學關係的分析,闡明中國封建政府和封建統治階級如何利用經和經學進行統治,"經學"思想又如何爲不同階級(階層)或集團服務;並對認爲"王莽只是利用古文經學奪取西漢政權"的舊説,加以必要的澄清。

一

西漢後期,剝削者與被剝削者、壓迫者與被壓迫者間的矛盾愈來愈尖鋭。最基本的問題是土地的無限制集中和農民的大量轉化爲奴隸。以外戚、宗室、大官僚等政治上有權力的人爲代表的上層豪强,和原來的地主豪强、商賈豪强等政治上勢力較弱的人爲代表的下層豪强,在兼併土地和掠奪奴隸時,雖然存在着矛盾,但誰也不肯對農民讓步;並在破壞中央集權時,起着一致的作用。另一方面則是廣大人民"暴露中野,不避寒暑,捽草耙土,手足胼胝",陷入水深火熱的境地;爲了反對殘酷的剝削和奴役,他們紛紛進行着頑强的抵抗。成帝陽朔三年(公元前二二年),潁川(河南禹縣)有鐵官徒申屠聖等起義;鴻嘉三年(公元前一八年),廣漢(四川梓潼)有鄭躬等起義;永始三年(公元前一四年),又有山陽(山東金鄉)鐵官徒蘇令等起義。哀帝建平四年(公元前三年)"春,大旱,關東民傳行西王母籌。經歷郡國,西入關至京師,民又會聚祠西王母。或夜持火上屋,擊鼓號呼相驚恐。"(《漢書·哀帝紀》)連京城長安的秩序都很難維持了。

日益激化的階級矛盾,使統治階級中的某些人也不能不感到嚴重的不安,有人甚至對劉家的統治也感到絶望。王莽的改制,就是在這種形勢下出現的。

王莽的姑母王政君是漢元帝的皇后、成帝的生母。他的伯叔曾先後在元帝、成帝時期擔任過大司馬、大將軍,輪流執政。"家凡九侯、五大司馬",朝廷大權幾乎全部歸王家掌管。"莽獨孤貧,因折節爲恭儉。"(《漢書·王莽傳》)得到統治階級中不少人的好感。元壽二年(公元前一年),哀帝崩,王莽任大司馬領尚書事,取得了政治上最高的職位。平帝元始元年(公元元年),莽自爲太傅,號"安漢公"。四年,自號"宰衡"。五年,弑平帝,"居攝踐祚"。六年,稱攝皇帝。八年,"即真天子位",改國號爲"新"。

王莽建立起新朝,就先解決土地與奴隸兩個基本問題。始建國元年(公元九年),下令變法,頒佈"王田""私屬"兩個解決辦法。前者將民間田改稱爲"王田",屬朝廷所有,私人不得買賣;後者規定民間奴隸改稱爲"私屬",也不得買賣。他的真實企圖是停止田宅奴隸的買賣,借以停止對土地人身兼併的繼續。但强迫停止的結果,却加速了社會的混亂,農民實行起義,始建國四年(公元一二年),王莽便取消了"王田""私屬"的禁令。

始建國二年(公元一〇年),王莽下令行"五均""六筦"法,企圖限制商賈的兼併,分享商賈的利益,把持工商業,進行最大限度的剝削。小工商生產受到擾害,進行反抗;被打擊的商賈和高利貸者也反對王莽。

"改制"的失敗,農民起義的遍及全國,作爲王莽統治基礎的上層豪强和無市籍的下層豪强也逐漸離開王莽。地皇四年(公元二三年),在起義軍的攻擊下,欺騙性的政治改革徹底地失敗了。

這裏不擬對王莽改制的內容和實質進行詳細的分析,但值得注意的是,王莽曾依附儒家經籍作爲"託古改制"的假託;他很明顯地利用經學,作爲奪取西漢政權和改制的工具。王莽改制與經學的關係，便是本文討論的中心。

二

自從漢武帝罷黜百家、獨尊儒術、採用董仲舒等用陰陽五行說和《春秋公羊傳》相牽合的今文學說以保護皇權之後，一些儒家書籍遂被中國封建專制政府"法定"爲"經"。西漢時，立於學官的"經學"博士，如《詩》立齊(轅固生)、魯(申培)、韓(韓嬰)三家；《書》立歐陽(和伯)、大夏侯(勝)、小夏侯(建)三家；《禮》立大戴(德)、小戴(聖)二家①；《易》立施(讎)、孟(喜)、梁丘(賀)、京(房)四家；《春秋公羊》立嚴(彭祖)、顔(安樂)二家，合稱"今文十四博士"②。這些經書是由當時封建政府"法定"認爲合法的"經典"，是從所有合法書籍中挑選出來的；這些"博士"的經說，也是當時封建政府所認可的。

但是，第一，這些博士並不是在一個時期同時設立的；這些"經典"也不是在一個時期同時"法定"的。《漢書·儒林傳贊》：武帝立五經博士，"《書》唯有歐陽(和伯)、《禮》后(蒼)、《易》楊(何)、《春秋》公羊而已！"根據宋王應麟《困學紀聞》的考證：五經所以"稱舉其四"，是因爲《詩》已早立的緣故。《儒林傳贊》又說："至孝宣世，復立大小夏侯《尚書》、大小戴《禮》、施、孟、梁丘《易》、《穀梁春秋》。至元帝世，復立《京氏易》。"可見某一經的大師，如果能像董仲舒那樣，把本經陰陽五行化的，便能得到朝廷的尊信，立爲"博士"；原未"法定"爲經典的儒家書籍，如果有人提倡，並能依附"經訓"，符合統治需要的，也有繼續"法定"爲標準"經典"的可能。

第二，漢武帝罷黜百家以後，儒家思想是西漢的主要上層建築，帝王的行政命令也每每依附儒家學說。這樣，立爲"博士"的儒家，"掌通古今"，在政治上和學術上成爲得勢者；未被立爲"博士"的儒家，也爭取設立"博士"，企圖取得政治上和學術上的勢力。這樣，每一"博士"的增設，特別是一部儒家書籍的補充"法定"，自然就會引起一番爭論。例如《穀梁傳》的"法定"，就是經過"石渠閣議"才決定的。

第三，立爲博士的儒家，在初期，援經論政，適合地主統治的需要；但其末流，

---

① 另有慶氏《禮》，據《後漢書·儒林傳》未立於學官，所以不在十四博士之內；但亦有人據《漢書·藝文志》去《易》的京氏而代之以慶氏《禮》的。

② 另有《春秋穀梁傳》，宣帝甘露間始立爲博士，不在十四博士之內。

弟子按照師法講經,爲了保持已得的政治和學術地位,遂致拘守一經,成爲所謂"章句小儒,破碎大道"。這種章句,不僅爲某些儒生所厭惡,甚至某些最高統治者也感到太繁瑣,需要删節。另一方面,企圖争立於學官的某些儒生,或者利用不同來源、不同寫本而與"法定"經書"名同實異"的書籍,説"法定"的經書還有脱簡殘缺,而他們的"古文舊書",既與朝廷所立博士諸經同類,且可補正現有經傳的殘缺;或者宣傳其他儒家書籍得到孔子的真傳,"信而有徵",要求"法定"爲經,要求朝廷承認他們是真經學。哀帝建平、元壽間(公元前六——公元一年)劉歆欲建立《左氏春秋》、《毛詩》、《逸禮》、《古文尚書》於學官,並移書責讓太常博士的目的之一,便是企圖使這些"經書"獲得政府的"法定"。因此,他們也將這些儒家書籍比附政治,説是"皆有徵驗,外内相應",①以迎合當時封建王朝的需要。由於今文經學的"拘守一經"、"專己守殘",和古文經學的"通訓詁"、"舉大義";又由於今文經師的"深閉固拒",和古文經師雖在今文經學的壓制下不得仕進,但在民間的勢力却逐漸强大起來,代表了一定的社會集團勢力,這樣,也就引起了封建政府的注意。

第四,西漢末年,在嚴重的社會危機面前,一般説來,今文經學已不能從危機的深淵中找出一條出路;信奉宗教迷信的結果,却又每每腐蝕了自己。而未曾"法定"的儒家書籍,却可找到"託古改制"的理論基礎,有着可取法的"典章制度",作爲欺騙人民的新工具。出身外戚、陰謀奪取西漢政權、在日益激化的階級矛盾下企圖找尋出路的王莽,就曾利用了古文經學,並爲《周禮》等設置博士。

三

王莽是怎樣利用經學作爲他改制的工具的呢?

第一,王莽對《周禮》特别重視,曾模仿《周禮》所載古代井田制,於始建國元年(公元九年)把全國民田改稱"王田",不許買賣。規定男子不滿八口的人家,如果佔田超過一井(九百畝),就要分餘田給九族、鄰里或鄉黨。原來没有田地的人,便按照制度,一夫一妻授田百畝。同時,他還把私家奴婢改稱"私屬",也不許買賣。《漢書·王莽傳》載:"莽曰:古者設廬井八家,一夫一婦,田百畝,什一而税,則國給民富而頌聲作。此唐虞之道,三代所遵行也。秦爲無道,厚賦税以自

---

① 劉歆:《移讓太常博士書》,載《漢書·劉歆傳》。

供奉,罷民力以極欲,壞聖制,廢井田,是以兼并起,貪鄙生。強者規田以千數,弱者曾無立錐之居。又置奴婢之市,與牛馬同蘭,制於民臣,顓斷其命。姦虐之人,因緣爲利,至略賣人妻子。逆天心,詩人倫,繆於天地之性人爲貴之義。……漢氏減輕田租,三十而稅一;常有更賦,罷癃咸出。而豪民侵陵,分田劫假,厥名三十稅一,實什稅五也。父子、夫婦,終年耕芸,所得不足以自存。故富者犬馬餘菽粟,驕而爲邪;貧者不厭糟糠,窮而爲姦。俱陷於辜,刑用不錯。予前在大麓,始令天下公田口井,時則有嘉禾之祥,遭反虜逆賊且止。今更名天下田曰王田,奴婢曰私屬,皆不得賣買。其男口不盈八而田過一井者,分餘田予九族、鄰里、鄉黨。故無田,今當受田者,如制度。敢有非井田聖制、無法惑衆者,投諸四裔,以禦魑魅。"按:《周禮·地官·小司徒》載:"乃均土地,以稽其人民,而周知其數。上地,家七人,可任也者家三人;中地,家六人,可任也者二家五人;下地,家五人,可任也者家二人。""乃經土地而井牧其田野,九夫爲井,四井爲邑,四邑爲丘,四丘爲甸,四甸爲縣,四縣爲都,以任地事,而令貢賦。凡稅斂之事,乃分地域而辨其守,施其職而平其政。"這說明王莽是曾援用《周禮》作爲企圖解決土地和奴隸兩個基本問題的依據的。

他爲什麽這樣做呢?一方面因爲"託名"《周禮》是周公所作,"周公攝政"可作爲他奪取西漢政權的借口。《禮記·明堂位》:"武王崩,成王幼弱,周公踐天子之位,以治天下。六年,朝諸侯於明堂,制禮作樂,頒度量,而天下大服。七年,致政於成王。"所謂"制禮作樂",既可認爲"制"的便是《周禮》,而《周禮》又可作爲"周公致太平之迹,迹具在斯"[1]的假託。"周公踐天子之位"也被王莽作爲由"居攝"而"攝皇帝"、而"真天子""古已有之"的證據[2]。另一方面,也是因爲《周禮》中有很多典章制度可以作爲他"改制"的借鏡。同時,在當時嚴重的社會危機下,一些人存在着復古思想,"託古改制"可以迎合一些人的復古心理。王莽的特別重視《周禮》,並爲置立博士,並不是偶然的。

第二,王莽的援用《周禮》,固然是企圖利用《周禮》,進行託古改制,符合其進行欺騙性改革的需要。但《周禮》畢竟是王莽以前的東西,其中不盡適用於當時,因而王莽只是汲取他所需要的東西,而不是"照單全收"。甚至在其他儒家書籍中對他有利而與《周禮》制度不同的,他也有所取捨。有時雖仍託名於"用",其實

---

[1] 按係劉歆語,見唐賈公彥:《周禮義疏·序周禮廢興》引《馬融傳》。
[2] 平帝時,泉陵侯劉慶即奏言,"周成王幼少,稱孺子,周公居攝。今帝富於春秋,宜令安漢公行天下事,如周公"。平帝病,莽又"作策,請命於泰時……藏策金縢"。此例甚多,不一一枚舉。

並不源於《周禮》。最明顯的,如"五等爵"問題。《漢書·王莽傳》載:"(居攝三年)莽乃上奏曰:'明聖之世,國多賢人,故唐虞之時,可比屋而封。……,今制禮作樂,實考周爵五等、地四等,有明文。殷爵三等,有其説,無明文。孔子曰:周監於二代,郁郁乎文哉! 吾從周。臣請諸將帥當受爵邑者爵五等、地四等。'奏可。"始建國四年(公元一二年),莽至明堂,授諸侯茅土,又下書曰:"州從《禹貢》爲九,爵從周氏有五;……諸公一同,有衆萬户,土方百里。侯伯一國,衆户五千,土方七十里。子男一則,衆户二千有五百,土方五十里。附城大者食邑九成,衆户九百,土方三十里。"

康有爲曾説他本於《周禮》①。但是《周禮》所謂"封地五等",却是:"凡建邦國,以土圭土其地而制其域。諸公之地,封疆方五百里,其食者半。諸侯之地,封疆方四百里,其食者參之一。諸伯之地,封疆方三百里,其食者參之一。諸子之地,封疆方二百里,其食者四之一。諸男之地,封疆方百里,其食者四之一。"(《周禮·地官·大司徒》)"凡邦國,千里封公,以方五百里則四公,方四百里則六侯,方三百里則七伯,方二百里則二十五子,方百里則百男。"(《周禮·夏官·職方氏》)同樣是封地五等,却没有周爵五等、地四等的記載,而是爵三等、地五等;以公爲九命,侯、伯七命,子、男五命。"上公九命爲伯,其國家宫室車騎衣服禮儀,皆以九爲節。侯、伯七命,其國家宫室車騎衣服禮儀,皆以七爲節。子、男五命,其國家宫室車騎衣服禮儀,皆以五爲節。"(《周禮·春官·典命》)

王莽"改制"的封地四等,不同於《周禮》,却大體同於《王制》:"公侯田方百里,伯七十里,子男五十里;不能五十里者,不合於天子,附於諸侯,曰附庸。"(《禮記·王制》)除掉"侯"和"附庸"稍有歧異外,與《王制》大體相同(與《孟子》也大體相同)②。其他王莽的設施和《周禮》原文出入的還有不少,現不多舉③。

第三,王莽除了推重《周禮》外,對其他古文經傳也是提倡的。如《古文尚書》、《左傳》、《逸禮》。他的提倡,也是因爲這些經傳中有着利於他奪取西漢政權的佐證。如他引《逸書·嘉禾篇》:"周公奉鬯立於阼階,延登,贊曰:'假王莅政勤和天下。'"接着説:"此周公攝政,贊者所稱。"援古即以證今。又如《左傳》有"明

---

① 康有爲:《新學僞經考》卷六《漢書劉歆王莽傳辨僞》。
② 《孟子·萬章》下:"北宫錡問曰:'周室班爵禄也,如之何?'……'天子一位,公一位,侯一位,伯一位,子、男同一位,凡五等也。'""天子之制,地方千里,公侯皆方百里,伯七十里,子、男五十里,凡四等。不能五十里,不達於天子,附於諸侯,曰附庸。"
③ 參見楊向奎:《周禮内容的分析及其製作時代》,載《山東大學學報》一九五四年第四期。

文"，"明劉氏爲堯後者"（《後漢書·賈逵傳》），而王莽自謂是"虞帝之苗裔"。正好"舜禪堯位"，奪取劉家天下。

第四，王莽的提倡古文經學，相對地壓抑了今文經學，但並不意味他排斥今文經學。對今文經典中認爲有利的東西，也予汲取；今文經說中認爲可取的地方，也要利用。西漢哀平年間，讖緯盛行。今文經學家是相信讖緯、用以解釋災異祥瑞、進行迷信宣傳的，王莽就大加提倡，借以證明自己得天命，該做皇帝，就是一個最好的證明。他封"宰衡"後，引《穀梁傳》說："天子之宰，通於四海。臣愚以爲宰衡官以正百僚平海內爲職，而無印信，名實不副……臣請御史刻宰衡印章曰'宰衡太傅大司馬印'，成，授臣莽，上太傅與大司馬之印。"（《漢書·王莽傳》）援引《穀梁》，刻授"宰衡"印章，以"通於四海"。翟義反對時，莽"抱孺子，告禱郊廟，放《大誥》作策"，而討翟義。居攝二年冬，又引《康誥》："'王若曰孟侯，朕其弟小子封'，此周公居攝稱王之文也……臣莽敢不承用。"（《漢書·王莽傳》）《穀梁傳》的今古文問題，雖還沒有定論，但《大誥》、《康誥》却都是《今文尚書》。上引的爵五等、封四等的"改制"與《王制》基本相同①，而《王制》又是今文學家用以詆擊《周禮》、詆擊古文的重要文獻②。由此，可知王莽儘管尊重《周禮》，但對其他西漢過去立於學官的儒家經典，即今文經，並不是絕對排斥的，他認爲有用的東西且曾經汲取。

四

王莽要奪取西漢政權，就要在政治上收攬統治階級各方面的勢力。《漢書·王莽傳》載："莽奏起明堂、辟雍、靈臺，爲學者築舍萬區，作市、常滿倉，制度甚盛。立《樂經》，益博士員，經各五人。徵天下通一藝、教授十一人以上，及有《逸禮》、《古書》、《毛詩》、《周官》、《爾雅》、天文、圖讖、鍾律、月令、兵法、《史篇》文字，通知其意者，皆詣公車。網羅天下異能之士，至者前後千數，皆令記說廷中，將令正乖繆，壹異說云。"在這"千數"人中，應該有通古文經的人員在內。據《漢書·儒林傳》載："孔氏有古文《尚書》……授兒徐敖……又傳《毛詩》，授王璜、平陵塗惲子真。子真授河南桑欽君長。王莽時，諸學皆立，劉歆爲國師，璜、惲等皆貴顯。"

---

① 如王莽平定翟義後，又引《王制》"千七百餘國"。
② 今文經學家廖平，即以《周禮》爲古文學家禮制綱領，《王制》爲今文學家禮制綱領，見所撰《今古學考》。

"毛公,趙人也,治《詩》,爲河間獻王博士……(徐)敖授九江陳俠,爲王莽講學大夫。"

但是,西漢立爲"博士"的今文學家,對王莽政權没有危害的,他也不排斥。《漢書·儒林傳》載:"(梁丘賀《易》)……授平陵士孫張仲方、沛鄧彭祖子夏、齊衡咸長賓。張爲博士,至揚州牧、光禄大夫給事中,家世傳業;彭祖,真定太傅;咸,王莽講學大夫。繇是梁丘有士孫、鄧、衡之學。""歐陽生……至曾孫高子陽,爲博士。高孫地餘……地餘少子政爲王莽講學大夫。由是《尚書》世有歐陽氏學。""(許商傳大夏侯《尚書》)號其門人沛唐林子高爲德行,平陵吴章偉君爲言語,重泉王吉少音爲政事,齊炔欽幼卿爲文學。王莽時林、吉爲九卿,自表上師冢,大夫博士郎吏爲許氏學者,各從門人,會車數百輛,儒者榮之。欽、章皆爲博士,徒衆尤盛。章爲王莽所誅。""(唐尊、馮賓傳小夏侯《尚書》)賓爲博士,尊王莽太傅。"這些傳今文經的今文經師,有的任講學大夫,有的甚至位至"九卿"。一方面説明他們是擁護王莽的統治的,另一方面,也説明王莽也未將今文學家一概摒斥。

那麽,王莽是否也曾摒斥今文學家呢?有的,上述吴章的爲王莽所誅,就是一個例子。又如傳施氏《易》、及《禮》的劉昆及其家屬也曾爲王莽所"繫"。吴章爲什麽被王莽所誅,《漢書》没有明文可證,但"徒衆尤盛",應該是有着不利於王莽統治的言論而被誅的。劉昆的被繫,則是"王莽以昆多聚徒衆,私行大禮,有僭上心"①;又因他姓的是"劉",遂致處罰。所以這些傳今文的人爲王莽所摒除,不足以説明王莽絶對排斥今文。相反的,古文經師中如果不滿王莽,也不能倖免。《漢書·儒林傳》載:"高相……授子康及蘭陵毋將永。康以明《易》爲郎。永至豫章都尉。及王莽居攝,東郡太守翟誼謀舉兵誅莽,事未發,康候知東郡有兵,私語門人,門人上書言之。後數月,翟誼兵起,莽召問,對受師高康。莽惡之,以爲惑衆,斬康。繇是《易》有高氏學。高、費(直)皆未嘗立於學官。"傳古文的高康,爲了私語翟誼將起兵而被誅夷,説明王莽對今文學家或古文學家,並不是因他傳授今文或古文而黜陟,而是主要看他的政治傾向而加以賞罰的。

應該説,在王莽統治時,有些今文學家,並不因保持禄位而取媚王莽,對王莽的統治表示不滿。"(王良)少好學,習小夏侯《尚書》,王莽時寢病不仕,教授諸生千餘人。"(《後漢書·王良傳》)"(蔡茂)哀、平間,以儒學顯,徵試博士,對策陳災異,以高等擢拜議郎,遷侍中。遇王莽居攝,以病自免,不仕莽朝。"(《後漢書·蔡

---

① 《後漢書·儒林傳》。

茂傳》)此外,根據《後漢書·儒林傳》的記載,王莽時"避世"者,有傳孟氏《易》的洼丹,傳歐陽《尚書》的牟長,傳《魯詩》的高詡,傳《魯詩》、《論語》的包咸。但是,也有世傳《古文尚書》、《毛詩》的孔子建。孔子建並對本來"友善"而仕王莽的崔篆表示:"吾有布衣之心,子有袞冕之戀,各從所好,不亦善乎?道既乖矣,請從此辭。"①又如桓譚"莽時爲掌樂大夫",當莽"居攝篡弑之際,天下之士莫不競褒稱德美,作符命以求容媚,譚獨自守,默然無言。"②可如王莽儘管在政治上收攬統治階級各部份的勢力,並在經學上對古文經學讓步,但古文經學家也並不完全是"新臣"。

如上所述,王莽依附古文經典,但也援用今文經典;王莽提倡古文經學,但並不排斥今文經學;王莽拉攏一些治古文經的人,但對並不妨礙其統治的今文經師也仍保持其祿位。總之,他以"經典"作爲其政治欺騙的工具,從而"取其所需",並"託古改制",企圖解決土地的無限制的集中和農民的大量轉化爲奴隸以挽救當時的社會危機,在政治上收攬統治階級的各部份勢力,從而達到奪取西漢政權並鞏固王氏政權的目的。"經學"只是他利用來作爲政治鬥爭和思想鬥爭的一種工具而已。

在中國的封建社會中,歷代的封建政府和封建統治階級,曾在不同程度上利用經學,作爲維護或奪取政權的依據。西漢的封建政府利用過它;王莽改制也利用過它。但是,過去很多學者爲古文、今文的藩籬所囿,遂致不能透視各該不同歷史時期中經學的實質。本文限於篇幅也只是就王莽改制與經今古文的問題,提出一些初步的看法,至於牽涉到今文、古文的興起、發展、衰亡、鬥爭等等的其他問題,範圍甚廣,非本文所能概括,只可另文討論了。

原載《光明日報》一九六一年五月十六日

---

① 《後漢書·儒林傳》。
② 《後漢書·桓譚傳》。

有關討論孔子的幾點意見

《學術月刊》編輯部要組織一次關於孔子問題的筆談會,邀我參加,自己因爲健康、時間和水平等等關係,始終有點躊躇;現在催稿時間緊迫,只好作爲隨筆式的談談。

第一,我覺得討論孔子問題,首先要注意史料問題;這就是説,首先要區別哪些史料可信、可用,哪些史料不可信、不可用。換句話説,首先不要先存對孔子肯定或否定或半肯定半否定的主觀,然後在這古往今來、浩如烟海的文獻中去找論證來替自己的臆説張目。論史固不可以陷於"客觀主義",但決不可以不"客觀"。不然的話,此亦一是非,彼亦一是非,結果,不是百家争鳴,而只是迷惑當世,貽誤後學。

舉例説:時賢有用《易傳》的《雜卦》、《序卦》來論孔子的,我期期以爲不可。《序卦》、《雜卦》至多只能説是戰國末到漢初解《易》的經生的話,同孔子有什麼關係!孔子和《六經》的關係,更其是孔子和《易經》的關係,在今天還只是科學研究的專題,還不能立刻下結論。研究孔子,在今天比較可靠的史料,只有《論語》,——可以説,除《論語》外,其他都有問題,要仔細審查。——但《論語》本身也還有學派和傳本的問題要仔細解決。《論語·述而篇》有"加我數年,五十以學《易》,可以無大過矣",好像孔子學《易》是没有問題的,但今傳本的《論語》是"今""古"文混合本,不是原始的《魯論》本。《魯論》本並没有説孔子學《易》,而只是説"五十以學,亦可以無大過矣",只是强調學習的必要。如果説"古爲今用",《魯論》的這句話倒是今天强調學習改造的"辭源"。或者有人要問,照你説,《史記·孔子世家》"孔子晚而喜《易》,序'彖'、'繫'、'象'、'説卦'、'文言'。讀《易》,韋編三絶,曰:'假我數年,若是,我於《易》則彬彬矣。'"一段話也不可信嗎?是的,也有問題。司馬遷是中國史學,也可以説世界史學之父,是没有問題的;但司馬遷究竟是漢武時代的人,他也不可能没有"時代的局限性"。司馬遷的經學大概源于董生,就是專治《春秋公羊傳》今文經學派的董仲舒,這只要看《太史公自序》篇強調《春秋》便是明證。但董仲舒只是混合"儒家"和陰陽方士的"儒教"的開創人物,已不是春秋戰國時期"儒分爲八"的"儒家",更不等於春秋末期的孔子。中國文獻學每每是"牽一髮而全身動",這問題不是筆談式可了,總之,用《易傳》的思想,更其是《序卦》、《雜卦》的思想來捧孔子或罵孔子,都無是處。北宋歐陽修已經能夠寫出《易童子問》,難道現在我們學習歷史唯物主義者反不如北宋時代向歐陽修請教的"童子"嗎?

第二,討論孔子,要同"儒"、"儒家"和"儒教"區分清楚。孔子是儒家的開創者,是同漢以後"五四"以前封建和半封建社會的上層建築"儒教"有關,那是沒有問題的;但孔子究竟只是孔子,他不是其他儒家,如孟子、荀子等;更不是漢以後的"儒教徒",如董仲舒、劉歆、鄭玄、王肅、孔穎達、程頤、朱熹、王守仁、顧炎武、戴震、康有爲等等。這一大批人和孔子有同有異;他們對孔子有繼承關係,也有批判關係,不能將他們的"歷史功罪"硬拉到孔子頭上。我們要求同、求異,但不能"混"。我們要有的放矢,要射中靶子,不能發亂箭。這就是説:我們不能把後世的腐儒、愚儒、黠儒,更其是一些滑頭政客的罪孽,都算在孔子賬上。這道理,説起來,大家都清楚的,也大概都同意的;但做起來,就是説,提到科學研究的日程上,却也不是簡單容易的事。再舉例談談吧。

孔子傳是目前一部急於需要的專著,然而沒有;環顧國内,能獨力完成這專著的,似乎人材也並不多。歐洲資本主義社會能夠寫出好幾本《耶穌傳》,作爲反封建的有力武器,難道我們社會主義社會不應該寫出孔子傳來清算這長期的封建社會嗎?或者有人説,《史記·孔子世家》、胡仔的《孔子編年》、孫星衍、嚴可均的《孔子集語》、崔述的《洙泗考信録》等,這些著作不是很可以用或參考嗎?是的,這些資料也可用也不可用;這就是説,會用的可以用,不會用的不可以用;而會和不會却又沒有明顯的標準,這就有點難了!

其次,一部儒教或者儒學發展史也是急於需要的。孔子影響於後儒,但决不同於後儒,這線索搞不清楚,孔子問題是不能澈底解決的;不僅孔子問題,連中國哲學史、中國思想史、中國文化史的問題也無法澈底解決的。這方面,近來國内學者們從事的比較多,也有一些成績,但顯然地還是不夠。再舉例説明吧。譬如孔子以前已經有"儒"這個名詞,什麼叫做"儒"?"儒"的原始意義是什麼?孔子一派爲什麼稱爲"儒家"?這問題也還沒有在科學研究範圍内解决。章太炎寫過《原儒》一篇文章,接觸到一些原始資料,但没有解决問題。"五四"以後,胡適也寫了一篇《原儒》,將孔子模擬耶穌,那簡直是胡説。後來又有些時賢寫過近似的文章，但又攬到別一方面去了，沒有對準"儒"字下功夫。這樣一篇《原儒》的文章，仍要我們早日去試寫。不是嗎？初中的歷史就說到道、儒、墨三派，如果碰到"打掉砂鍋問到底"的初中學生提出"什麼叫做儒？""為什麼叫做儒？"恐怕大學教授也要鉗口結舌了。又譬如說：從孔子到孟、荀，就是說從春秋末期到戰國末期，儒家自有一段發展過程，也就是《韓非子‧顯學》篇裏所說的"儒分為八"的八派，也沒有完全搞清楚。郭沫若先生在解放前已寫出《儒家八派的批判》一文，但繼起無人。我覺得這也是值得努力的專題。文獻固然不多，但大小《戴記》兩部書保存許多資料，是值得下功夫的。清代經學家對儒家經典都可以說已有注疏定本，但《小戴禮》(《禮記》)始終沒有，朱彬的《訓纂》、孫希旦的《集解》，都不夠標準。至於《大戴記》，清儒打算列為第十四經的，更只是停留在校勘階段。看到孫殿起《販書偶記》，說劉寶楠有《禮記注疏》原稿，不知現在落在何處，這是關心文物的單位應該留意的。話不要拉得過遠，總之，就是從孔子到孟子中間一段過程也還要搜索、摸索吧！現在談中國思想史、中國哲學史的每每由孔子一跳跳到孟子，仍然是唐韓退之《原道》的筆法，是不無值得考慮的。只舉兩個例，已有不少問題，如果從孔子到康有為、章太炎，問題之多是可觀的！如果採取"唯成分論"，一律罵他們是大小地主，古聖前修固不能從"九泉"起而爭辯，但仍然無補於問題的解決吧！

第三，孔子思想，或者擴大些說，儒家和儒教的思想，以及由這些思想所形成的文化，對於亞洲以及其他地區，如歐洲，所發生的影響，在今天，應該加以注意，彙集資料，寫出論文或專著，決不能再加忽略了。孔子是國際的歷史人物，他的影響不限於中國，也不限於亞洲，而且遠及西歐。他們是否真正了解孔子，甚至於歪曲孔子，那是另一問題，但由孔子而引起思想或文化上的變異，那是無可否認的。日本漢學家寫了許多儒教在日本發展的專史、專論，難道不值得翻譯嗎？難道不值得從我們今天的立場寫出"孔子或儒教思想在日本"一類的書嗎？最近看到朱謙之先生在報刊上發表了幾篇這類的文章，覺得這是很有意義的工作。我不知道朱先生有沒有助手幫助他，我也不知道科學院哲學研究所、歷史研究所等單位有沒有小組注意這問題，我更不知道對外文化協會等類的機構有否將這問題作為內部工作之一，但我覺得這是有意義的工作，也是重要的工作。國外的文學創作、民間歌謠，都有專家在翻譯、在介紹，為什麼關於哲學、思想、文化交流方面不值得培養幾位專家去做呢！我很希望我有生之年能看到《孔子思想在世界》或《世界文化史中的孔子》一類宏偉的著作！

最後,再說點研究孔子的"基本功"吧!孔子或者儒教人物都已過去了,他們留給我們的只是一些用文字寫下來的記錄,而我們了解或批判他們也只好通過文字,所以文字的透切會通是研究的第一關。但是文字本身有它的局限性:言不盡意,書不盡言,這是一。文字不是死的而是活的,意識在變,文字在變,各時代有各時代的詞彙和語法,用我們現行的詞彙語法去推測古人,每每口徑不對,這是二。歷來的哲學家、思想家每每自己有一套詞彙或術語,有的獨創,有的用"舊瓶裝新酒",有的簡直是"借屍還魂",所以要瞭解哲學概念,不僅僅是認得這個字的問題。我們看《墨子》、《荀子》多有自己的詞彙,宋明理學家的話糾纏不清也多是詞彙問題。如果看到"物"便是唯物主義,看到"心"便是唯心主義,要鬧大笑話的,這是三。清代戴震、焦循等由文字訓詁到經典研究再到哲理探索的主張和方法,我覺得在今天仍是有效的"基本功"。朱熹是宋儒中傑出學者,對《四書》花了一生的精力,結果"瑚璉"兩個字仍然搞錯,"文字關"的通過並不是輕而易舉的。再舉例說吧。時賢論到孔子,每舉"克己復禮爲仁"一句,這確已抓到核心問題;但"克""己""復""禮""仁"五個字便大有文章,大可百家爭鳴一番。更其是"禮"字,難道"禮"只是封建性的詞嗎?難道"禮"不是"教育學"的詞嗎?難道"禮"一點點"藝術"的意味都沒有嗎?它又爲什麼和"樂"並舉?"禮"本源於原始宗教的祭祀,到了孔子,他怎樣使用這個詞?"禮云禮云,玉帛云乎哉!"孔子對"禮"究竟給以什麼"新"的涵義?《論語·顏淵篇》所說"克己復禮爲仁",和《左傳》昭公十二年說:"古也有志:克己復禮,仁也。"是否完全相同,是否沒有涵義的發展,也是問題。至於時賢說孔子志在恢復周禮,因而他是落後,他是反動,他是拉住歷史車輪後退,真的如此嗎?他說過"周"字嗎?"增字解經"的辦法難道現在已經得到學術界同意嗎?一連串的文字上的問題,並不簡單!因此,我深切希望《中國哲學辭典》或《論語辭典》等早日出世!也希望語文研究工作者通力合作,不要袖手旁觀!

原載《學術月刊》一九六二年第七期

章學誠"六經皆史説"初探

"經"、"史"關係問題,是中國經學史和中國史學史研究的重要課題之一。對這問題,過去學術界怎樣的看法,今天我們又該怎樣正確對待,都是值得探索的。但這問題的範圍相當廣,不是一篇論文所能解决,其中,我們認爲章學誠的"六經皆史説"是較有代表性和具有較大影響的一種説法。因此,擬先從研究章氏的"六經皆史説"入手。並爲避免架空,減少枝蔓,試圖採取"以章證章"的方式,以探索它的真相。

一

章學誠在《文史通義》的首卷,提出了"六經皆史"的命題。他認爲:

第一,古代"未嘗有著述之事",六經只是"先王"政典的歷史記録。他説:"古人不著書;古人未嘗離事而言理,六經皆先王之政典也。"①"六經則以先王政教典章綱維天下。"②這些政典掌在官府,"官師守其典章,史臣録其職載"③,例如:"《易》掌太卜,《書》藏外史,《禮》在宗伯,《樂》隸司樂,《詩》領於太師,《春秋》存乎國史。"④六經只是"典章"、"職載"的記録,"初不爲尊稱",後來"學者崇奉六經,以謂聖人立言以垂教;不知三代盛時各守專官之掌故,而非聖人有意作爲文章"⑤。

第二,六經既是"先王"的政典,所以他不是空洞説教,而是"有德有位"的人,用以"綱維天下"的。孔子"生不得位",只是"述而不作",因此,"集古聖之成"的,不是孔子而是周公。他説:"六經皆先王得位行道、經緯世宙之跡,而非託於空

---

① 章學誠:《文史通義》内篇一《易教》上。
② 章學誠:《文史通義》内篇一《經解》上。
③ 章學誠:《文史通義》内篇一《詩教》上。
④ 章學誠:《校讎通義》内篇一《原道》。
⑤ 章學誠:《文史通義》内篇五《史釋》。

言。故以夫子之聖,猶且述而不作。"①這種思想,是從他的哲學思想"道"、"器"關係的認識出發的。他認爲"道不離器,猶影不離形;後世服夫子之教者自六經,以謂六經載道之書也,而不知六經皆器"②。器指存在的事物,道指自然的規律,"道"是不能離開"器"的。"離器言道",便是空洞説教。而道器"合一之故",又必"求端於周、孔之分"。"周公成文、武之德,適當帝全王備、殷因夏監、至於無可復加之際,故得藉爲制作典章,而以周道集古聖之成,斯乃所謂集大成也。孔子有德無位,即無從得制作之權,不得列於一成,安有大成可集乎!非孔子之聖遜於周公也,時會使然也。"③"孔子除學周公之外,更無可言。"周公"集治統之成",而孔子只是"明立教之極"。周公"有德有位","經綸制作";孔子"有德無位",只是"表章六籍,存周公之舊典。故曰:述而不作,信而好古"④。

第三,六經既是"有德有位"的人用以"綱維天下",他們都不是爲了垂教立言而故意編造的。所以它"協於天道"而"切於人事"。如《易》以天道而切人事,《春秋》以人事而協天道"。由於時代不同,"三王不相襲,三皇五帝亦不相沿"⑤,"聖人創制","一本天理之自然","而非有所容心,以謂吾必如是而後可以異於前人,吾必如是而後可以齊名前聖"⑥。周公"制作典章",才是集"自有天地而至唐、虞、夏、商,跡既多而窮變通久之理亦大備"的大成。自古以來,"政典"不是絶對因循不變,而是因時制宜的。

第四,六經既是"有德有位"的周公匯集其大成的,所以"六經皆史"的"史",是指夏、商、周三代以上的"史",同我們理解爲"史料"的"史",自有區别。章學誠提出"六經皆史",不以爲"六經皆史料",是因爲六經"未嘗離事而言理",它只是當時典章政教的歷史記録。他説:"古無經史之分,聖人亦無私自作經、以寓道法之理。六藝皆古史之遺,後人不盡覺其淵源,故覺經異於史耳!"⑦"三代以上之爲史,與三代以下之爲史,其同異之故可知也"⑧。

於此,我們須將章學誠的"史"的概念進一步加以窺測。

---

① 章學誠:《文史通義》内篇一《易教》上。
② 章學誠:《文史通義》内篇二《原道》中。
③ 章學誠:《文史通義》内篇二《原道》上。
④ 章學誠:《文史通義》内篇二《原道》中。
⑤ 章學誠:《文史通義》内篇一《易教》上。
⑥ 章學誠:《文史通義》内篇二《原道》上。
⑦ 章學誠:《丙辰劄記》,見《章氏遺書》外編。
⑧ 章學誠:《文史通義》内篇一《書教》上。

有人以爲章學誠曾經説過"盈天地間,凡涉著作之林,皆是史學"①,從而認爲章學誠所謂"六經皆史"的史,就是歷史資料,這是不够恰當的。誠然,章學誠以爲"盈天地間,凡涉著作之林"的,都和"史學"有關,但歷史資料畢竟是歷史資料,並不是他所指的"史學",更不是他所指的"六經皆史"的史。他在《上朱大司馬論文》一文中,對"史"的涵義,作了如下的闡釋:

"乙部之學,近日所見,似覺更有進步,殆於杜陵所謂'晚節漸於詩律細'者。世士以博稽言史,則史考也;以文筆言史,則史選也;以故實言史,則史纂也;以議論言史,則史評也;以體裁言史,則史例也。唐、宋至今,積學之士,不過史纂、史考、史例;能文之士,不過史選、史評;古人所謂史學,則未之聞矣。"

唐、宋以來的史部著作,只是史纂、史考、史例、史選、史評,而非"史學",這是他的深入研究的創見。

史學之所以和史纂、史考、史例、史選、史評有別,是因爲它特具有史學的"義";"史學"之"義",也就是《春秋》"筆削"之"義"。他説:

"史之大原本乎《春秋》;《春秋》之義昭乎筆削。筆削之義,不僅事具始末、文成規矩已也;以夫子'義則竊取'之旨觀之,固將綱紀天人,推明大道,所以通古今之變而成一家之言者,必有詳人之所略,異人之所同,重人之所輕,而忽人之所謹,繩墨之所不可得而拘,類例之所不可得而泥,而後微茫杪忽之際,有以獨斷於一心。及其書之成也,自然可以參天地而質鬼神,契前修而俟後聖。此家學之所以可貴也。"②

史學的"義",或稱"史意",也就是道。"史之所貴者義也"③;六經之所以"皆史",是因爲它是先王的"政典",其中有"史意"存在,"六經特聖人取此六種之史以垂訓者耳"。他説:後世"載筆之士,有志《春秋》之業,固將惟義之求;其事與

---

① 章學誠:《文史通義》外篇三《報孫淵如書》。
② 章學誠:《文史通義》內篇四《答客問》上。
③ 章學誠:《亳州志掌故例議》中,見《章氏遺書》卷十五《方志略例》二。

文,所以藉爲存義之資也。"①與其"空言著述",不如"見諸行事";所以,"史"必具有"史意","史"必有"經世"之用。

照這説來,章學誠所指的"史",主要是指具有"史意"、能够"經世"的史。三代以前,六經"以示帝王經世之大略",所以"六經皆史"。至於"盈天地間凡涉著作之林"的,雖和史學有關,但不具"史意",不足以"經世",只能稱爲史纂、史考、史例、史選、史評,而不得稱爲"史學"。

章學誠"史學所以經世"的理論,在《文史通義》内篇二《浙東學術》篇中曾予發揮,他説:

"或問:'事功、氣節,果可與著述相提並論乎?'曰:'史學所以經世,固非空言著述也。且如六經同出於孔子,先儒以爲其功莫大於《春秋》,正以切合當時人事耳。後之言著述者,舍今而求古,舍人事而言性天,則吾不得而知之矣。學者不知斯義,不足言史學也。'"(自注:"整輯排比,謂之史纂;參互搜討,謂之史考;皆非史學。")

正由於"史學所以經世",六經是"先王"的政典,"古人未嘗離事而言理",未嘗"空言著述",所以"六經皆史"。

那麽,章學誠的"史學所以經世",是否因循古訓、泥古不化?決不是的。"三王不相襲,三皇五帝亦不相沿",應該通時達變,折衷同異。拿今天的話來説,就是主張"古爲今用"。他説:

"所謂好古者,非謂古之必勝乎今也,正以今不殊古,而於因革異同求其折衷也。古之糟魄,可以爲今之精華;非貴糟魄而直以爲精華也,因糟魄之存而可以想見精華之所出也。古之疵病,可以爲後世之典型;非取疵病而直以之爲典型也,因疵病之存而可以想見典型之所在也。"②

"鄙人不甚好古,往往隨人愛慕而旋置之,以謂古猶今耳。至於古而有用,則幾於身命徇之矣。"③

---

① 章學誠:《文史通義》内篇四《言公》上。
② 章學誠:《文史通義》内篇四《説林》。
③ 章學誠:《與阮學使論求遺書》,見《章氏遺書》卷二十九。

在當時的歷史條件下，章學誠的"經世"理論，只能以"託古改制"的姿態提出；但他以六經是三代盛世各守專官的掌故，是當時典章政教的歷史記錄，切於人倫日用，而非聖人爲了垂教立言而故意編造，從而提出"六經皆史"、"六經皆器"的命題，反駁了"離器言道"的空洞説教，發揮了他的"經世"理論，不僅在中國史學史上，而且在中國哲學史上具有積極意義。

二

章學誠以前，已有人提到"經"、"史"關係問題，但同章學誠的"六經皆史説"卻大有區别。

今人認爲考查"六經皆史説"的來源，以"經"爲"史"最早的恐怕是文中子（王通）。按文中子《中説》卷一《王道》篇説：

"昔聖人述史三焉：其述《書》也，帝王之制備矣，故索焉而皆獲；其制《詩》也，興衰之由顯，故究焉而皆得；其述《春秋》也，邪正之迹明，故考焉而皆當。此三者，同出於史而不可雜也，故聖人分焉。"

王通以《書》、《詩》、《春秋》三經爲"聖人述史"，似與章學誠"六經皆史説"相類。但是：

第一，古代"經"、"史"不分，隋代王通也不能説是"以經爲史"的最早者。如果上溯的話，孔子即曾説過："《春秋》其文則史，其義則丘竊取之矣！"那麼，孔子就是以《春秋》爲史了。《史記》將"六經經文"作爲"史事"叙述；《漢書·藝文志序》謂："古之王者，世有史官，君舉必書，所以慎言行、昭法式也。左史記言，右史記事；事爲《春秋》，言爲《尚書》；帝王靡不同之。"又列《太史公百三十篇》於"春秋類"之後，那麼，司馬遷、班固也可以説"以經爲史"了。

第二，王通只是提到《書》、《詩》、《春秋》三經，而章學誠則是主張"六經皆史"。章氏對王通的"述史有三"，不包括"掌故典要"的《禮》，曾經直接提出異議：

"或曰：'文中子曰：聖人述史有三，《書》、《詩》與《春秋》也。今論三史，則去《書》加《禮》，文中之説，豈異指歟？'曰：'《書》與《春秋》本一家之學也。……後人不解，而以《尚書》、《春秋》分别記言、記事者，不知六藝之流别者也。若夫《官禮》之不可闕，則前言已備矣。"①

"昔隋儒王通，嘗謂古史有三：《詩》、《書》與《春秋》也。臣愚以謂方志義本百國《春秋》，掌故義本三百《官禮》，文徵義本十五《國風》。"②

章氏闡述《詩》、《禮》、《春秋》"皆史"特詳，以爲這是"後世襲用而莫之或廢者"，王通未曾將"禮"列入，他不贊同。

第三，王通以爲《書》"備帝王之制"，《詩》"顯興衰之由"，《春秋》"明邪正之迹"，其重在"分"；而章學誠則以六經爲古代政典，"切於人倫日用"，其重在"通"，即"明其會通"，貴在"經世"。因此，他的"六經皆史説"是和王通不相入的。

第四，更重要的是：章學誠的"六經皆史説"中，有其"道不離器"的理論，有其"經世"的理論，它同王通專就形式或體裁而立論的根本不同。

王通以後，提到"經"、"史"關係的，還有南宋陳傅良，明宋濂、王守仁和李贄③，但他們説得都較簡單，有的只是偶爾涉及，並未構成一種系統學説。直到章學誠"六經皆史"，才真正成爲一種系統學説，有其"經世"理論。因此，他的"六經皆史説"顯然是賦有新的涵義的。

事實上，如果追溯章學誠的學術淵源，實出於漢代的劉歆、班固，益以清代浙東史學的孳育，而與王通無涉。

章學誠去世後，他的兒子章華紱在編訂《章氏遺書》時説：

"著有《文史通義》一書，其中倡言立議，多前人所未發，大抵推原官禮，而有得於向、歆父子之傳，故於古今學術淵源，輒能條別而得其宗旨。"④

他對章學誠學術淵源的闡述，是中肯的。劉向在漢代曾校閲群書，著有《別錄》；劉歆繼承父業，撰成《七略》，對古代學術，"條別"淵源。向、歆之書，雖已無存，但它的主要内容，却保存在《漢書·藝文志》中。章學誠的"備知學術源流同異，以所聞見證平日之見解"；以至以六經爲古代"王官"所守的政典，實導源於劉歆。

---

① 章學誠：《方志立三書議》，見《章氏遺書》卷十四《方志略例》一。
② 章學誠：《爲畢制府撰湖北通志序》，見《章氏遺書》卷二十四。
③ 見陳傅良：《止齋先生文集》卷四十《徐得之左氏國紀序》；宋濂：《龍門子凝道記》卷下《大學微》；王守仁：《王文成公全書》卷一《傳習錄》上；李贄：《焚書》卷五《經史相爲表裏》。
④ 章華紱：《章氏遺書·序》。

章學誠以爲班固《漢書》含有劉歆撰作的遺緒,《漢書》"體方用智,多得官禮之意"①,如《漢書·董仲舒傳》、《漢書·賈誼傳》,"叙賈、董生平行事,無意求詳,前後寂寥數言,不過爲政事諸疏、天人三策,備始末耳。"這是以"《春秋》之學爲《尚書》","觀史裁者必知此意,而始可與言《尚書》、《春秋》之學"②,而譽爲"後世不祧之宗"③。可知他對班固《漢書》的推崇。

　　劉歆、班固之學,爲章學誠學術思想的所自出;而明末清初以來的浙東史學,也予他以很大影響。

　　浙東史學創自黃宗羲。黃宗羲師事劉宗周,提倡讀史,嘗説:"明人講學,襲'語録'糟粕,不以六經爲根柢,束書而從事於游談,更滋流弊。故學者必先窮經;然拘執經術,不適於用,欲免迂儒,必兼讀史。"④提出"窮經""讀史",反對"拘執經術",主張要"適於用"。他和顧炎武都談經世致用。

　　本來,黃宗羲和顧炎武並爲一代大師,他們互相推服,未分門户。但到乾嘉時代,惠、戴並起,闡發顧炎武"舍經學無理學"之説,尊古隆文,崇漢抑宋,顧炎武幾爲"開國儒宗",而黃學則除萬斯同與纂《明史》、全祖望"盡瘁文獻"外,不及吳派、皖派的流行廣泛。吳派、皖派不言經世而"尚博雅",浙東學派則注重事功而"貴專家"。章學誠是浙江會稽人,受浙東學派的孳育,曾嘲笑惠、戴學者崇尚顧炎武,而不知同時有黃宗羲,他説:黃"出於浙東,雖與顧氏並峙,而上宗王、劉,下開二萬,較之顧氏,源遠而流長"。又説:"浙東之學,言性命者,必究於史,此其所以卓也。"⑤浙東學派和吳派、皖派的"舍今而求古"不同,和宋學的"舍人事而言性天"也不同;浙東學派"究史"而不空言性命,"窮經"而不"拘執經術"。這些,對章學誠"經世"理論的影響,是深巨的。

　　基於上述,章學誠之學,遠紹劉歆、班固,近承浙東史學;他的"六經皆史説"不是源於王通。

三

　　我們應該再進一層去探索,章學誠爲什麼提出"六經皆史説"呢?他的"六經

---

① 章學誠:《文史通義》內篇一《書教》下。
② 章學誠:《文史通義》內篇一《書教》中。
③ 章學誠:《文史通義》內篇一《書教》下。
④ 《清史列傳》卷六十八《黃宗羲傳》。
⑤ 章學誠:《文史通義》內篇二《浙東學術》。

皆史説"中的"經世"理論又是爲什麽緣由而發呢？

章學誠生在漢學盛行的乾嘉時代（公元一七三八——一八〇一年，乾隆三年——嘉慶六年）。"漢學"是講究訓詁考據的經學流派，導源於明末清初的顧炎武，主張根據經書和歷史立篇，以達到"明道救世"的目的。但到了乾、嘉時代，由於政治、社會各種歷史因素的改變，學者只繼承古文經學派的訓詁方法，加以條理發展，施於古籍整理和語言文字的研究，形成所謂"樸學"。他們從校訂經書擴大到史籍和諸子，從解釋經義擴大到考證歷史、地理、曆算、音律、典章制度。他們對古籍和史料的整理，有其極大的貢獻，但逐漸脱離了"明道救世"的政治實踐。這是當時盛行的一種學術風氣。

另一方面，宋明以來的"宋學"（理學），由於君主和高級官僚的利用，在士大夫中也仍佔優勢。他們高談義理，稱説"性命"；尊崇程、朱"語録"，以爲上接孔、孟的真傳；形成不顧歷史，空洞説教，以與"漢學"對抗，這又是當時另一種學風。

"漢學"專治歷史而不講義理，"宋學"空談義理而不顧歷史；"漢學"講考據而脱離實際，"宋學"好空言而"離事言理"，實在各有所偏。章學誠"六經皆史説"中的"經世"理論是對準當時這兩種學風而予以針砭，正所謂"有的放矢"！

一般説來，乾嘉"漢學"可分起源於吳中（今江蘇蘇州）惠周惕而成於惠棟的"吳派"，和起源於江永而成於皖南戴震的"皖派"兩大支。

"吳派"以遵循漢人學説爲主，主張搜集漢儒經説，加以疏通，而旁及史學與文學。章學誠認爲"吳派"以"墨守爲至詣，則害於道矣"。"墨守者流，非愚則黠"。真是"有志之士"，不當"墨守"前人，"不可泥於古"。他説：

> "大約學者於古，未能深究其所以然，必當墨守師説；及其學之既成，會通於群經與諸儒治經之言，而有以灼見前人之説之不可以據，於是始得古人大體而進窺天地之純。故學於鄭而不敢盡由於鄭，乃謹嚴之至，好古之至，非蔑古也。乃世之學者，喜言墨守。墨守固專家之習業，然以墨守爲至詣，則害於道矣。昔人謂'寧道周、孔誤，勿言馬、鄭非'，墨守之弊，必至乎此。墨守而愚，猶可言也；墨守而黠，不可言矣。……惟墨守者流，非愚則黠，於是有志之士，以謂學當求其是，不可泥於古所云矣。"①

---

① 章學誠：《文史通義》外篇二《鄭學齋記書後》。

"皖派"主張以文字學爲基礎,從訓詁、音韻、典章制度方面考釋經義。章學誠認爲"訓詁注疏所以釋經,俗師反溺訓詁注疏而晦經旨"①,是不對的。如果繳繞於經書的文字訓詁,"不求其義",那只是"執形迹之末"而已。他説:

"六書小學,古人童蒙所業,原非奇異。世遠失傳,非專門名家,且兼人之資,竭畢生之力,莫由得其統貫;然猶此糾彼議,不能劃一。後進之士,將何所適從乎?或曰:聯文而後成辭,屬辭而後著義,六書不明,五經不可得而誦也。然則,數千年來,諸儒尚無定論,數千年人不得誦五經乎?……近日考訂之學,正患不求其義,而執形迹之末,銖黍較量,小有同異,則嚻然紛爭,而不知古人之真不在是也。"②

乾嘉時代的"吳派"和"皖派",長於考據而鮮言經世,章學誠認爲這種"徵實太多、發揮太少"的學風"有如桑蠶食葉而不能抽絲"③。不明義理,脱離實際,應該正其所失。

當時的"宋學",又與"漢學"截然兩途。"漢學"不談"義理",而"宋學"好談"義理"。而且"宋學"所談的義理,却又每每脱離了歷史實際,形成"空言"。章學誠認爲"儒者欲尊德性,而空言義理以爲功,此宋學之所以見譏於大雅也"。孔子曾經説過:"我欲託之空言,不如見諸行事之深切著明。"所以《春秋》是"經世"之作;而善言天人性命,"未有不切於人事者"④。"宋學""枵腹空談性天",無怪爲"通儒"所恥言。他説:

"宋儒之學,自是三代以後講求誠正治平正路;第其流弊,則於學問、文章、經濟、事功之外,别見有所謂'道'耳。以'道'名學,而外輕經濟事功,内輕學問文章,則守陋自是,枵腹空談性天,無怪通儒恥言宋學矣。……吾謂維持宋學,最忌鑿空立説。誠以班、馬之業而明程、朱之道,若家念魯志也,宜善成之!"⑤

---

① 章學誠:《文史通義》内篇一《書教》下。
② 章學誠:《文史通義》外篇二《説文字原課本書後》。
③ 章學誠:《文史通義》外篇三《與汪龍莊書》。
④ 章學誠:《文史通義》内篇二《浙東學術》。
⑤ 章學誠:《文史通義》外篇三《家書》五。

所以，章學誠不是不要義理，而是反對宋學的空談義理；反對宋學的脫離歷史實際而高談性天，結果"墮入理障"；反對"宋學"的只是"師孔子"、"稱程、朱"，而忽視了孔子作《春秋》的"經世"實際。

正因爲如此，他以爲孔子不是最高的理想人物，而周公却是"集大成"者。周公"有德有位"，理論與實際一致，故"六經"是"經世"政典，也就是"史"。而孔子則是"有德無位"、"不得其位"的聖人，後人即使要學孔子，也不應學孔子的"著書"，而應學孔子的不得已而著書。"六經皆器"，不能離"器而言'道'"，形成空洞的説教。

漢學的務求"考索"，"宋學"的空談"義理"，都爲章學誠所反對。他説：

"學博者長於考索，侈其富於山海豈非道中之實積；而騖於博者，終身敝精勞神以徇之，不思博之何所取也。……言義理者，似能思矣，而不知義理虛懸而無薄，則義理亦無當於道矣。此皆知其然而不知所以然也。"①

他認爲"君子之學術"，貴"能持世而救偏"②。所謂"持世"，就是爲當時的政治服務，用以"經世"；所謂"救偏"，就是指斥"漢學"、"宋學"等的各執一偏。

章學誠對當時學風的批判，以及撰著《文史通義》的目的，在《與陳鑑亭論學》一文中，有較具體的説明。他説：

"《文史通義》專爲著作之林較讐得失。著作本乎學問，而近人所謂學問，則以《爾雅》名物、六書訓故，謂足盡經世之大業；雖以周、程義理，韓、歐文辭，不難一映置之。其稍通方者，則分考訂、義理、文辭爲三家，而謂各有其所長；不知此皆道中之一事耳。著述紛紛，出奴入主，正坐此也。……夫文章以六藝爲歸，人倫以孔子爲極，三尺孺子能言之矣；然學術之未進於古，正坐儒者流，誤欲法六經而師孔子耳。……故學孔子者，當學孔子之所學，不當學孔子之不得已。……以孔子之不得已而誤謂孔子之本志，則虛尊道德文章，別爲一物，大而經緯世宙，細而日用倫常，視爲粗迹矣。故知道器合一，方可言學。道器合一之故，必求端於周、孔之分。此實古今學術之要旨，

---

① 章學誠：《文史通義》內篇二《原學》下。
② 章學誠：《文史通義》內篇二《原學》下。

而前人於此,言議或有未盡也。"①

《文史通義》之作,"專爲著作之林較讎得失",也就是"較讎"漢學家、宋學家們"著作"的得失。漢學家"尚考證",而失在"薄詞章";宋學家"索義理",而失在"略證實"。漢學家拘泥於"服、鄭訓詁",宋學家束縛在程、朱《語録》,結果"義理入於虛無,考證徒爲糟魄"②,而這兩種偏失都是他所深切反對的。

《文史通義》之作,既爲"著作之林較讎得失";而"六經皆史"之説,又是《文史通義》的"開宗明義"之言。因此,我們可以說:"六經皆史説"是章學誠的"經世"理論,是他的歷史哲學的核心。"六經皆史説"是在乾嘉時代漢學盛行、宋學仍佔優勢的歷史條件下提出的,並以之反對"漢學"、"宋學"的偏失的。在當時,他有所立、有所破。他大膽地提出"六經皆史"的命題,建立道器合一的哲學,反對風靡一時的"漢學"和高據堂廟的"宋學",在中國思想史上是值得大書特書的。

我們論述章學誠"六經皆史説"的積極意義,只是因爲他有"經世"理論的內容,因爲他敢於"較讎""漢學"、"宋學"的得失,並不意味着"六經皆史説"中没有糟粕;章學誠對"漢學"、"宋學","正其所失",有不少精闢的見解,但他的批判,也不是都中肯的。例如他在《書朱陸篇書後》説:"戴看學問,深見古人大體,不愧一代鉅儒;而心術未醇,頗爲近日學者之患,故余作《朱陸》篇正之。"《朱陸》篇是專爲"正戴"的,是專爲批判戴震的。但他所正的,實不足爲戴震病。戴氏用訓詁學的形式以探求儒家"本義",以建立自己的哲學,以痛斥當時代表統治地位的"宋學",而章學誠卻以爲是其所病,這就和他的"較讎得失"不完全合符了。

同時,章學誠提出學貴"持世而救偏",但對"達人顯貴",還是有所顧慮。他擔心《文史通義》"驚心駭俗,爲不知己者詬厲",只敢"擇其近情而可聽者,稍刊一二,以爲就正同志之質,亦尚不欲遍示於人"③。他不欲多爲人知,而以"太史公欲藏之名山,傳之其人"爲"有戒心"④,臨終前,才"以全稿付蕭山王毅塍先生,乞爲校定"⑤。可見他還未能逕攖"權貴"。因此,他的"六經皆史説",只能以"託古改制"的姿態提出;而他生前未能印行"全書",也就限制了他在當時應起的影響。

---

① 章學誠:《文史通義》外篇三《與陳鑑亭論學》。
② 章學誠:《與族孫汝楠論學書》,見《章氏遺書》卷二十二。
③ 章學誠:《文史通義》外篇三《與汪龍莊書》。
④ 章學誠:《上錢辛楣宮詹書》,見《章氏遺書》卷二十九外集二。
⑤ 章華紱:《章氏遺書·序》。

不過,儘管章學誠的"六經皆史説"有其一定的局限性,但他在"漢學"盛行、"宋學"高據堂廟的"乾嘉時代",不爲時俗所囿,"較讐得失",發揮他的"經世"理論,在中國思想史上,無可否認,還是有其相當地位的。

原載《中華文史論叢》第一輯(一九六二年八月)

博士制度和秦漢政治

清代學者,在經學研究方面,作出了不少貢獻;對秦漢博士制度的探究,也有一些成績。例如洪亮吉的《傳經表》、《通經表》,對兩漢經學的傳授,加以鉤稽排比①;杭世駿的《西漢立四經博士辨》,對平帝時《左氏春秋》、《毛詩》、《逸禮》、《古文尚書》的建立,提出疑義②;王鳴盛、迮鶴壽對秦漢博士的職掌、建置,也進行了考索③。此外,胡秉虔、張金吾、蔣湘南、汪之昌、趙春沂、洪震煊、胡縉、邵保初、張壽榮、繆荃蓀等,也各有專書或專文論述④。近人王國維撰《漢魏博士考》⑤,更比較系統地對漢魏博士作了初步總結。他們對秦漢博士源流的探究,師法、家法傳授的考索,給予我們今天的研究以很多便利。但是他們或者偏於"經師"個人的成就,未顧到該時代的具體表現,因之不可能看到經學發展的整個趨勢;或者膠著于師法、家法的傳授"得失",沒有考察它和社會、政治的關連,從而不可能正確說明秦漢博士遞變發展的關鍵所在。本文擬在清儒和近人對這方面問題研究的基礎上,側重於秦漢博士制度演變過程的闡述,及其對於秦漢政治所起作用的探討。

一

"博士"是古代學官的名稱;它的建置,始於戰國,是和戰國國君的"禮賢下

---

① 洪亮吉:《傳經表》、《通經表》有《洪北江遺書》本、《花雨樓叢鈔》本。前表述西漢經學傳授;後表述東漢"通經"。
② 見杭世駿:《道古堂文集》卷二十四。
③ 見王鳴盛:《蛾術編》卷一《説録》一《立學》。
④ 胡秉虔:《西京博士考》,見《藝海珠塵續編》;張金吾:《兩漢五經博士考》,見《花雨樓續鈔》;蔣湘南:《經師家法考》,見《七經樓文鈔》卷一;汪之昌:《五經博士各有家法論》,見《青學齋集》卷十六;趙春沂、洪震煊、胡縉、邵保初,各有《漢經師家法考》,並見《詁經精舍文集》卷十一;張壽榮:《兩漢經師得失論》,見《舫廬文存》卷一;繆荃蓀:《兩漢經師得失論》,見《藝風堂文漫存》癸甲稿卷三。
⑤ 見《觀堂集林》卷四。

士"有關的。

戰國時期,在劇烈的社會變革和政治改革運動中,不同出身的"士",紛紛要求參加政治,企圖創立一套新學說和新辦法來適應當時的新情況;一些國君也"禮賢下士",選拔並顯貴了不少的"士",如戰國初期,魏文侯以孔子的弟子子夏爲師,魯繆公敬禮孔子的孫子子思,齊宣王且在齊都臨淄的稷下造了高門大屋以招待賢士。

"博士"的名稱最早見於史傳的是《史記·循吏傳》:"公儀休,魯博士,以高第爲魯相。"稍後,褚少孫補《史記·龜策傳》:宋有"博士衛平。"①《漢書·賈山傳》:山"祖父袪,故魏王時博士弟子也。"(沈欽韓"漢書疏證"以爲"弟子"二字是衍文)衛平在宋元王時,與孟子同時,宋國是否置有"博士"一官,還缺乏明文可證。但公儀休曾任魯繆公相,魯繆公曾尊養曾申、子思之徒;曾申②、子思都是儒家,魯國又是儒家的發源地。賈袪,史稱爲"魏王時博士"。魏文侯曾師子夏而友田子方、段干木,是著名的"禮賢下士"的國君③。根據這些文獻,戰國時期,魯、魏是建置有"博士"的。它和儒家之爲"顯學"又有着密切的關聯。

此外,齊國的"稷下先生",疑亦與"博士"異名同實。因爲:第一,齊國的"稷下先生",在漢代人的著作中,也有稱爲"博士"的。如淳于髡,《新序》:"騶忌既爲齊相,稷下先生淳于髡之屬七十二人,皆輕騶忌,相與往見。"而《說苑·尊賢》則謂"諸侯舉兵以伐齊,齊王聞之,惕然而恐,召其羣臣大夫告曰:'有智爲寡人用之'。於是博士淳于髡仰天大笑而不應。"《新序》、《說苑》同爲劉向所撰,而一稱"稷下先生",一稱"博士"。又如許慎《五經異義》謂:"戰國時,齊置博士之官",與別的記載不同。第二,漢代博士,還有續稱"稷下"的。如漢高祖拜叔孫通爲博士時,稱爲"稷嗣君",說他"嗣風於稷下"。鄭玄《書贊》謂:"我先師棘下生孔安國","棘下"即"稷下",孔安國是西漢博士,而鄭玄稱爲"稷下生"。第三,《史記·田敬仲完世家》:"宣王喜文學游說之士,自如騶衍、淳于髡、田駢、接予、慎到、環淵之徒七十六人,皆賜列第爲上大夫,不治而議論,是以齊稷下學士復盛,且數百千人。"上引《新序》亦謂"稷下先生淳于髡之屬七十二人",與《史記·秦始皇本紀》:"博士七十人前爲壽","博士"員額也幾相似。根據這些文獻,齊國確也曾設有博

---

① 康有爲:《孔子改制考》、《中庸注》誤"宋"爲"楚"。
② 陸德明:《經典釋文》:"曾申字子西,曾參之子。"
③ 按據馬端臨:《文獻通考·職官考》九云:"博士,魏官也,魏文侯初置,三晉因之。"可知魏是曾有博士的建置的。

士。所以，戰國初期，確已有"博士"的設立；它和國君的"禮賢下士"有關，和儒家之爲"顯學"有關。沈約《宋書·百官志》所謂"六國時往往有博士"的話，是可信的。

秦始皇統一六國以後，仍置博士。《漢書·百官公卿表》："博士，秦官，掌通古今，秩比六百石，員多至數十人。"所掌爲古今史事待問和古籍典守。秦代博士的姓名可考的，根據王國維的考證，有博士僕射周青臣、博士淳于越、伏生、叔孫通、羊子、黃疵、正先等七人①。其中黃疵是名家，見《漢書·藝文志》。又據《史記·秦始皇本紀》，"使博士爲仙真人詩"，又有"占夢博士"，可知秦代博士中有儒生（如伏生、叔孫通；又羊子，《漢書·藝文志》也列於儒家），但也並不都是儒生。

漢承秦制，仍置博士。漢高祖二年，"拜叔孫通爲博士，號稷嗣君"。惠帝時，據《史記·孔子世家》："（孔）鮒弟子襄，年五十七，嘗爲孝惠皇帝博士，遷爲長沙太守。"高祖、惠帝時可考的，現存史料只有這些。這因爲當時"尚有干戈，平定四海，亦未遑庠序之事"。"孝惠高后時公卿皆武力功臣"，所以對博士建置尚未健全。到文帝時，"頗登用"儒家②，所立博士較前爲多。據《漢官儀》："文帝博士七十餘人。"③這樣，在武帝獨尊儒家以前，博士員數已與秦制相同。

從文帝到景帝時期，所立的博士，有幾點值得注意：

第一，儒家"專經"博士的設立。《後漢書·翟酺傳》："孝文皇帝始置一經博士。"（今本"一經"誤作"五經"）如張生、晁錯爲《書》博士，申公、轅固生、韓嬰爲《詩》博士，胡毋生、董仲舒爲《春秋》博士，他們以治《詩》《書》《春秋》而立爲博士，可見漢王室對儒家學說已漸漸重視。所以清人臧琳說："《漢書·武帝紀》建元五年春置五經博士，《文帝紀》無立博士事。余考兩漢人所言，則文帝已立博士矣。"④

第二，文景時所立博士，並不限於"專經"的儒生，如魯人公孫臣，以言五德終始召爲博士⑤；賈誼以"頗通諸子百家之書"，也召爲博士⑥。轅固生與黃生爭論

---

① 王國維：《漢魏博士考》。又劉向：《說苑·至公》："始皇召羣臣面議，博士七十人未對，鮑白令之對文。"蒙文通先生以爲鮑白係鮑丘之誤，即《鹽鐵論》的包丘子，漢初傳詩的浮邱伯。又據《陳留風俗傳》："園庚字宣，明《公羊春秋》，爲秦博士。"《史記·叔孫通傳》亦載秦二世時，博士以公羊義對二世，如係園庚，亦可補王文之不足。
② 《漢書·儒林傳序》。
③ 《大唐六典》卷二十二國子博士注引，轉引自王國維《漢魏博士考》。
④ 見臧琳：《經義雜記·文帝始置博士》。
⑤ 《史記·文帝本紀》。
⑥ 《史記·屈賈列傳》。

於景帝前,黃生是否博士,史無明文,假使也是"博士",那也不是儒生。所謂高帝未遑庠序之事,孝惠皆用武力之臣,孝文本好刑名,孝景不任儒者,"故諸博士具官待問,未有進者。"①

第三,這些"一經"博士,並不只治"一經",有的且兼綜儒家以外的學說。前者如韓嬰除"推詩人之意而作内外傳數萬言"外,"亦以《易》授人,推《易》意而爲之傳"②。後者如晁錯在從伏生傳授《尚書》之前,曾"學申、商刑名於軹張恢先所"③。因此可知他們雖稱以治某經立爲博士,但並不只治一經。

根據以上史料,文、景之時,對儒家已漸重視,長於治某經的儒生,曾經延立爲博士;但當時尚未罷斥百家,博士並未爲儒家所專有。

漢武帝憑借前期所積累的財富,憑借景帝所完成的全國統一,再加上他本人的雄才大略和在位久長,對外對内自然多所創建。在文教方面,也將道、名、法、陰陽五行各家統一在儒家裏面,完成了學術統一的巨大任務。從此,儒學就成了中國封建文化的主體;而所立"博士",也同文帝、景帝時期的博士制度有異。

《史記·儒林傳》説"今上(指漢武帝)即位,趙綰、王臧之屬明儒學,而上亦鄉之,於是招方正賢良文學之士。自是之後,言《詩》於魯則申培公,於齊則轅固生,於燕則韓太傅;言《尚書》,自濟南伏生;言《禮》,自魯高堂生;言《易》,自菑川田生。言《春秋》,於齊、魯自胡毋生,於趙自董仲舒。"《漢書·儒林傳贊》説:"武帝立五經博士,《書》唯有歐陽,《禮》后,《易》楊,《春秋》公羊而已!"這樣,便有了"五經博士"。

按申公、韓嬰都在文帝時以《詩》爲博士,轅固生在景帝時爲博士;張生、晁錯從伏生受《書》,任博士。胡毋生、董仲舒都治公羊《春秋》,在景帝時爲博士。那麽,武帝時所增加的有《書》、《禮》、《易》三經,這樣,"五經博士"始行完備。

或者以爲:轅固生、董仲舒、胡毋生都在景帝時爲博士(《詩》、《春秋》);《漢書·儒林傳》又稱:"徐生以頌爲禮官大夫";另有田王孫在景帝時受《易》於丁寬;從而認爲文景之際已立"五經博士"。但是這話頗有問題,因爲第一,武帝以前"雖立博士,未有主名,文帝立魯、齊《詩》,景帝立韓《詩》,但有《詩》博士而已。"④徐生爲禮官大夫,不是博士。大夫與博士雖同爲禮官,同屬太常,但究自有別。

---

① 《史記·儒林傳序》。
② 《漢書·儒林傳》。按博士不專治一經的情況,武帝以後仍然有。
③ 《史記·晁錯列傳》。
④ 连鶴壽語,見王鳴盛:《蛾術編》卷一《説録》一《立學》按語。

田王孫的立爲《易》博士，是宣帝時事。到武帝，才以《詩》、《書》、《禮》、《易》、《春秋》爲五經博士，這五部儒家書籍才被正式法定爲"經典"。第二，武帝以前的博士，並不限於儒生①，有的儒生且兼治儒家以外的學説。武帝獨尊儒術以後，其他不以五經爲博士的都遭罷黜。第三，武帝立五經博士，而博士員數却不限於五，有一經數博士的，如魯《詩》；有雖列五經而無博士之名可考的，如《禮》；有一博士而兼通數經的（這種情況，以後仍有）。但儒家獨尊之勢既成；此後增列和爭論的，也就都在儒家經籍之内了。

元朔五年（公元前一二四年），武帝准公孫弘議，爲博士置弟子員。《漢書·儒林傳序》説：

"……及竇太后崩，武安君田蚡爲丞相，黜黄老刑名百家之言，延文學儒者以百數，而公孫弘以治《春秋》爲丞相封侯，天下學士靡然鄉風矣。弘爲學官，悼道之鬱滯，迺請曰：丞相、御史言：制曰'蓋聞導民以禮，風之以樂。婚姻者，居室之大倫也。今禮廢樂崩，朕甚愍焉。故詳延天下方聞之士，咸登諸朝。其令禮官勸學，講議洽聞，舉遺興禮，以爲天下先。太常議予博士弟子，崇鄉里之化，以厲賢材焉。'謹與太常臧（孔臧）、博士平等議曰：……古者政教未洽，不備其禮，請因舊官而興焉，爲博士官置弟子五十人，復其身。太常擇民年十八以上，儀狀端正者，補博士弟子。郡國縣官有好文學，敬長上，肅政教，順鄉里，出入不悖，所聞，令相長丞上屬所二千石；二千石謹察可者，常與計偕，詣太常，得受業如弟子。一歲皆輒課，能通一藝以上，補文學掌故缺；其高第，可以爲郎中。太常籍奏，即有秀才異等，輒以名聞。其不事學若下材，及不能通一藝，輒罷之，而請諸能稱者。……制曰，'可'。"

按在漢武帝置博士弟子員前，博士原有弟子，如叔孫通拜博士，爲漢定朝儀，與其弟子百餘人爲縣蕝野外習之。但這只是弟子跟從其師，和朝制無關。等到武帝准公孫弘議，才爲博士官置弟子五十人，並選拔高第爲郎中。這樣，博士弟子便受到了國家的優待，列爲仕途正式的出身，而和過去完全不同了。所以史稱此後"學者益廣"。這正是朝廷獎勵儒術的一種重要措施。

---

① 據劉歆《移讓太常博士書》：至孝文皇帝，"天下衆書往往頗出，皆諸子傳説，猶廣立學官，爲置博士"。"孝文皇帝，欲廣游學之路，《論語》、《孝經》、《孟子》、《爾雅》皆置博士"（編者按：這段引文乃趙岐《孟子題辭》語，此作劉歆語，蓋誤）。但本紀中不詳其事，博士姓名並無可考，故頗引起後來學者的懷疑。

總之,自從漢武帝罷黜百家、獨尊儒術以後,五部經書遂成爲法定的儒家"經典",所以博士也就限於儒生。並爲博士置弟子員,借以獎勵儒術。這樣,漢武帝利用儒家學説,建成上層建築,以鞏固皇權,而博士也就專掌經學傳授,成爲"官學"了。

　　昭帝時,增博士弟子員,滿百人。此後,博士弟子員數日增,説經者日衆,經説越詳密,而異説也越紛歧,所謂"雖曰承師,亦別名家"①。爲了"平定"五經同異,於是宣帝於甘露三年(公元前五一年)在未央宫石渠閣舉行御前會議,史稱爲"石渠閣議"。

　　據《漢書》所載,"石渠閣議"主要是"詔諸儒講五經同異"②。參加這次"閣議"的,有《易》學博士施讎(從田王孫受業)、黄門郎梁丘臨(賀子,受業於施讎);《書》學博士歐陽地餘(高孫)、博士林尊(歐陽高弟子)、譯官令周堪(事夏侯勝)、博士張山拊(事夏侯建)、謁者假倉(張山拊弟子);《詩》學韋玄成(父賢,受詩於瑕丘江公及許生)、博士張長安(事博士王式)、薛廣德(事王式);《禮》學戴聖(后倉弟子)、太子舍人聞人通漢(后倉弟子);《公羊》學博士嚴彭祖(事眭孟)、侍郎申輓、伊推、宋顯、許廣;《穀梁》學議郎尹更始(事蔡千秋)、待詔劉向、周慶、丁姓,中郎王亥③等二十二人。"閣議"的結果是"孝宣皇帝以爲去聖久遠,學不厭博"④,迺立梁丘《易》,大小夏侯《尚書》、穀梁《春秋》博士⑤。這樣,《易》學除施(讎)氏外,益以梁丘説;《書》學除歐陽博士外,又有大小夏侯説;《春秋》除公羊外,又有穀梁説。漢代博士經説的分家,除《詩》學原有魯、齊、韓三家外,其餘都起於"石渠閣議"。它所增立的梁丘《易》,大小夏侯《尚書》、穀梁《春秋》,都是與當時朝廷博士説經不同的"異説",允許同博士並存。從此,本來某經只是"一家"的,現在增添其他家説了。如《易》原只有施讎"一家",出於田王孫,所以只稱《易》,不另稱施氏《易》,也不稱田《易》;現在增立梁丘《易》,又立孟氏(喜)《易》,施博士經説以外,又有梁丘家説、孟氏家説,此後三家各自分派,所以説"由是《易》有施、孟、梁丘之學",《書》則歐陽博士以外,又有大、小夏侯説,三家也各自分派,"由是《書》有歐陽、大、小夏侯之學"了。説《春秋》的本來只有《公羊》;《穀梁》未立以

---

①《後漢書·章帝紀》。
②《漢書·宣帝紀》。
③ "王亥",《後漢書·賈逵傳》注作"王彦"。
④《後漢書·章帝紀》。
⑤《後漢書·章帝紀》。

前,漢人言《春秋》即專指《公羊》;因爲《公羊》以外,《春秋》別無分家。《穀梁》立爲博士,《春秋》中就有《公羊》、《穀梁》二家了。這樣,五經經學都開始分家。一個"經"中的不同異説,得到皇帝的允許,便可以並存;而各家也就各守"義法",以表示同他家殊科,於是在經學傳授中也就有了"家法"。所以,"石渠閣議"是漢武帝以後又一次整齊"歸於一是"的重要辯論會。但它與武帝時不同;武帝時是罷黜百家、獨崇儒術;而這次卻是平定經説同異。前者是儒家學派與其他學派的鬥爭,後者則是儒家學派内部經説異同的爭辯。這次爭辯的結果,使博士經説分家,而《穀梁》學也隨之而興。這裏,一方面可以看出漢代統治階級對儒家學説的重視,另一方面也可以看出儒家内部也以不同説法爭取統治階級的信仰。因此,當時的儒生各以經説爭立博士,企圖取得政治上和學術上的權勢。

"石渠閣議"的另一個後果是:原未"法定"爲儒家"經籍"的《穀梁》,也立爲博士,將它補充"法定"爲《春秋》中的一家。從而,某些儒生也就利用不同來源、不同寫本而與"法定"經籍"名同實異"的書籍,説"法定"的經籍還有脱簡殘缺;或者宣傳其他儒家書籍得到孔子的真傳,"信而有徵",要求補充"法定"爲經,要求朝廷承認他們是真經學。哀帝建平、元壽間(公元前六——前一年)劉歆欲建立《左氏春秋》、《毛詩》、《逸禮》、《古文尚書》博士,企圖使這些"經書"取得政府的"法定"。平帝時,王莽利用政治上的權勢,將它們立爲博士,古文經學也逐漸成爲官學;但王莽認爲今文博士對自己政權没有危害的,也並不加以排斥①。

到了後漢光武帝即位,聚集四方學者於京師洛陽,廢除王莽時所立的古文學而仍主今文。當時所立五經博士,《易》有施、孟、梁丘、京氏,《尚書》歐陽、大、小夏侯,《詩》齊、魯、韓,《禮》大、小戴,《春秋》嚴、顏,即所謂今文十四博士。古文學雖被黜退,但仍不能遽廢,且曾一度立《左氏春秋》博士,因"羣議讙譁",不久又廢②。

古文經出現後,在文字、師説、思想各方面,同今文博士展開了劇烈的鬥爭,上述《左氏春秋》的立爲博士而不久又廢,便是其中鬥爭的一次。這樣,今文經學家感到有必要通過皇帝制成定論,以保持其思想上的統治地位。同時,由於"石

---

① 參見拙撰《王莽改制與經學中的今古文學問題》,載《光明日報》一九六一年五月十六日。
② 建武間(公元二五——五五年),韓歆上疏,欲爲費氏《易》、左氏《春秋》立博士,光武帝下令議論。建武四年(公元二八年)朝公卿大夫博士於雲臺,命范升平其説。范升以爲"費、左二學無有本師,而多反異。……雖設學官,無有弟子……奏立左、費,非政急務"(《後漢書·范升傳》)。陳元聞之,詣闕上疏,范升又與陳元辨難,卒立《左氏春秋》博士。太常選博士四人,元爲第一。但諸儒以《左氏》之立,羣議讙譁,《左氏》不久又廢。

渠閣議"以後,經學分"家",各家對所傳經籍有的分章逐句爲説,形成"章句煩多",如參加"石渠閣議"的博士張山拊的弟子秦恭(延君),即增師法至百萬言。據《太平御覽》學部引桓譚《新論》:"秦延君説'曰若稽古'至二萬言。"《文心雕龍》也説:"秦延君注《堯典》十餘萬字。"這種例子,在當時並不是個別的。這使皇帝也感到有"減省"的必要。於是當章帝建初四年(公元七九年),又在白虎觀舉行辯論。參加這次討論的成員中,曾爲博士或曾"詣博士受業"的,據《後漢書》所載,有魏應(詣博士受業,習《魯詩》)、召訓(少習《韓詩》)、樓望(少習《嚴氏春秋》)、李育(少習《公羊春秋》)、張酺(少從祖父光受《尚書》)、桓郁(傳父業,以《尚書》教授)、魯恭(習《魯詩》)、丁鴻(從桓榮受歐陽《尚書》)。此外,淳于恭"善説老子",列羨"博涉經書",未明言治何經術;楊終"習《春秋》",未言習何種《春秋》;成封,史缺未詳。而賈逵則受《左氏春秋》,兼習《國語》,受《古文尚書》,學《毛詩》,號爲古學,兼通五家《穀梁》之説;班固則是《白虎通義》(《白虎通德論》)一書的主要纂集者。

從上面參加的成員來看,多數是治今文的,但也有治古文的(如賈逵、班固)。治今文的儒生,有的兼通各經,如召訓"少習《韓詩》,博通書傳";有的爲了"共正經義",同古文學派鬭爭,也涉獵古文,如李育"少習《公羊春秋》,沈思專精,博覽書傳",又"頗涉獵古學,嘗讀《左氏傳》","深爲同郡班固所重"。① 要争立古文經傳於學官的儒生,也兼通今文,如賈逵"雖爲古學,兼通五家穀梁之説"。説明今文博士要將某一經講通,勢必要"兼通"他經;而反覆講説的結果,却又形成了"章句煩多"。他們拘守經義,在原來幾部儒家經籍中已難找到出路,漸漸不能符合統治者的需要。同時,東漢的最高統治者又將他們的争論束縛在儒家經籍之内,束縛在學術範圍之内,同西漢時儒生的"通經致用"、披着"經學"的外衣進行政治鬭争的情况已有所區别。"白虎觀"議奏的結果,由皇帝的名義制成定論,但編纂《通義》的却是古文學者班固。這一方面顯示今文經學的虚弱,無可避免地爲古文經學所排斥;另一方面也説明了東漢的地主階級統治權已較西漢爲鞏固,不需要儒生更多的"附會",而將他們的争論局限在經籍範圍之内了。

白虎觀議奏之後,在安帝永初四年(公元一一〇年),又有一次"東觀校書"。爲什麽要校書呢?據《後漢書·鄧后紀》是"患其謬誤,懼乖典章"。《後漢書·安

---

① 《後漢書·儒林傳》。

帝紀》說:"詔謁者劉珍及五經博士校定東觀五經、諸子、傳記、百家、藝術,整齊脫誤,是正文字。"參加校書的人,共計五十餘人,其中姓名可考的有劉珍、馬融、蔡倫、許慎、劉騊駼等。許慎是賈逵的學生,是著名的古文學者;馬融是班固的學生,雖博治羣經,實通古學。他們和五經博士"校定五經",可見古文經學的地位已遠較過去爲高了。而且這次的"校書",主要的"整齊脫誤,是正文字",重點已經移到文字訓詁的讎校勘覆,而這些又正是古文經學家所擅長的。皇帝下令"校書",使他們局限於儒家經籍"文字脫漏"的訂補,與政治沒有直接的關係,這說明博士已不能在政治上起什麼作用了。

從上面博士制度演變過程的綜述,可以歸納成爲下列幾點:一、博士是古代學官的名稱,始於戰國,它於儒家之爲"顯學"和國君的"禮賢下士"有關。二、秦和漢初,雖已置立博士,但在武帝罷黜百家以前,博士並不限於儒生,有的儒生也兼綜儒家以外的學說。三、漢武帝罷黜百家、獨尊儒術以後,《詩》、《書》、《禮》、《易》、《春秋》五部書籍遂爲"法定"的經典;設立博士,也就限於儒生,即所謂"五經博士";而以後博士的爭立和爭論,也就局限於儒家書籍範圍以內。四、博士弟子員不斷增加,經說越詳密,異說越紛歧,宣帝時舉行"石渠閣議","平定異說",允許一些異說並存,並增加了《穀梁》的建立。但是它的結果,卻是一方面促使各家家法嚴密,形成"章句煩多";另一方面某些儒生也據不同寫本,不同來源的儒家書籍,爭立博士。王莽執政時,曾建立古文博士;光武即位,立今文十四博士,但也一度立《左傳》於學官。此後,古文漸興,也就掀起了與今文博士的鬥爭。五、東漢章帝時舉行白虎觀議奏,用皇帝的名義制成定論,使他們的爭論束縛在儒家書籍之內,束縛在學術領域之內。安帝時又舉行"東觀校書",使它局限在"文字脫誤"的整理。因此,東漢中葉以後,經學轉到民間師儒手裏,博士官制度雖歷朝相沿,但在政治上已不能再起什麼作用了。

二

秦漢博士制度的源流演變,大致如上所述,這裏擬進一步探討它和當時政治的關係。

我們認爲,博士建立之初,它和政治的關係是很密切的;有時,它能符合統治階級的需要,儒生得夤緣爲博士;有時,它不能符合統治階級的需要,博士也遭貶斥。但到了後來,卻漸漸局限在學術領域的探討了。

關於這個問題,我們有下面幾點看法:

第一,博士最早始於戰國,他們原是參與政議的。劉向《新序》:"齊稷下先生喜議政事",齊國如此,魯、魏也是如此。公儀休是魯博士,以高第爲魯相。據劉向《說苑·政理》:公儀休相魯,魯君死,左右請閉門。公儀休曰:"止,池淵吾不稅,蒙山吾不賦,苟令吾不布,吾已閉心矣,何閉於門哉?"魏國博士"掌引導乘輿;王公以下應追諡者,博士議定之"①。他們議定"王公以下應追諡者",並"掌引導乘輿",可知在參與朝政。

《漢書·百官公卿表》:"博士,秦官,掌通古今。"《續漢志》:"博士,掌教弟子。國有疑事,掌承問對。"通古今,承問對,必涉及議政。秦博士議政最著的史例,是議封建。秦始皇三十四年(公元前二一三年),"始皇置酒咸陽宮,博士七十人前爲壽,僕射周青臣進頌曰:他時秦地不過千里,賴陛下神靈明聖,平定海內,放逐蠻夷,日月所照,莫不賓服。以諸侯爲郡縣,人人自安樂,無戰爭之患,傳之萬世,自上古不及陛下威德。始皇悦。"而博士齊人淳于越却説:"臣聞殷、周之王千餘歲,封子弟功臣自爲枝輔。今陛下有海內,而子弟爲匹夫,卒有田常六卿之臣,無輔拂,何以相救哉?事不師古而能長久者,非所聞也。今青臣又面諛以重陛下之過,非忠臣。"②始皇下其議,當時參預的有丞相、御史大夫、廷尉、博士等。博士參預廷議,可知在政治上有其一定地位。但這次廷議的結果,却引起了"焚書"事件。淳于越的"道古以害今","飾虛言以亂實",正反映了儒家的保守思想,同崇尚革新的法家對立;而儒生的"入則心非,出則巷議",援古非今,也使秦政權的維護和鞏固受到言論的威脅;於是下令"焚書",規定"史官非秦記皆燒之","非博士官所職,天下敢有藏《詩》、《書》、百家語者,悉詣守尉雜燒之"。秦代博士原不限於儒生,但從"焚書"議起,儒生出身的博士確遭到了打擊;不過《詩》、《書》爲"博士官所職"的,仍得保存。據此,秦始皇似有將這些儒家博士壓制在職掌古代典籍的庋藏、防止他們"是古非今"的計劃。此後,儒家出身的博士像上述"逢君之怒"的諫議也就沒有。秦始皇在世時,也僅"使博士爲仙真人詩",以及由於"夢與海神戰"後,問"占夢博士",但這些都非儒家出身的博士。

淳于越以後,有些儒家出身的儒生,却因諂諛帝王、夤緣而爲博士。秦二世時,陳勝起義,二世召博士諸儒生問曰:"楚戍卒攻蘄入陳,於公如何?"博士諸生

---

① 馬端臨:《文獻通考·職官考》九。
② 《史記·秦始皇本紀》。

三十餘人前曰:"人臣無將,將即反,罪死無赦,願陛下急發兵擊之。"二世怒作色。叔孫通前謂:"諸生言皆非也。""明主在其上,法令具於下……安敢有反者?"只是"羣盜鼠竊狗盜耳"。二世以爲善,問諸生,諸生仍或言"反",或言"盜"。二世對言"反"、言"盜"的,"下吏"或"罷之",而拜叔孫通爲博士。"直言"的"博士"遭到了罷黜,而詔諛的儒生卻拜爲博士,這説明帝王所需要的是不違背他的意旨的"博士",凡是符合他意旨的人,也可能拜爲博士。博士開始建置,本與議政,但在秦代,保守的儒家博士遭到貶斥,阿諛的儒生得爲博士,可見封建帝王和"博士"之間是相互利用的。

第二,儒家博士的增立,反映了他們爭奪政治上和學術上的地位,也反映了統治階級的需要。漢武帝罷黜百家,獨尊儒術,設立五經博士,是爲了董仲舒等"推明孔子",發揮《春秋公羊》學的微言大義,適合統治者的需要的緣故。對這問題,近人頗多闡述,不擬贅言;這裏還可將宣帝時"石渠閣議"的增立梁丘《易》、大小夏侯《尚書》和《穀梁春秋》爲博士的例子來説明。梁丘《易》的始創者是梁丘賀,他曾受《易》於田王孫,爲人"能心計"、"小心周密",曾以説《易》而爲宣帝所喜。當宣帝"飲酎行祠孝昭廟"時,"先敺旄頭劍挺墮地,首垂泥中,刃鄉乘輿車,馬驚,帝"召賀筮之,'有兵謀,不吉'"。剛好霍氏外孫任宣謀"逆",於是梁丘賀"以筮有應,由是近幸",官太中大夫給事中,至少府。在宣帝心目中已"喜梁丘《易》",等到梁丘賀的兒子梁丘臨參加"石渠閣議"後,就立爲博士了。夏侯勝講授時,曾對諸生説:"士病不明經術;經術苟明,取其青紫,如俛拾地芥耳!學經不明,不如歸耕。"①他喜以陰陽災異推論時政得失,漸爲宣帝所"親信"。可見夏侯《書》學之立爲博士,也不是偶然的。《穀梁》學在"石渠閣議"之前,宣帝即"善《穀梁》説",並"愍其學且絶",曾授《穀梁》學者蔡千秋爲郎中户將,"選郎十人從受"②。宣帝爲什麽"善《穀梁》説"呢?可能因《穀梁》的尊王説特別上邀皇帝歡心之故。按《穀梁傳》對周天子極爲尊崇。如隱公三年"三月庚戌,天王崩(周平王)。高曰崩,厚曰崩,尊曰崩。天子之崩,以尊也。其崩之,何也?以其在民上,故崩之。其不名,何也?大上,故不名也"。隱公七年"冬,王使凡將來聘。還,戎伐凡伯於楚丘以歸"。《公羊傳》、《左傳》都以戎爲戎狄,而《穀梁傳》卻説:"戎者,衛也。戎衛者,爲其伐天子之使,貶而戎之也。楚丘,衛之邑也。以歸,猶愈乎執

---

① 《漢書·夏侯勝傳》。
② 《漢書·儒林傳》。

也。"他以爲衞伐天子之使,故貶稱爲"戎"。隱公九年春,天王使南季來聘,《公羊傳》《左傳》都無傳,《穀梁傳》獨説聘諸侯非"正"。《穀梁》的這些尊王理論,應爲最高統治者所喜。根據上述史料,宣帝的增立梁丘《易》、大小夏侯《尚書》、《穀梁傳》,都是因爲符合他的需要的緣故。

王莽的推重《周禮》,提倡《古文尚書》、《左傳》、《逸禮》,也是因爲他要進行"託古改制",企圖從這些經傳中獵取有利於他奪取西漢政權的佐證,符合其進行欺騙性改革的需要。我們在《王莽改制與經學中的今古文學問題》一文中①已有闡述,這裏不再多贅。光武即位,由於他是推翻王莽政權後建立起來的,要鞏固新政權,就需反對舊政權所依附的東西。同時,劉氏復起,李氏爲輔的圖讖説,對他也有利,所以反對王莽所立的古文學而立今文十四博士。又以古文經學已漸盛行,古文經傳中也有帝王可資運用的東西,所以《左傳》曾一度立爲博士。終以今文經傳有其傳統的影響,"左氏之立,論議讙譁"②,以致《左氏》不久立而又廢。博士的興廢和當時的政治是相關連的。

第三,儒家出身的博士,仕列朝廷,對政治改革的建議,每每依附經義;而皇帝詔書的頒佈,也時時援引經文。漢武帝罷黜百家、獨尊儒術以後,"法定"的儒家經籍,逐漸成爲維護封建秩序的倫理教條。臣下的奏疏,皇上的詔書,"引經據典","援古議今"的情況,也漸普遍,特別是曾列學官的"博士"和"雅好經書"的皇帝。就前者來説,例如漢昭帝崩,昌邑王嗣立、"行淫亂",霍光等欲廢昌邑王。夏侯勝在乘輿前諫昌邑王"天久陰而不雨,臣下有謀上者,陛下出,欲何之"? 昌邑王以爲妖言,縛以屬吏。吏白霍光,而夏侯勝卻對言:"在《洪範傳》,曰:'皇之不極,厥罰常陰,時則下人有伐上者,惡察言,故曰臣下有謀。'"③夏侯勝以"《洪範》察變"的結果,使霍光等"以此益重經術士"④。又如治《齊詩》的翼奉,發揮《齊詩》"五際"學説,推明"日蝕地震之效",説:"今左右亡同姓,獨以舅后之家爲親,異姓之臣又疏,二后之黨滿朝,非特處位勢,尤奢僭過度,吕、霍、上官足以卜之,甚非愛人之道,又非後嗣之長策也。陰氣之盛,不亦宜乎?"⑤用以反對外戚專政。匡衡以"材智有餘,經學絶倫"而被徵用,遷爲博士給事中,又遷光禄大夫太

---

① 見《光明日報》一九六一年五月十六日。
② 《後漢書·陳元傳》。
③ 《漢書·夏侯勝傳》。
④ 《漢書·夏侯勝傳》。
⑤ 《漢書·翼奉傳》。

子少傅。當時傅昭儀及子定陶王受幸,寵於皇后太子,匡衡上疏,即援引《詩·周頌·閔予小子》:"念我皇祖,陟降廷止"和《詩·大雅·文王》:"無念爾祖,聿修厥德",以喻元帝"審取用心"。又謂《詩》始《國風》,《禮》本冠、婚。始乎《國風》,厚情性而明人倫也;本乎冠、婚,正基兆而防未然也。福之興,莫不本乎室家;道之衰,莫不始乎梱内;故聖王必慎妃匹之際,別嫡長之位",以喻元帝應"得其序","正家而天下定"。成帝即位,匡衡又"上疏戒妃匹,勸經學威儀之則"①。這些,都是依附經義議論政治的事例。

至於皇帝頒佈詔書,援引的經文的情況也隨有所見。這裏且舉宣帝、元帝、成帝時的例子來說:宣帝本始四年(公元前七〇年),因"地震或山崩水出",詔曰:"丞相御史其與列侯中二千石,博問經學之士有以應變。"②要"經學之士"設法"應變"。元康元年(公元前六十五年),詔書援引《書·皋陶謨》"鳳凰來儀,庶尹允諧",以"赦天下"③。同年八月,又曰:"朕不明六藝,鬱於大道,是以陰陽風雨未時,其博舉吏民,厥身修正、通文學、明於先王之術、宣究其意者各二人,中二千石各一人。"宣稱"六藝"的重要。元帝即位,下詔引《書·皋陶謨》:"股肱良哉,庶事康哉!"意欲"延登賢俊,招顯側陋"④。初元五年(公元前四四年)詔引《詩·邶風·谷風》:"凡民有喪,匍匐救之",而"令太官毋日殺,所具各減半,乘輿秣馬無乏正事而已"⑤。成帝在太子時,即"好經書",即位之初,引《書·高宗肜日》:"惟先假王正厥事"而"大赦天下"。陽朔二年(公元前二三年),詔舉博士:"古之立太學,將以傳先王之業,流化於天下也。儒林之官,四海淵源,宜皆明於古今,溫故知新,通達國體,故謂之博士。否則,學者無述焉,爲下所輕,非所以尊道德也。工欲善其事,必先利其器。丞相、御史其與中二千石、二千石雜舉可充博士位者,使卓然可觀。"四年(公元前二一年),詔引《書·洪範》謂"《洪範》八政,以食爲首";引《書·盤庚》:"服田力穡,乃亦有秋",以勉勵農桑。這些政治措施,都曾"援經爲證"。

從上引事例看來,一方面説明武帝獨尊儒術以後,部分儒家書籍之被"法定"爲經典,成爲封建社會不可逾越的教條;另一方面也説明儒家博士"援經立説",

---

① 《漢書·匡衡傳》。
② 《漢書·宣帝紀》。
③ 《漢書·宣帝紀》。
④ 《漢書·元帝紀》。
⑤ 《漢書·元帝紀》。

漢代皇帝"引經下詔";在西漢時較爲普遍①。他們是想從儒家經籍中找取可資運用的資料,作爲政令的依據的。

第四,儒生的爭立博士(漢武帝以前,不僅限於儒生),並不以取得博士爲其最終目的,而是想通過博士將它作爲仕宦"顯達"的階梯。統治階級要一些人憑借載籍,加以依附,以符合其需求;一些學人也就各自發揮,以求利祿。"博士秩卑而職尊","秩卑"是說博士本身的政治、經濟地位在表面上看來,並非高級官僚②;"職尊"是說博士能夠參預政議,特別是通過"博士"可以弋獵高官厚爵。舉例來說,漢武帝初即位時,公孫弘以"賢良徵爲博士,使匈奴還報不合意,上怒以爲不能"。此後"復徵賢良文學",他"曲學阿世",援引經義議論政治,"習文法吏事,緣飾以儒術",終由儒生而封侯拜相。董仲舒在景帝時以治《春秋公羊傳》爲博士,後來他的"大一統"學說符合了"雄才大略"的武帝的需要,也爲"羣儒首",甚至"子及孫皆以學至大官"③。這些,都是比較顯著的例子。

據王國維《漢魏博士考》的統計,兩漢博士,有兼給事中的,如平當、韋賢、匡衡、薛宣等;"其遷擢也,於内則遷中二千石";如"博士后倉爲少府"(中二千石);平當"遷丞相司直"(比二千石);韋賢、夏侯勝、匡衡、張禹、鄭寬中"遷光祿大夫"(比二千石);桓榮、甄宇爲太子少傅;魯恭、曹褒、李法、張興,"遷侍中"(比二千石);承宮、李頡"遷左中郎將"(比二千石)。或有遷千石及八百石的,如賈誼、疏廣至大中大夫(比千石),晁錯拜太子家令(八百石),翼奉爲諫大夫(比八百石),孔光爲尚書(六百石)。於外則爲郡國守相,《漢書·蕭望之傳》稱:"是時選博士諫大夫通政事者補郡國守相。"兩漢選爲郡國守相的,如董仲舒爲江都相,盧植"出爲九江太守",牟長"遷河内太守",周防"稍遷陳留太守",伏恭"拜常山太守"。或爲諸侯王太傅,如彭宣"遷東平太傅",師丹"出爲東平王太傅",楊倫爲"清河王傅"。或爲部刺史州牧,如貢禹爲涼州刺史,翟方進遷朔方刺史,胡常爲部刺史,徐良爲州牧郡守。或爲縣令,如朱雲遷杜陵令。從這些事例中,可知"博士"出身的,不管在内在外,都有遷擢。皇帝並不是任命他們爲博士後不再升擢;他們也不以博士爲仕宦的最終目的。獲得博士以後,不論内任、外放,都有機

---

① 這種情況,東漢也有,《後漢書·光武帝紀》:建武十三年二月"丙辰詔曰:長沙王興,真武王得,河間王邵,中山王茂,皆襲爵爲王,不應經義,其以興爲臨湘侯,得爲真定侯,邵爲樂成侯,茂爲單父侯,其宗室及絕國封侯者凡一百三十七人"。在"不應經義"下,李賢注曰:"以其服屬既疏,不當襲爵爲王。"
② 漢初博士秩四百石;宣帝後,增爲六百石。
③ 《漢書·董仲舒傳》。

會,這就無怪兩漢時代博士的爭立是那麼熱烈了。

第五,兩漢博士對政治的態度,有兩種情況:一種比較熱衷於議政,另一種却比較拘泥於典籍。前者有的能夠迎合皇帝意旨,從而本人也隨之顯達,如公孫弘的"曲學阿世",即其一例。有的也能批統治階級的"逆鱗",且對當時社會矛盾予以批判,如貢禹,他"守經據古,不阿當世","數言得失,書數十上",他說:"農民父子暴露中野,不避寒暑,捽屮秠土,手足胼胝;已奉穀租,又出槀稅,鄉部私求,不可勝供。"又說:"諸離宮及長樂宮衛,可減其大半,以寬繇役。"等等。當時雖"通儒或非之"①,但這種暴露和批判,應該說是比較大膽的。所謂"通儒",就是那些"曲學阿世"、保守利禄、不敢譏訐朝政的官僚。貢禹獨能與"通儒"立異,直指政治得失,確是難能可貴的了。

至於拘泥經籍的博士,在西漢即已存在。夏侯勝(大夏侯)善以陰陽災異推論時政得失,批評他的從父之子夏侯建(小夏侯)爲"章句小儒,破碎大道"。夏侯建呢,也批評夏侯勝"爲學疏略,難以應敵"②。一個善於附合,一個比較醇謹,代表了兩種學風,也反映了對政治的兩種不同態度。

博士初立之時,主要是"明大義";到了後來,一些醇謹的儒生,却拘泥於經書本身章句的疏解,從而形成了章句煩瑣,家法森嚴。上文提到的秦恭增師法至百萬言,説"曰若稽古"至二萬言,即其顯例。這些博士,統治階級最初也需要,因爲他對當時政治並無違礙;博士也就衍陳章句,鞏固利禄。《漢書·儒林傳贊》:"自武帝立五經博士,開弟子員,設科射策,勸以官禄,訖於元始,百有餘年,傳業者寖盛,支葉蕃滋,一經説至百餘萬言,大師衆至千餘人,蓋禄利之路然也。"説得頗爲剴切。但它的"碎義逃難",皇帝又感到有"定於一尊"的必要,於是有"議定章句"之舉③。

我們認爲,章句的愈趨愈煩,一些博士的務"玩經文",又是漢代最高統治階級統治加強的另一結果。因爲,以博士的議政而言,東漢不如西漢;西漢宣帝以後,不如宣帝以前。根據王國維《漢魏博士考》的爬梳,西漢時詔令博士議政事的主要事例有:文帝時,因"數年歲比不登,又有水旱疾疫之災",而令"丞相、列侯、吏二千石、博士議之"。武帝元朔元年(公元前一二八年),詔"選豪俊,講文學",

---

① 《漢書·貢禹傳》。
② 《漢書·夏侯勝傳》。
③ 西漢末,已有删定章句之舉,王充《論衡·效力》:"王莽之時,省五經章句,皆爲二十萬。博士弟子郭路,夜定舊説,死於燭下。"東漢章帝時的白虎觀議奏,亦爲"省減章句"而開。

命博士與議"興廉舉孝"。霍去病請定皇子位,莊青翟等與博士等議。匈奴求和親,羣臣議上前,"博士狄山曰和親便"。元封七年(公元前一○四年),壺遂、司馬遷請改正朔,詔下兒寬與博士共議。昌邑王即位,行淫亂,霍光召丞相、御史,將軍、列侯、中二千石大夫、博士會議未央宮。宣帝時,"蕭望之劾延壽(韓延壽)上僭不道,願下丞相、中二千石、博士議其罪"。元帝永光四年(公元前四○年),博士與議"罷郡國廟"。成帝時,議徙甘泉、河東之祠。哀帝初即位,薛宣子況賕客楊明遮斫申咸宮門外,博士與議處置況、明律例。彭宣劾奏朱博,孔光請謁者召王嘉詣廷尉詔獄,博士均與議。

但是,東漢以後,却偏於"專議典禮"了。如光武帝建武七年,詔王公:"漢當郊堯,其與卿大夫、博士議"。建武十九年,張純、朱浮奏:"禮,爲人子事大宗,降其私親……願下有司議先帝四廟當代親廟者及皇考廟事",下公卿博士議郎議。

從上引資料中,可以看到西漢時博士參與議論的政事,都是比較重要的政事,很多還是皇帝"詔下博士議"的;而東漢以後則偏於典禮的探討。這裏,一方面說明西漢時博士"秩卑職尊",在政治上有一定的位置;另一方面也說明封建皇帝將博士議政的範圍逐漸縮小,相對地削弱了博士對政治上所起的作用。

唐代劉秩對此曾有一番議論。他說:"……至於東漢光武好學,不能施之於政,乃躬自講經。肅宗以後,時或祖述,尊重儒術,不達其意而酌其文。三公尚書,雖用經術之士,而不行經術之道。是以元、成以降,迄於東漢,慷慨通方之士寡,廉隅立節之徒衆。無何,漢氏失馭,曹魏僭竊,中正取士,權歸著姓。"[①]這段批評是比較深刻的。爲什麼漢代中葉以後,特別是東漢以後,博士議政漸有局限呢?爲什麼博士的師法家法此後却又更趨嚴密呢?爲什麼博士的實際作用逐漸減少而"學漸興於民間"呢?我們以爲關於這些,應與漢代社會經濟制度的演變有關,應與漢代的地主階級統治的漸趨鞏固有關,更應與地主階級勢力的日益抬頭有關,所以魏晉門閥的形成決不是偶然的。由於這一方面問題牽涉更廣,擬另文探索。

綜上所述,秦漢博士,在其初設時,同政治關係很密切,統治階級利用博士鞏固政權,博士也依附典籍爭獲政治上的地位。博士雖則"秩卑"而實"職尊",它並不以得立博士爲其最終政治目的,而是通過博士的設立,獲得朝廷的"法定",或者"內擢",或者"外任",獵取更高的政治地位。但是博士既立以後,有的以皇帝

---

① 杜佑:《通典》卷十七《選舉》上。

的需求爲轉移,有的附會經訓、推論時政得失;雖也有批評朝政、敢批逆鱗的,但這種情況並不多。此外,更有一些博士,在某些法定的"經典"範圍之內,詳章句,嚴家法,它與政治上的關係就不如前者那麼的密切了。特別是西漢中葉以至東漢以後,他們逐漸囿於學術領域內的論爭,"官學"逐漸流入"民間",地方地主階級逐漸抬頭了,門閥制度逐漸出現了,而博士的作用也就逐漸消失了。

原載《新建設》一九六三年第一期

從顧炎武到章炳麟

顧炎武(公元一六一三——一六八二年)是明清之際著名學者。他在明朝衰亡、理學盛行之時,扛起了"經學"的大旗,上矯宋、明理學末流,下啓清代"漢學"先路,在我國近三百年學術思想史上起過巨大的影響,直到近代的章炳麟,才基本上告一段落。但作爲一個學派來説,他們除有其治學方法上的共同點及其前後師承關係外,又每每從前人對經書的闡釋中找出符合本階級利益的思想材料,累積適應當代的各種觀點和思想,爲自己的階級服務。從顧炎武到章炳麟,很明顯地開創和終結了清代"漢學";但他們由於時代不同,在學派的繼承上,也就有所歧異。過去有些學者,或强調了他們之間的共同點,而忽視了他們之間的不同點;或抽去了具體的階級內容,而陷於形式主義的比附。本文擬通過清代"漢學"發生、發展、終結的歷史過程的鈎索,探討這一學派的"繼承"關係。

一

自從漢武帝罷黜百家、獨尊儒術以後,以孔子爲代表的古代儒家書籍被"法定"爲經,歷代封建地主階級和官僚知識分子對這些儒家經典曾進行了各種解釋。兩漢時,反映不同階層和集團利益的今文經學派和古文經學派交替流傳,相互鬬争。魏晉"玄學"盛行,而以王肅爲代表的"王學",也曾佔有一定地位。南北朝時,雖承"玄學"的遺風,並受佛教思想的沾染,但儒家經典仍代有傳人。隋唐統一南北,唐太宗命孔穎達等編纂《五經正義》,强調貴賤尊卑等級制度,作爲選拔官僚、鞏固封建統治的工具。北宋以後,經學吸收道、釋二家思想,發展成爲"理學",以理氣心性爲論究的對象,而借助於經典的解釋,並衍爲"由博反約"的朱熹一派和"執簡馭繁"的陸九淵一派。元明時代,"朱學"因朝廷的提倡,取得了正統的地位;而"陸學"因王守仁等的繼承發展,也很得到一些學者的信仰。他們假借經學以談理學,結果"尊德性"的陸、王之學固流於禪釋,就是所謂"道問學"

的"朱學"也空疏無物。

顧炎武所處的時代,正當空談心性的理學盛行而漢族人民遭到滿洲貴族壓迫的時代。他早年奔走國事,中年圖謀光復,鑒於"理學"對國計民生之無益,於是奮臂而起,以承接儒家正統自許,對這種脱離實際的理學進行毫不容情的鬥爭,並提出了"理學,經學也"的命題。他認爲:第一,"性"、"命",孔子所"罕言";而今之學者却往往言心談性,"舍多學而識",以"樂夫一超頓悟之易"。第二,言心談性,必然"終日講危微精一之説"。而"置四海之困窮不言"①。這樣,必然脱離實際,陷於空疏無物。第三,"聖人之道"是"下學而上達"的,它不僅止於修身,而且能"施之天下"。因此,他們所遺留的經籍,都是"撥亂反正,移風易俗,以馴致乎治平之用,而無益者不談"②。這就是説:專談"心"、"性"之書,對"治平之用"是無益的。

顧炎武將形成明末學風空疏的原由歸納爲兩點:其一,是八股取士的科舉制度;其二,是空談"心"、"性"的理學。就前者説,明代自從將胡廣等纂修的《四書五經大全》頒行以來,"制義初行,一時人士盡棄宋元以來所傳之實學,上下相蒙,以饕禄利","經學之廢,實自此始"③。最高統治者"欲道術之歸於一,使博士弟子無不以《大全》爲業,而通經之路愈狹矣"④。以致"天下之生員",不能"通經知古今",不能"明六經之旨,通當世之務",而國無"實用之人"⑤。就後者説,也毫無益於"治平",而結果也不能"通經致用"。

科舉制度的蕪陋,言心談性的空疏,又是互爲因果的。取士既不得實學,空談尤無補時艱;學者"置四海之困窮不言",生員"舍前代之史而不讀"。這就必然形成士大夫之無恥,風俗敗壞,一旦國家危急,遂無一人可用。

要反對舊的,就得建立"新"的。顧炎武對"理學"的批判,是將理學分爲今古,再將"古之理學"納入經學,"今之理學"歸入"禪學"。他扛起了"經學"的大旗,以復古爲"革新"。

顧氏説:

---

① 顧炎武:《與友人論學書》,載《亭林文集》卷三。
② 顧炎武:《答友人論學書》,載《亭林文集》卷六。
③ 顧炎武:《日知録》卷十八《四書五經大全》。
④ 顧炎武:《與友人論易書》,載《亭林文集》卷三。
⑤ 顧炎武:《生員論》上、中,載《亭林文集》卷一。

"愚獨以爲理學之名，自宋人始有之。古之所謂理學，經學也，非數十年不能通也。故曰：'君子之於《春秋》，没身而已矣。'今之所謂理學，禪學也，不取之五經而但資之語録，校諸帖括之文而尤易也。又曰：'《論語》，聖人之語録也。'舍聖人之語録，而從事於後儒，此之謂不知本矣。"①

他以爲：第一，理學的名稱，宋時才有；古之理學就是經學，舍經學便無理學②。所以學者應該"鄙俗學而求六經，舍春華而食秋實"，"以務本原之學"③。

第二，經學是"明道救世"之學，"孔子之删述六經，即伊尹、太公救民於水火之心，而今之注蟲魚、命草木者，皆不足以語此也。故曰：'載之空言不如見諸行事'"④，應該"引古籌今"，作爲"經世之用"⑤。"凡文之不關於六經之旨、當世之務者，一切不爲"⑥。"引古"是爲了"籌今"；熟悉古代的經書，還是爲了"今用"。照此説來，他的經學思想顯然地是有"通經致用"的實踐内容的。

正因爲這樣，顧炎武對宋明理學的脱離實際、空疏無用，是堅决反對的。特别是明代中葉以來，"陽明（王守仁）之學"崛起，其末流走上徹底禪化的道路。學者"淫於禪學"，無補時艱，所以顧氏大聲疾呼，詆爲"今之理學，禪學也"。

"今之理學，禪學也"，不是經學的本真；"古之理學，經學也"，經學自有一定的源流。"自漢而六朝而唐而宋，必一一考究，而後及於近儒之所著，然後可以知其異同離合之指；如論字者必本於《説文》，未有據隸楷而論古文者也"⑦。他認爲自漢武帝表彰經書以後，中經魏晋，玄學盛行，"棄經典而尚老莊"，"以至國亡於上，教淪於下"⑧。因此，顧炎武斥魏晋而崇東漢，企圖把經學復於東漢。他以爲自從漢武帝表章六經以後，"師儒雖盛而大義未明"，東漢光武帝時"尊崇節義，敦厲名實，所舉用者莫非經明行修之人，而風俗爲之一變"。成爲"三代以下"最"淳美"的風俗。那麽，他所崇尚的經學實是東漢的古文經學。他所以推揚東漢，除掉由於它"學有本原外"，還因爲東漢儒生的"尊崇節義，敦厲名實"。也就是

---

① 顧炎武：《與施愚山書》，載《亭林文集》卷三。
② 全祖望：《亭林先生神道表》（載《鮚埼亭集》卷十二），謂顧氏以爲"經學，即理學也"，實非顧氏本旨。因爲顧炎武是將古之理學納入經學，也就是説它是經學的一部分，而並非"經學即理學"。
③ 顧炎武：《與周籀書書》，載《亭林文集》卷四。
④ 顧炎武：《與人書三》，載《亭林文集》卷四。
⑤ 顧炎武：《與人書八》，載《亭林文集》卷四。
⑥ 顧炎武：《與人書三》，載《亭林文集》卷四。
⑦ 顧炎武：《與人書四》，載《亭林文集》卷四。
⑧ 顧炎武：《日知録》卷十三《正始》。

說,他所繼承的,除掉東漢時古文經學家的治學方法外,還特別強調其"風俗之美",企圖用東漢經學家的"節義"來矯正當世文人之無恥。

因此,他強調治學應該"博學於文"和"行己有恥"並重。要博學於文,就須"學有本原",方法是由文字音韻以通經學,"讀九經自考文始,考文自知音始"①,從事《音學五書》等的撰述,以"審音學的原流",而使"六經之文乃可讀"②。但"博學於文",決不限於文字音韻的探究和古代儒家經籍的整理,"君子博學於文,自身而至於家國天下,制之爲度數,發之爲音容,莫非文也。"③文字音韻的鈎稽,旨在通經;廣博知識的探尋,旨在致用。所以,他所說的"文",就不是一般"文字"、"文章"的"文",而是具有經世內容的"文"。

他以爲凡是能够"明道"、"紀政事"、"察民隱"、"樂道人之善"的"文",方能"不可絕於天地間"、"有益於天下"、"有益於將來";也就是説,凡是與國計民生有關、結合實際而不涉空泛的,才是"有益之文","多一篇,多一篇之益";反之,則否。但在民族絕續存亡之際,可以有"天下興亡,匹夫有責"之"文",也可以有諂諛奉承、奴顏婢膝之"文";它們同樣"致用",却爲不同的政治目的而服務。因此,顧氏在"博學於文"之外,又提出了"行己有恥"。他説:"不先言恥,則爲無本之人;非好古而多聞,則爲空虛之學"。他所提出的"博學於文",是鑒於宋明理學家的空虛,"哆口論性道,捫籥同矇瞽"④,無益於"天下國家",因而在其政治實踐的基礎上提出這種主張。他所提出的"行己有恥",以爲"自子臣弟友以至出入、往來、辭受、取與之間",都是"有恥之事",旨在樹立對"天下興亡,匹夫有責"的氣節,把"有恥"貫徹到生活、思想各個方面,不爲威武所屈,不爲高官厚禄所誘,表示不向清朝政府屈服。因此,"博學於文"和"行己有恥"的主張,是和顧炎武抗清鬪爭的政治實踐相結合的。也就是説:他的注重經史,"學貴本原",是企圖用經學來保護民族意識,讀書與抗清聯結,著述與致用一致的。

正由於這樣,他的方法固然是"讀九經自考文始,考文自知音始",但不是單純的文字餖飣、古韻鈎索,而是要學者從古書古事中激起民族的感情,"明道救人"。所謂"意在撥亂滌污,法古用夏;啓多聞於來學,待一治於後王"⑤。

---

① 顧炎武:《答李子德書》,載《亭林文集》卷四。
② 顧炎武:《音學五書序》、《音學五書後序》。
③ 顧炎武:《日知錄》卷七《博學於文》。
④ 顧炎武:《述古》,載《亭林詩集》卷四。自注:"蘇子瞻《日喻》,生而眇者不識日,或告之曰:'日之光如燭',捫燭而得其形,他日揣籥以爲日也。"
⑤ 顧炎武:《與楊雲臣》,載《亭林文集》卷六。

顧炎武的主要著述，也是"感四國之多虞，恥經生之寡術，於是歷覽二十一史以及天下郡縣志書、一代名公文集及章奏文册之類，有得即錄，共成四十餘帙。一爲輿地之記，一爲利病之書"①。所似，他的著作，也不是單純地爲學術而學術，爲著作而著作。他的考究古音古事，也不是單純地爲考證而考證，而是爲了"明學術，正人心，撥亂世以興太平之事"②。也就是他自己所説的"凡文之不關於六經之指、當世之務者，一切不爲"③。

　　如上所述，顧炎武的經學思想，是有其"經世"内容的。他反對理學，是因爲理學的空疏無物；他推崇東漢，是因爲東漢經生的"節義"；他考辨"古音古事"，是爲了"明道救世"；他提出"博學於文"，却又與"行己有恥"並重。從其治學方法來講，主張由文字音韻的研究進而通經；但其目的却是爲了"通經致用"。也就是説，他的學術思想是和其政治鬪争相結合的。

　　但是，顧炎武的"通經致用"，却是憑藉"經學"，依附儒家經籍，用以保護民族意識的。他只是反映了一部分地主階級反滿派的利益。這樣，它便存有很大的局限性，其中自必摻雜很多封建性的糟粕。然而，他的"經學"思想，確對清代學術起過巨大的影響。

二

　　清政權的入關，一部分漢族地主階級勾結清室打敗了農民起義軍，另一部分地主階級知識分子則利用儒家學説，宣傳"反滿"思想。此後，清政府的統治逐漸加强，階級矛盾也隨着階級壓迫而漸趨尖鋭。

　　清朝對思想統治特别重視，康熙以後，連興文字獄，對不利於清朝統治的學説嚴酷扼殺。在它的文化高壓政策之下，出現了一種脱離政治的考據學。一些學人只是汲取了顧炎武"博學於文"的方法，而迴避其"通經致用"的實踐内容。所謂"乾嘉學派"，就是在階級矛盾漸趨尖鋭、農民暴動遍燃各地之時日益盛行起來的。他們雖推祖顧炎武，但精神實質却無是處。他們只是吸收了前人的某些治學方法，沉浸於古籍的整理，不敢進一步有所作爲。清政府看到它對封建統治有利，加以提倡。"乾嘉漢學"，風靡一時。

---

① 顧炎武：《天下郡國利病書序》。
② 顧炎武：《初刻日知録自序》。
③ 顧炎武：《與人書三》，載《亭林文集》卷四。

較顧炎武略後的閻若璩，對顧氏就很推重，以爲"上下五百年，縱橫一萬里，僅僅得三人"，而他是"三人"之一①。閻若璩對宋儒的冥求義理雖無批評，但敢於正朱熹之誤；講究考據，確證東晉古文《尚書》爲僞造，在學術上自有其貢獻。但閻氏曾應博學鴻儒科，又助徐乾學修《清一統志》，晚年復應召入京，立身行事畢竟同顧炎武不同。他所服膺的三人，且有投降變節的漢奸錢謙益在內，也和顧氏所強調的"行己有恥"迥然有別。

　　到了乾隆以後，顧炎武所提倡的"漢學"（東漢古文經學）大爲流行，而顧氏也遂被推爲清代"漢學"的開山祖師。

　　清代的"漢學"，主要可分爲起源於惠周惕而成於惠棟的"吳派"和起源於江永而成於戴震的"皖派"兩大支，他們對顧炎武都非常推崇。江永說：顧炎武是"近世音學數家"中之"特出"者，所以"最服其言"②。他吸收顧炎武《音學五書》的研究成果，定古韻爲十三部。他雖對顧炎武疏漏之處有所訂正，持論有時也"不肯苟同"，然而畢竟還是淵源於顧氏，只是"實欲彌縫顧氏之書"③。

　　吳派的王鳴盛對顧炎武的古音研究也有所辨正，但仍說：顧炎武"作《音學五書》，分古音爲十部，條理精密，秩然不紊，欲明三代以上之音，舍顧氏其誰與歸"④。

　　吳派和皖派都是繼承了顧炎武"讀九經自考文始，考文自知音始"的方法而加以條理發展，施之於古代典籍整理和語言文字研究。他們從校訂經書擴大到史籍和諸子，從解釋經義擴大到考究歷史、地理、天算、曆法、音律、金石，方法是比顧氏精密了，領域也擴展了，對古籍和史料的研究成果也更豐富充實了。

　　但是，特別值得我們注意的，他們却迴避或閹割了顧炎武"明道救世"的實踐內容。他們主要繼承了顧炎武的治學方法和音韻訓詁之學，却放棄了他的最主要的"通經致用"的命題，誘導學者爲考據而考據，爲學術而學術，使學術完全脫離當前的實際生活。顧炎武雖被推爲他們的"開山祖師"，但在學派的繼承過程中，却有意地離開了時代，遠遠地落在時代的後面，客觀上完全爲清朝封建統治階級服務了。

　　乾隆時，敕修《四庫全書》，一些御用學者對顧炎武還曾作出這樣的評價：

---

① 閻若璩：《潛邱札記》卷四《南雷黃氏哀辭》。按三人指錢謙益、黃宗羲和顧氏。
② 江永：《古韻標準例言》。
③ 江永：《古韻標準例言》。
④ 王鳴盛：《音學五書及韻補正論古音》，載《蛾術編》卷三三《說字》十九。

"炎武學有本原,博贍而能通貫,每一事必詳其始末,參以證佐,而後筆之於書,故引據浩繁,而牴牾者少,非如楊慎、焦竑諸人,偶然涉獵,得一義之異同,知其一而不知其二者。……惟炎武生於明末,喜談經世之務,激於時事,慨然以復古爲志,其說或迂而難行,或愎而過銳。觀其所作《音學五書後序》,至謂聖人復起,必舉今日之音而還之淳古,是豈可行之事乎?潘耒作是書序,乃盛稱其經濟,而以考據精詳爲末務,殆非篤論矣。"①

盛稱其"詳其始末,參以證佐";"引據浩繁,而牴牾者少";而詆誹其"談經世之務"。潘耒跟隨顧氏多年,所述尚得其實,這些御用學者也譏爲不是"篤論"。他們無恥地企圖掩蓋顧氏爲學的本旨,防範而阻塞了顧氏"行己有恥"與"博學於文"相結合的思想的傳播。

一些學者有意迴避顧氏學說的"經世"內容,沉浸於古籍的整理;一些學者公開排斥顧氏的"激於時事",說是"迂而難行","愎而過銳"。顧氏經學思想中的"經世"涵義被他們閹割掉了。

應該指出,皖派的戴震所撰《孟子字義疏證》,用訓詁學的形式探求《孟子》"本義",痛詆當時代表統治地位的"宋學"(理學)。字裏行間,充滿反抗精神,在中國哲學史上閃爍着光芒。但是:

第一,戴震這種唯物主義學說,統治階級不允許它發展。此後,"皖派"的主要人物,除焦循以外,也都只是繼承和發展了他的文字訓詁之學。

第二,戴震的批評"宋學",主要是爲了標榜"漢學"。要防止"宋學"的反攻,就需建立"漢學"自己的哲學。戴震屢應會試,涉獵"宋學",雖感"宋學"之非,也只敢以訓詁學的形式探求"本義"。他又充任四庫館纂修官,對清朝的封建統治,還是維護的。他又說:"宋以來儒者,以己之見硬坐爲古賢聖立言之意,而語言文字實未之知"②,以致"皖派"的傳人就只繼承和發展了宋儒"實未之知"的語言文字之學了。

第三,作爲乾嘉學派的學術風尚來說,像戴震那樣的撰著,畢竟是個別的;醉心文字訓詁、致力考據文物的,還是多數。因此,我們可以說,乾嘉學派主要繼承了顧炎武的治學方法,沒有把他的"經世"涵義繼承下來。

---

① 《四庫全書總目提要》卷一一九子部雜家類三《日知錄》。
② 戴震:《戴東原集》卷九《與某書》。

也應該指出,在乾嘉學派盛行之時,又有像章學誠那樣對當時思想界表示不滿,重倡"經世"之説,並對風靡朝野的"漢學"和高據堂廟的"宋學"痛下箴砭。但章學誠既對"達人顯貴"存有顧慮;又擔心自己著作"驚心駭俗,爲不知己者詬厲",只敢"擇其近情而可聽者,稍刊一二,以爲就正同志之資,亦尚不欲遍示於人"①。以致只能以"託古改制"的姿態提出;而他生前也未能印行"全書",這便限制了他在當時應起的影響。

　照此説來,"乾嘉學派"在當時學術界是佔有優勢的,他們雖推祖顧炎武,但所繼承的却只是顧炎武的治學方法,而違失了顧氏的本志。

三

　顧炎武經學思想中的"經世"涵義,到了清朝末年,章炳麟又"繼承"了它,並且有了新的發展。

　隨着清朝封建統治危機的加深,外國資本主義勢力的入侵,清代的今文經學逐漸代替了古文經學。以顧炎武爲"開山祖師"的清代"漢學"(古文經學)推崇東漢,今文經學派則由東漢復於西漢,以爲比它更"古"。今文經學派"託古改制",憑藉《公羊》、《禮運》,把經學作爲批評時事、改良政治的工具。但是,時代巨輪不斷前進,社會歷史迅速發展,戊戌政變以後,曾經借用今文經學"微言大義"、參預維新運動的資産階級改良派,沒有多時,就被歷史的車輪碾碎,成爲推翻清朝封建勢力、進行民族民主革命的阻力。這時,章炳麟又奮臂而起,以古文經學反對今文經學,以革命反對改良,而顧炎武經學思想中久被淹没的實踐内容又賦有了新的涵義了。

　章炳麟是俞樾的學生,俞樾又是從顧炎武、戴震、王念孫、王引之等一脈相傳下來的清代著名的"漢學"大師。章炳麟在學術上曾對他推崇爲"精研故訓而不支,博考事實而不亂,文理密察,發前修所未見,每下一義,泰山不移"。但是,等到義和團運動發生以後,章炳麟在民族危機的刺激下,逐漸由改良轉向革命,俞樾責以"今入異域,背父母陵墓,不孝;訟言索虜之禍毒敷諸夏,與人書指斥乘輿,不忠"。阻遏他的宣傳反清。章炳麟却不爲所屈,對曰:"弟子以經侍先生。今之經學,淵源在顧寧人;顧公爲此,正欲使人推尋同性,識漢、虜之别耳,豈以劉殷、

---

① 章學誠:《上錢辛楣宫詹書》,載《章氏遺書》卷二十九外集二。

崔浩期後生也。"①並撰《謝本師》以示決裂,説:"先生既治經,又素博覽,戎狄豺狼之説,豈其未喻?而以脣舌衛捍之,將以嘗仕索虜,食其虞禄耶?昔戴君與全紹衣並污僞命,先生亦授職爲僞編修,非有士子民之吏,不爲謀主,與全、戴同。何恩於虜,而懇懇蔽遮其惡?如先生之棣通故訓,不改全、戴所操以誨承學,雖揚雄、孔穎達,何以加焉?"②俞樾只是"繼承"了顧炎武以來的治學方法,而章炳麟却不僅止此;他在治經當中得到了俞樾所没有得到的民族革命思想;抬出"漢學祖師"顧炎武來反擊俞樾。"青出於藍而勝於藍",章氏遠紹顧炎武,而對俞樾的拘泥文字訓詁之學,"嘗仕索虜",不"識漢、虜之別"表示"謝絶"了。

此後,章炳麟積極宣揚顧炎武的民族主義學説,他説:

"原此考證六經之學,始自明末儒先,深隱蒿萊,不求聞達。其所治乃與康熙諸臣絶異。若顧寧人者,甄明音韻,纖悉尋求,而金石遺文,帝王陵寢,亦靡不殫精考索,惟懼不究。其用在興起幽情,感懷前德。吾輩言民族主義者猶食其賜。且持論多求根據,不欲以空言義理以誣後人,斯乃所謂存誠之學。"③

又説:

"寧人居華陽,以關中爲天府,其險可守,雖著書,不忘兵革之事。其志不就,則推迹百王之制,以待後聖。其材高矣。"④

"吾以爲天地屯蒙之世,求欲居賢善俗,舍寧人之法無由!吾雖涼德,竊比於我職方員外。"⑤

可知章氏對於顧炎武的欽仰。正由於如此,章炳麟曾改名絳,號太炎。他在學術研究方面,也繼承古文經學家的某些治學方法,對文字、音韻等學有很多創見。但是,特別值得我們注意的,就是:章炳麟不是單純地汲取顧炎武經學思想中的實踐内容,而是利用前人的思想材料,爲其宣傳"排滿"的理論張本。他以爲"當初顧亭林要想排斥滿洲,却無兵力,就到各處去訪那古碑碣傳示後人",從而也想

---

① 《太炎先生自定年譜》,光緒二十七年。
② 章炳麟:《謝本師》,載《民報》第九號。
③ 章炳麟:《答夢庵》,載《民報》第二十一號。
④ 章炳麟:《衡三老》,載《民報》第九號,收入《太炎文録》初編卷一《説林》上。
⑤ 章炳麟:《革命之道德》,載《民報》第八號,收入《太炎文録》初編《別録》卷一,題稱《革命道德説》。

在"古事古迹"中,"可以動人愛國的心思"①。他認爲中國人要愛惜歷史,"這個歷史,是就廣義說的,其中可以分爲三項:一是語言文字,二是典章制度,三是人物事迹",如果"曉得中國的長處",那麼"就是全無心肝的人,那愛國愛種的心,必定風發泉涌,不可遏抑"②。語言文字、典章制度,正是"漢學家"所擅長的,但章炳麟却不僅叫人懂得這些,而是要激發人們的"愛國的心思",認識到目前是處在清朝政府的腐朽統治之下,處在滿洲貴族的種族壓迫之下,要"愛惜自己的歷史",就需進行"排滿"革命。

顧炎武的提倡經學,是爲了保存民族意識,章炳麟又作了進一步的發揮,他說:"故僕以爲民族主義如稼穡然,要以史籍所載人物、制度、地理、風俗之類爲之灌溉,則蔚然以興矣。不然,徒知主義之可貴,而不知民族之可愛,吾恐其漸就萎黃也。"③這裏說得很清楚:民族主義"如稼穡",而史籍所載却能起灌溉作用。"灌溉"的是民族主義,而民族主義也依存於史籍的"灌溉"。那麼,乾嘉學派所迴避或閹割的顧炎武經學思想中的實踐內容,到了章炳麟,又適應了新的時代特點,爲"排滿"革命服務了。

這樣,章炳麟便披着古人的服裝,熱衷宣傳滿、漢矛盾,強調"華戎之辨";援引顧炎武所說"知恥"、"重厚"、"耿介"而益以"必信",以闡明"革命之道德";搬用顧炎武所述"師生"、"年誼"、"姻戚"、"同鄉"等"舊染污俗",以箴砭資産階級改良派④。所謂"引致其塗","朽腐化爲神奇"⑤,對當時的資産階級革命運動來說,確是起了很大的宣傳鼓動作用。

乾嘉時代,一些學者繼承了顧炎武的治學方法,縱然外表很相像,但精神氣骨却一無是處。清朝末年章炳麟"繼承"了顧炎武的"經世"內容,發揮了他的民族主義思想。同一學派,而"繼承"關係却自不相同。

從顧炎武到章炳麟,開創和總結了清代"漢學"(東漢古文經學)。他們經學思想中的"經世"涵義,不可諱言的,自有其當時的現實內容。但是,他們在當時的歷史條件下,在封建迷霧的籠罩中,只是在作爲中國封建文化主體的"經學"中

---

① 章炳麟:《東京留學生歡迎會演說辭》,載《民報》第六號。
② 章炳麟:《東京留學生歡迎會演說辭》,載《民報》第六號。
③ 章炳麟:《答鐵錚》,載《民報》第十四號,收入《太炎文錄》初編《別錄》卷二。
④ 章炳麟:《箴新黨論》,載《民報》第十號,收入《太炎文錄》初編《別錄》卷一。
⑤ 章炳麟:《菿漢微言》。

找出符合於自己需要的思想材料；只是在"法定"的儒家經籍中找出理論根據；只是依附"經學"來保護民族意識，作爲"通經致用"的依據。因此，顧炎武所代表的階級，也顯然只是地主階級反滿派；章炳麟也只是披着古人的服裝，説着今人的語言，使資産階級革命運動塗上了一層封建的色彩，其中也摻雜着很多封建性的糟粕。

從顧炎武到章炳麟，注重"讀九經自考文始，考文自知音始"，他們在治學方法中，有其一定的共同點及其前後的師承關係。顧炎武的文字音韻之學，乾嘉學派繼承了它，章炳麟也繼承了它。由於他們是具有特點大體相同的一些經學家，所以被統稱爲古文經學家，形成一個學術流派。

但是，顧炎武的"博學於文"，原與"行己有恥"並重。他的"行己有恥"的政治主張，乾嘉學派沒有"繼承"下來，以致他的"博學於文"，一經抽去其具體的思想內容，也就陷於考據煩瑣，脱離實際。那麼，同一學派，並不是原封不動地"繼承"前人的一切，而是有所取捨的。乾嘉學派不敢"繼承"顧炎武的"經世"內容，以爲這是清代文化高壓政策之下"明哲保身"之道。縱然他們對我國古代文化遺産的整理，取得了很大的成績，但他們在政治上卻不能説是進步的了。

章炳麟"繼承"了顧炎武"博學於文"和"行己有恥"的主張，從顧炎武對經書的闡釋中找出符合本階級利益的思想材料，作爲"排滿"革命的宣傳工具。然而他所處的時代，卻遠離了顧炎武二三百年，它又賦有了時代的色彩。

照此説來，根據經學家在不同歷史時期中對某些"經學"問題的一定共同點的思想體系而形成經學派别，而這種派别歸根到底又受經學家的世界觀的直接支配。就其"繼承"的形式來看，有其師承關係或治學方法的基本一致性；但就其本質來説，是有其階級性的，是和時代的特點密切關聯的。

原載《學術月刊》一九六三年第十二期

"六經"與孔子的關係問題*

我認爲,研究中國古代學術思想史,必須解決"六經"與孔子的關係問題。對於這個問題,過去學術界議論甚多,至今尚無定論。這裏提出我的一點意見,作爲研究者的參考。

研究孔子,最重要的材料,當推《論語》。它是孔子言行的彙錄,出於孔子的學生或再傳弟子之手,自然比較可信。但現行的《論語》,經過西漢末張禹和東漢末鄭玄兩次改訂①,已成爲今古文的混合物。其中涉及孔子與經書關係的材料,一則保存得不多,二則有的還成問題②。因而,我們研究這個問題,除《論語》外,還需要借重其它材料。在現存材料中間,對於孔子删定"六經"的史迹,説得比較有系統的,要數《史記》的《孔子世家》和《太史公自序》二篇。

依照司馬遷的説法,"六經"都曾經孔子之手,雖然關係密切的程度不同。概括地説,司馬遷以爲孔子做了這樣幾件事:編次了《書》,删訂了《詩》,編定或修訂了《禮》《樂》,作了《易》的一部分和《春秋》的全部。據説孔子因魯史記而作的《春秋》,"是非二百四十二年之中,以爲天下儀表,貶天子,退諸侯,討大夫,以達王事",因而在"六經"中頂要緊,所謂"撥亂世,反之正,莫近於《春秋》"③。

司馬遷調查過孔子事迹。提供的材料,值得人們重視。然而他對"六經"與孔子的關係的看法,顯然受到董仲舒的影響。因而後來的經學家,並不都以爲他

---

* 本篇和下一篇《從孔子到孟荀》,都是著者於一九五九年到一九六一年在復旦大學歷史系中國古代史專門化講授"中國經學史"的内容,根據殘存的講稿和學生的筆記綜合整理,於一九七九年發表。——朱維錚註

① 《論語》在漢代的傳本,起初有三種,即屬於經今文學的《魯論》《齊論》,以及屬於經古文學的《古論》。西漢末,安昌侯張禹首先混合《魯論》和《齊論》,進行改訂,號稱《張侯論》。東漢末鄭玄注《論語》,又混合《張侯論》和《古論》,於是形成《論語》的現行本。

② 例如今傳本《論語·述而篇》有"加我數年,五十以學《易》,可以無大過矣",好像孔子學《易》是没有問題的。但據《魯論》本,則孔子只是説"五十以學,亦可以無大過矣",並没有説自己學《易》。一字之差,就使基本事實是否靠得住成了問題。所以《論語》也還有學派和傳本的問題要仔細解決。

③ 《史記·太史公自序》。

的説法可信。清末以來，歧説更多。現在我只舉兩種極端不同的見解。

一 "五經"皆孔子所作説

清末皮錫瑞在其所撰《經學歷史》和《五經通論》二書裏，極力主張"五經"①都是孔子的著作。他認爲，從原材料説，"五經"雖然大部分來自孔子以前的古籍，但把那些雜亂無章的篇籍，進行整理，給它們注入經學所獨有的靈魂，即所謂"微言大義"，使之成爲"經"，則開始於孔子。例如，《經學歷史》開宗明義就説：

"經學開闢時代，斷自孔子刪定六經爲始。孔子以前，不得有經。……古《詩》三千篇，《書》三千二百四十篇，雖卷帙繁多，而未經刪定，未必篇篇有義可爲法戒。……《儀禮》十七篇，雖周公之遺，然當時或不止此數而孔子刪定，或並不及此數而孔子增補，皆未可知。觀'孺悲學士喪禮於孔子，《士喪禮》於是乎書'，則十七篇亦自孔子始定；猶之刪《詩》爲三百篇，刪《書》爲百篇，皆經孔子手定而後列於經也。《易》自孔子作《卦爻辭》、《彖》、《象》、《文言》，闡發義、文之旨，而後《易》不僅爲占筮之用。《春秋》自孔子加筆襃貶，爲後王立法，而後《春秋》不僅爲記事之書。此二經爲孔子所作，義尤顯著。"②

皮氏爲清代今文經學家。以"五經"爲孔子的著作，今文學者的意見大體一致。只是他們沒有認定《易》《禮》爲孔子所作，如皮氏這樣澈底而已。皮氏的見解，是針對宋學而發的。他不滿於宋人的改經刪經的方法，對於清代考證學的發展是相當地加以贊許，但又不以爲考據是經學研究的止境。我們明白了這一點，則對他的主張，就可以有合理的解釋。然而皮氏究竟只是一個經學家，而且只是立在今文派的旗幟下來批評對立面，並每每好加以主觀的議論，因而在陳述己見時便不免有不少荒謬的思想，即如上舉論點，也就有武斷之嫌。這我在五十年前已揭示過③。正因爲皮氏走到了經今文學的極端，所以他的説法發表後，便很快受到章炳麟的駁斥。章氏站在經古文學的立場上，批評他以《易》《禮》爲孔子所

---

① 今文經學派以爲樂本無經，存在於《詩》與《禮》之中，因而只提"五經"，不承認有"六經"。
② 皮錫瑞:《經學歷史·經學開闢時代》。
③ 周予同: 皮著《經學歷史》注釋本序言。

作的説法,乃是"妄以己意裁斷","愚誣滋甚"①。

二 "六經"與孔子無關説

"五四"以後,錢玄同撰有《重論今古文問題》②等文,完全否認孔子與"六經"有關係,當時殊爲學者所重視。現在撮録錢氏的話於下,以見另一極端。他認爲:

"(1) 孔丘無删述或製作'六經'之事。

"(2)《詩》、《書》、《禮》、《易》、《春秋》,本是各不相干的五部書("樂經"本無此書)。

"(3) 把各不相干的五部書配成一部而名爲'六經'的緣故,我以爲是這樣的:因爲《論語》有'子所雅言,《詩》,《書》,執禮',和'興於《詩》,立於禮,成於樂'兩節,於是生出'孔子以《詩》、《書》、《禮》、《樂》教'(《史記·孔子世家》)之説,……又因爲孟軻有'孔子作《春秋》'之説,於是又把《春秋》配上。……

"(4) '六經'底配成,當在戰國之末。……

"(5) 自從'六經'之名成立,於是《荀子·儒效篇》,《商君書·農戰篇》,《禮記·經解》,《春秋繁露·玉杯篇》,《史記》(甚多),《漢書·藝文志》,《白虎通》等,每一道及,總是六者並舉;而且還要瞎扯了什麽'五常''五行'等等話頭來比附了!"③

那麽,"六經"究竟是些什麽性質的書呢?錢玄同以爲,要考孔子的學説和事實,只有《論語》比較的最可信據。所以,他把《論語》之中與"六經"有關的話,逐條鈔出,進行考證後斷言:(一)《詩》是一部最古的總集;(二)《書》似乎是三代的時候的"文件類編"或"檔案彙存",應該認它爲歷史;(三)《儀禮》是戰國時代胡亂鈔成的僞書;(四)《易》的原始卦爻,是生殖器崇拜時代的記號,孔丘以後的儒者借它來發揮他們的哲理,陸續配成了所謂"十翼";(五)《春秋》在"六經"之

---

① 章炳麟:《駁皮錫瑞三書》,載《章氏叢書·文録》。
② 見《古史辨》第五册。
③ 錢玄同:《答顧頡剛先生書》,載《古史辨》第一册。

中最不成東西;説它是"斷爛朝報"或者"流水賬簿",都極確當。①

錢氏從"疑古派"的懷疑精神出發,全盤否定了"六經"同孔子有關係的説法。他的見解,自然不好説全不對,比如關於《詩》《書》性質的判斷,就有道理。但總的來看,他的懷疑的立足點,卻很成問題。就是説,錢氏對這個問題先存否定的意見,然後在古代文獻中去尋找論證來替自己的觀點張目,這就不免陷於主觀主義。何況《論語》本身也還有學派和傳本的問題要仔細解決,並不是字字句句都可信據。拿現行的《論語》來作爲判斷是非的標準,從而斷定"六經"與孔子無涉,《荀子》、《史記》等書的記載都是瞎扯,豈非也有武斷之嫌嗎?所以,錢氏的主張,表面上同所謂"五經"悉爲孔子所作的主張完全相反,其實都各執一偏,不足爲據。

從前我在批評"孔教救國"論的時候説過:"孔子學説的真相究竟怎樣;後世儒家所描寫的孔子,後世君主所提倡的儒教,後世學者所解釋的儒學,究竟是否真的孔子,都是絶大疑問。"同時我在批評"六經致用"説的時候又説過:"孔子和《六經》的相關度,以及《六經》和致用的相關度,不僅相去很遠,而且根本上還是大疑問。"②現在我仍然覺得,當這些疑問還沒有爲科學研究解決以前,要做到客觀地深入地估計孔子的歷史功罪,恐怕也難。我們都知道毛澤東同志的一句名言:"社會主義比起孔夫子的'經書'來,不知道要好過多少倍。"③假如我們連孔子與"經書"的關係還鬧不太清楚,也就是對於封建主義學説的基本文獻的面目還不太瞭然,又怎麽能澈底剥露封建主義的落後性,清算這長期的封建社會呢?況且這些疑問搞不清楚,不僅孔子問題,連中國哲學史、中國思想史、中國史學史、中國文化史的問題,也無法澈底解決的。但我覺得很遺憾,即使前揭兩種極端的見解,雖然發表都有好幾十年了,似乎還沒有被批判地克服,用主觀臆説來捧孔子或駡孔子的現象,也似乎還存在。這無補於問題的解決。因此,我想再率直地陳説一下自己的初步看法。

第一,通過對現存的"五經"的考察,我們有理由相信,它們決非撰於一人,也決非成於一時,作於一地。舉例説,《易》的經(卦爻辭)部分,《書》和《春秋》,無論文字結構、編輯體例,或者撰述内容,都有相當大的差異。《詩》中的"風"詩,多由民間采集,屬於地方樂歌,也就是各地的土樂,它們産生的地域,除陝西外,還包

---

① 錢玄同:《答顧頡剛先生書》,載《古史辨》第一册。
② 周予同:皮著《經學歷史》注釋本序言。
③ 《毛澤東選集》第五卷,第二五七頁。

括現在的山西、河南、河北、山東及甘肅的南部。人們當然要問："經書"中這些不同的東西，是從哪裏來的呢？都是由孔子周游列國時親自採訪到的嗎？顯然不是。我認爲，這種種差異表示，在孔子以前，必有很多古代文獻遺存下來，它們的一部分，就殘存在"經書"之中。

這個事實，除"經書"本身透露的消息而外，在先秦子書中也有間接證據。比方說《莊子·天運》就記有孔子謂老聃曰："丘治《詩》《書》《禮》《樂》《易》《春秋》六經，自以爲久矣，孰知其故矣？"老子曰："夫六經，先王之陳迹也，豈其所以迹哉！"可見，孔子以前確實存在着"先王之陳迹"的文獻。後世不斷出土的商周鐘鼎彝器銘文，被有的學者視作《書》類文獻的原型，我覺得是有道理的。

第二，那時"先王之陳迹"的文獻，數量應該比現在的"經書"要多，而且可能已出現經過刪削的不同傳本。孔子爲了設教的需要，對各種故國文獻，加以搜集和整理，以充當教本。這些教本，傳下來便成爲儒家學派的"經典"。

關於數量問題，可舉《詩經》爲例。《史記·孔子世家》說古者《詩》三千餘篇，及至孔子，去其重，存三百五篇。此說屬實麼？唐以來經學家們聚訟紛紜，或以爲《論語》兩稱"《詩》三百"，即是孔子未嘗刪《詩》的證據。但我認爲，如果承認《詩》中的風詩部分，主要采自民間，那麼幾百年間積累三千餘篇，當然完全可能。在採集後，需要經過刪重加工，使之適合統治者的藝術標準或政治標準，也完全可以理解。這樣的刪削加工，必定不止進行過一次。據《國語·魯語》說，孔子的十世祖正考父，曾經"校商之名頌十二篇於周太師"。既稱"名頌"，那就意味着《商頌》中還有其它作品，未被正考父校錄。到孔子正樂，使"《雅》《頌》各得其所"時，《商頌》已僅存五篇。這表明，經過刪削的《詩經》傳本，在孔子前的確有過。《詩》如此，其它《書》《易》等，無疑也如此。

孔子對那些文獻有沒有重加整理呢？也完全可能。孔子是我國歷史上第一個創辦私立學校的教育家。《論語》記載他自己說："自行束脩以上，吾未嘗無誨焉。"《史記》記載孔門弟子先後有三千人，"通六藝者七十有二人"。可見他收學生，除學費一項外，沒有門第之類限制，因而學校規模才那樣大，高材生才那麼多。拿孔子開創的私人講學同過去教育爲學官所壟斷時候的情形互相比較，我覺得梁啓超、章太炎他們肯定孔子實行"有教無類"、"因材施教"有好作用，是不無值得考慮的。孔子既然設教講學，學生又那麼多，很難想像他沒有教本。毫無疑問，對於第一所私立學校來說，現成的教本是沒有的。《論語》記載孔子十分留心三代典章，指導學生學習《詩》、《書》及禮樂制度。因而，我以爲，孔子爲了講授的需要,搜集魯、周、宋、杞等故國文獻,重加整理編次,形成《易》、《書》、《詩》、《禮》、《樂》、《春秋》六種教本,這種說法是可信的。

孔子的確曾以"六經"爲教,這在《論語》之外的其它典籍内,也有很多記録。如《禮記·經解》説:"孔子曰:入其國,其教可知也。其爲人也,溫柔敦厚,《詩》教也;疏通知遠,《書》教也;廣博易良,《樂》教也;絜静精微,《易》教也;恭儉莊敬,《禮》教也;屬辭比事,《春秋》教也。故《詩》之失,愚;《書》之失,誣;《樂》之失,奢;《易》之失,賊;《禮》之失,煩;《春秋》之失,亂。"這是説可以從人們品德知識的不同表現,來分別判斷"六經"教育的效果。又如《史記·滑稽列傳》引孔子曰:"六藝於治一也:《禮》以節人,《樂》以發和,《書》以道事,《詩》以達意,《易》以神化,《春秋》以道義。"這是説"六經"教育對於治理國政可能發生的作用。它與上條引語正好從兩個側面證明,孔子何等重視以"六經"施教。

所以,我認爲現存的"六經",無疑經過孔子整理,也因此而成爲儒家學派的"經典"。

第三,孔子整理"六經",自有他的一定的標準,這是今文經學家與古文經學家都承認的。但説到具體標準,他們的分歧可就大了,今文學者把"五經"看作孔子的"致治之術",古文學者則把"六經"看作孔子整理古代史料之書。他們就是由各自的門户之見出發,去尋找孔子的"經書"的義例。不消説,他們找到的種種所謂標準,必然充斥着宗派的偏見。科學與偏見不能共存,我們只能超出一切經學的派别來研究,更其應從存在決定意識的高度來研究。據淺見,關於孔子整理"六經"的標準,至少有三則記録,值得注意:

其一是"子不語怪、力、亂、神"①。宗教觀念,説到底,反映着人們的社會關係。在周代,上帝無非是周天子的形象在天上的投影。周室東遷,地上的周天子的地位大大動摇了,於是上帝這個影子,便不能不隨之模糊起來。春秋時代的統治者中間,很有些人在思想上要擺脱舊的"天"的觀念的羈絆,表現出他們對於舊時的鬼神觀念,即舊時那種愚民政策的工具的效用,不同程度地發生了懷疑。孔子的"不語",就體現着這股潮流,説明他也基本上不信鬼神。孔子不是也時常談"天"説"命"嗎?是的,他還有相當的宿命思想,我稱之爲反鬼神而取術數,説明他仍有迷信。但我認爲,孔子説的"天",同殷周統治者傳統所謂的"天"在概念上已經起了變化。孔子實際上把"天"當作宇宙間一切都在變化的代稱。然而那個

---

① 《論語·述而》。

時代的歷史條件,限制着他不能對宇宙變化做出符合自然規律的解釋,而剥削階級的偏見,更限制着他不敢直接否定"天"的傳統權威,因而發表的言論類似泛神論,最終流入宿命論一途。我以爲,現存的"經書"裏,很少有涉及鬼神主宰之類的蕪雜妄誕的篇章,但説"命"的内容却存留不少,正顯示着孔子整理"六經"時的矛盾見解。這就是説,故國文獻中大量有關鬼神的糟粕,被孔子本着"不語怪、力、亂、神"的原則刪節了。

其次是孔子説的"攻乎異端,斯害也已"①。所謂"異端",就是與孔子學説相對立的或不同的議論。這一點,我想不必也不該替孔子諱,如有些封建學者所曲爲解説的那樣。問題在於孔子爲什麽提出排斥"異端"。我覺得這同他關於"仁"的思想有密切關係。當上古統治者對於勞動的奴隸還可以任意屠殺的時候,人的地位往往比牛馬還低賤。春秋時代,對"天"的看法起變化了,對"人"的看法同樣在起變化,同樣反映了當時新舊社會力量的鬥爭。孔子及其開創的儒家學派,在這時一致强調"仁"。這個"仁"字,有没有一點人道主義的意味呢?有没有把人當做人的新的涵義在内呢?我以爲不能否認。當然也不能否認,没有超階級的"人",因而也就没有超階級的"仁"。可是從涵義的發展來探討,便不能不注意"仁"的思想,主要是針對舊時統治者對"人"的看法而發的。孔子的這個學説,提出於社會大動蕩的時期,受到其它學説的非難,乃至攻訐,我覺得道理也就在這裏。爲了維護自己的學説,孔子起而鬥爭,把對立的學説看作應該排斥的異端,乃是百家爭鳴時代的必然現象。所以,他在整理"經書"時,刪節自己認爲是有害時見解,便不值得奇怪。這同後世的封建統治者,利用孔子的儒家學説,將它變成儒教,仗着封建統治勢力强迫人們去信仰,而把其它一切學説都加以禁止,我覺得不可同日而語。

再次就是孔子説的"述而不作"②。孔子整理"六經",原是拿來做教本。他所依據的材料,畢竟是故國文獻。其中很多記載,都屬於古代的歷史事迹。孔子對它們,儘管有刪節,但態度是"信而好古",也就是保持原有的文字,包括原來的史事内容和表達風格,所以現存的"經書"才仍然被我們看作研究歷史的重要史料。不過,話也得説回來,述與作也不可能有嚴格的界限。所謂"六經",從形式上説是叙述舊文,從内容上説又有創作新意。因爲既然按照一定的指導思想進

---

① 《論語·爲政》。
② 《論語·述而》。

行篩選,還按照自己的見解來闡明經義,那末就總體而言,經過整理的"六經",自然可說是孔子的一套著作,因而也同時被我們看作研究孔子和儒家學說的重要史料。

第四,孔子整理過"六經",但現存的五部"經書",却不完全是孔子整理後的原書。

現存的"經書",内容有兩部分,一部分是保存下來的孔子整理過的文字,另一部分則爲後來的儒家學派所增添。例如號稱"十翼"的《易傳》,共七種十篇,不但文體同《論語》不相似,而且思想內容也不一致;説它根本與孔子無涉,固然不可,説它爲孔子所作,就更成問題。據我的考察,它就包含着孔子説《易》的記錄,和後來傳《易》學者所補充的內容。再如《儀禮》,今本有《喪服傳》一篇,相傳即子夏所作。又如《尚書》,問題更多了,除掉僞古文《尚書》二十五篇已被學術界公認爲是僞作而外,真古文《尚書》十六篇是否存在過也是疑問,而且即使是今文《尚書》二十九篇,向來被學者認爲都是孔子整理過的傳本,但經過近代學者考訂,已證明至少是其中的《禹貢》篇,也是戰國時的作品。

這些事實,説明孔子整理的"經書",經過歷代的變亂和後來儒家學派的利用,而流傳至今的那些篇章,從文字到内容,都未必能説全是當初孔子整理的舊文。我們在使用它們時,必須慎重對待。

孔子根據自己的哲學、政治和歷史的見解,對大量古代文獻進行篩選,保存了很多有價值的歷史資料,也使"六經"成爲系統表達儒家學説的著作;孔子訂定的這些著作,隨着封建社會的發展,儒家學派地位的變化,而被封建統治者尊爲"經典";但現存的"經書",其中有孔子整理過的經文,也摻雜着後來儒家學派的著述,同時在流傳過程中還有散佚。所以,我認爲"六經"與孔子的關係很密切,但對現存的"經書",哪些同孔子有關,哪些與孔子無涉,則需要仔細研究。我期望有人深入研究這個問題,寫出反映歷史實際的科學著作來,對於孔子問題和中國學術思想史一系列問題的解決,必定大有好處。

原載《復旦學報(社會科學版)》一九七九年第一期

從孔子到孟、荀

——戰國時的儒家派別和儒經傳授

孔子去世以後，他所創立的儒家學派，內部很快起了分化；他所整理的儒家經籍，也跟着出現了不同傳本。到戰國中、晚期，以孟軻、荀況爲代表，儒家學派事實上已分成兩派。探討從孔子到孟荀的儒家派別及其經籍傳授的過程，對於研究戰國時期"百家爭鳴"的歷史，對於研究中國古代學術文化的變遷，都是不可或缺的基礎課題之一。我在這裏僅作扼要的叙述。

孔子以後的儒家派別

關於孔子以後儒家學派分化的概況，較早的系統記錄，只有《韓非子·顯學》中的一段：

> 自孔子之死也，有子張之儒，有子思之儒，有顏氏之儒，有孟氏之儒，有漆雕氏之儒，有仲良氏之儒，有孫氏之儒，有樂正氏之儒。……故孔、墨之後，儒分爲八，墨離爲三。

這就是引起古今學者注意的"儒家八派"說，以後對此說進行解釋的，有《聖賢羣輔録》，它說：

> 顏氏傳《詩》爲道，爲諷諫之儒。孟氏傳《書》爲道，爲疏通知遠之儒。漆雕氏傳《禮》爲道，爲恭儉莊敬之儒。仲良氏傳《樂》爲道，以和陰陽，爲移風易俗之儒。樂正氏傳《春秋》爲道，爲屬辭比事之儒。公孫氏傳《易》爲道，爲潔净精微之儒。

照此説來,儒家分派,原因在於孔子的幾名學生或再傳、數傳弟子,於"六經"各執其一,而在社會分工中又各守一道。但《聖賢羣輔録》一書出於僞託①,其説不足據。以後,學者又作了不少考證、解説。這裏擇要分述一下。

　　子張　孔子的學生,司馬遷説是顓孫師的字,陳人②。《論語》裏記載他向孔子學干禄,問從政,但孔子對他似乎不夠滿意,一説"師也過",再説"師也辟"③。他的同學言偃、曾參,也批評他"未仁","難與並爲仁"④。然而到戰國時,他的後學顯然已成爲很大的派别。荀子攻擊三種"賤儒",頭一個便是"子張氏之賤儒"⑤,嘲駡他們衣冠不正,語言乏味,只會模仿舜、禹走路的樣子⑥。郭沫若對子張的評價則很高,以爲"他似乎是孔門裏面的過激派","他是偏向於博愛容衆這方面的","在儒家中是站在爲民衆的立場的極左翼的"⑦。不過我覺得,子張主張"尊賢而容衆"⑧屬實,但"容衆"能不能解釋成"爲民衆",至少在目前還找不到直接的材料依據。

　　子思　春秋戰國之際有兩子思,一個是孔子的學生原憲,一個是孔子的孫兒孔伋⑨。這裏指哪一個呢?梁啓超以來多以爲指孔伋,根據是荀子否定過的子思即指孔伋⑩,韓非是荀子的學生,當然要從師説。但馬宗霍則認爲,此子思應該指原憲⑪,因爲孔伋和孔子行輩不相接,而且據司馬遷記載,原憲到西漢時"死而已四百餘年,而弟子志之不倦"⑫,可見他非但有門人,還發展成影響頗大的一個派别。我以爲,孔伋一派的特色在發揮孔子學説,影響在公卿間,仍不脱儒的本色,而原憲一派則重在學道能行,影響主要在民間,已流入俠的一途。所以,在這裏説的子思是指孔伋,義較長。

──────────

　　①　《聖賢羣輔録》二卷,一名《四八目》,相傳爲東晉陶潛撰,其實係晚出僞書,不足憑信。詳可參考《四庫全書總目提要》子部類書類存目。
　　②　《史記·仲尼弟子列傳》。
　　③　均見《論語·先進》。馬融注:"子張才過人,失在邪辟文過。"
　　④　均見《論語·子張》。
　　⑤　《荀子·非十二子》:"弟佗其冠,衶禫其辭,禹行而舜趨,是子張氏之賤儒也。"
　　⑥　同第226頁註④。
　　⑦　《儒家八派的批判》,載《十批判書》,羣益出版社一九五○年版(下引同),第一三○、一三四頁。
　　⑧　《論語·子張》。
　　⑨　原憲字子思,見《史記·仲尼弟子列傳》;孔伋亦字子思,見《史記·孔子世家》、《漢書·藝文志》。
　　⑩　《荀子·非十二子》:"略法先王而不知其統,猶然而材劇志大,……子思唱之,孟軻和之,世俗之溝猶瞀儒,嚾嚾然不知其所非也,遂受而傳之。"
　　⑪　馬宗霍:《中國經學史》,商務印書館一九三七年第五版,第十六頁。
　　⑫　《史記·游俠列傳》。

孟氏　究竟指誰？有人以爲就是孟軻。有人以爲當指孟軻門下。還有人以爲，韓非將他和孔門弟子顏氏、子張、漆雕氏等辨别，而孟軻的活動時間同"孔子之死"相去很遠，因此懷疑這裏非指孟軻。

　　樂正氏　一説乃指曾參的學生樂正子春，一説當即孟軻弟子樂正克。

　　以上三派，郭沫若認爲應該只是一系，即子思(孔伋)，他的私淑弟子孟軻，和孟子弟子的樂正克。結論是這個思、孟學派，"事實上也就是子游氏之儒"，而不是像宋代程、朱之徒所斷言的出於曾子的傳統①。這種看法，雖然康有爲早已提出過②，却没有郭説澈底。子游是言偃的字，在孔門四科中居文學的鰲頭。孔子説過："君子學道則愛人，小人學道則易使也。"他聽後便頂了真，一做武城宰，便教出遍邑弦歌之聲，連孔子也笑話他"割鷄焉用牛刀"③。子游一派在戰國時的勢力想必也相當大，荀子把他們與子張、子夏二派同列爲"賤儒"，駡他們苟安怕事，不講廉恥而好吃懶做，還非要聲明"君子固不用力"④。根據這些材料，郭沫若斷定思、孟之學出於子游氏之儒，進而斷定《禮記·禮運》一篇，"毫無疑問便是子游氏之儒的主要經典"；現存的思、孟書《中庸》和《孟子》，在學説上就是《禮運》强調的五行説的發展；而《大學》實是樂正氏之儒的典籍。⑤　這樣，郭氏便勾畫出從子游到樂正克的道統和傳經圖式。但在我看來，根據還不夠牢固，因爲子思之學源於曾子抑或子游有疑問，孟氏、樂正氏是誰有疑問，《禮運》等篇的作者也有疑問。所以，我傾向於應該先對三派作分别探討，再作綜合研究。

　　顏氏　孔門弟子中顏氏有八人，即顏無繇、顏回、顏幸、顏高、顏之僕、顏噲、顏何、顏祖⑥。所以，皮錫瑞、梁啓超都認爲，這裏説的未必是顏回，而且顏回比孔子早死，是否有弟子傳其學，也無可考⑦。但郭沫若則認爲，顏回是孔門的第一人，生前已有"門人"，因此顏氏之儒當指顏回一派；"他很明顯地富有避世的傾向，因而《莊子》書中關於他的資料也就特别多"⑧。我以爲郭氏的考證大體可信。

　　漆雕氏　孔門弟子中有三漆雕：漆雕開、漆雕哆、漆雕徒父⑨。漆雕開曾傳

---

① 《十批判書》，第一三四頁。
② 見康有爲《孟子微》序："子游受孔子大同之道，傳之子思，而孟子受業於子思之門。"
③ 《論語·陽貨》。
④ 《荀子·非十二子》："偷儒憚事，無廉恥而耆飲食，必曰君子固不用力，是子游氏之賤儒也。"
⑤ 詳見《十批判書》，第一三四——一四六頁。
⑥ 《史記·仲尼弟子列傳》。
⑦ 皮説見《經學歷史·經學流傳時代》。
⑧ 《十批判書》，第一四七頁。
⑨ 《史記·仲尼弟子列傳》。

《易》,《漢書·藝文志》儒家中有《漆雕子》十三篇,原注說是"孔子弟子漆雕啓後"①。韓非說:"漆雕之議,不色撓,不目逃,行曲則違於臧獲,行直則怒於諸侯。"②說者或以爲指別一人③。但章炳麟則徑指爲漆雕氏之儒,以爲他們是游俠的前身,並以爲《禮記·儒行》一篇,"記十五儒皆剛毅特立者",就是孔門儒者中有與游俠相近的證據④。郭沫若與章氏的意見相同,而且明確地說漆雕氏之儒是"孔門的任俠一派",它的開創者"當以漆雕開爲合格",而《儒行》或許就是這一派儒者的典籍⑤。他們的說法,我看也大體可信。

仲良氏　良,或作梁。《禮記·檀弓上》有仲梁子語⑥,鄭玄注謂"魯人"。又,《詩經·定之方中》毛傳也曾引仲梁子語。但這個仲梁子的時代和活動情況,都難以考索⑦。梁啓超根據孟子曾提及有個"悅周公、仲尼之道"的陳良⑧,以爲仲良可能是陳良的字。郭沫若同梁說,認爲仲良氏之儒或許就是陳良的一派⑨。但梁、郭之說均沒有文獻學的直接證明,所以這一派在經學史上仍屬疑案。

孫氏　梁啓超等說即孫卿⑩。皮錫瑞則以爲指公孫尼子⑪。有人以爲,《顯學》篇乃斥儒者,諒韓非不致詆毀其師,故孫氏只能指公孫尼子。我看這不成其爲理由。"儒分爲八,墨離爲三",說的是客觀存在的事實,"愚誣之學,雜反之行",則表明韓非對儒墨的評價。韓非似乎還沒有墮落到以主觀好惡來歪曲客觀事實的地步,何況荀子是當時著名的儒家大師,韓非即使有心迴護老師,卻又怎能抹殺衆所周知的事實呢?

總起來說,對韓非所謂儒家八派,學者解釋不同,但也有幾點比較一致:第一,孔子死後儒家便起分化,在戰國時已形成多種派別;第二,不同的派別,不但

---

① 漆雕啓,即漆雕開。郭沫若以爲"後"字乃衍文,見《十批判書》,第一五一頁。
② 《韓非子·顯學》。
③ 見《韓非子·顯學》王先慎集解。
④ 《訄書·儒俠》。
⑤ 《十批判書》,第一五〇——一五二頁。
⑥ 《禮記·檀弓上》:"曾子曰:'尸未設飾,故帷堂小斂而徹帷'。仲梁子曰:'夫婦方亂,故帷堂小斂而徹帷。'"語氣似在解釋曾子語,因而仲梁子可能爲曾子後學。
⑦ 《漢書·古今人表》有仲梁子,列於"中上",但究屬戰國何時人,未可臆度。
⑧ 《孟子·滕文公上》:"陳良,楚產也,悅周公、仲尼之道,北學於中國。北方之學者,未能或之先也。"
⑨ 《十批判書》,第一五二——一五三頁。
⑩ 孫卿,即荀卿。王先慎《韓非子集解》引顧廣圻說,亦謂指孫卿。
⑪ 見《經學歷史·經學流傳時代》。

都出於孔門①,而且都仍屬儒家,都在傳授孔子之道;第三,派別之多,反映了戰國時期儒術盛行,在學術界影響很大;第四,各派的具體主張和活動情形,由於文獻不足,研究不夠,因而不甚了了,有待深入探討。

孔子以後的儒經傳授

孔子根據自己的哲學、政治和歷史的見解,對大量古代文獻進行篩選,整理編次成《易》、《書》、《詩》、《禮》、《樂》、《春秋》,作為自己設教講學的六種教本。這些教本,保存了很多有價值的歷史資料,也使它們成為系統表達儒家學說的著作,並隨着封建社會的發展,儒家學派地位的變化,而被封建統治者尊為"經典",就是所謂"六經"。這個問題,我已作過簡單的考察②。

我在談到"六經"與孔子的關係問題時還說過:現存的"經書",其中有孔子整理過的舊文,也摻雜着後來儒家學派的著述,同時在流傳過程中還有散佚③。由前述可知,孔子去世後,儒家內部已分化成八派或八派以上。他們對孔子留下的儒家經籍,當然要繼續傳授,在傳授過程中也一定有解說,有發揮,而形成本派的"傳",或"語錄"。

關於春秋末、戰國初儒家各派的"傳經"情況,保存下來的文獻資料實在太少了,以致目前我們瞭解的只是些片段。儘管如此,我們仍然要研究。否則,我們對現存的"經書",哪些同孔子有關,哪些與孔子無涉,怎能分辨清楚呢?學說的師承關係,固然是"流",而不是"源",但探討學說在流傳過程中發生的每一步變化,對於研究這一步以及變化前後的"源",即它所反映的客觀社會實際,難道不重要嗎?如果把後儒關於"經書"的解說、發揮,不管是否墨守師說或變以新意,統統算到孔子的賬上,那一定要描畫出假孔子、假孔學的。

我認為,在孔子的學生,或孔門再傳、三傳的弟子中間,同所謂傳"經"事業關

---

① 馬宗霍《中國經學史》:"竊謂《韓非》叙八儒承孔子之死而起,雖曰某氏之儒,或指在某氏之門者而言,未必即是本人。而所謂某氏者,似應皆指孔子之徒。""《韓非》八儒,容有在七十子之外,三千之中者。""至若名不在七十子之列,八儒之列,而學有可考者,如孺悲之學《士喪禮》,見於《雜記》;賓牟賈之論樂,見於《樂記》;仲孫説與何忌之學《禮》,見於《左氏傳》;鞠語之明於禮樂,審於服喪,見於《晏氏春秋》;固亦孔門經學之傳也。"(商務一九三七年五版,第十六——十七頁。)按馬氏以八派代表者,"容有在七十子之外",頗有見地,但説大約都在三千弟子之中,還没有確實證據。

② 周予同:《"六經"與孔子的關係問題》,載《復旦學報》(社會科學版)一九七九年第一期。

③ 周予同:《"六經"與孔子的關係問題》,載《復旦學報》(社會科學版)一九七九年第一期。

係較大的,有這樣幾個人:

一 子 夏

這是孔子的學生卜商的字。他在孔門四科中,與子游同屬"文學"之最。《論語》記有他向孔子問學,以及他發揮孔子學說的很多材料。孔子曾批評他還達不到"賢"的程度①,並當面告誡他:"女爲君子儒,無爲小人儒!"②可能在孔子生時,子夏已有了自己的門人。子夏大概的確好名,還有點勢利眼吧③,所以子張就批評他不象個"君子"④,子游也批評他太重表面文章而不重孔子之"道"⑤。他在孔子死後從事教育,還做過魏文侯的老師⑥。大約由於這個緣故,子夏一派到戰國中期已膨脹得很大,因而也遭到荀子攻擊。荀子説:"正其衣冠,齊其顏色,嗛然而終日不言,是子夏氏之賤儒也。"⑦就是罵他們是偽君子。不過很奇怪,韓非講到"儒分爲八"時,竟没有提及這一派。郭沫若作過研究,認爲"這是韓非承認法家出於子夏,也就是自己的宗師,故把他從儒家中剔除了"⑧。

然而子夏在"傳經"上却不可忽視。東漢徐防説:"《詩》、《書》、《禮》、《樂》,定自孔子;發明章句,始於子夏。"⑨就是説,"六經"的大部分,都來自子夏的傳授。

南宋的洪邁説得更完整:"孔子弟子,惟子夏於諸經獨有書。雖傳記雜言未可盡信,然要爲與他人不同矣。於《易》則有《傳》。於《詩》則有《序》。而《毛詩》之學,一云:子夏授高行子,四傳而至小毛公;一云:子夏傳曾申,五傳而至大毛公。於《禮》則有《儀禮·喪服》一篇,馬融、王肅諸儒多爲之訓説。於《春秋》所云不能贊一辭,蓋亦嘗從事於斯矣。公羊高實受之於子夏。穀梁赤者,《風俗通》亦云子夏門人。於《論語》,則鄭康成以爲仲弓、子夏等所撰定也。"⑩

---

① 《論語·先進》:"子貢問:'師與商也孰賢?'子曰:'師也過,商也不及。'"
② 《論語·雍也》。
③ 《論語·子張》:"子夏之門人問交於子張。子張曰:'子夏云何?'對曰:'子夏曰:可者與之,其不可者拒之。'子張曰:'異乎吾所聞:君子尊賢而容衆,嘉善而矜不能。我之大賢與,於人何所不容?我之不賢與,人將拒我,如之何其拒人也?'"
④ 《論語·子張》:"子游曰:'子夏之門人小子,當洒掃應對進退則可矣。抑末也,本之則無,如之何?'"
⑤ 見第 271 頁註⑩。
⑥ 見《史記·仲尼弟子列傳》。
⑦ 《荀子·非十二子》。
⑧ 《十批判書》,第一三〇頁。
⑨ 《後漢書》卷七四《徐防傳》。
⑩ 洪邁:《容齋隨筆》。

洪邁之説，持之有據。但這些根據的可靠程度，却存在問題：一、子夏《易傳》，《漢書·藝文志》不載，《隋書·經籍志》始著録；但有人以爲此子夏非卜商，而是漢初傳《韓詩》的韓嬰①。二、《毛詩序》有大、小之分，究爲何人所作，諸説紛紜，洪邁乃依據鄭玄《詩譜》、王肅《孔子家語注》立説②；但鄭玄雜糅今古文，所語或是得自傳聞，《家語》本王肅僞造，所注當然更不可靠。三、洪邁所謂《毛詩》傳授，前一説來自唐朝陸德明的《經典釋文·序録》③，後一説則據晉朝陸璣的《毛詩草木蟲魚疏》④；二説列舉的傳授次序互相矛盾，所以清代的今文經學家均表懷疑⑤。四、子夏作《儀禮·喪服》一篇説，根據是唐朝賈公彦《儀禮正義》中《喪服》篇下解題⑥；但也有人以爲此篇是曾向孔子學"士喪禮"的孺悲所作⑦。五、子夏爲《春秋》公羊學初祖，説據戴宏⑧，而穀梁赤是子夏門人，則本自范甯引《風俗通》⑨，都不盡可靠。

子夏曾受《春秋》⑩，編《論語》⑪，大約都是事實。但《論語》大量收入子夏等孔門弟子的語録，説明它的寫定者，不會是子夏，而是孔子的再傳弟子。

二　曾　子

曾參，字子輿，也是孔子晚年的學生。他的天分大概不高，曾被孔子批評爲遲鈍⑫。他的名言是"吾日三省吾身"⑬，很注重實行孔子的道德教條。他還説過

---

① 隋王儉《七志》引劉向《七略》："《易傳》，子夏韓氏嬰也。"此外又或以爲《易傳》作者係丁寬，或以爲係馯臂子弓，但都没有證明之確據。今傳《子夏易傳》，蓋出僞託。
② 《四庫全書總目提要》經部《詩》類《詩序》："以爲《大序》子夏作，《小序》子夏、毛公合作者，鄭玄《詩譜》也。以爲子夏所序《詩》即今《毛詩序》者，王肅《家語注》也。"
③ 序録謂："徐整云：子夏授高行子，高行子授薛蒼子，薛蒼子授帛妙子，帛妙子授河間人大毛公。毛公爲《詩故訓傳》於家，以授趙人小毛公。"
④ 疏謂："孔子删《詩》，授卜商。商爲之《序》，以授魯人曾申。……荀卿授魯國毛亨。毛亨作《訓詁傳》，以授趙人毛萇。"
⑤ 可參看魏源《詩古微》、康有爲《新學僞經考》。
⑥ 解題謂："傳曰者，不知是誰人所作，人皆云孔子弟子卜商字子夏所爲。"
⑦ 《禮記·雜記下》："孺悲學士喪禮於孔子，《士喪禮》於是乎書。"
⑧ 徐彦《春秋公羊傳疏》載何休《序》引戴宏序。
⑨ 楊士勛《春秋穀梁傳疏》，載范甯《序》題下引《風俗通》。
⑩ 《史記·孔子世家》："至於爲《春秋》，筆則筆，削則削，子夏之徒不能贊一辭。"
⑪ 見陸德明《經典釋文·序録》引鄭玄《六藝論》。
⑫ 《論語·先進》："參也魯。"
⑬ 《論語·學而》。

"犯而不校"①,"君子思不出其位"類話②,提倡盲從精神。他又以"孝"著稱,相傳在這方面得到過孔子的特殊培養③。正因如此,他在西漢時便被封建統治者奉爲講"孝道"的楷模,而在宋以後更被封建道學家捧作與顏回並列的大賢。

《漢書·藝文志》儒家内有《曾子》十八篇,如今尚存十篇,收入《大戴禮記》。由篇題便可窺見曾子"傳經"的重點,例如《曾子本孝》、《曾子立孝》、《曾子大孝》、《曾子事父母》等,都是闡發儒家關於"孝"的觀念的。曾子以"孝"爲人生哲學的第一義,説它是"天下之大經"、"衆之本教"等④,嚴格地説已偏離了孔子的立場。因爲孔子哲學的歸宿是"仁",而把"孝"當作入"仁"之門的方法或手段,如果不幸"仁"、"孝"發生衝突而不能兩全的時候,孔子便主張"殺身成仁",即舍"孝"而取"仁"。但曾子則把"仁"、"孝"看作同實而異名的概念。他以爲天生地養的一切生物中,惟人爲大,因此必須謹慎地保護自己的肢體髮膚⑤,"父母全而生之,子全而歸之,可謂孝矣;不虧其體,不辱其身,可謂全矣"⑥。他以爲每個人,倘使都一方面自全其身(孝),一方面全人之身(仁),則社會就根本無所謂衝突,也用不着犧牲,豈不美哉! 這種思想,同莊子、楊子主張的"養内養外"和"拔一毛而利天下不爲",倒有點相近。在家族爲本位的宗法封建社會裏,曾子這種仁孝一致的理論,很適合封建統治者鞏固其壓迫秩序的需要。於是曾子也就被尊爲"大賢"。然而《大戴禮記》中的"曾子"十篇,寫作形式都采用早期儒家慣用的語録體,《曾子立事》篇中還載有《荀子》的《修身》、《大略》二文,因此也可能不是曾子自撰。

此外,《孝經》雖也非曾子所撰,但很可能是曾子一派的典籍。這本小書,從西漢起,在封建社會裏有很大影響,被列爲"十三經"之一。我將在兩漢經學部分再談。

三 子 思

孔子的這個孫子,師承儘管還不明瞭,但他的學説,却由於荀子的批評,而可窺見涯略:他是主張"法先王"的,這可以説是忠於乃祖的傳統;他是造作"五行

---

① 《論語·泰伯》。
② 《論語·憲問》。
③ 《史記·仲尼弟子列傳》:"孔子以爲(曾参)能通孝道,故授之業。"
④ 均見《大戴禮記·曾子大孝》。
⑤ 《論語·泰伯》:"曾子有疾,召門弟子曰:'啓予足,啓予手。詩云:"戰戰兢兢,如臨深淵,如履薄冰。"而今而後,吾知免夫! 小子!'"
⑥ 均見《大戴禮記·曾子大孝》。

説"的,這可以説是發展了乃祖反鬼神而取術數的思想;他是墨守"先君子之言"的,這可以説是以繼承乃祖道統爲己任①。他的這一套,後來被孟子接過去,再加以發展,即荀子所謂"子思唱之,孟軻和之"②,因而儒者翕然響應,在戰國中、晚期形成一個很大的派別,人稱"思、孟學派"。

但子思傳了哪些經,已無可考。《漢書·藝文志》儒家有《子思》二十三篇,現均亡佚③。只有《禮記·中庸》一篇,相傳爲子思的著作。宋朝道學家對《中庸》特別重視,以爲"此篇乃孔門傳授心法",朱熹並將它從《禮記》中抽出,同《大學》、《論語》、《孟子》合編爲"四書",後來便被封建統治者規定爲官方教科書,在宣揚舊禮教、錮蔽人們智慧方面,發生了長期而極壞的影響。但這是道學家附會的"天道性命"之類鬼話所起的影響,至於《中庸》與子思究竟有什麽聯繫,他們從來也沒有費心考索過。到清末,章炳麟才尋出一點綫索,考出《中庸》是用五行附會人事的子思遺説④,郭沫若又加以闡釋⑤,方才揭露了真相的一角。

除《中庸》外,據南朝的沈約説,《禮記》中的《表記》、《坊記》、《緇衣》諸篇,也都取於《子思子》⑥。但還找不到佐證。

四　公孫尼子

《漢書·藝文志》記有《公孫尼子》二十八篇,原注説他是七十子之弟子,也就是孔子的再傳弟子。但《隋書·經籍志》卻説是孔子弟子。皮錫瑞疑即韓非所指的八儒之一公孫氏⑦。《公孫尼子》一書已佚⑧,現在也尋不出可資研究他的生平和學説的其它材料。

公孫尼子在"傳經"上所以值得注意,一是因爲今傳《禮記·緇衣》一篇,據説是他所作⑨;二是因爲今傳《禮記·樂記》,據説也取自《公孫尼子》⑩,如果這是事實,他便是戰國時傳授《禮》、《樂》二經的人物之一。

---

① 《荀子·非十二子》。
② 《荀子·非十二子》。
③ 清末黄以周有輯本,名《子思子》。
④ 章炳麟:《子思孟軻五行説》,載《太炎文錄初編》卷一。
⑤ 《十批判書》,第一三九——一四〇頁。
⑥ 見《隋書·音樂志》引沈約説。
⑦ 見《經學歷史·經學流傳時代》。
⑧ 清馬國翰《玉函山房輯佚書》輯有《公孫尼子》一卷。
⑨ 孔穎達《禮記正義·緇衣》篇解題引南朝劉瓛説。
⑩ 見《隋書·音樂志》引沈約語。

五　孔門其它弟子

清初的朱彝尊,曾搜集《論語》、《史記》等書中有關孔門弟子"傳經"的記載,在《經義考》裏作了概述:"孔門自子夏兼通《六藝》而外,若子木之受《易》,子開之習《書》,子輿之述《孝經》,子貢之問《樂》,有若、仲弓、閔子騫、言游之撰《論語》;而傳《士喪禮》者,實孺悲之功也。"①但只有商瞿即子木傳《易》的説法,曾由司馬遷列出完整的傳授系統②,大約比較可靠。此外都得自一鱗半爪的記録,缺乏其它資料佐證,所以存有疑問。

由上可知,孔子整理過的"六經",在他死後都在繼續傳授。然而,除掉子夏這個可疑的"傳經"者而外,其他人或抱着一、二"經",或抓住一、二個觀點,再著書講學,使儒經傳授由合而分,這是一。其二,"傳經"者都沒有死守孔子的各種具體觀點,而是或吸收別家學説加以補充,或根據自己需要加以修改,使儒家學説在起變化。這個由孔子到孟荀的中間環節,我以爲在經學史、學術思想史上都很重要,但情況仍若明若暗,我期望有人下點工夫弄明白。

儒家内部孟荀兩派的對立

説起戰國時的儒家主要流派,自然要數孟子和荀子。他們的哲學見解不同,歷史認識不同,政治信念不同,已有不少論著討論過了。我準備從經學史的角度談一談。

孟軻是戰國時鄒(今山東鄒縣)人,約生於周威烈王四年(公元前三七二年),死於周赧王二十六年(公元前二八九年)。他自己説:"予未得爲孔子徒也,予私淑諸人也。"③學的是誰?他沒有明説,引起後人紛紛揣測。據我看,當以"受業於子思之門人"④一説爲是,因此他當是孔子的四傳弟子。

孟子的經歷,同孔子頗相似。幼年喪父,家裏很窮。後來讀書,成了名,便帶着一班學生跑來跑去,大至齊、梁,中至宋、魯,小至滕、鄒,都游歷過。雖然到處得到諸侯貴族的禮遇、饋贈,曾經闊得後車數十乘,隨員數百人,但一處也未被重

---

① 子木,商瞿字。子開,漆雕開字。子貢,端木賜字。仲弓,冉雍字。
② 見《史記·仲尼弟子列傳》。
③ 《孟子·離婁下》。
④ 《史記·孟子荀卿列傳》。

用,而且有一次在本國得罪了鄒穆公,後者一怒便中止饋贈,鬧得他斷了糧①。好不容易等到崇拜他的滕文公即了位,但滕國太小了,不足作爲實現他"平治天下"抱負的基地,於是再輾轉入齊。這一次貴爲"齊之卿相"②,但不久又同齊宣王鬧意見,辭職下野,跑到邊境住了三夜,竟不見齊王派使者挽留,只得嘆息道"五百年必有王者興"的氣數已過③,從此告別政治生涯。"退而與萬章之徒序《詩》《書》,述仲尼之意,作《孟子》七篇"④。

據說,孟子"治儒術之道,通五經,尤長於《詩》《書》"⑤,由現存《孟子》來考察,孟子屢屢稱引《詩》《書》,而對《春秋》尤其反覆頌揚,可以相信他對"經書"的確有研究。

問題在於"序《詩》《書》"的解釋。郭沫若以爲據此"可知《詩》《書》的編制是孟氏之儒的一項大業"⑥,是釋"序"爲次序之意。我的看法則不同。"六經"的原型,本爲孔子以前存在的"先王之陳迹"的文獻,經過孔子整理,因此而成爲儒家學派的"經典"⑦。在戰國時,孟子一派還只是儒家學派的一支。如果"經書"是孟子編次的孔門遺說,那就決然得不到各派儒者的共同承認,更得不到荀子一派的承認,而現存"經書"却大多爲荀子所傳。所以,我認爲,所謂"序",就是"叙",就是陳述原書著者的旨趣,這由《孟子》中可以看得很清楚。

更成問題的是孟子同《春秋》的關係。近人錢玄同拿《論》《孟》對勘,以爲孟子竭力表彰的"孔子作《春秋》"一事,却不見於《論語》,就說明《春秋》決不是孔子所做⑧,"孟軻因爲要借重孔丘,於是造出'《詩》亡然後《春秋》作','孔子成《春秋》而亂臣賊子懼'的話"⑨,我的意見也不同。《論語》主要是孔子及其學生的對話錄,關於孔子的實踐活動記錄甚少,例如大至孔子的官場經歷,小至孔子的婚姻狀況,都沒有提到,難道可以據此否認孔子做過官、娶過妻嗎?如果把《論語》當作研究孔子的唯一材料,那恰好應了孟子那句"盡信書不如無書"的話。何況孟子談《春秋》,本在"述仲尼之意"。他解說孔子的意圖可能一無是處,但不能以此

---

① 見應劭《風俗通·窮通》。
② 《孟子·公孫丑上》。
③ 關於孟子去齊的經過,詳見《孟子·公孫丑下》。
④ 《史記·孟子荀卿列傳》。關於《孟子》的篇數、編者,後來學者異說紛紜,不詳辨。
⑤ 趙岐:《孟子題辭》。
⑥ 《十批判書》,第一四一頁。
⑦ 參見周予同:《"六經"與孔子的關係問題》,載《復旦學報》一九七九年第一期。
⑧ 錢玄同:《論〈春秋〉性質書》,載《古史辨》第一册,第二七六頁。
⑨ 錢玄同:《答顧頡剛先生書》,載《古史辨》第一册,第七八頁。

證明孟子在造孔子的謠。

孟子對"經書",既然重在"序"和"述意",既然這樣做是出於政治活動失敗後要在理論上繼續申述自己的哲學政治主張,那末他在"傳經"上的注意力,集中在確立由孔子到自己的道統(錢玄同說他要借重孔丘,是對的),而不太注意注解章句,綜核古事,便是很自然的。因此,從經學史的角度看,孟子一派可謂主觀之學。正如孟子在哲學上高唱"萬物皆備於我"一樣①,孟子在經學上也是把"六經"當作發揮我見的工具。所謂《春秋》"其事則齊桓、晉文,其文則史,孔子曰'其義則丘竊取之矣'"②,實在是他對"經書"態度的"夫子自道"。因此,他言必稱堯舜,語必法先王,實則借堯、舜、禹、湯、文、武的名義,申說自己的"行仁政"、"民貴君輕"之類救世主張。他的主張的階級意義自可討論,但他治經是"託古"而不是"復古",就連他的對手荀子也不否認③。

荀況是趙國人,約生於周赧王二年(公元前三一三年),死於秦王政九年(公元前二三八年)④。他的家世和早年經歷,至今還是個謎。熟悉故事如司馬遷,在替他作傳時,也只能開始就從"年五十始來游學於齊"寫起⑤。這五十之年當齊國何王何年,也仍屬糊塗賬,現在可判斷的,就是荀子跑到齊國後,在那裏的學術文化中心稷下學宮裏大大出了名,不但在學者中"最爲老師",而且在齊國統治者授予學者列大夫銜頭時居於前茅,"三爲祭酒"⑥,這就是他被尊爲"卿"的由來。但他在齊也沒有得意多少年,便遭人中傷,跑到楚國依附春申君,任蘭陵令。不久又遭讒而被春申君辭退,於是返趙,曾在趙孝成王前討論軍事,"趙以爲上卿"⑦。大約在此期間,入秦會見秦昭王和范雎⑧,向他們大談儒有益於國。接着

---

① 《孟子・盡心上》。
② 《孟子・離婁下》。
③ 《荀子・非十二子》:子思、孟軻,"案飾其辭而祇敬之曰,此真先君子之言也。"
④ 關於荀子的生卒時間,學者衆說紛紜。荀子死於楚國春申君被殺之年(公元前二三八年)以後,大約可以斷定。但生年就成問題,如據舊說他五十游齊是在齊湣王晚年,則荀子壽高至一百三十餘歲,宋以來學者都認爲不可信。這裏暫據姜亮夫《歷代人物年里碑傳綜表》(中華書局一九五九年版)。
⑤ 《史記・孟子荀卿列傳》,劉向《叙錄》同。但應劭《風俗通・窮通》說"年十五"至齊,有人據此認爲《史記》"五十"乃"十五"之譌。但應劭說荀子至齊便說齊相行王道,則十五歲便作此事業,也未必可信。
⑥ 見《史記・孟子荀卿列傳》。
⑦ 見《戰國策・楚策四》,劉向《叙錄》。
⑧ 荀子入秦,在《荀子》中的《儒效》、《彊國》等篇均有記載。據《風俗通・窮通》,入秦時間在初次任楚國蘭陵令被辭退之後。但羅根澤以爲當在五十游齊之前,見《荀卿游歷考》(《諸子考索》,人民出版社一九五八年版)。

又應春申君請,由趙入楚復任蘭陵令①。他的學生也不少,最有名的就是韓非和李斯,相傳他還見到李斯任秦相②。不過他晚年同孔、孟一樣倒楣:"春申君死而荀卿廢","荀卿嫉濁世之政,亡國亂君相屬,不遂大道而營於巫祝,信禨祥,鄙儒小拘,如莊周等又猾稽亂俗,於是推儒、墨、道德之行事興壞,序列著數萬言而卒。"③

荀子憎惡的"鄙儒"、"俗儒",顯然有孟子在内。他們同屬儒家而勢不兩立,單用宗派嫉妒來解釋是不行的,而用定階級成分的辦法來解釋也沒有足夠根據。在政治上,孟、荀都要求統一,都要求結束春秋以來的社會混亂狀態,而實現統一的政權,正是地主階級的共同要求,對發展新的封建經濟有利,怎能隨便説他們一個代表奴隸主,一個代表地主呢? 在思想上,孟、荀確有很大分歧,但主要出於時代不同,形勢使然。例如關於性善性惡之爭,孟子主性善,便是站在統治階級的立場上,認爲自己階級的性是善的,因而由這個性所規定的理、義也是善的。他把這一點推廣到適用於整個社會,當被統治者對統治者的理、義表示順從的時候,便説他們性善,反之就是性惡,就是邪説誣民、充塞仁義。荀子主性惡,難道他以爲統治階級的性是惡的麽? 不然,否則他就不可能認定存在着制禮的聖人,也不可能認定存在着遵禮的士大夫。他談性惡,同樣也是站在統治階級的立場上,但提問題的角度與孟子相反。他是説被統治者的性本是惡的,因此要用統治者制定的禮和刑,來強迫被統治者順從。所以,據我的看法,孟、荀關於人性善惡的説法儘管不同,然而在本質上都是宣布統治階級的利益不可侵犯。不過孟子指望用説教達到目的,而荀子則斷定非用強制手段不能解決問題,這正是戰國後期的階級矛盾比戰國中期更尖鋭的一種反映。孟、荀的其它分歧,如法先王與法後王之爭,王霸義利之爭,又何嘗不應作如是觀呢? 顯然,當歷史發展到戰國後期,專制主義的中央集權的封建統一政權即將出現的時候,荀子的學説更適應地主階級的需要。

在"傳經"事業上,荀子也高於孟子。清朝汪中的《荀卿子通論》④説:"荀卿之學,出於孔氏,而尤有功於諸經。"我以爲近於事實。汪中對荀子"傳經"作了詳細考證,文長不擬備録,試爲列表如下:

---

① 據劉向《叙録》。《戰國策·楚策四》提到春申君再次"使人請孫子於趙",未説再任蘭陵令。
② 《鹽鐵論·毀學》:"李斯相秦,始皇任之,人臣無二,而荀卿爲之不食。"
③ 《史記·孟子荀卿列傳》。
④ 見汪中《述學》"補遺"内,又見王先謙《荀子集解·考證下》等書内。

《詩》
- 《魯詩》：荀子——浮邱伯(包邱子)——申公(《魯詩》開創者)
- 《韓詩》：引荀子以説《詩》者凡四十四。
- 《毛詩》：子夏——曾申——李克——孟仲子——根牟子——孫卿——大毛公

《春秋》
- 《穀梁》：荀子——浮邱伯——申公——瑕丘江公
- 《左傳》：左丘明——曾申——吴起——吴期——鐸椒——虞卿——荀卿——張蒼——賈誼①

《禮》
- 《荀子》中的《禮論》、《樂論》，見今《禮記》的《樂記》、《三年問》、《鄉飲酒》三篇中。
- 《荀子》中《修身》、《大略》，見今《大戴禮記·曾子立事》篇。

《易》{劉向又稱"荀卿善爲《易》"②，其義亦見《非相》、《大略》二篇"。

據此可知，荀子與《詩》、《禮》、《春秋》、《易》諸經的傳授，都有關係。汪中的結論説："蓋荀卿於諸經無不通，而古籍闕亡，其授受不可盡知矣。《史記》載孟子受業於子思之門人，於荀卿則未詳焉。今考其書始於《勸學》，終於《堯問》，篇次實倣《論語》。《六藝論》云：《論語》，子夏、仲弓合撰。《風俗通》云：穀梁爲子夏門人。而《非相》、《非十二子》、《儒效》三篇，每以仲尼、子弓並稱。子弓之爲仲弓，猶子路之爲季路，知荀卿之學，實出於子夏、仲弓也。《宥坐》、《子道》、《法行》、《哀公》、《堯問》五篇，雜記孔子及諸弟子言行，蓋據其平日之聞於師友者，亦由淵源所漸、傳習有素而然也。"③

近人劉師培，曾參照汪中的考證，進一步列出《孔子傳經表》④，認爲從孔子的學生算起，到西漢初年爲止，《書》學出於孔子的子孫和漆雕開一派的傳授，《易》學出於商瞿一派的傳授，而《春秋》學的傳授，三傳均出於子夏一派，荀子則是《穀梁》、《左傳》的直接傳授者。

汪、劉之説，自然不免含有揣測的成分，但秦漢儒生所學習的"五經"及其解説，大多來自荀子，則爲經學史家們所共同承認。因此，荀子對後代儒學的發展起了重要影響，是可以斷定的。

總之，我認爲，戰國時期的儒家學説，到荀子就作了綜合。雖然在漢武帝以後，封建統治階級由於荀子主張不法先王，不敬天地，否認命運，人性本惡諸説，不合自己愚民的需要，因而將他本人摒於道統之外，遂使荀子在儒學中的地位不及孟子顯赫；並因此引起後人對荀子學説的種種誤解，可是他實爲孔子以後儒家的傳經大師，實爲戰國末儒家學説的集大成者，實爲秦漢

---

① 康有爲等今文經學家以爲不足信。
② 見劉向《叙録》。
③ 《荀卿子通論》。
④ 見劉師培《經學教科書》。

時期爲封建專制主義的統一政權準備了理論基礎的儒家學派的先驅人物，則不能否定。

原載《學術月刊》一九七九年第四期

附錄

新文化運動百年祭
——兼論周予同與二十世紀的經學史研究

鄧秉元

1. 哪一個五四？
2. 新青年的"誕生"
3. 傳統經學的困境與新文化運動
4. "大爆炸"之後的青年宇宙
5. 用科學整理國故
6. 經學已死,經學史當興?
7. 一個無政府主義者的宿命

　　從清末到民初,對於中國知識分子而言,是一個很難自我定位的時代。不過短短數十年間,這一羣體便完成了自身從傳統士大夫向新型知識分子的轉變,同時也發生了複雜的分化。傳統所謂"學而優則仕"儘管未被完全打破,但入仕通籍的法則已經改變,仕在某種意義上回復了"做事"的原始義。分化後的知識分子主要有兩類:一種是所謂專業知識人,一種則是成爲職業革命家或政客等形形色色的政治人物。當然也不排除許多人一身二任,時下所謂"公共知識分子"一詞儘管不無貶義,卻庶幾可以當之。早在三十年代,身處轉型之中的歷史學家周予同,曾經對此有過觀察,並稱自己這一代人是所謂"變質的士大夫"①。

　　周予同顯然有理由以此自居。儘管只是生長在較爲寒素的廩生及塾師之

---

① 周予同《我們的時代》,收入《周予同經學史論著選集》(增訂本),朱維錚編,上海人民出版社,1996年。下文凡收入本書及此書的論文,書名不再出註。

家①,但當 1898 年他在浙江瑞安出世之時,清帝國的統治雖已搖搖欲墜,之後卻仍然維持了近十四年時間。他想必還有機會看到 1905 年廢科舉以前父輩參加科考,也還一直難忘兒時所見身爲漢學大師的同鄉孫詒讓,倍受鄉人尊敬的景象。

當然,直到今天,給傳統所謂"士大夫"下定義仍然很難。假如説孔子以前大夫、士還是貴族階級的兩種身份,到了孟子的時代則肯定發生了變化,後者便把有恆之士與無恆之民相對,士與民都成爲德性概念。大概地説,魏晉的士族是指《詩》、禮傳家的簪纓世冑,科舉時代以後的士大夫則主要指代可以讀書弋取功名的羣體。通籍以前爲士,通籍以後則如《禮記》所言"服官政",爲大夫。這個羣體或在朝爲官,或在鄉爲紳,其勇者尚能以師道自任,在當時的社會中處於君權與民衆之間,三足鼎立,相互平衡。這是清代以前的基本社會格局。

很顯然,以"變質的士大夫"自稱,表明周予同不僅思考過士大夫的具體意義,而且也注意到了這一羣體的變化。也正是因此,1937 年,在一篇面對中學生的筆談中,周予同不僅希望青年一代可以擺脱"士大夫的末運","變爲知識分子或生產技術人員,對於國家民族有所貢獻",而且痛切於自己一輩人的墮落:

> 眼看見一批一批的青年們以革命志士的姿態踏上抗爭的路,而終於以腐敗的官僚、政客、土劣的身價送進墳墓裡去。甚至於借著一切可利用的幌子,在任何機關裡,進行其攫奪的私計。變了質的士大夫的醜態真可謂扮演到淋漓盡致了!②

爲了避免這種變質士大夫的醜態,在周予同的大半生中他都小心翼翼避免介入實際政治,通過學術與出版事業踐行自己改造社會的願望,但最終卻不得不捲入政治的漩渦之中。作爲一個畢生發掘傳統經學底藴並試圖否定之,以迎接新文化的歷史學家,卻爲已經到來的新文化所吞噬,這在同輩學者之中不僅不是個例,而且毫無疑問算是顯例。

將近二十年前,周予同先生的著作曾是我瞭解經學史的入門書之一。那時對於這位先是被"文革"小將稱爲"反共老手",後來又被稱爲"民主鬥士",甚至

---

① 關於周予同生平,凡見於《自述》及書後所附《周予同生平與學術簡表》的,以後不另出註。
② 《我們的時代》。

"共產黨同路人"的學者,曾經以爲定位已明,反而喪失了深入研究的興致。直到去年冬天,因爲承乏編纂周予同先生的選集,只好再一次重讀周先生的著作,而且盡可能與二十世紀所發生的歷史事件相比勘。漸漸的,周先生的形象先是由清晰變得模糊,然後又一點點重新清楚起來。這還是那位周予同嗎?我不禁有些惶惑了。

一、哪一個"五四"?

歷史地討論清末民初以來的中國學人及其學術很難。姑且不提李鴻章那個所謂"三千年未有之變局"的著名慨嘆,只消一瞥處在變幻莫測的國際局勢當中的中國,二十世紀上半葉風起雲涌的政權更迭,下半葉此起彼伏的政治運動,以及由此引生的學人身份的複雜多變、思想的矛盾紛呈,便經常使人感到目不暇接,難於置喙。

譬如,想要理解作爲五四青年一員的周予同,便很難繞開對五四的理解。但自五四運動發生以來,對它的爭議或解釋便已衆說紛紜。侷限於五四事件者有之,以政治運動視之者有之,以新文化運動解釋者亦有之,在不違背基本史實的前提下,很難說哪一種更符合歷史實相。所區別的或許只有境界的高低。在這些爭議中,因爲立場不同而產生的解釋最容易辨認,誠如周策縱所總結的,從自由主義者眼中的文藝復興、宗教改革與啓蒙運動,保守主義者眼中的文化災難,到馬克思主義者所認爲的反帝反封建運動,種種相互歧異甚至矛盾的解釋背後,是因爲"自1919年起,五四運動中的新知識分子因其在思想意識、专业兴趣、政治理论与实践的态度以及与政治的实际关系等方面的不同而产生了分化"①。

廣義的五四運動包括1915年開始的新文化運動、1919年五四事件及二十年代一系列文化及政治爭議。這也是本文討論新文化運動與五四的基本立場,在多數情況下兩者可以互用。問題是,反傳統與西化固然是新文化運動所提倡的關鍵內容,但在何種意義上可以算作新文化運動與五四的基調?同樣,人所豔稱的所謂個性解放、反專制、反抗帝國主義云云,儘管也都是新文化運動的應有之義,但在何種意義上與顛覆傳統形成有機的聯繫,依然是考驗史學界的重要課題。

譬如,一種耳熟能詳的歷史定位是,五四是一次個性解放運動。這種觀點無

---

① 周策縱《五四運動史》,嶽麓書社,1999年,第476頁。

疑可以找到許多例證，卻表現不出五四的特色何在。倘承認二十年代以降，許多思想史研究業已揭示的一個事實，即至少在晚明時代由王學所催生的社會思潮中，已經存在大量個性解放的聲音，便可知個性解放不必與傳統本身相矛盾。特別是在晚清，無論是康有爲還是孫中山，都曾借助王學試圖突破傳統思想的藩籬。那麼，爲什麼要反傳統？

另外，假如說五四是爲了"反帝反封建"，這在"衝破禮教"、"抵制日貨"的聲音中似乎也並非無稽之談；但如果按照這一派學者自己的意見，包括康有爲的保種大同、孫中山的三民主義、章太炎的"排滿"革命以及譚嗣同等對君學的顛覆，都是屬於所謂"資產階級學術"之列，那麼所謂"反帝反封建"的任務孔學似乎足以完成，何必非得一聲炮響之後飛來的列寧主義。除非這種見解只是爲了證明一種所謂領導權的論述，即五四運動已經是由無產階級所領導，儘管這個階級的先鋒隊在五四事件之後才得以產生。不消說，這種觀點也早已被前人的論著所反駁。

新文化運動在誕生伊始，便有了它的反對派。除了錢玄同假冒王敬軒的自我炒作之外，在學者羣中，包括桐城文人，包括尚未崛起的新儒家，也包括 1922 年已經開始集結的"學衡派"。半個世紀以後，當許多人感喟於五四激烈反傳統所造成的弊端的時候，在五四的支持者中隨即產生了另外的觀點。

李澤厚認爲，五四運動包含新文化運動與學生反帝愛國運動兩部分。前者是爲了救亡，而非個人自由、平等與獨立，救亡最終壓倒啓蒙，"封建傳統"的遺毒不僅沒有肅清，而且變本加厲①。此文用意，固然是在不損害政權合法性的基礎上，爲八十年代的"新啓蒙"搖旗吶喊；但同時也可以用來爲五四的激進反傳統辯護。事實上，李文的根本問題是完全從歷史目的論的視角出發，因此線條過於單一，儘管注意到中共系統以外的知識分子存在，但卻未能提出有效的框架予以解釋。

另一種觀點似乎是爲了紓解五四運動激進反傳統的歷史形象。譬如業師朱維錚先生便提出，所謂"打倒孔家店"實際是指"朱家店"②，即以朱熹爲代表並被清代官方意識形態化的程朱理學。這仍是從"反封建"的角度立論；不過，新文化運動之所以是全盤反傳統，便包括知識體系、意識形態以及社會文化的各個部

---

① 李澤厚《啓蒙與救亡的雙重變奏》，收入《中國現代思想史論》，東方出版社，1987 年。
② 《重識五四——專訪朱維錚》，《瞭望東方週刊》，2009 年第 19 期。

分。針對孔子問題,新文化運動領袖之一的錢玄同便公開指明,孔家店分老牌、冒牌之分,前者顯然是指孔學及歷代經學①。

林毓生則在承認所謂"全盤的反傳統主義"的基礎上,提出新論。他首先意識到,"無論中國的民族主義,中國式社會達爾文主義的求變的觀點,或者當時所採納的西方自由主義的和西方科學的思想和價值,都不能用來解釋五四反傳統運動的全盤性"。② 那麼這種"全盤的反傳統主義"來自何方?那就是"借思想文化以解決問題的途徑"。換句話說,改造世界觀先於政治與經濟改革③。於是他轉而論證,這種思想文化先行的傳統不僅在此前的嚴復、康有爲、譚嗣同、梁啓超那裏早有先例,而且還植根於古老的儒家傳統。

不過,姑且不說有研究者批評他尋章摘句,簡單以嚴復、康有爲、譚嗣同的若干說辭來論證近代儒家學者"借思想文化以解決問題"的傾向,那顯然忽視了洋務運動以來所有技術與建制方面的努力。至於以梁啟超爲例,更顯然沒有注意《飲冰室合集》裡面大量革新政體與法制方面的論著,以及梁氏本人在各個時期的政治活動。同時,把這種思維歸咎給傳統儒家,同樣沒有注意到儒家在傳統時代的建制性存在。

也正是因此,林毓生的觀點,似乎尚不如梁啓超那個廣爲流傳的觀點更有解釋力。在後者看來,洋務運動以來對西學的接引經歷了一個由器物到制度,復由制度到文化這樣一個逐漸深化的過程。只不過梁說的侷限在於,晚清這種對西洋文化逐漸接受的邏輯,在少數思想開放的士大夫那裏或是事實,但何以新文化運動會引起那樣大的社會震動,尚需要另闢其他的解釋途徑。

二、新青年的"誕生"

說反傳統與西化是新文化運動及五四的基調,似乎已無疑義④。問題是這一現象如何發生,或者說,爲什麼會被多數學生所接受。

許多學者都曾不厭其煩地枚舉過,五四運動前後所發生的重大事件或社會

---

① 老牌的孔家店是指孔學和歷代經學,冒牌的包括古文、駢文、八股、求仙、狎優等一般文化。參《孔家店的老夥計》,載《錢玄同文集》第二册,中國人民大學出版社,1999年,第58頁。
② 林毓生著、穆善培譯《中國意識的危機》,貴州人民出版社,1986年,第16頁。
③ 同上書,第45頁。
④ 周策縱認爲"全盤反傳統"這頂帽子對蔡元培、胡適、蔣夢麟也是不合適的。參《五四運動史》香港版序,前引書第13—14頁。周予同甚至認爲"疑古派"就是傳統的。參《五十年來中國之新史學》。本文的反傳統是指知識體系意義上的。

變化,以豐富對這一運動在發生學層面的理解。譬如"二十一條"的提出,袁世凱尊孔稱帝,張勳復辟,軍閥割據,巴黎和會上中國的窘境,對美國的失望與對蘇聯的憧憬,高等學校的教育革新,歐美留學生對文化思想界的衝擊,五四以後的學生組織,中國的工人運動,凡此種種,不一而足。誠如一位歷史學家所形容的,歷史本來便像分光鏡,有着多重的線索並存①。

不過,有一個因素假如說沒有被忽視,至少也在疏於強調之列。那就是1910年代現實中的學生羣體的精神狀態。實際上,五四運動之所以首先是一次學生運動,或者說青年的運動,就是因爲所有的社會因素最後都作用於青年學生的心理狀態,並成爲新文化作用於社會力量的樞紐所在。有了這個樞紐,新文化的影響才迅速達到商界、工團,並漸次及於農村社會。因此,假如說各種矛盾的積累如同"萬事俱備",那麼學生的心理狀態便是"所欠東風",相比之下,作爲具體事件的巴黎和會反而顯得沒有那麼重要。

如前所述,新文化運動時期的許多思想,在現實指向上與晚清時代很難說有根本性差別。在前述文章中,李澤厚便曾感到疑惑,就以"資本主義"的西學反對"封建傳統"的中學而言,新文化運動與晚清"並無根本的不同,甚至在形式主張上也相當接近或相似。那麼,新文化運動爲什麼會有空前的氣勢、作用和影響呢?"

我們知道,即便是激烈反孔的聲音,在晚清也已經出現。梁啓超1902年發表的《論中國學術思想變遷之大勢》便已經論及不少批孔之説。在康有爲呼吁建立孔教的同時,其論敵章太炎便大潑冷水,1904年在《訄書》重訂本中發表《訂孔》一文,援引日本學者遠藤隆吉、白河次郎尖鋭批孔的言論,對孔子大張撻伐,認爲孔子除了頗具"才美"以外,其學問不惟不如荀、孟,只可比諸劉歆②。據説"餘杭章氏《訄書》,至以孔子下比劉歆,而孔子遂大失其價值,一時羣言,多攻孔子矣。"③稍後,章太炎在1906年發表的《論諸子學》一文,④更批評"儒家之病,在以富貴利祿爲心",並氾引《莊》、《墨》之説,來證實孔子的"巧僞"。可以説,反孔的聲音不惟不始於新文化運動,事實上還深受前者的影響,1916年易白沙在《新

---

① 許倬雲《歷史分光鏡》序,上海文藝出版社,1998年。
② 《章太炎全集》第三卷,朱維錚編校,上海人民出版社,1984年,第134—136頁。
③ 許之衡《讀〈國粹學報〉感言》,載《國粹學報》乙巳年第六號《社説》。轉引自湯志鈞《章太炎年譜長編》上册,光緒二十八年,中華書局,1979年。
④ 《章太炎選集》,朱維錚、姜義華編校,上海人民出版社,1981年。

青年》率先發表《孔子平議》,章太炎的這個觀點便赫然在內。

當然,具體觀點的類似並不能掩蓋晚清與五四兩個時期思想的根本歧異,這一點稍後再行討論。不過爲什麽類似觀點在五四時期會產生那樣的影響,確實是一個有力的問題。李澤厚的結論是,每個時代有自己的中心議題,從晚清戊戌維新到辛亥革命時期,"政治鬥爭首先是先進知識羣興奮的焦點",但皇權雖已推翻,社會卻全無變化,因此陳獨秀等人發起"多數國民之運動",即改造"國民性"。可惜這裏的邏輯困難依然存在,改造國民性的努力與這種改造所迅速產生的影響並非是一回事情。我們固然可以說,由胡適、錢玄同、魯迅等發起的白話文運動促進了影響的發生,但事實卻是,影響已經發生的時候,白話文運動才剛剛開始。

因此,新文化運動迅速產生影響的主要原因只能從另外的途徑尋找。說穿了卻也簡單,這個原因便是自1904年以來,中國新知識羣體所發生的知識結構的深刻變化。

譬如,從代際關係的角度來看,1850—1900年五十年間出生的士人,在近代文化及政治發展史上最令人矚目。例如嚴復(1854)、袁世凱(1854)、康有爲(1858)、孫中山(1866)、蔡元培(1868)、章太炎(1869)、黃興(1874)、梁啟超(1875)、王國維(1877)、魯迅(1881)、馬一浮(1883)、汪精衛(1883)、熊十力(1885)、錢玄同(1887)、蔣介石(1887)、陳寅恪(1890)、胡適(1891)、梁漱溟(1893)、毛澤東(1893)、錢穆(1895)等等,不勝枚舉。假如以1870年代分屬兩代,兩代人的影響基本以五四爲分界線,前一代人產生影響主要介於於甲午戰爭到維新運動之間,後一代人則主要在新文化運動及五四時代登上歷史舞臺。代際之間偶有交叉,譬如蔡元培、孫中山、梁啟超的影響橫跨兩個世代,劉師培(1884)與陳獨秀(1879)則一早慧、一晚成。

代際關係幾乎橫貫了整個二十世紀,甚至直到今天也依然是觀察中國社會的有效視角之一。問題是,歷史中永遠會有代際的存在,這種區分有何意義?很簡單,當代際的教育背景發生明顯變化的時候,代際的差別就會被放大。

鴉片戰爭以來,隨着西學東漸的深入,學術的傳播逐漸反映在教育的變化之中。一般認爲,同治元年(1862)京師同文館的開辦可以視作新式教育的開始,從那以後直到維新運動結束,一系列新式學堂如廣方言館、福州船政局、北洋武備學堂、湖北武備學堂等相繼建立。不過此期新式教育的侷限很大,不僅學堂數量有限,而且主要集中於翻譯、技術、軍事等實用人才的培養。

與此同時,隨着西方傳教士來華,自 1839 年澳門馬禮遜學堂開始,教會教育有過一定發展。但據統計,截止 1890 年,全國幾百所基督教學校學生總數也僅 16836 人,而且學校初創時,大多阻力重重,"學生多來自教民之家和貧苦人家",這種現象在 19 世紀後半葉如上海等地才有所改變①。

在整個社會仍然唯科舉馬首是瞻的時代,這兩種教育顯然無法對主流士大夫羣體產生太大影響②。從這個意義上説,1880 年代以前出生的士人,假如不是曾留學西洋或東渡日本,在國内很難接觸較爲完整的西式教育。這在客觀上決定了,維新變法及辛亥革命時代,無論當時少數的士大夫如何醉心西學,也必須使用衆所周知的經學語言。因爲經學是傳統知識體系的基礎,絶非現代許多人所理解的,可以隨時脱卸的某種意識形態。

1898 年的百日維新曾經提出過教育改革方案,儘管維新運動很快流産,但清廷顯然已經意識到大勢之不可逆。因此,光緒二十九年,(1902,壬寅)管學大臣張百熙奏準《欽定學堂章程》,儘管通篇以《禮記》及歷代學校制度相文飾,卻不能不承認"節取歐美日本諸邦之成法",乃"時勢使然"③。

這份次年修改過的、中國有史以來最完整的教學制度,所謂癸卯學制,至少在形式上系統複製了西方特别是日本的教學體系,從蒙養院(幼稚園)、小學、高小、中學、高等學校(包括預科及大學堂)一應俱全。甚至還設置了相當於博士生教育的通儒院,除各種專門學科之外,又"設立中國舊學專門爲保存古學古書之地"④。另有實業學堂、譯學館、師範學堂等專門學校,以及爲已經通過科舉考試的進士進修實學的進士館。

除了形式以外,主要還是教學内容的改變,其中最大的問題便是如何安置傳統經學。根據《學務綱要》,"中國之經書,即是中國之宗教。"因此中小學經學爲必修。考慮到"科學較繁,晷刻有限",儘管仍規定每天兩個小時的學習,但"自初等小學堂第一年,日讀約四十字起,至中學堂日讀約二百字止。"或背誦數語,或淺解大義,所習内容主要是篇幅較少的主要經典,篇幅長的則選讀篇目。至於大

---

① 熊月之《西學東漸與晚清社會》,上海人民出版社,1994 年,第 290 頁。
② 舉一個明顯的例子,就是當時的洋務學校爲了招生,是給予膏火之資的,甚至京師大學堂剛剛開辦時也是如此。癸卯學制以後則除小學外皆要收費,可資對照。另如魯迅《呐喊自序》:"因爲那時讀書應試是正路,所謂學洋務,社會上便以爲是一種走投無路的人,只得將靈魂賣給鬼子。"
③ 張百熙《進呈學堂章程折》,舒新城主編《中國近代教育史資料上》,1983 年,第 193 頁。
④ 張百熙、榮慶、張之洞《學務綱要》,同上書,第 197 頁。

學堂則另設經學專科,不必人人修習。此外更是强調外語和科學的學習,明令"中學堂以上必勤習洋文",大學堂以上必須"深通"。甚至還提出"以官音統一天下之語言",故師範以及高小,都在中國文課上另加一門官話,令其練習。

癸卯學制保留了經學,宣稱"無論何等學堂,皆以忠孝爲本,中國經史爲基"①。但考慮到經學的教學方法和比重,可知經過這種教育之後的學生,其知識體系的基礎已毫無疑問是以科學爲基礎的西方文化,而經學則退化成次一級的意識形態②。這種意識形態如果可以與知識體系互補,便仍然可以部分承擔後者的功能,譬如傳統佛學與西方神學。

區分知識體系與意識形態的方法之一,便是看這種文化形態能否在移除之後也不造成失語。譬如儒學是一種意識形態,傳統意識形態既可以陽儒陰法,也可以是黄老之術,甚至還可以直用法家,但卻不能没有經學。西方文化亦然,作爲愛知之學的哲學以及由此分化的科學,就相當於中國的經學,而自由主義、無政府主義等則屬於意識形態。

因此,癸卯學制欲比附宗教而保存經學,雖然比擬失倫,但卻是一種現實的無奈。也正是因爲意識到經學作爲知識體系的淡出,1905 年在清廷廢科舉的同時,主持其事的張之洞立刻將武昌經心書院改名"存古學堂",那用意豈不明顯已極。無可奈何花落去,到了此時,所謂"中體西用"只是門面,能够"存古"方是底牌③。

每個時代具有創造力的頭腦都是敏鋭的。知識體系的變化馬上在幾個經學家那裏表現出來。廖平的經學六譯,章太炎的保存國粹,王國維的由西返中,儘管取徑大不相同,或今或古,或經或史,但目的卻是相通的,即在中西知識體系的變换已成事實的時候,能够使這一人類理解宇宙人生的獨特方式,得以保存。

對孔子曾心存不滿,心儀莊生的章太炎,1912 年飽受袁世凱幽囚之苦,終於領悟經學的真義,並重作《訂孔》以自我反駁④。晚年深悔"駟不及舌",手訂《章氏叢書》,便將《論諸子學》一文剔除。至於廖平,則選擇了一種扭曲的方式。當

---

① 張百熙、榮慶、張之洞《重訂學堂章程折》,同上,第 194 頁。
② 作爲一個旁證,周予同就自言"在中學時代(1912 年左右)才接觸到中國古文化方面的書籍",見《自述》。
③ 周予同認爲,學部所定五項宗旨,因襲舊説,未脱中體西用窠臼。清季教育"毫無實際成績可言"。《中國現代教育史》,1934 年,第 27 頁。此論不確。宗旨與實際效應不是一回事。揆諸具體教育程序,仍需承認,癸卯學制中的經學教育已經在事實上無法承擔"中體"的功能。
④ 參《檢論·訂孔下》。前揭《章太炎全集》第三卷,第 426—427 頁。

"哲學"一詞傳入不久,廖平便不斷宣稱自己所研究的是哲學。其六變之學看似荒唐,其實可解。可惜時人深度或有不及,下一代知識人,則大多已失去通過經學進行思考的興趣或能力。至於王國維,則一生掙扎於可信與可愛之間,卒以身殉。

假如不明白這一點,便無法理解這樣一批晚清時代的所謂革新志士,何以在五四時代,面對當年自己發出過的反專制、個性獨立等等呼號,或選擇沉默,或表示反對①。這絕非重新退回頑固保守,也不是時爲青年領袖的魯迅,所謂"既離民衆,漸入頹唐"一語所能概括②。

給經學退出歷史舞臺最後一擊的是蔡元培。出生於1868年的蔡元培,其影響及於兩個世代,這得益於其思想内部無政府思想的真實底色。

與社會主義概念一樣,晚清以來的無政府主義光譜最爲複雜,頭緒甚多,以往研究卻大多不得要領。簡單地説,晚清的無政府思想,其"主義"只是文飾,根本義涵在於"無政府"。儘管經常援引西洋無政府主義的各種形態爲奥援,特别是在日士人接受明治維新以來的無政府主義思潮,但底色還是中國傳統的遏制君權思想,其左派爲墨家,其右派是道家,其中派則是心儀公天下的儒家③。借用經學的語言,所謂政府就是"君權",由於反對君權與君學,因此化用儒家"君者羣也"的本義,用公天下的"羣學"來抵抗家天下的"君學",這是晚清時代反對專制主義的經學語言。君權本來有公共性與私人性兩個層面,但晚清時代無論是官方還是學界,大都不明此義,因此"君權"主要指"私人性統治關係"④。至於公共性層面的君權則用"無政府"、"羣"、"大同"等概念指稱。當然,對於具體學者,還有不同的變化。不瞭解這一點,很難理解晚清學術。

所謂"羣",用日文的對譯便是社會(society),嚴復便用"羣學"翻譯斯賓塞的"社會學"。因此社會主義與無政府主義在晚清很多人那裏其實是一物雙名。也正是因此,在晚清,無論是維新派還是所謂革命派,無政府主義與社會主義似乎都

---

① 另如晚清極爲激進的無政府主義及社會主義者劉師培,新文化運動時在北大主持《國民》雜誌與《新青年》抗衡,朱維錚先生曾對此表示不解,參《劉師培的腳印》,收入氏著《音調未定的傳統》,遼寧教育出版社,1995年。其實假如明白此時論人心目中所關注的主要是作爲知識體系的經學,而不是朱先生所理解的統治學説,便可瞭然。
② 魯迅《關於太炎先生二三事》,《且介亭雜文末編》,人民文學出版社,2006年。
③ 參拙作《孟子章句講疏》卷2,《梁惠王章句下》第二章;卷5,《滕文公章句上》第四章。
④ 關於君權兩個層次的界定,參拙作《王學與晚明的師道復興運動》中編,社會科學文獻出版社,2004年,第202頁。

具有天然的正確性。康有爲、章太炎、蔡元培、劉師培、陳獨秀、錢玄同,以及大批活躍的五四青年如區聲白、匡互生、毛澤東、周恩來等都曾是兩個主義的擁躉①,儘管個人所理解的内涵不同。事實上,作爲社會主義思潮之一的馬克思主義之所以被宣傳引介,除了其人人平權的社會理想、無產階級砸碎一切的立場與反政府的精神有合以外,也與其"國家社會主義"這一名稱容易引起反清志士的好感有關。

從這個角度來說,把在北大倡導"兼容并包"精神的蔡元培説成自由主義者,儘管並非捕風捉影,但也只能説是皮相之論。使蔡元培横跨兩個世代的原因,是因爲他自身從一個無政府的左派順利轉型爲一個無政府的右派,其個人的操守與人格魅力又使他未失儒者氣象②。而轉型的根據就在於民國肇立,砸碎一切式的暴力顛覆已經失去用武的對象,應該用温和的方式建設社會③。

蔡元培 1912 年擔任民國臨時政府教育總長,並率先開展教育改革,於 1912—1913 年次第實施。史稱"壬子癸丑學制"。他自言:

> 我任教育總長,發表《對於教育方針之意見》,據清季學部忠君、尊孔、尚公、尚武、尚實的五項宗旨而加以修正,改爲軍國民教育、實利主義、公民道德、世界觀、美育五項。前三項與尚武、尚實、尚公相等,而第四、第五兩項卻完全不同,以忠君與共和政體不合,尊孔與信仰自由相違,所以删去。至提出世界觀教育,就是哲學的課程,意在兼采周秦諸子、印度哲學及歐洲哲學以打破二千年來墨守孔學的舊習。提出美育,因爲美感是普遍性,可以破人我彼此的偏見;美感是超越性,可以破生死利害的顧忌,在教育上應特別注重。對於公民道德的綱領,揭法國革命時代所標舉的自由、平等、友愛三項,用古義證明説:自由者,"富貴不能淫,貧賤不能移,威武不能屈"是也;古者蓋謂之義。平等者,"己所不欲,勿施於人"是也;古者蓋謂之恕。友愛者,"己欲立而立人,己欲達而達人"是也;古者蓋謂之仁。

---

① 陳獨秀早年是否無政府主義者,有學者明確表示反對。主因就是這些學者主要是從西洋無政府主義的立場理解晚清以來的無政府思潮。

② 蔡元培是著名的無政府主義者,自言"三十六歲以後,我已決意參加革命工作。覺得革命止有兩途:一是暴動,一是暗殺。在愛國學社中竭力助成軍事訓練,算是下暴動的種子。"見氏著《我在教育界的經驗》,高平叔編《蔡元培教育論著選》,人民教育出版社,1991 年,第 706 頁。

③ 周策縱的一個觀察還是很有見地的,"二十世紀的最初 10 年裏,蔡元培自己就曾經是一個熱忱的虛無主義、無政府主義、社會主義的宣傳者。很多其他知識分子領導人也類似這種情況。1911 年辛亥革命以後,他們很多人所保存的無政府主義信念,多半是它的人文主義、自由主義、利他主義方面,很少是它的恐怖主義方面。"前引書,第 139 頁。

参考癸卯學制以經學準宗教,可知蔡氏所謂"以美育代宗教"的口號,實際便是"以美育代經學"。這裏的經學是指其意識形態部分的功能。而世界觀一項,則具有知識體系的意味。除此之外,清末學制仿照神學之例設置的經科,遭到正式廢除。理由是,《周易》、《論語》、《孟子》屬於哲學研究的對象;《詩經》、《爾雅》,屬於文學研究的對象;《尚書》、三《禮》、《大戴記》、春秋三《傳》,則是史學研究的對象①。拆解之後,作爲知識體系的經學從此不復存在。

因此,儘管蔡氏仍然用儒家的思想解釋所謂自由、平等、博愛等觀念,其本人也不乏儒者風範,但卻成了傳統經學的掘墓人。從這個意義上說,蔡元培才是五四新文化運動真正的導師。所謂打倒孔家店,所謂用科學的方法整理國故,都是經學作爲知識體系廢除後順理成章的產物。只不過後者的激進猛烈,未必合蔡元培所依然試圖遵守的恕道而已。

癸卯學制頒佈以後,各地學校組織迅速出現。儘管由於地區的差異以及政令未必暢通等因素,民國初年仍有不少私塾存在,但新式教育的基本體系無疑在二十世紀初年已經確立。據統計,1905 年全國大中小各類學校共有 4 222 所,學生數爲 102 767 名。及至清亡的 1911 年,學校數目已達 52 650 所,學生人數則猛增爲 1 625 534 名。至 1916 年,學校數目爲 121 119 所,學生數量更是接近 400 萬人。② 初小、高小、中學的學習年限,癸卯學制定爲五、四、五三段,民初改爲四、三、四格局。假如以 1904 年起算,至少在 1918 年,此年入學的大學新生其中大部分應該主要來自完全新式教育的學校。考慮到民國學制的改變,時間至少還可以提前一年,即 1917 年。考慮到當時大學與預科總計約 6—7 年,1919 年的大學畢業生至少高小以後在癸丑學制下受到完全的新式教育③。

假如這個計算不謬,那麼李澤厚所提的問題豈非一目瞭然。也就是說,歷史用十幾年的時間培養了數以百萬計的西學擁蠆④,而且全部是青年。即便只是五四事件波及的若干大中城市,其氣勢與公車上書時的上千舉子也是不可同日而語。當這些青年人在 1919 年,目擊生靈的苦痛,帶着滿腔的熱忱,回首大家族經歷的壓抑束縛,感慨於"門禁森嚴的看守,校長嚴厲的監督,學監日夜的檢查,

---

① 蔡元培《我在教育界的經驗》,前引書,第 707—708 頁。
② 轉引自周策縱《五四運動史》附錄表一,第 524 頁。
③ "當時在北京讀書的學生,大多數是清朝末年和民國初年的中小學的學生。"見匡互生《五四運動紀實》,收入《五四運動與北京高師》,北京師範大學出版社,1984 年。
④ 當然仍有不欲爲時代裹挾的,譬如錢穆。雖"逐月看《新青年》",還是決心"重溫舊書"。見《師友雜憶》,三聯書店,1998 年,第 96 頁。

《禮記·内則》的講授,桐城古文的習作",這些"極度的反感與無限的苦悶"①,聽着《新青年》吹起衝破一切藩籬的號角,來想象屬於自己的魔幻未來,會有什麽事情發生呢?恰恰這時泄露了"二十一條",正好開起了巴黎和會,而這些還都是不公正的!

也正是因此,對於青年人來説,五四並不是抛棄一個舊傳統,相反,舊傳統早已在打倒之前抛棄了。但五四的確是一次青年運動,是早已在知識結構上與父輩分道揚鑣的青年與父輩的公開決裂,是兩代人之間話語臍帶的正式分解。這種決裂表現爲全盤西化與全盤反傳統,如果説全盤西化是爲了表達羣體或個體的自覺,全盤反傳統則是一次精神的弑父。在這個意義上説,五四新文化運動也還不是陳獨秀所説的"國民運動",而是這些出身於傳統士大夫階級,自以爲可以代表全體國民的"新青年"的運動。從1919年開始,第一批主要以西方文化爲底色的新青年,正式登上了歷史舞臺。

三、傳統經學的困境與新文化運動

馬克思曾説過一句很俏皮的話,再美的音樂也要有雙能夠欣賞它的耳朵。同樣,新文化運動的勝利,也是因爲現實已經爲他們準備了願意接受的青年。因此,與其説《新青年》是在進行啓蒙,還不如説是在唤醒。這就像《周易·蒙卦》所言"非我求童蒙,童蒙來求我",所有有效的啓蒙其實都是出於自覺。

問題是,假如我們把新文化運動與五四結合起來的話,五四以後政治及社會運動的主角雖然包括了學生,但新文化運動的主角則主要是他們的師長。因此,新文化运动這些領袖們何以采取如此激进的态度,却要到這個羣體自身,以及中国文化的发展历程中寻找。

的確,新文化運動的領袖們具有很多可圈可點的個性特徵。他們都不乏追求真理的熱忱、赤身擔當的勇氣,不願以中道自期,往往以豪傑相許。陳獨秀的狂放不羈,魯迅的藴藉多智,錢玄同的露膽赤誠,胡適的倜儻自喜,皆令人印象深刻。以《水滸》人物相擬,則陳獨秀如托塔天王,魯迅似入雲龍公孫勝,胡適可比柴進,錢玄同則正似武松。新文化運動的出現自然有這個羣體個性方面的原因。不過,這想必還不是主因,因爲每個時代吶喊呼號的人物多少都會有類似的氣質,他們的前輩,如晚清的嚴復、康有爲、孫中山、章太炎也不例外。與魯、錢等年

---

① 程俊英、羅静軒《五四運動的回憶點滴》,收入《五四運動與北京高師》。

輩相當的新儒家熊十力,曾在其《心書》中以"名士"相譏,也不算捕風捉影。有意思的是,這位參加過辛亥革命武昌新軍首義的老兵,竟專門請大名士蔡元培爲他的新書作序。

是社會身份方面的原因嗎？也不見得。陳獨秀家境平平,魯迅由小康墜入困頓,錢玄同雖係妾出,但家世清顯,胡適亦出身宦家。生逢亂世,英雄莫問出處,總之風虎雲龍,一時聚首。諸人所同的,是皆曾留學海外,接受了西洋學説,而且在傳統學術方面亦仍屬當行。但如果單從經學素養而論,較之廖平、康有爲、章太炎、孫詒讓卻又相去甚遠。陳獨秀暫不必論,就中只有錢玄同小學已屬上乘,經學素養亦佳,但小學本近於科學,其經學則用於破壞;魯迅的《小説史略》眼光雖利,獨得之處還在於文史;胡適的《中國哲學史大綱》雖引來交口讚譽,但其真正打動時輩的,還是其西學訓練下條分縷析的學術眼光①。換句話説,這些人的學術素養,實處於亦中亦西、不古不今之間。與上一代相異的,則是立場。作爲一個對照,當時的同輩人中,或中學優勝,如王國維、柳詒徵、陳寅恪;或西學尤深,如吴宓、梅光迪、馮友蘭,在學術上反多持平之論,沒有誰主張激進否定傳統。事實上,也正是因此,後來主要與學者羣體相交誼的胡適與錢玄同,分別在二十年代初與三十年代不同程度地從反傳統的立場中退卻。四者的分道揚鑣,除了陳、胡更爲激進的革命立場之外,這至少也是原因之一。

不過,我不太贊成時下某些以保守主義立場自居,完全以反傳統歸咎於新文化運動的看法。特別是把二十世紀下半葉更爲激進地否定傳統的行爲,譬如"文革",完全歸罪於新文化運動的發生。這就像晚清時代夏曾佑等以李斯爲暴秦所用歸罪於荀卿,一樣的荒唐②。至少應該學老吏斷獄,在判決之前,首先聽聽兩造之情。

以往學術界討論這一問題,最喜歡從不同層面研究新文化運動反傳統的理由與方式。其理由或不成立,其方式難免過激,誠然都是事實;但假如因此便否定新文化運動,似乎也難服其心。譬如,我們可以批評當時反對禮教的錯誤,在於否定了禮本身,但卻不得不承認,清末民初那個現實的禮教的確不得人心。同樣,打倒孔家店的後果固然引起對儒學的普遍惡感,但是現實中許多自命孔教的僞儒或黠儒,又確實是在共和時代爲皇帝招魂。錢玄同的激進反傳統與周予同

---

① 舉一個旁證,便是《顧頡剛日記》中,早年頗記其爲胡適的聰明所震懾之狀,而顧顯然不僅是佩服他的學問功底。

② 《中國古代史》,河北教育出版社,2000年,第253頁。

反對讀經皆與此有關。

因此,新文化運動之所以會對青年産生如此大的影響,與其説是曉之以理,毋寧説是動之以情。在文學領域,假如説晚清時代流行的所謂"譴責小説"還是在用揭露的方式批評,那麼五四以後的文壇,不僅有了投槍、匕首式的反抗,還多了控訴咒詛式的傷痕文學。這種手法後來在中國的所謂革命實踐中被反覆運用,甚至成爲一種催眠式的馴化手段(譬如憶苦思甜),那是後話;但在五四時期,卻道出了不少青年人的心聲。

因此,假如承認"反求諸己"確是儒學的精義,那麼,二十世紀儒學或經學首先應該自我反思的是,爲什麼經學會被視作專制主義的代言人,以及爲什麼被當成無用的知識體系。理解了這一點,也就真正理解了新文化運動爆發的根本原因。

新文化運動未必是反對現實的專制,事實上,北洋政府以後專制一直在民主的旗號下加深。新文化運動之所以首先是一場文化運動,就在於它一方面恐懼那些打着孔子旗號行專制之實的現實意識形態,一方面不滿於作爲傳統知識體系的經學對現實的無能爲力。癸卯學制中以經學比附宗教,實際已經昭示了這一點。從這個角度來説,那些過時的經學以及掛羊頭賣狗肉的僞經學,才是經學真正的掘墓人。只不過,新文化運動天真地以爲"經學一倒,萬般皆好",卻不知播下的未必是龍種,收穫的卻真正是跳蚤。同時,作爲知識體系的經學被取消,傳統文化幾近失語,隔斷了内生的血脈,這是二十世紀中國學術雖然不斷殖民化,卻迄今無法真正自立於世界學林的根本原因。

既然如此,討論新文化運動的起因,必須首先瞭解讓新文化運動必欲除之而後快的經學,在此之前到底發生了什麼。

如前所述,經學是傳統中國知識體系的基石,它爲傳統中國人理解宇宙人生提供基本視角,並支撑着不同時代的各種意識形態。作爲一種思維方式,經學起源於華夏民族形成之初,經過虞、夏、商、周幾個時代的民族融合,在東周後期完成知識體系的自覺。那標誌,便是形成以六藝爲内容的經典、以師道自任的孔子,及以先秦諸子爲代表的百家之學。作爲經典的實際完成者,孔子是經學當之無愧的大宗。

經學在自覺以後,首先開始了第一期傳佈,以今文經爲主的六藝之學被政典化,並支撑了西漢時的世界觀。隨着道教崛起,東漢以後一方面發生古文經學的更化,一方面則是玄學的蔚起。與此同時,作爲一種新知識體系的佛教傳入,經學開始全面更新,並隨着理學的興起而完成,是爲第二期。大概地説,第一期的經漢學乃本土文化所自發,第二期的經宋學則來源於中印的融合①。融合的標誌,便是從知識形態上,傳統的九流之學,變成了儒、道、佛三教。到了王學的時代,經宋學已被理解爲"範圍三教"的"大總持"②。

經學支撐了包括官方與士大夫在内的形形色色的意識形態,但經學本身卻不能簡單地被稱爲意識形態。事實上,即便是傳統官方意識形態也有很多非經學(譬如佛教)的因素,曾以佛教爲國教的梁武帝姑且不提,只要一瞥隋唐時代的皇帝詔令,便可見一斑。

那麼傳統時代的經學是否支持專制主義呢?的確,孔子作爲三代王官學知識體系總結者與儒家創始人一身二任,在漢武帝表彰六經之後,百家之學即使存在,也要依傍孔子,這是中國學術走向"汗漫"的根本原因之一③。而在家天下時代最後形成的經傳註疏,自然有不同的資源可以爲相悖的觀點所使用。一般來説,家天下時代,君權及其依附勢力本身自然具有專制的傾向,但這種傾向同時也經常被各種勢力所制衡。譬如,孔孟皆心儀公天下體制,便深刻影響了漢代的今文經學④,後者的"大一統"也絶非俗學所理解的爲漢代的統一背書。如叔孫通、公孫弘之流在當世已被譏"曲學阿世",豈堪代表儒家?特别是宋學道統觀形成以後,以師道抗衡君權尤其成爲一時風氣,並表現於政治制度之中⑤。遍觀歷代大儒,凡是公認的道統傳人⑥,從孔孟到董仲舒、北宋五子、朱熹、陸九淵、王陽明,乃至顧炎武、黄宗羲、王夫之,以及現代的馬一浮、熊十力、梁漱溟,没有哪一個是爲專制服務。

但歷代專制思想打着孔子旗號也是真的,這是家天下時代利用經學及以經學爲知識體系的方式所決定的。宋代以前還説不上完全的專制,到了明清時代,儘管在實際上打壓孔子的地位,但卻不妨礙給孔子封以"至聖先師"的"美名"⑦。

---

　　① 清人反對宋學,皆本此義。晚清以來梁啓超等漸持超然立場。周予同也明確持此説,參《漢學與宋學》。
　　② 王畿《龍溪王先生全集》卷 10,《與李中溪》,參前揭拙作《王學與晚明的師道復興運動》,第 278 頁。
　　③ 前揭章太炎《論諸子學》。
　　④ 蒙文通《孔子和今文經學》,收入《孔子討論文集》第一輯,山東人民出版社,1961 年。
　　⑤ 參拙作《王學與晚明師道復興運動》導言。
　　⑥ 道統概念近代以來始終遭受曲解。我曾多次指出,道統的根據在於"自得",其實就相當於今日許多學者所艷稱的"認同"。
　　⑦ 孔子稱至聖先師始於嘉靖九年更定祀典,用意正是爲了取消孔子與三王並列的王爵,參前揭《王學與晚明的師道復興運動》上編第二章。

也正是因此,討論經學或儒學,辨析儒學的真偽是一個基本前提①,即所謂儒家到底是孔子到朱熹、王陽明、熊十力所代表的儒家,還是朱元璋、康熙、雍正、乾隆所自稱的儒家,更不要提那些形形色色的俗學和偽學了。

明代的君、師之爭異常激烈,最後以政權的覆滅告終。清代以後,女真政權通過武力高壓,試圖以政統凌駕道統,一方面把朱熹晉封孔廟十二哲,一方面則迫不及待宣稱"我皇帝"兼總百代、君師合一。從這個意義上說,清代是一個真正完全的專制時代,經過官方整合過的偽朱子學,才是一個專制主義的意識形態。因此,假如把這個意識形態視作經學的代表,那麽拋棄經學豈非順理成章。

再來看作爲知識體系的經學在清朝有何發展。我們知道,明代王學的出現,表明經學與佛學的融合結成了最後一個碩果。歷史也巧,就在萬曆十一年(1583),即王守仁從祀孔廟的前一年,耶穌會士利瑪竇來華,標誌着中、印(佛)、兩希(古希臘與希伯來)四大知識系統的正式相遇。雖然"大秦景教流行中國碑"的發現,證明西學的傳入至少已近千年,但從知識體系的角度,西學尚遠不如阿拉伯文化,儘管後者之中也包含西方文化的因子。

利瑪竇借助科學知識傳教的歷史現在已是常識。不過天主教可以迅速在中國獲得影響,除了其結好士大夫羣體,修改天主教觀念以適應中國社會以外,無疑也受益於講究會通的王學意識形態。儘管因爲觀念的歧異,兩派先合後異,並一起捲入晚明時代的思想漩渦之中②,但不管怎樣,利瑪竇的西學與天學對中國士大夫的影響都是巨大的,並和晚明已有的博學考證之風一起,凝鑄成日趨理性的學術精神。姑且不提以徐光啓等爲代表的士大夫不僅翻譯《幾何原本》,引入紅夷大炮,而且受洗入教,成爲護法柱石;單看一代大儒黃宗羲一方面接受了西洋數學與天文曆算之學,一方面則撰寫《破邪論》駁斥天堂地獄之說,便可以窺見西學與西教進入中國知識體系的程度。清初的中國人,不僅已知道伽利略與牛頓,也還見過節本的托馬斯·阿奎那《神學大全》(即《超性學要》)。中國士大夫對西方知識體系的引介不僅是全面的,如徐光啓等人,甚至還有"會通以求超勝"的雄心。

不過,所有這一切都隨着康熙末年的中西禮儀之爭而中斷。禮儀之爭的過程及是非另當別論,但最大的效應卻是隔斷了中西之間正常的學術交往,而西方

---

① 參拙作《孟子章句講疏》卷1,《梁惠王章句上》第一章講疏。
② 參拙作《晚明思想漩渦中的利瑪竇》,《文史知識》,2002年第12期。

恰恰在這以後進入了歷史上最有創造力的時期。不久,乾隆時代全面閉關鎖國,商業往來也已近乎中斷。在中國内部,隨着康熙時期意識形態領域的收緊,把一個較王學保守且經過閹割的朱子學提升爲官方意識形態,學術文化越發缺少活力。晚明的經世致用及諸子學復興思潮被迫停滯,由晚明考證學刺激而起的理性精神雖然没有夭折,但卻無奈折入研究古代名物制度和歷代經學史。從某種意義上説,乾嘉漢學最大的貢獻就是語言學與歷史學①。在這個過程中,儘管有梁啓超所謂的"復古以求解放",但無論是乾嘉漢學還是後來的今文經學復興,在知識體系上不惟没有超出漢代,卻把經佛學刺激以後發展出來的經宋學在義理上的進展一筆抹殺,中國學界的思維水準實際上下降了。

清代漢學與宋學的分裂,或許未必是官方有意爲之,所謂"分裂的文化政策";但清代無疑擴大了一個已有專制政權的惡例,在相當長的時期内,維持學術與意識形態完全分離的局面。事實上,這一點正是專制主義的一個特徵。因爲一個非專制,或專制不成功的政權,其官方意識形態(術)的變化往往隨着知識體系(學),以及由此而興的各種思潮而變,即術隨學變。這從歷代祀典的變化其實可見一斑。

由此可見,作爲知識體系的經學,在康熙後的近兩百年内,除了考史之外,幾乎毫無發展,相較於明末清初甚至還遠遠不如。晚清志士呼號革命,把黄宗羲《明夷待訪錄》與盧梭《民約論》相提並論,如獲至寶。但像這種使經學焕發神采的著作卻是鳳毛麟角。事實上,每一種學術都是在激烈的碰撞中成長的。經學失去了兩百年與西學對話、搏擊並重新發現自身的時機。經學的常道,被限制在僵死的歷史語言和精神之中。

在這一背景下,儘管常州學派把漢代經世致用的精神恢復,也只能是採取一種近乎妖妄的扭曲形式,並在康有爲那裏達到巔峯。這種形式在晚清對少數浸潤於清代漢學的士大夫尚有影響力,但對普通民衆及民國後許多以西學爲底色的學者和青年而言,卻未免令人生厭。假如其中隱藏的西學思想稍有價值,那又何必不去接納西學本身。

讓一種虛偽乖張的假宋學、一類只會考史的漢學,與一套充滿妖氛的今文經學,在幾十年時間裏,聯合起來消化西方近代兩三百年的科學與哲學體系,就像螣蛇吞象,未免太難了。從東漢初佛教入華,至北朝後期中土佛教的逐漸確立,

---

① 此一點柳詒徵已經指出,參周予同《五十年來中國之新史學》。

大概用了五百年時間,至理學完全吸收佛教,更是幾近千年。何況晚清以來的中國已是強敵環伺,滅亡在即。從這個角度來看,新文化運動全盤反傳統的傾向實際來源於舊有知識體系無法容納西學,所產生的文化上的心理緊張。兩軍對壘之際,假如實力過於懸殊,那就乾脆選擇投降。特別是當這種投降是爲了羣體或民族的理由,甚至還不乏慷慨悲涼的味道。錢玄同就經常強調自己愛國勝過幾乎所有人①,魯迅則高聲呵斥,"中國失去自信力了嗎?"在"拿來主義"的聲色俱厲中,早已不見梁啓超昔日所言"生今日文明燦爛之世界,羅列中外古今之學術,坐於堂上而判其曲直,可者取之,否者去之,斯寧非丈夫第一快事耶"那樣的爽朗與豪情②。

四、"大爆炸"之後的青年宇宙

五四曾經被稱爲現代歷史的"新紀元"③,假如不是從某個羣體或黨派的視角考量,而是從五四青年羣體的出現與裂變考察,則這個表述頗堪玩味。誠如《新青年》雜誌的刊名一樣,五四運動標誌著以西方文化爲底色的新青年發生群體自覺,並正式登上社會及政治舞臺。在一個沒有王權的時代,民衆又尚未自覺,這個羣體義無反顧地承擔起傳統的"新民"任務。所謂新民,便是以師道自任。

因此,五四運動就不僅是一個普通的舞臺,而是新世界的起點。由晚清無政府思想所醞釀發酵,經新文化運動這個"上帝之手"最後搏成,並因五四運動而發生"大爆炸"(big bang)的青年宇宙從此誕生。爆炸之後迅速膨脹,並四分五裂,擋者披靡,一往無前。在政治上,這個羣體曾支撐過國民政府、汪僞、共產政權三個新興勢力④;在社會上,實業救國、平民教育、工農革命、文化報國的實踐如火如荼;在意識形態上,三民主義、馬克思主義、自由主義、新儒家、國家主義如奇峯峙立。

同樣,也正是因爲這個"大爆炸",我們纔可以理解,爲什麼五四事件之後不

---

① 錢玄同《答朱經、任鴻雋》:"我愛我支那人的熱度自謂較今之所謂愛國諸公,尚略過之。……要是現在自己不想法剷除舊文字,則這種不長進的中國人種,循進化公例,必有一天要給人家滅絕."《錢玄同文集》第一册,第 198 頁。
② 梁啓超《保教非所以尊孔論》,《飲冰室合集》第一册,中華書局 1989 年。
③ 最早正式提出這一説法的也許是李大釗《新紀元》一文,《每週評論》1919 年 1 月第三號。
④ 國共姑且不論,至於汪僞,這裏只須列出幾個人名,譬如陳公博、周佛海、周作人、陶希聖(後脫離)、梅思平、區聲白、錢稻孫等,都是五四時期的有名人物。

久,作爲晚淸以來革新運動推手的無政府思想羣便首先崩解①,由新文化運動時期短暫的繁榮,迅速走向分裂並很快銷聲匿跡。

如前所述,建立在反抗淸朝專制體制基礎上的無政府思潮,在晚淸時代就不是鐵板一塊。這股思潮大槪可以分爲三支:其中左翼傾向墨家,主張打碎重建;右翼傾向道家,主張個體與精神的極度自由;中派則傾向儒家,以《禮運》"大同"爲理想。其中左翼早期不妨以主張暗殺式革命的蔡元培、陶成章爲代表。蔡氏1904年與章太炎等組織光復會,並與陶成章、徐錫麟、秋瑾等策劃聯絡會黨及新軍,進行武裝革命,這旣是一個江浙士大夫的組織羣體,也是一個心儀墨家的社團。而魯迅便曾經是此派成員。與蔡元培一起製造炸藥的陳獨秀也可以算入此列。這種傾向的無政府主義者後來極易走向馬列主義,著名的如陳獨秀、魯迅。其特點是作爲個體富於抽象的悲憫之心,但爲了"濟世救人"的理由,可以不擇手段。作爲這種抽象悲憫心的代表,不妨一讀魯迅的《吶喊》。墨家的理想也是天下大同,但正如我曾指出的,這種尙同最終導致的卻可能是"黃茅白葦,彌望皆是"的千篇一律②。而在新文化運動中,這一派批孔也最爲激烈,除了魯迅所謂"吃人的禮敎"之外,李大釗所謂孔子是"數千年前之殘骸枯骨"、"歷代帝王專制之護符",皆是一時名言。如前所述,1912年之後的蔡元培可以視作無政府思潮右翼的代表,在這個意義上他的思想與自由主義的光譜漸趨重合。

蔡元培1905年加入同盟會以後逐漸脫離光復會,而章太炎的早期思想雖然激烈,但卻與墨學並不相合,隨着徐錫麟、秋瑾等的失敗,陶成章被殺,光復會的停頓也是必然。1907年,在給張繼所譯意大利無政府主義者馬刺跌士達(Errico Malatesta)《無政府主義》一書作序時,章太炎對主張激進暴動的作者儘管讚揚他"揮斥垢氛,解散維縶,悲憫衆生之念,亦已勤矣",但卻仍對這種思想可能"以衆暴寡"表示擔憂。認爲不如以莊生《齊物》爲歸③。倘注意到"以衆暴寡"也正是

---

① 許多學者注意到中國無政府主義對共產主義運動的影響,A. Dirlik, *The Origins of Chinese Communism* 甚至認爲前者係後者的"助產士"。轉引自李丹陽《AB合作在中國個案硏究——眞理社兼其它》,《近代史硏究》,2002年第1期。事實上,假如把晚淸無政府思潮考慮進來的話,影響還不止在共運。

② 參《孟子章句講疏》卷二,《梁惠王章句下》第二章。另參卷四《公孫丑章句下》第五章論共工氏之積弊。

③ 《太炎文錄初編》別錄卷二,《章太炎全集》第四卷,徐復等點校,上海人民出版社,1985年,第385頁。

章太炎1912年所用來批評墨家的觀點①,以及共產主義者對墨家的認同,便可以明瞭章太炎何以晚年反對共產主義。也正是因此,章太炎可以視作無政府思潮右翼的代表,即以儒者而傾向道家,在西學中實近於自由主義。事實上,儒道兩家在義理的根源處本來便相通。章太炎本時期最重要的理論著作就是《齊物論釋》。在這本書裏,他把莊子學與大乘佛學結合起來,藉以捍衛生命的平等和自由。

晚清可以劃入無政府思潮光譜的重要人物還有康有爲和孫中山,二者都以昌言"天下爲公"的大同思想著名於世。名義上屬於儒家,但卻雜而不純。康有爲的《大同書》,早就有人把它比作無政府共產主義,並影響過毛澤東、周予同等許多五四青年。但其孔教會的建立,也是明顯向墨家退卻。至於孫中山,則在辛亥革命以後,有感於同盟會組織的渙散,於1913年重組中華革命黨,規定無論何種資格皆需按手印向其宣誓效忠,引起章太炎等不滿,終於分道揚鑣。不滿的原因不難得知,因爲這種效忠個人的方式正是墨家鉅子之所爲。三民主義由雜收儒、墨與西方自由主義、社會主義,轉爲強化墨學以提高組織能力,這是孫中山晚年聯俄、聯共、扶助農工三大政策的思想基礎之一。但憲政目標的存在,表明孫中山尚未脫離無政府思潮的譜系。

明白晚清無政府思潮的發展,對於五四時期新青年的裂變軌跡便不難理解。其重要的兩個標誌,一是《新青年》羣體的分裂,一是1923年少年中國學會的正式分解。前者代表新文化運動方向的破局,後者説明青年羣體的分化。

新文化運動儘管在打倒傳統、全面西化的原則上取得了共識,但隨即面臨巨大的困惑,茫茫西顧,路在何方? 各種觀念如潮水般涌來,令人真假難辨。譬如安福系的王揖唐也開始講社會主義,便令《新青年》的領袖們既覺好笑,又感無奈②。同樣,許多參與工讀團體實踐的青年,興奮過後,也很快感到厭倦③。歐文、傅立葉等空想社會主義的失敗,對於新青年的領袖們並不陌生④。加之《凡爾賽和約》的簽訂,讓許多崇美的青年鬱悶;而新興的蘇俄在未得列強認可的時

---

① 《檢論·訂孔下》:"夫墨子者,主以經説,辯以天志,行以兼愛、尚同。天志、尚同之末,以衆暴寡。"《章太炎全集》第三册,第427頁。

② 《胡適文存》卷二,《多研究些問題,少研究些主義》。歐陽哲生編《胡適文集》第二集,北京大學出版社,1998年,第249頁。

③ 據胡適觀察,當時的工讀互助團便"只有做工的苦趣,没有工作的樂趣。"預言其不能持久。見《胡適文存》卷四,《工讀主義試行的觀察》。《胡適文集》第二集,第559頁。

④ 李大釗《再論問題與主義》,同上,第261頁。

候也來示好中國,兩次加拉罕宣言的公佈,爲不少國人帶來期望。爲了尋求通向理想的道路,梁啓超等還先後邀請杜威、羅素兩個英美學術名流來華傳道。

誠如周策縱所注意到的,面對一個滿目瘡痍、極度貧困、文盲遍地、兵匪橫行的中國,無論是杜威還是羅素,所開出的藥方都有接近蘇聯的成分。前者主張近於基尔特社会主义与工团主义,希望重要资源国有,行业协会政治化,反对传统资本主义与马克思主义。认为新制定的苏维埃宪法具有这两种理论的基本要素。罗素则提出对苏俄共产主义经过剪裁后善加运用①。羅素當時剛剛訪問過蘇俄,對於後者極度失望,但這些顯然沒有有效傳達給中國的聽衆。

從某種意義上説,二十世紀對於中國來説註定就是一場悲劇,如同一個氣息奄奄的病人卻必須參加一場長途跋涉。羅素的藥方與梁啓超的開明專制,孫中山的軍政、訓政、憲政三部曲,其實是相通的;甚至在四十年代初期毛澤東所提出的新民主主義論中也未嘗没有影子存在。同時期包括梁漱溟在内的不同派系知識分子,都在思考"國家資本主義"②。所區别的只在於一個理想的開明專制由誰主導的問題:是一群自認有道德操守的"好人",還是一個儒墨合流的中國國民黨,抑或是一個墨法合流的列寧主義政黨?以武人爲中心的北洋政權即便拉攏幾個清流作爲花瓶,但"好人政府"卻無法取得公信;隨着北伐勝利國民黨曾經有機會收拾殘局,但卻很快被日本的侵華戰爭所阻斷;而隨着國際共産主義咄咄逼人的上升趨勢,蘇聯在爭奪中國的過程中無疑較美國更有效率,歷史走了後一條道路。與以往改朝換代式的革命不同,作爲歐美主導的世界體系中一個邊緣民族國家的中國,其自身命運不僅非由民衆來選擇,甚至也不是由精英所主導(當然不排除中國不同精英集團的參與甚至順勢而爲)③。這是内戰結束以後,新政權公然宣佈"東風壓倒西風",全面倒向蘇聯的歷史背景。

因此,杜威、羅素的藥方在某種意義上只是一種無法實現的理想,兩人的藥方或許只是幫助了無政府主義與列寧主義在中國的傳播,至少是堅定了許多有此傾向的青年的信念,但同時也加速了新文化運動與青年的分化。

與身爲無政府思潮右翼的章太炎一樣,把自己的命運交給不可知的"主義"去擺佈,這不是一個自由主義者願意忍受的。1921年7月,杜威剛走,胡適撰文

---

① 前揭《五四運動史》第333、339頁。
② 《胡適文存》四集,卷四,《我們走那條路?》附錄梁漱溟致胡適函。
③ 譬如毛澤東便承認,"蘇聯的援助,是抗戰最後勝利決不可少的條件。"其實内戰何嘗不是如此。參《新民主主義論》,《毛澤東選集》第二卷,第680頁。人民出版社,1991年。

送行,便把他的方法歸結爲兩條,即"歷史的方法"與"實驗的方法",無疑有消毒的用意在①。而此前的1919年7月,胡適在《每週評論》發表文章,提出"多研究些問題,少談些主義",對當時形形色色的主義先行表示不滿,並隨即與李大釗展開論戰。李大釗此時已經接受馬克思主義的經濟決定論與階級鬥爭學説,因此强調進行"工人聯合的行動"以求"經濟的革命"。② 與此同時,《新青年》雜誌開始大量刊登共産主義運動相關文章,胡適也於1920年與之脱離關係。

按照自由主義的基本理念,胡適可以自己不談主義,多談問題,但卻不必反對主義之提倡。弔詭的是,在這裏實際可以看出在一個非自由主義社會倡導自由主義學説的窘境,即此時的自由主義必須參與對新青年的争奪,而這正是形形色色的主義所努力爲之的。而且實驗的、歷史的方法背後實際隱藏着科學的傾向,科學本身便構成一個主義。正是因爲這個矛盾,胡適在1921年的科玄論戰中,積極支持丁文江的科學主義及科學萬能論,表現出科學的獨斷論傾向,以及對哲學思維的隔膜。這一點在"問題與主義"之争時,與藍公武的交鋒中已見一斑③。胡適在本質上是一個缺少哲學思維的歷史學家④。

也正是在此,暴露了胡適作爲中國自由主義領袖的先天不足。作爲晚清無政府思想右翼精神譜系的接力人(儘管胡適未必這樣理解),當青年版圖開始分裂之時,他不僅無法像章太炎一樣通過深入透闢的析理,通過深研中西學術,建立旗鼓相當的學説系統,爲未來開闢方向;反而當一部分青年已經入工廠下農村,開始直面現實問題的時候,他卻舍自己所提出的"問題"於不顧,轉而倡導用科學的方法"整理國故",所謂重估傳統價值。魯迅便對此表示不屑,以爲把青年重新引向故紙堆,並在《理水》中以無用的"文化山"相譏。不用説,1954年的批胡運動中,勝利者的指責無論出於何種動機,但在這一點上未嘗不切中其弊⑤。

的確,歷史學絶非無用,除了人類瞭解自身的命運以外,也還可以發思古之幽情,貞定民族信念,章太炎、王國維、陳寅恪、錢穆,在某種意義上都是在從事此類工作。但胡適的整理國故運動給人的感覺卻是在"痛打落水狗"。令他始料不及的是,這個工作越徹底,便越成爲現實中反"封建"理論的驅除,雖然他自己並

---

① 《胡適文存》卷二,《杜威先生與中國》。
② 《胡適文存》卷二,《問題與主義》及附録李大釗《再論問題與主義》。
③ 同上書,《問題與主義》附録藍公武的《問題與主義》。
④ 參勞思光對胡適著作的批評,《新編中國哲學史・序言》,廣西師範大學出版社,2005年。
⑤ 甚至連對自由主義頗爲迴護的周策縱也持類似看法。前引書,第323—324頁。

不承認封建社會這一馬克思主義概念①。胡適本人儘管不斷以科學的立場自居，但整理國故運動的另外一個主將錢玄同，卻明確把它視作打倒孔教運動的深化②。而當1927年有人開始正式批評胡適爲什麼不致力於引入西學之時，他也索性直言"整理國故"就是"打鬼"③。有意思的是，其反對的派別，無論是以儒家自文的國民黨，還是近於墨者的中共，當時都以傳統優秀文化的繼承人自居。在抵禦外侮的時代，胡適的立場招致左右的同聲反對便不難理解。胡適以科學爲底色的非立場主義，也許可以視爲實驗主義，到底是否屬於自由主義是可以討論的。

同時，儘管以"全面的教育"作爲自由主義的基礎，但政治不上軌道，全面的教育亦無從談起，這是非自由主義時代自由主義者面臨的悖論。與之對照的是，老牌的無政府右派思想家蔡元培，晚年則主要致力於民主制度的重建。吳稚暉則提出把線裝書扔到茅廁三十年，儘管用辭相似，但卻應該是與魯迅相異的初衷。

也正是因此，當三十年代胡適重新檢討"我們該走什麼路"，仍然對形形色色的革命表示憤慨之時，梁漱溟便撰文責備，"我方以革命家爲輕率淺薄，乃不期先生之非難革命家者，還出革命家之下。"又說：

> 難道要解決一個問題，——而且是國家問題社會問題——將旁人意見——而且是社會上有力黨派的意見——擱開不理它，只顧說我的主張，就可解決了的麼？④

梁漱溟是質疑還是善意提醒，尚費思量。但這一點恰恰顯出胡適道路的窘境，也是民國時代青年對自由主義興趣不濃的原因之一⑤，因爲它無法及時提供現實需要的辦法和出路。正如魯迅《故鄉》所說，"希望本是無所謂有，無所謂無

---

① 前揭胡適《我們走那條路？》。顧頡剛後來便認爲自己的《古史辨》是"對於封建主義的徹底破壞"。《古史辨》第一冊，上海古籍出版社，1982年，第28頁。
② 錢玄同1923年與顧頡剛《論詩説皆羣經辨僞書》便此認爲"推倒经比疑辨诸子尤为重要"。《錢玄同文集》第四册，第233頁。
③ 《胡適文存》三集，《整理國故與打鬼》。
④ 前揭胡適《我們走那條路？》附錄梁漱溟文。
⑤ 唐德剛曾回憶抗戰後學潮洶涌，胡適的思想已不起作用，與時代脱了節。參唐氏譯註《胡適口述日記》，華文出版社，1992年，第146頁。

的,這正如地上的路。其實地上本沒有路,走的人多了,也就成了路。"對普通人而言,死路強於無路。也正是這種心境,可以讓我們理解爲什麽許多五四青年加入共產黨才學習馬克思主義,爲什麽會對畫餅充飢義無反顧。革命、絶望與詩意永遠是伴生的。

由此我們可以一窺"問題中人"梁漱溟。1924年,已經在最高學府佔據一席之地,因《東西文化及其哲學》名噪一時的梁漱溟,没有繼續他的學者生涯,反而辭去教職,從事漫漫征程的鄉村建設,試圖爲中國找到一條解困之路。那以後,還輾轉於新老軍閥與政客之間,爲民主建設奔走四方。試圖"過孔家生活"的梁漱溟顯然不是革命者,但卻無疑與革命者有着相同的問題意識,那就是必須要具體地解決中國面臨的問題,而不是徒事否定,無論這個問題是在何種層次。

具體討論鄉村建設,當然不是本文的目的。但必須指出,梁漱溟的實踐之所以具有道路意義,不在他指出應該正視革命者所面臨的問題,而在於在革命以外提出了一種基於不同視角的路徑。我們知道,二十世紀對改造傳統最激進的話語建立在國民性理論之上。國民性理論的最大問題,是没有意識到有恆與無恆這個判分德性的基本尺度,不僅没有顧及政治制度對普通民衆思想的規範意義,而且想當然地設定了一個抽象的人性標尺來規範具體人羣,把打擊的靶子簡單對準民衆本身;爲"先覺者"踐踏民衆在理論上掃平了道路①。因此,依照國民性理論所完成的對民衆的教育,只能是一種馴化,馴化後的民衆成爲没有差别的個體存在,達到了墨家理想的"尚同"之境。既然了無差别,那麽訓教者與對象之間就自然成爲一種"兼愛"關係。兼愛就是無差别的愛,甚至超越了父子親情與夫妻之義,這爲幾十年後政治領袖的宗教化開了大門。

我曾經指出,儒墨都可以以師道自任,但二者的路徑不同。墨家胼手胝足,恭率天下,但善必我出,强人就己;真正的儒家則是"輔之翼之,使自得之,又從而振德之"②,換句話説,就是使受教者得到生命的滋養,能夠獨立地面對生活。這是對後覺者的教化。與馴化不同的是,所謂教化,不是使對象和教化者千篇一律,而是使他們同樣成爲覺者。而人羣生命的展開又不可以遠離政治,必須有一個使生命得以自由的機制來保護它。明白這一點,也就明白梁漱溟鄉村建設與民主革命的真正意義。當然,對於梁漱溟而言,鄉村只不過是針對農業社會改造

---

① 參《孟子章句講疏》卷一,《梁惠王章句上》第七章,對國民性理論的批評。
② 引文自《孟子·滕文公上》。儒墨皆以師自任,可參《王學與晚明的師道復興運動》導言。關於墨家與儒家的思想,可參《孟子章句講疏》的相關討論。

的契機,並不是説只有鄉村才算建設。君子可欺之以方,劫後餘生的梁漱溟,儘管對那些所謂不同路徑的"漢子"表示過敬意,但兩者卻無疑有着根本之别。

擺在五四青年面前的,除了隨波逐流以外,其實只有三條路:一是共產革命,一是社會建設,一是文化教育。1920年前後,馬克思主義團體開始全面攻擊無政府主義、基爾特社會主義,率先實行羣體自律,並正式成立中國共產黨。除了世俗的不同考慮外,一些對"鐵的紀律"心生疑慮的人,要麽就近加入國民黨,要麽走向社會①。1919年剛剛改組更名的國民黨還沒有後來的官氣,依然以革命黨自居。孫中山等一方面吸納青年入黨,一方面鼓勵青年從事民生主義。從晚清無政府思潮的光譜看,三條道路大概對應左中右三家。

除此之外尚須一提的是非議五四的同齡人物。這一部分主要包括學衡派和現代新儒家。由於主要是學者,尚非青年的主流。

1922年,吳宓、梅光迪、胡先驌等創辦《學衡》雜誌,提倡"昌明國粹,融化新知",批評新文化運動。劉伯明、柳詒徵、馬宗霍、陳寅恪、湯用彤等皆可劃入此派。由於很多學者具有留學西洋背景,又能融會傳統,在文史之學方面,成就斐然。

新儒家則是一個最爲鬆散的羣體,甚至只可以説聲氣相通。公認的三位大師是馬一浮、熊十力與梁漱溟,也可以包括林宰平、張君勱、錢穆、蒙文通。其共同特點是繼承儒者修身見世的傳統,在回歸中印學術一體的立場上融會新知。在中國傳統義理、考據及經濟之學方面皆有表見。其中馬一浮昌言"六藝統攝西來學術",從知識體系的角度繼承經學,奠定新經學基本立場;熊十力學主會通,在義理方面創獲最豐;梁漱溟則實踐知行合一,任道最勇。在西化大潮到來、傳統文化失語之際,養晦待時,反本開新,爲中國經學留下一脈薪傳。一百年後,那些你方唱罷我登場的所謂孔教人物幾乎闃焉無聞,而公認代表二十世紀儒學的只是幾個自甘邊緣的學者,這既是對前者莫大的諷刺,也是歷史本身的公平所在。

五、用科學整理國故

假如把失語看成死亡,那麽經學確實是在新文化運動後死亡了。或許是與"蒼天已死,黃天當立"同一心理吧,在歡呼經學解體的同時,有一個聲音異軍突起,強調"經學已死,史學當興"。於是,以科學客觀的立場自許,以文化進步的推

---

① 譬如周予同,參《譚其驤日記》附錄《思想改造手記》中周予同的自述。文匯出版社,1998年。

手自期,以解剖遺體的心態從事傳統文化的知識考古,並在很大程度上主導了二十世紀中國的人文學術①。這一潮流中的大部分學者儘管有着不同的學術光譜,卻也同時分享着基本相同的問題意識。

這樣,繼乾嘉時代以後,主流人文學術再次成爲以史學爲中心的學術。不寧唯是,學術的史學化與思想的意識形態化同時發生,知識體系與意識形態再次發生分裂,並延續至今。可以説,二十世紀文史領域的不少業績,此派固然有功;然而中國學術經過二十世紀仍然無法真正在整體上自立於世界學林,也與此派之成爲主流不無關係。當然,日本的侵華以及下半葉此起彼伏的政治運動也是關鍵外因②,但卻絶非全部。

五四事件之後不久,胡適便提出用科學的方法整理國故。不過,假如只把胡適道路理解爲引導青年鑽故紙堆,似乎並不公允。因爲整理國故運動之所以很快得到響應,並迅速成爲風氣,並非只是因爲有力人物的提倡,——有力人物之所以有力,是因爲他滿足了一大部分勢力的需要,所謂不"脱離羣衆"。整理國故的根本原因在於,繼經學解體之後,意識形態領域的真空可以由種種西方文化思潮填補,但知識體系上卻留下巨大的空白。前面已經指出,知識體系是無法迅速移植的。在這種情形之下,與陳寅恪所説的"一方面吸收輸入外來之學説,一方面不忘本來民族之地位"相比,整理國故毋寧説正是一條捷徑。

在這個意義上,假如說倡導"文學改良"的胡適還算是"暴得大名",但整理國故的提出卻表明其名聲非由幸致。1919 年《中國哲學史大綱》出版,儘管也許並非第一個使用"哲學"字眼,儘管只有半部,但卻第一次用清晰的邏輯爲古代思想建構了知識體系,這在傳統派依經解義的形式仍在流行之時,對於受過西學訓練的年青學人而言,無疑具有示範意義。當然,早在 1902 年梁啟超已經開始提倡新史學,試圖打破原有敘述形式。其《論中國學術思想變遷之大勢》一書,便給予胡適撰寫《中國哲學史》莫大的啟發③。

---

① 一個簡單的證據便是 1948 年中研院院士評選。八年以後的學部委員評選儘管受政治因素干擾,但此派依然以"從大夫之後"的姿態予以保留。至於割足適履的新宣傳派雖聲勢浩大,尚不足以稱學術。

② 錢穆先生曾感嘆,三十年代"誠使時局和平,北平人物薈萃",或可開一代風氣,可惜被抗戰軍興而中斷。前揭《師友雜憶》第 181 頁。

③ 胡適《四十自述》"在上海(一)"。收入《胡適文集》第一集。按,夏曉虹曾指出梁啟超該書的結構可能受日本學者白河次郎及國府種德的《支那學術史綱》影響。參《論中國學術思想變遷之大勢》,夏曉虹導讀,上海古籍出版社,2006 年,第 11—13 頁。

因此,當《新青年》的總體傾向表現爲全盤反傳統的時候,胡適便首先開始把目光投向原有知識體系的考察,並試圖與最近的經學體系——清代漢學,甚至也包括程朱理學,建立直接聯繫。這種聯繫的具體表徵,一是懷疑的態度,一是考證的方法,"大膽的假設,小心的求證"。用胡適自己的理解,便是由歸納到演繹互相爲用的科學方法,而這種方法在清代漢學特別是戴、段、二王一系已經得到自覺的運用,雖然後者只是用來研究歷史和小學。至於把這種科學方法的起源上推到程朱理學的格致觀念,則是晚清以來用"格致"一詞翻譯"科學"的延續。説清儒富有科學精神,固然早爲梁啓超所指出,但胡適則在一個恰當的時間引起了青年的注意。

在1923年與梁漱溟的論戰文章中,他説:

> 宋學是從中古宗教裏滾出來的,程頤、朱熹一派認定格物致知的基本方法。大膽的疑古,小心的考證,十分明顯的表示一種"嚴刻的理智態度,走科學的路"。這個風氣一開,中間雖有陸、王的反科學的有力運動,終不能阻止這個科學的路重現而大盛於最近的三百年。這三百年的學術,自顧炎武、閻若璩,以至戴震、崔述、王念孫、王引之,以至孫詒讓、章太炎,我們絶不能不説是"嚴刻的理智態度,走科學的路"。①

由此可知,宋儒"大膽的疑古",即是所謂"大膽的假設"。當時其弟子顧頡剛的疑古史學已經開始,其中懷疑的態度來自清代辨僞思潮與今文經學,特別是康有爲;而考證的方法則來自古文經學,特別是章太炎。所謂"國故"一詞不管是否發明自撰寫《國故論衡》的章太炎,但胡適派與章太炎之間的聯繫都是顯然的②。而康有爲雖然與古文經學立場不同,但在研究方法上依然源於乾嘉漢學。這一觀點恰恰也爲錢玄同所強調③。

1923年5月,顧頡剛發表《致錢玄同先生論古史書》,提出"層累地造成的古史説"。轉年胡適發表評論,對此高度讚揚,認爲"這是用歷史演進的見解來觀察歷史上的傳説"④。至此,胡適"整理國故"的另一個方法也得到了關鍵的印證。

---

① 《胡適文存》二集,《讀梁漱溟先生的〈東西文化及其哲學〉》。《胡適文集》第三集,第195頁。
② 參顧頡剛《我是怎樣編寫〈古史辨〉的?》;以及周予同《五十年來中國之新史學》。
③ 錢玄同《論今古文經學及〈辨僞叢書〉書》,《古史辨》第一册。
④ 《胡適文存》二集卷一,《古史討論的讀後感》。

"大膽的假設,小心的求證"屬於實驗的方法,加上歷史的方法,正是他所總結的杜威的方法。這個方法當然也不是胡適首先提出①,但對年輕一輩的學子而言,卻頗有振聾發聵之效。

有了方法利器,胡適開始系統提出自己的學術抱負。在1923年出版的《國學季刊》發刊宣言中,胡適系統總結了清代三百年學術,並正式提出要上繼"古學",以客觀態度看待包括"國粹"與"國渣"於一體的"國故"。在他看來,清代學者的貢獻是整理古書、發現古書、發現古物三個方面,缺點則在於研究範圍狹小,且有內容乏系統,有經師乏思想家。提出"打破一切門户的成見,拿歷史的眼光來整統一切",國故學的使命就是"整理中國一切文化的歷史"。

胡適的過人之處是:不僅有理想,還具體提出了一整套可以依循的研究方案。怎樣纔算系統的整理呢? 第一是編纂索引以節省精力;第二是撰寫結賬式著作,以方便入門;第三是分門别類撰寫專史,建立新的知識體系。在結賬式著作裏,他以校勘、古韻、訓詁、學術見解爲例,予以具體示範。在文化史系統方面,他提出民族史、語言文字史、經濟史、政治史、國際交通史、思想學術史、宗教史、文藝史、風俗史、制度史十個大類。

平心而論,胡適所提出的研究方法,在當時的歐美日本並不算出奇,但之所以這個問題要由胡適提出,是因爲同時留洋海外的人物要麽學習具體技藝,要麽弘揚具體學説呼號革命,而胡適則把目光對準了海外學術的知識體系。在這裏已經隱含了五四追求民主與科學兩條道路的分裂,反映在文化上,則是意識形態與知識體系的分裂。在國内學術仍主要爲康章兩派經學所統治的時候,胡適所輸入的海外常識顯出了眼光上的不凡。

因此,從二十世紀學術史的角度來看,假如説1902年開始提倡類似觀點的梁啓超算是虛君,胡適則是二十年代以後科學派新史學當令的旗手。原因很簡單,晚清時代歸納、演繹等方法對許多仍在謀求出路的士子既很陌生,亦復無用,但隨着新式學校的建立以及對師資的需求,這種研究方式知之者既衆,且可以速成。在此之後,哈佛燕京的各類引得,商務與開明等的各種叢書、文庫,以及形形色色粮莠不齊的國學"概論"、羣經"概説"、諸子"解題",皆如雨後春筍般出現,經濟、政治以外,甚至連流氓、娼妓都有人撰寫專史。他的文化史系統,在八十年代

---

① 譬如夏曾佑的《中國古代史》便明確提出"凡經義之變遷,皆以歷史之理解之"。周予同已注意到,参《五十年來中國之新史學》。

文化熱的氣氛中,也被重新拷貝。在這個意義上,胡適算是所謂中國文化史研究的一個真正奠基人。

　　無疑的,新史學一方面促進了知識的普及,一方面確實拓展了歷史研究領域。同時與新興學科如考古學等可以順利互動,許多研究甚至還可以支撐現代科學的討論。同時也應看到,用歸納、演繹以及歷史層次幾個容易掌握的方法研究學術,便於持循,降低了學術門檻,這也是胡適派道路很快有人集聚的根本原因。高手固然可以出功力深厚的學問,低手也可以尋章摘句,冒充方家。事實上,後一種尋章摘句之學,早就是古人考科舉、做策論的慣技,胡適在文章中便曾提到《皇清經解分經匯纂》一類書籍,並以此作正面典型。這樣,胡適派不僅在學術上執科學派新史學之牛耳,而且迅速在體制內佔據要津。這一點只消一瞥北大、清華、中研院等最高學術機構,便可瞭然。

　　不過,與蔡元培肢解經學入文史哲一樣,誠如錢穆在《國史大綱》前言所指出的,"以活的人事,換爲死的材料",研究者與對象之間無法形成真正的精神聯繫。這也是批評清代只有經師不出思想家,而新派史學不唯沒有思想家,連經師也沒有出現的原因。陳寅恪意有所指的所謂"瞭解之同情"同樣打中了此派的要害。因此,用科學的方法重建知識體系的結果,是延續了清代有史學而乏學術的基本格局。二十世紀中國有哲學史而缺少哲學家的現象,不是時下把哲學史學科改稱哲學就可以解決的。

　　胡適本人在整理國故初期主要用力於禪宗與小説,用他自己的話説,主要關心的是研究方法①。這一運動的其餘幾員大將,如顧頡剛、傅斯年等主要致力於史學,錢玄同則關注經學。後者不僅在研究路數上尊奉乾嘉,更重要的是作爲康、章今古文經學兩大系統的親炙者,最終打破家法觀念,提出"超經學研究",主張"六經皆史料"②,成爲由經入史的樞紐人物之一。在疑古派史學形成初期,他與胡適一起對顧頡剛產生重要影響。二十年代中期,其弟子周予同甚至把他推爲新古史研究的唯一代表③。爲了壯大陣營,胡適轉而推崇王國維爲從考據出發的新經學之代表人物④。

　　錢玄同性情激烈,打倒孔教的熱誠超過胡適,不僅主張"用夷變夏",甚至認

---

① 《胡適文存》自序。
② 《重論經今古文學問題》,《錢玄同文集》第四册。
③ 《儒家的精神之社會政策》。
④ 《胡適文存》四集卷四,《我們今日還不配讀經》。

爲"欲廢孔學,不得不先廢漢文",故提倡世界語①。不僅認爲經學的辨僞較諸子尤爲重要,而且把整理國故與反孔教聯繫起來②,並勉勵胡適做上幾年"仿泰西新法,獨出心裁的新國故黨"③。與胡適一起成爲經史領域疑古重建的先鋒。不過,儘管袁世凱借尊孔祭天陳倉暗渡,李大釗把孔子當成"歷代帝王專制之護符",但此時老輩人物依舊雲集的學術界顯然不認爲這是孔子的本相,錢玄同之提出區分孔子與經學應該有策略的考量④。於是 1923 年,六經與孔子無關論被正式提出⑤。這一觀點與顧頡剛的層累説一樣,儘管並無實際證據,而且邏輯極爲武斷,但在晚清今文經學以來的疑古積習,以及新文化運動中打碎一切的心理交相作用之下,卻很快發生影響,連傾向儒家的錢穆也開始論證《周易》與孔子無關,馮友蘭更是同意六經非孔子所訂,郭沫若則認爲發其心中所欲發。在這個策略下,孔子的地位甚至被拔高,比如錢玄同論述《春秋》非孔子所作的一個理由,便是這種斷爛朝報式的東西與"他老人家的學問才具"不相匹配⑥。這個論斷,實際刺激了後來的疑古派經學史研究,譬如《周易》,李鏡池等便開始大膽懷疑其上、下經乃占卜記錄的彙編。

　　錢玄同有關經學的見解無疑爲科學派經學史研究掃平了道路,但由於他自己的主要工作放在語言學和國語運動方面,除了幾篇疑辨文章,沒有留下成型的經學史著作。三十年代以後,他逐漸從激進的立場退卻,先是承認《春秋》與孔子有關,繼而主張把經學作爲研究而非反對的對象⑦,而且由於身體欠佳,最終在 1939 年五十三歲時去世。

　　這樣,錢玄同並未開始的事業,除了顧頡剛以外,便由周予同挺身自任,並在三十年代逐漸成爲科學派經學史的兩個代表人物。

六、經學已死,經學史當興?

　　1898 年,周予同出生於浙江瑞安。中學時代由於受到國文教師、著名學者

---

① 《中國今後之文字問題》,《錢玄同文集》第一册,第 162 頁。
② 前揭與顧頡剛《論詩説及羣經辨僞書》。
③ 《古史辨》第一册,《轉致玄同先生論崔述書》附錄《玄同先生與適之先生書》。
④ 前揭《論詩説及群經辨僞書》:"不把六經與孔丘分家,則孔教總不容易打倒"。
⑤ 錢玄同《答顧頡剛先生书》,1923 年 6 月發表於《讀書雜誌》。後收入《古史辨》第一册,上海古籍出版社,1982 年。
⑥ 《春秋與孔子》,《錢玄同文集》第四册,第 257—258 頁。
⑦ 《我對於周豫才君之追憶與略評》,《錢玄同文集》第二册,第 307 頁。

陳黻宸的學生影響,始開始接觸古籍,並發生濃厚興趣。1916年進入北京高師國文部,當時章門弟子馬裕藻、朱希祖、錢玄同等既是北大教授,也同時任教高師,周予同自言因此打下經學研究基礎,而從錢玄同所得爲多。其中朱希祖長於史學史與南明史,馬裕藻長於音韻,錢玄同則小學、經學皆通。1909—1911年期間,錢玄同已經逐漸擺脫章太炎在思想上的籠罩,"始背師而宗經文經學",並拜深信康有爲的崔適爲師,至1917年開始"打破家法"①。那麼,周予同所得於錢玄同的,除了具體知識外或許也包括基本立場,即經學已死,經學史當興:

> 在現在,经学之继承的研究大可不必,而经学史的研究当立即开始。……我原是赞成"打到(孔子)"和"废弃(經學)"的,但我自以为是站在历史的研究上的。我覺得歷史派的研究方法,是比較的客觀,比較的公平;從歷史入手,那孔子的思想和經學一些材料,不適合於現代,不適合於現代的中國,自然而然的呈現在我們眼前。我們不必高呼口號,而打倒和廢棄的理由已了然於心中。所以我們就是反經學的學術史研究。②

這個立場一直沒有發生過變化。周予同自言,因錢玄同影響"已趨向否定經學",考慮到學生受學的實際狀況,面對老師輩不同見解的輪番轟炸,大概只是疑信之間。

作爲五四青年,周予同在校期間似乎更多地關注當時各種主義或運動的發展,何時對歷史派觀點產生自覺卻很難說。在此期間他寫過關於社會主義的論文,也研究過教育制度,但明顯的是,直到1924年他發表第一篇現存與經學有關的論文,《儒家的精神之社會政策》時,他還把胡適等的整理國故看成是"除少數人外不過是博得'學貫中西'的虛譽","都在根本上不明學術之獨立的價值而以功利的眼光作評判的標準",並提倡客觀而超功利的研究。應該說,他後來之所以服膺歷史派的立場,便與其強調客觀、非功利的傾向有關。不僅如此,文中周予同還左右開弓,既反對"保存國粹",也反對吳稚暉"將傳統拋諸茅廁"之說。此時的周予同,還在糾結於對儒家"樂道"觀點的保存、修正,以及對"安命"觀念的否定。與胡適、錢玄同、顧頡剛等的歷史派還有很大距離。

---

① 錢玄同《論今古文經學及〈辨僞叢書〉書》。
② 《經學史與經學之派別——皮錫瑞〈經學歷史〉序》。

1920 年周予同從高師畢業,先後擔任高師附中教員、廈大教師約一年①。1921 年夏,因老師何炳松推薦,到上海商務印書館負責編輯國文教科書。而顧頡剛也於同年 7 月來此,編纂本國史地教科書②。二人與同爲編輯的李石岑常相往還,"討論文史學界的問題"③。討論的具體内容不得而知,不過看 1923 年 1 月,商務一班年輕編輯鄭振鐸、顧頡剛、周予同等共謀成立樸社的時候,其社名即來自周予同,後者據説是因錢玄同影響而接受了清代樸學④。這也正是顧頡剛所擅長並曾嚮往的,以至於在《古史辨自序》中便坦承曾崇拜章太炎。

　　因爲史料匱乏,周予同與錢玄同的具體關係,尚少直接證據;但顧頡剛與錢玄同關係之密切卻是有目共睹。一個旁證是,1923 年錢玄同提出六經與孔子無關的書信已經在《讀書雜誌》發表,但周予同前述文章還在大量引用《周易》來論證孔子的思想,表明他對錢玄同的觀點尚一無所知,至少是未予接受;而 1926 年,他的另一篇文章《殭屍的出祟——異哉所謂讀經問題》,不僅對經學的惡感猛增,而且激烈的程度便直追錢玄同。不僅儒學也有優點之類的觀點早已了無蹤影,經學甚至還被比作"糞便",而後一比喻錢玄同曾經用之於《新青年》⑤。書中引用錢氏關於五經與孔子無關的見解,並明確以錢玄同作爲經學史四派之一,新古史派的僅有代表。文章所言新古史派迄今只有四年,可知便是指錢玄同 1923 年的六經與孔子無關論。考慮到清末以來錢玄同的觀點一直不斷變化,因此這一觀點未必在 1920 年(周予同畢業前)便已形成。

　　不僅如此,1927 年,《民鐸》雜誌發表周予同《孝與生殖器崇拜》一文,通篇實際都在發揮錢玄同《答顧頡剛先生書》中的一個觀點,即周易的陰陽爻來源於生殖器崇拜。只不過周予同把這個觀點給予推廣,認爲古代社會本來便存在生殖器崇拜,待儒家的仁孝價值論産生,然后利用托古改制的方式對之加以改造。不用説,此文既有錢玄同也有康有爲的影子。文章的用意似乎還是呼應《新青年》的非孝言論,甚至提出,倘要接受儒家的思想,就要將其源于生殖崇拜的思想一起通盤接受,邏輯甚是奇怪。周予同自己對這篇文章特別滿意,曾專門致函顧頡

---

① 前揭譚其驤《思想改造手記》。
② 參《顧頡剛日記》第一卷,1921 年 7 月以後所記。
③ 前揭譚其驤《思想改造手記》。
④ 顧頡剛《我是怎樣編寫〈古史辨〉的》。《顧頡剛日記》第一卷,1921 年 1 月 6 日。臺灣聯經出版公司,2007 年。
⑤ 1918 年 12 月 5 日,《新青年》發表錢玄同給陳大齊的回信《保護眼珠與换回人眼》,陳大齊希望他編一部"糞譜",錢玄同則稱傳統學術爲"糞學"。《錢玄同文集》第一册,第 279 頁。

剛,提醒他的注意,1930年遂收入《古史辨》第二輯。這一時期的周予同表現出對以錢玄同、顧頡剛爲代表的新古史派的強烈認同①。揆諸情實,極有可能是受過錢玄同授課影響"趨向否定經學"的周予同,經過與熱誠投入疑古辨僞及歷史考證的顧頡剛密切交往,最終完成了學術認同,並把自身學術譜系與錢玄同聯繫起來。因此,錢玄同之影響周予同,恐怕更多地還是從對錢氏作品的閱讀中得來的。

錢玄同給予周予同另一個很重要的影響,應該是把孔子與經學分開。在錢玄同那裏,這既是一個批孔教的策略,同時也與胡適所倡導的歷史學方法相合。至少在1925年前後,錢玄同已經正式相信了這個觀點②。這一方法並不發軔於梁啓超,但梁啓超無疑起過重要影響。在1902年發表的《保教非所以尊孔論》一文中,梁啓超提出了那個非常有名的論斷,即漢武帝罷黜百家之後,學術不得自由,因此

> 言考據則爭師法,言性理則爭道統,各自以爲孔教,而排斥他人以爲非孔教,於是孔教之範圍益日縮日小。浸假而孔子變爲董江都、何邵公矣,浸假而孔子變爲馬季長、鄭康成矣,浸假而孔子變爲韓昌黎、歐陽永叔矣,浸假而孔子變爲程伊川、朱晦庵矣,浸假而孔子變爲陸象山、王陽明矣,浸假而孔子變爲紀曉嵐、阮芸臺矣。皆由思想束縛於一點,不能自開生面。

梁啓超此文的目的與章太炎揭示經學的"汗漫"其實有異曲同工之處,倒並非反對歷代學説。不過,在新文化運動以來,當打倒經學已成新史學派共識,而孔子本人在學術上尚難以撼動之時,利用梁啓超的觀點,經過歷史學方法的修飾,既可以持客觀研究的立場壓人,也可以收否定經學之效。這也就是周予同後來一系列著作都要反覆提出所謂真假孔子問題的原因③。其論證邏輯常常是,因爲歷史永遠是變化的,所以後來者只能是假孔子,因爲其假,所以其錯④。而真孔子的學説也明顯不適合於現代。把變化絶對化,只見到孤立的事實,不同學

---

① 參周予同《顧著〈古史辨〉的讀後感》。
② 參錢玄同《論今古文經學及〈辨僞叢書〉書》中1925年的自註。
③ 如《〈經學歷史〉註釋本序言》(1928)、《緯讖中的孔聖與他的門徒》(1933)、《漢學與宋學》(1933)、《孔子》(1934)、《孝經新論》(1936)等文。
④ 《治經與治史》:"歷史本身終究是變的,變是歷史的唯一的本質。"

説之間喪失了精神性聯繫。

行文至此，假如周予同的所有重要觀點都來源於錢玄同，那麼似乎便也無甚出奇之處。真正使周予同足以自立的，是他在接受錢玄同打破家法論以後，由此上溯清代今古文經學，試圖還原整個經學知識系統的若干努力。也正是在這一點上，暴露了他與錢玄同、顧頡剛之間的根本分歧。

1925 年，在李石岑的慫恿下，周予同撰寫了一篇《經今古文之爭及其異同》，先後兩期發表在這一年的《民鐸》雜誌。在這部篇幅不大的著作中，周予同以晚清今古文經學的幾個大家廖平、康有爲、章太炎爲準繩，試圖爲兩漢及清代的今古文之爭作一定讞。書中先後分析了今古文經學的範圍、異同，勾勒了漢代今古文的歷史爭論，東漢以後的混淆，以及清代今古文的復興。儘管特別指出自己站在"超經傳的"立場，但仍然表示傾向今文經學，並熱情讚頌了後者的救世、革新與懷疑精神。

從文章基調而言，儘管此時的周予同已經試圖靠攏錢玄同"打破家法"的觀念，但此前對今文經學的認同卻未能割捨，其好友王伯祥讀後最爲注意的便是其今文立場①，應該代表當時學者的一般觀感。不難認出，這種立場不僅也是錢玄同 1917 年之前的立場，而且還與梁啓超的影響有關，當然後者很可能是兩方面的：一方面，其學派發展邏輯完全接受了梁啓超"復古以求解放"之說以及孔學變遷論；一方面，撰寫此文的動因，極可能是不滿於梁啓超的《清代學術概論》。梁氏 1920 年發表的這部著作，對今文經學的敘述，完全是從常州學派到康有爲的視角，忽視了今文經學的學理線索。而晚清代表這一學理線索的就是廖平。

事實上，如果説本書在古代經學史具體事實方面，可能取材於皮錫瑞《經學歷史》以及正史《儒林傳》，有關今古文的判分則主要來自廖平、康有爲和夏曾佑。這主要表現在書中最主要的兩個觀點上，即今古文的判分標準與經典次序異同。書中對此沒有提及，考慮到當時作者正在編輯教材，或許因爲只是給學生提供入門之用。這從該書轉年收入商務《國學小叢書》可見一斑。

關於今古文的分野，基本脫胎於《今古學考》，所謂"今祖孔子，古祖周公"；"今爲經學派，古爲史學派"等等，都是廖平《今古學宗旨不同表》所言②。只是把"經學"改成"哲學"，以與當時的一般用語相協。

---

① 參王伯祥《讀經今古文學和古史辨》，《古史辨》第二册。
② 關於這一點其《中國經學史講義》中已言及，前揭《周予同经学史论著选集》第 887 頁。

關於今古文經典的次序,即認爲今文家以《詩》、《書》、《禮》、《樂》、《易》、《春秋》爲序,而古文家以《易》、《書》、《詩》、《禮》、《樂》、《春秋》爲序,近來學者大都把這一觀點視爲周予同的新説,事實上周氏自己早就指出此説乃夏曾佑本之康有爲的①。目前已知最先注意六經問題的學者是陸德明《經典釋文》。在《經典釋文序》中陸氏已經注意或以《詩》、或以《易》爲首的問題,但卻主張"以著述早晚"爲別的後一説法。及康有爲撰《新學僞經考》,重提這一問題,乃認爲完全是劉歆僞纂:

> 六經之序,自《禮記·王制》、《經解》、《論語》、《莊子·徐無鬼》、《天下》、《列子·仲尼》《商君書·農戰》《史記·儒林傳》,皆曰《詩》、《書》、《禮》、《樂》、《易》、《春秋》,無不以《詩》爲先者。《詩》《書》並稱,不勝繁舉……。自歆定《七略》,改先聖六經之序,後世咸依以爲法,則無識也。元朗蓋爲歆所惑,故其序如此。云伏羲"既處名教之初,故《易》爲七經之首",《書》"既起五帝之末,理後三皇之經,故次於《易》",《詩》"既起周文,又兼《商頌》,故在堯舜之後,次於《易》、《書》","《周》、《儀》二禮並周公所制,宜次文王",附會疑有序焉。不知六經皆孔子所作,而興必以《詩》,教小子先以《詩》。六經先《詩》,聖教之序。劉歆務求變亂,德明妄立次第,失之矣。②

由於康有爲提及劉歆僞爲,暗示了今古文經學有別,周予同因此坐實其説。《漢書·藝文志》本出劉歆,但此觀點到底是劉歆發明還是別有所本,也還可以討論。至於有批評者舉了若干出土文獻,以及周予同曾經舉過的《莊子》、《商君書》等以《詩》爲首的例子,來反駁以《詩》爲首是今文家説,認爲《莊子》等無法歸入今文經學,卻犯了明顯的邏輯錯誤③。因爲今古文經學關於六藝次序的差異,與其它學派是否與今文經學相合不是一回事情。儒學内部兩派觀點的歧異,不妨礙其中一派引用舊説或他派的學説。康有爲的引證充其量也不過是證明今文説纔是先秦所傳舊説,而古文説乃後起新造而已。周予同如果説有不足,是他機械地

---

① 參《五十年來中國之新史學》。
② 康有爲《新學僞經考·經典釋文糾謬第十》,次第條,朱維錚、廖梅編校,三聯書店,1998年,第211頁。
③ 如廖名春《六經次序探源》,《歷史研究》2002年第2期。

理解了康有爲的觀點,譬如夏曾佑的引用便只是言時代早晚而不論古、今①。

因此,從清代經學的立場看,《經今古文學》在經學上並無獨特的見解。本書的意義還在於把廖平、康有爲、章太炎等在經學立場上的歧異,用相互映照的方式呈現出來,以方便後人瞭解經學。作者的超經學立場實際便是不加評判地呈現各家學說,這是一般學術史的工作。考慮到作者虛齡也不過二十八歲,出入幾大學者之間,提要鈎玄,其經學的功底可謂難得。

由於所關注是在學術史,那麼周予同此後幾年的工作便不難理解。除《中國現代教育史》與《開明本國史》等教育史及普通教材之外,1928至1934的六年間,皮錫瑞《經學歷史》註釋本、《朱熹》、《中國學校制度》、《漢學師承記》選注、《羣經概論》、《孔子》六部著作相繼出版。儘管篇幅都不大,但合起來卻也頗爲可觀。考慮到他同時還在擔任商務《教育雜誌》的主編,周予同之所以如此勤奮,都源於其心中有個宏大的抱負:《經學通史》、專經史、學派史、歷代經部著述考、歷代經學家傳略、《孔學變遷史》、《孔子傳記》、《經學年表》、《經學辭典》②。

這樣,註釋《經學歷史》與《漢學師承記》顯然是爲未來的經學史準備材料,《羣經概論》是對經典傳承的鳥瞰,而《孔子》與《朱熹》重要性不言而喻。加上關於讖緯的幾篇論文,應該說周予同把其所認爲的經學三大流派,今文、古文、經宋學的學說都做了較爲系統的梳理。《中國學校制度》則旁及經學的教育功能。

問題是,作者在此之後卻除了《緯讖中的皇與帝》(1936)、《五十年來中國之新史學》(1941)兩篇論文,以及若干評論性文字發表,其研究工作便戛然而止。那到底是怎麼回事呢?按照他本人的說法,或是環境逼人,或因從事民主運動,但夷考其生平,又頗似遁詞。

不過有一點是肯定的,自從周予同的幾篇作品收入《古史辨》第二册後的幾年內,他與顧頡剛的關係似乎發生了變化,變化的結果是在1949年之前基本已無來往。此前顧頡剛是史界領袖,1949年之後由於周予同地位陡然提高,二人身份一度易位,顧頡剛則在《日記》裏偶作譏評。1952年2月,顧頡剛轉任復旦歷史系教授,一應事宜多與周谷城、胡厚宣、譚其驤接觸,至1954年8月赴京以前,兩人似乎也只見工作交往。1955年當中華書局重新出版《經今古文學》之際,周予同便就此刪除了其中曾經提到顧頡剛的痕跡。到底是政學原因還是私

---

① 夏曾佑《中國古代史》第184頁。
② 《經學史與經學之派別》初次發表於《民鐸》時的附錄。

人因素，確有可商。考慮到兩人原有的學術淵源，仍然有討論的必要。因爲本書出版時間的關係，具體細節未及詳考，存此以待識者。

周、顧交惡除了個性因素之外，或許與錢玄同有關，這一點其實反映了周予同與錢玄同之間的學術分歧。1931 年 11 月，爲了給方國瑜點校的《新學僞經考》作序，錢玄同寫了一篇很長的文章，《重論經今古文學問題》，其基調便是揚康抑廖：

> 廖氏之書，東拉西扯，憑臆妄斷，拉雜失倫，有如夢囈，正是十足的昏亂思想的代表。……康氏此書，全用清儒的考證方法。……這考證方法是科學的方法。

在錢氏看來，《新學僞經考》證據充足，論斷精核，比顧炎武直到章太炎、王國維不僅毫無遜色，"眼光之敏銳尚有過之"。而"古文家無資格論今文家真僞，今文經真僞要超今文的'歷史家'立場方可。"針對近儒多以爲今古文不同主要在經説，文字差異與篇卷多少尚在其次，錢氏以爲最重要的是篇卷多少，次則文字差異，經説雖有種種差異，其實並不值得注意。古文與今文只是立異，以求立於學官，非真如廖平所云各有系統，秩序井然。

"近人或謂今文家言'微言大義'，古文家言'訓詁名物'，這是兩家最不同之點。此實大謬不然。"理由是今文亦有解故。"微言、大義本是兩詞，近人合爲一詞。""或又謂古文家言'六經皆史'，今文家言'六經皆孔子所作'，此則尤與事實不合。按此兩說，漢之今文家與古文家皆無之。"之後歷引歷史上贊同六經皆史的學者如陳傅良、王陽明、章學誠、章太炎等，唯章爲古文家。今文家唯廖平、康有爲、皮錫瑞主六經孔子所作之説，如龔自珍即主"六經皆史"，而崔適也反對康説。最後他重複自己的見解："我們今後解經，應該以'實事求是'爲鵠的，而絕對破除'師説'、'家法'這些分門別户，是丹非素，出主入奴的陋見！"關於"六經皆史"問題，在 1931 年發表的劉逢禄《〈春秋左氏傳考證〉書後》一文中也予以提及。

不用説，這裏的"近人"指的就是周予同。其措辭之嚴厲，對於《經今古文學》來說，是顛覆性的。其中關於今古文學是否真成系統，後世仍然有爭論的餘地①。至

---

① 譬如李學勤《〈今古學考〉與〈五經異義〉》便對廖氏表示質疑，但尚非定論。見氏著《古文獻叢論》，上海遠東出版社，1996 年。

於"六經皆史"說在漢儒中沒有此論,則確實抓住了周予同的一個錯誤,那就是,儘管他口頭上承認清代今古文之學與漢代已經不同,但卻依然以清學爲代表來立論。甚至在爲皮錫瑞《經學歷史》撰寫的導言中,還要以此爲據,劃分爲經學的三大流派。因此,這一問題實已觸及周予同的見解能否成立的根本問題。至於清代有今文經學家也同樣持"六經皆史"說,周予同倒似乎可以辯解,因爲康、廖等在今文經學的代表性確實超過龔、崔。而引陳傅良等來質疑,這與上文引《莊子》非今文一樣,邏輯顯然不通。大概因此,周予同並沒有接受這一批評,直到晚年的經學史講義中也還堅持這一見解。

從某種意義上説,錢、周的差異,其實是清代經學史上的康、廖之別在科學派新史學中的翻版。假如由此上溯,更其是清代漢學史上的兩大流派,皖派與吳派的差別所在。

在晚清,最先試圖總結清代學術的是章太炎的《清儒》①。在他看來,清學自顧炎武等草創以來,"其成學著系統者,自乾隆朝始。一自吳,一自皖南。吳始惠棟,其學好博而尊聞。皖南始江永、戴震。綜形名,任裁斷。此其所異也。"到了梁啓超那裏,則被表述爲"惠派治學方法,吾得以八字蔽之,曰:'凡古必真,凡漢皆好。'"又云:"戴學所以異於惠學者,惠僅淹博,而戴則識斷且精審也。"②

這個觀點影響甚廣,幾成定論。不知惠棟之學的本質既不在於淹博,也不在於尊漢,而是漢代學術史。其尊漢主要因爲經學的立場,而學問的路數固與求真無異。只不過由於是研究歷史,必須因所研究對象的路數不同,選擇研究方法,如同黃宗羲《明儒學案·凡例》中所比喻的大禹導山。儘管不像戴震之學以文本的訓詁爲對象,主要依託小學,但小學的方法也在吳派包括之內。從這個意義上説,惠棟之學正是傳統所謂"辨章學術,考鏡源流"的學術史。否則,在浙東史學的後勁章學誠看來,"浙東貴專家,浙西尚博雅"③,以戴震爲首的漢學總是博雅之學了。視角不同,各有攸當。道理雖然簡單,但近代以來,明瞭此義的除了撰寫《經學抉原》的蒙文通外亦不多見。

因此大概地説,假如戴震一派可以視作研究經典文本,或文本時代的經學史,那麼惠棟則是研究漢代經學史,這與前面所言的清學主要是經學史並不矛盾。由此我們總可以理解,爲什麼惠棟一派學者大都重視輯佚,如做《古經解鉤

---

① 《檢論》卷四,收入前揭《章太炎全集》第三卷。
② 梁啓超《清代學術概論》,朱維錚導讀本,上海古籍出版社,1998年,第31、37頁。
③ 《文史通義》卷5,《浙東學術》。

沉》的余蕭客、《漢學堂經解》的黃奭；而戴震一派則多重校勘。輯佚的目的就是爲學術史研究做第一步工作。也正是因此，首先系統總結清學的是惠棟的弟子江藩，其《漢學師承記》、《宋學淵源錄》研究者雖多，但罕能破的，即是因爲受梁啓超以來的解釋所蔽。

惠棟以後，如陳壽祺、陳喬樅父子以下，一直到廖平的所謂今文經學，都必須放到這個系統理解，始能心知其意。雖然未見周予同對此有過自覺的論述，但看他選注《漢學師承記》，學宗廖平，便可知其學術氣質實與惠棟至廖平一系相近。而淵源於廖平、劉師培，且能持守經學立場的則是蒙文通。在這個意義上說，假如以錢玄同及顧頡剛爲追蹤戴震至康有爲、章太炎的宗子，以蒙文通爲繼承惠棟至廖平的法嗣，周予同的學術光譜實處於兩家之間。這是周予同在學術上真正足以自立的地方。因此，儘管他的許多具體研究，從經學的立場看，並未超出《四庫總目提要》以及晚清幾位經學大師的觀點，很少抉發新義；但作爲學術史家，這種新義時常隱藏在銳利的學術眼光之中。從他作爲科學派新史學的一員，能夠有意識地對經學的知識體系予以恢復，以平衡前者對傳統的粉碎性理解，其貢獻便不可泯沒。

正是因爲把經學當成知識體系，總會轉而關注經學的學派史，這在打破家法、追求獨斷之學的錢玄同看來，豈非是家法的復歸？而家法的復歸，在某種意義上，也就是經學的變相復活。錢玄同的難以忍受，便並非偶然。顧頡剛是否因錢氏此議而漸與周予同在學術及私人關係上疏遠，暫時不得而知；至於周予同後來通過新史學回顧的方式與顧頡剛在學術上也正式決裂，則是後話。

七、一個無政府主義者的宿命

從某種意義上說，作爲學者的周予同其學術與精神的變化，具有兩個平行的線索。這與畢生掙扎於可信與可愛之間的王國維類似，學術是其所見，而精神是其可欲，當魚與熊掌不可得兼，則舍所見而就可欲。這固然是因爲二者都具有敏感的心靈，也因爲正好處在一個知識體系（學術）與意識形態（思想）分裂的大時代。這一點或許便是周予同的學術計劃戛然而止的原因，同時也是他在命運的升沉起伏中，尚能不失其故我的因緣所在。

1916年周予同來到北京，當時高等師範不僅不收學費，而且伙食全免，讓周予同這種出身貧寒的學子有機會求學深造。貧寒的經歷或許促使有人成爲于連，也可能激發另一些人改造社會的願望。正值新文化運動伊始，周予同很快受到《新青年》影響,"對研究社會問題,發生强烈興趣"。與同學匡互生等一起先後組織同言社、工學會,心儀無政府主義。當時形形色色的無政府主義、社會主義傳入中國,與晚清的無政府思想合流,可謂光怪陸離。和許多五四青年一樣,與其說周予同此時所接受的是什麼高深的主義,不如說是一種因性情不同而選擇的立場①。對於此時的周予同來說,"一定要改造這個萬惡的社會,打破貧富的階級。"而打破的方法不是鐵與火的革命,而是由點滴改良,推廣到家庭、國家、社會②。給他以理想的支撑的,是以老子的"小農社會"及許行"君臣並耕"爲目標的"無治主義"③。假如這種無政府共産主義有個最新的版本,應該是康有爲《大同書》裏所構想的樣式④。

《大同書》儘管初版於 1935 年,但其甲、乙兩部 1913 年曾首先發表於康有爲主編的《不忍》雜誌。由於父輩傾向維新改良,周予同受到影響,並因而相信了《大同書》所言是很可能的。假如注意到周予同對貧窮經歷的敏感⑤,那麼《大同書·甲部》所謂"入世界觀衆苦",便一定打動過他。以至於在面對貧民學校的學生時,他説:

> 爲什麽受這貧苦的苦痛呢?……都是現在萬惡的社會把你們害到這個地步。……大家都是一個人,都是應該求學的少年,爲什麽我就能夠到高等師範來,你們就只能到這個連形式都不完全的貧民學校來呢?(下言富人的兒子如何寄生)請問我們作工的兒子應當這樣,他們不作工的兒子反應該那樣嗎?

面對真正的貧民,似乎又不是那樣的貧寒了,説明打動周予同的所謂貧窮,主要還是一種"入世界觀衆苦"的悲憫情懷。對於周予同來説,一個理想的社會應該是"世上的土地都不給貴族資本家佔去","人人做工"的社會。

所謂"無治主義"便是通稱的無政府主義。以老子和許行爲偶像,表明周予

---

① 1979 年 10 月,周予同説:"我也無所謂對無政府主義同情,因爲那時什麼是無政府主義也不清楚。(下言辦雜誌後始瞭解社會主義)"前揭云復、侯剛《訪周予同先生》。
② 周蘧(周予同)《貧民學校開學演説辭》,收入《五四運動與北京高師》。
③ 《儒家的精神之社會政策》。引胡適説,認爲兩者都是無政府主義,參《道儒的黨派性》。
④ 周予同《五四的前夕——悼互生兄》,收入《五四運動與北京高師》。前揭《譚其驤日記》附録、《思想改造手記》,周予同自言當時受老莊及《禮運註》、《大同》影響。
⑤ 參云復、侯剛《訪周予同先生》。

同所傾向的一開始便不是那個力主破壞的墨家,儘管他也對匡互生的激進行爲不無激賞。如前所述,在晚清無政府思潮的光譜中,墨家與道家作爲左右兩翼,都得到不同程度的復活。儘管匡互生在五四運動中曾以"火燒趙家樓"的壯舉聞名於世,但工學會本身卻是一個受杜威影響,傾向漸進改革及無政府主義的羣體。周予同是否參與放火,至今仍存爭議。假如三十年代他的回憶屬實的話,他的中途退出,與其說是在和亡友匡互生的對比中所自承的"膽怯"①,毋寧說也是基於對這種暴力行動本身的置疑。人的性情與選擇接受什麼樣的理論本來就是相關的。

因此,此時的周予同應該傾向於無政府主義的右翼。這樣的立場,使他在感情上同情弱者,精神上接近胡適派的實驗主義與自由主義。由於思想上傾向許行,自然對許行所反對的孟子勞心、勞力之説心生反感。後者也是工學會學生的共同立場②。時值新文化運動高潮,深於今古文經學的北大教授錢玄同出面打孔家店,意義較諸報人陳獨秀與留學生胡適自然不可同日而語。加之錢玄同本身的坦率赤誠,對學生的公開支持③,又同時是支持無政府主義的健將,那麼此時的周予同由尊敬其人而心生親近,把錢玄同認爲自己的老師,應該不是偶然的。周予同想必已經把儒家的分工論看成階級分野的來源,他之所以在高師就已經開始否定經學,把經學看成爲專制體制服務,應該與這樣的傾向有關。

問題是由傾慕《大同書》到轉而否定經學,這一巨大轉折背後,原有的立場該如何調適。如前所述,和顧頡剛、李石岑的文史切摩,促進了思想的蛹化,但1924年發表的第一篇學術論文《儒家之精神的社會政策》,仍是這雜亂思想的具體反映。在這篇文章裏,完全反經學的立場還沒有最後形成,持客觀研究的立場反而可以消解打孔家店的效力。不僅如此,周予同還肯定了儒家的"樂道說"對安定社會的正面作用,而只強調其"安命説"的消極流弊,後一點與他在貧民學校的演講辭中提倡作工的想法是一致的。但隱含的立場則與胡適派相同,即主張漸進的改良而非革命。在這裏,他似乎把聚衆"過孔家生活"的梁漱溟及其徒從,看成是一種近乎宗教性的團體,因此出言譏誚。這個時期,假如説他受商務同事楊賢江影響知道無政府主義與共產主義有別,是可能的;但如果説開始否定無政府主義,卻不是事實。作於風燭殘年的周予同自傳,由於文革中飽受家國之痛,

---

① 前揭《五四的前夕——悼互生兄》。
② 劉薰宇《憶工學會》,收入《五四運動與北京高師》。
③ 前揭《訪周予同先生》。

在身體與精神的極度脆弱之下,用"正確"的口徑系統修正了自己的歷史,讀來令人唏噓。當然,更可能是因爲早已雙目失明、癱瘓在牀、説話已經困難的情況下,這份自傳他已無力深究。

1925年《經今古文學及其異同》發表,標誌着周予同思想調適的成功,以至於他自己把這一年視爲經學史生涯的起點。調適的方法也很簡單,就是接納客觀的立場,從浸淫甚久的今文經學知識體系抽離,藉此與整理國故的科學立場建立聯繫,而在精神上對康有爲予以繼承。這也就可以解釋周予同何以一方面全盤接納廖平的學術史路數,卻批評他"敏於學而怯於膽";一方面宣稱"超經傳"的立場,卻熱情謳歌今文經學"懷疑的精神"、"創造的勇氣",以及救世的情懷。

很明顯,在這個過程中,周予同的精神世界裂開了。精神(思想)與知識體系(學術)的分裂使他可以觸摸這個時代的脈搏,因爲這種分裂本是也是時代的精神結構;但也同時給他帶來巨大的心理緊張,他必須去感知時代的艱難與苦痛。也正是因此,才可以理解周予同,爲什麽憤慨於社會的苦難,卻又遠離革命;爲什麽傾向改良,卻又遠離胡適。這一緊張最後以"虛空粉碎"的方式達到終點,代價則是終結了學術研究。從商隱、學隱到宦隱,隨着命運的升沉起伏,艱難地試圖保持內心的靈光不滅。

商務印書館作爲近代崛起的最龐大的文化出版機構,同時也是現代文化格局的縮影。既是通俗文化的推手,又是學術出版的先鋒。既與歷任軍閥、國民政府皆有交誼,也是各種右翼、左翼文人的藏身之所。由於外圓內方,周予同在商務的朋友中,有傾向儒學的李石岑,也有疑古的顧頡剛;有中國文化本位的昔日老師何炳松,也有夏衍、沈雁冰、鄭振鐸、葉聖陶、胡愈之等左翼文人。周予同後來在思想改造時概括他的立場是"中間偏左"、"未被(左翼)拉",假如把時代的因素稍加修正,其實也便是"中間路線"的代名詞,那就是不介入各個派系,超然獨立於人。與鄭振鐸等的友誼一直持續到四九年之後,甚至偶爾共同進退,除了私交以外,也和他儘管不是一個革命者,但卻對反抗現狀的力量表示同情有關。1927年4月12日,國民黨清共事件發生,他便與鄭振鐸、胡愈之、李石岑一起,以"閘北居民"受到損害的名義,致信蔡元培、吳稚暉、李石曾表示抗議。考慮到鄭、胡的中共背景,周予同應該是基於義憤。

與之相對的,恰恰是與胡適的關係。如前所述,工學會的建立初衷實際受了杜威和胡適的影響,證據就是其《工學發刊詞》劈頭提出的兩個指針,即杜威來華演講所提出的"實行"與"共同生活"。周予同所心儀的改造社會也與胡適的觀點相應。不過,性情敦厚而又敏感的周予同似乎對這位倜儻自喜、舉止造作而對社會無深切關懷的留美博士很早就沒有好感①。因此,他在《貧民學校開學演説辭》一文中所説的"現在一般自命爲教育家人,天天説普及教育,説救世救人……完全是貴族的,是資本家的",很可能便指胡適。1924 年《儒家的精神的社會政策》一文則這樣批評:"'整理國故'的高唱,除極少數人外,不過是想博得'學貫中西'的虛譽。"假如這裏還不夠明確,那麽 1926 年《殭屍的出祟》所言"我不是哥倫比亞大學的教育學博士,也不是新文化運動中的國語大家,關於男女同學和禁止白話文兩個問題,自有那些帶方帽子的博士們或者專家們去從容討論"則已幾近指明。1928 年,在給顧頡剛《古史辨》所撰的讀後感中,在盛讚顧頡剛之前,劈頭便是譏諷胡適:

> 我不是喜歡國故,絶對不是受某博士所開的風氣的影響……就國故方面講,我只見什麽大綱或什麽文存繼續地在書坊出現,而始終不能一振我惺忪的睡眼。

就在此前,周谷城來滬,由於生計無着,周予同邀請其爲自己主編的《教育雜誌》撰稿,周谷城自言得罪過胡適,據説連周予同此時在商務的上級何炳松都感到害怕,不讓他繼續使用周谷城的稿件。這無疑都增加了周予同對胡適的惡感②。作爲顧頡剛的老師,周予同的這些舉動,胡適不可能不知曉,他爲此還在 1928 年前後邀請周予同去武漢教大學,被後者婉拒,婉拒的理由是上海有一班朋友,言下之意則是不願意被胡適所籠絡③。考慮到胡適與顧頡剛的關係,後者不能不有所動。儘管 1930 年《古史辨》第二輯仍然收録了這篇讀後感,與包括《經今古文學》在内的另外三篇文章,但當錢玄同正式作文否定周予同,那無疑是把周予同逐出了科學派新古史學之列④。

周予同三十年代的心態反映在 1933 年好友匡互生去世後的悼文中:

---

① 引一個旁證,據李大釗女兒回憶,胡適曾到女高師教文學史,"他架子又大,同學們聽不懂也不敢提問。"李星華《李大釗在女高師教學片段》,收入《五四運動與北京高師》。
② 周谷城《五四時期的北京高師》,收入《五四運動與北京高師》。
③ 朱永嘉《周予同先生的爲人與爲學》。http://site.douban.com/164932/widget/notes/15469047/note/354370564/。
④ 據顧頡剛《我是怎樣編寫〈古史辨〉的》一文,説自己和胡適 1931 年後關係漸趨破裂,這一點是很可疑的。

這樣的局面,活着也是苟生,死了似乎倒反乾浄些——悲憤之下,有什麽話可説呢?……這幾年中國社會大轉變的時期,有朋或認識的,聞名的青年不知有多少遭了横死。……這樣不長進的野蠻民族,不整個毁滅是没有天理的。……我們所把握着的,不是比死更難堪的幻滅嗎?……當時,我受康有爲《大同書》影響,對未來社會頗有點憧憬。(下言匡互生接受了西洋社會主義)……我當時對社會主義的理論頗有點喜悦,但施於實行,究竟有些膽怯。……因爲環境和時代的關係,覺得從前的行動不免近於空想,也頗有轉變。但始終缺乏勇氣,對於這推動歷史的偉大工作仍只是一個可恥的旁觀者。①

匡互生是個無政府主義者,因此這裏的"西洋社會主義"尚非共産革命。儘管匡氏本人性情激烈,但依然通過創辦立達學園的方式來進行實踐,保持了無政府主義的本色。

假如只是與胡適的交惡以及錢玄同的批評,這還只是外在因素。促使周予同反思已有立場的是社會本身的變化。隨着中共所謂大革命的失敗,中共内部,國共以及國家主義派之間交互發生論戰,特别是關於中國社會性質的論戰。周予同本人雖未正面參與,但卻顯然受到了影響,這一方面反映在他儘管仍然强調用治史的方式治經,但指出經學具有學術、政治、宗教三個面向,試圖把經學從統治階級的"污染"中解脱出來,這顯然與《殭尸的出祟》異趣②。另一方面,則在 1937 年發表的《道儒的黨派性》一文中,同意陶希聖、李季之説,以孔子爲代表新興地主階級,引用唯物主義解釋經學,但自己卻未予論證。

1941 年,周予同撰寫《五十年來中國之新史學》一文,這是 1949 年之前他的最後一篇正式論文。值得注意的是本文討論新史學的史觀、史料兩派,仍然是從學術的内在淵源着眼。而所謂新史學,除了"儒教史觀派"以外,包括胡適派新古史學在内的不以儒教爲立場的"超儒教史觀派"其實也是直承清代經學,特别是今文經學。並正式指出,使史學真正脱離經學羈絆的是梁啓超。胡適雖然使史學完全脱離經學的羈絆,而成爲新時代的代言者,但其以西洋思想整理國故的所謂"國學",其實只是廣義的史學,乃是"集合融會中國舊有的各派學術思想的優

---

① 前揭《五四的前夕——悼互生兄》。
② 《治經與治史》。

點,而以西洋某一種的治學的方法來布勒它,來塗飾它"。同時其學術本身就具有宋學及今古文兩大系統的因子,並非與傳統無關。這是用胡適當年自己所強調的接續宋學與清學的科學立場,來消解整理國故的所謂革命性意義。

不僅如此,周予同還把整理國故界定爲疑古派,認爲此派只以文獻考證爲中心,稱之爲"記載考證派",和與以王國維、李濟爲代表的考古派的"遺物考證派"相對。由此把王國維從疑古派析出,消解胡適拉王國維入整理國故運動以自助的努力。同時認爲考古派不僅脫離經學的羈絆,而且脫離中國一切以往舊文化的羈絆,"中國史學到此已完全宣告獨立"。在方法上,疑古派只以紙上材料與紙上材料相比較,自然也不如使用"二重證據法"的考古派。而且一主破壞,一主建設,言下之意,疑古派只是一個粗淺的過渡階段。文中甚至稱疑古派爲"傳統派"史學,這樣,整理國故的革命性已蕩然無存。

文章最後討論了以考求歷史現象背後根源的所謂釋古派,以胡漢民、郭沫若、陶希聖爲代表。三人都服膺唯物史觀,但分屬國共兩黨,周予同的這一表述在政治上似無偏倚,但卻透漏了自己的學術蘄向。在三十年代的一系列學術評論裏,周予同試圖把自己關於學派的見解與社會經濟政治的變化有機地聯繫起來。這裏面偶有成功地例子。譬如在1937年的《春秋與春秋學》一文中,他意識到,漢武帝罷黜百家、立博士弟子,是爲了使地主階級的子弟"化身爲官僚,由經濟權的獲取,進而謀教育權的建立與政治權的分潤"。可惜周予同辛苦得來的這一結論,在馬克思主義經學史家的代表范文瀾那裏似乎只是個常識,後者認爲經學本來就是地主階級進行統治的工具。

事實上,周予同暗示了這一轉變的兩個意義所在。第一是經學史的内在需要。在他看來,研究经典有兩種方式,积极的是研究经典的真面目,客观显露各家学术的本质;消极的"就是探求中国经典学所以产生发展和演变之社会的原因"。揭发其"宗教毒菌",暴露其"政治作用"。这两种研究路线"实质上是一致的。简明地说,就是以治史的方法以治经"①。但積極與消極的用語差別,表明周予同所欣賞的還是研究經學的内史。第二則是兩種路數的意義有別。在周予同那裏,"董仲舒是一位有政治思想的人物……而何休卻只是一位'皓首窮經'的經生。"②思想的地位顯然高於學術。

---

① 《治經與治史》。
② 前揭《春秋與春秋學》。可資對照的是,魯迅也認爲章太炎作爲革命家要高於他作爲學者,參前揭《關於太炎先生二三事》。

也正是因此，周予同的本意便可瞭然了，經學已經死亡，作爲知識體系的經學儘管也有意義，但這種工作甚至還不如經生。而經生是無法應對這個世界的。他對疑古派的清理，對考古派的不滿足，與對釋古派的嚮往，也都與此有關。可以說，周予同用捨棄學術的方式來使自己分裂的精神世界重新得到彌合，這似乎可以看作二十世紀思想與學術分裂格局下，一類知識分子的典型。

不過，儘管思想上歸宗了釋古派，但周予同並沒有真正走向釋古，具體原因頗堪玩味。或許他同樣不滿足於當時割足適屨的研究方式，也許他意識到新思想的重建必須建立在知識體系基礎上，而後者不能在短時間内獲得。對於當年的王國維而言，這個知識體系儘管不再可信，但仍然可愛，還值得爲之獻身。但假如已經不再可愛呢？

1932年，商务印书馆被日軍炸燬，周予同輾轉遷任安徽大學中文系主任、文學院院长，歷任暨南大學史地系主任、教务长。1941年12月，日军佔領上海租界，暨南大学迁往建阳，周予同選擇了留滬。此時迫於生計，二女兒又病死，生活極爲艱難，曾一度擔任僞教育部专员，監收復旦本部。原因是此時的周予同"認爲是整個民族的教育問題"，后"因痛恨貪污"和民族義憤而辭職。假如考慮到周予同本人傾向老莊的無政府主義立場，以及所承認的"太平洋戰事起，上海停課，想去内地，聽說去内地要受訓，由於政治，亦由於清高"，"當初以爲及身不會見到新社會，既見而感到個人主義無法克服"，等等，便可以理解左右周予同的依然是無政府主義。在康有爲的《大同書》中，人的理想生活形態是個天民，個體的生命自由超越一切。也正是因此，周予同同時爲國民政府軍報《前線日報》做過編輯，爲《中美晚報》寫過社論；爲中共的社會科學講習所兼課、參與發起大教聯；他也不以爲便因此成爲附庸①。

也正是在這個意義上，我們可以重新審視周予同與新政權的關係。在1952年思想改造中，周予同坦言他與新政權的關係是"同情革命，逃避革命"，害怕"鐵的紀律"，原因是秉持着"無原則的温情主義"。這裏的表述應該說並不過分。但所謂逃避，其實意有所指。如前所述，出於對弱者及各種反抗運動的同情，周予同曾經參與過胡愈之、鄭振鐸等發起的許多活動，並與許多左翼文化界領袖人物如夏衍、陳望道、葉聖陶、周谷城等有過密集的交往，因此很早便成爲中共爭取的對象。這種爭取主要有四次：1942年新四軍在蘇北成立江淮大學，陳毅親自致

---

① 以上皆見《譚其驤日記》附錄《思想改造手記》。

函邀請;1946年與張志讓、沈體蘭、蔡尚思發起上海大學教授聯誼會;1948年底,中共中央漸次邀請及護送預定參加新政治協商會議人士至控制區域,夏衍親自通知。1949年復旦與暨南大學軍代表、暨南大學校務委員會主任李正文邀任該校校務委員會副主任。

除了大教聯以外,周予同都表示了拒絕,可能因爲大教聯本身仍然是一個從事反抗的機構。但周予同似乎並不熱衷,一個證據便是在當時發起的四教授中,除了他以外,都成爲大教聯的首任理事。他自己的評論是"消極,警覺過分,鬥爭不強。解放後未加入教協,對大教聯政治任務認識不夠。"至於第三、第四兩次則未免有些"不識擡舉"。1948年底内戰大局已定,當許多人爲了成爲顧頡剛口中的"新貴"[1],爭做"民主人士"而不得之際,這個與中共政權具有千絲萬縷關係的人選擇的是遠離。他自己1952年的交代則是"1948年夏衍從香港來約,葉聖陶、鄭振鐸去而我没有去。解放後約我去暨南大學任副主任,堅決不去"。

不過周予同最後還是被封爲民主人士。據周谷城的講法,主要是因爲1927年國民黨清共之後,他與胡愈之等四人冒死抗議,給毛澤東留下深刻印象。此前周予同與毛澤東在五四時有過交往,但顯然並不深入[2]。但時爲無政府主義者的毛澤東,或許從對他有過幫助的匡互生那裏瞭解過周予同,也未可知。陳毅、夏衍、陳望道等人可能也起過作用。

1949年5月27日,上海易幟。周予同出任復旦大學歷史系主任,並成爲華東軍政委員會文化教育委員會委員,其兼職頭銜達十四種之多。不過,據同爲上海文史館館務委員的顧頡剛目擊,當時文史館的館務主要操於兩個知識不豐的女幹部之手[3],其餘亦可想而知。1956年制定的十二年哲學社會科學發展規劃中,周予同的中國經學史列入其中。也正是因此,他在1959年重開經學史課程,並撰寫了若干文章。

此時的中國歷史學界已經是馬克思主義一統天下。反映在經學史領域,則是范文瀾在1941年延安新哲學年會上發表的那篇講演提綱,即《中國经学史的演變》一文,因爲毛澤東的欣賞,成爲意識形態上新的權威[4]。於是,曾經作爲知

---

[1] 《顧頡剛日記》1949年7月11日。
[2] 前揭《訪周予同先生》。
[3] 《顧頡剛日記》1949年4月9日。
[4] 周予同《中國經學史講義》首列"理論指導",在馬恩列斯毛以外,便是范文瀾《中國通史簡編》。范氏該文收入《范文瀾歷史論文選集》,中國社會科學出版社,1979年。

識體系根源的經典,正式被界定爲"封建统治阶级在思想方面压迫人民的重要工具"。"封建社会本身变动着,写定了的经,怎样能跟着变动(面)【而】适合统治阶级的需要呢? 这就必须依靠经学了。儒生解释经义,使它适合需要。"假如换個中性的説法,經學便是官方意識形態或者統治學説,經學的變化隨着需要而變。於是五四以來已經徹底淡出知識體系之外的經學,獲得了一個最爲極端的歷史定位。

假如歷史上的所謂統治階級總是鐵板一塊,那麼這種大而化之的表述也不算錯。但事實卻是歷史中永遠有着複雜的爭議,即便不考慮知識體系,只從意識形態的角度也永遠存在分歧。因此,在《经、经学与经学史》一文中,儘管周予同也隨俗復述了范文瀾的定義,但卻同時強調了統治集團內部的不同爭論與鬥爭,用意不問可知。而在《有关讨论孔子的几点意见》裏,更是指出:"如果採取唯成分論,一律罵他們是大小地主,古聖前修固不能從'九泉'起而爭辯,但仍然無補於問題的解決吧!"

如果説主張把孔子與儒、儒家、儒教分開,還原歷史中的孔子,"我們不能把後世的腐儒、愚儒、黠儒,更其是一些滑頭政客的罪孽,都算在孔子賬上",還是周予同一貫的想法;那麼,他所質問的:"難道禮只是封建性的詞嗎? 難道禮不是教育學的詞嗎? 難道禮一點點藝術的意味都沒有嗎?"則是此時的新説。假如説周予同研究經學史的早期年代還有著反對傳統政治形態復活的意味在內,此時的周予同大概已經意識到專制體制的存續與具體學術形態未必有著直接的關係。這也就是他三十年代曾經指出的,"仰觀往古,曠覽今世,一切宗教與經典都變成統治階級的工具,則孔子與六經之被漢代的黠君腐儒所利用,也自是歷史的公例。"①那麼此時周予同的重操舊業,便未嘗沒有接續知識體系的意味。

除了思想的變化以外,晚年的周予同在具體學術研究方面也還有一定的創獲,並非僅是重複已有學説。譬如,在《章學誠"六經皆史"説初探》中他便強調章氏所謂"史"不是史料之史,而是政典。這一觀點看似平常,但近代許多名家皆蹈此誤。所言章學誠欲究漢宋兩家之偏,亦頗有所見。此外,《六經與孔子的關係問題》不僅重視《論語》,而且強調《史記》,也引用《禮記》這樣的經典(後者爲早年所否定),無疑更爲客觀。特別是認爲現存六經經過孔子整理,否定了錢玄同所提出的六經與孔子無關論,雖然不算創獲,卻表明周予同此時的思考已更爲

---

① 《中國學校制度》中古編,《兩漢的經典教育與學校》。

圓融。

　　周予同似乎是註定不合時宜的。1962年,在濟南參加"山東省第二屆孔子討论会",由於一時戲言,被盛傳帶頭尊孔。卻不知四年後,當紅衛兵小將搗毀孔廟之時,他要因此付出陪綁的代價。1965年11月,姚文元在《文匯報》發表《評新編歷史劇〈海瑞罷官〉》。此時已是山雨欲來,在此前後《文匯報》召開兩次座談會,周予同都公開發言,替吳晗鳴不平。有意思的是他批評吳晗的理由,缺乏"政治敏感"①,表明這位經過思想改造與反右運動的歷史學家,其"政治敏感"並未喪失。那麼,支撐這種逆時而動行爲的,或許便是他在課堂上所津津樂道的,那種没有變質的士大夫精神。在這一點上,晚年的周予同其精神與學術合一了。

　　更有意思的是,這位五四無政府主義的健將,"文革"中上海最先被抛出來的八位反動學術權威之一,在某次批鬥之後,曾被主持批鬥的工人師傅語重心長地教導:"個人主義、無政府主義發展到極端,就成反黨右派。"②其言下隱藏的天機,委實令人驚詫。

　　　　＊　　＊　　＊　　＊　　＊　　＊　　＊　　＊　　＊

　　周予同先生有關經學史方面的論著,朱維錚先生曾編有《周予同經學史論著選集》,1983年由上海人民出版社出版。1996年再版時,補入許道勳、劉修明兩先生所記《中國經學史講義》,是爲增訂本。後改題爲《周予同經學史論》2010年重版。儘管仍有佚文在世,但卻無疑是目前周先生經學史著述最完整的一次結集。其他主要著作如《中國學校制度》、《中國現代教育史》80年代以後也曾單行出版。去年冬天,應復旦大學出版社之約,承乏爲周先生重新編選文集。本次編選的特點如下:

　　1.《選集》本收録著作以最後版本爲原則,其中《經今古文學》使用的是作者五十年代的修改本,儘管同樣是作者本人修訂,但從文字及改動來講都有著時代痕跡。此次編訂,以1929年商務萬有文庫本爲底本,對重要改動予以加注,從中可以看出不同時代周先生的思想變化。此外如皮錫瑞《經學歷史》注釋本導言等也用同樣方式處理。

　　2. 本次擇選,仍以經學史著述爲中心。將早期著述與評論文章分開,與後期著述鼎足而三,以方便學者把握周先生的學術及思想脈絡。每類各依時序排

---

①　朱永嘉《周予同先生》,《萬象》2005年5月。
②　《譚其驤日記》,1969年2月15日。

列。其他方面著作尚須俟諸異日。《選集》中朱維錚先生若干有價值的按語,也在本書中予以採納,並作註表出。

3.《中國學校制度》一書《選集》未收,但傳統學校制度與經學實密不可分,故本書予以收錄。

4.《中國經學史講義》已收入《選集》,且有單行本行世。其中絕大部分內容與以前的著作重複,因篇幅限制,未予收錄。

在文集編選及出版過程中,復旦大學出版社總編輯孫晶女士、責任編輯胡春麗女士、復旦大學歷史系施晴女士多方給予幫助,胡春麗女士尤多,皆令我心感。加之去年九月以來,我至英國訪問,在查找資料及文稿處理方面,頗得復旦大學歷史系研究生趙四方、龔忠朝、成棣等同學幫助,在此一併致謝。由於時間倉促,水平所限,文稿問題必有很多,尚祈方家賜正。

2015 年 3 月 28 日
於愛丁堡大學神學院

周予同自述

我原名周毓懋,學名周豫桐及周蓮,字予同,筆名天行,浙江省瑞安縣人,1898年1月25日生於前清的一個廩生家庭,家境貧寒。

1916年,以第一名録取入北京高等師範學校(現爲北京師範大學)國文部。1920年,又以第一名的成績畢業。1921年到1932年,在商務印書館任國文部編輯、教育雜誌社主編;並在上海大學執教。1933年到1935年,在安徽大學任教,兼中文系主任、文學院院長。1935年到1941年,在暨南大學任教,兼史地系主任、南洋研究館主任、教務長。1943年到1945年,任開明書店編輯兼襄理。1945年,在復旦大學任教授。解放後,仍在復旦大學任教,并兼歷史系主任、副教務長、上海歷史研究所副所長。還曾先後擔任過華東行政委員會文化教育委員會委員、上海市人民代表大會代表、上海市文化教育委員會副主任、上海市人民委員會委員、第三屆全國人民代表大會代表、上海市政協委員、民主同盟上海市委副主任、上海市文史館館務委員、《辭海》副總主編。現任復旦大學教授,上海市政協委員。

辛亥革命前,我在瑞安曾親睹著名漢學大師孫詒讓的風采。當時雖不懂其學問如何高深,但已知他以研究難讀的《墨子》而聞名,他在鄉里受到極大的尊重。在中學時代才接觸到中國古文化方面的書籍,當時的國文教師中有一位是北京大學教授陳黻宸先生的學生,對古籍頗有修養,選授《詩》《書》《莊子》《文選》等,對我頗有啓發,並引起我對古文的興趣,曾與同學組織小組,自學古籍和詩詞,相互深入探討。

在北京高等師範學校的老師中,如錢玄同、馬裕藻、朱希祖等先生,都曾師事章炳麟,頗得章氏學問。尤其是錢玄同,給我的影響很大;對經學的研究工作,大概在這個時期打下基礎。

我還在北京高等師範學校讀書的時候,就因受到科學與民主的新思潮的影響,而對研究社會問題,發生強烈的興趣。

那時上師範大學的,都是窮學生。從我的境遇,再看到絕大多數的窮苦人民都没有受教育的希望,使我痛感學校制度極不平等、極不合理,於是便去研究原因。"五四"運動前夜我在北高師有篇演説稿,現在還保存着,那裏面曾説:"現在的社會制度是不平等,所以在這種社會上建設的學校制度也跟着不平等。我就是抱着改造教育必須先改造社會的渴望,投身於'五四'運動的。"

"五四"運動本是愛國的表現,可是一班封建官僚,却罵我們是過激派——那時把"布爾什維克"翻譯作"過激派"。其實他們對什麼是社會主義,什麼是民權思想,完全莫名其妙,只是"國粹"的舊鬼在頭腦裏作祟,這就促使我要在學術上駁斥他們。我在1919年10月做過一篇《中國古代社會主義的思潮》,就是想證明"社會主義是一種特別境地時勢發生的",只要有相應的社會條件,這種思想必定要發生,因而誰想把它説成純粹是西洋的危險思想而加以排斥,不過是迷夢。我的論文,現在看起來是很粗略的,但可説是我社會科學研究生涯的一個起點。

1921年我大學畢業,踏進出版界,參加編輯《教育雜誌》,便從事教育學的研究。現在找到我起初在這方面發表的論文,有十來篇,包括對整頓教育的意見,對所謂教育的批評,對中學課程與教材的建議,對新學制系統的設想,等等。總的想法見於1922年3月發表的《我的理想的教育制度》一文,那裏以爲教育制度應當改造,再也不能走清末以來"中體西用"的老路了。

自1925年起,我把研究重點轉向中國經學史。爲什麼會發生這個轉變呢?説來話長,這裏簡單説一説吧。

我在大學裏,因受錢玄同先生的影響,已趨向否定"經學"。我到商務印書館任編輯以後,常常同李石岑、顧頡剛等先生討論文史學界的問題。我以爲"五四"運動後,文史學界更其是高等學校和出版企業的情況,仍然落後於現實。經學是中國封建統治階級利用和提倡的學問。當時文史學界對經學的態度可分四派:一派時行的口號是"打倒孔子"、"廢棄經學",我原是贊成打倒和廢棄的,但以爲應該進行歷史的研究,不必高呼口號,而使打倒和廢棄的理由了然於胸中。一派只是抱殘守闕,談古史還固執地認爲《周禮》是周公治平之績,談哲學還引用僞《大禹謨》"道心人心"的話證明理、欲二元論起於舜,談文字學還推尊倉頡造字之功。我説他們經、史不分,漢學、宋學不分,今文、古文不分,只覺得一個完美無缺的所謂國粹者在面前發毫光,這種情況在當時相當普遍。另外兩派,或繼承孫詒讓、章炳麟的學派堅持"古文";或宣揚廖平、康有爲的論點,專主"今文"。他們在高等學校的講壇上有些勢均力敵,大概南方各校主"古文"的多,北方各校主"今文"的多；而且據我觀察，大概主"今文"的對新事物較易接受，主"古文"的則對新事物每趨抗拒。這就使我覺得，使青年學人超脫傳統的學派偏見，從歷史入手，由瞭解經學而否定經學，不致老是陷在"落後的"泥沼裏，在當時也是必要的學術思想工作。

那時李石岑先生在主編《民鐸》雜誌。他慫恿我寫一篇比較深入而顯出的文章。我接受了這個意見，寫了《經今古文學及其異同》一文，於1925年在《民鐸》上連載。次年合編成書，就是1955年曾由中華書局重印的《經今古文學》。

幾乎在同時，北洋軍閥政府一再強迫學校添設"讀經"，使我更要説，經學之繼承的研究已大可不必，而經學史的研究當立即開始。我已經看到，1915年，袁世凱政府規定學校添設讀經，不久袁世凱也就由總統變成皇帝了；1925年，北洋軍閥政府又要在學校裏添設讀經，不久段祺瑞槍殺學生的"三一八慘案"又隨着發生了。這不能不讓我感到號召讀經是反動行爲的預兆。因此，1926年8月，孫傳芳又強令東南五省學校添設讀經的時候，我實在忍不住了，寫了一篇《僵尸的出祟》，揭露"經"只是穿戴着古衣冠的僵尸，它每次出現，總要給徒有招牌的民國一點禍患。我以爲，救急的手段，"只有捉着這僵尸，剝掉它的古衣冠，用照妖鏡似的眼光看它究竟是一個什麼東西變成的。"所以，我説："經是可以研究的，但是絶對不可以迷戀的；經是可以讓國內最少數的學者去研究，好像醫學者檢查糞便，化學者化驗尿素一樣；但是絶對不可以讓國內大多數的民衆，尤其是青年的學生去崇拜，好像教徒對於莫名其妙的《聖經》一樣。"

這就是我研究經學史的態度。我覺得自己對社會應當盡這個義務，結果一發而不可收拾，到1937年抗日戰争爆發前夜爲止，發表的論著絶大部分都屬於經學史範圍，數數居然有論文十六七篇，著作五本。我寫作的宗旨，曾在1928年給顧頡剛先生的信裏申明過："吾人愚拙，於社會無他貢獻，只能廓清舊日思想之途徑，使後來者不致多走錯路，枉費精神而已。"因而我的多數論著，都是寫給青年學生看的，盡量寫得淺顯通俗。但即使寫給中學生讀的作品，也自謂出自心得，非抄襲雜湊者可比。

我的主要著述大都發表於那十餘年，現在也很難説哪幾種最重要。倘説還可以看看的話，著作除《經今古文學》而外，有《群經概論》(1933)，《經學歷史》注釋本(1928，中華書局1959年出過修訂本)，《孔子》(1934)，《朱熹》(1929)；論文有《"孝"與"生殖器崇拜"》(1927)，《經學史與經學之派別》(1927)，《治經與治史》(1936)，《緯書與經今古文學》(1926)，《緯讖中的孔聖與他的門徒》(1933)，《緯讖中的"皇"與"帝"》(1936)等。

那十幾年裏,我還繼續研究教育問題,發表過《中國學校制度》(1930)、《中國現代教育史》(1934)二書,以及若干篇論文。同時,又爲開明書店編過兩種中國史教科書,爲商務印書館編過國文教科書。

1927年蔣介石叛變革命以後,所謂"孔教救國"和"道統"說鬧得很厲害,我曾有意撰《孔教變遷史》一書,詳述孔子自身及其學說之擴大與變化,就歷史上的研究,以批評梁漱溟先生們以孔教代表東方文化的論調,並駁斥戴季陶鼓吹的孔子至孫中山爲一貫的"道統"謬論。但因環境惡劣,窮困逼人,沒有機會着手。現僅有上述設想保留在當年致顧頡剛先生的信裏。

抗日戰爭前期,我局促於號稱"孤島"的上海,在大學裏講授中國史。環境的極端困難,迫使我無法經常地發表自己的著作。在講課中間,知道學生研究中國史的困難,不在於史迹的記憶,而在於史迹背景與關係的瞭解,而更在於中國史學發展的現階段的把握。因爲這一點暗示,曾經發願想寫一本《中國的新史學與新史料》,以便初學者。但連這點計劃也未能安心地順利地進行。只有一篇導言性的《五十年來中國之新史學》,在1941年《學林》第四輯刊出。這篇論文考察了近代史學脫離經學的羈絆,而獨立,而分化,因而接受與拒絕唯物史觀展開鬥爭的過程。我認爲,史學總因社會的急變而起反應,抗戰的爆發必將促使各派愛國的史學家互相擷取優點,"加以批判的綜合,而滲透以高度的爭取民族解放的信念","因之,我們可以相信中國也必然會保持他的悠久的歷史與光榮的地位!"這是我在抗戰八年裏發表的惟一著作。現在記下來,也算我學術生涯中間的一點小小紀念吧。

等到抗戰結束,接着是國民黨的黑闇統治。我因參加民主運動的緣故,也沒有可能安心地從事學術研究。解放以後,我投入了爲新中國培養人材的活動。因爲教學工作和學校行政工作的忙碌,所以在50年代,僅修訂了《經今古文學》和《經學歷史》注釋本兩種舊著,也沒有時間把研究心得寫出來發表。

60年代初,由於黨的關心與鼓勵,我在爲復旦大學歷史系高年級學生講授中國經學史的同時,也決心把自己數十年的研究成果來一番整理。我打算,先撰寫一系列專題論文,積累到相當程度,再形成專著。首先我想實現三十多年前的宿願,寫成一部中國經學史,一方面使兩千多年的經學得以結束整理,他方面爲中國哲學、文學、史學、文字學等學術研究開一條便利的途徑。但因爲年齡和健康的關係,加以日常工作和社會活動的繁忙,我只能先讓別人根據我提供的材料和觀點進行初步整理,而後由我在初稿上增刪改定。這樣就形成了我在 1961 年到 1963 年關於經學史的八、九篇論文。

自 1961 年起,根據高等學校文科教材編選計劃會議的決定,我擔任了大學歷史專業教材《中國歷史文選》的主編。經過三年努力,我和復旦大學歷史系的同志,完成了上、下兩册的編寫工作,並把上册修訂再版。這部著作,目的在於通過各種典型的歷史作品,培養學生閱讀並運用文言文史料的能力,也向學生介紹有關中國史料學和中國史學發展概況的常識。出版後各方面反映似乎還好。粉碎"四人幫"後,它再度被確定爲大學文科教材,現上册已出了修訂三版,下册修訂再版本也已在排印。

那幾年,我還擔任了新《辭海》經學史部分的主編,後又任副總主編。經過我改定的徵求意見稿,也同我在 60 年代前期的各種論著一樣,被誣爲"毒草"。現在新《辭海》也已經正式出版。它究竟如何,我想歷史也有了結論。

我從事社會科學研究已有六十年,走過彎路,也有過挫折。還在 20 年代我就説過,我是命定的不得已的去研究國故學的一個人。就是説,我研究中國的經學與史學,主觀上是要從思想上文化上清算長期的封建社會,絕對不是戀舊、懷古,也絕對不是趕時髦。清算封建社會,如同醫學家解剖屍體,需要有犀利而合適的解剖刀。我年輕時試用過多種解剖刀,也就是中國和西方的社會歷史學説,主要是進化論,但用來用去,還是認定只有馬克思主義的唯物史觀,才能幫助我們解剖封建的、資産階級的學者們總是糾纏不清的種種問題,指引我們把社會歷史的研究變成科學。我在"五四"時代就已結識毛澤東同志,聽過李大釗同志的演説,也訪問過魯迅先生。他們努力把馬克思主義的普遍真理同中國革命的具體實踐相結合,實事求是地解決中國面臨的各種問題,使我十分欽仰。我覺得我們研究學問,也應該走他們開闢的道路,解剖刀才能發揮作用,既不會泥古不化,也不會亂砍一氣。我在 60 年代初期批評那種亂套經典著作詞句的風氣時,説我們要有的放矢,要射中靶子,不能發亂箭,正是這個意思。

討論歷史問題,我覺得要注意史料,就是説首先要區别哪些史料可信、可用,哪些史料不可信、不可用。換句話説,對於研究對象,首先不要先存肯定或否定或半肯定半否定的主觀,然後在這古往今來、浩如烟海的文獻中去找論证來替自己的臆説張目。論史當然不可陷於"客觀主義",但決不可以不"客觀"。不然的話,此亦一是非,彼亦一是非,結果,不是百家爭鳴,而只是迷惑當世、貽誤後學。十多年前,我説過我贊成"古爲今用",但必須尊重歷史,采取馬克思主義的歷史唯物主義態度，切不可含有些微的漢儒"致用"觀念，也決不能像胡適那樣把歷史當幫可以隨你怎麼打扮的百依百順的女孩子。我這話在 1966 年以後的十年中大遭抨擊。但不幸的是，這十多年學術界混亂的事實，證明我的意見決非杞憂。所以，我還要說，研究歷史應該"古爲今用"，但必須"論從史出"；牽強比附的影射，主觀武斷的類比，種種非歷史非科學的方法，需要在學術界繼續掃除。

還有"基本功"的問題。歷史人物都已過去了，他們留給我們的只是一些用文字寫下來的記錄，而我們瞭解或批判他們也只好通過文字，所以文字的透徹會通是研究的第一關。但第一，中國的漢字，尤其是古代文字，總使人們言不盡意、書不盡言；第二，各時代有各時代的詞彙和語法，用我們現行的詞彙語法去推測古人，每每口徑不對；第三，歷來的哲學家、思想家和史學家，每每有自己一套詞彙或術語，有的獨創，有的用"舊瓶裝新酒"，有的簡直是"借屍還魂"，所以要瞭解古代的種種概念，便不僅是認得那幾個字的問題，如果看到"物"便說是唯物主義，看到"心"便說是唯心主義，要鬧大笑話的。因此，通過"文字關"，決不是輕而易舉的事，更何況研究的基本功還有一連串的問題需要解決呢。

我希望，以上說的理論問題、史料問題、基本功問題，不至於被青年學術工作者看做老生常談而忽視，假如能夠真正做到的話，我相信現在學術界存在的青黃不接的現象會迅速改觀，而我們的社會主義的學術文化，必將呈現出空前的繁榮！

我的舊稿在前些年已蕩然無存。如今久病在床，也沒有新著，只有從前的一些論著，已由我的學生輯錄校勘，編成文集，不日可以出版。

一九八一年

周予同學術及生平簡表

鄧秉元

1898 年,1 歲。
　　1 月 25 日,生於浙江瑞安。原名周毓懋,學名周豫桐、周蘧,字予同,筆名天行。父親爲廩生。出繼伯父,伯父爲塾師。家境貧寒。

1904 年,7 歲。
　　1 月 13 日,癸卯學制頒佈。

1905 年,8 歲。
　　科舉制度廢除。

1908 年,11 歲。
　　漢學大師孫詒讓卒。孫氏在瑞安極受尊重,周氏此前曾見其風采,受到感染。

1911 年,14 歲。
　　伯父、父親傾向維新運動,中學時代受其影響,喜讀《清議報》,覽《揚州十日記》,有改良傾向。自傳未言何時入中學,繫於本年之下。本年 10 月,辛亥革命。

1912 年,15 歲。
　　在中學,國文教師選授《詩》、《書》、《莊子》、《文選》,始接觸中國古文化,對古典發生興趣。與同學組織小組,自學古籍和詩詞。本年民國肇立。陳焕章、沈曾植、梁鼎芬、朱祖謀、嚴復在上海成立孔教會。

1913 年,16 歲。
　　康有爲《大同書》連載於《不忍》雜誌。

1914 年,17 歲。
　　1 月 4 日,袁世凱解散國會,廢棄 1912 年憲法。2 月 8 日,通令天下,無論官員百姓皆祭孔拜天。

1915 年,18 歲。

8月23日,籌安會在北京成立。9月15日,陳獨秀在上海創辦《青年雜誌》(後更名《新青年》)。12月12日,袁世凱稱帝。

1916 年,19 歲。

秋,以第一名入北京高等師範學校國文部。因錢玄同、匡互生等影響,接受無政府主義,認爲與康有爲《大同書》、《禮運注》相合。受錢玄同、馬裕藻、朱希祖影響,逐漸打下經學基礎。本年2月,易白沙在《新青年》發表《孔子平議》,歷數孔學四大弊端,激烈抨擊康有爲所倡孔教。3月22日,袁世凱退帝位。6月6日,袁世凱卒。黎元洪繼任總統,段祺瑞爲總理。12月,蔡元培任北京大學校長。

1917 年,20 歲。

1月,胡適《文學改良芻議》在《新青年》發表。2月,陳獨秀《文學革命論》發表。本年何炳松出任北京大學教授,後兼北京高師英語部主任、代史地部主任。

1918 年,21 歲。

參與劉有鎔、匡互生所發起的"同言社"。5月,《新青年》發表魯迅《狂人日記》。

1919 年,22 歲。

"同言社"擴大爲"健社"。5月3日,高師部分學生祕密集會。由"健社"改組"工學會"。5月4日,參加"五四"遊行,爲高師代表之一。5月5日,《貧民學校開學演說辭》發表於《北京高等師範學校週刊》。11月,《工學》雜誌出版。本年胡適提出整理國故。

1920 年,23 歲。

10月20日,與陳藎民、常乃德等八人在《晨報》發表《生活改造的宣言》。北京高師國文部第一名畢業,任高師附中教員。曾撰《中國古代社會主義的思潮》,暫附於此。

1921 年,24 歲。

入廈門大學半年。夏,入商務印書館國文部編輯,編輯國文教科書。與李石岑、顧頡剛等討論文史之學。受楊賢江主編商務印書館《學生雜誌》影響,方知無政府主義與共產主義有別。梁漱溟《東西文化及其哲學》出版。

1922 年,25 歲。

繼朱元善任商務印書館《教育雜誌》主編。3月,發表《我的理想的教育制度》。本年《學衡》雜誌創刊。

1923 年, 26 歲。

1 月, 爲擺脫商務出書限制, 由鄭振鐸發起, 約集周予同、葉聖陶、沈雁冰、王伯祥、胡愈之、顧頡剛、謝六逸、陳達夫、常燕生等, 組織樸社。每人月出資十元, 爲出版基金。社名依周予同建議, 義本"樸學"。本年暨南大學由南京遷滬。

1924 年, 27 歲。

5 月,《儒家之精神的社會政策》一文發表於商務印書館《民鐸》雜誌。

1925 年, 28 歲。

《經今古文之爭及其異同》發表於《民鐸》。本年匡互生辦立達學園, 周予同曾在該校及持志大學、國民大學兼課。與鄭振鐸、沈雁冰、陳望道、胡愈之、朱自清、夏丏尊等列名立達學會會員。

1926 年, 29 歲。

2 月,《緯書與經今古文學》發表於《民鐸》。10 月 5 日,《僵屍的出祟》于開明書店《一般》雜誌發表。《經今古文之爭及其異同》改名《經今古文學》, 收入商務印書館《國學小叢書》出版。本年何炳松入商務印書館, 先任史地部主任, 後任國文部主任。

1927 年, 30 歲。

1927 年 2 月, 與鄭振鐸、葉聖陶、胡愈之、王伯祥、丁曉先、李石岑、陶希聖、梅思平等創建"上海著作人公會"。4 月 15 日在《商報》與鄭振鐸、胡愈之、李石岑以閘北居民身份致書吳稚暉、李石曾、蔡元培, 要求懲治"四一二"兇手。9 月,《孝與生殖器崇拜》發表於《一般》。商務印書館中共黨員星散, 主分工論, 自認中間偏左。自言寫信與蔡和森、李立三, 幾乎被殺頭。本年, 始建於 1922 年的上海大學因其中共色彩被當局封閉, 周氏自言期間曾在此執教, 當系兼課。

1928 年, 31 歲。

《經學史與經學之派別》發表於《民鐸》, 即皮錫瑞《經學歷史》序言。《經學歷史》註釋本由商務印書館出版。

1929 年, 32 歲。

2 月,《朱熹哲學述評》(即《朱熹》第三章)發表於《民鐸》。《朱熹》出版,《經今古文學》再版, 皆入選商務《學生國學叢書》系列。

1930 年, 33 歲。

《僵屍的出祟》、《孝與生殖器崇拜》、《經今古文學(摘錄三章)》於《古史辨》第二册重新發表。《中國學校制度》由商務萬有文庫出版。

1931 年,34 歲。

《開明本國史教本》由立達學園出版,開明書店發行。《群經概論》由商務印書館出版。《中國學校制度》由商務萬有文庫再版。

1932 年,35 歲。

1 月 28 日,一·二八事變,日軍進犯淞滬。商務印書館總管理處、總廠及編譯所、東方圖書館、尚公小學被炸焚毀,被迫停業,解雇全部職工。回鄉任教于溫州中學。年底,轉任安徽大學中文系主任、文學院院長。

1933 年,36 歲。

3 月,《讖緯中的孔聖與他的門徒》由《安徽大學月刊》發表。5 月,《漢學與宋學》發表于《中學生》。5 月 11 日,撰寫《五四的前夕——悼匡互生兄》發表於《追悼匡互生先生專號》。《群經概論》由商務印書館再版。《漢學師承記》選注由商務印書館出版。

1934 年,37 歲。

4 月 18、25 日,8 月 28 日,11 月 28 日,在香港《工商日報》發表《孔教學院講學記》。《孔子》由開明書店出版。

1935 年,38 歲。

4 月 3 日,在香港《工商日報》發表《孔教學院講學記》。5 月,《對於讀經問題的意見》發表於《教育雜誌》。本年,轉暨南大學任史地系主任。

1936 年,39 歲。

1 月,《緯讖中的皇與帝》發表於《暨南學報》;5 月,《大學和禮運》發表於《中學生》;8 月,《怎樣研究經學》發表於《出版週刊》;10 月,《孝經新論》發表於《現代父母》;11 月,又發表於《中學生》;《治經與治史》發表於《申報·每週增刊》第一卷三十六號。

1937 年,40 歲。

6 月,《春秋與春秋學》發表於《新史地》;《道儒的黨派性》發表於《新史地》;《我們的時代》發表於《中學生》。8 月 13 日,淞滬會戰。復旦大學內遷。約在此時任暨南大學教務長,此前已兼南洋研究館主任。

1938 年,41 歲。

在復旦兼課。暨南大學遷至公共租界。本年中共江蘇省委文委在上海滬江大學校址開辦夜校,組織社會科學講習所。與鄭振鐸同爲講習所教師。

1939 年,42 歲。

在上海。

1940 年,43 歲。

在上海。本年汪精衛在南京就任僞職。新四軍黃橋大捷。陳毅以劉少奇、陳毅名義致信鄭振鐸、周予同,委託尋找瞿秋白遺屬。

1941 年,44 歲。

2 月,《五十年來中國之新史學》發表於《學林》。12 月,太平洋戰爭爆發,日軍佔領上海租界,暨南大學遷往建陽,留滬。本年新四軍籌辦江淮大學。

1942 年,45 歲。

在上海。約在本年任汪偽教育部專員,監收復旦本部。後"因痛恨貪污"辭職。本年韋愨任江淮大學校長,陳毅致函周予同赴蘇北,未允。

1943 年,46 歲。

在上海。

1944 年,47 歲。

正月,入開明書店,爲襄理。

1945 年,48 歲。

在開明書店。

1946 年,49 歲。

章益任復旦大學校長,因周谷城薦,任史地系教授。與張志讓、沈體蘭、蔡尚思發起上海大學教授聯誼會,但未出任幹事。

1947 年,50 歲。

約在此期,參與上海科學儀器館事務。分別在多個中學任董事。

1948 年,51 歲。

5 月,《儒、儒家和儒教》發表於《青年界》新第 5 卷第 4 期。8 月,中共中央漸次邀請及護送預定參加新政治協商會議人士至控制區域,上海擬定 32 人,由李正文負責,與張志讓、馬寅初、葉聖陶、周谷城、沈體蘭、鄭振鐸、王芸生等皆列名其中。與葉聖陶、鄭振鐸由夏衍通知祕密經香港輾轉赴會,未至。

1949 年,52 歲。

5 月 27 日,上海大部易幟。大教聯改選,與陳望道、周谷城、許傑、劉佛年等一同出任幹事。6 月 20 日,復旦大學由中國人民解放軍上海軍事管制委員會接管。8 月 1 日,新史學會在北平成立,爲五十名發起人之一。本月任命張志讓、陳望道爲校務委員會主任、副主任。12月11日,參加新史學會上海分會籌備委員會。復旦與暨南大學軍代表、暨南大學校務委員會主任李正文邀任該校校務委員會副主任,堅拒。本年暨南大學文學院、同濟大學文學院等併入復旦,改史地系爲史學系。當在此期出任歷史系主任。本年前後因經濟原因仍兼開明書店事。

1950年,53歲。

1月27日,華東軍政委員會成立。以復旦大學教授及開明書店編輯身份任華東軍政委員會文化教育委員會委員。任復旦大學歷史學系主任。另兼上海市人民政府委員、上海市文教委員會副主任、民盟上海市副主任委員、上海市人民代表、上海市政協委員、上海文史館館務委員等職。諸職時間先後不一,暫繫於此。6月30日,《土地改革法》實施,土改開始。12月,主持復旦大學歷史系抗美援朝動員大會,積極動員學生參軍。按,本年6月朝鮮戰爭爆發。12月,中國軍隊赴朝參戰。中央軍委、政務院號召大學生參加軍事幹校。本月鎮反運動開始。

1951年,54歲。

4月,華東軍政委員會教育部要求大學文法學院學生參加土改。9月,以復旦大學土改工作隊大隊長身份率師生六百餘人至五河與靈璧二縣。11月,中共中央發出《關於在學校中進行思想改造和組織清理工作的指示》。12月,三反五反運動開始。

1952年,55歲。

1月,復旦大學"精簡節約及思想改造學習委員會"成立,任歷史系學習小組組長。1月28日,中國史學會上海分會成立,任主席。本年全國大學院系調整。調整後轉任復旦大學教務處副教務長,蔡尚思接掌歷史系主任。

1953年,56歲。

本年開明書社與青年出版社合併,約在此時退出兼職。

1954年,57歲。

1955年,58歲。

《經今古文學》由中華書局重印。

1956年,59歲。

本年成立以陳毅爲主任的國家科學規劃委員會,制定1956—1967十二年科學技術發展遠景規劃。在附屬的哲學社會科學發展規劃中,周予同的中國經學史列入其中。籌備成立中科院上海歷史研究所,任副所長,所長爲李亞農。本年工資制度改革,定爲二級教授。

1957年,60歲。

本年反右鬥爭開始。毛澤東至上海,舒新城重新受命主編新版《辭海》。

1958年,61歲。

大躍進開始。《厚今薄古與歷史科學大躍進》發表於《學術月刊》第5期。

1959年,62歲。

本年開始給本科生開設"中國經學史"課程。9月,《經學歷史》注釋本重印後記寫定,12月《經學歷史》修訂版由中華書局出版。本年吳晗先後發表《海瑞罵皇帝》、《論海瑞》等文章。

1960年,63歲。

此期擔任新版《辭海》中國經學史部分主編。11月28日,主編舒新城去世,由陳望道繼任。

1961年,64歲。

春,主持新版《辭海》中國經學史部分之編訂工作。後任《辭海》副總主編。2月3日,《經、經學與經學史》發表於《文匯報》。3月,《關於中國經學史中的學派問題》發表於《學術月刊》。5月16日,《王莽改制與經學中的今古文學問題》發表於《光明日報》。11月19日,關於辭海修訂各方意見的答辯《有關中國經學史的幾個問題》發表於《文匯報》。本年任大學歷史教材《中國歷史文選》主編,該書1961年10月由中華書局出版。本年吳晗新編京劇《海瑞罷官》完成。

1962年,65歲。

孔子逝世2440周年,各地紛紛舉行紀念研討會。7月,《有關討論孔子的幾點意見》發表於《學術月刊》的學術筆談。8月,《章學誠"六經皆史"說初探》發表于《中華文史論叢》。11月6—12日,在濟南參加"山東省第二屆孔子討論會"。會後隨衆赴曲阜參觀並在孔廟鞠躬,戲言:"幸虧有這個機會,我能到曲阜來。幸虧有孔夫子,才有這個機會。今天我來曲阜,真得謝謝他啊。"訛言"周予同帶頭下跪,向孔子墓磕頭"。

1963年,66歲。

《博士制度與秦漢政治》發表于《新建設》第一期。《孫詒讓與近代中國語文學》收入杭州大學語言研究室編《孫詒讓研究》印行。《從顧炎武到章炳麟》發表於《學術月刊》第十二期。

1964 年,67 歲。

1965 年,68 歲。

11 月 10 日,姚文元在《文匯報》發表《評新編歷史劇〈海瑞罷官〉》。此前在上海市政協俱樂部參加《文匯報》總編陳虞孫主持座談會,率先發言,替吳晗鳴不平。12 月 31 日,《文匯報》召開關於姚文第二次會談,仍認爲吳晗是好人、清官,只是缺乏政治敏感性而已。

1966 年,69 歲。

夏,"文化大革命"正式開始。6 月 4 日,被復旦大學全校張貼大字報聲討。7 月 3 日、4 日,遭《文匯報》聲討,標題爲"堅決打倒反共老手周予同"。係上海第一批被打倒的八個反動學術權威之一。9 月 1 日,校内批鬥,與周谷城掛牌"反共老手"。11 月,譚厚蘭率"毛澤東思想紅衛兵井岡山戰鬥團"及羣衆搗毀三孔文物,在曲阜師院組織"討孔大會"。11 月 26 日接紅衛兵通知,當晚急赴曲阜,28、29 日成爲批鬥對象之一。批鬥中倒地良久,寒氣交攻,歸後病倒。

1967 年,70 歲。

7 月 28 日,學校大禮堂批判文科教材,與楊西光、周谷城、朱東潤、劉大傑等到場接受批判。11 月 21 日,校大禮堂鬥楊西光,與周谷城等陪鬥。11 月 28 日下午,上海市舉行批鬥石西民、楊西光、常溪萍、李俊民、周予同、朱東潤、馬茂元文科教材黑線大會。12 月 1 日上午,歷史系召開全系揭發控訴資產階級知識分子統治歷史系滔天罪行大會。與周谷城一同被鬥。

1968 年,71 歲。

1 月 4 日,與周谷城被造反派指名自本月起不準領高薪。4 月 26 日、5 月 30 日鬥徐常太,與周谷城等陪鬥。本年 5 月 24 日,熊十力卒。周氏晚年與熊氏有交誼,姑繫於此。

1969 年,72 歲。

2 月 10 日、22 日,參加軍訓團座談會。25 日,批字當頭給與出路大會,與周谷城、蘇步青、談家楨、譚其驤等七人坐批判席。

1970 年,73 歲。

1971 年,74 歲。

3 月 12 日下午,校黨委召開座談會,談周恩來訪問越南,與蘇步青、談家楨、周谷城、全增嘏、蔡尚思、譚其驤等參加。

1972年,75歲。

3月30日,校黨委會召開關於謝富治去世座談,與周谷城、譚其驤、蔡尚思等參加。

1973年,76歲。

1974年,77歲。

1975年,78歲。

1976年,79歲。

1977年,80歲。

1978年,81歲。

晚年癱瘓在牀,不詳所始,姑繫此年。

1979年,82歲。

《六經與孔子的關係問題》發表於《復旦學報》(社會科學版)第1期。《從孔子到孟荀——戰國時的儒家派別與儒經傳授》發表於《學術月刊》第4期。《關於孔子的幾個問題》,發表於上海古籍出版社《中華文史論叢》第1輯(復刊號)。《火燒趙家樓》,發表於《復旦學報》1979年第3期。

1980年,83歲。

1981年,84歲。

《周予同自述》發表於《晉陽學刊》1981年第1期。7月15日病逝。

鄧秉元附識:本表材料來自不同著作,因時間倉促,學力所限,至今仍只能以"簡表"示人。其中參考較多者,除《周予同自述》外,尚有《五四運動與北京高師》、《譚其驤日記》、《顧頡剛日記》;朱維錚編《周予同經學史論著選集》增訂本之前言、按語、後記;林慶彰審閱、陳亦伶編輯《周予同研究文獻目錄》;朱永嘉《周予同先生》等作品。其餘出處,恕未一一列明。詳細年譜,或當俟諸異日。

復旦百年經典文庫書目

第一輯

修辭學發凡　文法簡論	陳望道著／宗廷虎、陳光磊編（已出）
宋詩話考	郭紹虞著／蔣　凡編（已出）
中國傳敘文學之變遷　八代傳敘文學述論	朱東潤著／陳尚君編（已出）
詩經直解	陳子展著／徐志嘯編（已出）
文獻學講義	王欣夫著／吳　格編（已出）
明清曲談　戲曲筆談	趙景深著／江巨榮編（已出）
中國土地關係史稿　中國土地制度史	陳守實著／姜義華編（已出）
中國經學史論著選編	周予同著／鄧秉元編（已出）
西方史學史散論	耿淡如著／張廣智編（已出）
中外歷史論集	周谷城著／姜義華編（已出）
中國問題的分析　荒謬集	王造時著／章　清編（已出）
中國思想研究法　中國禮教思想史	蔡尚思著／吳瑞武、傅德華編（已出）
長水粹編	譚其驤著／葛劍雄編（已出）
古代研究的史料問題　五十年甲骨文發現的總結　五十年甲骨學論著目　殷墟發掘	胡厚宣著／胡振宇編（已出）
古史新探	楊　寬著／高智群編（即出）
《法顯傳》校注　我國古代的海上交通	章　巽著／芮傳明編（已出）
滇緬邊地擺夷的宗教儀式　中國帆船貿易與對外關係史論集　男權陰影與貞婦烈女：明清時期倫理觀的比較研究	田汝康著／傅德華編（已出）
諸子學派要詮　秦史	王蘧常著／吳曉明編（即出）
西方哲學論譯集	全增嘏著／黃頌杰編（即出）
哲學與中國古代社會論集	胡曲園著／孫承叔編（已出）
儒道佛思想散論	嚴北溟著／王雷泉編（即出）
《浮士德》研究　席勒	董問樵著／魏育青編（已出）

圖書在版編目(CIP)數據

中國經學史論著選編/周予同著;鄧秉元編.—上海:復旦大學出版社,2015.8
(復旦百年經典文庫)
ISBN 978-7-309-11362-4

Ⅰ.中… Ⅱ.①周…②鄧… Ⅲ.經學-歷史-研究-中國 Ⅳ.Z126.27

中國版本圖書館 CIP 數據核字(2015)第 069327 號

本書經上海人民出版社有限責任公司授權許可本社收入"復旦百年經典文庫"出版。

中國經學史論著選編
周予同　著　鄧秉元　編
責任編輯/胡春麗

復旦大學出版社有限公司出版發行
上海市國權路 579 號　郵編:200433
網址:fupnet@fudanpress.com　http://www.fudanpress.com
門市零售:86-21-65642857　團體訂購:86-21-65118853
外埠郵購:86-21-65109143
山東鴻君杰文化發展有限公司

開本 787×1092　1/16　印張 37.25　字數 593 千
2015 年 8 月第 1 版第 1 次印刷

ISBN 978-7-309-11362-4/Z・76
定價:98.00 圓

如有印裝質量問題,請向復旦大學出版社有限公司發行部調換。
版權所有　侵權必究

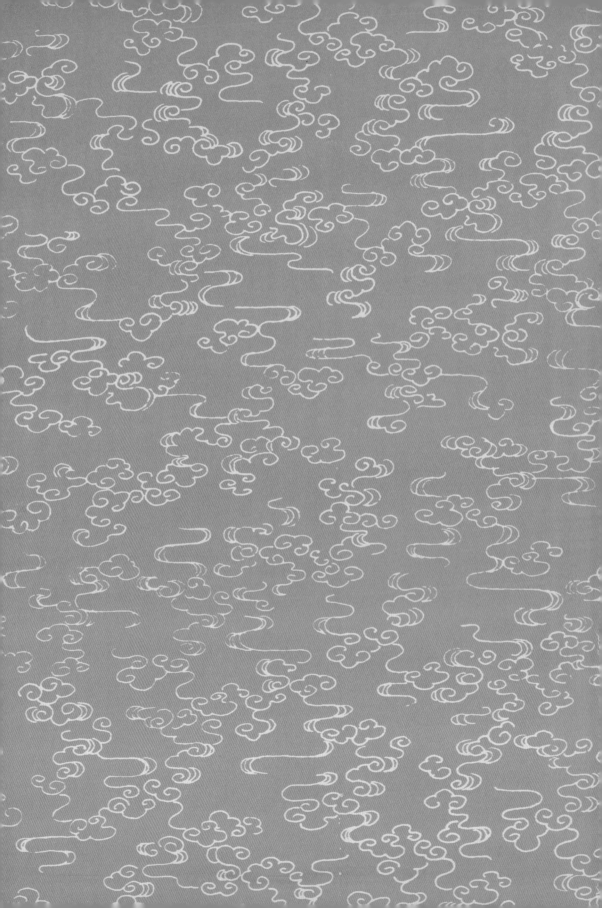